Zabbix 네트워크 모니터링 2/e

Zabbix 네트워크 모니터링 2/e

Zabbix 3.0을 활용한
서버, 네트워크, 애플리케이션 모니터링

리하르즈 올룹스 지음

전우성 · 김길종 · 김지연 옮김

Packt> i!i
에이콘

| 지은이 소개 |

리하르즈 올룹스 Rihards Olups

정보 기술 분야에서 15년 넘게 경험을 쌓았으며, 대부분 오픈소스 솔루션과 함께했다. 2001년 최초의 공개 릴리스부터 선도적인 오픈소스 엔터프라이즈급 모니터링 솔루션 자빅스Zabbix에 입성해 주제에 대한 상당한 지식을 얻었다. 그 전에는 정부 기관에서 근무했으며, 주로 자빅스에 중점을 두고 서버에서 데스크톱에 이르는 오픈소스 소프트웨어 배포에 참여했다. 그후에 자빅스의 개발사인 자빅스 시아Zabbix SIA에 입사해 더 많은 경험을 쌓았다.

자빅스에서 자빅스 사용자와 고객이 모니터링 도구를 최대한 활용할 수 있게 지원하고, 자빅스 교육 세션 업무를 수행했다. 일부 참가자들은 이 세션을 매우 실용적이며 도전적인 것으로 평가했다.

자빅스에 입사하기 전에 자빅스에 관한 첫 번째 책 『Zabbix 1.8 Network Monitoring』(Packt, 2010)을 집필하기 시작했는데, 자빅스를 발전시키는 데 도움을 주면서 더 자세한 내용을 담은 책을 완성했다.

자빅스 시아에서 실제 환경에서 자빅스 배포를 비롯한 더 많은 사용자 측면을 다시 보게 됐다.

베르너 디커먼 Werner Dijkerman

네덜란드 출신의 시스템 엔지니어다. 다양의 조직의 IT 운영 부서에서 10년 넘게 경력을 쌓았다. 네덜란드의 선도적인 온라인 소매 업체와 일하기 시작했으며, 주요 소프트웨어 회사 중 한 곳에서 전문가로 꾸준히 일했다. 현재 유럽에서 유일하게 설립된 IDaaS 제공 업체인 아이웰컴iWelcome에서 근무하고 있다.

윈도우와 리눅스 관리자로서의 경험을 토대로 톰캣Tomcat 및 JBoss 같은 자바 애플리케이션 서버와 (No)SQL 데이터베이스, 모니터링 시스템에 대한 기술을 보유하고 있다. 초기에 나기오스Nagios로 시작해 캑티Cacti 같은 도구를 사용했고, 수년간 주요 모니터링 도구로 자빅스를 사용했으며, 가능한 모든 것을 모니터하기 위하여 파이썬 스크립트를 작성했다.

또한 자빅스에서 가장 인기있는 퍼펫Puppet 모듈 wdijkerman-zabbix의 저자다. 퍼펫 모듈은 Puppet Forge의 https://forge.puppetlabs.com/wdijkerman/zabbix에서 확인할 수 있다. 퍼펫 모듈 외에도 여러 가지를 개발했다. dj-wasabi라는 닉네임으로 자빅스 구성 요소에 대한 여러 가지 앤서블 롤Ansible roles도 만들었다. 이 구성 요소는 https://galaxy.ansible.com/detail#/role/7626에 있다.

아다일 호르스트 Adail Horst

무료 소프트웨어 에반젤리스트로 자빅스 번역가로 자빅스 문서 번역가로 다양한 무료 소프트웨어 행사(FISL, 라틴오와레Latinoware, 자빅스 컨퍼런스 등)의 모니터링 분야 강사로 활동하고 있다. 모니터링 툴에 대한 책(『De a Zabbix』 포르투갈어)을 저술했고, Zabbix-Extras를 만들었으며, 자빅스로 모니터링하는 대규모 IT 환경에서 경험을 쌓았다.

『A to Zabbix』도 저술했다.

레이먼드 카이퍼 Raymond Kuiper

모니터링과 네트워크, 운영에 중점을 둔 IT 인프라 전문가다. 2006년 자빅스 1.1.3을 사용하기 시작했다. 인프라 가용성 및 성능을 모니터링하는 유연하고 통합된 솔루션이 필요했고, 수년 동안 자빅스의 열렬한 지지자가 되어 자빅스로 많은 조직의 모니터링을 구현했다. 또한 Freenode IRC 네트워크의 #zabbix에서 자빅스를 사용하는 사람들과 어울리는 것을 좋아한다.

줄리안 리커트 Julien Recurt

상황에 따라 다양한 역할을 하는 엔지니어다. 처음에는 SUPINFO에서 복잡한 다중 사이트 인프라를 향상시키고 글로벌 비용을 절감했다. 프랑스의 신생 업체인 클라우드솔루션Cloud-Solution의 세파Ceph와 협력해 저가의 확장 가능한 스토리지를 제공하면서 결정적인 기회를 얻었다. 현재 인터넷 및 웹 서비스 제공 업체인 웨이컴Waycom에서 근무하며 앤서블을 사용해 약 1,200대의 서버와 가상 시스템을 관리한다.

오픈소스 소프트웨어에 기여한 모든 사람과 저를 지지해준 직장 동료들에게 감사합니다.

| 감사의 말 |

가족과 친구들에게 감사의 말을 전하고 싶습니다. 여기에 언급하지는 않았지만 내가 아는 모든 이에게도 감사를 표하고 싶습니다.

함께 일해 온 모든 사람에게도 감사합니다. State Social Insurance Agency에서 겪었던 일들은 좋은 사람들과 함께 했던 것으로 기억하고 있습니다.

자빅스의 모든 분께 매우 감사합니다. 자빅스 팀원들은 다른 분야의 일임에도 매우 친절하고 유익하고 따뜻하게 대해주었습니다. 진심으로 모든 팀원 분께 감사합니다. 모두 훌륭한 분들이므로 많은 것을 이뤄낼 것입니다.

자빅스 커뮤니티를 말하지 않을 수 없을 것 같습니다. 자빅스 커뮤니티를 통해 멋진 분을 많이 만났습니다. 매년 리가에서 개최되는 자빅스 컨퍼런스에서 그들을 다시 만날 수 있어서 정말 기쁩니다. 순수한 제품으로서 뿐만 아니라 자빅스에 관한 더 많은 것을 얻을 수 있는 커뮤니티입니다.

자빅스 출시 지연이나 제 스케줄로 인한 지연 외에도 많은 일을 처리해 주신 팩트출판사의 멋진 분들께 감사합니다. 이 책이 완성되기 전의 내용을 본다면, 정말 많은 도움을 주신걸 알 수 있을 것입니다.

모두에게 감사합니다.

| 옮긴이 소개 |

전우성(specialcase@naver.com)

KT DS에서 자빅스 기반의 시스템 모니터링 관련 사업을 담당하고 있다. 데브옵스^{DevOps}, 오픈소스 빅 데이터, 인공지능에 관심이 많으며, 시스템 모니터링에 인공지능 적용에 대한 연구 중이다. 숭실대학교에서 소프트웨어 공학으로 석사학위를 수여받았으며, 동대학 IT정책경영학 박사과정 중에 있다.

김길종(dkdkfoo@hanmail.net)

오픈소스 기반의 솔루션 개발, 오픈소스 기술지원 등의 업무를 하고 있다. 평소 오픈소스에 관심이 많아 관련 서적을 찾아보며, 오픈소스 관련 컨퍼런스에 참여한다. 최근에는 오픈소스 모니터링 솔루션 자빅스를 활용해 KT 그룹 약 1만여 대의 서버 모니터링 환경을 구축했다.

김지연(fingersholyday@gmail.com)

한양대학교 산업공학과 졸업 후 SDS에 입사해 11년째 외길 인생을 걷고 있다. 닷넷, 자바 기반의 전자 비즈니스 관련 다양한 WEB 시스템을 구축하고 운영해 왔으며, 오라클, MS 사의 DB 기술을 보유하고 있다. 현재는 SAP 패키지 기반의 ERP 시스템으로 주력 업종을 전환해 비즈니스 분석을 통해 최적화된 서비스를 제공하고 있다. 사내 대부분 자사 모니터링 솔루션을 사용하고 있으나, 더 나은 서비스 제공과 기술정보력 확장을 위해 자빅스 번역에 참여하게 됐다.

| 옮긴이의 말 |

서비스의 연속성 보장은 더 강조할 필요가 없을 정도로 이미 그 중요성에 대해서 모두 공감하고 있다. 서비스의 다운타임은 기업의 신뢰성을 떨어뜨려, 매출감소로 직결되기 때문이다. 다운타임의 감소를 위해 재해복구, H/A 등 다양한 기술이 발전해 왔다. 다운타임을 줄이기 위한 기술들 중 효과가 가장 뛰어난 방법은 모니터링 솔루션을 도입하는 것이다.

모니터링 솔루션은 모니터링하는 대상에 따라 SMS, APM, DPM, NMS 등으로 구분된다. SMS는 서버의 CPU, 메모리, 디스크, 네트워크, 프로세스, 포트 등을 모니터링해 시스템의 정상 여부를 점검한다. APM은 애플리케이션을 모니터링한다. 애플리케이션이 사용하는 자원(CPU, 메모리)이나, 스레드, GC 등을 모니터링해 서비스가 정상으로 동작하는지를 점검한다. DPM은 데이터베이스의 LOCK이나, 성능 정보, 테이블스페이스 상태 등 데이터베이스를 모니터링할 때 사용된다. NMS는 SNMP^{Simple Network Management Procotol}를 통해 네트워크 장비의 CPU, 메모리, 트래픽, 포트 상태 등을 모니터링한다.

이런 다양한 솔루션 중에서 자빅스는 SMS, NMS 기능을 완벽하게 제공한다. 또한 일부 애플리케이션이나, 데이터베이스를 모니터링하는 방법도 제공한다. 리눅스, AIX, HP-UX, 윈도우 등 현재 사용되는 모든 OS에서 동작이 가능하며, 소스가 공개돼 GCC 이용이 가능한 플랫폼에서는 소스를 컴파일해 실행 파일을 생성할 수 있다.

일반적으로 대다수의 사람이 SMS에서 제공되는 기능을 성능 정보를 수집하고, 임계치와 비교해서 통계를 파악하는 정도로 생각해 자체 솔루션을 개발해서 사용하는 경우를 종종 볼 수 있다. 하지만, 인하우스 개발은 패키지에서 제공하는 세밀한 기능들을 도출하여 개발하는 것이 쉽지 않다. 자빅스는 일반적인 모니터링 솔루션의 가장 기본이 되는 기능 외에 사용자 관리, 호스트 그룹 관리, 템플릿 관리, 정기점검^{PM, preventive maintenance} 관리, 에스컬레이션 기능들을 제공하고 있으며, 프록시^{Proxy} 기능을 통해 100,000대 이상의 장비를 모니터링할 수 있는 기능도 제공한다. 또한 대부분의 기능을 API로 제공하고 있고, 모든 소스가 공개돼 다양한 기능들을 손쉽게 확장할 수 있다.

자빅스는 라트비아에서 개발한 오픈소스 모니터링 솔루션으로 2001년 알파 버전이 처음 릴리스돼 지금은 미국, 일본에 지사를 두고 활발히 발전시켜 오고 있다. 다른 상용제품이나 오픈소스와 비교해도 기능이 탁월하지만, 국내에서 참고할 만한 자료가 많지 않아서 적용에 큰 어려움을 겪고 있는 것으로 파악되고 있다. 이 책은 자빅스 3.0에서 제공되는 모든 기능을 자세히 소개하고 적용할 수 있도록 지침을 제공한다. 이 책을 통해 서비스 모니터링에 대한 통찰을 얻고, 자빅스의 기능을 최대한 활용해 서비스 품질을 향상시킬 수 있기를 기대한다.

전우성, 김길종, 김지연

차례

| 들어가며 |

금요일 저녁 친구 몇 명과 술을 마시면서 주말을 시작한다고 상상해보자. 갑자기 전화벨이 울리고 여러분이 관리하는 서버 중 하나가 다운돼 내일 아침이 오기 전에 백업해야 하는 상황이 발생했다. 다시 사무실로 돌아가서 서버를 점검하며, 지난 몇 주 동안 일부 로그 파일이 평상시보다 더 많이 생성됐고, 하드 드라이브를 가득 채웠다는 사실을 발견했다. 매우 단순한 시나리오지만 대부분의 IT 종사자라면 한번쯤은 비슷한 경험을 해본 적이 있을 것이다. 이런 상황을 피하기 위해 이 책은 오픈소스 시스템 모니터링과 리포팅 솔루션인 자빅스^{Zabbix}를 사용해 네트워크의 하드웨어와 서버, 웹 성능을 모니터링하도록 안내한다.

이 책에서는 자빅스의 거의 모든 기능의 설정 방법을 설명한다. 이 책의 단계별 지침에 따라 모니터링을 구성할 수 있어야 한다. 이 책은 처음 자빅스를 접하는 사람을 위한 길잡이다. 하지만 모두가 같은 것을 같은 수준으로 이해하기는 어렵다. 이해하기 어려워 책을 덮는 일이 없게, 손을 붙잡고 앞으로 나아가 듯이 모든 것을 자세히 설명해 좌절하지 않게 할 것이다.

▌ 이 책의 내용

1장. 자빅스 시작하기 자빅스를 설치하는 방법을 살펴본다. 동일한 시스템에서 실행되는 데이터베이스와 서버, 에이전트 데몬, 웹 프론트엔드 등의 설치 방법을 처음부터 모두 살펴본다. 또한 데이터베이스 액세스를 위한 PHP를 사용해 자빅스 웹 프론트엔드를 설정한다.

2장, 첫 번째 알림받기   프론트엔드를 사용해 자빅스를 구성하고, 데이터 수집을 설정해 지정된 조건에 따라 트리거를 동작시킨다. 트리거가 발생하면 이메일을 통해 알림을 발송한다.

3장, 자빅스 에이전트와 기본 프로토콜과 모니터링   가장 널리 사용되는 기본적인 데이터 수집 방법인 자빅스 에이전트와 간단한 검사(예: ICMP ping 및 TCP 서비스 검사)를 설정하는 방법을 설명한다.

4장, SNMP 장비 모니터링   산업 표준 모니터링 프로토콜인 SNMP를 설정하는 방법에 대해 설명한다. 자빅스를 통한 SNMP 폴링과 SNMP 트랩 수신을 살펴보며, 프린터, 스위치, UPS, 라우터 등 다양한 장치를 모니터링한다.

5장, 호스트, 사용자, 사용 권한 관리   호스트, 사용자 그룹 기능 및 사용 권한에 대한 영향을 포함하여 호스트, 사용자 및 사용 권한에 대해 설명한다. 또한 호스트 및 호스트 그룹 관리와 같은 관련 주제를 살펴본다.

6장, 트리거를 통한 문제 감지   정상 범위를 벗어나는 값 탐지를 위한 표현식을 통해 주목할 만한 조건을 정의하는 방법을 살펴본다.

7장, 트리거 처리 액션 제어   이메일을 보내거나 외부 스크립트를 실행, 별도의 이슈 트래커와 연동하여 이슈를 오픈하거나 오류가 있는 서비스를 다시 시작해 트리거 발생에 대응하는 방법을 파악할 수 있다. 또한 자빅스에서 에스컬레이션을 구성하고 히스테리시스가 작동하는 방식을 알아본다.

8장, 템플릿을 통한 복잡한 설정 단순화   잘못된 설정 방법을 확인하고 사용자 매크로를 사용해 호스트별 임계치를 지정해 여러 호스트에 균일한 구성을 적용할 수 있는 템플릿을 사용해 구성을 개선하도록 설명한다. 또한 대규모의 혼합 환경에서 매우 유연한 구성을 가능하게 하는 템플릿 중첩을 살펴본다.

9장, 그래프와 맵을 이용한 데이터 시각화   몇 가지 유형의 그래프 및 대화식 네트워크 맵을 포함해 수집된 데이터를 표시하는 시각적 요소를 만드는 방법에 대해 설명한다.

10장, 스크린과 슬라이드쇼를 이용한 데이터 시각화 여러 가지 유형의 요소를 표시하는 스크린과 여러 화면을 스크린으로 순환시키는 슬라이드 쇼의 구성을 살펴본다.

11장, 고급 아이템 모니터링 외부 아이템과 계산 아이템, 집계 아이템, 사용자 지정 아이템 유형을 사용해 정보를 수집하는 고급 방법을 탐색해 정보를 조회한다.

12장, 설정 자동화 로우 레벨 디스커버리 기능이 있는 호스트에 파일 시스템이나 네트워크 인터페이스, 기타 엔티티를 찾는 방법을 살펴본다. 상위 레벨에서는 네트워크 디스커버리 및 활성 에이전트 자동 등록을 통해 호스트를 자동으로 관리하는 기능을 알아본다.

13장, 웹 페이지 모니터링에서 자빅스의 웹 시나리오 기능을 사용해 웹 페이지의 접근성과 성능, 가용성을 모니터링한다.

14장, 윈도우 모니터링 자빅스 에이전트를 설치하고, 성능 카운터를 사용, WMI를 통해 데이터를 검색하는 윈도우 모니터링을 다룬다.

15장, 고수준의 비즈니스 서비스 모니터링 서비스 트리에서 모니터링된 서비스를 정렬하고 SLA 적합성을 계산할 수 있는 'IT 서비스' 기능을 살펴본다. 이 기능이 실제로 어떻게 동작하는지 확인하기 위해 가상의 데이터를 활용할 것이다.

16장, IPMI 장비 모니터링 다른 산업 표준 프로토콜인 IPMI를 설정하는 방법을 설명한다. 아날로그와 이산 IPMI 센서 모니터링을 다룬다.

17장, 자바 애플리케이션 모니터링 자빅스 자바 게이트웨이Zabbix Java gateway라는 별도의 데몬을 설정해 JMX를 통한 성능 정보를 검색한다.

18장, VM웨어 모니터링 내장된 VM웨어VMware 모니터링 기능에 대해 설명한다. 하이퍼바이저 및 가상 컴퓨터를 자동으로 검색하고 모니터링하는 기능을 살펴본다.

19장, 프록시를 이용한 원격지 모니터링 자빅스 서버 대신 데이터를 수집 하는 패시브 및 액티브 자빅스 프록시 사용 방법을 살펴본다. 프록시는 수집데이터를 서버로 직접 전송하므로 방화벽 문제로 인해 직접 액세스할 수 없는 원격 위치의 장비를 모니터링할 때 도움이 된다. 또한 자빅스 서버의 부하가 줄어든다.

20장, 트래픽 데이터 암호화　자빅스 3.0의 새로운 주요 기능으로써 자빅스 서버와 프록시, 에이전트, zabbix_get, zabbix_sender 사이의 트래픽을 암호화하는 기능이다.

21장, 자빅스 데이터 활용하기　자빅스 데이터베이스에 데이터를 저장하는 방법과 자빅스의 XML 임포트 및 익스포트 기능을 사용해 인터페이스하는 방법에 대해 자세히 설명한다. 또한 구성의 자동화를 위한 자빅스 API를 살펴볼 것이다.

22장, 자빅스 운영/유지보수　자빅스 업그레이드 절차, 다양한 버전의 다양한 구성 요소가 상호작용하는 방법과 버전 간 데이터베이스 패치에 대해 설명한다. 또한 사용 가능한 내부 모니터링 옵션을 살펴보고 백업 전략에 대해 논의하고 자빅스 데몬의 모든 구성 파라미터에 대해 자세히 설명한다.

부록 A, 문제 해결　설치나 연결, 구성, 그 밖의 영역에서 자주 발생하는 문제에 대해 설명한다.

부록 B, 커뮤니티 참여　자빅스 모니터링 솔루션을 둘러싼 커뮤니티에서 활동하는 방법을 설명한다. IRC, 포럼, 커뮤니티 위키를 통해 참여할 수 있다.

▌ 준비 사항

가상 시스템이 될 수 있는 리눅스 시스템이 하나 이상 필요하다. 다음 기술을 습득할 수 있는 특정 기능을 살펴본다.

- SMTP(전자 메일) 서버에 대한 액세스
- 기타 리눅스 시스템
- SNMP 지원 장치
- 윈도우 시스템
- IPMI 지원 장치

- 자바 가상머신
- VM웨어 인스턴스

위 내용 중 일부는 동일한 리눅스 서버에서 구동될 수 있다. 예를 들어 snmpd나 자바 VM을 실행하면 별도의 시스템 없이 모든 모니터링 솔루션을 시험할 수 있다.

▌ 대상 독자

이 책은 자빅스를 처음 사용하고 간단한 모니터링 보고서를 만드는 데 관심이 있는 시스템 관리자에게 적합하다. 이 책은 기본적인 시스템 관리 작업에 대한 지식을 전제로 한다. 자빅스는 지난 몇 년 동안 많은 기능을 추가해왔는데, 이 책에서는 3.0에 새롭게 추가된 여러 기능을 다루고 있으므로 이전 버전을 능숙하게 다루는 사람도 새로운 정보를 접할 수 있다.

▌ 이 책의 편집 규약

이 책에서는 독자의 이해를 돕고자 다루는 정보에 따라 다음과 같이 글꼴 형식을 다르게 적용했다. 다음은 다르게 적용된 스타일의 예제와 의미 설명이다.

문장 중에 사용된 코드, 데이터베이스 테이블 이름, 사용자 입력, 트위터 처리 등은 다음과 같이 표기한다.

"대부분의 관리자가 구현하는 첫 번째 모니터링 솔루션 중 하나는 crontab으로 구동되는 shell 스크립트다. crontab을 통해 디스크 사용량이나, 아파치 웹 서버 같은 서버의 서비스 상태를 체크하게 된다."

코드 블록은 다음과 같이 표기한다.

```
memory_limit = 128M
post_max_size = 16M
max_execution_time = 300
max_input_time = 300
upload_max_filesize = 2M
```

코드 블록의 특정 부분을 강조할 때는 해당 라인이나 항목은 굵게 표기한다.

```
memory_limit = 128M
post_max_size = 16M
max_execution_time = 300
max_input_time = 300
upload_max_filesize = 2M
```

모든 커맨드라인의 입력과 출력은 다음과 같이 표기한다.

```
# rpm -ivh http://repo.zabbix.com/zabbix/3.0/rhel/7/x86_64/zabbix- release-3.0-1.
el7.noarch.rpm
```

화면상에 출력된 메뉴나 대화상자 문구를 문장 중에 사용할 때는 다음과 같이 표기한다.

"이 화면에는 구성할 항목이 많지 않으므로 Next step을 클릭하자."

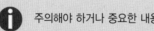 주의해야 하거나 중요한 내용은 이와 같이 표기한다.

 참고사항이나 요령은 이와 같이 표기한다.

▌ 독자 의견

이 책에 대한 독자의 의견은 언제나 환영이다. 좋은 점 또는 고쳐야 할 점에 대한 솔직한 의견은 앞으로 더 좋은 책을 발행하는 데 큰 도움이 된다. 독자 의견을 보낼 때는 이메일 제목란에 구입한 책 제목을 적은 후 feedback@packtpub.com으로 전송한다. 만약 독자가 특정 분야의 전문가로서 저자가 되고 싶다면 http://www.packtpub.com/authors를 참조한다.

▌ 고객 지원

이 책을 구입한 독자라면 다음과 같은 지원을 받을 수 있다.

예제 코드 다운로드

http://www.packtpub.com에 등록된 계정으로 로그인한 다음에 구입한 모든 팩트 책의 예제 코드 파일을 다운로드할 수 있다. 다른 곳에서 이 책을 구입한 경우에는 http://www.packtpub.com/support를 방문해 이메일 주소를 등록하면 예제 코드 파일을 내려받는 링크를 받을 수 있다. 에이콘출판사 도서정보 페이지 http://www.acornpub.co.kr/book/zabbix-network-monitoring-2e에서도 내려받을 수 있다.

예제 코드를 다운로드하는 방법은 다음과 같다.

1. 이메일 주소와 패스워드를 사용해 http://www.packtpub.com에 로그인하거나 등록한다.
2. 웹 사이트 상단부의 SUPPORT를 마우스 포인터로 클릭한다.
3. Code Downloads & Errata를 클릭한다.
4. Search 창에 책 이름을 검색한다.

5. 다운로드하려는 코드 파일의 책을 선택한다.

6. 팩트출판사에서 구매한 책을 드롭다운 메뉴에서 선택한다.

7. Code Download를 클릭한다.

또한 팩트출판사 웹 사이트에서 책을 소개하는 웹 페이지에서 Code Files 버튼을 클릭해 코드 파일을 다운로드할 수 있다. Search 창에 책 이름을 넣고 검색하면 해당 웹 페이지에 접근할 수 있다. 이전에 먼저 팩트출판사 계정으로 로그인해야 한다.

코드 파일을 다운로드한 후에는 압축을 해제해야 한다. 다음의 최신 유틸리티를 사용해 코드 파일을 임의의 디렉토리에 압축을 풀거나 추출할 수 있다.

- 윈도우용 WinRAR/7-Zip
- 맥 OS X용 Zipeg/iZip/UnRarX
- 리눅스용 7-Zip/PeaZip

이 책의 코드 묶음은 https://github.com/PacktPublishing/Zabbix-Network-Monitoring-Second-Edition의 깃허브에서도 제공된다. 또한 https://github.com/PacktPublishing/에서 다양한 도서와 비디오 카탈로그의 코드 묶음도 제공하고 있다.

이 책의 컬러 이미지 다운로드

이 책에 쓰인 컬러 화면과 그림 이미지가 담긴 PDF 파일을 제공한다. PDF 파일의 컬러 이미지를 통해 결과의 변경 내용을 좀 더 쉽게 이해할 수 있다. PDF 파일은 https://www.packtpub.com/sites/default/files/downloads/ZabbixNetworkMonitoringSecondEdition_ColorImages.pdf에서 다운로드할 수 있다. 또한 에이콘출판사의 도서정보 페이지 http://www.acornpub.co.kr/book/zabbix-network-monitoring-2e에서도 컬러 이미지를 내려받을 수 있다.

오탈자

정확한 편집을 위해 세심한 주의를 기울였음에도 실수가 발생하곤 한다. 본문에서 발견한 오류 혹은 코드상 오류에 대해 보고해주시면 매우 감사하겠다. 독자의 참여를 통해 또 다른 독자들이 느낄 불편을 최소화해주고 이 책의 후속 판을 개선하는 데 도움이 된다. 오탈자를 발견하면 http://www.packtpub.com/submiterrata에 신고해주기 바란다. 해당 서적을 선택한 후에 Errata Submission 링크를 클릭하고, 오류에 대한 자세한 내용을 기술하면 된다. 오류 내용이 확인되면 웹 사이트에 그 내용이 올라가거나 해당 서적의 Errata 절 아래 기존 오류 목록(Errata)에 추가될 것이다. https://www.packtpub.com/books/content/support로 가서 검색어 항목에 서적을 입력하면 지금까지의 정오표를 확인할 수 있다. 한국어판은 에이콘출판사 도서정보 페이지 http://www.acornpub.co.kr/book/zabbix-network-monitoring-2e에서도 찾아볼 수 있다.

▌ 저작권 침해

인터넷을 통한 저작권 침해는 모든 매체가 골머리를 앓고 있는 심각한 문제점이다. 팩트 출판사에서는 저작권 및 라이선스 관련 문제를 매우 심각하게 생각한다. 인터넷에서 어떤 형태로든 팩트 책의 불법 복제본을 발견한다면, 적절한 조치를 취할 수 있게 주소나 웹 사이트명을 즉시 알려주길 부탁드린다. 불법 복제물로 의심되는 링크를 copyright@packtpub.com으로 보내주기 바란다. 더 좋은 책을 만들기 위한 팩트출판사와 저자들의 노력을 배려하는 마음에 깊은 감사의 뜻을 전한다.

질문

이 책에 관련된 질문이 있다면 questions@packtpub.com으로 문의하기 바란다. 최선을 다해 답하겠다. 한국어판에 관한 질문은 이 책의 옮긴이나 에이콘출판사 편집 팀(editor@acornpub.co.kr) 으로 문의할 수 있다.

01

자빅스 시작하기

금요일 저녁 여러분은 오랜 친구와 맥주를 마시고 있다. 맥주를 몇 잔 마신 후 갑자기 전화가 걸려오기 전까지는 멋진 파티가 될 것이라고 생각했다. 고객은 전화를 걸어 항상 장애 없이 동작해야 하는 중요한 서버에 접속할 수 없다고 말한다. 그 말을 듣고 SSH를 통해 서버에 접속을 시도한다. 하지만 고객의 말대로 서버에 접속할 수 없다는 사실만 확인할 수 있었다.

이 상황을 해결하려면 먼 곳에 있는 서버실로 가야만 한다. 맥주를 마신 채로 운전할 수 없기 때문에, 비싼 택시를 타야 한다. 이런 경우에 대비해 요즘 시스템에는 대역외 관리 솔루션이 설치돼 있다. 하지만 불행하게도 당신은 솔루션을 사용할 수가 없다. 서버실에 도착한 당신은 서버의 하드디스크에서 평소 몇 주치보다도 훨씬 더 많이 쌓인 로그 파일을 발견한다.

매우 단순한 시나리오지만, IT 시스템 관리자라면 한 번쯤은 비슷한 일을 겪어봤을 만한 이야기다. 이런 상황이 발생한 이후에는 대부분의 운영자는 간단한 모니터링과 보고서 시스템을 구현한다.

우리는 자빅스 같은 모니터링 시스템을 설정하고 구성하는 방법을 배우게 될 것이다. 이 장에서 다음과 같은 내용을 학습하게 될 것이다.

- 자빅스 버전을 결정하는 방법
- 패키지나 소스를 통해 자빅스를 설치하는 방법
- 자빅스 웹 화면을 구성하는 방법

▌ 모니터링 시작하기

위 상황은 실제 상황에 비하면 매우 평이하다. 아무런 증상이 없는 시스템 장애는 거의 없다. 적시에 처리되지 못한 장애에 관한 이야기는 'UNIX Administration Horror Stories(http://www-uxsup.csx.cam.ac.uk/misc/horror.txt)'에서 쉽게 확인할 수 있다.

경험에서 알 수 있듯이, 장애는 장애를 해결할 수 있는 것이 최소한으로만 갖춰져 있을 때 발생하는 경향이 있다. 이런 문제에 부딪칠 때, 네트워크 모니터링 소프트웨어로 불리는 소프트웨어를 사용할 수 있다. 이런 소프트웨어는 보통 하나 이상의 방법을 사용해 컴퓨터 네트워크에서 일어나는 일을 지속적으로 모니터링하고, 모니터링된 데이터가 지정된 임곗값을 초과하는 경우 운영자에게 알릴 수 있는 방법을 제공한다.

대부분의 관리자가 구현하는 첫 번째 모니터링 솔루션 중 하나는 크론탭^{crontab}이다. 크론탭을 통해 디스크 사용량이나, 아파치 웹 서버 같은 서버의 서비스 상태를 확인할 수 있다. 서버와 모니터링 항목의 수가 증가함에 따라 깔끔하고 깨끗한 스크립트 시스템은 성능을 좀먹는 스크립트 덩어리로 자라게 되고, 스크립트 덩어리는 시간이 지날수록 이익보다 유지에 더 많은 시간을 소비하게 된다. 스스로 스크립트를 구현해서 사용하는 관리자라면 대부분의 작업(모니터링 포함)에 전용 소프트웨어가 필요 없다고 주장하는 반면, 대다수의 관리자는 모니터링을 위해 스위치, UPS, 라우터, IP 카메라 및 수많은 다른 장치를 추가하는 것에 동의하지 않을 것이다.

그렇다면 모니터링 솔루션에서 제공할 수 있는 기본 기능은 무엇인지 확인해보자.

- **데이터 수집**: 데이터 수집에서 모든 것이 시작된다. 일반적으로 에이전트, SNMP^{Simple Network Management Protocol}나 IPMI^{Intelligent Platform Management Interface}를 비롯한 다양한 방법을 사용해 데이터를 수집한다.
- **알림**: 수집된 데이터는 임계치 설정 값과 비교해, 필요 시 이메일이나 SMS 같은 다양한 알림 채널을 통해 이벤트를 발송한다.
- **데이터 저장**: 수집된 데이터는 저장되고, 보고서 작성과 데이터 분석을 위해 사용된다.
- **시각화**: 수치로 되어 있는 기초 데이터보다 차트, 그래프 등으로 시각화된 데이터를 식별하는 것이 훨씬 효과적이다. 특히 데이터가 많은 경우 더욱 효과적이다. 이미 데이터를 수집하고 저장된 데이터를 활용해 간단하게 그래프를 생성할 수 있다.

간단해 보인다. 왜냐하면 실제로 간단하기 때문이다. 그러나 우리는 쉽고 효율적인 설정, 에스컬레이션 및 권한 위임 같은 더 많은 기능을 원한다. 원하는 모든 것을 가만히 앉아서 나열하면 요구하는 모니터링 영역이 네트워크를 넘어 확장될 것이다. SMART^{Self-Monitoring, Analysis, and Reporting Technology} 에러가 로깅되는 하드 드라이브나, 많은 스레드를 가진 애플리케이션, 1단계 부하를 갖는 UPS 등 많은 것의 모니터링을 요구할 것이다. 이런 것들을 모니터링할 때 단일 구성 지점에서 이런 모든 다른 카테고리를 모니터링하는 것이 훨씬 쉽다.

관리가 용이한 모니터링 시스템에 대한 연구에서, 연구자들은 자신이 구현하는 방식과 매우 흡사하게 구현된 모호한 워크스테이션 수준의 소프트웨어와 대형 공급 업체의 무겁고 비싼 모니터링 시스템의 스크립트 모음을 발견했다.

많은 사람은 무료 소프트웨어로 전향했다. 이제부터 무료 소프트웨어 모니터링 솔루션인 자빅스를 살펴보자.

▌ 자빅스 기능과 아키텍처

자빅스는 IT 인프라의 다양한 측면을 모니터링하는 여러 가지 방법을 제공한다. 실제로는 거의 모든 것을 모니터링할 수 있다. 자빅스는 중앙 집중식 관리 기능을 갖춘 세미 분산 모니터링 시스템의 특징을 갖는다. 프록시를 통한 분산 모니터링을 사용할 수 있지만, 대부분의 설치는 단일 중앙 시스템을 갖는다. 또한 대부분 자빅스 에이전트를 사용해 설치하게 될 것이다.

이제 자빅스의 기능에 대해 살펴보자.

- 중앙 집중식, 사용하기 쉬운 웹 인터페이스
- 리눅스, AIX, FreeBSD, OpenBSD, 솔라리스^{Solaris}를 비롯한 대부분의 유닉스 스타일의 운영체제가 구동되는 서버
- 대부분의 유닉스 계열 운영체제 및 마이크로소프트 윈도우용 자체 에이전트
- SNMP(SNMPv1, SNMPv2c, SNMPv3)와 IPMI 장치 모니터링 기능
- JMX^{Java Management Extensions}를 활용한 자바 애플리케이션 모니터링 기능
- VM웨어 API를 사용해 vCenter 또는 vSphere 인스턴스 모니터링 기능
- 내장 그래프와 그밖의 시각화 기능
- 다른 시스템과 쉽게 통합할 수 있는 알림

- 템플릿을 포함한 유연한 설정
- 복잡한 모니터링 솔루션을 구현할 수 있도록 기능 제공

자빅스 관점에서 자빅스 서버를 중심으로 단순화된 네트워크를 살펴보면 다양한 모니터링 방식의 커뮤니케이션이 중요하다. 다음 그림은 모니터링에 사용된 몇 가지 기능과 서로 다른 방식의 장치가 연결된 상대적으로 간단한 자빅스 구성을 보여준다.

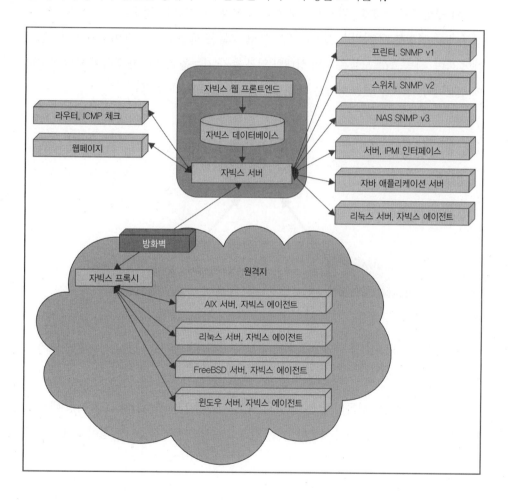

자빅스 서버는 여러 장치를 직접 모니터링할 수 있지만 네트워크가 다른 사이트는 방화벽에서 연결이 제한되므로 자빅스 프록시를 통해 데이터를 수집하는 것이 용이하다. 자빅스 프록시와 자빅스 에이전트는 서버와 마찬가지로 C 언어로 작성됐다.

여러 개의 백엔드를 지원하는 자빅스 데이터베이스는 자빅스의 중심이 된다. C 언어로 작성된 자빅스 서버와 PHP로 작성된 자빅스 웹 프론트엔드는 데이터베이스 서버와 동일한 서버에 구성할 수도 있고, 각기 다른 서버에 구성할 수도 있다. 각각 다른 서버에서 각 구성 요소를 실행할 때 자빅스 서버와 자빅스 웹 모듈은 모두 자빅스 데이터베이스에 접근해야 하며, 자빅스 웹 모듈은 서버 상태와 일부 추가 기능을 제공하기 위하여 자빅스 서버에 접근한다. 필요한 연결 방향은 다음 그림에서 화살표로 표시된다.

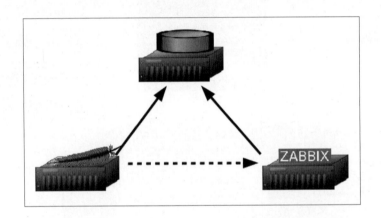

세 대의 서버 구성 요소를 단일 시스템에서 모두 실행해도 문제가 없지만, 기존의 고성능 데이터베이스나, 웹 서버를 활용하는 등의 이유가 있다.

일반적으로 수집대상 항목의 설정은 대부분 중앙집중식으로 구성되며, 모니터링 대상 장비에서는 최소한의 관리를 수행한다. 이런 접근법은 시스템의 잘못된 설정이 전체 시스템을 정지시키는 것을 감소시킨다.

▌설치

건조한 이야기는 이 정도로 충분하고 우리가 사용할 대시보드 화면을 보자. 대시보드 화면은 매우 기본적인 설정만 보여준다.

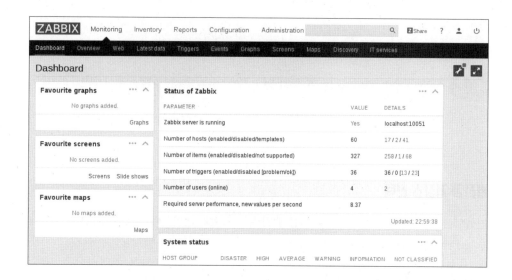

자빅스 대시보드는 모니터링되는 시스템의 전반적인 상태, 자빅스의 상태, 가장 최근의 문제 등 일부 핵심 사항에 대한 상위 수준에서의 개요를 보여준다. 이 대시보드는 매우 단순한 자빅스 구성을 보여준다. 최종적으로 자빅스를 통해 다양한 OS, 다양한 서비스, 각 서버들의 하드웨어 상태, 네트워크 장치, UPS, 웹 페이지 등 기타 IT 장치나 인프라로 확장되고, 모니터링할 수 있다.

프론트엔드는 데이터 시각화, 장애 목록부터 심플 그래프, 네트워크 토폴로지 맵과 리포팅 기능까지 다양한 옵션을 제공한다. 반면 백엔드는 시각화를 기반으로 하는 정보를 제공하고 경고를 발송하는 역할을 수행한다. 이런 기능은 기본적인 설정을 필요로 하며, 이 책을 따라 하며 배우게 될 것이다.

자빅스를 구성하려면 자빅스부터 설치해야 한다. 설치하는 방법은 일반적으로 패키지에서 설치하거나 소스 코드에서 설치하는 두 가지 방법이 있다. 자빅스 패키지는 상당수의 리눅스 배포 저장소를 통해 이용가능하고, 리눅스 배포 저장소를 활용하는 것이 보안상 안전하다. 추가적으로 자빅스 전용 저장소는 자빅스 시아^{Zabbix SIA}(제품을 개발하는 회사)를 통해 제공된다.

 https://www.zabbix.com/documentation/3.0/manual/installation에서 최신 설치본을 확인할 수 있다.

버전과 저장소 선택

처음에는 MySQL 데이터베이스를 사용해 자빅스 서버와 데이터베이스, 웹 화면을 설정하고 모두 동일한 시스템에서 실행되게 구성하자.

먼저 패키지를 활용해 설치할지, 소스로 설치할지를 결정한다. 대부분의 경우 패키지에서 설치하는 것이 더 쉽다. 이 방법을 선택하는 데 도움이 되는 몇 가지 고려 사항은 다음과 같다.

- 배포 패키지를 사용할 때는 다음과 같은 이점이 있다.
  - 자동화된 설치 및 업데이트가 가능하다.
  - 의존성은 보통 자동으로 해결된다.
- 소스를 설치할 때는 다음과 같은 이점이 있다.
  - 더 많은 기능과 향상된 기능을 갖춘 새로운 버전을 설치할 수 있다.
  - 컴파일된 기능을 더 세밀하게 제어할 수 있다.

어떤 버전을 선택해야 할까? 저장소에서는 다양한 버전을 제공하며, 각각의 버전은 특징이 있다. 자빅스 2.2부터 LTS^{Long-Term Support} 개념이 도입됐다. LTS와 일반 릴리스의 차이는 얼마 동안 버그 수정을 지원하는지에 따라 다르다. LTS 릴리스는 5년 동안 지원되며 일반 릴리스는 다음 버전 출시일로부터 한 달 후까지 지원된다. 자빅스 2.2와 3.0은 LTS 릴리스이며, 2.4와 3.2는 일반 릴리스다. 한동안 업그레이드 계획이 없다면 LTS 릴리스를 선택해야 하고, 최신 상태를 유지하려면 일반 릴리스를 선택해야 한다. 이 책에서는 자빅스 버전 3.0을 사용한다.

 이 정책은 변경될 수 있다. 자빅스 웹 사이트에서 세부 정보를 확인하자.
http://www.zabbix.com/life_cycle_and_release_policy

가장 널리 사용되는 자빅스 아키텍처는 에이전트를 통해 데이터를 수집하는 구성이다. 이 방법을 통해 테스트 시스템을 초기 설정하는 방법을 배울 것이다. 대부분의 소프트웨어와 마찬가지로 자빅스 구성 요소를 실행하는 데 필요한 조건이 몇 가지 있다. 여기에는 자빅스 서버와 에이전트가 실행되는 하드웨어 및 기타 소프트웨어의 요구 사항이 포함된다. 설치를 위해 우리는 리눅스에서 MySQL 데이터베이스를 활용해 자빅스를 실행할 계획이다. 어떤 리눅스 배포판을 선택하는가는 별로 중요하지 않다. 가장 익숙한 배포판을 선택하는 것이 가장 좋다.

하드웨어 요구 사항

하드웨어 요구 사항은 구성에 따라 크게 다르다. 운영환경별 하드웨어 요구 사항이 다르기 때문에 절대적인 하드웨어 요구 사항을 제공하는 것은 불가능하다. 운영을 위한 설치에서는 개별적으로 하드웨어 요구 사항을 평가해야 한다. 우리의 테스트 환경에서는 128MB의 RAM만으로도 충분하다. CPU 성능은 일반적으로 크게 중요하지 않다. 펜티엄 II급의 하드웨어로 구동이 가능하다. 다양한 항목이 포함된 그래프를 생성하거나, 복잡한 뷰를 허용 가능한 속도 내에서 처리하려면 더 좋은 성능의 하드웨어가 필요하다. 최초 설치를 가상머신에 설치해 성능에 유연하게 대처할 수 있다.

물론 자빅스에 더 많은 리소스를 제공할수록 운영이 더 빠르고 더 편안해질 것이다.

패키지 설치

패키지에서 자빅스를 설치하기로 결정한 경우, 패키지 가용성 및 절차는 배포판에 따라
다르다. 여기에서는 몇 가지 배포판이 다뤄지며, 그밖의 배포판에 대해서는 배포판별 지
침을 참고하기 바란다.

RHEL/CentOS

레드햇 엔터프라이즈 리눅스RHEL, RedHat Enterprise Linux와 CentOS 사용자는 엔터프라이즈 리
눅스용 EPELExtra Packages for Enterprise Linux 저장소와 자빅스 저장소 중 하나를 선택할 수 있
다. EPEL이 더 안전한 선택일 수도 있지만, 항상 최신 버전을 제공하지는 않는다.

EPEL

EPEL 저장소가 설정되지 않은 경우 저장소를 추가해야 한다. RHEL/CentOS7의 경우 저
장소 추가 명령은 다음과 유사하다.

```
# rpm -Uvh http://ftp.colocall.net/pub/epel/7/x86_64/e/epel-release-7-5.noarch.
rpm
```

 http://download.fedoraproject.org/pub/epel/7/x86_64/repoview/epel-release.html에
서 최신 버전을 확인하자.[1]

1　EPEL 저장소에서는 현재 2.2 버전만 지원된다. – 옮긴이

저장소가 설정되면 자빅스 패키지를 설치할 수 있다.

```
# yum install zabbix22-agent zabbix22-dbfiles-mysql zabbix22-server-mysql
zabbix22-web-mysql
```

자빅스 저장소

먼저 자빅스 패키지가 정의된 자빅스 저장소를 추가해야 한다.

```
# rpm -ivh http://repo.zabbix.com/zabbix/3.0/rhel/7/x86_64/zabbix-release-3.0-1.
el7.noarch.rpm
```

저장소가 설정되면 자빅스 패키지를 설치할 수 있다.

```
# yum install zabbix-server-mysql zabbix-web-mysql zabbix-agent
```

오픈수세

오픈수세^{OpenSUSE}의 경우 자빅스는 server:monitoring 저장소에서 이용 가능하다. 먼저 저장소를 추가하고 패키지 목록을 다운로드해야 한다(배포 버전을 변경해야 할 수도 있다)

```
# zypper addrepo http://download.opensuse.org/repositories/server:monitoring/
openSUSE_Leap_42.1/server:monitoring.repo
# zypper refresh
```

저장소가 설정되면 자빅스 패키지를 설치할 수 있다.

```
# zypper install zabbix-server-mysql zabbix-agent zabbix-phpfrontend
```

소스 설치

소스에서 자빅스를 설치하기로 결정했다면, 소스를 다운로드한 후 설정하고 컴파일해야 한다. 데몬을 설치한 후 프론트엔드는 수동으로 설정해야 한다.

서버와 에이전트

먼저 한 서버 내에서 자빅스 서버와 에이전트가 동시에 실행되는 환경을 구성할 예정이다. 추후 이 책을 진행하는 동안 추가 구성 요소를 설치하게 될 것이다.

소프트웨어 요구 사항

이제는 자빅스의 다양한 구성 요소를 컴파일해야 하므로 자빅스를 MySQL과 함께 사용할 수 있는 최소한 요구 패키지를 설치해야 한다. 최소 요구 패키지는 다음과 같다.

- GCC
- Automake
- MySQL (http://www.mysql.com/)

배포판과 원하는 기능에 따라 다음 패키지 중 일부 또는 전체가 필요할 수도 있다.

- zlib-devel
- mysql-devel(MySQL 지원)
- glibc-devel
- curl-devel(웹 모니터링 지원)
- libidn-devel(curl-devel의 의존성 해결)
- openssl-devel(curl-devel의 의존성 해결)
- net-snmp-devel(SNMP 지원)
- popt-devel(net-snmp-devel의 의존성 해결)
- rpm-devel(net-snmp-devel의 의존성 해결)

- OpenIPMI-devel(IPMI 지원)

- libssh2-devel(직접 SSH 검사 지원)

- libxm2-devel(VM웨어 모니터링 지원)

- unixODBC-devel(데이터베이스 모니터링 지원)

- 자바 SDK(자바 게이트웨이/JMX 지원)

소스 코드 다운로드

자빅스의 소스 코드는 다양한 방법으로 다운로드할 수 있다. 부록 A, '문제 해결'에 설명된 서브버전Subversion(SVN) 저장소에서 가져올 수 있지만, 자빅스 홈페이지(http ://www. zabbix.com)에서 버전 3.0.0을 다운로드하는 것을 권장한다. 안정된 최신 버전을 사용할수 있지만, 이 책을 따라 명령을 수행하려면 3.0.0 버전을 사용하는 것이 적합하다. 다운로드 페이지로 이동해 압축된 소스 패키지를 다운로드하자. 일반적으로 다운로드 페이지에는 최신 안정된 버전만 제공되기 때문에, 3.0.0 버전은 아카이브에서 다운로드해야 한다. 개발 버전이나 베타 버전은 사용하지 않는다.

앞으로 참조하기 쉽게 ~/zabbix("~"는 홈 디렉토리를 의미한다)를 사용한다. 이 디렉토리에 압축파일을 다운로드하자.

컴파일

아카이브에서 다운로드가 완료되면 터미널을 열고 압축을 푼다.

```
$ cd ~/zabbix; tar -zxvf zabbix-3.0.0.tar.gz
```

컴파일하는 동안 다시 컴파일하는 일이 없도록 필수 패키지 설치 후, 외부 기능과 함께 자빅스를 컴파일할 것을 제안한다.

이 책의 경우 자빅스 서버와 에이전트, MySQL, curl, SNMP, SSH, ODBC, XML(VM웨어), IPMI를 지원하도록 자빅스를 컴파일한다.

계속하려면 터미널에 다음과 같이 입력한다.

```
$ cd zabbix-3.0.0
$ ./configure --enable-server --with-mysql --with-net-snmp --with-libcurl
--with-openipmi --enable-agent --with-libxml2 --with-unixodbc --with-ssh2
--with-openssl
```

설정이 완료되면 컴파일된 구성 요소의 요약이 표시된다. 다음과 같이 기능들이 잘 활성화됐는지 확인하자.

```
  Enable server:         yes
Server details:
  With database:         MySQL
  WEB Monitoring:        cURL
  SNMP:                  yes
  IPMI:                  yes
  SSH:                   yes
  TLS:                   OpenSSL
  ODBC:                  yes
  Enable agent:          yes
```

설정이 성공적으로 완료됐다면 컴파일을 위한 모든 준비는 끝났다. 하지만 실패할 경우 콘솔에 표시된 오류 메시지를 확인하고 모든 필수 패키지가 설치되어 있는지 확인하자. config.log 파일에서 오류에 대한 상세한 정보를 제공한다. 무엇이 잘못됐는지 알 수 없는 경우, 일반적인 컴파일 문제가 나열된 부록 A, '문제 해결'을 확인하자.

다음 명령을 실행해 자빅스를 컴파일한다.

```
$ make
```

컴파일을 기다리는 동안 차를 마실 수 있지만, 오랜 시간이 소요될 것이라고 생각하지는 말자. 자빅스 컴파일은 시간이 오래 걸리지 않는다. 심지어 펜티엄 II 350-MHz 사양에서도 컴파일을 수행하는 데 약 5분 정도 소요된다. 최신 장비에서는 1분이면 충분하다. make 프로세스가 끝나면 마지막 줄에 오류 메시지가 있는지 확인해야 한다. 아무 메시지도 없다면 자빅스가 성공적으로 컴파일된 것이다. 축하한다.

이제 컴파일된 프로그램을 설치해야 한다. 적절한 배포판용 패키지로 생성하는 것을 권장하지만, 그것은 약간의 시간과 배포판 의존성이 생길 수 있다. 다른 방법은 make install을 실행하는 것이다. 이렇게 하면 파일이 파일 시스템에 저장되지만, 서버에 설치된 패키지로 등록되지 않으므로 소프트웨어를 제거하고 업그레이드하는 것이 어렵다.

배포 패키지로 설치한 경험이 있다면 배포 패키지를 이용하는 것이 더 낫다. 테스트 설치일 경우 다음과 같이 실행하자.

```
# make install
```

 이 책의 뒷부분에서 $ 프롬프트는 일반 사용자를 의미하고, # 프롬프트는 루트 사용자를 의미한다. root로 명령을 실행하려면 su 또는 sudo가 일반적으로 사용된다.

하지만 한 가지 기억해야 할 것은 테스트 설치가 이후 운영으로 전환되는 경우가 많으므로 처음부터 알맞게 수행하는 것이 좋다.

대시와 언더바

설치 방법에 따라 다음과 같이 대시(-) 또는 언더바(_)를 사용해 자빅스 바이너리와 설정 파일을 얻을 수 있다.

- `zabbix_server` vs `zabbix-server`
- `zabbix_agentd` vs `zabbix-agentd`
- `zabbix_server.conf` vs `zabbix-server.conf`

자빅스 자체는 언더바를 사용하지만, 많은 리눅스 배포판은 자신의 지침을 따르기 위해 언더바를 대시로 바꾼다. 기능상의 차이는 없지만 혼동의 여지가 있기 때문에 설치 시 사용하는 문자를 기억하는 것이 좋다. 이 책에서는 언더바를 사용해 바이너리와 파일을 참조한다.

초기 설정

컴파일이 끝나면 서버와 에이전트에 대한 몇 가지 기본 파라미터를 구성해야 한다. 기본 설정 파일은 자빅스와 함께 제공된다. 이런 파일의 위치는 선택한 설치 방법에 따라 다르다.

- **소스 설치**: /usr/local/etc
- **RHEL/CentOS/OpenSUSE 패키지 설치**: /etc

다른 배포판에서는 파일이 다른 경로에 설치될 수 있다. 이 책에서는 절대 경로가 권장되거나 필요한 경우를 제외하고는 상대 경로를 사용해 바이너리와 설정 파일을 참조한다.

자빅스 에이전트를 구성하려면 더 이상 할 것이 없다. 기본적인 구성은 지금으로 충분하다.

서버의 경우 몇 가지 사항을 변경해야 한다. 가장 편한 편집기로 `zabbix_server.conf` 파일을 열고(루트 사용자로 편집해야 함) 파일에서 다음 항목을 찾는다.

- `DBName`
- `DBUser`
- `DBPassword`

DBName은 기본적으로 zabbix이어야 때문에 변경이 불필요하다. DBUser는 root로 설정되어 있으나 그렇게는 잘 사용하지 않으므로 zabbix로 변경한다. DBPassword의 경우 DB에서 사용할 암호를 입력한다. 앞으로 계속 기억해둘 필요는 없으므로 마음대로 입력한다.

> 유닉스와 같은 시스템에서 해시 문자, 행의 시작 부분에 #는 일반적으로 행이 주석 처리됐음을 의미한다. 해시로 행이 주석으로 처리되지 않도록 주의하자.

DB 생성과 임포트

자빅스 서버가 데이터를 저장하려면 데이터베이스를 만들어야 한다. MySQL 클라이언트 시작하자.

```
$ mysql -u root -p
```

MySQL의 루트 사용자의 암호를 입력한다(MySQL 설치 중에 이것을 설정했거나 배포판의 기본값 일 수 있다). 암호를 모르면 -p를 생략해보자. 이 파라미터는 MySQL로 접속할 때 암호없이(또는 빈 암호로) 연결한다.

> 패키지에서 MySQL Community Edition을 사용하고 버전이 5.7.6 이상이면 로그 파일에 저장되는 임의의 암호가 생성된다. http://dev.mysql.com/doc/refman/5.7/en/linux-installation-rpm에서 MySQL 설명서를 참고하자. 자세한 내용은 해당 페이지에 기술되어 있다.

이제 데이터베이스를 생성해보자. 자빅스가 데이터베이스에 연결할 사용자를 다음과 같이 추가하고 이 사용자에게 필요한 권한을 부여하자.

```
mysql> create database zabbix character set utf8 collate utf8_bin;
Query OK, 1 row affected (0.01 sec)
mysql> grant all privileges on zabbix.* to 'zabbix'@'localhost' identified by
'mycreativepassword';
Query OK, 0 rows affected (0.12 sec)
```

zabbix_server.conf 파일에는 mycreativepassword 대신 방금 설정한 암호를 입력하자.

다음 명령을 입력해 MySQL 클라이언트를 종료한다.

```
mysql> quit
```

그리고 새로 생성된 데이터베이스에 자빅스 스키마와 초기 데이터를 임포트한다. 다음 명령은 자빅스 소스 파일을 참조한다. 패키지로 설치할 이 파일은 /usr/share/doc/zabbix-server-mysql-3.0.0/create/나 /usr/share/zabbix-server-mysql에 있다.

```
$ mysql -u zabbix -p zabbix < database/mysql/schema.sql
$ mysql -u zabbix -p zabbix < database/mysql/images.sql
$ mysql -u zabbix -p zabbix < database/mysql/data.sql
```

세 가지 임포트 프로세스는 아무 메시지 없이 완료돼야 한다. 오류가 있는 경우 메시지를 검토하고 문제를 해결한 후 실패한 작업을 다시 시도하자. 프로세스 중간에서 임포트가 중단되면 데이터베이스를 삭제해야 할 수도 있다. 이때 가장 쉬운 방법은 다음과 같이 입력해 데이터베이스를 삭제하는 것이다.

```
mysql> drop database zabbix;
Query OK, 0 rows affected (0.00 sec)
```

중요한 데이터가 있는 다른 데이터베이스를 삭제하지 않도록 주의하자! 자빅스 데이터베이스를 삭제한 후 이전과 마찬가지로 다시 생성하자.

이제 자빅스 서버와 에이전트를 시작할 준비가 됐다.

실행

대부분의 데몬 프로세스가 그렇듯이 자빅스 서버나 에이전트를 루트로 구동해서는 안 된다. 배포 패키지에서 자빅스를 설치한 경우 시스템 사용자가 이미 만들어져 있어야 한다. 그렇지 않은 경우 이 프로세스를 실행할 계정을 만들어야 한다. 배포판에서 제공하는 도구를 사용하거나, 가장 널리 사용되는 useradd 명령어를 root로 실행해보자.

```
# useradd -m -s /bin/bash zabbix
```

 운영 시스템의 경우 자빅스 서버와 에이전트에 대해 다른 사용자 계정을 사용하는 것을 고려해보자. 왜냐하면 자빅스 서버 설정 권한이 있는 자빅스 에이전트 계정 소유자는 서버 설정 파일을 읽어 자빅스 데이터베이스 접속 계정을 획득할 수 있기 때문이다. 이미 EPEL나 오픈수세 같은 일부 배포 패키지는 기본적으로 zabbixsrv 또는 zabbixs라는 별개의 사용자 계정을 사용한다.

위의 명령을 수행하면 기본적으로 홈 디렉토리는 /home/zabbix, 셸은 /bin/bash인 자빅스 계정이 생성된다.

 테스트 시스템에서 bash를 사용하면 발생되는 문제를 쉽게 디버깅할 수 있지만, 운영 시스템에서는 /bin/nologin 또는 /bin/false를 사용하는 것이 권장된다.

소스로부터 설치를 했다면, 바이너리를 실행하는 직접적인 방법을 시도해보자. 바이너리의 위치는 선택한 설치 방법에 따라 다르다. 추가 설정 없이 소스로 설치하면 에이전트와 서버 바이너리가 /usr/local/sbin에 설치된다. 일부 배포판은 /usr/sbin에 설치될 수도 있다. 설치 파일이 path에 등록이 되어 있다면 다음을 실행해 실행 파일의 위치를 확인할 수 있다.

```
# which zabbix_server
```

 TIP 언더바 대신 대시가 사용될 수 있다.

그러면 다음과 아래와 같은 내용을 확인할 수 있다.

```
/usr/sbin/zabbix_server
```

whereis 명령은 환경 설정 및 기타 관련 파일을 확인할 수 있다.

```
# whereis zabbix_server
```

이렇게 하면 바이너리, 설정 파일 및 매뉴얼 페이지가 표시된다.

```
zabbix_server: /usr/sbin/zabbix_server /usr/local/etc/zabbix_server.conf
/usr/share/man/man3/zabbix_server
```

바이너리의 정확한 위치를 확인하고, 루트 사용자로 다음과 같이 실행해보자.

```
# <path>/zabbix_agentd
```

현재는 데몬으로 실행되는 zabbix_agentd가 사용된다. 이전 버전에는 Internet Service Daemon (inetd) 내에서 실행하는 옵션을 지원하는 zabbix_agent 파일이 제공됐다. 이전 zabbix_agent는 Active 아이템을 지원하지 않고, 에이전트 zabbix_agentd 데몬보다 성능이 좋지 않았다.

이 명령은 자빅스 에이전트 데몬의 실행 결과에 대한 어떤 출력도 없이 실행된다. 명령어 실행 시 에러가 발생하면, 에러 해결 후 계속 진행하자. 성공했다면 자빅스 서버 실행을 계속하자.

```
# <path>/zabbix_server
```

 자빅스 서버의 zabbix_server.conf에서 로그 파일과 설정을 확인하자. 데이터베이스 관련 오류가 있는 경우, 이를 수정하고 자빅스 서버를 재구동하자.

패키지에서 설치한 경우 다음과 같이 실행한다.

```
# service zabbix-agentd start
Starting zabbix agent daemon
done
# service zabbix-server start
Starting zabbix server daemon
done
```

이 명령은 에이전트와 서버를 구동한다. 오픈수세에서는 다음과 같이 간단한 구문을 사용할 수 있다.

```
# rczabbix-agentd start
# rczabbix-server start
```

stop이나 restart 같은 다른 파라미터로 자유롭게 테스트해보자. 이 두 가지의 역할을 명확히 알아야 한다.

또한 status 파라미터를 사용해 서비스가 실행 중인지 확인할 수 있다. 실행되지 않는 서비스의 경우 다음과 같은 정보가 표시된다.

```
# service zabbix-server status
Checking for service Zabbix server daemon
unused
```

실행 중인 서비스는 다음과 같이 표시된다.

```
# service zabbix-agentd status
Checking for service Zabbix agent daemon
running
```

 TIP 일부 배포판에서는 실행 중인 모든 프로세스를 포함하여 더 자세한 출력을 표시할 수도 있다.

일부 배포판에는 probe 파라미터가 있다. 이 파라미터를 사용하면 최종 설정이 변경 후 해당 서비스 재구동 여부를 확인할 수 있다.

재구동되면 아무 결과도 출력되지 않는다. 일부 설정 변경 누락으로 인하여 서비스가 정상적으로 재구동되지 않으면 reload 문자열이 출력된다.

자빅스 프로세스를 매번 실행하는 것도 좋지만, 각 시스템 부팅 시 프로세스를 수동으로 실행하는 것은 불편하다. 따라서 서버와 에이전트를 시스템의 부팅 순서에 추가해야 한다. 하지만 부팅 시 프로세스 추가하는 방법은 배포판별로 완전히 다르기 때문에, 모든 배포판에 대하여 여기서 논의할 수 없다. RHEL이나 CentOS의 경우 다음과 같은 명령을 사용할 수 있다.

```
# chkconfig --level 345 zabbix-agent on
# chkconfig --level 345 zabbix-server on
```

이것은 부팅 순서에 두 서비스를 runlevels 3, 4, 5에서 시작되도록 추가한다. 오픈수세의 경우 다음의 명령어를 사용할 수 있다.

```
# chkconfig -s zabbix-server 35
# chkconfig -s zabbix-agentd 35
```

이렇게 하면 두 개의 서비스가 다중 사용자 및 네트워크 환경에 사용되는 runlevel 3과 runlevel 5에서 시작되도록 부팅 순서에 추가한다. 이 명령은 다른 배포판에서도 동작할 수도 있다. 일부 배포판에서는 GUI 환경을 위하여 runlevel 5 대신에 runlevel 4를 사용하기도 한다. 명확히 하려면 배포판의 문서를 참고하자. 데이터 수집은 네트워크 연결이 필요하기 때문에 일반적으로 single-user 모드 또는 네트워크가 동작하지 않는 runlevel (1과 2)에서 자빅스를 시작할 필요가 없다.

 소스로 설치하는 경우 배포 패키지에서 init 스크립트만 가져오는 것이 좋다.

일부 배포판에 있는 일부 init 스크립트를 사용하면 더욱 간단하다.

```
# chkconfig -a zabbix_server zabbix_agentd
```

이렇게 하면 시작 시 runlevels 3과 5에 실행돼야 하는 두 개의 서비스가 init 스크립트에 추가된다. 명령이 성공하면 다음과 같은 결과가 표시된다.

```
zabbix_server      0:off   1:off   2:off   3:on   4:off   5:on   6:off
zabbix_agentd      0:off   1:off   2:off   3:on   4:off   5:on   6:off
```

systemd 사용하기

자빅스가 설치된 배포판이 systemd 부트 관리자를 사용해 서비스를 관리할 수도 있다. 깊게 논의하진 않겠지만, service-management 명령의 대안으로 systemd를 활용하여 편리한 조회를 수행할 수 있다.

- service 구동: systemctl start service_name
- service 정지: systemctl stop service_name
- service 재시작: systemctl restart service_name
- system 시작 시 서비스 실행: systemctl enable service_name

자세한 설명은 https://fedoraproject.org/wiki/SysVinit_to_Systemd_Cheatsheet에서 확인할 수 있다.

서비스 상태 확인

init 스크립트 메소드는 일부 배포판의 서비스 상태를 확인하는 좋은 방법이지만 모든 곳에서 사용할 수 있는 것은 아니며 완벽하지 않다. 경우에 따라 자빅스 서버 또는 에이전트의 실행 여부를 확인하기 위해 다음과 같은 방법을 사용할 수 있다.

- **실행 중인 프로세스 확인**: 특정 프로세스가 실행 중인지 확인하는 가장 일반적인 방법은 실행 중인 프로세스를 확인하는 것이다. 다음 명령을 사용해 자빅스 에이전트 데몬 프로세스가 실제로 실행 중인지 확인할 수 있다.

```
$ ps -C zabbix_agentd
```

- **netstat 명령의 출력**: 때때로 에이전트 데몬이 시작되었지만, 다른 프로세스가 포트를 사용하거나 포트에 바인드하지 못할 수 있다. netstat 명령을 사용하면 다른 프로세스가 자빅스포트를 사용해 listen 중인지, 자빅스 에이전트 데몬이 올바른 포트에서 수신 대기 중인지 확인할 수 있다.

```
$ netstat -ntpl
```

- 루트 사용자가 아니라면 다른 사용자의 프로세스 이름은 확인되지 않는다. 명령어를 실행하고 아래와 유사한 라인을 찾아보자.

```
Proto Recv-Q Send-Q Local Address              Foreign Address
State        PID/Program name
tcp     0       0 0.0.0.0:10050              0.0.0.0:*
LISTEN       19843/zabbix_agentd
```

- 이 출력 결과는 zabbix_agentd 프로세스가 실행되어 모든 IP 주소를 통해 10050 포트로 수신되는 연결에 대하여 listen 중인 것을 확인할 수 있다.

- **포트에 텔넷 연결**: 서비스가 시작되고, 포트가 정상적으로 바인딩된다 하더라도, 서버 방화벽 같은 문제로 인해 포트로 연결이 불가능할 수 있다. 포트로의 정상적인 연결을 확인하기 위해 아래의 명령을 실행해보자.

```
$ telnet localhost 10050
```

이 명령을 통해 자빅스 에이전트 데몬에 연결돼야 하며, 연결이 즉시 끊어지면 안 된다. 이것은 자빅스 서버에도 적용된다. 서버의 경우 기본적으로 **10051**을 사용한다.

웹 프론트엔드

이제 자빅스 서버와 에이전트를 컴파일하고 설치를 했거나, 배포 패키지로부터 설치를 완료했다. 그리고 각각의 데몬은 구동 중이다. 하지만 무엇인가 부족함을 느낄 것이다. 어떻게 자빅스에 어떻게 접근할 수 있을까?

그것은 웹 프론트엔드의 역할이다. 이론적으로 자빅스는 복수의 웹 프론트엔드를 가질 수 있지만, 완전한 기능 제공하는 웹 프론트엔드는 PHP로 작성된 자빅스 웹 프론트엔드다. 우리는 자빅스를 설정하고, 모두가 원하는 훌륭한 그래프를 얻게 될 것이다.

요구 사항과 환경 설정

물론 자빅스 웹 프론트엔드를 구동하기 위해서는 PHP를 실행할 수 있는 웹 서버 플랫폼이 필요하다. 웹 서버 플랫폼의 요구 사항은 다음과 같다.

- PHP를 지원하는 웹 서버. 일반적으로 아파치를 가장 많이 사용한다.
- PHP 버전 5.4.0 이상을 사용해야 한다.

 다음 명령은 소스로 설치하는 경우 필요하다. 패키지를 통해 설치를 수행할 경우 일반적으로 자빅스 프론트엔드도 함께 설정된다.

PHP를 설치할 때 배포 패키지로 설치하는 것이 가장 쉽다. PHP의 경우 다음 모듈도 함께 설치돼야 한다.

- gd
- mysqli
- bcmath
- mbstring
- gettext

일부 배포판은 핵심 PHP 모듈이 분리되어 있다. 이 모듈에는 ctype, net-socket, libxml 등이 포함될 수 있다.

이 패키지들을 설치하면 웹을 설정해야 한다. 다시 말하지만, 패키지나 소스로 설치하는 옵션이 있다. 패키지를 사용하기로 결정했다면 웹 프론트엔드가 이미 설치되어 있어야 하며, 다음 절에서 설명하는 '설정 마법사'를 계속 진행할 수 있어야 한다. 소스 컴파일을 통해 설치했다면 일부 파일을 복사하는 것만으로 충분하다.

먼저 프론트엔드가 어떤 경로에 설치돼야 할지 결정해야 한다. 대부분의 웹 서버 배포판 패키지는 /srv/www/htdocs이나 /var/www를 사용한다. 아파치 웹 서버를 소스에서 컴파일한 경우 /usr/local/apache2/htdocs(수동으로 prefix를 변경하거나 이전 아파치 버전을 설치하지 않은 경우)에 위치하게 된다. 프론트엔드를 간단한 서브디렉토리인 zabbix에 배포하자.

웹 루트 디렉토리가 /srv/www/htdocs인 아파치 배포 패키지가 설치돼 있다고 가정하면, 루트 계정으로 아래의 명령을 사용해 프론트엔드를 쉽게 배포할 수 있다.

```
# cp -r frontends/php /srv/www/htdocs/zabbix
```

웹 프론트엔드 설정 마법사

웹 프론트엔드에는 기본 구성 설정을 지원하는 설치 마법사를 제공한다. 마법사가 제공하는 간단한 과정을 통해 설정을 진행하자.

이제 브라우저를 실행하고 자빅스 주소 http://<server_ip_or_name>/zabbix로 이동한다. 파이어폭스, 크롬, 사파리, 오페라, 캉커러, 인터넷 익스플로러 등 대부분의 최신 브라우저에서 정상적으로 동작한다.

Step 1: welcome

모든 것이 올바르게 구성됐으면 다음과 같이 설치 마법사를 확인할 수 있다.

그렇지 않은 경우 몇 가지 사항을 확인한다.

페이지로 연결이 완전히 실패하면, 아파치가 실행되고 있는지, 방화벽 정책이 올바르게 설정됐는지를 확인하자. 빈 페이지 또는 일부 PHP 코드가 화면에 표시된다면, PHP가 올바르게 설치됐는지 확인하고, .php 파일이 `AddType application/x-httpd-php`를 통해 파싱되도록 설정됐는지 확인하자. 설치 마법사 대신 파일과 디렉토리 목록이 표시되면 `index.php`가 `DirectoryIndex` 설정에 추가됐는지 확인해야 한다. 다른 힌트가 필요하다면 http://www.php.net/manual/kr/에서 PHP 설명서를 확인하자.

이 화면은 구성할 항목이 많지 않으므로 Next step을 클릭하자.

Step 2: PHP prerequisites

이 단계에서 설치 마법사는 PHP 관련 필수 요구 패키지를 확인한다. 운이 좋다면 모든 항목이 충족되어 있을 것이다. 모든 항목이 충족되면 모든 항목이 초록색 표시될 것이다.

모든 항목이 충족된다면 Next step 버튼을 클릭해 Step 3으로 넘어가자.

종종 하나 이상의 항목 옆에 빨간색으로 Fail 경고가 표시될 수 있다. 이런 경고가 설치를 더 흥미롭게 만들어 준다. 여기서 발생하는 문제는 PHP 설치 또는 환경 설정의 두 가지로 나뉜다.

PHP version이나 PHP databases support, PHP bcmath, PHP mbstring, PHP gd, PHP gd PNG/JPEG/FreeType 지원 등 옵션으로 나열되지 않은 이런 항목은 PHP 설치 문제다. 이 문제를 해결하려면 적절한 배포 패키지(php5-bcmath, php5-gd, php5-mysql 등)를 설치하거나 해당 옵션을 포함하여 PHP를 다시 컴파일해야 한다.

PHP option "memory_limit"이나 PHP option "post_max_size", PHP option "upload_ max_ filesize", PHP option "max_execution_time", PHP option "max_input_ time", PHP time zone 은 모두 php.ini에서 설정된다. 이 설정 파일은 대개 배포 패키지의 경우 /etc/php5 또 는 이와 유사한 위치에 있으며 PHP 소스 설치의 경우 /usr/local/lib에 있다. 다음 옵 션을 설정하자.

```
memory_limit = 128M
post_max_size = 16M
max_execution_time = 300
max_input_time = 300
upload_max_filesize = 2M
```

이 책의 코드는 https://github.com/PacktPublishing/Zabbix-Network-Monitoring-Second-Edition에서 호스팅된다. https://github.com/PacktPublishing/에서는 이 책 외에 도 다양한 도서 및 비디오 카탈로그에서 제공하는 다른 코드를 제공한다. 한번 확인해보자!

표준 시간대의 경우 사용자 환경에 가장 잘 맞는 표준 시간대로 date.timezone 옵션 을 설정하자. 자빅스의 기본값은 Europe/Riga이며 http://www.php.net/manual/en/ timezones.php에서 지원되는 timezone을 확인할 수 있다.[2]

PHP 구성 파일을 변경한 후 아파치를 다시 시작해야 한다. php.ini 파일을 찾을 수 없거 나 변경했지만 설치 마법사에서 수정된 내용이 반영되지 않으면, 다음의 내용으로 htdocs 디렉토리에 test.php를 생성한다.

```
<?php phpinfo() ?>
```

---

2 한국은 Asia/Seoul로 설정한다. – 옮긴이

브라우저를 사용해 이 파일에 접속하고 Configuration File (php.ini) Path 항목의 값을 확인하자. 이 위치의 php.ini를 변경해야 한다.

모든 것이 수정되면 Next step 버튼을 클릭해 계속 진행하자.

Step 3: database access

이전에 생성한 데이터베이스 정보를 기억해서 그 정보를 이곳에 입력하자.

이미 자빅스 서버에 대한 데이터베이스 계정을 설정했지만 자빅스 프론트엔드는 다른 설정 파일을 사용한다. 기본적으로 데이터베이스 타입과 데이터베이스 호스트 주소, 포트 값이 잘 입력돼야 한다. 데이터베이스 이름과 사용자를 모두 zabbix로 설정하고 암호를 입력하자. 암호를 잊은 경우 zabbix_server.conf에서 암호를 찾거나 복사하자. 접속 정보를 입력한 후 다음 Next step을 클릭하자. 모든 정보가 올바르게 입력됐다면 마법사는 다음 단계로 넘어가게 될 것이다.

Step 4: Zabbix server details

다음 화면에서는 자빅스 서버의 정보를 지정할 수 있다.

호스트와 포트에 대해서는 기본값을 사용하는 것은 적합하다. Name 필드에는 새로운 값을 입력하면 시스템 운영 시 도움이 된다. 이 필드의 내용은 자빅스 화면의 우측 상단의 페이지 제목과 레이블에 사용된다. 특히 자빅스를 여러 개 설치한 경우 이 필드가 유용하다. 이곳에 어떤 이름도 자유롭게 입력할 수 있지만 이 책에서는 서버 Zabbix One으로 호칭할 것이다. 입력이 마무리되면 Next step을 클릭하자. 다음 화면은 이전 화면에서 선택한 내용을 요약한 것이다.

Step 5: summary

적절한 값들을 기본 설정으로 구성하고, DB 커넥션 테스트가 성공했다면, Next step을 클릭해 설정이 안전하게 보관해야 한다.

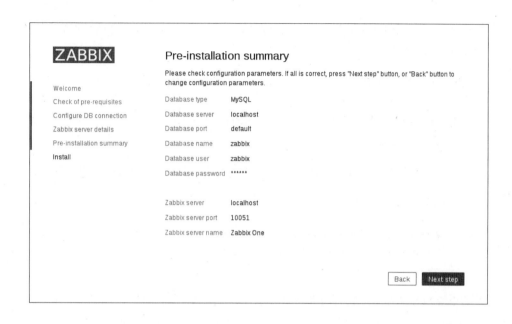

Step 6: writing the configuration file

가끔 다음 화면과 같이 실패 화면을 볼 수 있다.

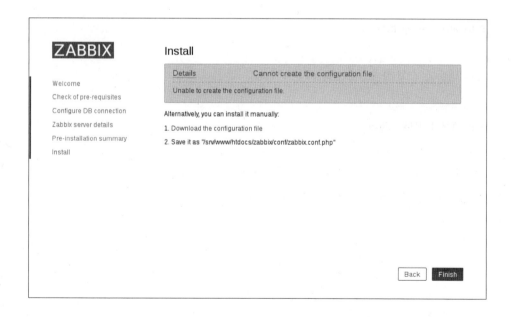

이 경우는 설치 마법사가 설정 파일을 저장할 때 저장 하고자 하는 경로에 대한 쓰기 권한이 없을 경우다. 이전 버전의 자빅스에서는 두 가지 대안을 제시했으나, 불행하게도 자빅스 3.0에서는 한 가지 방법이 없어졌다. 그 두 가지 해결 방법은 다음과 같다.

1. 설정 파일 다운로드를 클릭하고, 이 파일을 수동으로 htdocs/zabbix/conf 디렉토리에 저장한다.

2. 웹 서버 사용자가 htdocs/zabbix/conf 디렉토리를 쓰기 가능하도록 권한을 지정한다(root로 실행). 다음 명령을 사용하자.

```
# chown <username> /path/to/htdocs/zabbix/conf
# chmod 700 /path/to/htdocs/zabbix/conf
```

이 명령을 사용할 때 올바른 계정명과 경로를 입력해야 한다. 웹 경로는 일반적으로 /srv/www/htdocs이거나 /usr/local/apache2/htdocs이다. 자빅스 프론트엔드 코드에 복사한 경로를 사용하면 된다. 사용자 계정은 wwwrun, www-data, nobody, daemon이다. 다음을 실행해 시스템에 적합한 사용자를 찾을 수 있다.

```
$ ps aux | grep http
```

또한 다음과 같이 실행할 수도 있다.

```
$ ps aux | grep apache
```

httpd 프로세스를 구동한 계정을 변경할 계정명으로 사용하면 된다. 권한이 변경되면 Finish를 클릭하자. 설정 파일이 성공적으로 저장될 것이다.

> **TIP** conf 디렉토리의 zabbix.conf.php.example을 zabbix.conf.php에 직접 복사하고 편집해 구성 마법사를 건너뛸 수 있다. 이 경우 PHP 설치와 요구 사항이 충족됐는지 수동으로 확인해야 한다.

이 파일에는 공개되면 안 되는 데이터베이스 암호가 포함되어 있기 때문에, Root 계정으로 다음 명령을 실행해, 이 파일의 사용 권한을 웹 서버 사용자만 읽을 수 있도록 제한하는 것을 권장한다.

```
# chmod 440 /path/to/htdocs/zabbix/conf/zabbix.conf.php
# chown root /path/to/htdocs/zabbix/conf/
```

Step 7: finishing the wizard

축하한다. 이것이 설치 마법사의 마지막 화면이다. Finish를 클릭하자.

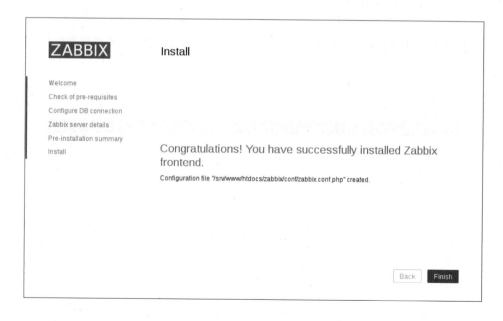

Step 8: logging in

Finish를 클릭하면 바로 로그인 화면을 볼 수 있다.

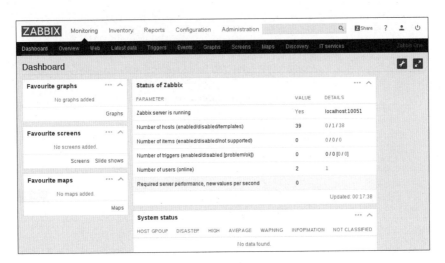

이전에 임포트한 자빅스 데이터베이스 데이터에는 이미 기본 사용자 이름과 암호가 포함되어 있다. 기본 계정 정보는 다음과 같다.

- Username: Admin
- Password: zabbix

계정 정보를 입력하여 초기 메인 화면으로 이동하면, 비어있는 듯한 대시보드 화면을 볼 수 있다.

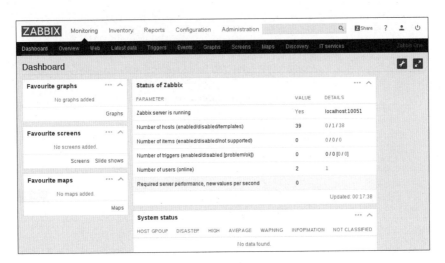

이제 웹 프론트엔드 설정이 완료됐고, 성공적으로 로그인됐다.

 원한다면 추후 자빅스 웹 모듈 구성을 쉽게 변경할 수 있다. zabbix.conf.php 파일을 편집하여 데이터베이스 연결 정보, 자빅스 서버 호스트 및 포트, 네 번째 단계에서 입력한 서버 이름등을 변경할 수 있다. 파일에 포함된 대부분의 파라미터는 설명이 없어도 이해할 수 있다. 예를 들어 $ZBX_SERVER_NAME를 변경하면 서버 이름이 변경된다.

우측 상단을 자세히 살펴보면 구성 마법사에서 이전에 입력한 서버 이름이 표시되는 것을 확인할 수 있다. 운영 인스턴스와 테스트 인스턴스 등 동시에 여러 인스턴스를 사용할 때 이 서버 이름을 통해서 서로 다른 자빅스 간의 구별을 쉽게 해준다. 또한 이 이름은 대부분의 최신 브라우저에서 페이지 제목과 탭 제목에도 사용된다. 브라우저의 여러 개의 탭이 열릴 때, 탭 이름을 통해 올바른 인스턴스를 선택했는지 확인할 수 있다. 각각의 탭을 개별적으로 클릭해서 자빅스 프론트엔드의 URL이나 우측 상단을 볼 필요가 없다.

대시보드는 자빅스의 Status of Zabbix가 붙은 테이블을 제외하고는 별로 흥미롭지 않다. 동일한 화면은 Reports의 Status of Zabbix를 클릭하면 확인할 수 있다.

PARAMETER	VALUE	DETAILS
Zabbix server is running	Yes	localhost:10051
Number of hosts (enabled/disabled/templates)	39	0 / 1 / 38
Number of items (enabled/disabled/not supported)	0	0 / 0 / 0
Number of triggers (enabled/disabled [problem/ok])	0	0 / 0 [0 / 0]
Number of users (online)	2	1
Required server performance, new values per second	0	

이제 이 위젯에 집중해보자. 프론트엔드는 자빅스 서버가 실행 중임을 확인하고 연결하는 호스트와 포트를 표시한다. 또한 자빅스의 구성과 관련된 기본적인 사항을 표시한다. 이 서버는 총 39개의 호스트가 구성돼 있다. 이건 어떻게 된 일일까? 우리는 설정만하고 아무것도 구성하지 않았는데, 어떻게 39개의 호스트가 있을 수 있을까? DETAILS 열을 자세히 살펴보자. PARAMETER 열에 있는 괄호 안의 설명이 이 값을 의미한다. 현재 모니터링 대상 호스트는 0개이고 모니터링 대상이 아닌 호스트 1개, 템플릿 38개가 있다. 39개 중 38개가 실제 호스트가 아닌 템플릿이다. 여전히 모니터링되지 않는 호스트가 하나 있는데, 이것은 무엇일까?

Configuration을 클릭하고 Hosts를 선택해보자. 이것을 꼭 확인해야 한다.

 가장 먼저 할 일은 페이지 중간에 있는 큰 Filter 버튼을 클릭하는 것이다. 이전 버전의 자빅스에서는 선택하기 어려운 매우 작은 버튼이었는데, 자빅스 팀이 그 문제를 해결했지만 불행이도 이제는 너무 커졌고, 모든 필터는 기본적으로 열려 있다. 필터 사용에 대해서는 나중에 논의하자. 지금은 거대한 필터를 볼 때마다 일단 닫는다.

화면에서 볼 수 있는 것처럼 로컬 자빅스 서버 하나가 기본 자빅스 데이터베이스에 이미 구성되어 있다. 자빅스 서버는 Status of Zabbix 화면과 STATUS 열의 Disabled 문자열에 표시된 것처럼 기본적으로 비활성화되어 있다.

 자빅스 온라인 매뉴얼에는 많은 기술 세부 사항이 있다.
https://www.zabbix.com/documentation/3.0/

▌ 요약

이 장에서는 데이터베이스, 서버, 에이전트 데몬으로 구성된 새로운 자빅스 설치를 설정했으며, 모두 동일한 시스템에서 실행되도록 구성했다. 또한 PHP를 기반으로 자빅스 웹 프론트엔드를 설치 및 구성하여 데이터베이스에 액세스했다.

앞으로 모든 장에서 이 서버를 사용할 것이다. 모니터링 항목을 기반으로 이메일 알림을 전송하는 방법을 확인하려면 2장, '첫 번째 알림받기'의 간단한 시나리오를 살펴보자. Quick Start 가이드로 생각하면 될 것 같다.

02

첫 번째 알림받기

1장에서는 자빅스를 설치했지만 기대했던 것만큼 많은 것들을 진행하지 않았다. 적어도 지금은 알아서 잘 동작하는 소프트웨어를 기대하기에는 무리가 있다. 자빅스는 서비스 사용자나, 관리자가 알아채기 전에 가능한 빨리 운영자에게 장애 알림을 제공할 것을 약속한다. 그러나 데이터를 어떻게 얻고, 어디에 배치할 것이고, 장애를 어떻게 정의할 수 있을까? 2장에서는 자빅스를 신속하게 작동시키고, 가장 일반적 시나리오인 단일 모니터링 아이템으로 알림을 발송할 것이다. 자빅스로 알림을 전송하기 전에, 자빅스의 기본 개념을 배우고 사용해야 한다. 기본 개념은 다음과 같다.

- 화면 둘러보기
- 호스트와 아이템(모니터링 대상) 생성
- 수집된 데이터 확인과 그래프로 표시하는 방법 확인
- 트리거를 사용해 장애 임계치 정의
- 임계치를 초과할 때 이메일을 보내도록 자빅스 설정
- 실제 알림을 수신하기 위한 장애 생성

프론트엔드 탐험하기

이미 화면에서 제공하는 일부 데이터를 살펴봤지만, 더 많은 설정을 하기 위해서는 조금 더 익숙해져야 한다.

설정은 '모니터링' 절에서 결과 검증 후 진행할 것이다. 그다음 자빅스에서 사용되는 몇 가지 아이템과 사용법에 대해 설명한다. 아이템은 정보 수집의 기초가 되고, 다양한 설정을 지원한다.

브라우저를 열고 자빅스 URL(http://〈server_ip_or_name〉/zabbix)로 접속하자. 로그아웃했다면 다시 로그인한다. 정보가 거의 없는 빈 대시보드가 나타난다.

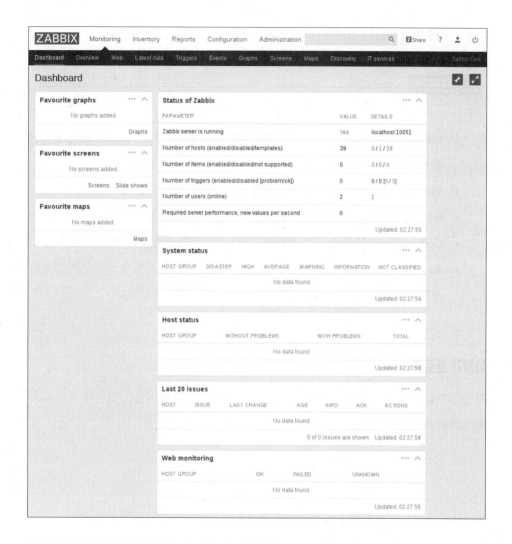

상단 최상위 메뉴를 클릭해, 각 메뉴의 하위 메뉴를 보자. Configuration을 클릭하고, 하위 메뉴의 Host groups를 클릭하면 설정된 모든 호스트 그룹을 볼 수 있다. 앞으로 이 메뉴를 많이 사용하게 될 것이다. 이런 형식의 동작을 앞으로는 Configuration > Host groups로 표현하겠다(이 표기법에서 첫 번째 카테고리가 메인 메뉴이고, 두 번째 카테고리가 하위 메뉴다).

다음 그림에서 볼 수 있듯이 메인 카테고리는 다음 다섯 가지로 구성된다.

ZABBIX Monitoring   Inventory   Reports   Configuration   Administration

- Monitoring: 대부분의 모니터링 관련 페이지가 제공된다. 수집된 데이터, 장애현황 및 그래프를 확인할 수 있다.
- Inventory: 모니터링되는 시스템의 인벤토리 데이터를 볼 수 있다.
- Reports: 이 메뉴에는 몇 가지 간단한 보고서를 제공한다.
- Configuration: 시스템, 수집 데이터, 알림 전송과 관련된 모든 것을 설정한다.
- Administration: 이 메뉴에서는 인증 방법, 사용자, 권한, 자빅스 서버 전역 설정을 포함하여 많은 자빅스 내부적으로 동작하는 기능을 설정한다.

사용자 프로필

카테고리에 더 깊이 들어가기 전에, 우측 상단의 사람 모양의 아이콘을 선택해 개인 프로필 설정을 확인해보자.

아이콘을 클릭하면 접속 계정의 프로필을 설정할 수 있다.

User	Media	Messaging

Password　　　[Change password]

Language　　　[English (en_GB)　▾]

Theme　　　[System default　▾]

Auto-login　　　[■]

Auto-logout (min 90 seconds)　[　]　[　　900　]

Refresh (in seconds)　　　[　　30]

Rows per page　　　[　　50]

URL (after login)　　　[　　　　　　　　　]

[Update]　[Cancel]

이 화면에서 암호, 언어, 테마 등 사용자 계정과 관련된 몇 가지 옵션을 설정할 수 있다. 이 책에서는 English (en_GB)를 사용할 것이므로 그대로 둘 것을 제안한다. 이전 버전의 자빅스는 4가지 테마를 지원했지만, 자빅스 3.0에서는 테마가 줄었다. 이제는 Blue와 Dark 테마만 제공된다. 우리는 기본 테마를 사용하지만, 자빅스 3.0에서 제공되는 두 테마 모두 시각적으로 괜찮다.

오른쪽 상단 모서리에 있는 프로필 아이콘 위로 마우스 커서를 이동해 현재 접속한 사용자 계정을 확인할 수 있다. 툴팁에는 사용자 프로필에 구성된 사용자 이름과 성이 표시된다. 로그인하지 않으면 프로필 아이콘이 표시되지 않는다.

로그인과 관련해서 브라우저의 저장된 쿠키를 사용한 자동 로그인, 자동 로그아웃 두 가지 옵션을 제공한다. 디폴트로 자동 로그인을 사용하도록 설정되어 있으며, 이 옵션을 변경하지 않을 것이다.

 이 글을 쓰는 시점에서 프론트엔드의 백그라운드 작업이 자동 로그아웃 타이머를 재설정하여 자동 로그아웃을 사용할 수 없게 한다. 자세한 설명은 부록 B, '커뮤니티 참여'에 자세히 기술된 자빅스 이슈트래커의 ZBX-8051을 확인해보자.

지금 URL 옵션을 변경하지는 않을 것이지만, 추후 특정 사용자에 대한 기본 URL 설정의 장점에 대하여 설명한다. 프론트엔드의 일부 페이지는 새로운 데이터를 표시하기 위해 자동으로 새로고침된다. Refresh 옵션은 새로고침될 기간을 초 단위로 설정한다. 앞으로 생성할 큰 스크린을 위해 이 설정을 증가시키는 것이 필요하다.

Rows per page 옵션은 한 화면에서 표시하는 데이터의 양을 제한한다. 대규모 모니터링을 위해서는 크기를 늘리는 것이 유용할 수 있지만 크기를 너무 크게 하면 웹 프론트엔드의 성능에 부정적인 영향을 줄 수 있다.

이제 Messaging 탭을 클릭해보자.

이 화면에서는 웹에서 수신 받는 메시지를 설정할 수 있다. Frontend messaging 옵션을 클릭하고 Message timeout (seconds)를 180으로 변경하자. 2장의 뒷부분에서 메시지를 표시하는 다양한 옵션에 대해 설명한다.

> Trigger severity의 모든 체크박스가 선택되어 있는지 확인하자. 이전에 사용자 프로필을 저장한 경우 기본 상태가 다를 수 있다.

테마를 변경하고 프론트엔드 메시지를 사용 가능하도록 체크 했으면 Update 버튼을 클릭하자.

▌ 모니터링 Quickstart

이제 프론트엔드에 대한 기본 사항을 살펴봤으므로, 자빅스 데이터 수집에 대한 기초를 살펴보자. 일반적으로 수집하려는 모든 데이터는 아이템으로 수집된다.

> 자빅스의 아이템은 수집된 메트릭에 대한 정보를 보유하는 설정 개체이다. 그것은 자빅스로 수집되는 정보의 기초이며, 아이템이 없으면 어떤 것도 조회할 수 없다.
> 아이템은 임계치에 관한 것은 포함하지 않는다. 임계치는 트리거 설정에 의하여 동작한다.

자빅스에서 아이템이 너무 중요하기 때문에 일부 아이템을 만들어야 한다. 아이템 없이 데이터를 검색할 수 없다는 말은 아이템이 없는 경우 아무것도 모니터링할 수 없음을 의미한다. 아이템 설정을 시작하려면 Configuration ➤ Hosts를 클릭하자. 우측 상단의 Group 드롭다운에서 호스트 그룹이 설정되어 있지 않을 경우 Zabbix servers를 선택하자. 호스트그룹은 아이템 및 트리거를 비롯한 다른 항목 설정을 위해 쉽게 접근할 수 있도록 지원하기 때문에 자주 사용하게 될 것이다. 이제 하나씩 살펴보자. 가장 흥미로운 기능은 호스트 목록이다.

Zabbix server Applications 13 Items 77 Triggers 43 Graphs 12 Discovery 2 Web 1

호스트 목록의 첫 번째 열에서는 호스트의 세부 정보에 대한 이동을 제공하는데, 그 외에도 다양한 기능을 제공한다. 이 화면에서는 호스트와 연관된 항목으로 이동하는 유용한 기능을 제공하고, 각 항목의 수를 확인할 수 있도록 지원한다. 호스트 항목을 자세히 살펴보면 상태 정보뿐만 아니라 가장 중요한 호스트 구성 파라미터에 대한 간략한 개요를 볼 수 있다. 자세한 내용은 나중에 설명한다.

INTERFACE	TEMPLATES	STATUS	AVAILABILITY	AGENT ENCRYPTION	INFO
127.0.0.1: 10050	Template App MySQL, Template App Zabbix Server, Template OS Linux (Template App Zabbix Agent)	Disabled	ZBX SNMP JMX IPMI	NONE	

이 호스트 목록은 호스트의 아이템에 접근하는 것이 목적이므로 Zabbix server 옆에 있는 Items를 클릭하자. 다음 화면과 비슷한 목록이 표시된다.

NAME ▲	TRIGGERS	KEY	INTERVAL	HISTORY	TRENDS	TYPE	APPLICATIONS	STATUS	INFO
Template App Zabbix Agent: Agent ping	Triggers 1	agent.ping	1m	7d	365d	Zabbix agent	Zabbix agent	Enabled	
Template OS Linux: Available memory	Triggers 1	vm.memory.size[available]	1m	7d	365d	Zabbix agent	Memory	Enabled	
Template OS Linux: Checksum of /etc/passwd	Triggers 1	vfs.file.cksum[/etc/passwd]	1h	7d	365d	Zabbix agent	Security	Enabled	
Template OS Linux: Context switches per second		system.cpu.switches	1m	7d	365d	Zabbix agent	CPU, Performance	Enabled	

편리한 호스트 항목 링크를 사용해 특정 호스트의 아이템 목록을 표시하는 방법을 잘 기억하자. 접근하기 쉬운 Configuration ❯ Hosts는 앞으로도 자주 사용될 것이다.

앞으로 돌아가서, 아이템 목록에 상당히 많은 아이템들이 이미 존재하는 것을 확인할 수 있다. 하지만 첫 번째 화면인 자빅스 상태 스크린에서는 하나의 호스트와 아이템이 없는 것을 확인했었다. 이것은 무언가 확실히 잘못됐다. Reports ❯ Status of Zabbix(혹은 같은 데이터를 표시하는 Monitoring ❯ Dashboard)로 이동해보자. 이곳에서는 확실히 0으로 표시되고 있다. 이제 마우스를 Number of items (enabled/disabled/not supported) 텍스트 위에 올리고 툴팁을 확인해보자.

86

Status of Zabbix

PARAMETER	VALUE	DETAILS
Zabbix server is running	No	localhost:10051
Number of hosts (enabled/disabled/templates)	39	0 / 1 / 38
Number of items (enabled/disabled/not supported)	0	0 / 0 / 0
Number of triggers (enabled/disabled [problem]	0	0 / 0 [0 / 0]
Number of users (online)	2	1
Required server performance, new values per second	0	

> Only items assigned to enabled hosts are counted

이곳에 표시되는 숫자는 활성화된 호스트에 할당된 아이템만 계산되는 것을 알 수 있다. 예제로 사용되는 호스트인 자빅스 서버가 비활성화되어 있기 때문에, 자빅스 상태 보고서에 아이템이 없는 것으로 보이는 것이다. 좀 더 복잡한 구성을 평가하려면 이것을 기억하는 것이 유용하다.

호스트 만들기

호스트에 이미 정의된 설정을 활용할 수도 있지만, 그것보다는 먼저 어떻게 아이템이 동작하는지 이해해야 한다. 아이템은 독립적으로 존재할 수 없다. 각각의 아이템은 호스트에 연결돼야 한다.

 자빅스에서 호스트는 아이템을 그룹화하는 논리적 개체이다. 호스트가 무엇인지에 대한 정의는 특정 환경 및 상황에 따라서 자유롭게 적용될 수 있다. 자빅스는 이 범위를 결코 제한하지 않는다. 따라서 호스트는 네트워크 스위치, 물리적 서버, 가상 시스템 또는 웹 사이트일 수 있다.

호스트에 아이템 추가가 필요한 경우 호스트를 생성해야 한다. **Configuration ▶ Hosts**로 이동해 우측 상단에 있는 **Create host**를 선택하자. 지금은 세부 정보가 필요하지 않으므로 필요한 정보만 입력해보자.

- Host name: A test host 입력
- Groups: 오른쪽 목록 상자 Other groups에서 리눅스 서버를 선택. 이 그룹을 추가하기 위해 ◀ 버튼을 누른다. In groups에서 Zabbix servers를 선택하고 ▶ 버튼을 눌러 미리 정의된 그룹에서 새 호스트를 제거한다.

> ⓘ 왜 우리는 이 호스트의 그룹을 선택해야 할까? 모든 권한은 개별 호스트가 아닌 호스트 그룹에 할당되므로 호스트는 하나 이상의 그룹에 속해야 한다. 권한에 대해서는 5장, '호스트, 사용자, 사용 권한 관리'에서 좀 더 자세히 설명한다.

호스트용으로 변경한 필드는 다음과 같다.

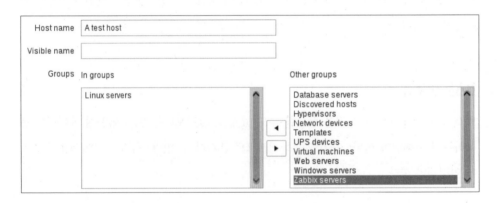

준비가 되면 하단의 **Add** 버튼을 클릭하자.

아이템 만들기

이렇게 첫 번째 호스트를 만들었다. 그러나 아이템이 모든 데이터의 기초이기 때문에 아이템이 없는 호스트는 쓸모가 없다. 더 많은 정보를 제공하려면 아이템을 만들어야 하므로 **Groups** 드롭다운에서 리눅스 서버를 선택한 후, 방금 작성한 **A test host** 호스트 옆에 있는 Items를 클릭하자. 호스트의 목록에는 아이템이 없을 것이다. 오른쪽 상단 모서리에 있는 Create item 버튼을 클릭하자.

호스트 생성과 비슷한 형식의 폼이 나타나는데 일부 항목을 다음과 같이 채워보자.

- **Name**: 이 필드에 **CPU load**를 입력하자. 이 아이템의 이름은 기본적으로 아이템을 참조할 때 대부분 사용하는 이름이다.
- **Key**: 이 필드의 값은 system.cpu.load이다. 이것은 수집한 정보를 식별하는 아이템의 '기술 이름'이다.
- **Type of information**: Numeric(float)을 선택하자. 들어오는 데이터의 형식과 유형을 정의한다.

필요한 정보를 모두 입력하면 다음 화면을 볼 수 있다.

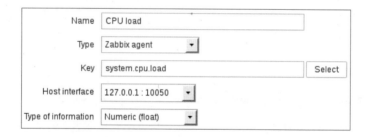

나중에 다른 기본값을 자세히 살펴볼 것이다. 하단의 **Add** 버튼을 클릭하자.

 아이템 키에 대한 자세한 내용은 3장, '자빅스 에이전트와 기본 프로토콜과 모니터링'에서 살펴본다.

이제 새 아이템이 목록에 표시된다. 그러나 우리는 관련 데이터에 관심이 있으므로 Monitoring > Latest data로 이동하자. 이 화면에서는 화면의 절반을 차지하는 필터를 확인할 수 있다. 이번에는 이 필터를 바로 사용할 것이다.

자빅스 2.4부터는 성능상의 이유로 Latest data 페이지에는 기본적으로 데이터가 표시되지 않는다. 따라서 먼저 필터를 설정해야 한다.

Filter에서 Hosts 필드에 test를 입력하자. 앞에서 생성한 호스트가 나타난다. 그것을 클릭한 후 Filter를 클릭하자. 필터 아래 – other – 섹션이 닫혀 있다면 섹션을 펼쳐보자. 저장된 아이템이 수집되기까지는 1분가량 소요될 수 있다. 이후 이미 데이터가 수집된 신규 아이템을 확인할 수 있다.

NAME ▲	LAST CHECK	LAST VALUE
- other - (1 Item)		
CPU load	2016-02-16 20:44:55	0.05

아이템이 전혀 표시되지 않으면 어떻게 해야 할까? 이 상황은 대부분 데이터가 수집되지 않아서 발생하는데, 그 원인은 다양하다. 이 경우 다음과 같은 일반적인 원인을 확인하자.

- 화면과 동일하게 아이템을 설정했는지 확인해야 한다. 아이템 키와 데이터 형식을 확인하자.
- 에이전트와 서버가 모두 실행 중인지 확인하자. 루트로 다음을 실행해 실행 여부를 확인할 수 있다.

```
# netstat -ntpl | grep zabbix
```

- 출력에는 올바른 포트에서 실행 중인 서버 및 에이전트 데몬이 모두 표시돼야 한다.

```
tcp        0        0 0.0.0.0:10050                    0.0.0.0:*
                    LISTEN          23569 / zabbix_agentd
tcp        0        0 0.0.0.0:10051                    0.0.0.0:*
                    LISTEN          23539 / zabbix_server
```

그 중 하나가 없는 경우 다시 실행하자.

• 서버가 에이전트에 연결할 수 있는지 확인하자. 자빅스 서버에서 다음을 실행해 이를 확인할 수 있다.

```
$ telnet localhost 10050
```

연결에 실패하면 에이전트가 실행되고 있지 않거나 일부 제한적인 방화벽 설정으로 인해 연결이 차단될 수 있다. 가끔 SELinux가 그 연결을 제한할 수 있다. 연결이 성공했지만 즉시 끊어지면 zabbix_agentd.conf 설정 파일의 Server에 지정된 IP 주소와 접속을 시도한 IP가 일치하지 않는 경우 발생한다. 특정 배포판에서는 IPv6가 디폴트로 사용돼 이런 현상이 나타난다. 이 경우 같은 줄에 콤마로 IPv6의 localhost를 의미하는 ::1를 넣어야 한다.

자빅스 서버는 디폴트로 매 분 모니터링할 아이템의 모든 정보를 캐시로 읽어들인다. 이것은 아이템 생성과 같은 설정이 변경되고 데이터 수집에 반영되기까지 1분 이상 소요됨을 의미한다. 이 간격은 zabbix_server.conf의 CacheUpdateFrequency 파라미터를 변경해 조정할 수 있다.

데이터가 도착하기 시작했음에도 Change 열에 값이 표시되지 않을 수 있다. 이것은 여러분이 이 화면으로 빠르게 이동했다는 것을 의미하며, 아이템은 오직 하나의 값만을 수집했기 때문에 아직 값의 변화가 없다. 조금 기다리면 페이지가 자동으로 새로 고쳐진다(페이지 제목을 보면 새로고침 주기를 확인할 수 있다. 사용자 설정에서 새로고침 주기를 30초로 설정했다). 그러면 Change 열이 채워질 것이다. 이제 UNIX system load라는 단일 값을 수집하는 것을 확인할 수 있다. 데이터는 자동으로 조회되고 데이터베이스에 저장된다. 이 아이템의 개념이 잘 이해가 안 되는 경우 https://en.wikipedia.org/wiki/Load_(computing)에서 개요를 읽는 것이 좋다.

심플 그래프 소개

시스템 부하를 확인하면서 수 분이 경과됐다면, 이제 자빅스의 또 다른 기능인 그래프를 살펴볼 좋은 기회다. 추가 구성없이 모니터링된 숫자 아이템에 대해 그래프를 자유롭게 사용할 수 있다.

Latest data 화면에서 CPU load 아이템이 보이는 상태에서 Graph를 클릭하면 다음의 화면을 볼 수 있다.

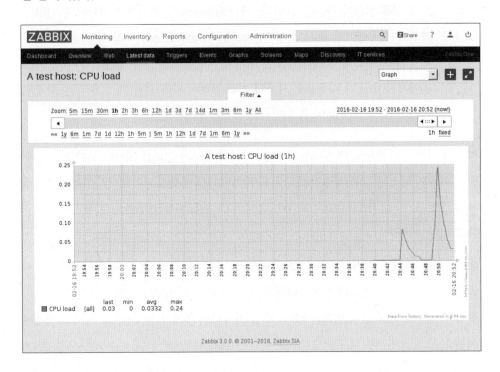

시스템의 데이터를 한 시간 이상 수집하지 않으면, 수집된 데이터의 양이 적을 것이고, 그래프 화면은 전체적으로 유사해 보일 것이다. 이제 몇 가지 기본 그래프 컨트롤을 살펴보자.

 TIP 몇 분이 지난 후에도 데이터가 표시되지 않으면 그래프 위의 스크롤 막대를 가장 오른쪽 위치로 드래그해보자.

왼쪽 상단 모서리의 확대/축소 컨트롤을 사용하면 표시된 기간을 빠르게 전환할 수 있다. 기간 항목 중 하나를 클릭하면 그래프에 선택한 기간 동안의 데이터가 표시된다. 여기에는 이용 가능한 모든 기간을 보여주기 때문에, 수집 데이터가 없는 지금은 사용할 수 없다. 더 많은 데이터가 수집되면 관련 기간이 표시되고 점차 더 긴 줌 기간을 사용할 수 있게 된다.

```
Zoom: 5m  15m  30m  1h  2h  3h  6h  12h  1d  3d  7d  14d  1m  3m  6m  1y  All

  ◄

«« 1y  6m  1m  7d  1d  12h  1h  5m  |  5m  1h  12h  1d  7d  1m  6m  1y  »»
```

컨트롤 아래에는 기간을 검색하는 옵션이 있다. 클릭하면 표시된 시간만큼 정확히 이동한다.

상단의 스크롤 바는 세밀하게 표시 기간을 조절할 수 있다. 왼쪽으로 드래그한 후 그래프의 변화의 상단에 있는 기간을 살펴보자. 그래프는 기간의 변경 사항을 반영하기 위해 업데이트된다. 스크롤 막대의 양쪽 끝에 있는 화살표를 보면 표시된 기간을 변경할 수 있다. 스크롤 막대처럼 마우스로 드래그하자. 정확한 조정을 위해 양쪽 끝의 버튼을 클릭할 수도 있다. 이 버튼을 사용하면 현재 표시된 기간만큼 앞뒤로 이동한다.

오른쪽 상단 모서리의 날짜 항목은 현재 표시된 데이터의 시작 및 종료 시간을 보여 주며, 더 넓은 범위의 임의 기간 설정을 위하여 달력 위젯을 사용할 수 있다. 이 기간 중 하나를 클릭하면 달력이 열리고 시간과 날짜를 입력하고, 시작 또는 종료 시간을 설정할 수 있다.

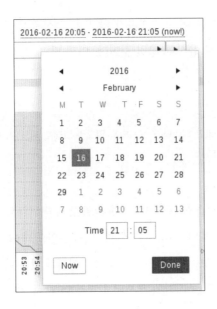

왼쪽 달력에서 시작 시간을 입력하자. 그러면 스크롤 막대의 길이가 변경되지 않고 표시된 기간이 이동된다. 특정 길이의 기간에 관심이 있다면 이 기능으로 충분하지만, 전날 08:30에서 17:00 사이의 그래프를 보고 싶다면 어떻게 해야 할까? 스크롤 막대의 오른쪽 하단 모서리에 있는 fixed 기능이 도움이 된다. 다시 한 번 클릭하면 dynamic으로 바뀐다. 달력 위젯을 사용해 표시된 기간의 시작 또는 종료 시간을 입력하면 이 기간의 가장자리만 변경된다.

예를 들어 10:00에서 11:00 사이의 1시간이 표시되면 첫 번째 일정을 09:00로 설정하면 fixed 모드에서 09:00에서 10:00 사이의 기간이 표시된다. dynamic 모드에서 동일한 작업을 수행하면 09:00에서 11:00까지 2시간이 표시된다. 두 번째 경우에는 마침표의 끝 가장자리가 이동하지 않는다.

 그래프를 보는 시간에 따라 그래프의 일부 영역이 회색 배경이 될 수 있다. 이것은 자빅스에 지정한 근무 시간 외 시간이다. 나중에 더 자세히 살펴보자.

그래프 영역을 클릭하고 드래그하면 마우스 버튼을 놓으면 선택한 기간이 확대된다. 약간의 문제가 있거나 확인하고 싶은 기간을 신속하게 드릴다운할 때 유용하다.

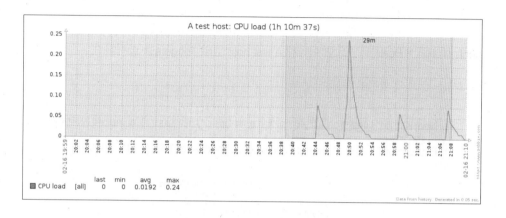

노란색 영역은 마우스 버튼을 클릭한 상태에서 그래프 영역 위로 드래그하여 선택한 시간을 나타낸다. 마우스 버튼을 놓으면 그래프가 선택한 기간으로 확대된다.

 그래프 기간은 자빅스에서 1분보다 짧을 수 없다. 따라서 작은 값으로 설정하려고 시도해도 아무런 효과가 없다. 자빅스 버전 3.0 이전에서의 최소 설정 기간은 1시간이었다.

트리거 생성

이제 데이터를 성공적으로 수집한 아이템을 가지고 있고, 예상대로 수집되고 있는지 확인할 수 있다(시스템 부하가 없음을 확인했다). 하나의 아이템을 가만히 앉아서 지켜보는 것은 매우 지루한 일이다. 수천 개의 아이템을 계속해서 지켜보고 있는 것은 유쾌한 일이 아니므로 트리거를 만들어보자. 트리거는 자빅스에서 모니터링되는 아이템의 장애 상황을 인지하기 위한 표현식 항목이다.

아이템은 데이터를 수집하는 것 외에는 아무것도 하지 않는다. 임계치와 장애를 정의하려면 트리거를 사용해야 한다.

Configuration > Hosts 화면으로 이동해 A test host 옆의 Triggers를 클릭하자.

여기서는 두 개의 항목을 채워야 한다.

- Name: CPU load too high on A test host for last 3 minutes 입력한다.
- Expression: {A Test Host:system.cpu.load.avg(180)}>1을 입력한다.

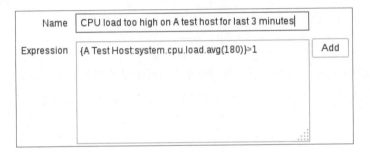

표현식의 끝까지 정확하게 입력하는 것이 중요하다. 완료되면 하단의 **Add** 버튼을 클릭하자. 정확한 트리거 구문을 이해하는 것은 나중에 배울 것이므로 지금은 신경쓰지 말자.

트리거 표현식에 아이템 이름이 아닌 아이템 키를 참조하는 방식에 유의하자. 자빅스 내부에서는 아이템을 참조해야 할 때마다 아이템 키를 사용한다.

이제 트리거 목록에는 방금 만든 트리거 하나가 표시돼야 한다. **Monitoring > Triggers** 화면을 열어서 우리가 추가한 트리거를 살펴보자. **STATUS** 열에 녹색으로 **OK** 표시가 깜박이며 새롭게 추가된 트리거가 표시된다.

SEVERITY	STATUS	INFO	LAST CHANGE ▼	AGE	ACK	HOST	NAME
Not classified	OK		2016-02-16 22:28:55	13s	Yes	A test host	CPU load too high on A test host for last 3 minutes

이 화면에서 STATUS 필드값이 PROBLEM인 항목을 볼 수도 있다. 이것은 CPU load too high on A test host for last 3 minutes라는 트리거 이름이 정확한 의미를 말해준다.

이제 큰 필터를 주목해보자.

표시된 트리거를 필터링할 수 있지만, 기본 필터에 Recent problem이 표시돼도 OK 트리거가 표시되는 이유는 무엇일까? 이것은 기본적으로 자빅스의 상태 표시가 깜박이면서 최근 상태가 변경된 트리거를 표시하기 때문이다. 이런 트리거는 30분 동안 표시되며 일반적인 필터링 규칙을 따른다. Filter를 클릭해 필터를 닫자. 필터에 대해서 나중에 자세히 살펴볼 것이다.

30분 정도 휴식을 취하면 더 이상 트리거가 표시되지 않는 것을 알 수 있는데, 필터의 Triggers status에서 problems만 표시되도록 설정했기 때문이다. 이 화면은 모니터링 대상 호스트와 관련된 모든 문제를 간략히 살펴볼 때 유용하다. 이것은 평범한 데이터를 보는 것보다 훨씬 좋지만, 알림을 발생하는 것에 포인트를 두고 더 알아보고자 한다.

이메일 설정

가장 일반적인 알림 방법은 이메일이다. 자빅스에서 재미있는 일이 일어날 때마다 특정 액션이 발생할 수 있으며, 이메일을 설정하여 발송하도록 설정할 수 있다. 언제 메일을 전송해야 하는지 결정하기 전에, 어떻게 전송해야 할지 자빅스를 설정해야 한다.

이메일, 오픈 전송에 대한 파라미터를 구성하려면 Administration ➤ Media types을 선택하고 Type 열에서 Email을 클릭하자. 이메일 설정에 적합한 간단한 폼을 확인할 수 있다.

SMTP server와 SMTP helo, SMTP email을 변경해 유효한 이메일 서버를 설정하자. SMTP 이메일 주소는 보낸 사람 주소로 사용되므로 서버가 전송을 허용할 것으로 설정되어 있는지 확인하자. 필요한 경우 SMTP 인증을 구성한 다음 Update 버튼을 클릭한다.

여기서 자빅스 서버에 이메일을 발송할 서버를 설정했고, 보낸 사람 주소를 설정했다. 하지만 자빅스는 아직 알림을 전송받을 사용자의 이메일 주소를 알지 못한다. 이 주소는 알림을 보내는 데 필요하다. 사용자에게 이메일 주소를 할당하려면 Administration ➤ Users 화면으로 이동하자. Admin과 Guest라는 두 명의 사용자만 표시된다. ALIAS 열에서 Admin을 클릭하고 Media 탭으로 전환하자.

Add 버튼을 클릭하자.

여기에 유효한 이메일 주소(가급적 자신의 메일)를 Send to 텍스트 상자에 입력해야 한다. 작업을 마쳤으면 사용자 속성 화면에서 Add를 클릭한 다음 Update를 클릭하자.

이로써 사용자에 대한 이메일을 통해 알림을 보내는 데 필요한 기본적인 구성이 완료됐다.

액션 만들기

이제는 지금까지 설정한 모든 것을 엮어서 자빅스 테스트 서버에 부하가 많이 걸릴 때, 이메일 알림을 받을 수 있도록 설정해야 한다.

자빅스 서버가 특정 조건에서 어떤 작업을 수행하게 하는 것을 액션이라고 한다. 액션에는 세 가지 주요 구성 요소가 있다.

- **주요 설정**: 이메일 제목이나 메시지 같은 일반적인 옵션을 설정할 수 있다.
- **작업**Operations: 메시지를 보낼 사람과 메시지를 비롯해 수행할 작업을 정확히 지정한다.

- **조건**Conditions: 우리는 이 행동이 사용되는 시기와 언제 수행되는지를 지정할 수 있다. 자빅스에서는 호스트, 호스트 그룹, 시간, 장애(트리거), 심각도뿐만 아니라 그 밖에도 많은 세부 조건을 설정할 수 있다.

액션을 구성하려면 Configuration ➤ Actions로 이동하고 Create action을 클릭하자. 발생 조건과 수행할 작업을 구성할 수 있는 폼이 제공된다.

Action	Conditions	Operations

Name	
Default subject	{TRIGGER.STATUS}: {TRIGGER.NAME}
Default message	Trigger: {TRIGGER.NAME} Trigger status: {TRIGGER.STATUS} Trigger severity: {TRIGGER.SEVERITY} Trigger URL: {TRIGGER.URL} Item values: 1. {ITEM.NAME1} ({HOST.NAME1}:{ITEM.KEY1}):
Recovery message	☐
Enabled	☑

Add   Cancel

먼저 NAME에 새 액션의 이름을 Test action으로 입력하고, Recovery message 체크박스를 선택한다. 그런 다음 수행할 작업을 지정해야 하므로 Operations 탭으로 이동하자. Operations 탭의 Default operation step duration을 다음의 화면과 같이 3600으로 변경하자.

Default operation step duration	3600 (minimum 60 seconds)				
Action operations	STEPS New	DETAILS	START IN	DURATION (SEC)	ACTION

Action operations 블록에서 New를 클릭하자. Operation details 블록이 열릴 것이다.

Operation details
Steps	1 - 1	
Step duration	0	(minimum 60 seconds, 0 - use action default)
Operation type	Send message ▼	
Send to User groups	USER GROUP ACTION Add	
Send to Users	USER ACTION Add	
Send only to	- All - ▼	
Default message	■	
Conditions	LABEL NAME ACTION New	
Add Cancel		

Send to Users 섹션에서 Add를 클릭하고 표시되는 팝업에서 Admin 클릭하자. 이제 Operation details 블록의 Add 컨트롤을 찾아보자. Operation details 블록에는 4개의 컨트롤과 ADD 버튼이 있어서 혼란스러울 수 있다.

Operation details
Steps	1 - 1	
Step duration	0	(minimum 60 seconds, 0 - use action default)
Operation type	Send message ▼	
Send to User groups	USER GROUP ACTION Add	
Send to Users	USER ACTION Admin (Zabbix Administrator) Remove Add	
Send only to	- All - ▼	
Default message	■	
Conditions	LABEL NAME ACTION New	
Add Cancel		
Add Cancel		

위에 표시된 **Add** 컨트롤을 클릭하자. 이제 가장 간단히 작성할 수 있는 액션을 설정했다.
Action 블록에서 **Add** 버튼을 클릭하자.

▌ 자빅스의 정보 흐름

자빅스 프론트엔드, 데이터 수집^{Item}, 임계치 정의^{Trigger}, 임계치 초과 시 실행할 작업^{Action}
을 설정했다. 어떻게 그 모든 개체가 함께 동작할까? 자빅스 구성 요소간의 정보 흐름은
처음에는 잘 이해가 되지 않을 수 있다. 다음 그림을 통해 각 요소들이 어떻게 동작하는
지 살펴보자.

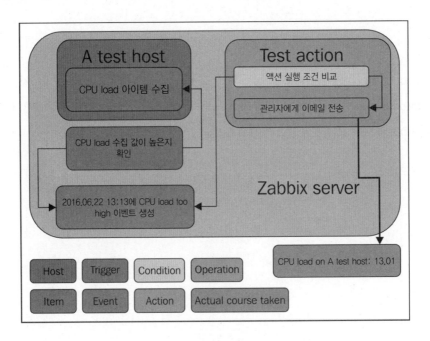

자빅스 서버 설치에서 호스트A test host와 호스트에 아이템(CPU load)을 생성했다. 트리거는 이 아이템을 참조한다. 현재 아이템의 값이 트리거 표현식에 부합할 때 트리거는 **PROBLEM** 상태가 된다. 아이템 값이 다시 트리거 표현식에 부합하지 않게 됐을 때 트리거의 상태는 **OK**로 변경된다. 트리거 상태가 변경될 때마다 이벤트가 생성된다. 이벤트는 트리거의 발생 시기, 변경된 상태 등의 상세정보가 포함된다.

액션을 구성할 때, 여러 조건을 추가해 일부 이벤트만 조치하도록 할 수 있다. 신규 작성한 액션의 경우 어떤 조건도 추가하지 않았으므로 모든 이벤트에 대해서 발생한다. 각각의 액션에는 어떤 작업이 수행돼야 하는지 정의된 오퍼레이션을 포함한다. 결국 자빅스 서버 외부에서 발생하는 이메일 전송과 같은 작업이 실제로 수행될 것이다.

트리거는 현재 상태를 판별하기에 충분한 데이터가 없는 경우 **UNKNOWN** 상태일 수 있다. 예를 들어 지난 10분 동안 데이터가 없는데, 과거 5분 동안의 평균값을 계산하도록 설정하면 트리거가 **UNKNOWN** 상태가 된다. 트리거가 **UNKNOWN** 상태에서 변경되거나, **UNKNOWN** 상태로 변경되는 경우 액션 실행 조건에 맞지 않게 된다.

▎이벤트 발생시키기

앞에서 이메일을 설정했다. 하지만 실제 메일이 전송되는지 알 수 없다. 알림 발송을 위해 콘솔에서 다음을 실행해, 테스트 시스템의 부하를 늘려보자.

```
$ cat /dev/urandom | md5sum
```

이것은 끝나지 않는 가상의 난수 문자열 스트림을 생성해서 MD5 체크섬을 계산하므로 시스템 부하는 증가할 것이다. 결과를 보기 위해 Monitoring ➤ Latest data로 이동해 CPU load 아이템의 Graph를 클릭해보자.

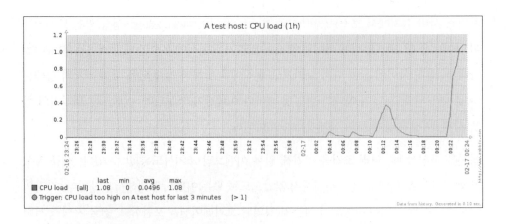

시스템 부하가 어떻게 상승하는지 확인하자. 테스트 시스템이 이런 부하에 잘 대처할 수 있다면 부하가 충분하지 않을 수도 있다. 이런 경우 여러 개의 MD5 체크섬 계산 프로세스를 동시에 실행할 수 있다.

허용된 3분이 지나면 화면 알림 소리와 함께 우측 상단에 팝업이 발생할 것이다.

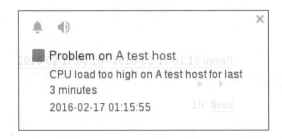

이것은 앞에서 사용자 프로필에 설정한 프론트엔드 메시지다. 메시지 창에 표시되는 내용을 살펴보자.

- 회색 사각형 ■은 트리거 심각도를 나타낸다. 복구 메시지의 경우 녹색이다. 6장, '트리거를 통한 문제 감지'에서 트리거에 대해 설명한다.
- 첫 번째 링크는 Monitoring ❯ Triggers 화면으로 이동해 알림이 발생한 호스트의 현재 장애 정보를 표시한다.

- 두 번째 링크는 Monitoring ❯ Events 화면으로 이동해 이벤트가 발생한 트리거에 대한 장애 이력을 표시한다. 이 내용은 두 줄로 표시된다.
- 세 번째 링크는 이벤트 세부 정보로 연결되며, 이벤트 발생에 대한 추가 정보를 표시한다.

메시지 창은 수직으로 재배치될 수 있지만 수평으로 배치되지는 않는다. 제목 표시줄로 드래그해보자. 창 상단에는 세 개의 버튼이 있다.

이 버튼에는 다음과 같이 툴팁이 있다.

- 스누즈 버튼 🔔은 현재 재생 중인 알람음을 음소거한다.
- 음소거 / 음소거 해제 버튼 🔊은 모든 알림을 활성화/비활성화할 수 있다.
- 클리어 버튼 ✕은 현재 보이는 메시지를 지운다. 문제 다음 문제가 해결되지 않는 이상 표시되지 않는다. 문제가 해결될 때 다시 발생한다.

프론트엔드 메시지는 다음과 같은 유용한 기능을 제공한다.

- 현재 장애 목록을 직접적으로 보고 있지 않을 때, 신규로 발생하거나 해결된 장애에 대한 알림
- 소리 알림
- 장애의 상세정보로의 빠른 접근

이제 이런 프론트엔드 메시지의 설정 옵션을 다시 검토해보자. 오른쪽 상단 모서리에 있는 링크를 클릭해 프로필을 다시 열고 Messaging 탭으로 전환하자.

이 파라미터의 의미는 다음과 같다.

- Frontend messaging : 현재 사용자의 메시지 수신을 활성화/비활성화한다.

- Message timeout(seconds) : 메시지를 표시할 기간을 지정한다. 메시지 자체에도 영향을 미치지만, 사운드 알림에도 영향을 미친다.

- Play sound : 이 드롭다운에는 Once, 10 seconds, Message timeout이 있다. Once 는 전체 사운드를 한 번 재생한다. 10 seconds는 10초 동안 반복하여 사운드를 재생한다. 세 번째는 메시지가 표시되는 동안 사운드를 반복한다.

- Trigger severity : 트리거 심각도를 기반으로 메시지를 제한할 수 있다(자세한 내용 은 6장, '트리거를 통한 문제 감지' 참고). 특정 심각도의 체크박스를 해제하면 해당 심 각도에 대한 알림을 받지 않게 된다. 드롭다운 메뉴에서 no_sound를 선택하면 메 시지는 소리 알림 없이 메시지만 표시하게 된다.

.wav 파일을 오디오 하위 디렉토리로 복사하면 새 소리를 추가할 수 있다.

앞에서 웹 화면 메시지를 구성할 때 메시지 시간 초과를 180초로 설정했다. 그렇게 설정한 이유는 팝업이 처음 나타났을 때 팝업을 탐색할 수 있는 충분한 시간을 확보하기 위해서다. 이 기능을 사용하기 위한 필수 조건은 아니다.

이제 Monitoring ➤ Triggers를 열자. STATUS 열에서 PROBLEM 문자열이 빨간색으로 깜박이는 CPU load too high on A test host for last 3 minutes 트리거가 표시돼야 한다.

SEVERITY	STATUS	INFO	LAST CHANGE ▼	AGE	ACK	HOST	NAME
Not classified	PROBLEM		2016-02-17 01:27:25	5m 54s	No 3	A test host	CPU load too high on A test host for last 3 minutes

깜박이는 STATUS는 트리거가 최근 상태를 변경했음을 의미한다. 이 시스템에서는 부하를 생성해서 상태변화를 만들었다.

그러나 새 이메일 알림이 있는 경우 Monitoring ➤ Triggers을 열기 전에 이 상태 변경을 이미 알아야 한다. 모든 것이 예상대로 진행됐다면 문제에 관해 알려주는 이메일을 수신해야 한다. 아직 이메일을 확인하지 않았다면 메일 클라이언트를 확인해보자. "PROBLEM: CPU load too high on A test host for last 3 minutes."제목의 메일이 메시지가 있어야 한다.

이메일이 도착하지 않는다면, 이메일 설정 문제로 메시지가 전달되지 못해서 발생할 수 있다. 가능하면 이메일 서버의 로그 파일, 네트워크 연결, 스팸 필터를 확인하자. Reports ➤ Action의 액션 로그에서 유용한 오류 메시지를 찾을 수 있다.

이제 콘솔에서 Ctrl + C를 눌러 모든 MD5 체크섬 계산 프로세스를 간단히 중지할 수 있다. 프로세스가 중지되면 트리거 상태가 OK로 변경돼야 하지만, 아이템을 수집하는 30초 수집주기를 기다려야 한다.

다시 한 번 이메일을 확인해보자. 이번에는 시스템 상태가 복구됐음을 알려주는 "OK: CPU load too high on A test host for last 3 minutes."라는 제목의 이메일이 있어야 한다.

장애가 발생할 때마다 알림을 받고 장애에서 정상적으로 복구 됐을 때 필요한 모든 구성을 설정했다. 우리가 하고 배운 것을 생각해보자.

- 호스트를 만들었다. 호스트는 자빅스에서 아이템을 설정할 수 있는 모니터링 대상 장비를 의미한다.
- 또한 자빅스에서 대한 성능 정보를 얻는 기본적인 방법인 아이템을 만들었다. 아이템의 유일한 식별자는 key이며 실제로 수집할 성능 항목을 지정하는 문자열이다. 호스트에 아이템을 설정해야 함을 기억하자.
- 아이템에 대해서 설정 없이 사용할 수 있는 심플 그래프를 살펴봤다. 사용하기 쉬운 기간 선택 컨트롤을 통해 기간을 확인하고 드릴다운 분석을 통해 신속하게 확대할 수 있었다.
- 데이터를 수집하는 것만으로도 성공적이지만, 장애를 정의하는 것은 수동적으로 수많은 값을 이해하는 것으로부터 자유롭게 해준다. 이를 위해 트리거를 사용했다. 트리거는 임계치를 정의하는 표현식을 포함한다.
- 수집 데이터 대신 장애 목록을 볼 수 있도록 개선됐지만, 사람이 지켜봐야 한다. 목록을 보는 것보다는 알림을 받는 것이 효율적이다. 언제 누구에게 통보해야 하는지를 지정할 수 있었다.

▎ 기본 아이템 구성

간단한 아이템 설정을 수행했지만, 변경하거나 이야기하지 않은 파라미터에 대해 궁금함을 느낄 것이다. 이제 모니터링할 수 있는 아이템과 각 아이템에 대해 어떻게 설정할 수 있는지 간략하게 살펴보자.

자빅스는 매우 광범위한 시스템의 특성을 모니터링할 수 있다. 기능적인 특성은 카테고리로 분류할 수 있다. 기술적으로 아이템을 수집하는 방법은 아이템 타입에 해당한다.

모니터링 카테고리

이제 계속 지켜볼 수 있는 일반적인 카테고리를 살펴보자. 물론 여기에서 모니터링해야 할 모든 것을 살펴보지는 않을 것이다. 관심 있는 파라미터의 예제 집합으로 생각하자. 나중에 자빅스에 설정할 수 있는 다양한 영역을 살펴보자.

가용성

앞에서 테스트한 단순한 예제(파티에서의 불행한 관리자를 기억해보자)의 경우는 많은 사람이 두려워하지 않을 수 있지만, 우리가 생각하고 싶은 것보다 더 악몽 같은 시나리오가 있다. 다양한 서비스는 돌이킬 수 없을 때까지 아무런 증상이 없다가 갑자기 종료될 수도 있으며, 단일 메모리 누수로 인해 시스템이 쉽게 다운될 수 있다. 이런 상황을 가능한 빨리 감지해 관리자가 근무시간 내에 디스크 공간 문제와 씨름하도록 도움을 줄 수 있다. 그리고는 결국 중요한 서비스 장애는 그가 문을 나설때 발생한 데이터베이스의 일시적인 문제로 발생했다는 것을 깨닫게 될 것이다.

성능

성능은 컴퓨팅에서 중요한 관리지표 중 하나다. 시스템은 모든 요구 사항을 수용할 수 있을 만큼 빠르지 않으므로 요구되는 작업과 사용 가능한 자원의 균형을 맞춰야 한다. 자빅스는 특정 작업의 성능을 평가하고 현재 부하를 모니터링하는 데 도움을 줄 수 있다.

성능은 네트워크 성능감시를 위한 핑Ping 라운드트립roundtrip 확인이나, 웹 사이트가 콘텐츠를 반환하는 데 걸리는 시간과 같은 간단한 작업으로 시작할 수 있으며, 디스크 어레이가 연결된 클러스터의 평균 서비스 성능과 같은 복잡한 시나리오로 나아갈 수 있다.

보안

컴퓨팅의 또 다른 중요한 관리지표는 보안이다. 보안은 끝이 없고, 많은 도구를 사용한다. 그 많은 도구 중 하나로 자빅스를 사용할 수 있다.

자빅스는 다른 검증 시스템과는 독립적으로 열린 포트, 소프트웨어 버전, 파일 체크섬 같은 간단한 것들을 검사할 수 있다. 이것들이 유일한 보안 수단이라면 터무니없는 일이지만, 기존 프로세스에 추가하면 꽤 도움이 될 수 있다.

관리

시스템 관리에는 다양한 일이 수반된다. 이는 각각의 단계에서 일정한 규칙을 설정하는 것을 의미한다. 시스템 운영 상태가 좋다면, 관리자는 규칙을 실행할 때를 제외하고는 결코 실패하지 않는다.

사용 가능한 업그레이드에 대한 크로스 플랫폼 알림, DNS 일련번호 업데이트 확인, 시스템 관리의 함정이 되는 무수한 다른 시스템 등 시스템을 설정할 때 발생하는 문제 또는 수행할 작업에 대해 알려주는 데 사용할 수 있는 간단하고 고급스러운 검사가 많이 있다.

효율성

효율성은 일반적으로 가용성이나 성능의 하위 집합으로 생각할 수 있지만, 어떤 관점에서 효율성은 그 가용성이나 성능에 넣기에는 맞지 않을 수 있다. 효율성은 가용성과 성능을 향상시키는 첫 번째 단계로 간주될 수 있으므로 시스템의 효율성을 파악하는 것이 중요하다.

효율성 항목은 다른 항목에 비해 서비스별로 차이가 없을 수 있지만, 일반적인 예로는 Squid hit ratio나 MySQL 쿼리 캐시 효율성 같은 항목을 포함할 수 있다. 맞춤형 사내 서비스의 경우 자체 효율성 측정 방법을 제공할 수 있다.

아이템 타입

앞에서 봤듯이 자빅스는 모든 데이터를 아이템으로 수집한다. 하지만 자빅스 에이전트가 제공하는 것보다 많은 정보를 얻고자 할 때, 우리는 어떻게 할 수 있을까? 한 번 살펴보자.

```
Zabbix agent
Zabbix agent (active)
Simple check
SNMPv1 agent
SNMPv2 agent
SNMPv3 agent
SNMP trap
Zabbix internal
Zabbix trapper
Zabbix aggregate
External check
Database monitor
IPMI agent
SSH agent
TELNET agent
JMX agent
Calculated
```

이 목록은 아이템을 편집할 때 설정할 수 있는 아이템 타입이다. 이전에 아이템을 생성할 때에는 디폴트 값이 필요했기 때문에, 이 설정에 대해서는 설명하지 않고 지나갔다. 여기에서 사용 가능한 아이템 타입을 간단히 살펴보자.

- **Zabbix agent**: 이 타입은 디폴트 타입이다. 서버가 에이전트로 연결해 데이터를 수집한다.

- **Zabbix agent(active)**: Zabbix active 에이전트는 자빅스 에이전트와 반대로 에이전트가 데이터를 수집하고 필요에 따라 서버에 데이터를 전송한다.

- **Simple check**: 이름에서 알 수 있듯이 이 유형은 서버가 간단한 검사를 실행한다. 여기에는 TCP 포트 오픈, ICMP 핑 체크가 포함된다. 자빅스 에이전트 유형과 간단한 점검은 3장, '자빅스 에이전트와 기본 프로토콜과 모니터링'에서 살펴본다.

- **SNMP agents**: 세 가지 타입의 SNMP 에이전트는 SNMP 데이터 수집을 처리한다. 호스트에 연결할 때 사용할 SNMP 버전에 따라 구분된다.

- **SNMP 트랩**: 자빅스는 Net-SNMP의 `snmptrapd`를 활용해 SNMP 트랩을 쉽게 수신할 수 있는 기능을 제공한다. 이 아이템 타입은 호스트별 자동 정렬 기능을 제공한다. 4장, 'SNMP 장비 모니터링'에서 SNMP 폴링과 트랩핑에 대해 설명한다.

- **Zabbix internal**: 자빅스의 내부 상태에 대한 정보를 수집하는 아이템을 제공한다. 이 유형은 3장, '자빅스 에이전트와 기본 프로토콜과 모니터링'에서 내부 모니터링에 대해 설명한다.

- **Zabbix trapper**: 이 아이템 타입은 자빅스 에이전트의 성능 데이터를 요청하는 방법과는 달리 호스트에서 임의로 전송한 데이터를 수집한다. 커스텀 스크립트나 다른 툴, 다른 방법을 활용하여 자빅스에 데이터를 수집할 때 유용하다.

- **Zabbix aggregate**: 이 아이템은 호스트 그룹의 특정 아이템을 집계한다. 개별 시스템의 상태보다 클러스터나 서버 팜에서 동일 그룹 내 상태 점검이 필요한 경우 유용하다.

- **External check**: 외부 검사는 자빅스 서버에서 외부 명령을 실행한 결과 값을 아이템에 저장한다. 이 타입은 다른 아이템 타입으로 수집할 수 없는 없는 정보를 접근하고 수집할 수 있다. 자빅스 트랩퍼 아이템과 집계 아이템, 외부 검사는 11장, '고급 아이템 모니터링'에서 살펴본다.

- **Database monitor**: 다양한 데이터베이스 파라미터를 조회하는 내장 기능이다.

- **IPMI agent**: 지능형 플랫폼 관리 인터페이스 IPMI^{Intelligent Platform Management Interface}는 특히 대역외 솔루션을 위한 관리와 모니터링(끝에서 살펴본다) 시스템을 위한 표준이다. IPMI 에이전트 아이템 타입을 사용하면 IPMI 장비에 접근해 직접 데이터를 수집할 수 있다. 16장, 'IPMI 장비 모니터링'에서 다룬다.

- **SSH agent**: SSH를 사용해 호스트에 접속하고, 셸 명령을 실행해 실행결과를 수집할 수 있다. 비밀번호 방식과 키 기반 인증 모두 지원한다.

- **TELNET agent**: SSH를 사용할 수 없는 일부 시스템의 경우 직접 텔넷 검사를 사용할 수 있다. 안전한 방법은 아니지만 구형 스위치 장비나 UPS를 포함한 일부 장비에 액세스하는 유일한 방법일 수 있다. 11장, '고급 아이템 모니터링'에서 SSH, 텔넷 아이템에 대해 설명한다.

- **JMX agent**: 자빅스는 자빅스 자바 게이트웨이^{Zabbix Java gateway}라는 구성 요소를 제공한다. 자빅스 자바 게이트웨이는 JMX가 지원되는 애플리케이션을 모니터링하는 기능을 제공한다. JMX 모니터링은 17장, '자바 애플리케이션 모니터링'에서 설명한다.

- **Calculated**: 이미 수집된 아이템을 중복수집 없이 연산을 통해서 새로운 아이템을 수집하는 방식이다. 11장, '고급 아이템 모니터링'에서 사용한다.

지금은 이 타입이 약간 잘 이해가 되지 않을 수 있지만 이런 기능을 사용할 수 있다는 것을 기억해야 한다. 하지만 모두 사용해야 하는 것은 아니다. 하나의 호스트를 위해서 ICMP 핑 아이템으로 모니터링을 할 수 있지만, 더 많은 것을 모니터링하고 싶다면 이 기능들을 활용할 수 있다.

이미 눈치 챘겠지만 아이템 타입은 호스트가 아닌 개별 아이템별로 설정된다. 이렇게 하면 모니터링되는 호스트를 설정의 큰 유연성을 확보할 수 있다. 예를 들어 하나의 호스트에서 ICMP를 사용해 일반적인 가용성을 확인, 자빅스 에이전트를 사용해 일부 서비스의 상태를 확인, 다른 서비스는 간단한 TCP 검사를 수행, 트랩퍼를 통해 사용자 정의 데이터를 수신, IPMI로 관리 어댑터의 파라미터 모니터링을 같은 호스트에서 모두 사용할 수 있다. 아이템 타입은 네트워크 연결 방식, 모니터링 대상 호스트의 기능 세트 및 구현 용이성에 따라 선택할 수 있다. 자빅스를 사용해 각 아이템에 가장 적합한 것을 선택하면 된다.

아이템 모니터링 방법

지금까지 범주와 아이템 타입을 알아봤다. 이제는 아이템을 만들 때 건너뛴 다른 항목들을 알아보자. 대부분의 아이템 타입의 기본 설정 방법을 알 수 있다. 아이템 생성/편집 창에서 필드를 간단히 살펴보자.

- Name: 사용자 관점의 아이템 이름이다. 아이템 명은 사용자에게 데이터가 표시되는 대부분의 장소에서 볼 수 있다.
- Type: 앞에서 설명한 것처럼 데이터를 수집하는 영역이나 방식에 영향을 주는 주요 속성이다.
- Key: 아이템이 수집할 데이터를 명시적으로 지정하는 속성이다. 키는 아이템에 대한 기술적인 이름이고, 키 값은 호스트별로 유일해야 한다. 특정 아이템 타입은 수집된 데이터를 식별할 때 키가 아닌 SNMP OID 또는 IPMI Sensor로 사용되기도 하는데, 이때 키는 아이템을 참조 용도로 사용된다.
- Type of information: 아이템과 함께 수집할 데이터 타입을 선택할 수 있다. 정수, 소수점 등 수집되는 값에 따라 설정해야 한다.
- Data type: 데이터를 16진수 또는 8진수 형식으로 수집하고 10진수 값으로 자동 변환하는 기능을 제공한다. 프린터 같은 일부 SNMP 가능 장치는 이런 형식으로 정보를 전송한다. 0과 1로 구성된 bool(Boolean) 데이터 입력도 제공한다.

- Units: 이 속성을 사용하면 데이터에 표시할 단위를 선택할 수 있다. 일부 단위에 대해서는 필요 시 자동 변환을 지원한다(많은 툴에서 인간 중심적^{human-readable}이라고 불리는 기능으로 예를 들어 34,896,609,280byte를 수집하면 32.5GB로 변환된다).

- Use custom multiplier: 이 속성은 들어오는 데이터에 여기에 지정된 값을 곱한 결과를 저장한다. 특정 단위로 수집된 데이터를 다른 단위로 저장할 때 유용하다. 예를 들어 바이트를 수집하여 비트로 저장하는 것을 원할 경우 8을 입력하여 사용한다.

- Update interval: 데이터 수집주기를 설정한다.

- Custom intervals: 이 설정을 사용하면 특정 시간 동안의 수집주기를 지정하거나, cron 스타일의 아이템 수집 설정을 할 수 있다. 예를 들어 백업 프로그램 같은 저녁 시간 동안 구동되지 않는 서비스에 대해서 서비스가 실행되지 않는 동안 데이터 수집을 하지 않을 경우 사용한다.

- History storage period: 실제 수집된 값이 데이터베이스에 보존되는 기간을 설정한다.

- Trend storage period: 데이터의 보존 기간을 지정한다는 점에서 History storage period 옵션과 유사하다. 하지만 이 항목은 트렌드 데이터를 저장할 때 사용된다. 트렌드 데이터는 이력 데이터에서 계산된 데이터로 매시간 평균을 값을 저장해 이력 데이터 저장으로 인한 스토리지 저장 공간을 줄인다.

- Store value: 이 항목은 수치 데이터에만 사용되며, 자빅스 서버에서 데이터베이스에 저장할 때 간단한 계산을 수행하게 한다. 아이템의 이전 값과 신규 값의 차이 값을 계산하여 저장하는 기능을 수행한다.

- Show value: 이 드롭다운에서 값 매핑^{value mapping}을 선택할 수 있다. 값 매핑은 SNMP 인터페이스 상태 값 같은 데이터를 사람이 이해하기 쉽게 표시할 수 있다. 값 매핑에 대한 자세한 내용은 3장, '자빅스 에이전트와 기본 프로토콜과 모니터링'을 참고하자.

- **Applications**: 이 속성은 아이템의 그룹화를 지원한다. **Monitoring ➤ Latest data**에 서 사용 사례를 확인할 수 있다.
- **Populates host inventory field**: 수집된 값을 인벤토리 필드에 저장한다(5장, '호스 트, 사용자, 사용 권한 관리'에서 알아보자).
- **Description**: 다양한 항목에서 제공되는 이 필드는 아이템을 설명한다. 데이터 수 집방법이나 조작법, 아이템의 의미를 설명한다.
- **Enabled**: 아이템을 활성화, 비활성화한다.

옵션에 대한 설명이 궁금한 모든 것을 해결하지 못했어도 걱정하지 말자. 각각에 대해서 는 나중에 더 자세히 살펴본다. 참고로 아이템 타입별로 설정해야 하는 다른 옵션이 있다.

▌ 글로벌 검색

지금까지 호스트나 아이템으로 이동할 때, 프론트엔드의 특정 페이지로 이동한 다음 해 당 화면에서 그룹과 호스트를 찾아서 호스트 또는 아이템 및 기타 개체로 이동했다. 소규 모 설치에서는 이 방법이 편리할 뿐만 아니라 이 책에서 주로 사용한다. 하지만 대규모 설 치에서는 이와 같이 탐색하는 데 시간이 오래 걸릴 수 있다. 이럴 때는 글로벌 검색이라는 기능이 매우 유용하다. 실제로 많은 사용자가 기존의 탐색 방법을 대부분 사용하지 않고, 글로벌 검색을 사용한다.

글로벌 검색 필드는 자빅스 프론트엔드의 오른쪽 상단에 있다. 거기에서 하나의 문자 **a**를 입력하자. 입력한 문자로 시작하는 호스트 이름이 드롭다운에 표시된다. 우리의 시스템에 서는 **A test host**가 표시될 것이다.

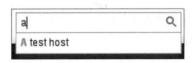

드롭다운에서 키보드나 마우스로 선택하거나, 전체 호스트명을 입력하여 검색할 수 있다.
드롭다운에서 마우스로 클릭하거나 키보드로 항목을 선택하고 엔터를 눌러 하나의 호스
트를 선택하자. 검색 결과에서는 자빅스에서 검색할 수 있는 세 가지 유형의 개체에 해당
하는 세 개의 블록을 볼 수 있다.

- 호스트
- 템플릿
- 호스트 그룹

각 항목은 다음과 같이 표시된다.

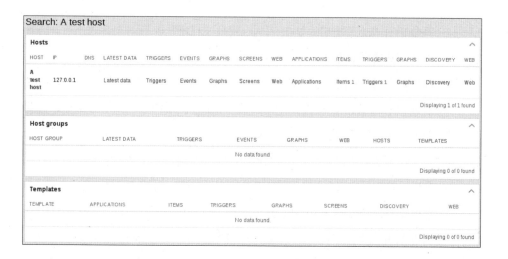

각각의 항목에 대해서 모두 이름으로 검색이 가능하다. 또한 호스트의 경우 IP 주소나
DNS를 사용해 검색할 수 있다.

검색 결과에서 호스트 이름을 클릭하면 호스트 설정을 볼 수 있다. 또한 각각의 호스트 상
세항목으로 이동하는 링크가 있는데 트리거와 그래프, WEB은 두 개씩 표시돼 이해하기
가 어렵다. 구분은 직관적이지는 않지만 열 옆의 숫자로 구별할 수 있다. 열 옆에 숫자가
있으면 해당 항목의 설정 페이지로 연결된다. 번호가 없으면 모니터링 페이지의 항목으

로 연결되거나 해당 항목에 하부 항목이 구성되어 있지 않을 수 있다. 이 경우 같은 이름의 오른쪽 열은 설정을 위한 것임을 명심하자. 설정 링크 우측의 숫자는 해당 항목에 설정된 하위 항목 수다.

▌ 요약

2장에서는 아이템을 모니터링하고, 트리거를 생성하고, 생성된 트리거로 알림을 받는 방법을 설명했다. 또한 웹 화면를 둘러보고 아이템 파라미터에 대해서 알아봤다. 첫 번째 알림을 받기 위해서 어떤 것들을 했는지 다시 한 번 살펴보자.

- 가장 먼저 호스트를 만들었다. 자빅스에서 모니터할 모든 대상은 호스트라는 논리적 객체에 연결된다.
- 다음으로 아이템을 만들었다. 정보 수집의 기초가 되는 아이템은 수집 데이터, 수집주기, 수집된 값의 저장 방법, 기타 정보를 비롯해 모니터링해야 하는 항목의 파라미터를 정의한다.
- 아이템 생성을 마치고 트리거를 만들었다. 각 트리거는 임계치를 정의하는 데 사용되는 표현식을 포함한다. 각 트리거는 심각도를 설정할 수 있다. 자빅스로부터 알림을 받을 수 있도록 이메일 설정을 구성했다. 여기에는 미디어 유형에 대한 이메일 서버 지정 및 사용자 프로필에 미디어 추가가 포함된다.
- 최종 구성 단계로 액션을 만들었다. 액션은 실제 수행 작업을 정의하는 객체이며, 다양한 이벤트에 유연한 룰을 생성하는 조건을 지정할 수 있다.
- 실제로는 이 모든 것이 동작하는 것을 확인하기 위해 장애를 생성했다. 특히 자빅스를 시작할 때 구성을 테스트하는 것이 좋다. 구성이 정확했기 때문에, 장애에 대해 즉시 알림을 받을 수 있었다.

여기에서 배운 것은 기본적인 모니터링 시스템을 구성하기에 충분하지만, 기능을 고려하기 전에 다른 영역을 탐구해야 한다. 3장에서는 패시브 아이템과 액티브 아이템의 차이점과 각 항목을 설정할 때 유의해야 할 중요한 사항을 알아본다. 기본 ICMP 항목과 위치 파라미터, 값 매핑, 단위, 사용자 지정 수집주기와 같은 기타 아이템 속성도 확인해본다.

03

자빅스 에이전트와
기본 프로토콜과 모니터링

지금까지 자빅스를 통해 정보를 수집하고 실행하는 기본적인 방법에 대해 살펴봤다. 이제 데이터를 얻기 위한 간단하고 널리 사용되는 두 가지 방법, 즉 앞서 언급한 자빅스 에이전트와 심플체크를 자세히 살펴보자. 심플체크에는 TCP 연결과 ICMP 검사가 포함된다. 3장에서 다루는 내용은 다음과 같다.

- 자빅스 에이전트 이해와 사용
- 심플체크 생성
- 에이전트에서 UI까지 바인딩

▌ 자빅스 에이전트의 사용

앞서 동일 호스트에 자빅스 에이전트를 설치하고 하나의 아이템을 모니터링했다. 이제는 더 나아가 에이전트가 호스트와 어떻게 연결하고 상호작용하는지 확인해보자.

먼저 다른 호스트에 자빅스 에이전트를 설치하자. 가장 쉬운 방법은 배포 패키지에서 설치하거나 소스에서 컴파일할 수 있다. RHEL/SUSE 기반 시스템에 패키지로 설치하는 경우 1장, '자빅스 시작하기'의 스토리지 설명을 참고하자. 에이전트 패키지명은 다음과 같은 형식으로 지정한다.

- zabbix30-agent
- zabbix-agent

소스로 에이전트를 컴파일하는 방법은 1장, '자빅스 시작하기'의 모든 구성 요소를 컴파일하는 방법과 유사하다. configure의 전체 옵션을 실행하는 대신 단일 옵션을 실행한다.

```
$ ./configure --enable-agent
```

설정이 성공적으로 완료되면 다음과 같이 출력되는지 확인한다.

```
Enable server:    no
Enable proxy:     no
Enable agent:     yes
```

위와 같이 출력됐다면 계속해서 다음 명령을 실행한다.

```
$ make install
```

컴파일 중 오류가 없어야 하며, 비교적 빠르게 완료된다.

서버가 설치된 것과 다른 버전의 배포 패키지를 설치하는 경우, 에이전트 데몬이 서버보다 이전 버전이면 문제없이 수행되고 또한 호환되기 때문에 걱정할 필요는 없다. 버전 1.0의 자빅스 에이전트 데몬은 버전 3.0 서버에서 문제없이 수행되지만 반대의 경우는 지원되지 않는다. 때문에 높은 에이전트 버전을 낮은 버전의 서버에서 사용하지 않아야 한다.

 이미 예전 버전을 설치해서 사용 중이면 그 버전을 유지하는 것이 편리할 수 있다. 그러나 새롭게 설치가 필요하다면 가장 최신 버전을 설치할 것을 권장한다. 버그 수정, 향상된 성능, 특정 플랫폼에 대한 더 많은 지원을 받을 수 있으며 이 외에도 여러 이점이 있다.

에이전트가 잘 설치됐다면 이제 에이전트를 시작해보자. 정상적인 시작 여부는 설치 방법과 배포 패키지 정상 실행에 따라 좌우된다. 에이전트를 시작하는 방법에 대한 예제는 1장, '자빅스 시작하기'를 참고하자. RHEL/SUSE 기반 시스템의 패키지에서 설치한 경우 에이전트 데몬을 다음과 같이 시작한다.

```
# service zabbix-agentd start
```

소스로 설치한 경우 경로의 바이너리를 바로 실행한다.

```
# <path>/zabbix_agentd
```

에이전트가 시작되면 설정에 새 호스트를 추가해야 한다. Configuration > Hosts 메뉴에 들어가서 오른쪽 상단 Group 목록에 Linux servers가 있는지 확인한다. Create host 버튼을 클릭하고 이미지의 양식대로 입력한다.

Host name | Another host

Visible name |

Groups | In groups

Linux servers

Other groups

Database servers
Discovered hosts
Hypervisors
Network devices
Templates
UPS devices
Virtual machines
Web servers
Windows servers
Zabbix servers

New group |

Agent interfaces | IP ADDRESS | DNS NAME | CONNECT TO | PORT | DEFAULT

192.168.56.11 | | IP DNS | 10050 | Remove

Add

양식 작성에 대한 몇 가지 팁이다.

- **Host Name**: 직관적인 이름으로 자유롭게 선택하거나 아니면 간단히 **Another host**로 입력
- **Agent interfaces**: 사용하려는 연결방법에 따라 IP 주소나 DNS명 입력
- **CONNECT TO**: DNS명을 사용할 경우 DNS로 전환

완료되면 하단의 **Add** 버튼을 클릭한다.

패시브 아이템

이전에 생성한 아이템은 자빅스 서버가 값을 수집할 때마다 에이전트에 연결을 해야 하므로 패시브Passive 아이템이라고 말할 수 있다. 대부분의 위치에서 패시브 아이템은 자빅스 에이전트 타입으로 사용된다.

자빅스에서 패시브 혹은 액티브인지 기억하는 쉬운 방법은 에이전트 관점에서 보면 된다. 에이전트가 서버에 연결하면 액티브, 그렇지 않은 경우 패시브다.

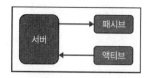

원격 호스트를 검사할 다른 패시브 아이템을 만들어보자. **Configuration › Hosts**로 이동해 방금 작성한 호스트 옆에 **Items**를 클릭한다. **Create item** 버튼을 클릭하고 다음 값을 채운다.

- Name: Web server status 입력
- Key: `net.tcp.service[http,,80]` 입력(80 앞에 두 개의 쉼표로 구분됨)
- Update interval (in sec): 기본(30)에서 **60**으로 변경(1분 정도면 충분함)
- History storage period (in days): 기본(90)에서 **7**로 변경(일주일간 정확히 분당으로 서비스 상태 기록 유지)

최종 결과는 다음과 같아야 한다.

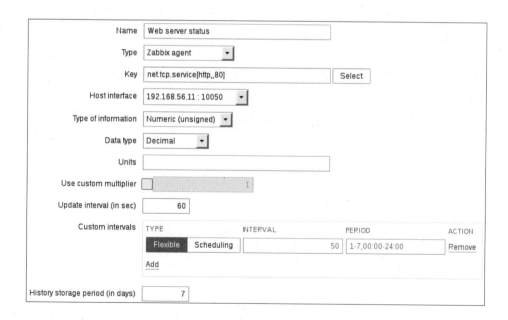

서비스 명에 추가된 80은 무엇일까? Key 필드 옆에 있는 Select 버튼을 클릭한다. 선택 가능한 Key 필드 목록이 뜨고 Key에 대한 간단한 설명도 확인할 수 있다.

KEY	NAME
	Type: Zabbix agent
agent.hostname	Agent host name. Returns string
agent.ping	Agent availability check. Returns nothing - unavailable; 1 - available
agent.version	Version of Zabbix agent. Returns string
kernel.maxfiles	Maximum number of opened files supported by OS. Returns integer
kernel.maxproc	Maximum number of processes supported by OS. Returns integer
net.dns[<ip>,zone,<type>,<timeout>, <count>,<protocol>]	Checks if DNS service is up. Returns 0 - DNS is down (server did not respond or DNS resolution failed); 1 - DNS is up

Standard items

오른쪽 위의 Type 드롭다운에서 여러 아이템 타입에 속한 키를 확인할 수 있다. 다른 타입에 대해선 이후에 설명한다. 현재 목록에서 net.tcp.service를 찾아서 설명을 참고한다. 설명을 통해 두 가지를 알 수 있다. 첫째로 80을 추가할 필요가 없다. 포트에 대한 정보는 디폴트로 80이 설정되어 있다. 하지만 비표준 포트에서 서비스를 실행하는 경우는 포트를 명시해야 한다. 둘째로, 특정한 키를 잊어 버리거나 그 파라미터가 어떻게 돼야 하는지를 알고 싶을 때 클릭 한 번만으로 해당 정보를 얻을 수 있다.

net.tcp.service 키는 조금 특별하다. 이는 해당 서비스가 실제로 표준 방식으로 응답하는지 확인한다. 즉, 서비스가 명시적으로 지원돼야 함을 의미한다. 현재까지 자빅스는 net.tcp.service 키에 대해 다음 서비스가 지원된다.

- FTP
- HTTP
- HTTPS
- IMAP
- LDAP
- NNTP

- POP
- SMTP
- SSH
- TCP
- Telnet

TCP 서비스는 그 자체로 특별하다. 다른 것들은 서비스에 특화된 검사를 수행하는 반면 TCP는 실제로 서비스가 아닌, 단순히 TCP 연결을 확인한다. 아이템 목록의 위 몇 줄에서 볼 수 있는 net.tcp.port 키와 유사하다. 설명을 보면 알 수 있듯이, 이 서비스는 반환된 값에 대한 어떠한 서비스 특화된 검사를 수행하지 않고 임의의 포트에 대한 TCP 연결을 시도한다. 지원되지 않는 임의의 서비스 문자열을 사용하려고 하면 해당 아이템 키는 지원되지 않는다는 오류 메시지가 표시된다.

 현재 net.udp.service는 NTP(Network Time Protocol) 서비스만 지원된다.

현재 사용 가능한 다른 Key들도 자유롭게 살펴보자. 이 중에서 몇 가지는 나중에 사용해 볼 것이다. 이제 팝업창을 닫고 하단의 **Add** 버튼을 클릭한다.

일부 작업이 성공적으로 완료되면, 화면 상단에 녹색 줄이 표시된 것을 확인했을 것이다. 이번에는 **Details**을 클릭해 세부 내용을 확인해보자.

Details	Item added	
Created: Item "Web server status" on "Another host".		

Details를 클릭하면 다시 세부 내용을 접을 수 있다. 물론 일부 작업 후에 **Details** 링크를 사용할 수 있다.

Monitoring > Latest data로 이동해서 값이 표시 되는 것을 기다릴 수 있다. 하지만 기다려도 아무런 반응이 없을 것이다. 대신 몇 분 뒤에 Configuration > Hosts로 이동해보자. 네트워크 설정에 따라 호스트 옆에 빨간색으로 마크된 ZBX를 볼 수 있다. 이 아이콘은 패시브 자빅스 에이전트로부터 데이터를 수집할 때 발생한 오류를 나타낸다.

실제 오류 메시지를 보기 위해서는 마우스 커서를 아이콘 위로 이동해 툴팁 메시지를 확인할 수 있다. 오류 아이콘을 클릭하면 툴팁이 고정되고 오류 메시지를 복사할 수 있다.

 세 개의 추가 항목은 SNMP, JMX, IPMI 데이터 수집 상태를 나타낸다. 4장, 'SNMP 장비 모니터링', 16장, 'IPMI 장비 모니터링', 17장, '자바 애플리케이션 모니터링'에서 각각 모니터링해볼 것이다.

툴팁에서 Get value from agent failed: cannot connect to [[192.168.56.11]:10050]: [111] Connection refused(다른 IP 주소 일 가능성이 높음)와 유사한 오류 메시지가 확인된다면, 자빅스 서버가 에이전트 데몬 포트에 연결할 수 없음을 의미한다. 이 메시지는 다양한 이유로 발생할 수 있는데, 가장 흔한 원인은 방화벽이며, 자빅스 서버와 원격 호스트 혹은 원격 호스트의 로컬 간 네트워크도 원인이 될 수 있다. 자빅스 서버에서 10050 포트로 모니터링 장비에 연결을 허용해야 한다.

만약 방화벽 차단이 안 되어 있고 정상적으로 연결되어 있다면, 다시 무의미하게 Monitoring
> Latest data로 이동할 수도 있다. 그보다는 이유를 확인하기 위해서 호스트 목록을 새로
고침해보자. 자빅스 에이전트 상태가 빨간색 아이콘으로 바뀌어 있을 것이다. 그리고 마
우스 커서를 그 위로 옮기면 Received empty response from Zabbix Agent at [192.168.56.11]
오류 메시지를 확인할 수 있을 것이다. 에이전트에서 액세스 권한 때문에 연결을 끊었음
을 가정할 수 있는데, 에이전트가 어떤 액세스 권한으로 우리가 등록한 호스트를 제어하
는 것일까?

자빅스 서버에서 다음을 실행한다.

```
$ telnet 192.168.56.11 10050
```

 자빅스 서버의 네트워크 연결 및 액세스 권한을 항상 확인해야 한다. 다른 시스템에서 실행
시 크게 다른, 잘못된 결과를 얻을 수 있다.

IP 주소를 원격 호스트 중 하나로 바꿔보자. 다음과 같은 출력이 나타나고 연결은 즉시 끊
긴다.

```
Trying 192.168.56.11...
Connected to 192.168.56.11.
Escape character is '^]'.
Connection closed by foreign host.
```

로컬 호스트로도 똑같이 바꾼다.

```
$ telnet localhost 10050
Trying 127.0.0.1...
```

```
Connected to localhost.
Escape character is '^]'.
```

연결이 즉시 끊기지 않은 경우에는 설정에 차이가 있기 때문이다. 연결은 대부분 조금 뒤에 끊기는데, 조금 더 정확히는 3초 정도 후에 끊어진다. 연결이 끊기지 않으면 Ctrl +] 키를 누른 다음 quit를 입력해 연결을 끊어야 한다.

```
^]
telnet> quit
Connection closed.
```

다른 서버에서 자빅스 에이전트 데몬을 설정하는 것은 전보다 조금 더 어렵다는 것을 알 수 있다.

자빅스 서버에 설치하는 것과는 반대로, 원격 시스템에서는 에이전트 데몬 설정 파일을 편집해야 한다. 쓰고 있는 편집기로 root에 있는 zabbix_agentd.conf를 열어 Server 파라미터를 찾아보자. 현재 127.0.0.1로 설정되어 있고, 자빅스 서버에서는 이 값을 수정할 필요는 없다. 다른 서버에서는 주석의 설명처럼 파라미터에 자빅스 서버 IP 주소를 입력해야 한다. 때문에 127.0.0.1을 올바른 서버 주소로 바꿔주자.

 사용자 환경에 예전 버전의 자빅스 에이전트 인스턴스가 존재한다면, 이름에 –d로 된 zabbix_agentd.conf 파일을 사용, 수정해야 한다. 다른 zabbix_agent.conf 파일은 자빅스 3.0에서 삭제된 한정된 기능의 zabbix_agent 모듈에서 사용됐다.

파일을 저장하고 에이전트 데몬을 다시 시작하자. 어떻게 이를 수행하는지 또한 설치 방법에 달려 있다. 배포 패키지로 설치한 경우 다음이 가장 정확하다.

```
# service zabbix-agentd restart
```

소스로 설치했고 어떤 초기 스크립트를 생성하거나 적용하지 않은 경우는 수동으로 에이전트 프로세스를 중지하고 시작해야 한다.

```
# killall -15 zabbix_agentd; sleep 3; zabbix_agentd
```

위의 명령은 시스템에서 zabbix_agentd 이름의 모든 프로세스를 중지시킨다. 여러 에이전트가 시스템에서 실행 중인 경우에는 사용하면 안 된다. 참고로 대부분의 경우 3초 정도면 충분히 실행되지만, 에이전트가 다시 시작되지 않으면 로그 파일에서 원인을 찾아본다.

자빅스 데몬에는 kill -9를 절대 사용하면 안 된다. 설사 할 수 있다고 생각하더라도 하지 말자. 시그널 15는 SIGTERM이다. 데몬이 종료되도록 지시한다. 즉, 데이터베이스에 미해결 데이터를 기록하고 로그 파일을 쓰고 닫은 다음 잠재적으로 다른 작업을 수행해 적절하게 종료시킨다. 시그널 9는 SIGKILL이다. 프로세스는 데이터베이스와 파일과 그 어떠한 작별인사도 허용하지 않고 즉시 종료시킨다. 이 작업이 무엇을 하는 것인지 확실히 알고 있다면, 결코 실행하지 않을 것이다.

변경 사항을 확인하기 위해 다시 원격 시스템에 텔넷을 실행한다.

```
$ telnet 192.168.56.11 10050
```

이번은 로컬 호스트로 시도했을 때와 결과가 동일해야 한다. 연결한 다음 다시 끊으려면 약 3초 후에 시도하자.

호스트 인터페이스는 패시브 아이템에서만 사용되지만, 호스트가 액티브 아이템만 사용한다고 해도 모든 호스트에 인터페이스는 반드시 지정돼야 한다. 만약 패시브 아이템이 설정되지 않으면 인터페이스는 무시된다.

최종적으로, 변경된 정보를 기대하며 Monitoring > Latest data에 들어가자. 그러나 여전히 이전에 만든 아이템만 볼 수 있을 것이다. 이유는 이전에 필터를 변경했기 때문이다. 호스트 하나를 명시적으로 필터링했기 때문에 새로 연결한 두 번째 호스트가 전혀 보이지 않는 것이다. 여전히 필터 설정 화면이 확장되어 있다면 필터에서 호스트 필드를 지우고 Host groups에서 Linux Server를 선택한 다음 Filter를 클릭한다.

 자빅스의 많은 필터 필드에서는, 입력을 하며 일치하는 항목의 목록을 가져오거나 Select 버튼을 클릭해 사용 가능한 모든 항목의 목록을 볼 수 있다. 입력으로 찾는 방법은 항목명의 일부를 아는 경우 매우 편리하다. 목록 조회는 익숙하지 않은 환경에서 작업할 때 도움이 된다.

이제 각각 하나의 아이템을 가진 두 호스트를 모니터링하는 것을 볼 수 있다.

각 항목 옆에나 앞쪽의 삼각형 아이콘을 클릭해 개별 항목 또는 모든 항목을 축소하고 확장할 수 있다.

아이템 복제

이제 다른 서비스, 포트 22에서 실행 중인 SSH를 모니터링해보자. 이번에는 여러 메뉴를 거치지 않고 간단한 방법으로 아이템을 생성해보겠다. Configuration > Hosts로 가서 Another host 옆에 있는 Items를 클릭하고 NAME 행에 Web server status를 클릭한다. 아이템 편집화면이 열리고 이전에 입력한 모든 값이 표시된다. 하단에 다양한 버튼도 있다. 전과 다른 것 중 하나는 Add 버튼 대신 Update 버튼이 있는 것이다.

 이전에 봤던 버튼과 어떻게 다른지 분명히 확인하자. 이전에 Add였던 기능이 Update로 바뀌었다. 이 차이는 새 개체를 추가할 것인지 기존 것을 수정할 것인지를 알려준다. 혹자는 Clone 버튼을 클릭하는 것을 잊어버리고 개체 복제, 필드 스캔, 일부 값 변경을 위해 설정화면을 열어서 기존 아이템을 변경할 것이다. Add와 Update 버튼의 표시 차이가 이런 실수를 방지한다.

여기 또한 현재 열려있는 아이템을 모두 삭제하는 Delete 버튼이 있다. 삭제는 수행하지 말고 대신 Clone을 클릭한다.

열린 창에서 새 아이템을 어떻게 만드는지(원래의 아이템에서 모든 값을 복제해 새로운 아이템을 만드는 방법) 살펴볼 것이다. Update 버튼이 Add 버튼으로 변경됐다. Add 버튼을 클릭한다. 그러나 실패할 것이다. 호스트 유일키에 대해 언급한 것을 기억하는가? 이것이 오류 메시지가 말하고 있는 원인이다(아이템 키는 호스트별로 유일해야 함).

Details	Cannot add item	x
Item with key "net.tcp.service[http,,80]" already exists on "Another host".		

아이템 수정 화면이 그대로 띄워져 있으므로, 다음과 같이 내용을 수정한다.

- Name: SSH server status로 변경
- Key: http,,80을 ssh로 변경해 net.tcp.service[ssh]와 같이 수정

이제 모든 설정이 끝났다. 하단의 **Add** 버튼을 다시 한 번 클릭하자. 아이템이 성공적으로 등록됐다. 이제 Monitoring > Latest data로 가면 Another host에 두 개의 아이템 목록, SSH server status와 Web server status이 있다. 상태는 원격호스트에서 실행 중인 서비스에 따라 달라진다. 원격이기에 SSH가 실행(1의 값을 가짐)될 가능성이 높지만 웹 서버가 실행 중인지 여부는 상황에 따라 다르다.

HOST	NAME ▲	LAST CHECK	LAST VALUE
Another host	- **other** - (2 Items)		
	SSH server status	2016-02-20 01:17:57	1
	Web server status	2016-02-20 01:17:56	1

포트 모니터링은 서비스를 사용할 수 있는지 확인하기 위해 종종 수행되지만 필수 사항은 아니다. 어떤 시스템이 인터넷을 통해 SSH를 사용하지 못하도록 되어 있을 경우, 실수로 SSH 데몬을 시작하거나, 애꿎은 방화벽 변경에 의해 우발적으로 노출되지 않았는지 확인할 때 사용할 수 있다.

아이템 수동 검색

프론트엔드에서 아이템을 추가하고 업데이트되길 기다리는 것은 아이템 키가 올바른지 여부를 확인할 수 있는 방법 중 하나다. 서버가 아이템을 확인하기를 기다려야 하기 때문에 매우 빠른 방법은 아니다. 파라미터에 대해 잘 모르거나 다른 조합으로 테스트하려는 경우, 가장 쉬운 방법은 zabbix_get이라는 유틸리티를 사용하는 것이다. 소스로 설치하는 경우 자빅스 에이전트와 함께 설치된다. 패키지로 설치할 때 자빅스 에이전트와 함께

설치하거나 별도의 패키지로 설치할 수 있다. 자빅스 서버에서 에이전트를 검색하려면 이 명령을 사용한다.

```
$ zabbix_get -s 127.0.0.1 -k system.cpu.load
```

이렇게 하면 서버가 수행하는 것과 동일한 방식으로 값을 얻을 수 있다. Another host에서 이와 같이 값을 얻으려면 자빅스 서버에서 zabbix_get을 실행할 수 있다. 하지만 에이전트에서 자빅스 서버의 연결만 수락하도록 서버 파라미터를 설정했기 때문에, 에이전트가 실행되는 동일한 호스트에서 실행하려고 하면 실패할 것이다. 디버깅을 위해 로컬 호스트에서 에이전트를 검색하려는 경우 127.0.0.1을 쉼표로 구분하여 서버 파라미터에 추가할 수 있다. 이는 에이전트를 배포할 때 모든 시스템에서 수행되기도 한다.

여기에는 서버가 검색하는 일반 혹은 패시브 아이템의 기본 사항이 포함된다. 자, 이제 다른 아이템 타입으로 넘어가자.

액티브 아이템

패시브 아이템은 자빅스 서버에서 모든 모니터링 대상 호스트에 연결 가능하다고 하면 아무 문제 없이 사용할 수 있지만, 보안이나 네트워크 토폴로지 같은 이유로 자빅스 서버에서 모니터링 대상 호스트로 들어오는 연결을 허용할 수 없는 경우는 적합하지 않다. 이런 경우는 어떻게 해야 할까?

이때 사용할 수 있는 것이 액티브Active 아이템이다. 액티브 아이템은 패시브 아이템과 달리 에이전트에서 서버로 연결한다. 서버에서는 에이전트로 연결하지 않는다. 에이전트에서 서버로 연결될 때, 에이전트는 확인할 아이템 목록을 다운로드한 다음 주기적으로 새 데이터를 서버에 보고한다. 액티브 아이템을 생성해보자. 이번에는 아이템 키를 선택할 때 도움 기능을 이용하고자 한다.

Configuration ➤ Hosts로 가서 Another host 옆에 있는 Items를 클릭하고 Create item을 누른다. 다음과 같이 값을 입력한다.

- Name: Incoming traffic on interface $1
- Type: Zabbix agent (active)
- Update interval (in sec): 60
- History storage period (in days): 7

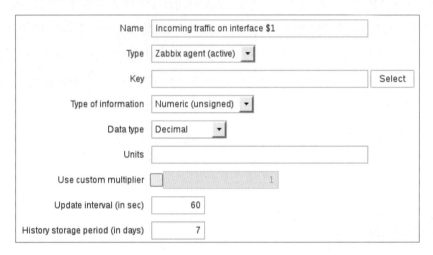

이번에는 키 필드에 이전과는 다른 작업을 할 것이다. Select를 클릭하면 전에 봤던 대화상자가 나타날 것이다. net.if.in[if,⟨mode⟩]을 클릭하자. 다음과 같이 선택한 문자열에 대한 설명이 나타난다.

net.if.in[if,<mode>]	Incoming traffic statistics on network interface. Returns integer

 필드 내용이 net.if.in[eth0]을 읽을 수 있도록 대괄호 안에 있는 내용을 eth0로 바꾼다. 완료되면 하단의 Add 버튼을 클릭한다. ⟨mode⟩와 같은 자리 표시자를 그대로 두면 안 된다. 리터럴 값으로 해석되며 아이템이 의도한대로 작동하지 않는다.

시스템의 네트워크 인터페이스명이 다른 경우 eth0 대신, ifconfig 또는 ip addr show 명령을 사용해 인터페이스명을 확인할 수 있다. 현재 많은 배포판에서는 표준 ethX 이름 지정 스키마가 다양한 인터페이스명을 가지도록 변경됐다. 또한 정확한 인터페이스명으로 eth0를 대체한다.

Monitoring ➤ Latest data로 가서 새로운 아이템이 추가됐는지 확인해본다.

HOST	NAME ▲		LAST CHECK	LAST VALUE
Another host	**- other** - (3 Items)			
	Incoming traffic on interface eth0			

새로운 아이템이 추가되지 않은 것처럼 보인다. 확신하기 위해서 조금 더 기다려 봐도 새로운 액티브 아이템이 보이지 않는다. 다른 문제 해결 방법을 찾아보겠다.

먼저 기본 네트워크 연결을 테스트해야 한다. 액티브 에이전트는 서버에 연결하므로 사용하는 포트(기본 포트는 10051)로 접속이 가능해야 한다. 먼저 원격으로 모니터링되는 시스템이 자빅스 서버에 연결할 수 있는지 여부를 테스트한다.

```
$ telnet <Zabbix server IP or DNS name> 10051
```

다음과 비슷하게 출력된다.

```
Trying <Zabbix server IP>...
Connected to <Zabbix server IP or DNS name>.
Escape character is '^]'.
```

Ctrl +]를 누른다. 그리고 결과 프롬프트를 종료한다.

```
telnet> quit
Connection closed.
```

이런 시퀀스는 네트워크 연결이 제대로 작동하고 있음을 나타낸다. 그렇지 않은 경우 네트워크 방화벽과 자빅스 서버의 로컬 방화벽을 비롯해 가능한 네트워크 설정 문제를 확인하자. 포트 10051로 들어오는 연결을 허용해야 한다.

 자빅스의 에이전트와 서버 포트는 IANA(Internet Assigned Numbers Authority)에 등록되어 있다.

어쩌면 에이전트에 문제가 생겼을지도 모른다. 에이전트를 자세히 살펴보자. 에이전트 데몬의 로그 파일을 살펴보기 위해 LogFile 설정 파라미터를 찾는다. 소스 아카이브의 기본 설정 파일을 사용하는 경우 /tmp/zabbix_agentd.log에 저장되도록 설정되어 있을 것이다. 패키지로 설치한 경우 /var/log/zabbix 또는 이와 비슷한 경로가 된다. 로그 파일을 열고 액티브 체크active check와 연관된 메시지를 찾아보자. 각 행에는 PID:YYYYMMDD:HHMMSS의 형식으로 PID와 타임스탬프가 붙는다. 아마 다음과 같은 비슷한 메시지를 찾을 것이다.

```
15794:20141230:153731.992 active check configuration update from [127.0.0.1:10051]
started to fail (cannot connect to [[127.0.0.1]:10051]: [111] Connection refused)
```

에이전트가 액티브 체크 리스트를 요청하는 데 연결 실패했다. 접근이 올바르지 않아 보인다. 현재 자빅스 서버는 로컬 호스트와 다른 시스템에 있는데, 로컬 호스트로 접속하는 것으로 보인다. 어떻게 이 문제를 해결할 수 있을까? 원격 시스템에서 zabbix_agentd.conf 설정 파일을 열고 ServerActive 파라미터를 확인하자. 기본 설정 파일에는 이와 같은 설정을 갖는다.

```
ServerActive=127.0.0.1
```

이 파라미터는 에이전트에게 어떤 서버에서 아이템을 가져올지 알려준다. 우리의 경우 자빅스 서버가 로컬 호스트가 아닌 원격 컴퓨터에 있으므로 이를 수정해야 한다. 127.0.0.1을 자빅스 서버의 IP 주소 또는 DNS 명으로 바꾸고 init 스크립트 또는 패시브로 killall을 사용해 에이전트를 다시 시작한다.

설정 파일을 연 상태에서 StartAgents라는 다른 파라미터를 살펴보자. 이 파라미터는 패시브 아이템에 대해 들어오는 연결을 처리하는 프로세스 수를 제어한다. 0으로 설정하면 에이전트가 서버에서 들어오는 연결을 수신하지 못한다. 이 경우 하나 혹은 두 가지 방법으로 에이전트를 커스터마이징할 수 있다. 패시브 아이템을 사용하지 않도록 설정하면 보안 측면에서 더 나을 수 있지만 다양한 문제를 테스트하고 디버깅하는 데 매우 어렵다. 액티브 아이템을 ServerActive 지정 없이(코멘트 아웃) 비활성화시킬 수 있다. 액티브 아이템과 패시브 아이템을 모두 비활성화하면 작동하지 않는다. 에이전트 데몬은 에러 메시지를 띄우며 시작되지 않을 것이다. 둘 다 비활성화된 채로 시작하면 수행 대상이 없기 때문이다. 아래를 보자.

```
zabbix-agentd [16208]: ERROR: either active or passive checks must be enabled
```

다시 프론트엔드에서 값이 표시될 때까지 계속해서 기다릴 수 있지만, 그럴 필요 없다. 에이전트 데몬 로그 파일로 돌아가서 오류에 대한 힌트가 있는지 찾아보자.

```
15938:20141230:154544.559 no active checks on server [10.1.1.100:10051]: host
[Zabbix server] not monitored
```

주의 깊게 읽으면 에이전트가 호스트명을 자빅스 서버로 보고하지만 이는 사용하지 않기로 결정한 비활성화된 디폴트 호스트의 호스트명이다. 로그 메시지는 호스트가 모니터링되지 않는다고 말해주고 있다.

시작 메시지를 보면 다음과 같은 다른 라인을 볼 수 있다.

```
15931:20141230:154544.552 Starting Zabbix Agent [Zabbix server]. Zabbix
3.0.0 (revision 58567).
```

 에이전트가 컴파일된 방법에 따라, 이 메시지에서 SVN 리비전를 보여주거나 보여주지 않는다. 누락된 경우 에이전트가 작동하는 데 영향을 미치지 않으므로 걱정할 필요는 없다.

이것이 우리가 사용하고자 하는 호스트명이 아니기 때문에, 에이전트 데몬 설정 파일을 다시 확인해보자. 자빅스 서버가 지정된 Hostname이라는 파라미터가 있다. 이 파라미터에 대해 "액티브 체크에서 필요하며, 서버에 설정된 호스트명과 반드시 동일해야 한다"는 설명이 있다. 그 파라미터를 수정해보자. Hostname 파라미터를 Another host로 변경하고 설정 파일을 저장하고 자빅스 에이전트 데몬을 다시 시작한다. zabbix_agentd.log 파일에 새 로그가 있는지 확인하자. 오류가 없어야 한다.

A test host에서 에이전트 설정을 업데이트해보자. zabbix_agentd.conf를 수정하고 Hostname = A test host로 설정 후 에이전트 데몬을 다시 시작한다.

서버에서 호스트를 찾을 수 없다는 오류가 계속 발생하면 자빅스 프론트엔드 호스트 속성과 에이전트 데몬 설정 파일(방금 변경한 호스트명)의 호스트명이 일치하는지 다시 확인하자.

 호스트명은 대소문자를 구분한다.

이제 프론트엔드로 돌아가서 Monitoring ❯ Latest data 세션에 데이터가 들어오기 시작했는지 확인한다.

HOST	NAME ▲		LAST CHECK	LAST VALUE	CHANGE
Another host	- other - (3 Items)				
	Incoming traffic on interface enp0s8		2016-02-20 01:45:20	173013	+1296

위 화면에서 시스템이 실제로 eth0이 아닌 enp0s8이라는 인터페이스명을 갖는 것에 주목하자. 자빅스가 어떻게 인터페이스명을 정하고 구성하는지는 12장, '설정 자동화'에서 살펴본다.

데이터가 표시되지 않고 아이템이 설정 섹션에서 지원되지 않는 것으로 보여지면, 네트워크 인터페이스명을 확인한다.

멋지다. 데이터가 실제로 수집되지만 약간 이상해 보인다. 잠시 기다리면 LAST VALUE 열의 숫자가 계속 증가하는 것을 볼 수 있다. 이 값이 무엇을 의미하는 것일까? 네트워크 트래픽 키는 인터페이스 카운터에서 데이터를 수집한다. 즉, 네트워크 인터페이스가 모든 트래픽을 합산하고, 총 데이터가 자빅스 데이터베이스에 제공된다. 이는 큰 이점이 있다. 큰 주기로 데이터를 수집하더라도, 급증하는 트래픽 데이터를 놓치지 않고 수집할 수 있는 이점이 있다. 하지만 이렇게 데이터를 수집하면 데이터를 해석하기 어렵고, 그래프도 계속 증가 추세로 보이게 된다(흥미가 있으면 아이템의 Graph 링크를 클릭하자). 우리는 그것들을 'hill graphs'라고 부른다. 다행히 자빅스는 이와 같은 데이터 카운터를 처리할 수 있는 기본 제공 기능을 제공한다. Configuration ➤ Hosts를 클릭한 다음 Another host 옆의 Items를 클릭하고 NAME 열에서 Incoming traffic on interface eth0를 클릭한다. Store value 선택 값을 Delta (speed per second)로 변경하고 Update를 클릭한다.

변경 사항이 적용되기까지 잠시 기다려야 하기에, 이 아이템의 Type of information 옵션에 대해서 논의해보자. 정수 타입을 받을 수 있도록 Numeric (unsigned)로 설정한다. 이 아이템이 원래 수신하는 값은 실제로 정수다. 이 값은 인터페이스에서 수신된 바이트 수를 나타내는 카운터 값이다. 하지만 Store value 옵션을 Delta(speed per second)로 변경했기 때문에 항상 소수점 자리까지 표시될 것이다. 이는 두 값 사이에 전달되는 초 수에 따라 트래픽을 두 값으로 나누고 있다. 자빅스가 소수를 가지고 정수 필드에 저장해야 하는 경우 다음과 같이 소수 값을 얻는 방식에 따라 동작이 달라진다.

- 자빅스 에이전트로부터 받은 소수 값이 `system.cpu.load` 아이템과 같으면 아이템은 지원되지 않음으로 변경된다.
- 자빅스가 정수로 받았지만, 계산 결과가 소수로 표시되면 네트워크 아이템과 마찬가지로 소수 부분은 무시된다.

이 동작은 다음 그림에 설명되어 있다.

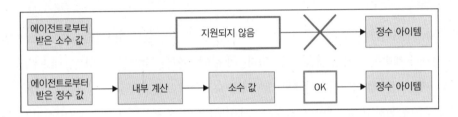

이렇게 차이가 나는 이유는 무엇일까? 정확도가 떨어지는 결과에도 불구하고 이 아이템을 정수로 지정해야 하는 이유는 무엇일까? 자빅스 데이터베이스 스키마의 십진수 값은 정수 값보다 소수점 앞에 사용 가능한 유효 자릿수가 더 적다. 로드된 고속의 인터페이스에서 이 제한을 넘겨 오버플로우로 값이 완전히 손실될 수 있다. 일반적으로 전체 값을 잃는 것보다 소수 자리의 정밀도를 포기하는 것이 더 낫다. 가장 작은 단위인 바이트 또는 비트 정도로만 정밀도가 손실된다. 자빅스가 프론트엔드에서 5Gbps를 표시하더라도 소수 부분은 잘린다. 따라서 이런 정밀도의 손실은 별로 중요하지 않다. 최소한 데이터베이스 스키마 제한이 증가하기 전까지 이와 같은 위험이 있는 아이템에는 정수를 사용하는 것을 추천한다.

Monitoring ➤ Latest data를 다시 체크해보자.

HOST	NAME ▲		LAST CHECK	LAST VALUE	CHANGE
Another host	- **other** - (3 Items)				
	Incoming traffic on interface enp0s8		2016-02-20 01:50:20	29	-177700

최악의 경우 설정 변경 사항이 자빅스 에이전트에 적용되기까지 최대 3분이 걸릴 수 있다. 서버 설정 캐시에 들어가는 데 1분, 에이전트가 아이템 목록을 새로 고칠 때까지 2분이다. 이 처리의 가장 앞에 있는 아이템은 우리가 생성한 아이템과는 다르다. 초당 계산하기 위해 이 두 값을 수집해야 하기 때문에 우리가 관심 있는 값은 하나지만 첫 번째 값이 프론트엔드에 표시되기 전 아이템 수집주기가 어떻든 간에 기다려야 한다.

자빅스는 이제 두 가지 옵션(무엇이 소수점을 위한 설정인지)에 따라 변화를 자동으로 계산하고 저장하지만, 여전히 값은 친숙하지 않다. 아마 그래프에서 보는 것이 더 이해하기에 좋을 것 같다. **Graph** 링크를 클릭해 알아보자.

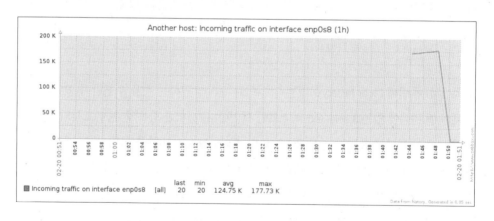

변경에 따른 결과의 차이를 분명히 볼 수는 있지만, 여전히 해석이 불가능해 매우 이해가 안 되는 데이터를 던져 준다. 그래프의 Y축은 총 카운터(모니터링되는 시스템이 시작된 이후의 총계) 값을 나타내고 X축은 정확한 소수점 데이터를 나타낸다. 또한 수치화된 값을 살펴볼 수도 있다. 그래프 오른쪽 상단에 있는 드롭다운에서 **500 latest values**를 선택하면 다음 화면이 나타난다.

Another host: Incoming traffic on interface enp0s8		500 latest values ▾	As plain text	⤢
TIMESTAMP		VALUE		
2016-02-20 01:56:19		29		
2016-02-20 01:55:19		20		
2016-02-20 01:54:19		29		
2016-02-20 01:53:19		21		
2016-02-20 01:52:19		27		
2016-02-20 01:51:19		20		
2016-02-20 01:50:20		29		
2016-02-20 01:48:20		177729		

이 목록에서 변경이 수행된 정확한 시간뿐만 아니라 데이터 변화를 분명히 확인할 수 있다. 그러나 이런 거대한 VALUE 값은 카운터 데이터에서 측정되며, 값이 너무 크기 때문에 보기 좋은 그래프를 그리는 것을 방해한다. 때문에 이를 제거해야 한다. Configuration ▶ Hosts를 선택하고 Another host 옆에 있는 Items를 클릭한다. Incoming traffic on interface eth0 옆에 체크박스를 선택하고 아이템 목록 하단에 있는 버튼을 보자.

왼쪽에서 세 번째 Clear history이라는 기능으로 우리가 원하는 것을 수행할 수 있다. 버튼 목록의 맨 왼쪽에 있는 3 selected 텍스트를 확인한다. 선택한 항목의 수가 표시되므로, 얼마나 많은 항목이 적용될지 항상 알 수 있다. Clear history 버튼을 클릭하자. 계속하려면 확인을 요청하는 자바스크립트 팝업이 표시된다. 방대한 다량의 데이터셋을 정리하려면 오래 걸릴 수 있지만, 이번 건은 바로 처리될 것이므로 OK 버튼을 클릭한다. 이 기능은 방대한 데이터를 포함하여 이 아이템에 대한 모든 히스토리 값을 제거한다.

그래프에서 Y축을 보면, 여전히 어떤 값인지에 대한 설명 없이 숫자가 표시되어 있고, 큰 값은 K, M 및 기타 곱셈 기호가 적용된 것을 볼 수 있다. 이 값을 자빅스가 바이트나 유사한 단위로 표현해 준다면 훨씬 좋을 것 같다. 바로 Configuration ▶ Hosts로 이동해 Another host 옆에 있는 Items를 클릭한 다음 NAME 열의 Incoming traffic on the eth0을 클릭한다. Units 필드에 Bps를 입력한 다음 Update를 클릭한다.

Monitoring ➤ Monitoring에 어떤 변화가 있는지 확인해보자.

Incoming traffic on interface enp0s8	2016-02-20 02:02:19 27 Bps

훌륭하게도 데이터가 들어오고 있다. 심지어 자빅스가 적절하게 KB, MB 등을 자동으로 계산해준다. 트래픽이 발생하고 있다면 테스트 호스트에 저장될 것이다. 네트워크 트래픽을 살펴보자. 그래프를 클릭한다.

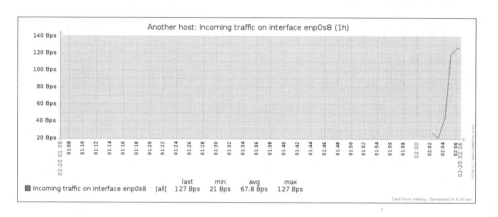

Y축을 보면, 트래픽이 많을 때는 그래프를 읽을 수 있도록 단위가 계산되고 단위 계산은 이전에 수집된 값에도 적용된다.

 단위는 Store value 옵션처럼 저장된 데이터에 영향을 미치지 않으므로 이전 값을 지울 필요가 없다.

이전에 설정한 파라미터 중 수집주기는 더 작게 할 수도 있고 이는 더 보기 좋은 그래프를 만들 수 있다. 그러나 간격이 짧을수록 자빅스가 조회해야 하는 데이터가 많아지고 초마다 더 많은 데이터를 데이터베이스에 저장해야 하며 이 데이터를 표시할 때 더 많은 계산을 수행해야 한다는 점을 기억하자. 테스트 시스템에서 눈에 띄는 차이는 없었지만 가능하면 수집주기를 크게 유지하는 것이 좋다.

지금까지 숫자 데이터(정수 또는 소수 값)를 수집하는 아이템을 만들어봤다. 이번에는 조금 다른 것을 만들어보자. 이전과 같이 Configuration ➤ Hosts로 이동해 Another host 옆에 있는 Items를 클릭한다. 아이템 생성을 하기 전에 설정 절에서 유용한 정보가 무엇인지, 특히 아이템에 대해 살펴보자. 아이템 목록을 보면 탐색과 정보 표시줄이 나타난다.

이 영역은 호스트명, 호스트 모니터링 여부, 가용성과 같이 현재 선택된 호스트에 대한 빠르고 유용한 정보를 제공한다. 더 나아가 오른편에는 호스트 목록이나 현재 호스트와 관련된 기타 요소(애플리케이션, 아이템, 트리거, 그래프, 디스커버리 룰, 웹 시나리오)의 바로 가기를 제공한다. 항상 호스트 목록을 거치지 않고 단일 호스트의 요소 카테고리를 전환할 수 있어 편리하다. 이것이 전부가 아니다. Filter 버튼을 클릭해 앞으로 적용할 필터를 확인해보자. 세세한 필터 항목이 있다.

이 필터를 사용해 표시할 아이템에 대한 복잡한 규칙을 만들 수 있다. 필터의 왼쪽 상단을 보면 단일 호스트의 아이템만 볼 수 있는 것이 아니라는 것을 알 수 있다. Host group을 선택할 수도 있다. 필요한 경우 필터 선택을 하고 아래의 Filter 링크를 클릭한다. 현재는 하나의 조건만 있다. 호스트 필드에 Another host가 포함되어 있는데, 이는 우리가 사용한 호스트 목록의 아이템 링크가 이 필터 설정 중 하나다. Host 필드를 지우고 Host group 필드에서 Linux servers를 선택한 다음 아래에 있는 Filter 버튼을 클릭한다.

호스트 정보와 바로 가기 기능은 단일 호스트의 아이템을 필터링할 경우에만 사용할 수 있다.

이제 아이템 메인 필터 바로 아래를 보자. 서브필터^{Subfilter}의 헤더에 설명된 대로 메인 필터로 이미 필터링된 데이터에만 영향을 준다.

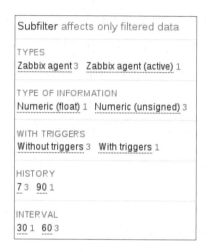

서브필터 작업의 항목은 토글과 같다. 스위치를 켜면 데이터 필터링뿐만 아니라 다른 모든 토글된 서브필터 컨트롤이 작동한다. 이제 **Zabbix agent (active)**를 클릭하자. 아이템 목록에 단 하나의 아이템만 있음을 확인한다. 이는 서브필터 토글 옆에 표시된 숫자 1과 같다. 그런데 서브필터 자체도 다르게 보여진다.

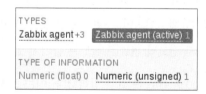

사용으로 선택한 Zabbix agent가 강조됐다. 반면에 Numeric(float)은 회색으로 표시되고 비활성화됐다. 또한 이미 아이템이 활성화돼, 이를 활성화하더라도 더 이상 보여질 아이템이 존재하지 않는다. Numeric (unsigned) 토글 옆에는 여전히 활성화 가능한 아이템으로 1이 표시되어 있고, 이 토글을 활성화하면 표시될 아이템 수를 나타낸다. 대신 자빅스 에이전트 토글에는 +3이 표시됐다. 이는 토글을 활성화하면 현재 표시되는 것보다 3개의 아이템이 더 표시되며 같은 카테고리 안에서 토글을 위해 사용된다. 현재 서브필터는 존재하는 값만 표시되므로 5개의 아이템을 가지고 있다. 아이템 추가하거나 다른 아이템을 구성하면 이 서브필터가 확장된다. 이제 필터 탐색은 마치고, Host 필드에 Another host를 선택하고 아래 Filter 버튼을 클릭하자. 그리고 Create Item을 클릭한다.

자빅스로 모니터링하는 호스트가 많아지면 각 호스트에 설치된 자빅스 에이전트 데몬 버전을 잊어 버리기가 쉽다. 자동화된 배포 소프트웨어를 가지고 있더라도 각 호스트의 버전을 한 곳에서 모두 확인할 수 있으면 좋겠다.

다음 값들을 사용한다.

- Name: Zabbix agent version 입력
- Type: Zabbix agent (active) 선택(계속 패시브 아이템으로 생성한다)
- Key: Select를 클릭해 목록의 세 번째 항목을 선택(agent.version)
- Type of information: Character 선택
- Update interval (in sec): 86400 입력

완료되면 Add 버튼을 클릭한다. 몇 가지 주목할 만한 것들이 있다. 먼저 정보 유형을 Character로 설정하여 화면이 재구성되면 사용 가능한 옵션에 약간의 변경이 있다. 특히 단위, 배율, 추세와 같이 숫자 정보와 관련된 필드는 숨겨져 있다.

둘째, 업데이트 간격을 86400로 매우 큰 값을 입력했다. 이는 24시간과 같다. 과도하게 보일 수도 있지만 여기서 모니터링할 내용을 생각해보자. 자빅스 에이전트 버전은 하루에 여러 번 변경되지는 않을 것이다. 필요에 따라 일주일과 같이 더 큰 값으로 설정할 수도 있다.

결과를 확인하기 위해 Monitoring ➤ Latest data로 가보자.

Zabbix agent version	2016-02-24 20:59:45 3.0.0

데이터가 표시되지 않더라도 잠시 기다리면 확인할 수 있다. 데이터가 보여질 때, 목록에 있는 원격 시스템에 설치된 자빅스 에이전트의 버전을 확인하자. 새 자빅스 버전이 배포 됐다면 확인한 버전이 여기에 설치한 버전보다 높을지도 모른다. 한 가지 사소한 차이점 에 주목하자. 이전에 추가한 모든 아이템 오른쪽에 Graph라는 링크가 존재하지만 맨 마지 막에는 History라는 링크가 있다. 그 이유는 간단하다. 텍스트 아이템의 경우 그래프를 그 릴 수 없기 때문에 자빅스가 이를 지원하지 않는다.

데이터가 나타날 때까지 기다려야 하는 이유는 무엇일까? 액티브 아이템이 어떻게 작동 하는지 기억하는가? 에이전트는 보고해야 하는 아이템 목록을 서버에서 검색한 다음 주 기적으로 데이터를 전송하고 또한 아이템 목록 확인도 주기적으로 수행된다. 빈도를 알아 내려면 원격 시스템에서 zabbix_agentd.conf 설정 파일을 열고 RefreshActiveChecks 파 라미터를 찾는다. 기본값은 2분이며, 초 단위로 설정되므로 120초로 표시된다. 최악의 경 우, 설정 변경 사항이 캐시에 적용되는 순간 서버에서 에이전트를 검색할 것이고, 이때 일 반 혹은 패시브 아이템과 반대인 모든 데이터를 확인하기 위해 거의 3분을 기다려야 할 수 도 있다. 액티브 아이템을 사용하는 에이전트가 많은 운영 환경에서는 이 값을 늘리는 것 이 좋다. 일반적으로 아이템 파라미터는 자주 변경되지 않는다.

여러 서버에 연결된 단일 액티브 에이전트

에이전트 데몬 구성 파일의 ServerActive에 설정된 방식은 단일 자빅스 서버에 연결하고 아이템에 대한 데이터를 서버로 보낸다. 에이전트는 동시에 여러 서버에서 작업할 수도 있다. 추가 주소를 쉼표로 구분된 목록으로 지정하면 된다. 이 경우 에이전트는 각 서버 를 개별적으로 작업할 수 있도록 개별 프로세스를 내부적으로 생성한다. 이것은 한 서버가 다른 서버도 모니터링되고 있는 것을 모른다는 것을 의미한다. 즉, 각 서버가 독립적으로 값을 보낸다. 반면에 여러 서버가 개별 아이템에 대한 데이터를 요청하더라도 데이터는 각 서버별로 여러 번 수집된다.

 설정 파일의 주석을 항상 확인하자. 매우 유용한 정보를 얻을 수 있다. ServerActive의 경우 에이전트가 server1:port,server2:port와 같은 구문을 사용해 각 서버의 기본 포트가 아닌 다른 포트에 연결할 수도 있음을 알 수 있다.

하나의 자빅스 인스턴스에서 다른 인스턴스로 마이그레이션할 때 액티브 상태인 여러 서버로 작업하는 것이 유용할 수 있다. 일시적으로 에이전트는 이전 서버와 새 서버 모두로 보고할 수 있다. 또한 본격적으로 모니터링을 수행하는 로컬 자빅스 서버를 보유하고 있는 고객 환경과 외부 회사가 제공하는 애플리케이션과 관련된 일부 측면을 모니터링하고자 할 때 매우 유용한 서비스를 제공한다.

패시브 아이템의 경우 여러 자빅스 서버에서 들어오는 연결을 허용하는 것과 동일한 방법으로 Server 파라미터에 여러 IP 주소를 추가한다.

지원 아이템

자빅스 에이전트를 사용하는 양방향의 아이템들을 만들어보고 데이터를 수집해봤다. 그러나 단지 그 아이템들만 사용 가능한 것은 아니다. 아이템을 다시 만드는 과정에서 자빅스 에이전트에 내장되어 있는 아이템 목록을 확인할 수 있고 아이템 목록에 대한 간단한 설명도 확인 가능하다(Configuration > Hosts로 이동해 아무 호스트의 Items를 클릭하고 Create item 버튼을 클릭한 다음, Key 필드 옆에 있는 Select 버튼을 클릭하자).

> **ℹ** 모든 자빅스 에이전트 아이템이 패시브 및 액티브 아이템으로 제공되는 것은 아니다. 예를 들어 로그 및 이벤트 로그(로그 파일과 윈도우 이벤트 로그 정보 수집)는 액티브 아이템으로만 사용할 수 있다. 로그 모니터링에 대한 내용은 11장, '고급 아이템 모니터링'과 14장, '윈도우 모니터링'의 윈도우 관련 아이템에서 다룬다.

목록을 보면 시스템 설정, 네트워크 트래픽, 네트워크 서비스, 시스템 부하, 메모리 사용량, 파일 시스템 모니터링 등 자빅스 에이전트가 기본적으로 지원하는 아이템 카테고리를 확인할 수 있다. 그러나 이것이 자빅스 에이전트 데몬이 실행되는 모든 시스템에서 작동한다는 것을 의미하지는 않는다. 모든 플랫폼은 정보를 노출하는 다른 방법을 가지고 있으며 일부 파라미터는 플랫폼에 따라 다를 수도 있으므로 모든 키가 모든 호스트에서 작동한다는 보장은 없다.

예를 들어, 디스크 드라이브 통계 보고서가 userspace로 변경되면 자빅스 에이전트는 새 방법에 대한 지원을 구체적으로 구현해야 한다. 따라서 이전 에이전트 버전은 최근 리눅스 시스템에서 더 적은 수의 파라미터를 지원한다. 어떤 파라미터가 어떤 운영체제의, 어떤 버전에서 작동하는지 궁금하다면, 가장 좋은 방법은 자빅스 설명서를 확인한 다음 테스트하는 것이다. 일반적으로 많이 사용되는 에이전트 아이템 키는 다음과 같다.

- agent.ping: 에이전트 사용이 가능하면 1을 반환, 불가하면 아무것도 반환하지 않음
- net.if.in/out: 수신 / 발신 트래픽 정보 제공
- net.tcp.service: TCP 서비스와 간단한 연결 시도
- proc.num: 프로세스 수를 카운트, 다양한 파라미터로 필터링 가능
- vfs.fs.size: 파일 시스템 사용 정보 제공
- vm.memory.size: 메모리 사용 정보 제공
- system.cpu.load: 표준 10 진수 표현으로 CPU로드 정보 제공
- system.cpu.util: CPU 사용 정보 제공(예: Iowait)

대부분의 경우, 다양한 파라미터가 결과를 필터링하거나 특정 정보를 선택하도록 지정된다. 예를 들어, proc.num[, zabbix]는 자빅스 사용자가 실행 중인 모든 프로세스를 카운팅한다.

액티브 아이템과 패시브 아이템 선택

우리가 자빅스 에이전트를 액티브로 또는 패시브로 논의했지만 에이전트는 실제로 액티브로 사용할지 패시브로 사용할지 관련이 없다. 연결 방향은 아이템에 따라 결정된다. 에이전트는 기본적으로 두 가지 모드에서 동시에 작동한다. 그럼에도 불구하고 우리는 사용할 아이템 타입(액티브 또는 패시브)을 선택해야 한다. 숏 버전에서는 액티브 아이템이 권장된다.

왜 그래야 하는지 이해하기 위해 연결 방법을 비교해 보겠다. 패시브 에이전트는 매우 간단하다.

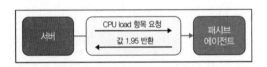

 화살표 방향은 연결이 이루어지는 방법을 나타낸다.

하나의 값은 하나의 연결을 의미한다. 액티브 에이전트는 조금 더 복잡하다. 에이전트는 액티브 모드일 때 서버에 연결한다는 것을 기억하자. 따라서 에이전트는 먼저 자빅스 서버에 연결하고 모니터링할 아이템 목록을 요청한다. 그런 다음 서버는 아이템, 수집주기, 그밖의 관련 정보를 보낸다.

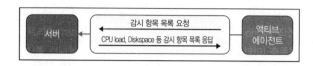

이 시점에서 연결이 닫히고 에이전트는 정보 수집을 시작한다. 수집된 값이 있으면 서버로 전송한다.

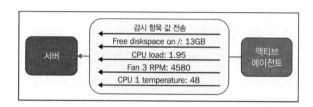

액티브 에이전트는 하나의 연결에서 여러 값을 보낼 수 있다. 결과적으로 액티브 에이전트는 일반적으로 자빅스 서버에 부하를 줄이고 네트워크 연결을 줄인다.

호스트 목록의 사용 가능 아이콘은 패시브 아이템만 표시한다. 액티브 아이템은 전혀 영향을 주지 않는다. 호스트에 액티브 아이템만 있는 경우 이 아이콘은 회색으로 유지된다. 이전 자빅스 버전에서는 패시브 아이템을 추가한 다음 실패한 아이템을 액티브 아이템으로 변환하면 이 아이콘은 빨간색으로 유지된다. 자빅스 3.0.0 버전부터 아이콘이 자동으로 회색으로 롤백되는 설정을 지원한다.

물론 액티브 아이템에도 단점이 있고, 패시브 아이템도 장점이 있다. 각 아이템 타입이 제공하는 것이 무엇인지, 그리고 어떤 상황에서 어떤 아이템이 더 나은지 요약해보면 다음과 같다

액티브 아이템의 장점은 다음과 같다.

- 네트워크 연결 수가 적음
- 자빅스 서버의 부하가 낮음

- 네트워크 토폴로지 또는 방화벽 등의 이유로 자빅스 서버에서 에이전트에 연결할 수 없는 경우 사용(예: 모니터링 대상 호스트가 NAT 뒤에 있는 경우)
- 로그 또는 윈도우 이벤트 로그 모니터링과 같은 아이템 지원

패시브 아이템의 장점은 다음과 같다.

- 초보자에게 설치가 더 쉬움
- 사용자 지정 수집주기 지원(액티브 아이템에서 지원되지 않음)
- 클러스터에서 가상 IP 주소 폴링 시, 항상 액티브 클러스터 노드 검색 가능
- 기본 템플릿은 패시브 아이템을 사용, 따라서 수정 또는 기타 설정을 사용해야 함

템플릿 사용과 수정에 관한 내용은 8장, '템플릿을 이용한 복잡한 설정 단순화'에서 설명한다.

아이템 스케줄링

새로운 아이템을 확인하기 전, 시간 지연에 관해 설명했다. 자빅스 서버 설정 캐시가 언급됐다. 패시브 아이템의 경우는 다른 요소가 포함되며 이는 자빅스가 아이템을 폴링하도록 스케줄하는 방법이다. 각 아이템은 특정 시간에 폴링되도록 계획이 잡혀있고 두 폴링 사이의 시간은 항상 일정하다. 자빅스 서버가 시작된 시점과 관계없이 특정 아이템은 항상 같은 방식으로 스케줄링된다. 예를 들어 아이템이 수집주기가 60초라면 1분마다 13초에 폴링하도록 구성할 수 있다. 자빅스 서버가 다시 시작되면 아이템은 매분 13초에 폴링된다. 스케줄링은 내부 아이템 ID를 기반으로 한다. 따라서 아이템이 삭제되고 다시 생성되거나 아이템 주기가 변경되지 않는 한, 이 스케줄링은 변경되지 않는다.

 이 방식은 모든 폴링된 아이템 타입에 비슷하게 적용되며 SNMP와 기타 아이템 타입을 설정할 때 관련된다.

액티브 아이템은 에이전트가 시작될 때 폴링을 시작한다. 따라서 값이 도달하는 특정 시간은 에이전트가 시작된 시점을 기준으로 변경된다. 또한 액티브 아이템은 직렬 방식으로 처리된다. 따라서 느린 아이템은 동일한 에이전트의 다른 아이템에 대한 값을 지연시킬 수 있다.

요약하자면, 새로운 패시브 아이템을 추가하면 데이터베이스에 저장되고 자빅스 서버가 아직 인지하기 전이다. 추가된 아이템은 설정 캐시에 로드된다. 설정 캐시는 기본적으로 60초마다 새로고침된다. 서버는 새 아이템을 인지한 후, 그 순간과 아이템 수집주기 사이의 어떤 지점에서 첫 폴링을 시작할지 결정한다.

즉, 30초의 기본 주기로 아이템의 첫 번째 값이 도착하기 전 30~90초가 걸릴 수 있다. 아이템에 이전에 설정된 일련번호나 에이전트 버전과 같이 매우 긴 주기가 있는 경우 첫 번째 값을 자동으로 찾기까지 오랜 시간이 걸릴 수 있다. 처음에는 짧은 주기로 추가한 다음 예상대로 아이템이 확인된 경우 주기를 늘리는 것 외에는 아이템 폴링 속도를 높이는 방법이 없다.

새로운 액티브 아이템이 추가되면 데이터베이스에 다시 저장되며 자빅스 서버는 아직 변경된 내용을 알 수 없다. 액티브 자빅스 에이전트는 주기적으로 서버에 연결해 모니터링할 아이템의 정보를 수집하지만 아직 설정 캐시에 없으므로 서버는 새로 추가된 아이템을 에이전트로 전송할 수 없다. 곧 아이템은 설정 캐시에 로드된다. 설정 캐시는 기본적으로 60초마다 새로고침된다. 서버가 새 아이템을 인지하면 아이템을 에이전트에서 사용할 수 있지만 에이전트는 기본적으로 2분마다 서버에 연결한다. 에이전트가 새 아이템을 인지하면, 즉시 해당 아이템의 첫 번째 값을 수집하려고 시도한다.

 수집주기를 조정하는 자세한 방법은 22장, '자빅스 운영/유지보수'를 참고하자.

이 두 가지 경우, 아이템을 delta로 설정하면 데이터베이스에 저장하고 프론트엔드에 표시되는 최종 값을 계산하기 전에 두 값을 얻어야 한다. 한 값에 대한 차이는 계산할 수 없기 때문이다.

▎ 심플체크

이전에 생성된 아이템은 모두 자빅스 에이전트 데몬이 설치, 실행 중이어야 하며 어느 방향으로든 연결할 수 있어야 했다. 하지만 원격 호스트에 에이전트를 설치할 수 없거나 혹은 원하지 않거나, 간단한 것을 모니터링하고자 할 때 어떻게 해야 할까? 이때 유용한 기능이 심플체크Simple checks다. 심플체크는 원격에서 실행되는 에이전트를 필요로 하지 않고 모니터링되는 호스트를 검색하기 위해 ICMPInternet Control Message Protocol나 TCP 같은 기본 네트워크 프로토콜만 사용한다.

호스트 가용성 아이콘은 자빅스 에이전트, SNMP, JMX, IPMI 상태(응답이 도착할 것으로 예상되는 항목)만을 포함한다. 심플체크에 대한 가용성은 오픈된 포트가 정상적인지 아닌지 두 가지로 할 수 있다. 심플체크를 위한 상태 아이콘은 없다.

이제 심플체크를 만들어보자. Configuration ➤ Hosts로 가서, Another host 옆에 있는 Items를 클릭하고 Create item을 클릭한다. 다음 값을 입력한다.

- Name: SMTP 서버 상태 입력
- Type: Simple check 선택
- Key: Select 버튼 클릭

오른쪽 상단 모서리에 위치한 Type은 이미 Simple check로 선택되어 있을 것이다. 그렇지 않으면 변경한다. Key 목록에서 net.tcp.service[service,<ip>,<port>] 키를 선택해 수정한다. service를 smtp로 바꾸고 대괄호 안에 있는 다른 것은 제거하여 net.tcp.service[smtp]로 수정한다.

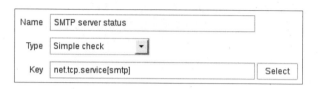

 자빅스에서 심플체크를 설정할 때, 너무 많은 서비스를 너무 자주 확인하면 'paranoid' 네트워크 알림을 발생시킬 수 있다.

완료되면 하단의 **Add** 버튼을 클릭한다. 결과를 확인하기 위해 Monitoring ➤ Latest data로 가면 추가한 체크가 보이고 SMTP 서버의 실행 여부, 자빅스 서버에서 액세스 가능 여부에 따라 1(실행 중이고 액세스 가능한 경우) 또는 0이 보인다.

ICMP 검사 설치

직접 통제할 수 없는 라우터나 스위치와 같은 기본적인 호스트 연결 가능 여부만 점검하려면 어떻게 할까? ICMP 핑(에코 요청 및 응답)은 이런 모니터링에 적합한 방법이며, 자빅스는 이런 심플체크를 지원한다. 대개 이것들은 바로 동작하지 않는다. 이를 사용하기 위해선, 자빅스가 ICMP 검사에 사용하는 별도의 유틸리티 fping을 설치해야 한다. 대부분의 배포판에서 지원하며 배포판의 패키지 관리 도구를 사용해 설치한다. 그렇지 않다면 fping을 수동으로 다운로드하고 컴파일해야 한다. http://fping.sourceforge.net/에서 다운로드할 수 있다.

이 책을 쓰는 지금, 자빅스 3.0은 여전히 fping 3을 완전히 지원하지 않는다. 가장 중요한 점은 서버의 소스 IP를 설정하면 ICMP 핑 아이템이 손상된다는 것이다. 이 지원은 버전 3.0.2에서 지원할 예정이다. 이후 버전은 설명서에 호환성 정보를 확인하자. 배포 패키지에서 fping을 설치하면 버전 3일 가능성이 높으며 http://fping.org/에서도 다운로드할 수 있다.

fping이 제대로 설치되면 자빅스 서버가 어디서 파일을 찾아 실행하는지 알아야 한다. 자빅스 서버에서 zabbix_server.conf를 열고 FpingLocation 파라미터를 찾는다. 기본적으로 주석으로 처리되며 기본값은 /usr/sbin/fping이다. 이 명령으로 fping 바이너리 위치를 쉽게 찾을 수 있다.

```
$ which fping
```

결과 중 하나가 /usr/sbin/fping이면 이 파라미터를 변경할 필요가 없다. 그렇지 않은 경우 올바른 fping 위치를 참조하도록 파라미터를 수정하고 설정 변경 사항을 알 수 있도록 자빅스 서버를 다시 시작하자. 아직 다 된 것이 아니다. 자빅스가 관리자 권한으로 fping을 실행할 수 있어야 하므로 root 권한으로 다음을 실행한다.

```
# chgrp zabbix /usr/sbin/fping
# chmod 4710 /usr/sbin/fping
```

 페도라 /RHEL 기반 배포판에서는 이미 해당 권한이 부여됐다. 배포 패키지를 사용하는 경우 이전 명령을 실행하지 말자. 자빅스 서버가 다른 그룹에서 실행될 수 있기 때문에 자빅스 서버에 대한 접근을 허용하지 않을 수도 있다.

이전에 root가 fping 바이너리를 소유하고 있기 때문에, 이것으로 자빅스 그룹의 요청이 있을 때 fping을 사용하도록 허용하는 작업이 완료됐다. 확인해보자.

이전과 마찬가지로 Configuration ➤ Hosts로 가서, Another host 옆에 있는 Items를 클릭하고 Create Item을 클릭한다. 다음 세부 사항을 설정한다.

- Name: ICMP ping performance
- Type: Simple check
- Key: Select button을 선택하고, 목록에서 icmppingsec key 선택. 대괄호와 대괄호 안의 내용은 삭제
- Type of information: Numeric (float)
- Units: ms
- Use custom multiplier: 체크박스 선택하고 1000 입력

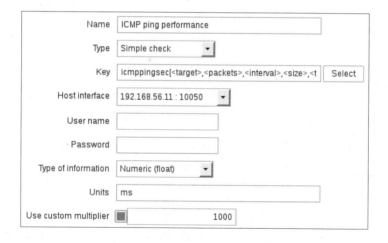

모든 필드가 올바르게 설정되면 하단의 추가 버튼을 클릭한다. 그다음 순서대로 Monitoring ➤ Latest data로 가면(이미 ICMP ping은 데이터를 기록하고 있어야 한다) 잠시 후, 그래프를 통해 네트워크의 성능 변화를 확인할 수 있다.

ICMP ping performance	2016-02-25 20:30:34 0.59 ms

네트워크 대기시간을 측정하는 ICMP 핑을 초 단위로 설정한다. 단순히 호스트 연결을 테스트하려는 경우 icmpping 키를 선택해 핑이 성공했는지 여부만 기록하면 된다. 이는 대규모의 연결 테스트에 사용하는 간단한 방법으로, 매우 작은 주기를 사용하지 않는한 네트워크에 부하를 주지 않는다. 물론 주의할 점이 있다. 인터넷 연결을 확인하려면 라우터, 방화벽, 또는 전용 라우터와의 연결을 테스트하는 것만으로는 충분하지 않으므로 다른 작업을 추가적으로 해야 할 필요가 있다. 가장 좋은 방법은 연결 및 가용성이 매우 우수한 다수의 원격 대상을 선택하는 것이다.

ICMP 핑 아이템의 경우 여러 파라미터를 지정할 수 있다. 전체 icmpping 키 구문은 다음과 같다.

```
icmpping[<target>,<packets>,<interval>,<size>,<timeout>]
```

기본적으로 target은 아이템이 할당된 호스트에서 가져오지만 오버라이드할 수 있다. packets 파라미터를 사용하면 각 호출이 발행해야 하는 패킷 수를 지정할 수 있다. 보통 fping 기본값은 3이다. interval 파라미터를 사용하면 이런 패킷 사이의 간격을 구성할 수 있다. 일반적으로 fping 기본값은 1초이며 동일한 target에 대해 밀리세컨드ms 단위로 구분된다. size에 관해서는 단일 패킷의 기본값은 fping 버전, 아키텍처, 그밖의 파라미터에 따라 다를 수 있다. 마지막으로 timeout은 개별 target의 타임아웃을 설정하며 일반적인 기본값은 500ms이다.

 이 기본값은 자빅스 기본값이 아니며, 지정하지 않으면 fping 기본값이 사용된다.

ICMP 핑 아이템의 타임아웃이나 패킷 카운트를 매우 큰 값으로 설정해서는 안 된다. 엉뚱한 결과를 초래할 수 있다. 예를 들어 패킷 수를 60으로 설정하고 아이템 수집주기를 60초로 주면, 두 번째 값이 누락될 수 있다.

동일한 호스트에 대해 여러 개의 ICMP 핑 아이템을 설정하면 자빅스는 `fping` 유틸리티를 한 번만 호출한다. 여러 호스트에 ICMP 핑 아이템이 있는 경우 자빅스는 동일한 파라미터(예: `packet`, `size`, `timeout`)로 동시에 핑해야 하는 모든 호스트에 대해 `fping`을 한 번 호출한다.

▌ 에이전트 타입별 성능

일반 혹은 패시브 에이전트는 서버 연결을 기다리는 반면, 액티브 에이전트는 서버에 연결해 검사할 아이템 목록을 가져오고 주기적으로 서버에 연결해 데이터를 전송한다는 사실을 알았다. 이는 하나 또는 다른 종류의 자빅스 에이전트 아이템을 사용하면 성능에 영향을 줄 수 있음을 의미한다. 일반적으로 액티브 에이전트를 사용하면 서버가 무엇을 언제 체크해야 할지 지정할 필요가 없기 때문에 자빅스 서버의 부하를 줄인다. 대신 에이전트는 자신이 수집해야 하는 성능 정보를 조회하고 수집해 서버로 다시 전송한다. 그러나 상황에 따라 판단이 필요하다. 호스트당 몇 개의 아이템만, 매우 드물게 모니터링(수집주기를 큰 값으로 설정)하는 경우, 모든 에이전트를 액티브 에이전트로 변경하면 아이템 목록을 이전보다 자주 조회하게 되므로 자빅스 서버 성능이 향상되지 않는다.

> ⓘ 단일 호스트의 여러 아이템을 혼합하여 사용할 수 있음을 기억하자. 방금 보았듯이 단일 호스트는 일반 혹은 패시브 자빅스 에이전트 아이템, 액티브 자빅스 에이전트 아이템, 심플체크를 할당할 수 있다. 이를 통해 모든 특성을 모니터링하는 데 가장 적합한 것을 선택해 최상의 연결성과 성능을 보장하고 네트워크 및 모니터링 대상 호스트에 미치는 영향을 최소화할 수 있다. 그리고 이게 전부가 아니다. 다른 여러 가지 아이템 타입을 탐색해보고, 구성된 단일 호스트에 이미 배운 아이템 타입과 혼합하여 사용할 수 있다.

키 파라미터 표현

자빅스 키 파라미터는 쉼표로 구분, 대괄호로 묶는다. 즉, 다른 문자를 그대로 파라미터에 사용할 수 있다. 파라미터 값에 쉼표나 대괄호가 포함되어 있으면 따옴표로 묶어 구별한다. 몇 가지 예를 살펴보자.

- key[param1,param2]: param1과 param2, 2개의 파라미터
- key["param1,param2"]: param1,param2, 1개의 파라미터
- key[param1[param2]: 유효하지 않음
- key['param1,param2']: param1과 param2, 2개의 파라미터

마지막 키에 대해 좀 더 설명하면, 자빅스 아이템 키는 셸로 해석되지 않는다. 자빅스는 키 파라미터 표현식에 큰따옴표를 지원한다. 작은따옴표는 다른 문자처럼 취급한다.

아이템명의 위치 파라미터

아이템을 작업하는 동안 트릭을 몇 가지 더 살펴보자. Configuration ➤ Hosts로 이동해 Another host 옆의 Items를 클릭한 다음 NAME 열의 Incoming traffic on interface eth0를 클릭한다. 아이템 편집 양식의 하단에 있는 Clone 버튼을 클릭한다. 새 양식에서 net. if.in[lo]를 읽기 위해 Key 필드를 수정한다. 그리고 하단에 Add 버튼을 클릭한다.

바로 변경 내용을 알게 되거나, 아니면 Monitoring ➤ Latest data로 가서 목록을 확인한다. 키만 수정했음에도 불구하고 아이템명도 마찬가지로 업데이트됐다.

Incoming traffic on interface enp0s8	2016-02-25 20:43:58	64 Bps
Incoming traffic on interface lo	2016-02-25 20:43:58	40 Bps

아이템 Name 필드의 $1 부분이 수행하는 작업이다. 이는 공통의 위치 파라미터처럼 작동하며, 아이템 키의 첫 번째 파라미터를 취한다. 파라미터가 더 있으면 $2, $3 등의 Name 파라미터를 액세스할 수 있다. 주로 다른 개체를 모니터링하는 여러 아이템을 작성하기 위해 아이템을 복제할 때 식별자의 단일 인스턴스만 변경해야 하는 경우 유용하다. 다수의 위치를 직접 변경해 생성하는 것보다 실수 없이 만들 수 있기 때문에 다양한 설정으로 아이템을 만들 때 활용한다.

몇 가지 아이템을 구성해봤으므로, 다른 모니터링 뷰를 살펴보는 것이 좋겠다. Monitoring ❯ Latest data를 알아보기 위해 많은 시간을 할애했는데, 이번에는 Monitoring ❯ Overview를 보겠다. 오른쪽 상단 모서리의 Type 목록에는 현재 Triggers가 선택되어 있고 그다지 흥미로운 Overview를 제공하고 있진 않다. 지금까지 하나의 트리거만 생성해봤다. 하지만 여러 아이템을 만들었으므로 드롭다운에서 Data를 선택한다.

이번에는 Overview에 볼만한 정보가 제공되고 있다. 어떤 호스트에 어떤 아이템과 아이템 값이 있는지 확인이 가능하다.

대량의 업데이트 사용

모니터링된 모든 데이터를 요약된 형태로 볼 수 있어 꽤 괜찮아 보인다. 하지만 여러 서버의 상태를 나타내는 1이라는 값은 무엇을 의미할까? 실행 횟수, 혹은 코드 종료와 같은 에러 표시일까? 값들이 직관적이지 않으므로 구성을 변경해보자. **Configuration ➤ Hosts**에 가서 **Another host**의 **Items**를 클릭한다. 세 가지 서버 상태 아이템(SMTP, SSH, Web)을 모두 선택한 다음 목록의 맨 아래에 있는 기능을 보자.

선택한 모든 아이템에 대해 한꺼번에 변경하길 원하므로, 오른쪽에서 두 번째 위치한 **Mass update** 기능이 우리의 필요를 충족시킬 수 있을 듯 하다. 이 버튼을 클릭하자.

멋진 기능이다. 한 번에 여러 아이템의 파라미터를 변경할 수도 있다. 변경 작업할 동안 지정한 변경 사항만 수행되므로 다른 아이템의 일반적인 값을 변경할 수 있다. 선택한 아이템의 수집주기 또는 다른 파라미터를 함께 설정할 수 있다.

값 매핑

자, 이제 값을 어떻게 보여줄지 결정하는 부분을 확인하자. Show value entry 옆에 있는 체크박스를 선택해 사용 가능한 옵션을 확인한다.

목록을 보면 여러 가지 이름을 볼 수 있으며, 각 이름에는 매핑 참조가 달려 있다. NAME 필드에서는 미리 정의된 항목과 사용 목적에 대한 힌트를 얻을 수 있다. UPS 관련 매핑, 일반 현황/상태, SNMP 및 윈도우 서비스 관련 매핑을 볼 수 있다. VALUE MAP 열은 각 항목에 할당 완료된 매핑을 보여준다. 자세히 항목을 보면 0 => Down 또는 1 => Up과 같은 항목을 볼 수 있다. 값 매핑이 할당된 아이템의 데이터가 들어오면 매핑을 통해 직관적인 표현이 가능하고, 원하는 매핑을 자유롭게 만들 수 있다. 매핑된 데이터의 새 카테고리를 만들려면 오른쪽 상단에 있는 Create value map 버튼을 사용하면 되는데, 이미 우리가 원하던 부분이 충족됐기 때문에 지금은 건너뛴다. 다시 돌아가서, 무엇을 궁금해 했는지 기억하는가? 서비스를 모니터링하며 실행 중인 서비스를 나타내는 데 1을 사용하고 작동 중지된 서비스를 나타내는 데는 0을 사용한다. 목록을 보면 Service state를 볼 수 있는데, 서비스 상태가 0은 Down으로, 1은 Up으로 보기 좋게 출력되고 있다. 자, 항목을 만들거나 수정하지 않을 것이므로 창을 닫는다.

 언제든지 Administration ➤ General로 이동해 오른쪽 상단 끝의 드롭다운에서 show value mappings를 선택해 값 매핑 설정 화면에 접근할 수 있다.

대량 업데이트 화면으로 돌아가서 방금 본 매핑 항목을 상기해보고 가장 적합한 항목이 무엇이었는지 기억하자. Show value 체크박스에 표시된 항목의 드롭다운에서 Service state를 선택한다.

완료되면 Update 버튼을 클릭한다. 이 작업은 성공적으로 완료돼야 한다. 왼쪽 위 끝에 있는 Details 컨트롤을 클릭해 의도한 세 가지 아이템이 모두 업데이트됐는지 확인할 수 있다.

변경이 정보 출력에 어떻게 영향을 미치는지 본다. 구성 및 할당된 값 매핑은 대부분 자빅스 프론트엔드에서도 사용되는 것이 이성적으로 적절하다. 예를 들어, 이전에 사용했던 Monitoring ➤ Latest data로 들어가 다양한 서버 상태 항목을 자세히 살펴보자. 자빅스는 여전히 숫자 값을 참조하여 보여주고 있지만, 우리가 지정한 '친숙한 이름'으로 적절하게 매핑되어 편리하게 확인할 수 있다.

SMTP server status	2016-02-25 21:20:00	Down (0)
SSH server status	2016-02-25 21:19:57	Up (1)
Web server status	2016-02-25 21:19:56	Up (1)

현재 1 => Up과 0 => Down 매핑의 작동 여부를 확인하기 위해 SMTP 서버를 중지했다. 값 매핑은 서비스 상태, 하드웨어 상태(배터리 등), 기타 유사한 모니터링 데이터와 같이 코드 값 데이터를 반환하는 작업에 유용하다. 이전에 값 매핑 설정 화면에서 몇 가지 미리 준비된 예제를 보았으며 필요에 따라 새 매핑을 수정하거나 만들 수 있다.

값 매핑은 정수, 십진수(부동 소수점), 문자열에 사용할 수 있다. 문자열에 대한 한 가지 예로 백업 소프트웨어가 반환할 수 있는 여러 백업 수준의 매핑일 수 있다.

- I => Incremental
- D => Differential
- F => Full

Monitoring ❯ Overview로 다시 돌아가 ANOTHER HOST의 다양한 서버 상태 항목을 살펴보자.

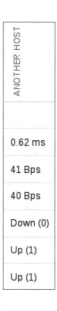

단순히 두 가지 상태만 가진 단일 모니터링이라면 값 매핑이 필요 없겠지만, 다수의 상태 값과 다수의 매핑이 있을 때는 매우 유용하게 사용된다. 각 숫자 값이 무엇을 의미하는지 빠르게 힌트를 얻고, 언제든지 사용자 정의 개발 솔루션에 대한 고유한 매핑을 자유롭게 만들 수 있다.

단위

이전에 B 또는 ms와 같은 값을 사용해 일부 아이템에 대한 단위(Units)를 구성했다. 이 설정의 효과는 '모니터링' 섹션에서 매우 쉽게 볼 수 있지만 다른 단위 처리에는 약간의 차이가 있다

단위는 자유 형식 필드다. 마음대로 입력할 수 있지만 일부 단위는 데이터가 표시될 때의 동작을 변경한다.

- B/Bps: 기본적으로 K, M, G, T, 그 밖의 단위 접두어를 적용할 때 1,000배씩 적용된다. B 또는 Bps로 설정된 경우는 1,024배가 된다.
- s: 초 단위로 입력되는 값은 읽기 좋은 시간 형식으로 변환된다.
- uptime: 초 단위로 입력되는 값은 읽기 좋은 시간 형식으로 변환된다.
- unixtime: 유닉스 타임스탬프로 입력된 값은 읽기 좋은 시간 형식으로 변환된다.

재미있는 것은, ICMP 핑 아이템 설정 시 위의 어느 값도 사용하지 않았다. 대신 ms를 사용했다. 그 이유는 매우 짧은 주기일 경우, 초 단위의 값이 자빅스 데이터베이스 스키마에 제대로 저장하기에 너무 작은 값이 될 수 있기 때문이다. 아이템 설정에 1,000의 배수를 적용해 들어오는 값을 초 단위에서 밀리초 단위로 변환했으며, 이 값은 데이터베이스 스키마의 한계를 초과해서는 안 된다. 한 가지 단점은 핑이 오랜 시간이 걸리는 경우 값이 초 단위로 표시되지 않으므로 밀리초 값에서 계산해야 한다는 것이다.

> 단위는 저장된 값에는 영향을 미치지 않고 표시되는 값에만 영향을 미친다. 따라서 적절한 값을 얻을 때까지 계속 변경해봐도 문제되지 않는다.

커스텀 수집주기

방금 전에 간략히 설명한 또 다른 아이템 속성은 커스텀 수집주기다. 대부분의 아이템 타입은 수집주기를 설정할 수 있으며 아이템 값이 수집되는 빈도를 결정한다. 그러나 요일이나 시간대를 기준으로 이 주기를 변경하려면 어떻게 해야 할까? 이때 바로 커스텀 수집주기를 사용할 수 있다. 커스텀 수집주기에는 두 가지 모드가 있다.

- 플랙시블 수집주기Flexible intervals
- Custom scheduling

플랙서블 수집수기

플랙서블 수집주기Flexible intervals는 주기 위해 지정된 시간이 오버라이드된다. 예를 들어 아이템은 60초마다 값을 수집할 수 있지만 주말에는 중요하지 않을 수 있다. 이 경우 3600의 주기와 6-7,00:00-24:00의 시간 지정으로 유연하게 주기를 추가할 수 있다. 토요일과 일요일에 이 아이템은 한 시간에 한 번만 확인된다.

Custom intervals	TYPE		INTERVAL	PERIOD	ACTION
	Flexible	Scheduling	3600	6-7,00:00-24:00	Remove
	Add				

날짜는 1~7의 숫자와 HH:MM-HH:MM의 24시간 시계 표기법으로 표시된다.

정상 간격을 0으로 설정하고 플랙서블 수집주기를 설정할 수도 있다. 이 경우 아이템은 플랙서블 수집주기로 지정된 시간에만 검사된다. 이 기능을 사용해 특정 평일에만 일부 아이템을 확인하거나 원초적인 스케줄러를 시뮬레이션할 수도 있다. 일반 수집주기 0, 플랙서블 수집주기 60초, 그리고 시간은 1,09:00-09:01로 지정하여 추가하면 이 아이템은 월요일 아침 9시에 점검된다.

커스텀 스케줄링

플랙서블 수집주기를 1분으로 지정할 때는 매우 정확하지는 않다. 더 정확한 타이밍을 위해 다른 커스텀 수집주기 모드인 스케줄링을 사용할 수 있다. 스케줄링은 정확한 시간에 아이템 값을 얻을 수 있다. 또한 플랙서블 수집주기와는 큰 차이점이 있다. 플랙서블 수집주기는 아이템의 폴링 방식을 변경하지만 커스텀 스케줄링^{Custom scheduling} 설정은 기존 폴링을 변경하지 않는다. 일반 또는 플랙서블 주기에 추가적으로 스케줄링 체크가 실행된다.

crontab과 비슷할 수도 있지만 자빅스 커스텀 스케줄링은 자체 구문을 사용한다. 시간 접두어 뒤에 필터 항목이 온다. 다중 시간 접두사와 필터 값이 합쳐져 최댓값에서 최솟값으로 이동한다. 지원되는 시간 접두사는 다음과 같다.

- md: month days
- wd: weekdays
- h: hours
- m: minutes
- s: seconds

예를 들어, m13은 매시간 13분에 폴링되도록 아이템을 스케줄링한다. wd3m13과 같이 평일 옵션과 결합하면 수요일에만 매 시간 13분에 폴링된다. md13m13과 같이 주별에서 월별 또는 일별로 변경하면 아이템은 매달 13일에만 매시간 13분에 폴링된다.

다음 예제는 월요일 아침 오전 9시에 아이템을 폴링하는 스케줄로, wd1h9로 설정한다.

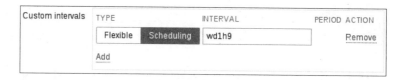

범위로 필터를 설정할 수도 있다. 예를 들어, 월요일, 화요일, 수요일 오전 9시에 아이템을 폴링하려면 wd1-3h9가 된다.

필터 끝에 슬래시를 통해 단계를 추가할 수도 있다. 예를 들어 wd1-5h6-10/2는 월요일부터 금요일까지 오전 6시부터 오전 10시까지 2시간 간격으로 아이템을 폴링한다. 아이템은 06:00, 08:00 10:00에 폴링된다. 하루 종일 2시간마다 아이템을 폴링하려면 h/2 구문을 사용한다.

여러 개의 커스텀 수집주기는 세미콜론으로 구분하여 지정할 수도 있다. wd1-5/2와 wd1;wd3;wd5는 월요일, 수요일 및 금요일에 아이템 폴링을 시작하는 구문으로 동일하다.

아이템 복사

Overview 화면을 다시 보면 이전에 암호 같았던 숫자 값은 텍스트 힌트가 제공돼 더 쉽게 이해할 수 있게 됐지만 여전히 완벽하지는 않다. Another host와 A test host의 다른 모든 값의 CPU load 아이템이 대시보드에 표시되고 있는데, 두 호스트에 대한 어떠한 아이템을 만들지 않았지만 여기에 아이템 데이터가 표시되고 있다. 즉, 각 호스트가 데이터를 수집하기 위해 누락된 아이템들이 있고 이를 만들어야 한다는 것이다. 그러나 모든 아이템을 재 생성하는 것은 매우 지루할 것이다. 다행히도 이 문제에 대한 간단하고 빠른 해결책이 있다.

Configuration ➤ Hosts로 들어가 A test host 옆의 Items를 클릭한다. 이 호스트에 대해 단 하나의 아이템만 설정되어 있으므로, 아이템 옆에 있는 체크박스를 선택한다. 목록 하단에 있는 사용 가능한 버튼을 다시 살펴보자.

이번에는 선택한 아이템을 업데이트하지 않고 다른 호스트로 복사하기 위해 Copy 버튼을 클릭한다. 아이템을 특정 호스트에 복사하려면 Target type 드롭다운에서 Hosts를 선택하고 Group 드롭다운에서 Linux servers를 선택한다. 그러면 호스트 목록이 추려진다. A test host에서 Another host로 복사할 것이므로, Another host 항목 옆에 체크박스를 선택하고 Copy 버튼을 클릭한다.

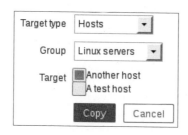

작업이 완료되면 Host filter 필드(닫혀있는 경우 필터 확장)를 Another host로 변경한 다음 필터 아래에 있는 Filter를 클릭한다. CPU load 아이템이 목록에 어떻게 표시되고 있는지 확인하자. A test host가 현재 가지고 있는 CPU load 아이템을 제외한 모든 아이템을 선택해보자. 여기에서 표준 범위 선택 기능을 사용할 수 있다. ICMP ping performance 아이템 (선택하려는 범위의 첫 번째 아이템) 옆에 있는 확인란을 선택하고 키보드에서 Shift 키를 누른 채 Zabbix agent versions(선택하고자 하는 범위의 마지막 아이템) 옆에 있는 체크박스를 클릭한다. 클릭한 두 개의 체크박스 사이의 모든 아이템이 선택된다.

Shift 키를 누른 채로 클릭하면 자빅스 프론트엔드의 아이템, 호스트, 트리거, 기타 항목을 비롯해 임의의 항목 범위를 선택하거나 선택 취소할 수 있다. 상향, 하향 모두 작동한다. 첫 번째 체크박스 선택으로 전체 결과를 바꿀 수 있다. 선택한 경우 전체 범위가 선택되며 반대의 경우도 가능하다.

해당 아이템을 선택하고 아이템 목록 아래 Copy를 클릭한다. Target type 드롭다운에서 Hosts를 선택하고 Group 드롭다운에서 Linux servers를 선택한 다음 A test host 옆에 있는 체크박스만 체크하고 Copy를 클릭한다. 그런 다음 오른쪽 상단의 Details 링크를 클릭한다. 복사된 모든 아이템이 여기에 어떻게 나열되는지 확인하자. Monitoring > Overview로 가서 어떤 변화가 있는지 살펴보자.

ITEMS	ANOTHER HOST	A TEST HOST
CPU load	0	0.19
ICMP ping performance	0.76 ms	0.07 ms
Incoming traffic on interface enp0s8	53 Bps	859 Bps
Incoming traffic on interface lo	41 Bps	194 Bps
SMTP server status	Down (0)	Up (1)
SSH server status	Up (1)	Up (1)
Web server status	Up (1)	Up (1)
Zabbix agent version	3.0.0	3.0.0

훨씬 더 보기 좋아졌다! 두 호스트에 대한 모든 데이터를 볼 수 있고, 숫자 상태도 잘 설명되고 있다. 기본적으로 다른 호스트에 존재하지 않는 아이템을 교차 복사도 잘 처리된 것이 확인된다.

추가 정보가 있는지, 표시된 값으로 마우스를 올려보자. 선택된 행이 어떻게 표시되는지 주의 깊게 살펴본다. **CPU load** 값 중 하나를 클릭한다.

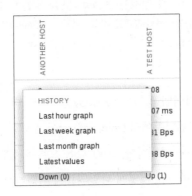

보이는 것처럼 Overview 화면에는 데이터가 표 형식으로 표시될 뿐만 아니라 일반적인 시간에 따른 그래프 및 아이템의 최신 값Latest values에 빠르게 접근할 수 있다. 자유롭게 사용하면 된다.

174

다시 화면에서 자빅스 에이전트 버전 값 중 하나에 마우스를 올려보자.

이번에는 그래프 항목이 없는 것을 확인할 수 있다. 그래프는 숫자 데이터만 사용 가능하므로 Monitoring ➤ Latest data과 Overview 화면 팝업 메뉴에서는 제외한 값의 기록만을 제공한다.

▍ 요약

3장에서는 새로운 호스트를 만들고 몇 가지 일반 혹은 패시브 에이전트 아이템과 액티브 에이전트 아이템을 추가해보았다.

ServerActive 파라미터를 주석 처리하여 사용하지 않을 경우 액티브 아이템을 사용하지 않는 것이 좋다. 패시브 아이템을 사용하지 않으면 StartAgent를 0으로 설정하여 비활성화할 수 있다. 그러나 액티브된 상태로 유지하면 테스트와 디버깅에 도움이 된다.

두 개의 호스트에 심플체크를 설정해봤고 아이템 복제, 복사, 값 매핑 같은 프론트엔드 관리를 용이하게 하는 트릭과 메커니즘을 확인했다.

액티브와 패시브자빅스 에이전트 아이템 타입의 연결 방법을 기억해 두는 것이 좋다. 이는 기존 네트워크 토폴로지와 설정을 기반으로 모니터링 메커니즘을 결정할 때 중요하다.

다음 그림은 이런 연결을 정리해주고 있다. 화살표 방향은 연결되는 방법을 나타낸다.

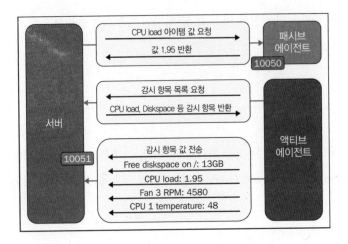

장점과 단점을 논의하면서, 대부분의 경우 패시브 아이템보다 액티브 아이템을 권장한다는 것을 알았다.

필요한 경우 변경할 수 있는 기본 포트는 다음과 같다.

- **일반 혹은 패시브 아이템**: 자빅스 서버가 자빅스 에이전트에 연결하고 자빅스 에이전트는 차례로 데이터를 수집한다.
- **액티브 아이템**: 자빅스 에이전트가 자빅스 서버에 연결해 모니터링할 아이템 목록을 검색하고 데이터를 수집한 다음 정기적으로 서버에 다시 보고한다.
- **심플체크**: 자빅스 서버는 모니터링 대상 호스트의 네트워크 인터페이스 연결을 직접 검색한다. 별도의 에이전트는 필요 없다.

심플체크는 자빅스 에이전트를 사용하지 않고 자빅스 서버에서 직접 수행된다는 점에서 다른 것들과 구별된다. 심플체크에는 TCP 포트 검사가 포함된다.

이 장에서는 가장 기본적인 두 가지 검사 유형인 양방향 연결이 가능한 자빅스 에이전트와 서버에서 직접 수행되는 심플체크를 확인했다.

4장에서는 SNMP 모니터링을 살펴본다. 먼저 Net-SNMP 도구와 기본 MIB^{Management} ^{Information Base} 관리에 대한 소개부터 시작하여 고정 및 동적 OID로 SNMP 폴링을 설정한다. 또한 SNMP 트랩과 이를 호스트 및 아이템에 매핑하는 작업을 내장된 기능과 사용자 특화된 방식을 사용해 확인해보자.

04

SNMP 장비 모니터링

이제는 자빅스 에이전트를 사용하는 모니터링과 에이전트 없는 모니터링 모두 익숙할 것이다. 4장에서는 자빅스 에이전트의 설치 없이 모니터링하는 다른 방법을 살펴보자. 이 방식도 실제로는 자빅스 에이전트가 아닌 다른 방식의 에이전트가 필요하다. 앞으로 살펴볼 SNMP^{Simple Network Management Protocol}는 안정되고 널리 사용되는 네트워크 모니터링 솔루션이다. 4장에서는 자빅스에서 SNMP 폴링과 트랩 수신을 비롯해 SNMP를 구성하고 사용하는 방법을 배우게 될 것이다.

20년이 넘은 SNMP는 네트워크 장비 전체에 널리 보급됐다. SNMP는 이름상으로는 관리 프로토콜을 의미하지만 관리보다는 주로 모니터링에 사용된다. SNMP의 첫 번째 버전에는 보안 장애가 있기 때문에 설정 변경 기능은 읽기 전용 버전만큼 많이 사용되지 않았다.

기본 모니터링 솔루션인 SNMP는 특히 임베디드 장치에서 인기가 많은데, 임베디드 장치에 운영체제를 실행하고 별도의 모니터링 에이전트를 설치하면 장치의 많은 리소스를 사용하기 때문이다. SNMP를 가장 많이 사용하는 두 가지 장치는 프린터와 스위치, 라우터, 방화벽과 같은 다양한 네트워크 장치다. SNMP를 사용하면 폐쇄된 장치를 쉽게 모니터링할 수 있다. SNMP 에이전트가 제공되는 다른 장치로는 UPS, NAS[network-attached storage] 장치 및 컴퓨터 랙 온도/습도 센서가 있다. 물론 SNMP는 처리 성능이 제한된 장치에만 국한되지는 않는다. 일반 서버에서도 모니터링 에이전트 대신 SNMP 에이전트를 실행해도 문제가 없다.

SNMP가 널리 보급됨에 따라 자빅스도 SNMP를 지원한다. 자빅스의 SNMP 지원은 다른 고품질 오픈소스 제품인 Net-SNMP(http://net-snmp.sourceforge.net/)를 기반으로 한다.

4장에서 학습할 내용은 다음과 같다.

- Net-SNMP 살펴보기
- 자빅스에서 식별할 수 있도록 MIB[Management Information Base] 파일을 추가
- SNMP 폴링과 트랩 수신 구성

▌ Net-SNMP 사용

배포 패키지를 통해 자빅스를 설치한 경우 SNMP 지원이 이미 포함되어 있어야 한다. 소스를 컴파일해 설치했다면, 기존에 설치한 것처럼 설정 시 SNMP 지원이 포함돼야 한다. 이제 남은 일은 SNMP 모니터링을 설정하는 것이다. SNMP 모니터링을 설정하려면 SNMP 에이전트가 설치된 장치가 필요하다. SNMP를 활용한 장치 모니터링에는 다양한 옵션이 있다. 관리 가능한 스위치나 네트워크 프린터, SNMP 인터페이스가 있는 UPS와 같이 액세스할 수 있는 모든 네트워크 장치를 사용할 수 있다. SNMP 에이전트는 일반적으로 UDP[User Datagram Protocol]를 방식으로 161 포트에 접속하는데, 이 포트로 장치에 연결할 수

있어야 한다. TCP도 지원되기는 하지만 일반적으로 UDP를 사용한다.

SNMP가 지원되는 장치에 액세스할 수 없으면 컴퓨터에서 SNMP 데몬을 시작할 수도 있다. SNMP 조회를 위한 테스트 베드로 **Another host**를 쉽게 사용할 수 있다. 대다수 OS 배포판은 Net-SNMP 패키지의 SNMP 데몬과 함께 제공되며 간단히 snmpd 서비스를 시작하면 된다. 하지만 설치한 지금 사용하는 배포판이 여기에 해당하지 않으면, 이미 SNMP 에이전트가 구성된 네트워크 장치를 찾거나 snmpd를 수동으로 구성해야 한다.

서버에 snmpd 구성을 확인하기 위해 /etc/snmp/snmpd.conf를 열어 다음과 같은 행이 있는지 확인하자.

`rocommunity public`

이 설정은 public 커뮤니티 문자열을 사용하는 모든 사람에게 전체 읽기 액세스가 허용된다.

 운영 환경에서는 이렇게 설정하면 안 된다.

어떤 장치를 선택하든 장치가 제공하는 데이터와 그 데이터를 수집하는 방법을 찾아야 한다. Net-SNMP는 SNMP 지원 장치를 액세스할 수 있도록 유용한 툴들을 제공한다. 자빅스에서 SNMP 아이템을 구성하는 데 필요한 정보를 찾기 위해 이 도구 중 몇 가지를 사용할 것이다.

이제 SNMP 장치가 연결 가능한지, 정보 조회 요청에 응답하는지 확인해보자.

SNMPv3은 2004년 이후 현재의 SNMP 버전이었지만 SNMPv1이나 SNMPv2만큼 널리 보급되지 않았다. 사용하는 장치 중 이전 프로토콜 버전만 지원하는 장치가 많이 있으며 많은 공급 업체가 SNMPv3 구현을 서두르지 않는다.

또한 SNMPv2는 잘 사용되지 않는다. 대신, 그 SNMPv2를 변형한 커뮤니티 기반 SNMPv2c가 사용된다. 장치가 v1과 v2c를 모두 지원할 수 있지만, 일부는 v1과 v2c 중 하나만 지원한다. 양쪽 모두 단일 커뮤니티 문자열에 기반한 사용자 인증 방식인 커뮤니티 인증을 사용한다. 따라서 장치를 조회하려면 지원하는 프로토콜 버전과 사용할 커뮤니티 문자열을 알아야 한다. 이것은 어렵지 않다. 많은 장치는 Net-SNMP 데몬과 마찬가지로 커뮤니티 문자열을 디폴트로 public을 사용한다. 이 문자열은 명시적으로 변경하지 않으면 호스트를 조회할 때 public을 사용한다고 생각하면 된다.

 일부 배포판에서는 Net-SNMP 데몬과 도구를 별도의 패키지로 배포될 수 있다. 이 경우 도구 패키지도 설치하자.

Another host에 Net-SNMP 데몬을 설치하고 시작할 경우, 간단한 명령을 수행하여 SNMP 연결을 확인할 수 있다.

```
$ snmpstatus -v 2c -c public <IP address>
```

시스템별로 차이는 있지만 데몬이 올바르게 시작되고 네트워크 연결 상태가 정상이면, 아래와 같은 결과를 확인할 수 있다.

```
[UDP: [<IP address>]:161->[0.0.0.0]:51887]=>[Linux another
3.11.10-29-default #1 SMP Thu Mar 5 16:24:00 UTC 2015 (338c513) x86_64]
Up: 10:10:46.20
Interfaces: 3, Recv/Trans packets: 300/281 | IP: 286/245
```

여기서 SNMP의 작동여부를 확인할 수 있는데, 디폴트인 UDP를 통해 161포트로 통신이 이루어졌음을 확인할 수 있다. 대상 시스템의 운영체제, 호스트 이름, 커널 버전, 컴파일 시점, 컴파일된 하드웨어 아키텍처 및 현재 가동 시간을 볼 수 있다. 또한 몇 가지 네트워크 통계 정보가 기록되어 있다.

네트워크 장치의 성능 정보를 조회할 때, SNMP 에이전트에 접속할 수 있는 시스템은 제한될 수 있다. 일부 장치는 SNMP를 통해서 성능 정보에 자유롭게 액세스할 수 있지만, 일부 장치는 기본적으로 SNMP로 성능 정보 수집을 제한하며, 접속하고자 하는 호스트는 명시적으로 허용돼야 한다. 장치가 응답하지 않으면 관련된 설정을 확인하자. 조회를 요청하는 시스템의 IP 주소를 SNMP 권한 목록에 추가해야 할 수도 있다.

다시 Snmpstatus 명령어를 보자. SNMP 버전(여기서는 2c를 사용)과 커뮤니티(앞에서 언급했던 public을 사용)에 대해서는 언급하지 않았다.

SNMP 사용 가능한 다른 호스트가 있는 경우, 다음과 같은 명령을 시도할 수 있다. 다양한 장치를 살펴보자.

```
$ snmpstatus -v 2c -c public <IP address>
[UDP: [<IP address>]:161]=>[IBM Infoprint 1532 version NS.NP.N118 kernel 2.6.6
All-N-1] Up: 5 days, 0:29:53.22
Interfaces: 0, Recv/Trans packets: 63/63 | IP: 1080193/103316
```

위에서 볼 수 있듯이 이 장치는 IBM 프린터이며, 리눅스 커널을 사용하는 것으로 보인다.

많은 시스템이 버전 2c를 지원하지만, 때때로 다음과 같이 응답할 수도 있다.

```
$ snmpstatus -v 2c -c public <IP address>
Timeout: No Response from <IP address>
```

이것은 물론 네트워크 문제를 의미할 수 있지만, 때때로 SNMP 에이전트는 지원하지 않는 프로토콜 버전이나 잘못된 커뮤니티 문자열로 인하여 요청이 무시되기도 한다. 커뮤니티 문자열이 올바르지 않으면 설정을 찾아야 한다. 일반적으로 이 장치 또는 SNMP 데몬 설정에서 쉽게 찾을 수 있다(예: Net-SNMP는 일반적으로 /etc/snmp/snmp.conf 구성 파일에 설정되어 있다). 장치가 지정한 프로토콜 버전을 지원하지 않는다고 생각되면 다음 명령을 실행해보자.

```
$ snmpstatus -v 1 -c public <IP address>
[UDP: [<IP address>]:161]=>[HP ETHERNET MULTI-ENVIRONMENT,SN:CNBW71B06G,F
N:JK227AB,SVCID:00000,PID:HP LaserJet P2015 Series] Up: 3:33:44.22
Interfaces: 2, Recv/Trans packets: 135108/70066 | IP: 78239/70054
```

실행 결과 HP LaserJet 프린터는 v1을 지원하고 SNMPv2c를 지원하지 않는 것을 확인할 수 있다. SNMPv1을 사용해 정보를 조회하면, 제품 시리얼번호나 시리즈 이름과 같은 정보가 표시된다.

다른 SNMPv1 전용 장치를 살펴보자.

```
$ snmpstatus -v 1 -c public <IP address>
[UDP: [<IP address>]:161]=>[APC Web/SNMP Management Card (MB:v3.6.8 PF:v2.6.4
PN:apc_hw02_aos_264.bin AF1:v2.6.1 AN1:apc_hw02_sumx_261.bin MN:AP9617 HR:A10 SN:
ZA0542025896 MD:10/17/2005) (Embedded PowerNet SNMP
Agent SW v2.2 compatible)] Up: 157 days, 20:42:55.19
Interfaces: 1, Recv/Trans packets: 2770626/2972781 | IP: 2300062/2388450
```

이것은 APC UPS인 것으로 보이며 일련번호 및 펌웨어 버전을 포함하여 많은 정보를 제공한다. 가동 시간이 157일 이상으로 이전 시스템보다 상당히 긴 것을 확인할 수 있다.

하지만 분명히 SNMP를 통해 더 많은 정보를 수집해야 한다. 강력한 기능을 제공하는 Net-SNMP의 snmpwalk로 다른 명령을 실행해보자. 이 명령은 특정 SNMP 에이전트에서 사용 가능한 모든 값을 표시하기 때문에 출력이 매우 크다. 처음에는 몇 줄로 제한하는 것이 좋다.

```
$ snmpwalk -v 2c -c public 10.1.1.100 | head -n 6
SNMPv2-MIB::sysDescr.0 = STRING: Linux zab 2.6.16.60-0.21-default #1 Tue May 6
```

```
12:41:02 UTC 2008 i686
SNMPv2-MIB::sysObjectID.0 = OID: NET-SNMP-MIB::netSnmpAgentOIDs.10 DISMAN-
EVENT-MIB::sysUpTimeInstance = Timeticks: (8411956) 23:21:59.56 SNMPv2-
MIB::sysContact.0 = STRING: Sysadmin (root@localhost)
SNMPv2-MIB::sysName.0 = STRING: zab
SNMPv2-MIB::sysLocation.0 = STRING: Server Room
```

 이 구문은 OID를 지정하지 않았다. snmpwalk는 SNMPv2-SMI::mib-2를 디폴트로 사용한
다. 일부 장치는 트리의 다른 부분에서 유용한 정보를 갖는데, 전체 트리를 조회하려면 다
음과 같이 '.'을 OID 값으로 지정하자.

`snmpwalk -v 2c -c public 10.1.1.100`

snmpwalk 명령은 다양한 값을 출력하는데 왼쪽에 이름이나 식별자가 표시되고 오른쪽에
값이 표시된다. 실제로 식별자는 object identifier 또는 OID라고 하며 단일 값을 식별하는
고유한 문자열이다.

간략하게 왼쪽의 값을 OID로 부르지만, 실제로는 다음과 같이 MIB, OID, UID로 구성된다.

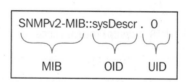

그럼에도 불구하고 일반적으로 왼쪽 값을 OID로 부른다. 이 책에서도 MIB 또는 UID 부분
을 실제로 참조할 때를 제외하고는 OID로 사용할 것이다.

이 출력을 보면 snmpstatus-SNMPv2-MIB::sysDescr.0, DISMAN-EVENT-MIB::sysUp
TimeInstance 같이 snmpstatus의 출력에서 확인한 데이터도 표시되는 것을 볼 수 있다.
지금은 SNMPv2-MIB::sysContact.0과 SNMPv2-MIB::sysLocation.0 두 값은 기본값에서
변경하지 않았기 때문에 정확하지 않다. 이제 이 출력을 APC UPS의 출력과 비교해보자.

```
$ snmpwalk -v 1 -c <IP address> | head -n 6
SNMPv2-MIB::sysDescr.0 = STRING: APC Web/SNMP Management Card (MB:v3.6.8
PF:v2.6.4 PN:apc_hw02_aos_264.bin AF1:v2.6.1 AN1:apc_hw02_sumx_261.bin MN:AP9617
HR:A10 SN: ZA0542025896 MD:10/17/2005) (Embedded PowerNet SNMP
Agent SW v2.2 compatible)
SNMPv2-MIB::sysObjectID.0 = OID: PowerNet-MIB::smartUPS450
DISMAN-EVENT-MIB::sysUpTimeInstance = Timeticks: (1364829916) 157 days,
23:11:39.16
SNMPv2-MIB::sysContact.0 = STRING: Unknown
SNMPv2-MIB::sysName.0 = STRING: Unknown
SNMPv2-MIB::sysLocation.0 = STRING: Unknown
```

출력 결과를 보면 앞의 장비와 유사하게 동일한 OID를 포함하고 있고, 시스템 관리자
와 위치 값도 설정되지 않았다. 하지만 몇 가지 사항을 모니터링하려면 하나의 항목 값을
가져와야 한다. 하나의 항목 값을 가져오기 위해서는 snmpget 명령어를 사용할 수 있다.

```
$ snmpget -v 2c -c public 10.1.1.100 DISMAN-EVENT-MIB::sysUpTimeInstance DISMAN-
EVENT-MIB::sysUpTimeInstance = Timeticks: (8913849) 1 day,
0:45:38.49
```

앞의 예제처럼 DISMAN-EVENT-MIB::sysUpTimeInstance 같이 호스트 뒤에 호스트가 보유
한 유효한 OID를 추가해 원하는 정보를 얻을 수 있다. 앞에서 설명한 것처럼 OID는 두
개의 콜론으로 구분된 두 부분으로 구성된다. 앞 부분은 MIB[Management Information Base]의 이
름이다. MIB는 항목 설명의 모음으로, 숫자 형식을 텍스트 형식으로 매핑한 것이다. 두
번째 부분은 OID이다. 위의 경우에는 UID가 없다. 전체 OID를 보려면 -Of 옵션을 사용
해 명령어를 수행할 수 있다.

```
$ snmpget -v 2c -c public -Of 10.1.1.100 DISMAN-EVENT-
MIB::sysUpTimeInstance
.iso.org.dod.internet.mgmt.mib-2.system.sysUpTime.sysUpTimeInstance = Timeticks:
(8972788) 1 day, 0:55:27.88
```

숫자 형식에서 텍스트 형식으로 변환하려면 MIB가 필요하다. 어떤 경우에는 표준 MIB로 충분하지만, 많은 장치들은 벤더 확장 MIB에 유용한 정보를 포함하고 있다. 일부 벤더는 장비에 대해 고품질의 MIB를 제공하고 일부는 덜 도움이 되지만, 필요한 MIB를 얻으려면 공급업체에 문의하자. 이 장의 뒷부분에서 기본 MIB 관리에 대해 설명한다.

전체 OID는 꽤 긴 이름으로, 트리 구조를 나타낸다. OID의 시작은 이름이 없는 루트 객체이고, 경로에 포함된 모든 값은 이 트리에 연결된다. 앞에서 OID의 숫자 형식을 언급했는데, snmpget에 -On 옵션을 사용해 숫자형식의 OID를 확인할 수 있다.

```
$ snmpget -v 2c -c public -On 10.1.1.100 DISMAN-EVENT-
MIB::sysUpTimeInstance
.1.3.6.1.2.1.1.3.0 = Timeticks: (9048942) 1 day, 1:08:09.42
```

따라서 각 OID는 short와 long, numeric 세 가지 표기법 중 하나를 사용할 수 있다. 이 경우 DISMAN-EVENT-MIB::sysUpTimeInstance와 .iso.org.dod.internet.mgmt.mib-2.system.sysUpTime.sysUpTimeInstance, .1.3.6.1.2.1.1.3.0는 모두 동일한 값을 반환한다.

 다른 옵션에 대해서는 snmpcmd의 man 페이지를 확인하자.

SNMP 값을 어떻게 자빅스 SNMP 아이템으로 생성할 수 있을까? 자빅스에서 SNMP 아이템을 만들려면 OID를 입력해야 한다. 어떤 OID를 사용할 지 어떻게 알 수 있을까? 이를 위하여 다음과 같은 선택을 할 수 있다.

- 단지 그것을 알아라.
- 누군가에게 물어봐라.
- 스스로 찾아라.

종종 처음 두 옵션은 작동하지 않으므로 직접 찾아내는 것이 유일한 방법이다. 우리가 배운 것처럼, Net-SNMP 툴은 활용하면 원하는 값을 찾을 때 도움이 된다.

Net-SNMP와 함께 SNMPv3 사용

SNMP의 최신 버전인 버전 3은 아직 일반화되지 않았으며 이전 버전보다 다소 복잡하다. 장치 구현의 품질도 다양할 수 있으므로 자빅스의 구성을 알려진 솔루션인 Net-SNMP 데몬으로 테스트하는 것이 유용하다. SNMPv3 사용자를 추가하고 값을 조회해보고, Net-SNMP가 설치되어 있는지, snmpd가 성공적으로 동작하는지 확인하자.

SNMPv3을 구성하려면 먼저 snmpd를 중지한 다음 루트에서 다음을 실행하자.

```
# net-snmp-create-v3-user -ro zabbix
```

이 유틸리티는 암호를 묻는다. 최소 8자의 암호를 입력하자. 짧은 암호는 여기에서 허용되지만 나중에 확인될 암호 길이 요구 사항을 충족시키지 못한다. snmpd를 다시 시작하고 버전 3을 사용해 값 조회를 테스트하자.

```
$ snmpget -u zabbix -A zabbixzabbix -v 3 -l authNoPriv localhost SNMPv2-
MIB::sysDescr.0
```

다음과 같이 데이터를 성공적으로 반환해야 한다.

```
SNMPv2-MIB::sysDescr.0 = STRING: Linux another 3.11.10-29-default #1 SMP Thu Mar
5 16:24:00 UTC 2015 (338c513) x86_64
```

이제 테스트와 조회를 위한 모든 버전을 지원하는 SNMP 에이전트가 확보되어, 별도의 버전 1, 2c의 설정은 불필요하다.

엔진 ID

SNMPv3을 사용하려고 할 때 일반적으로 흔히 저지르는 설정 실수가 있다. RFC 3414 (https://tools.ietf.org/html/rfc3414)에 따르면 각 장치에는 고유한 식별자가 있어야 한다. 각 SNMP 엔진은 SNMP 엔진을 고유하게 식별하는 snmpEngineID 값을 유지관리한다.

일부 사용자는 이 ID를 여러 장치에 대해 동일한 값으로 설정하는 경향이 있다. 그 결과로 자빅스는 이런 장치를 성공적으로 모니터링할 수 없게 된다. 각 장치가 snmpget이나 snmpwalk 같은 명령에 잘 응답하면 상황은 더 악화된다. 이 명령은 한 번에 하나의 장치에만 전달된다. 따라서 그 명령들은 snmpEngineID에 대해 신경 쓰지 않는다.

자빅스에서는 snmpEngineID 설정이 잘못된 경우 하나의 장치를 모니터링할 때는 잘 동작하다가 다른 장치가 추가되면 모니터링이 중단된다.

만일 커맨드라인 툴을 사용해서 발생하지 않는 문제가 자빅스에서 SNMPv3를 사용할 때 발생한다면 snmpEngineID를 잘 확인해 보아야 한다.

인증, 암호화, 컨텍스트

SNMPv3을 사용하면 몇 가지 추가 기능을 사용할 수 있다. 특히 강력한 인증 및 통신 암호화를 선택할 수 있다. 인증을 위해 자빅스는 현재 다음과 같은 방법을 지원한다.

- MD5^{Message-Digest algorithm 5}
- SHA^{Secure Hash Algorithm}

또한 자빅스는 암호화를 위해 다음을 지원한다.

- DES^{Data Encryption Standard}
- AES^{Advanced Encryption Standard}

항상 가장 강력한 알고리즘을 사용하는 것을 권하지만, 이것은 시스템 자원사용과 밀접한 관계가 있다. SNMP를 통해 많은 값을 조회하면 대상 장치에 부하를 야기한다. 적절한 보안을 유지하려면 Security level 드롭다운에서 authNoPriv 옵션을 선택한다. 이 방법을 사용하면 인증 프로세스에는 암호화를 사용하지만 데이터 전송에는 암호화를 사용하지 않는다.

또 다른 SNMPv3 기능은 컨텍스트다. 경우에 따라 하나의 SNMP 엔드포인트는 여러 장치(예: 여러 대의 UPS 장치)의 정보를 제공해야 한다. 하나의 OID는 지정된 컨텍스트에 따라 다른 값을 갖는다. 자빅스에서는 개별 SNMPv3 항목의 컨텍스트를 지정할 수 있다.

▌ 새 MIB 추가

OID를 찾는 한 가지 방법은 전체 SNMP 트리를 파일로 출력하고, 파일에서 장치가 제공하는 흥미롭고 유용한 정보를 찾아내어 OID를 확인하는 것이다. Net-SNMP에 탑재된 MIB 파일은 필요한 설명이 함께 제공된다. 또한 SNMP MIB는 확장 가능한데, 벤더사들이 하는 것처럼, 누구나 새로운 MIB 정보를 추가할 수 있다. 특정 장치를 조회할 때 출력결과에 다음과 같은 행이 있을 수 있다.

```
SNMPv2-SMI::enterprises.318.1.1.1.1.2.3.0 = STRING: "QS0547120198"
```

이 결과는 문자열 형식에 숫자로 구성되어, 이상해 보인다. 이는 특정 부분의 SNMP 트리 상에 MIB가 정의되지 않았음을 의미한다. 기업 번호 318은 APC에 할당되어 있다. 운이 좋게도 APC는 그들의 사이트에서 MIB 다운로드를 제공하고, 이 MIB를 Net-SNMP로 설정할 수 있다. 하지만 어떻게 할 수 있을까?

SNMP MIB를 얻는 것이 항상 쉽지는 않다. 어떤 대형 프린터 제조업체 대표는 SNMP MIB 를 제공하지 않으며, 모든 사용자가 그들의 독점적인 프린터 관리 애플리케이션을 사용해 야 한다고 말한다. 대부분의 제조업체는 MIB를 제공하지만, 경우에 따라 자유롭게 액세스 할 수 있는 MIB 수집 사이트가 공식 제조업체 사이트보다 도움이 되기도 한다.

새 MIB를 다운로드한 후에는 Net-SNMP가 MIB 파일을 조회하는 위치에 놓아야 한다. Net-SNMP는 사용자의 홈 디렉토리의 .snmp/mibs와 /usr/share/snmp/mibs의 두 위 치에서 MIB를 검색한다. 어떤 경로를 사용할지는 개인의 결정이다. 현재 사용자 계정만 사용할 수도 있거나, /usr 디렉토리에 대한 액세스 권한이 없는 경우 .snmp/mibs를 사용 할 수 있다. 그렇지 않다면 /usr/share/snmp/mibs를 사용하자. 어느 것을 선택하든 충분 하지 않는다. 도구에 이 MIB를 포함하도록 지시해야 한다.

 자빅스 서버는 MIB를 찾기 위하여 동일한 경로를 사용한다. 하지만 MIB 지정은 Net- SNMP를 위해서만 필요하다. 자빅스 서버는 모든 MIB를 로드한다.

첫 번째 방법은 MIB 이름을 실행할 명령어에 입력하는 것이다. 하지만 MIB 이름을 아직 알 수 없다. MIB의 이름을 찾기 위해서는 텍스트 편집기에서 MIB 파일을 열고 파일 시작 부분에서 `MIB DEFINITIONS ::= BEGIN` 시작을 찾아보자. 이 텍스트 앞의 문자열이 우리가 찾고 있는 MIB 이름이다. 다음은 그 예다.

```
PowerNet-MIB DEFINITIONS ::= BEGIN
```

따라서 APC는 MIB의 이름은 `PowerNet-MIB`이다. 이제 MIB를 알아냈으므로, 이제 MIB 를 사용해 조회할 수 있도록 다음과 같이 명령어를 수행하자.

```
$ snmpget -m +PowerNet-MIB -v 1 -c public <IP address> SNMPv2-SMI::enterp
rises.318.1.1.1.1.2.3.0
PowerNet-MIB::upsAdvIdentSerialNumber.0 = STRING: "QS0547120198"
```

우수한 snmpget을 통해 MIB을 포함한 전체 텍스트 문자열을 얻었다. 이 문자열은 시리얼 번호일 수 있다고 생각된다. 이제 snmpwalk에 동일한 옵션을 사용해 더 나은 값 이름을 가진 파일을 얻을 수 있다. 시리얼번호와 같은 흥미로운 문자열을 찾기 위해 해당 파일을 검색하고 올바른 OID를 찾을 수 있다.

 TIP + 사인은 지정한 MIB에 더하여 다른 설정도 포함한다. +를 생략하면 MIB 목록이 지정한 것과 바뀌게 된다.

/usr/share/snmp/mibs 디렉토리에 있는 MIB 파일을 잘 살펴보자. MIB의 이름과 확장자를 제외한 파일명이 동일한 것을 확인할 수 있다. 사실 파일 이름은 MIB의 이름과 아무런 관련이 없다. 따라서 어떤 파일에 어떤 MIB이 정의되어 있는지 알아내려면 grep과 같은 명령어를 사용해야 할 수도 있다.

커맨드라인에서 각각의 MIB 이름을 지정하는 것은 신속한 일회성 조회에는 적합하지만, MIB 목록이 커지고 이런 명령어를 자주 실행하면 지루하고 따분한 작업이 된다. 이럴 땐 환경변수를 사용하면 더 간편하게 사용할 수 있다. 환경 변수는 다음과 같이 설정할 수 있다.

```
$ export MIBS=+PowerNet-MIB
```

이제 셸의 개별 명령어 실행에서 더 이상 MIB 이름이 필요하지 않다. MIBS 변수에 지정된 모든 MIB이 항상 명령어 실행에 포함된다.

물론 이것도 영구적인 것은 아니다. 프로필 스크립트에서 이 변수를 지정할 수 있지만 시스템의 모든 계정을 관리하는 것은 귀찮은 작업될 수 있다. 세 번째로 설정 파일 수정이라는 방법이 있다.

설정 파일은 홈 디렉토리의 `.snmp/snmp.conf`에 있는 사용자별 구성 파일을 사용하거나, 모든 사용자에 적용되는 `/etc/snmp/snmp.conf` 파일을 사용할 수 있다.

 소스에서 Net-SNMP를 컴파일한 경우 글로벌 구성 파일과 MIB 디렉토리의 위치가 다를 수 있다. 이때는 /usr/local에 위치할 수 있다.

MIB를 추가하는 문법은 환경 변수에서 사용되는 문법과 비슷하다.

다음과 같이 접두어로 `mibs`를 각 행에 붙이면 된다.

```
mibs +PowerNet-MIB
```

이 위치에 여러 MIB 이름을 지정하려면 콜론을 사용해 구분해야 한다. 일반적인 UPS MIB가 필요하다고 가정하면, MIB 문자열은 다음과 같이 지정할 수 있다.

```
+PowerNet-MIB:UPS-MIB
```

 일부 Net-SNMP 버전에서는 설정 파일의 하나의 행이 엔터 문자열을 포함하여 1024자까지만 읽을 수 있다. mibs를 여러 줄로 지정해 이 제약을 피할 수 있다.

이렇게 설정하는 것도 귀찮다면 Net-SNMP MIB를 ALL로 설정하여 세 위치의 모든 MIB 파일을 포함할 수 있다. 하지만 이렇게 사용하면 성능에 영향을 줄 수 있다. 또한 다양한 경로에서 Net-SNMP 툴에 잘못된 경고나 정의를 설정한다면, 비정상적인 동작을 유발할 수 있다.

 자빅스 서버는 항상 사용 가능한 모든 MIB를 로드한다. 새 MIB가 추가되면 자빅스 서버를 다시 시작해야 한다.

▎자빅스에서 SNMP 아이템 폴링

SNMP OID에 대한 지식을 얻었으므로 이제는 SNMP 데이터를 자빅스로 넣어보자. 다음 단계를 쉽게 수행하려면 데이터를 반환할 엔트리를 선택해야 한다. 앞서 발견한 UPS 시리얼번호인 PowerNet-MIB::upsAdvIdentSerialNumber.0를 사용할 수 있다. 네트워크 프린터 또는 관리 가능한 스위치에 대해서도 동일하게 실행해보자. 그러한 장치에 접근할 수 없는 경우 Net-SNM 사용 가능 호스트에서 이미 언급한 시스템 설명인 SNMPv2-MIB::sysDescr.0과 같은 간단한 아이템을 사용할 수 있다.

이제는 자빅스 인터페이스로 돌아갈 시간이다. Configuration > Hosts로 이동해 Create host를 클릭하고 다음 값을 채워보자.

- Host name: SNMP device를 입력하자.
- Groups: 리스트박스에 선택된 그룹이 존재할 경우, 해당 그룹을 선택하고 ▶ 버튼을 클릭하자.
- New group: SNMP devices를 입력한다.
- SNMP interfaces: Add를 클릭한다.
- DNS NAME, IP ADDRESS: 방금 추가한 SNMP 인터페이스 옆에 올바른 DNS 이름 또는 IP 주소를 입력하자. SNMP 지원 장치를 사용하도록 선택한 경우 여기

에 IP 또는 DNS를 입력하자. 이런 장치가 없는 경우 임의의 IP 주소 또는 DNS 이름을 사용하자.

- CONNECT TO: 입력한 필드에 따라 DNS 또는 IP를 선택한다.

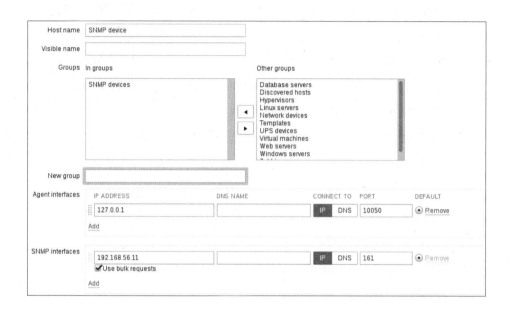

 이 호스트에 대해 생성되는 에이전트 아이템이 없으면 에이전트 인터페이스는 무시된다. 인터페이스를 유지하거나 제거할 수 있다.

입력이 완료되면 하단의 **Add** 버튼을 클릭하자. 호스트 목록에서 새로 생성된 호스트를 볼 수 없다면, 우측 상단의 **Group** 드롭다운이 **Linux servers**로 되어 있을 것이다. 항목에서 **All** 로 변경하면 모든 구성된 호스트나 신규 생성한 SNMP 장치를 볼 수 있다.

이제는 아이템을 만들어 볼 시간이다. SNMP 장치 옆의 **Items**를 클릭하고 **Create item** 버튼을 클릭하자. 그리고 다음 값을 채워보자.

- **Name**: SNMP 에이전트에서 OID를 사용하는 경우 `Serial number`, Net-SNMP 데몬을 사용하는 경우 `System description`과 같이 아이템을 잘 파악할 수 있도록 입력한다.

- **Type**: SNMP 에이전트에 알맞은 버전으로 변경한다. 여기에서 `SNMPv1 agent`를 선택한 것은 이 장치가 지원하는 오직 v1만 지원하기 때문에 선택됐다.

- **Key**: SNMP 설정에서 키 설정은 제한적이거나 중요하지 않지만 트리거나 다른 위치에서 참조해야 한다. `upsAdvIdentSerialNumber.0`이나 `sysDescr.0`과 같이 텍스트 OID의 마지막 부분을 입력하도록 선택할 수 있다.

- **SNMP OID**: 위에서 배운 지식을 활용하는 곳이다. 여기에서 선택한 `SNMP OID`를 붙여넣자. 여기에서는 `PowerNet- MIB::upsAdvIdentSerialNumber.0`를 사용했다. Net-SNMP 데몬을 사용하는 경우 `SNMPv2-MIB::sysDescr.0`을 입력하자.

- **SNMP community**: 커뮤니티를 변경하지 않았다면 `public`을 유지하사.

- **Type of information**: `Character`를 선택하자.

- **Update interval (in sec)**: 현재 수집하려는 값은 실제로 자주 변경되지 않으므로 `86400`과 같이 큰 값을 사용하자.

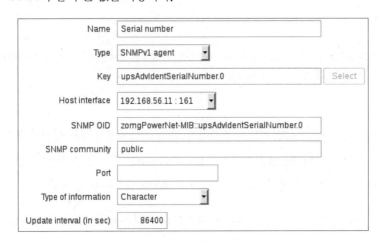

완료되면 하단의 **Add** 버튼을 클릭하자.

이제 그 결과는 몇 가지 요인에 따라 결정된다. 운이 좋으면 **Monitoring ➤ Latest data**에서 수집된 데이터를 바로 볼 수 있다. 이 예에서와 같이 특정 공급 업체의 OID를 입력했는데 데이터 수집이 잘 되지 않는다면 **Configuration ➤ Hosts**에서 **SNMP device** 옆의 **Items**를 클릭하고 아이템의 상태를 살펴보자.

어떻게 이런 오류가 발생할 수 있을까? Net-SNMP 커맨드라인 툴로 테스트할 때는 해당 OID가 있었는데, 이런 오류 메시지가 발생 가능한 경우는 지정된 MIB를 사용할 수 없는 경우다. 이전에 다른 호스트에서 SNMP 조회를 시도하여 OID를 확인한 경우 발생할 수 있다.

자빅스 서버는 MIB이 ALL로 설정된 것처럼 동작한다. 따라서 이런 경우 MIB을 자빅스 서버의 올바른 디렉토리(일반적으로 /usr/share/snmp/mibs)에 복사하고 서버 데몬을 다시 시작해서 조치할 수 있다. 또한 OID 값을 복사해서 붙여넣기를 하지 않고 다시 입력한 경우 발생할 수 있다. 입력한 OID가 올바른지 확인하자.

문제를 수정한 후에 자빅스 서버가 아이템 설정을 다시 읽고, 데이터 수집을 다시 할 때까지 기다리자. Monitoring ➤ Latest data로 이동해 filter를 열고 Host groups 필드를 초기화하자. Host 필드에 SNMP를 입력하면 SNMP device가 나타날 것이다. SNMP device를 선택하고, Filter를 클릭하자. other 카테고리를 열고 serial number를 찾으면 다음과 같은 내용을 볼 수 있을 것이다.

Serial number	2016-03-16 22:27:40	XA123PO

시리얼번호는 성공적으로 조회되고, 아이템 목록에 표시된다. 이를 통해 실제 가용성이나 성능 모니터링에 직접적으로 연결되지는 않지만 유용하게 사용되는 데이터를 자동으로 검색할 수 있다. 예를 들어 원격 장치가 고장 나서 교체해야 할 때, 기술지원 요청 시 사전에 장치 일련번호를 적어놓지 않은 경우에도 쉽게 일련번호를 찾을 수 있다.

SNMP OID 변환

벤더 고유의 MIB 파일을 자빅스 서버로 복사하고 싶지 않은 경우, 앞에서 보았던 것처럼 숫자로 구성된 OID를 사용할 수 있다. 항목을 쉽게 식별하긴 어렵지만, MIB를 어떤 이유로 사용할 수 없거나 시스템 업그레이드로 인해 MIB 파일이 제거된 경우에도 잘 동작한다.

그렇다면 어떻게 텍스트 OID에 상응하는 숫자 OID를 알아낼 수 있을까? snmpget을 사용해 OID 값을 숫자로 조회할 수 있지만, 조회할 때 해당 장치가 사용 가능해야 하고 네트워크 부하가 발생한다. 하지만 다행히 snmptranslate 명령을 이용해 쉽게 알아낼 수 있다. PowerNet-MIB::upsAdvIdentSerialNumber.0을 사용해서 숫자 형식의 OID를 찾아보자.

```
$ snmptranslate -On PowerNet-MIB::upsAdvIdentSerialNumber.0
.1.3.6.1.4.1.318.1.1.1.1.2.3.0
```

MIB를 올바르게 배치하고 변환할 OID를 포함한 MIB이 Net-SNMP 툴에 설정되어 있어야 한다.

Net-SNMP 도구의 기본 출력 형식은 짧은 텍스트 형식이며, MIB 이름과 개체 이름만 출력한다. 해당 숫자 형식의 OID로 텍스트 형식의 OID를 찾으려면 다음과 같이 사용하자.

```
$ snmptranslate .1.3.6.1.2.1.1.1.0
SNMPv2-MIB::sysDescr.0
```

-Of 옵션을 사용해 전체 표기법으로 OID를 출력할 수도 있다.

```
$ snmptranslate -Of PowerNet-MIB::upsAdvIdentSerialNumber.0
.iso.org.dod.internet.private.enterprises.apc.products.hardware.ups. upsIdent.
upsAdvIdent.upsAdvIdentSerialNumber.0
```

동적 인덱스

앞에서는 액티브 자빅스 에이전트 데몬 아이템을 사용해 eth0 장치로 들어오는 트래픽을 모니터링했다. snmpd가 설정되어 실행 중이면 나가는 트래픽을 수집할 수 있다. 이번에는 SNMP를 사용해보자.

일반적으로 자빅스 에이전트 데몬을 사용해 네트워크 트래픽을 모니터링하는 것이 더 쉽지만, 스위치나 라우터 같은 많은 네트워크 장치에 대해서는 SNMP 모니터링이 네트워크 트래픽 정보를 얻을 수 있는 유일한 방법이다. 이런 장치가 사용하는 네트워크 인터페이스 이름은 다를 수 있지만 모니터링할 수 있다.

관심 있는 인터페이스를 찾는 다양한 방법 중 한 가지 방법은 snmpwalk의 출력을 파일로 저장한 다음 해당 파일을 검사하는 것이다. 파일에는 다음과 같은 행이 있다.

```
IF-MIB::ifDescr.1 = STRING: lo
IF-MIB::ifDescr.2 = STRING: eth0
```

이 경우에서 조회하고자 하는 인터페이스인 eth0의 인덱스는 2이다. 해당 열 근처에서 관심 있는 트래픽의 실제 값을 찾을 수 있다.

```
IF-MIB::ifOutOctets.1 = Counter32: 1825596052
IF-MIB::ifOutOctets.2 = Counter32: 1533857263
```

따라서 OID를 IF-MIB::ifOutOctets.2로 있는 아이템을 추가하고 적절하게 이름을 지정할 수 있다. 하지만 인터페이스 인덱스를 가끔 변경하는 장치가 있다. 또한 특정 인터페이스의 인덱스는 장치마다 다를 수 있으므로 구성이 어려워질 수 있다. 이때 자빅스의 동적 인덱스 지원이 사용된다.

동적 인덱스 아이템 OID가 어떻게 표현되는지 살펴보자.

IF-MIB::ifOutOctets[	"index",	"ifDescr",	"eth0"]
데이터베이스 OID	리터럴 문자열 "index"	인덱스 기반 OID	인덱스 문자열

- **데이터베이스 OID**: 관심 있는 데이터, 즉 실제 인덱스가 없는 OID의 기본 부분이다. 이 경우, 모든 표기법에서 ifOutOctets로 이어지는 OID이다.
- **리터럴 문자열 "index"**: 모든 동적 인덱스 아이템에 대해 동일하다.
- **인덱스 기반 OID**: 관심 항목의 인덱스를 보유하고 있는 OID의 베이스. ifDescr이 다른 OID 인덱스를 리딩한다.
- **인덱스 문자열**: 트리의 인덱스 부분을 검색하는 문자열이다. 이것은 이전 기본 OID의 모든 OID와 대소 문자가 정확히 일치한다. 여기서 관심 있는 인터페이스의 이름인 eth0가 검색된다. 여기서 부분 문자열 또는 다른 일치는 허용되지 않는다.

이 검색에서 리턴할 인덱스는 데이터베이스 OID에 추가되고, 다음 조회는 결과 OID에서 값을 수집한다.

Net-SNMP 도구로 검색할 올바른 문자열을 결정하기 위해 색인을 보기 쉽게 할 수 있다.

```
$ snmpwalk -v 2c -c public localhost .iso.org.dod.internet.mgmt.mib-2.
interfaces.ifTable.ifEntry.ifDescr
IF-MIB::ifDescr.1 = STRING: lo
IF-MIB::ifDescr.2 = STRING: eth0
IF-MIB::ifDescr.3 = STRING: sit0
```

결과로 알 수 있듯이 이 장치는 루프백loopback, 이더넷Ethernet, 터널tunnel 세 가지 인터페이스를 가지고 있다. 결과는 장치별로 매우 다르다. 예를 들어 HP ProCurve 스위치는 다음과 같이 출력된다.

```
$ snmpwalk -v 2c -c public 10.196.2.233 .iso.org.dod.internet.mgmt.mib-2.
interfaces.ifTable.ifEntry.ifDescr
IF-MIB::ifDescr.1 = STRING: 1
IF-MIB::ifDescr.2 = STRING: 2
...
IF-MIB::ifDescr.49 = STRING: 49
IF-MIB::ifDescr.50 = STRING: 50
IF-MIB::ifDescr.63 = STRING: DEFAULT_VLAN
IF-MIB::ifDescr.4158 = STRING: HP ProCurve Switch software loopback
interface
```

이제 동적 인덱스 아이템에 사용할 OID를 알았으므로 자빅스에서 이런 아이템을 하나 만들어보자. Configuration ➤ Hosts로 이동해 아이템을 추가하고자 하는 호스트의 Items를 클릭하고, Create Item을 클릭하자. 다음 값을 입력하자.

- Name: Outgoing traffic on interface $1
- Type: SNMPv2 agent

- Key: ifOutOctets[eth0]

- SNMP OID: IF-MIB::ifOutOctets["index","ifDescr","eth0"]

- Units: Bps

- Store value: Delta (speed per second)

이전과 마찬가지로 eth0을 대상 시스템에 있는 인터페이스 이름으로 바꾸자. 완료되면 하단의 **Add** 버튼을 클릭하자.

> 따옴표와 철자에 주의하여 조합된 OID가 올바르게 입력됐는지 확인하자. Numeric (unsigned) 유형을 사용하는 이유에 대해서는 3장, '자빅스 에이전트와 기본 프로토콜과 모니터링'에서 알아봤다.

새로 추가된 아이템이 데이터 수집을 시작했는지 확인하기 위해 **Monitoring > Latest data**를 확인해보자. 이 아이템이나 데이터가 보이지 않으면 **Configuration > Hosts**를 클릭하고 해당 호스트 옆에 있는 **Items**를 클릭하자. 문제를 해결하는 데 도움이 되는 오류 메시지를 확인할 수 있다. 아이템을 올바르게 추가하면 다음과 같이 트래픽 정보가 표시된다.

LAST CHECK	LAST VALUE	CHANGE
2016-03-18 19:40:07	37 Bps	-2 Bps

> 인덱스 문자열은 정확히 일치해야 한다. 부분 문자열 매치는 사용할 수 없다.

동적 인덱스 아이템은 매우 일반적이다. 많은 네트워크 장치에는 고정된 포트 이름이 있지만 다양한 인덱스가 있다. 호스트 기반 SNMP 에이전트는 디스크 사용 및 메모리 통계와 같은 항목을 동적 인덱스에 배치한다. 따라서 모니터할 장치가 있다면 자빅스를 사용하는 것이 편리할 것이다.

동적 인덱스 아이템을 사용하면 최종 데이터를 얻기 위해 두 개의 SNMP 값이 필요하므로 전체 부하가 약간 증가할 수 있다. 하지만 자빅스는 검색된 인덱스 정보를 캐시하므로 부하 증가가 크게 눈에 띄지는 않을 것이다.

동적 SNMP 색인을 사용해 특정 인터페이스나 다른 객체를 이름으로 쉽게 모니터할 수 있지만, 많은 수의 인터페이스를 모니터링하는 데는 매우 효율적인 방법은 아니다. 11장, '고급 아이템 모니터링'에서 자동화된 솔루션인 로우 레벨 디스커버리에 대해 설명한다.

SNMP 대량 요청

눈썰미가 좋은 독자라면 SNMP interfaces 화면에서 Use bulk requests 옆의 확인란을 발견했을 수도 있다.

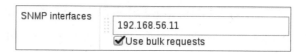

SNMP 호스트에서 데이터를 요청할 때 자빅스는 한 번에 하나의 값을 요청하거나 한 번에 여러 값을 요청할 수 있다. 한 번에 여러 값을 가져오는 것이 더 효율적이다. 따라서 자빅스가 디폴트로 이 방식을 수행한다. 이 방식은 하나의 커넥션으로 더 많은 값들을 요청하는데, 모든 아이템이 한 번에 조회되거나 장치 실패를 응답하게 된다. 이 방법은 한 번에 조회할 수 있는 데이터 수에 대한 장치의 설정을 찾을 수 있도록 하고, 기술적으로 반환할 수 있는 수를 찾을 수 있다. 하지만 한 번에 128개의 아이템을 초과할 수 없다.

한 번에 아이템을 조회할 때는 인터페이스별로 구분되는 파라미터만 조회될 것이다. 예를 들어 커뮤니티나 포트가 다를 경우 자빅스는 이런 값을 한 번에 가져오려고 하지 않는다.

여러 값을 요청할 때 제대로 작동하지 않는 장치가 꽤 많다. 이 기능은 인터페이스별로 비활성화할 수 있다.

SNMP 트랩 수신

SNMP 가능 장치를 조회하는 것은 각 장치의 구성이 거의 필요로 하지 않는 좋은 방법이지만, 어떤 경우에는 역방향 데이터 흐름이 필요하다. SNMP의 경우 이를 트랩이라고 한다. 일반적으로 트랩은 특정 상황 변경 시 전송되며, 에이전트는 서버로 162번 포트를 사용해 연결한다(에이전트측 포트 161과 대조적으로 쿼리에 사용된다). SNMP 트랩은 자빅스 액티브 아이템과 유사하다고 볼 수 있다. 액티브 아이템과 마찬가지로 모든 연결은 모니터링 대상 시스템에서 모니터링 서버로 이루어진다.

단지 연결의 방향만이 차이는 아니다. SNMP 트랩은 조회와 비교할 때 장단점이 있다. 예를 들어 SNMP 트랩은 순간적으로 발생해 조회 시 누락될 수 있는 문제를 감지할 수 있다. UPS에서 들어오는 전압을 모니터링한다고 가정해보자. 유용한 데이터를 수집하고 네트워크 및 자빅스 서버에 과부하가 걸리지 않도록, 약 2분으로 수집주기를 결정했다. 하지만 입력 전압이 갑자기 1분 동안만 내려가면 이 이벤트가 누락되어 UPS에 연결되지 않은 다른 장치의 문제를 파악할 수 없게 된다. 트랩이 제공하는 또 다른 이점은 이벤트가 발생할 때만 정보가 전송되고 서버가 지속적으로 조회하지 않기 때문에 네트워크 및 자빅스 서버로드가 감소한다는 것이다. 단점은 구성이 분산되는 것이다. SNMP 트랩 전송 조건 및 파라미터는 각 장치나 장치 그룹에 개별적으로 설정해야 한다. 또 다른 단점은 정보 전송에 대해서 보장할 수 없다. 거의 모든 SNMP 트랩은 UDP를 사용하도록 구현되어 트랩 데이터가 손실될 수 있다.

따라서 SNMP 트랩은 SNMP 조회를 대체하는 데 사용되지 않는다. 대신 트랩은 통계 정보 수집을 제공하고, 장치에서 발생하는 다양한 이벤트에 대한 알림을 제공하며 대개 장애상황을 알려준다.

자빅스에서 SNMP 트랩은 Net-SNMP 제품군의 데몬인 snmptrapd으로 수신한다. 트랩에서 수신한 데이터는 자빅스 데몬으로 전달돼야 한다. 이를 수행하는 데는 여러 가지 방법이 있으며 다음 두 가지 접근 방식을 시도한다.

- 자빅스의 내장 기능을 사용해 Net-SNMP 트랩 데몬에서 트랩 수신
- 사용자 정의 스크립트를 사용해 자빅스에 SNMP 값 전송

첫 번째 방법은 특히 내장된 펄Perl 코드 방식을 사용할 때 가장 간단한 방법이며 최상의 성능을 제공한다. 커스텀 스크립트는 가장 큰 유연성을 제공하지만 많은 작업이 필요하다.

내장된 펄 코드 사용하기

snmptrapd에 내장된 펄 코드를 사용하는 것은 가장 쉬운 설정 방법이다. 추가 기능이 필요하지 않으면 이 방법을 계속 사용하는 것도 나쁘지 않다.

우선 snmptrapd가 자빅스에 정보를 전달하도록 구성하자. 자빅스 소스에는 misc/snmptrap/zabbix_trap_receiver.pl이라는 예제 스크립트가 있다. 자빅스 홈 디렉토리의 bin 하위 디렉토리 같은 적당한 위치에 이 파일을 저장하자. 디렉토리가 존재하지 않으면 다음과 같이 디렉토리를 생성하자.

```
# mkdir -p /home/zabbix/bin; chown zabbix /home/zabbix
```

 배포 패키지를 사용하는 경우 다른 사용자 이름을 사용해야 할 수도 있다. 자세한 내용은 배포 패키지를 확인하자.

zabbix_trap_receiver.pl을 여기로 복사하자.

```
# cp misc/snmptrap/zabbix_trap_receiver.pl /home/zabbix/bin
```

 일부 배포판에서 Net-SNMP 펄 지원은 net-snmp-perl과 같이 별도의 패키지로 배포될 수 있다.

이제 snmptrapd에서 스크립트를 호출하게 하는 방법에 대해 알아보자. 이 스크립트로 받은 모든 트랩을 처리하도록 트랩 데몬을 설정해야 한다. 설정을 위해서 배포판이 Net-SNMP 구성 파일(일반적으로 /etc/snmp/)을 저장하는 위치를 찾아야 한다. 이 디렉토리에서 snmptrapd.conf 파일을 찾아보자. 파일이 존재한다면 파일을 수정하자(모든 작업 전에는 백업을 생성하는 것이 좋다). 파일이 존재하지 않을 경우 파일을 생성하자. 루트로 다음과 같이 편집하자.

```
authCommunity execute public
perl do "/home/zabbix/bin/zabbix_trap_receiver.pl";
```

이 설정은 커뮤니티가 public로 설정된 모든 트랩을 수신하여 펄 스크립트로 전달하게 된다.

 트랩이 예상할 수 없는 다양한 커뮤니티 문자열로 수신될 경우 snmptrapd.conf에 disableAuthorization yes로 설정하여 커뮤니티 문자열을 확인하지 않을 수 있다.

트랩 데몬을 시작하거나 다시 시작하자. zabbix_trap_receiver.pl 파일을 간단히 살펴볼 필요가 있다. 임시파일 경로를 지정하는 행을 확인하자.

```
$ SNMPTrapperFile = '/tmp/zabbix_traps.tmp';
```

트랩은 임시 파일을 통해 자빅스 서버로 전달된다. 이 부분은 이 장의 뒷부분에서 좀 더 자세히 알아본다.

수신된 데이터로 값 필터링

이제 자빅스의 아이템에 대해 살펴보자. 가장 간단한 것을 먼저 테스트하려면 자빅스 서버에서 값을 보내는 것이다. Configuration ➤ Hosts로 이동해 A test host를 클릭하고, SNMP interfaces 항목에서 Add를 클릭하자. 하단의 Update 버튼을 클릭하고, A test host의 우측의 Items를 클릭한 후, Create item을 클릭하고 다음 내용을 입력하자.

- Name: SNMP trap tests
- Type: SNMP trap
- Key: snmptrap[test]
- Type of information: Character

완료되면 다음과 같이 보인다.

이 아이템은 트랩에 문자열 test가 포함된 경우 이 호스트가 가져오는 모든 트랩을 수집한다. 트랩을 파일에 저장하도록 트랩 데몬을 구성했으며 이 트랩을 저장할 아이템이 있다. 이제 남은 것은 자빅스 서버에 트랩을 가져올 위치를 지정하는 것이다. zabbix_server. conf를 열고 StartSNMPTrapper의 파라미터를 다음과 같이 수정하자

```
StartSNMPTrapper=1
```

자빅스에는 임시 파일에서 트랩을 읽는 특별한 프로세스가 있다. 이 프로세스는 기본적으로 시작되지 않으므로 구성의 해당 부분을 변경했다. 이 파라미터 바로 위의 파라미터를 살펴보자.

```
SNMPTrapperFile=/tmp/zabbix_traps.tmp
```

이 파일이 펄 스크립트의 파일에서 지정한 파일과 일치하는지 확인하자. 스크립트의 변경 사항은 이 구성 파일의 변경 사항과 일치해야 하며 반대의 경우도 마찬가지이다. 현재 이 임시 파일의 위치는 변경하지 않았다.

이 변경이 완료되면 자빅스 서버 데몬을 다시 시작하자.

이제 이 아이템을 테스트할 준비가 됐다. 자빅스 서버에서 다음을 실행해 트랩을 보내자.

```
$ snmptrap -Ci -v 2c -c public localhost "" "NET-SNMP- MIB::netSnmpExperimental"
NET-SNMP-MIB::netSnmpExperimental s "test"
```

최적화되지 않은 이 Net-SNMP 구문은 public 커뮤니티와 가상의 OID를 사용해 localhost에 SNMP 트랩을 보낸다. 또한 -Ci 옵션으로 snmptrapd가 트랩을 성공적으로 수신했는지 확인하기 위해 응답을 기다린다. 이 명령은 기본 포트인 162를 사용한다. 자빅스 서버의 방화벽 설정에서 트랩을 수신하는 162포트가 열려 있는지 확인하자.

>
> 트랩의 전송여부 확인을 위한 대기시간은 snmptrap이 트랩을 재전송하게 한다. 만약 수신 호스트의 응답이 느릴 경우 송신측에서는 수신측에서의 수신 여부를 확인하기 전까지 중복해서 트랩을 발송할 수 있다.

명령이 성공적이면 출력 없이 완료된다. snmpinform: Timeout 오류 메시지가 발생한다면 다양한 문제로 인하여 야기되었을 수 있다. 들어오는 데이터에 대해 UDP 포트 162가 열려 있는지 다시 한 번 확인하고, /etc/snmp/snmptrapd.conf 파일의 커뮤니티가 snmptrap 명령에 사용된 커뮤니티와 일치하는지, snmptrapd 데몬이 실제로 실행 중인지 확인해 보자.

모든 것이 성공적으로 수행됐다면 Latest Data 페이지에서 이 아이템의 수집된 값을 볼 수 있다.

SNMP trap tests	2016-03-18 23:17:48	23:17:46 2016/03/18 PDU INF...

자빅스 서버에서 다음을 실행해 다른 트랩을 보내보자.

```
$ snmptrap -Ci -v 2c -c public localhost "" "NET-SNMP-
 MIB::netSnmpExperimental" NET-SNMP-MIB::netSnmpExperimental s "some other trap"
```

이 트랩은 우리가 만든 아이템에 나타나지 않는다. 이건 무슨 일 일까? 우리가 보낸 값에 문자열 test가 없기 때문에 이 값은 아이템의 값과 일치하지 않기 때문이다. 기본적으로 이런 트랩은 서버 로그 파일에 기록된다. 로그 파일을 확인하면 다음과 유사한 로그를 확인할 수 있다.

```
9872:20160318:232004.319 unmatched trap received from "127.0.0.1": 23:20:02
2016/03/18 PDU INFO:
  requestid                 253195749
  messageid                 0
  transactionid             5
  version                   1
  notificationtype          INFORM
  community                 public
  receivedfrom              UDP: [127.0.0.1]:54031→[127.0.0.1]:162
  errorindex                0
  errorstatus               0
VARBINDS:
 DISMAN-EVENT-MIB::sysUpTimeInstance type=67 value=Timeticks:
```

```
(2725311) 7:34:13.11
 SNMPv2-MIB::snmpTrapOID.0       type=6  value=OID: NET-SNMP-
MIB::netSnmpExperimental
 NET-SNMP-MIB::netSnmpExperimental type=4value=STRING: "some other trap"
```

프론트엔드에서 데이터를 확인하거나 트리거를 설정하는 것은 그리 쉽지 않다. 우리는 이런 상황을 개선하기 위하여 특수한 아이템을 통해 자빅스에 설정되지 않은 트랩을 처리한다. Configuration ➤ Hosts로 이동해 A test host 옆의 Items를 클릭하고 Create item을 클릭한 후 다음 값을 입력하자.

- Name: SNMP trap fallback
- Type: SNMP trap
- Key: snmptrap.fallback
- Type of information: Character

완료되면 하단의 Add 버튼을 클릭하자.

여기서 사용한 snmptrap.fallback은 특별한 아이템 키이다. snmptrap[] 아이템과 일치하지 않는 트랩이 여기에서 수집된다. 이전에 수집할 수 없었던 트랩을 다시 한 번 보내보자.

```
$ snmptrap -Ci -v 2c -c public localhost "" "NET-SNMP-
MIB::netSnmpExperimental" NET-SNMP-MIB::netSnmpExperimental s "some other
trap"
```

Latest Data 페이지를 다시 확인해보자.

SNMP trap fallback	2016-03-18 23:33:04	23:33:03 2016/03/18 PDU INF...
SNMP trap tests	2016-03-18 23:17:48	23:17:46 2016/03/18 PDU INF...

fallback에는 이번에 값이 있다. 값을 보려면 다음 아이템 중 하나 옆에 있는 History 링크를 클릭하자.

TIMESTAMP	VALUE

2016-03-18 23:33:04	23:33:03 2016/03/18 PDU INFO:
	  community public
	  receivedfrom UDP: [127.0.0.1]:54642->[127.0.0.1]:162
	  errorindex 0
	  errorstatus 0
	  requestid 108168159

이력은 많은 정보를 포함하고 있지만, 값은 잘리는 것처럼 보인다. 데이터베이스에 기록되는 트랩 정보는 내용이 많은 캐릭터 타입을 저장할 때 충분한 공간을 제공하지 못한다. 이 유형은 255자로 제한된다. 필터와 일치하든 일치하지 않든 트랩에서 보낸 문자열을 볼 수 없다. 대량 업데이트 기능으로 이 문제를 다시 해결해 볼 것이다. Configuration ➤ Hosts 이동하고 A test host 호스트 옆의 Items를 클릭하자. SNMP 트랩 항목 옆에 있는 확인란을 선택하고 Mass update 버튼을 클릭하자. Mass update 화면에서 Type of information 옆의 확인란을 선택하고 Text를 선택하자.

Update 버튼을 클릭하자. 문제가 해결되었을 것이지만, 아직 확신할 수 없기 때문에 트랩을 다시 전송하여 확인해보자.

```
$ snmptrap -Ci -v 2c -c public localhost "" "NET-SNMP-
MIB::netSnmpExperimental" NET-SNMP-MIB::netSnmpExperimental s "test"
$ snmptrap -Ci -v 2c -c public localhost "" "NET-SNMP-
MIB::netSnmpExperimental" NET-SNMP-MIB::netSnmpExperimental s "some other trap"
```

아이템 중 하나의 이력을 살펴보면 변경된 내용이 실제로 도움이 됐다는 것을 알 수 있다. 이제는 아이템의 식별을 위하여 사용된 커스텀 스트링을 포함한 더 많은 정보가 표시된다.

```
TIMESTAMP            VALUE

                     00:14:55 2016/03/19 PDU INFO:
                        messageid                0
                        transactionid            11
                        requestid                973564866
                        notificationtype         INFORM
                        version                  1
2016-03-19 00:14:56     receivedfrom             UDP: [127.0.0.1]:40852->[127.0.0.1]:162
                        community                public
                        errorstatus              0
                        errorindex               0
                     VARBINDS:
                        DISMAN-EVENT-MIB::sysUpTimeInstance type=67 value=Timeticks: (3054527) 8:29:05.27
                        SNMPv2-MIB::snmpTrapOID.0       type=6   value=OID: NET-SNMP-MIB::netSnmpExperimental
                        NET-SNMP-MIB::netSnmpExperimental type=4  value=STRING: "some other trap"
```

TIP 값이 아직 잘린다면 Configuration cache가 업데이트될 때까지 좀 더 기다렸다가 다시 전
송해보자.

snmptrap[test] 키를 사용해 만든 첫 번째 아이템은 실제로 파라미터로 정규식을 가질
수 있다. 이를 통해 하나의 아이템으로 링크의 UP/DOWN을 트랩하는 등의 고급 필터
링을 수행할 수 있다. 하나의 트랩이 여러 아이템의 표현식과 일치하면 모든 아이템에 트
랩된다.

원래 호스트로 값 필터링

특정 아이템으로 트랩을 가져오는 방법을 확인해봤다. 하지만 자빅스는 이 값을 A test host
에 저장돼야 한다는 것을 어떻게 알았을까? 이것은 트랩이 발생한 호스트의 주소가 이 아
이템에 대한 SNMP 인터페이스의 주소와 일치하기 때문에 가능하다. 이를 테스트하기 위
해 트랩 아이템을 Another host에 복사해보자. Configuration ➤ Hosts로 이동해 A test host
옆의 Items를 클릭하자. SNMP 트랩 아이템 왼쪽에 있는 체크박스를 체크하고 Copy to 버
튼을 클릭하자. 선택한 Hosts의 Target type 드롭다운에서 Hosts를 선택하고 다른 호스트
를 체크한다. 그런 다음 Copy를 클릭하자.

Details	Cannot copy items	×
Cannot find host interface on "Another host" for item key "snmptrap[test]".		

 Another host에 SNMP 인터페이스가 존재한다면 오류 없이 정상적으로 동작할 것이다.

Another host에는 SNMP 인터페이스가 없기 때문에, 자빅스는 인터페이스를 찾을 수 없다는 메시지가 표시되며 실패할 것이다. 호스트에 추가하고자 하는 아이템이 사용하는 인터페이스가 없을 경우 아이템을 생성할 수 없다. Configuration > Hosts으로 이동하고, Another host를 클릭한 다음 이 호스트에 있는 주소로 새 SNMP 인터페이스를 추가하고 Update를 클릭하자. 이전과 같은 방법으로 A test host에서 SNMP 트랩 아이템을 Another host로 복사하면 다음과 같이 성공적으로 복사될 것이다.

Details	Items copied	×
– Created: Item "SNMP trap tests" on "Another host".		
– Created: Item "SNMP trap fallback" on "Another host".		

이제 아이템이 잘 생성됐으므로 테스트를 해보자. 이전에 자빅스 서버에서 보낸 것과 같은 방식으로 Another host에서 두 개의 테스트 트랩을 보내보자.

```
$ snmptrap -Ci -v 2c -c public <Zabbix server> "" "NET-SNMP-
MIB::netSnmpExperimental" NET-SNMP-MIB::netSnmpExperimental s "test"
$ snmptrap -Ci -v 2c -c public <Zabbix server> "" "NET-SNMP-
MIB::netSnmpExperimental" NET-SNMP-MIB::netSnmpExperimental s "some other trap"
```

<Zabbix server>를 자빅스 서버의 IP 또는 DNS 이름으로 수정하자. 이 명령은 오류 메시지 없이 완료될 것이다.

트랩은 Another host의 아이템에 저장된다.

디버깅

트랩이 전혀 도착하지 않거나 올바른 아이템에 저장되지 않으면 몇 가지를 확인해볼 수 있다. 원격 호스트에서 트랩을 전송할 때는 수집되지 않지만 자빅스 서버에서 전송할 때 제대로 작동한다면, 자빅스 서버에서 162포트로 들어오는 UDP 패킷이 허용됐는지 방화벽을 확인해보자. 또한 자빅스 서버가 트랩에서 들어오고 있는 IP 주소가 해당 호스트의 SNMP 인터페이스 주소와 일치하는지 확인하자.

때로는 트랩이 SNMP 트랩 데몬에 도착하지만 자빅스 서버로 전달되는 않은 경우가 있다. 이때는 snmptrapd를 상세한 데몬 로그를 확인해 디버깅하는 것이 유용하다. 다양한 파일 경로를 사용할 정확한 값은 다를 수 있지만, 다음의 모든 디버그 출력을 활성화해 수동으로 구동하는 명령은 동작할 것이다.

```
# /usr/sbin/snmptrapd -A -Lf /var/log/net-snmpd.log -p /var/run/
snmptrapd.pid -DALL
```

여기서 -Lf는 로그가 저장될 파일을 지정하고 -DALL은 전체 디버그를 사용한다.

수신되는 트랩이 읽기 어려운 숫자 형식이라면, snmptrapd로부터 조회되는 /etc/snmp/snmp.conf에 MIB를 추가해야 할 수도 있다.

자빅스 서버가 전송된 트랩이 어떤 호스트의 아이템에도 속하지 않는다고 판단하면 어떻게 될까? 이는 트랩 아이템이 전혀 없거나 fallback 아이템이 없거나 들어오는 트랩의 주소가 SNMP 인터페이스와 일치하지 않기 때문에 발생할 수 있다. 기본적으로 자빅스 서버는 이런 트랩을 로그 파일에 기록한다. 다음과 같은 로그를 서버로그에서 확인할 수 있다.

```
 2271:20150120:124156.818 unmatched trap received from
[192.168.168.192]: 12:41:55 2015/01/20 PDU INFO:
  errorindex               0
  transactionid            1
  requestid                1752369294
```

214

```
  messageid                     0
  receivedfrom                  UDP: [192.168.168.192]:45375-
>[192.168.1.13]:162
  errorstatus                   0
  version                       1
  notificationtype              INFORM
  community                     public
VARBINDS:
  DISMAN-EVENT-MIB::sysUpTimeInstance type=67 value=Timeticks:
(77578087) 8 days, 23:29:40.87
  SNMPv2-MIB::snmpTrapOID.0      type=6  value=OID: NET-SNMP-
MIB::netSnmpExperimental
  NET-SNMP-MIB::netSnmpExperimental type=4  value=STRING: "non-
matching trap"
```

일치하지 않는 트랩의 로그도 제어 가능하다. Administration > General을 선택하고 오른쪽
상단의 드롭다운에서 Other를 선택하자. 마지막 체크박스 Log unmatched SNMP traps 표
시를 해제하면 이런 로그를 기록하지 않는다.

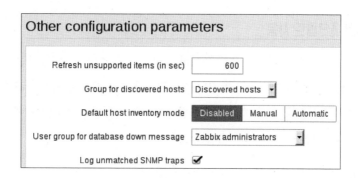

개발 서버에서 SNMP 트랩 데몬을 설정하지 않고 자빅스의 SNMP 트랩 처리를 시도하려
면 어떻게 해야 할까? 이때는 임시 파일에 트랩 정보를 추가할 수 있다. 임시 파일은 일
반 텍스트 파일이며, 자빅스는 트랩 데몬이 파일을 수정했는지, 사람이 수정했는지, 아니
면 다른 프로그램이 내용을 추가했는지 알지 못한다. 한 번에 하나의 트랩에 대한 모든 데
이터를 추가하자.

임시 파일 처리

트랩 데몬에서 자빅스로 트랩을 전달하는 임시 파일은 기본적으로 /tmp에 저장된다. 이것은 운영을 위한 좋은 위치는 아니다. 초기 테스트를 진행하고 변경하는 것이 좋다.

임시 파일은 무한정 커질 수 있다. 자빅스는 데이터를 읽지만 파일을 로테이션하거나 제거하지 않는다. 로테이션은 logrotate 데몬을 별도로 설정해야 한다.

SNMP 트랩 변환기

자빅스는 SNMPTT^{SNMP Trap Translator}(http://www.snmptt.org/)에 의해 파싱되는 트랩을 수신할 수 있다. 이 방법은 내장된 펄 트랩 리시버 솔루션과 동일하게 임시 파일 및 내부 프로세스 접근 방식을 사용한다. SNMPTT는 수신된 데이터를 사람이 읽을 때 유용하다.

SNMPTT는 전달된 데이터가 변경하는 것을 기억해야 한다. 따라서 설정 방법에 따라 SNMPTT를 추가하면 아이템 매핑, 트리거, 그밖의 구성을 변경해야 한다.

사용자 정의 스크립트 사용

앞에서 다뤘던 펄 트랩 리시버는 쉽게 설정하고 사용할 수 있다. 하지만 어떤 이유로 스크립트를 사용할 수 없거나, 일부 고급 필터링이 필요한 경우 사용자 지정 스크립트로 트랩 값을 아이템에 푸시하게 할 수 있다. 이번 절에서는 자빅스에서 제공되는 예제 스크립트를 사용해 이런 상황에서 해결 방안을 살펴보자.

자빅스 사용자의 홈 디렉토리의 예제 SNMP 트랩 파싱 스크립트를 복사하자.

```
# cp misc/snmptrap/snmptrap.sh /home/zabbix/bin
```

이제 스크립트를 보자. /home/zabbix/bin/snmptrap.sh에 방금 복사한 파일을 열자.

보이는 것처럼 이 스크립트는 매우 단순한 스크립트로, 트랩 정보를 받은 다음 호스트의 snmptrap과 키 snmptrap 인스턴스를 사용해 자빅스 서버로 전송한다. 스크립트를 신중하게 읽었다면 ~zabbix/bin/zabbix_sender에 프로그램을 설치한 적이 없음을 알 것이다. 이것은 잘못된 것이다.

먼저 zabbix_sender가 실제로 어디에 있는지 알아보자.

```
$ whereis zabbix_sender
zabbix_sender: /usr/local/bin/zabbix_sender
```

이 시스템에서 zabbix_sender의 위치는 /usr/local/bin/zabbix_sender이다. 다음을 실행해 명령어를 살펴보자.

```
$ zabbix_sender --help
```

Zabbix Sender는 -z 옵션에 지정된 서버로 -p 포트를 사용해자빅스 서버로 값을 보낸다. 이제 스크립트로 돌아가보자. zabbix_sender가 실행되는 마지막 라인을 보자. 이 스크립트는 SNMP 트랩에서 가져온 값을 파라미터로 zabbix_sender에 전달하는 것으로 보인다. 지금 구문 상으로는 snmptrapd에서 자빅스로 정보를 전달할 수 없다. 이제 우리가 알아낸 문제를 해결해보자.

- ZABBIX_SENDER를 /usr/local/bin/zabbix_sender(또는 zabbix_sender가 위치하는 다른 경로)로 변경하자.
- 마지막 행을 $ZABBIX_SENDER -z $ZABBIX_SERVER -p $ZABBIX_PORT -s "$HOST" -k "$KEY" -o "$str"로 변경하자. 여기에서 호스트명과 아이템 키를 지정한다. 값을 지정할 때 공백이나 다른 문자가 포함될 수 있는데, 이는 커맨드 실행을 중단시킬 수 있다.

파일을 저장하자. 이제 자빅스를 트랩을 받도록 준비하자. 프론트엔드에서 Configuration ❯ Hosts를 선택하고 Create host를 클릭하자. 다음 값을 입력하자.

- Name: snmptraps
- Groups: Other groups 상자에서 SNMP devices를 클릭한 다음 버튼을 클릭하자. In groups 리스트박스에 다른 그룹이 있으면 제거하자.

하단에 있는 Add 버튼을 클릭하자. 여기에 사용된 호스트명 snmptraps는 snmptrap.sh 스크립트에서 설정한 호스트명과 동일해야 한다. 그렇지 않으면 자빅스에서 트랩을 받지 못한다.

이제 snmptraps 호스트의 Items를 클릭한 다음 Create item을 클릭하고, 다음 값을 입력하자.

- Name: Received SNMP traps
- Type: Zabbix trapper
- Key: snmptraps
- Type of information: Character

> **TIP** 이 스크립트는 많지 않은 데이터가 전송될 것으로 예상되어 데이터 타입을 Character로 지정했다. 만일 많은 양의 정보가 전달돼야 한다면 이 파라미터를 Text로 다시 설정해야 한다.

완료되면 하단의 Add 버튼을 클릭하자. 다시 말하지만 snmptrap.sh 스크립트에서 사용한 것과 동일한 이름을 사용했는지 꼭 확인하자.

SNMP 트랩 수신을 위해 자빅스를 설정했다. 하지만 트랩은 어떻게 스크립트를 실행해서 자빅스로 전송될까? 이제는 이전과 같이 snmptrapd를 설정해보자.

수신된 모든 트랩을 스크립트에 전달하는 단순한 설정을 만들어보자. 이를 위해 snmptrapd.conf를 수정해야 한다. 이미 파일을 작성한 경우 편집하자(기존에 추가한 행을 주석으로 처리해야 할 수도 있다). 파일이 없으면 파일을 생성하자.

파일을 루트로 편집하고 다음과 같이 입력하자.

```
authCommunity execute public
#perl do "/home/zabbix/bin/zabbix_trap_receiver.pl";
traphandle default /bin/bash /home/zabbix/bin/snmptrap.sh
```

펄 리시버 라인을 주석 처리하고 새로운 스크립트를 호출하는 라인을 추가했다. traphandle의 default 키워드는 수신된 모든 트랩이 스크립트를 실행하도록 한다(트랩이 특정 OID를 지정한 traphandle 구문에 일치하지 않으면 항상 이 스크립트가 실행된다). 이 파일을 저장한 다음, 배포판에 맞게 snmptrapd 데몬을 시작하거나 다시 시작하자.

이제 모든 체인 링크를 통해 SNMP 트랩을 수신할 수 있어야 한다. 자빅스 서버에서 이전과 같은 방법으로 트랩을 보내 테스트해보자.

```
$ snmptrap -Ci -v 2c -c public localhost "" "NET-SNMP- MIB::netSnmpExperimental"
NET-SNMP-MIB::netSnmpExperimental s "test"
```

명령이 성공적으로 완료되면 프론트엔드에서 결과를 확인하자. Monitoring ➤ Latest data 이동하고 필터에서 SNMP devices를 선택하자.

| Received SNMP traps | 2016-03-19 00:41:52 | localhost "test" NET-SNMP-MI... |

여기에서 테스트 트랩 데이터가 수집된 것을 확인할 수 있다. 목록에서는 잘려 보이지만, 그래도 History를 클릭해서 전체 데이터를 확인할 수 있다.

TIMESTAMP	VALUE
2016-03-19 00:41:52	localhost "test" NET-SNMP-MIB::netSnmpExperimental

이제 트랩 전체를 볼 수 있다. 어떻게 자빅스로 커스텀 스크립트가 트랩에 관련된 모든 세부 사항 대신 특정 문자열만 파싱해 전송하는지 잘 살펴보자. 여러 트랩이 순서대로 수신되는 모습을 확인해보기 위하여 콘솔에서 다시 다음을 실행하자.

```
$ snmptrap -Ci -v 2c -c public localhost "" "NET-SNMP-
MIB::netSnmpExperimental" NET-SNMP-MIB::netSnmpExperimental s "another test"
```

브라우저에서 열어 본 History 화면을 새로 고침하고 결과가 만족스러운지 확인하자.

TIMESTAMP	VALUE
2016-03-19 00:44:31	localhost "another NET-SNMP-MIB::netSnmpExperimental
2016-03-19 00:41:52	localhost "test" NET-SNMP-MIB::netSnmpExperimental

최신 트랩이 멋지게 나열되며 항목은 내림차순으로 정렬된다.

 트랩이 도착하지 않으면 이 장 앞부분의 '디버깅' 하위 절을 참고하자.

잠깐, 첫 번째 스페이스 이후의 모든 내용은 정보 텍스트에서 빠져 있다. 이는 바람직하지 않다. 따라서 이 문제를 해결해보자. 루트 권한으로 /home/zabbix/bin/snmptrap.sh 파일을 열고 수신된 정보에서 주소를 제거하는 줄을 찾아보자.

```
oid=`echo $oid|cut -f2 -d'
'` address=`echo $address|cut -f2 -d' '`
```

```
community=`echo $community|cut -f2 -d' '`
enterprise=`echo $enterprise|cut -f2 -d' '`
```

여기에서 볼 수 있듯이 분리 기호로 공백을 사용하는 경우 공백을 기준으로 두 번째 필드만 사용된다. A Very Important Failure는 단순히 A로 표시된다. 필드 파라미터에 대시를 추가해 모든 후행 필드도 캡처하자.

```
address=`echo $address|cut -f2- -d' '`
```

이렇게 하면 문제가 해결될 것이다. 이제 다시 테스트해보자.

```
$ snmptrap -Ci -v 2c -c public localhost "" "NET-SNMP-
MIB::netSnmpExperimental" NET-SNMP-MIB::netSnmpExperimental s "A Very
Important Failure"
```

브라우저로 돌아가서 History 화면을 새로 고침해보자.

TIMESTAMP	VALUE
2016-03-19 00:47:09	localhost "A Very Important Failure" NET-SNMP-MIB::netSnmpExperimental
2016-03-19 00:44:31	localhost "another NET-SNMP-MIB::netSnmpExperimental
2016-03-19 00:41:52	localhost "test" NET-SNMP-MIB::netSnmpExperimental

이제 더 이상 중요한 트랩의 데이터는 손실되지 않는다.

트랩 필터링

이 기능은 단일 위치에서 모든 트랩을 수신하는 데 적합하지만 트랩을 특정 호스트와 관련시키기가 어려워지며 특히 많은 수의 트랩 전송 호스트가 있는 경우 관찰하기가 어렵다. 이런 경우 들어오는 앞에서 펄 리시버 솔루션에서 설정한 것처럼 논리적 구조인 데이터를 분할하는 것이 바람직하다. 이 방법을 이용하면 기존 호스트별로 트랩을 분할하여 전송할 수 있다. 이 경우 수신된 모든 트랩은 해당 호스트에 대한 하나의 아이템에 저장된다. 매우 자주 받거나 매우 중요한 트랩 또는 트랩 그룹을 개별 아이템으로 나눠서 저장할 수 있다.

예를 들어, 네트워크 스위치의 포트 상태정보를 포함하여 다양한 트랩을 보내는 경우, 다른 트랩과 잘 구분할 수 있도록 각각의 항목을 하나의 아이템에 배치하려고 한다. 어떤 스위치에 다양한 워크스테이션이 연결되어 있고, 연결이 끊임없이 붙었다 떨어졌다를 반복한다면, 우리는 이 트랩을 자빅스로 전송되지 않을 것을 원할 것이다. 하지만 스위치가 절대 다운되지 않는 매우 중요한 커넥션을 가질 경우, 개별 포트로부터 발생하는 이벤트의 알림을 받기 위하여, 각각의 트랩을 각각의 아이템으로 생성할 것이다.

모든 방법은 핸들러 스크립트인 snmptraps.sh를 대체, 개선 또는 연결해 작동한다.

사용자 정의 매핑

트랩을 배분하는 한 가지 방법은 소스 호스트, OID, 트랩 세부 정보를 비롯한 모든 파라미터에 따라 트랩에 적합한 대상을 선택하는 사용자 정의 매핑을 만드는 것이다. 이런 매핑은 상대적으로 설치가 까다롭지만 모든 경우의 다양한 처리를 수행할 수 있으므로 가장 유연하다. 또한 이중 설정이 필요하다. 수정사항 발생 시 자빅스 설정과 이런 매핑에 모두 반영돼야 한다.

사용자 정의 매핑은 파일 기반 조회, 별도의 데이터베이스 또는 다른 종류의 정보 저장 시 사용할 수 있다.

데이터베이스 조회

또 다른 방법은 자빅스 데이터베이스에 저장된 데이터를 활용하는 것이다. 이미 데이터베이스에 host/IP address의 정보가 있기 때문에 해당 호스트 이름을 간단히 조회할 수 있다. 자빅스에 등록된 호스트로부터 전송되는 트랩은 해당 호스트의 snmptraps 아이템으로 저장되고, 등록되지 않은 호스트로부터 전송되는 트랩은 snmptraps 호스트에 수집되도록 snmptraps.sh를 수정하자. /home/zabbix/bin/snmptraps.sh를 수정하고 두 줄을 추가하자.

```
oid=`echo $oid|cut -f11 -d'.'`
community=`echo $community|cut -f2 -d'"'`
zabbixhost=$(HOME=/root mysql -N -e "select host from zabbix.hosts left
join zabbix.interface on zabbix.hosts.hostid=zabbix.interface. hostid where
ip='$hostname' order by 'hostid' limit 1;" 2>/dev/null) [[ $zabbixhost ]] &&
HOST=$zabbixhost
str="$hostname $address $community $enterprise $oid"
$ZABBIX_SENDER $ZABBIX_SERVER $ZABBIX_PORT -s "$HOST" -k "$KEY" -o
"$str"
```

이 명령어는 어떤 것을 수행할까? 첫 번째 행은 MySQL 데이터베이스를 조회하여 트랩의 IP가 호스트로 등록되어 있는지 확인한다. 존재할 경우 자빅스 호스트 변수는 자빅스에 정의된 호스트 이름이 지정된다. 호스트를 조회할 때, 결과는 호스트 ID로 정렬되고 첫 번째 값만 조회한다. 따라서 동일한 IP 주소를 가진 호스트가 여러 개 있는 경우(자빅스에서는 허용됨) 가장 오래된 항목만 선택된다. 오류 출력은 무시되고(/dev/null로 리다이렉트된다) 데이터베이스가 잘못 구성된 경우 트랩은 손실되지 않고, 일반 트랩 처리 호스트로 전송된다.

두 번째 행은 데이터베이스에 해당 IP 항목이 있을 때, 자빅스로 데이터를 보내는 데 사용되는 호스트를 데이터베이스에서 반환된 항목으로 설정한다.

첫 줄의 HOME 변수는 무엇일까? 거기에서 사용된 mysql 명령은 사용자, 패스워드, 또는 다른 연결 정보를 지정하지 않기 때문에 명령이 성공하기 위해서는 어딘가에서 이 정보를 조회해야 한다. MySQL의 경우, 이 정보는 사용자의 HOME 디렉토리의 .my.cnf 파일에 지정할 수 있다.

snmptrapd가 루트로 실행되지만 서비스는 종종 루트 계정은 일반 계정의 모든 환경 변수를 얻지 못하므로, 그 파일을 /root에서 읽도록 추가 명령을 지정해야 한다.

이는 작업이 아직 끝나지 않았음을 의미한다. /root/.my.cnf 파일을 만들고 필요한 정보로 채워야 한다. 루트 권한으로 /root/.my.cnf를 만들고 다음 내용을 입력하자.

```
[client]
user=zabbix
password=mycreativepassword
```

이제 우리는 자빅스측에서 트랩을 받도록 설정해야 한다. Configuration ➤ Hosts를 열고 Another host 옆에 있는 Items를 클릭한 다음 Create item을 클릭하자. 다음 값을 입력하자.

- Name: snmptraps
- Type: Zabbix trapper
- Key: snmptraps
- Type of information: Character

완료되면 하단의 Add 버튼을 클릭하자.

테스트 트랩을 보내기 전에 한 가지 더해보자. snmptrapd가 수신된 트랩의 IP를 호스트명으로 변환하지 않도록 하자. 데이터의 이것은 보기에 불편하지만, 스크립트가 단순하게 유지되고 성능이 약간 향상될 것이다. 이를 수행하기 위하여 snmptrapd에 -n 옵션을 시작 스크립트에 추가하고 다시 시작하자. 이 명령은 배포판별로 다르다.

마지막으로 우리는 까다로운 설정을 테스트할 준비가 됐다. Another host에서 이것을 실행하자.

```
$ snmptrap -Ci -v 2c -c public <Zabbix server> "" "NET-SNMP-
MIB::netSnmpExperimental" NET-SNMP-MIB::netSnmpExperimental s "test"
```

<Zabbix server>를 자빅스 서버의 IP 또는 DNS 이름으로 변경하자. 이 명령은 오류 메시지 없이 완료될 것이다.

이 방법은 A test host에서는 동작하지 않는데, IP 127.0.0.1의 가장 먼저 생성된 호스트는
자빅스 서버이기 때문이다.

웹 화면으로 돌아가서 Monitoring **>** Latest data를 확인해보자.

Another host	**- other** - (1 Item)		
	snmptraps	2016-03-19 11:35:34	192.168.56.11 "test" NET-SNM…

훌륭한 snmptrap 인스턴스는 현재 호스트별로 성공적으로 정렬된다.

트랩이 적당히 정렬되지 않고, 아직도 snmptraps 호스트로 저장된다면, 이것은 Net-
SNMP의 버전에 따른 출력의 차이로 인하여 발생할 수 있다. 특정 버전의 경우 들어오는
첫째 값으로 연결의 IP 주소나 호스트명 대신 다음과 같은 문자열을 전달한다.

UDP : [192.168.56.11] : 56417 -> [192.168.56.10] : 162

이 경우 zabbixhost 할당 전에 다른 행을 추가하자.

```
oid=`echo $oid|cut -f11 -d'.'`
community=`echo $community|cut -f2 -d'"'`
hostname=$(echo "$hostname" | awk -F'[][]' '{print $2}')
```

이 구문은 hostname 변수에서 대괄호로 묶인 첫 번째 문자열을 추출한다. 이 스크립트를
변경한 후 트랩을 다시 보내보자.

시간이 많이 걸렸지만, 어렵지는 않았을 것이다. 어떤 호스트의 트랩을 특정 호스트가 처
리하도록 하려면 해당 호스트에 snmptraps 아이템을 만들자. 호스트가 등록되지 않은 모
든 트랩은 snmptraps 호스트의 snmptraps 아이템으로 이동할 것이다.

아이템 조회는 어떨까? 데이터베이스에는 아이템 키에 대한 정보도 들어 있고, 그것을 사용할 수 있다.

데이터베이스를 사용하기 위해서는 트랩에서 받은 정보를 기반으로 데이터베이스 필드에서 아이템 키를 조회해야 한다. 트랩에는 SNMP OID가 포함되므로 트랩을 아이템에 매핑할 때 가장 적합하다. OID는 숫자 또는 텍스트 형식일 수 있다. 자빅스 데이터베이스에서 OID와 매핑할 때 활용할 수 있는 두 개의 필드가 있다.

- Name: 형식에 제한이 없는 필드지만 읽기 쉬운 이름으로 사람이 읽을 수 있는 상태로 유지하는 것이 좋다.
- Key: 이 필드에는 받아들일 수 있는 문자에 대한 보다 엄격한 규칙이 있지만 OID는 수용할 수 있다. 사람이 읽기 위하여 사용하지는 않지만, 이 필드는 트리거 표현식에서 참조된다.

비교한 것과 같이 Key 필드를 사용하는 것이 적절해 보인다. 짧고 사람이 읽을 수 있도록 하기 위해 Key 필드를 수신된 텍스트 형식 OID의 마지막 부분으로 설정한다. 트랩이 snmptraps.sh에 의해 수신될 때, 어디로 데이터를 전송할지를 결정하기 위하여 수신된 OID와 아이템 키를 비교할 것이다.

 특정 MIB는 snmptrapd가 조회할 수 있도록 /etc/snmp/snmp.conf에 추가해야 한다.

다시 루트로 /home/zabbix/bin/snmptraps.sh 스크립트를 편집하자. 방금 추가한 두 줄을 다음과 같이 수정하자.

```
community=`echo $community|cut -f2 -d' '`
enterprise=`echo $enterprise|cut -f2 -d' '`
oid=`echo $oid|cut -f11 -d'.'`
community=`echo $community|cut -f2 -d'"'`
```

```
hostname=$(echo "$hostname" | awk -F'[][]' '{print $2}')
zabbixhostid=$(HOME=/root mysql -N -e "select hosts.hostid,host from
zabbix.hosts left join zabbix.interface on
zabbix.hosts.hostid=zabbix.interface.hostid where ip='$hostname' order by
'hostid' limit 1;" 2>/dev/null)
zabbixhost=$(echo $zabbixhostid | cut -d" " -f2-)
[[ "$zabbixhost" ]] && {
    zabbixid=$(echo $zabbixhostid | cut -d" " -f1)
    trapoid=$(echo $oid | cut -d: -f3)
    if [ "$trapoid" ]; then
        zabbixitem=$(HOME=/root mysql -N -e "select key_ from zabbix.items where
key_='$trapoid' and hostid='$zabbixid';" 2> /dev/ null)
        if [ "$zabbixitem" ]; then
            HOST=$zabbixhost
            KEY=$zabbixitem
        fi
    fi
}
[[ $KEY = snmptraps ]] && {
    if [ "$(HOME=/root mysql -N -e "select key_ from zabbix.items
where
key_='snmptraps' and hostid='$zabbixid';" 2> /dev/null)" ]; then HOST=$zabbixhost
    fi
}
str="$hostname $address $community $enterprise $oid"
```

수정이 완료됐으면 파일을 저장하자. 현재의 구성은 기능적으로 이전 버전과 동일하게 동작할 것이다. 이전 버전을 신중하게 살펴보면 호스트 존재 여부만 검사하기 때문에 호스트를 만들었지만, 키가 snmptraps인 아이템 생성을 하지 않았을 때, 트랩이 손실된다. 하지만 이 버전은 해당 호스트에 해당 키가 있는 아이템의 존재 여부를 확인한다. 존재하지 않으면 일반 호스트인 snmptraps가 트랩을 수신한다.

이것이 이전에 구성한 내장된 펄 트랩 수신기와 비교했을 때의 사용자 정의 스크립트 솔루션을 사용할 때의 장점이다. fallback 호스트로 들어오는 트랩의 트리거를 생성하는 것이 자빅스 서버의 로그 파일을 확인하는 것보다 쉽다.

또한 호스트가 수신한 OID의 마지막 부분과 일치하는 키가 있는 아이템에 존재하는지 여부도 확인한다. 다음 그림은 간단한 결정 흐름 표현을 보여준다.

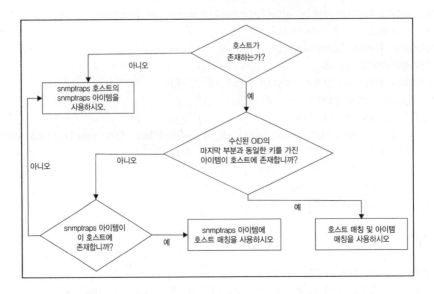

이를 테스트하기 위해서 **Another host**에서 SNMP 트랩을 보자(snmptrapd를 다시 시작할 필요가 없다).

```
$ snmptrap -Ci -v 2c -c public <Zabbix server> "" "NET-SNMP-
MIB::netSnmpExperimental" NET-SNMP-MIB::netSnmpExperimental s "test"
```

<Zabbix server>를 자빅스 서버의 IP 또는 DNS 이름으로 변경하자. **Another host**의 **Monitoring ➤ Latest data**를 확인해서, 트랩이 정확히 snmptraps 아이템에 저장됐는지를 확인하자. 자빅스 서버를 비롯해 호스트에서 보낸 트랩은 snmptraps 호스트의 snmptraps 아이템에 저장돼야 한다. 자유롭게 테스트해보자. 이전 스크립트는 snmptraps 아이템의 존재 여부를 확인하지 않았기 때문에 자빅스 서버에서 보낸 트랩은 유실됐다. 이는 호스트에 존재하지 않는 아이템에 데이터를 저장하려고 했기 때문이다.

이제 아이템 매핑을 사용해보자. 자빅스 화면에서 Configuration > Hosts로 이동해 Another host 옆의 Items를 클릭하고, Create item을 클릭하고 다음 값을 채워보자.

- Name: Experimental SNMP trap
- Type: Zabbix trapper
- Key: netSnmpExperimental
- Type of information: Character

완료되면 하단의 Add 버튼을 클릭하고 Another host에서 다시 트랩을 보내보자.

```
$ snmptrap -Ci -v 2c -c public <Zabbix server> "" "NET-SNMP-
MIB::netSnmpExperimental" NET-SNMP-MIB::netSnmpExperimental s "test"
```

화면에서 Monitoring > Latest data를 확인하자. 모든 것이 제대로 됐다면, 트랩 데이터가 방금 작성한 아이템에 저장돼야 한다.

Experimental SNMP trap	2016-03-20 03:12:07	192.168.56.11 "test" NET-SN...

자, 우리에게 트랩을 보낼 호스트가 있을 때마다 우리는 트랩이 저장될 곳을 결정해야 한다. 그것에 따라 우리는 snmptraps 아이템이 있는 자체 호스트가 필요한지, 아니면 각 트랩 타입에 따른 개별 아이템이 필요한지를 결정해야 한다.

▌ 요약

3장에서 자빅스 에이전트를 사용해 기본 모니터링을 알아보았고, 4장에서는 에이전트 없는 모니터링 솔루션인 SNMP를 살펴봤다. SNMP를 지원하는 다양한 장치를 감안할 때, 이 방법은 프린터, 스위치, UPS 등과 같은 장치에서 정보를 검색하고, SNMP 트랩을 수신 및 관리하는 데 도움이 된다.

특히 많은 인터페이스가 있는 경우 많은 수의 네트워크 장치를 모니터링할 때 주의해야 한다. 예를 들어 48개의 포트를 가진 10개의 스위치를 추가한다고 가정해보자. 스위치의 수집주기가 아이템당 1분이면 자빅스에는 `8 new value per second`가 추가된다(480포트의 초당 수집 값은 480/60=8 new values per second이다). 일반적으로 포트당 더 많은 값이 모니터링되므로 이런 증가는 자빅스 서버를 중단시키고, `SNMP bulk get`을 사용한다 하더라도 네트워크 성능에 심각한 영향을 미친다.

지금까지 여러 호스트를 작성했지만 바로 활용 가능한 호스트 특성에 초점을 맞춰 살펴봤다. 5장에서는 호스트, 호스트 그룹 관리를 비롯해 호스트에서 제어할 수 있는 사항에 대해 자세히 살펴본다. 또한 사용자 및 권한 관리를 사용해 지금까지의 구성에 다른 사용자가 어떻게 액세스할 수 있을지 알아본다.

05

호스트, 사용자,
사용 권한 관리

지금까지 호스트와 호스트 그룹을 만들어 아이템을 그룹화하고 호스트에 연결할 수 있는
방법을 살펴봤다. 이제는 이런 개념을 좀 더 자세히 살펴보고, 어떠한 이점을 제공하는지
알아보자. 5장에서 다루는 내용은 다음과 같다.

- 호스트 인벤토리 및 호스트 인벤토리 자동 지정 방법
- 데이터 수집과 경고 표시를 중지할 수 있는 호스트와 호스트 그룹 메인터넌스
- 자빅스 권한 시스템과 필요에 따른 사용자 부분 접근 허용 방법

호스트와 호스트 그룹

호스트는 자빅스 설정에서 기본 그룹 단위로 간주될 수 있다. 기억하고 있겠지만, 호스트는 아이템을 그룹화하며, 데이터를 인식하는 기본 구조라고 할 수 있다. 각 호스트는 자빅스 에이전트, 심플체크, SNMP, IPMI 등과 같이 모든 아이템 타입에 대해 아이템 개수에 상관없이 배정받을 수 있다. 아이템은 독자적으로 존재할 수 없으므로 호스트가 먼저 생성돼야 한다.

호스트의 경우도 마찬가지로 호스트로만 존재할 수 없다. 적어도 하나의 호스트 그룹에 소속돼야 한다. 프론트엔드에서 현재 정의한 호스트 그룹을 살펴보자. Configuration ➤ Host groups을 열어보자.

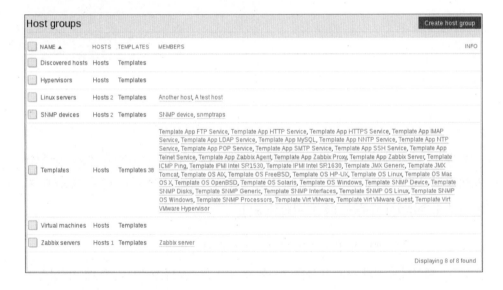

가장 많은 멤버를 가진 Templates이 가장 먼저 눈에 들어온다. 이미 많은 수의 템플릿이 Templates 그룹 안에 있다. 이 템플릿들은 이후에 아이템에 대한 힌트를 위해 빠르게 참조할 수 있도록 예로 제공된다. 지금은 무시하자. 다른 그룹을 살펴보면 비어있는 Discovered hosts 그룹과 하나의 예제 호스트가 포함된 Zabbix servers 그룹을 볼 수 있다. 흥미롭게도 표 전반부에 우리가 사용했던 두 그룹과 이에 속한 모든 멤버를 확인할 수 있다. 이 표는 단순하게 그룹 이름, 그룹 멤버 수(그룹에 포함된 호스트와 템플릿을 개별적으로 표시), 개별 멤버명을 나열한다.

보이는 것처럼, 개별 멤버는 다음 규칙에 따라 색상으로 구분된다.

- **녹색**: 일반, 활성화된 호스트
- **빨간색**: 일반, 비활성화된 호스트
- **회색**: 템플릿

Another Host 그룹을 만들고 호스트를 할당해보자. Create host를 클릭하고 그룹 버튼을 누른다. Group name 필드에 Test group을 입력한 다음, Other hosts 목록 상단의 Group 드롭다운에서 Linux servers를 선택한다. 필터링된 목록에서 테스트 호스트인 A test host와 Another host를 선택한다. 여러 항목을 선택하려면 Ctrl + Shift 키를 사용한다. 호스트를 선택했으면 ◂ 버튼을 클릭한다. Group 드롭다운에서 SNMP devices 선택, SNMP device를 선택하고 다시 ◂ 버튼을 클릭한다.

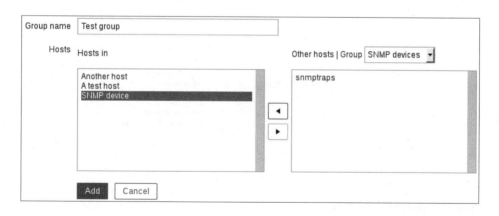

이 기능을 사용하면 새 그룹을 만들 때 추가할 수 있는 호스트를 쉽게 선택할 수 있다. 원하는 결과를 얻을 때까지 양쪽 박스에서 자유롭게 호스트를 이동할 수 있다. 완료되면 Add를 클릭한다.

이제 새 그룹이 목록에 추가됐다. 보이는 것처럼, 방금 추가한 항목을 포함하여 세 개의 호스트가 있다.

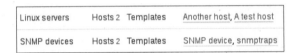

Linux servers와 SNMP devices 그룹은 각각 두 개의 호스트를 가지고 있었는데, 3개의 호스트만 추가했다.

| Linux servers | Hosts 2 | Templates | Another host, A test host |
| SNMP devices | Hosts 2 | Templates | SNMP device, snmptraps |

snmptraps 호스트는 다른 방법으로 추가해보자. 호스트 위에 마우스 커서를 올린다. 이 호스트(이 페이지의 다른 호스트에도 적용)의 링크를 알려준다. 클릭하면 호스트 세부 사항을 볼 수 있다. 링크를 클릭하자. SNMP devices 그룹으로 이미 설정된 호스트 편집 화면을 볼 수 있다. Other groups에서 Test group을 클릭한 다음 ◀ 버튼을 클릭한다.

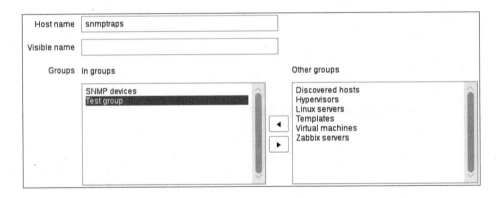

완료되면 Update를 클릭한다.

여기서 호스트는 여러 그룹에 속할 수 있다는 것을 아마도 짐작했을 것이다. 이 기능은 Linux servers나 Europe servers, DB servers라는 그룹이 동일한 호스트를 갖는 것처럼, 임의로 그룹화를 선택할 수 있다.

다시 호스트 목록으로 돌아가 호스트 그룹 목록을 확인하기 위해 Configuration > Host groups 메뉴를 클릭하자. Test group은 4개의 호스트를 가지고 있다. 호스트의 모든 그룹을 비활성화하거나 혹은 여러 개의 호스트 그룹을 비활성화하기 원한다고 하자. 가령 더 이상 필요하지 않지만 아직 삭제하고 싶지 않은 호스트 그룹을 가지고 있거나, 혹은 자빅스 서버에 실제 운영 환경 테스트를 위해 만든 호스트를 비활성화해야 한다고 하자. 이때 그룹 목록을 사용해 매우 쉽게 처리할 수 있다. Linux servers와 SNMP devices 항목 옆에 체크박스를 선택하고 목록 아래에 있는 Disable hosts 버튼을 클릭한다. 팝업에서 확인 버튼을 누른다.

이 작업이 끝나면 모든 초록색 호스트가 없어져야 한다. 즉, 빨간색으로 표시돼 사용 불가능한 상태로 변경된다.

이번엔 Test group 옆에 있는 체크박스만 선택해 동일한 결과를 얻을 수 있다. Linux servers와 SNMP devices가 Test group의 하위 집합이기 때문이다. snmptraps는 일반 SNMP 트랩 수신 호스트이므로 확인 후에 다시 활성화 상태로 두어야 한다. snmptraps를 클릭해 호스트 세부 정보 화면을 열어보자.

호스트 세부 정보 화면을 열어 놓은 상태에서 인터페이스 섹션을 간단하게 살펴보면, 보이는 것처럼 인터페이스로 네 가지 타입을 사용할 수 있다. 각각은 서버단에서 시작되는 검사에 사용되며, Connect to 컨트롤을 통해 단일 IP와 DNS 필드를 지정하여 사용할 수 있다. 우리는 이미 Agent와 SNMP 인터페이스를 사용해봤다. 또한 이후에 IPMI 및 JMX 프로토콜을 사용하는 모니터링을 구성할 때 IPMI와 JMX 인터페이스를 사용해 볼 것이다.

Enabled 체크박스를 선택하고 Update를 클릭한다.

이제 호스트 목록에서 비활성화된 호스트(STATUS 열이 Disabled된 호스트로, 빨간색으로 표시) 하나와 활성화된 호스트(STATUS 열이 Enabled된 호스트로, 초록색으로 표시) 하나를 확인할 수 있다. SNMP device를 다시 사용으로 설정하기 위해 옆에 있는 Disabled 텍스트를 클릭해 팝업 확인을 누른다. 이렇게 목록에 두 개의 활성화된 장치를 남겨 둔다. Group 드롭다운에서 Linux servers를 선택하고 아직 비활성화 상태인 두 개의 호스트 옆에 있는 체크박스를 선택한다. 목록 하단에 Enable 버튼을 클릭하고 팝업 확인을 누른다. 드디어, 모든 호스트를 다시 사용 가능하도록 설정했다. 호스트 상태를 변경하기 위해 다음 네 가지 방법을 사용했다.

- Configuration > Host groups에서 전체 그룹의 상태 변경
- 호스트 속성 화면에서 Enabled 체크박스를 사용해 단일 호스트의 상태 변경
- 호스트 설정 목록의 각각의 STATUS 열을 수정하여 단일 호스트의 상태 변경
- 호스트 설정 목록에서 관련 체크박스 선택, 하단의 버튼을 사용해 단일 호스트 또는 여러 호스트의 상태 변경

그룹 설정 화면을 통해 호스트 그룹을 만들었다. 기억하겠지만, 또 다른 방법은 호스트를 만들거나 편집할 때 New group 필드를 사용할 수 있다. 이렇게 하면 그룹이 만들어지는 동시에 해당 그룹에 호스트가 추가된다.

설정 화면의 호스트 목록은 여러모로 유용한 정보를 제공한다. 호스트가 다운된 상태를 빠르고 편리하게 확인 가능하다. 모니터링 섹션이 특정 서비스 상태에 대한 매우 광범위한 정보를 제공하지만 때로는 장치 상태에 대한 정보를 빠르게 얻고 싶을 수도 있다. 특정 그룹에 프린터, 라우터 혹은 스위치와 같은 모든 장치의 가용성을 결정하고 싶을 때를 예로 들 수 있다. 이 설정 화면은 의사결정을 방해하는 불필요한 정보를 거의 포함하지 않고 화면의 정보만을 제공한다.

NAME ▲	APPLICATIONS	ITEMS	TRIGGERS	GRAPHS	DISCOVERY	WEB	INTERFACE	TEMPLATES	STATUS	AVAILABILITY
Another host	Applications	Items 12	Triggers	Graphs	Discovery	Web	192.168.56.11: 10050		Enabled	ZBX SNMP JMX IPMI
A test host	Applications	Items 10	Triggers 1	Graphs	Discovery	Web	127.0.0.1: 10050		Enabled	ZBX SNMP JMX IPMI
SNMP device	Applications	Items 2	Triggers	Graphs	Discovery	Web	127.0.0.1: 10050		Enabled	ZBX SNMP JMX IPMI
snmptraps	Applications	Items 1	Triggers	Graphs	Discovery	Web	127.0.0.1: 10050		Enabled	ZBX SNMP JMX IPMI
Zabbix server	Applications 13	Items 77	Triggers 43	Graphs 12	Discovery 2	Web 1	127.0.0.1: 10050	Template App MySQL, Template App Zabbix Server, Template OS Linux (Template App Zabbix Agent)	Disabled	ZBX SNMP JMX IPMI

이번에는 STATUS와 AVAILABILITY, 두 열로 관심을 옮겨보자. 캡처 화면에서 하나의 호스트가 모니터링되지 않고 있음을 알 수 있다. 이는 빨간색으로 표시되어 있어 일반적인 녹색보다는 쉽게 눈에 띈다. AVAILABILITY 열은 각 호스트 및 폴링 아이템 타입에 관련하여 자빅스에서 정의된 대로 내부 상태를 보여준다. 자빅스가 호스트에서 데이터를 가져오려다 실패하면 여기 Another host에서 보여지는 것처럼, 이 특정 유형의 정보에 대한 호스트의 가용성이 결여된 것으로 보여준다. 가용성 상태와 오류 메시지는 자빅스 서버가 폴링한 다음 네 가지 아이템 타입으로 관리된다.

- 자빅스 에이전트(패시브)
- SNMP
- JMX
- IPMI

반면, snmptraps 호스트 가용성은 기존의 폴링된 아이템 타입으로는 알 수 없다(즉, 자빅스 서버가 폴링하기 위해 설정된 아이템이 존재하지 않음). 따라서 자빅스는 어떠한 데이터도 검색하려고 시도하지 않는다. 알 수 없는 호스트와 사용할 수 없는 호스트는 사용 가능한 것과 시각적으로 다르므로 쉽게 구별이 가능하다.

 호스트 목록의 가용성 아이콘은 패시브 에이전트 아이템만 나타낸다. 액티브 아이템은 가용성 아이콘에 전혀 영향을 주지 않는다. 호스트에 액티브 아이템만 있는 경우, 이 아이콘은 회색으로 표시된다. 실패한 패시브 아이템을 추가한 다음 모두 액티브 아이템으로 변환하면 아이콘이 회색으로 바뀌게 된다. 이는 자빅스 3.0에서 개선된 사항으로, 이전 버전에서는 아이콘이 계속 빨간색으로 표시됐다.

가용성 정보는 자빅스 관리자 권한 이상을 대상으로 제공한다. 이는 호스트에서 데이터를 수집할 때와 관련된 장애를 보여준다. 자원 사용, 프로세스 상태 또는 성능 메트릭과 같은 정보는 보여주지 않는다.

지금까지 자빅스의 호스트 및 호스트 그룹 관리를 정리해보았다. 호스트 그룹 기능이 프론트엔드 관리를 지나치게 확장한다고 생각하겠지만, 이 장의 뒤에서 권한에 관련하여 다룰 때, 이 호스트 그룹이 어떻게 유용하게 쓰이는지 알 수 있다.

호스트 인벤토리

호스트를 관리하는 방법에 대해 살펴봤으나, 좀 더 장기적으로 관리되는 호스트 속성이 있다. Configuration ➤ Hosts로 이동해 Group 드롭다운에서 Linux servers가 선택됐는지 확인한다. A test host를 클릭하고 Host inventory 탭을 클릭한다. 기본적으로 인벤토리는 Disabled로 설정된다.

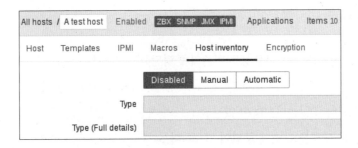

인벤토리 데이터 수동 편집

Manual을 클릭해 인벤토리 필드를 활성화하자. 타입, 이름, 운영체제, 하드웨어 같은 간단한 항목에서부터, 하드웨어 유지보수 날짜, 위치 데이터, 커넥션 포인트 정보까지 많은 필드가 있음을 주목하자. Type 필드에 test를 입력한 후 Update를 클릭한다.

	Disabled	Manual	Automatic
Type	test		
Type (Full details)			

이제 Another host를 클릭하고 Host inventory 탭으로 전환한 다음 Manual을 클릭한다. 그런 다음 Type 필드에 동일하게 test를 다시 입력한 후 Update를 클릭한다. 이제 Group 드롭다운에서 SNMP devices로 전환한다. 두 호스트 옆에 있는 체크박스를 선택하고 목록 하단에 Mass update를 클릭한다. Mass update 화면에서 Inventory 탭으로 전환하고 Inventory mode 옆의 체크박스를 선택한다. Manual로 전환하여 Type 옆의 체크박스를 선택하고 해당 입력란에 snmp를 입력한다.

Inventory mode ☑	Disabled	Manual	Automatic
Type ☑	snmp		
Type (Full details) ☐	Original		

Update를 클릭한다. 일부 인벤토리 데이터가 채워지면 Inventory > Overview 메뉴로 간다. Group 드롭다운에서 All을 선택하고 Group by 드롭다운에서 Type을 선택한다. 이 필드에 사용할 수 있는 모든 값과 각각의 항목별로 가질 수 있는 호스트 수를 확인할 수 있다.

TYPE	HOST COUNT ▼
test	2
snmp	2

snmp 옆의 HOST COUNT 열에서 숫자 2를 클릭한다.

사용하고 있는 Type 필드 외에도 개별 호스트와 일부 인벤토리 필드를 볼 수 있다.

HOST ▲	GROUP	NAME	TYPE	OS	SERIAL NUMBER A
SNMP device	SNMP devices, Test group		snmp		
snmptraps	SNMP devices, Test group		snmp		

이 목록은 Type 필드에 정확히 snmp 문자열를 가진 호스트만 보여주기 위해 필터링됐다. 필터를 보면 다음과 같이 확인할 수 있다.

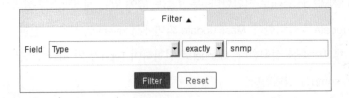

필터를 접고 HOST 열의 SNMP device를 클릭한다. 호스트 오버뷰 페이지가 열리고 기본 설정 정보가 표시된다. 특히 호스트 인터페이스 정보가 이곳에 보여진다. 호스트에 대한 설정 권한이 없는 사용자는 설정 섹션에서 호스트 속성을 열 수 없지만 호스트 오버뷰 페이지에서 호스트 인터페이스를 다음과 같이 볼 수 있다.

화면 하단에 Monitoring 및 Configuration이라는 두 줄의 링크가 있다. 추측할 수 있듯이 '호스트에 대한 다양한 모니터링 및 설정' 절에 빠르게 접근할 수 있다. 2장, '첫 번째 알림받기'에서 설명한 글로벌 검색과 유사하다. Host name을 클릭하면 전역 스크립트로 액세스할 수 있다. 7장, '트리거 처리 액션 제어'에서 자세히 살펴보고 설정해본다.

Configuration ➤ Hosts로 돌아가서 SNMP device를 클릭하자. Host inventory 탭으로 전환하고 OS 필드에 Linux(http://www.kernel.org)를 입력하고 Update를 클릭한다. 이번엔 Inventory ➤ Hosts로 바로 이동하자. 인벤토리 오버뷰에서 호스트 수를 클릭했을 때 어떤 결과가 나오는지 확인한다. OS 열에서 자빅스가 URL을 인식하고 자동으로 링크를 제공하는 것을 볼 수 있다.

HOST ▲	GROUP	NAME	TYPE	OS	SERIAL NUMBER. A	TAG	MAC ADDRESS A
SNMP device	SNMP devices, Test group		snmp	Linux (http://www.kernel.org)			
snmptraps	SNMP devices, Test group		snmp				

Displaying 2 of 2 found

 TIP 이 화면에서의 열은 사용자 정의가 불가능하다.

이 기능을 통해 더 많은 정보를 제공하는 웹사이트나 다양한 장치의 웹 관리 인터페이스에 연결할 수 있다. 다만 URL을 인식하는 것 외에, 필드 해석은 제공되지 않는다. 예를 들어 Location Latitude(위도)와 Location longibude(경도) 필드는 단지 텍스트로만 인식한다.

인벤토리 데이터 자동 입력

수동으로 입력하는 인벤토리 데이터는 유용하지만 대규모로 수행하는 것은 적절하지 않을 수 있다. 자빅스는 또한 자동으로 인벤토리 값을 수집할 수 있다. 이는 모든 아이템의 모든 인벤토리 목록을 채울 때 가능하다. 기존 아이템 중 하나를 사용해 두 개의 인벤토리 필드를 자동으로 입력할 수 있는 새로운 아이템을 생성해보자.

먼저 새 아이템을 추가하자. Configuration ➤ Hosts를 선택, Group 드롭다운에서 Linux servers로 전환하고 A test host를 생성하기 위해 Items를 클릭한다. Create item을 클릭해 다음 값을 채운다.

- Name: OS 전체 이름 입력
- Key: system.uname 입력
- Type of information: Text 선택
- Update interval: 300 입력

완료되면 하단의 **Add** 버튼을 클릭한다. 또 다른 인벤토리 필드에 데이터를 저장하기 위하여 다른 아이템을 수정하자. 자빅스 에이전트 버전을 클릭하고, **Populates host inventory** 필드 드롭다운에서 **Software application A**를 선택하고 **Update**를 누른다. 이제 두 개의 아이템이 인벤토리 필드에 데이터를 배치하도록 구성됐다. 하지만 이것만으로는 아무것도 할 수 없다(이전에 인벤토리 모드를 수동으로 설정 함). 아이템 목록 위 탐색바로부터 **A test host**를 클릭하고 **Host Inventory** 탭으로 전환한다. 그 후 **Automatic**을 선택한다. 변경된 사항을 확인해보면, 몇 개의 필드가 비활성화됐으며 필드 오른쪽으로 링크가 생성된 것을 볼 수 있다.

이 화면의 필드들은 앞에서 아이템을 설정할 때 본 적이 있다. 링크는 필드 입력이 필요한 아이템을 보여주고, 해당 아이템의 설정 화면에 편리하게 액세스할 수 있도록 해준다. 수동으로 입력하는 필드인 **Type**은 전에 설정한 값이 그대로 들어가 있다. 사실, 자동 모드는

하이브리드 모드라고 할 수 있다. 자동으로 값을 가져오도록 구성된 필드는 자동으로 값을 가져온다. 다른 필드는 수동으로 채울 수 있다. Update를 클릭한다.

아이템이 새로운 값을 얻을 때마다 아이템의 값은 인벤토리에 저장된다. 전체 OS 버전 아이템의 경우 수집주기가 매우 낮게(300초) 설정된다. 반면 에이전트의 업데이트 간격은 크다. 즉, 인벤토리 필드에 값이 표시될 때까지 오랜 시간 동안 기다려야 할 수도 있다. 보다 빨리 실행하려면 A test host에서 에이전트를 다시 시작한다.

여기서 선택한 인벤토리 필드인 Software application A는 대표적이진 않지만, 이 경우에는 인벤토리 필드를 사용자 정의할 수 있는 방법이 없다. 기존 인벤토리 필드와 잘 일치하지 않는 데이터가 있는 경우 가장 적합한 데이터를 선택하거나 실제 데이터와 관련이 없는 데이터를 사용해야 한다.

두 개의 아이템은 인벤토리 필드에 값이 존재해야 한다. Inventory ➤ Overview로 돌아가서 Grouping by 드롭다운에서 Software application A를 선택한다. 에이전트 3.0.0 버전에서는 하나의 호스트만 보인다. HOST COUNT 열에서 1을 클릭하면 예상대로 A test host임을 볼 수 있다. 우리가 선택한 열은 현재 보기에 표시되지 않는다. HOST 열의 A test host를 클릭하고 Details 탭으로 전환한다.

여기서는 system.uname 아이템의 시스템 정보와 agent.version 아이템의 에이전트 버전을 볼 수 있다.

인벤토리 섹션의 오버뷰와 호스트 페이지를 사용해봤다. 오버뷰는 인벤토리 필드를 이용한 호스트 배포 확인이 용이하다. 호스트 페이지에서는 호스트 그룹이나 단일 인벤토리 필드로 필터링하는 동안 개별 호스트를 볼 수 있다. 마지막으로 호스트 페이지에서는 정확한 필드 값 매치를 할 수 있도록 필터가 사전 세팅된다. 예를 들어 우리가 CentOS 5.5와 CentOS 6.2가 포함된 OS 시스템 정보를 가지고 있다면, 단순히 CentOS로 필터링하고 CentOS 시스템에 대한 모든 목록을 얻을 수 있다. 실제 수행되고 있는 정확한 버전은 중요하지 않다.

프론트엔드에서 인벤토리 데이터에 액세스할 수 있는 것이 유용할 때도 있지만, 더 빠르고 더 쉬운 액세스를 선호할 수 있다. 알림에 인벤토리 데이터를 포함시키는 것도 가능하다. 예를 들어, 시스템에 장애가 생겼을 때 이메일을 보내기 위해 여러 수의 시스템 위치 등을 포함시킬 수 있다. 이는 7장, '트리거 처리 액션 제어'에서 자세히 살펴본다.

호스트 메인터넌스

대부분 장애에 대해서는 가능한 한 빨리 알기를 원할 것이다. 하지만 그렇지 않은 경우도 있다. 장애 조치를 테스트하거나 스토리지 배열을 재구성하는 경우도 있다. 또한 작업이 자주 중단될 가능성이 있는 유지보수는 여러 번 이메일, SMS 메시지 및 다른 알림을 계정이나 다른 사람들에게 보내지 않기를 원한다. 자빅스는 호스트 그룹과 호스트 수준의 메인터넌스 기능을 제공하므로 이런 유지보수 기간 동안 과도한 알림을 피할 수 있다.

호스트가 메인터넌스 중인 경우 세 가지 주요 결과가 발생할 수 있다.

- 호스트의 데이터가 수집되지 않는다.
- 호스트의 장애를 감추거나 프론트엔드에 표시되지 않는다.
- 호스트의 경고가 처리되지 않는다.

이런 결과는 호스트 그룹, 호스트, 그밖의 요소별로 상당히 세부적으로 사용자 정의할 수 있다. 알림 처리를 제외하고 대부분의 사용자 지정 가능성은 7장, '트리거 처리 액션 제어'에서 살펴본다.

메인터넌스 기간 생성

몇 가지 메인터넌스 기간을 만들어서 프론트엔드의 화면에 어떻게 영향을 미치는지 살펴보자. 사용 가능한 기간 옵션에 대해 알아보고 두 가지 메인터넌스 기간을 설정해 볼 것이다.

- 데이터 수집에 영향을 미치지 않는 기간
- 데이터 수집을 중지시키는 기간

 메인터넌스 기간을 사용하기 전에 PHP와 자빅스 서버 호스트가 구성된 시간대가 일치하는지 확인하자. 그렇지 않으면 프론트엔드의 시간과 실제 메인터넌스 시간이 다르게 표시된다.

메인터넌스 중 데이터 수집

Configuration ➤ Maintenance로 이동해 Create maintenance period를 클릭한다.

화면에 다음 값을 채운다.

- Name: Normal maintenance 입력
- Active since: 현재 날짜 또는 이전 날짜로 시작 설정되어 있는지 확인
- Active till: 1년이나 이후의 날짜로 설정되어 있는지 확인
- Description: We keep data during this maintenance 입력

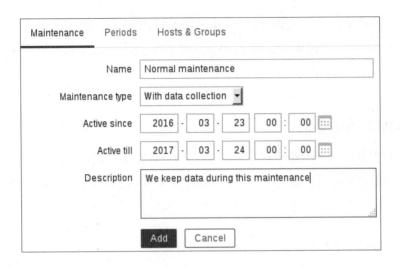

이 설정에서 정말로 1년의 메인터넌스 기간을 생성한 것일까? 그렇지 않을 것이다. **Periods** 탭으로 이동한다.

이 부분에서 자빅스 용어가 약간 혼란스러울 것이다. **Maintenance** 탭의 **since-till** 필드에서 메인터넌스 메인 기간을 이미 설정했다. **Periods** 탭을 사용하면 개별 기간을 추가할 수있으며, 이를 서브 기간이라고 부를 수 있다. 자빅스의 메인터넌스 설정은 최소한 하나의서브 기간이 정의되어 있어야 한다. 메인 기간이 서브 기간과 중복되는 경우 자빅스의 메인터넌스가 활성화된다. 반복해보자.

 메인 기간이 서브 기간과 중복되는 경우 자빅스의 메인터넌스가 활성화된다.

서브 기간을 정의하지 않고 메인터넌스 설정을 추가해서는 안 된다. 자빅스 3.0.0은 이 경우 퇴행한 것으로 생각된다. 이후 버전에서는 이 문제가 해결되길 기대해본다. 서브 기간이 아직 정의되지 않았으므로 New를 클릭하자. 여기서는 간단하게 **One time only**를 추가해보자. **Date** 필드 값에 현재 날짜와 시간을 설정한다. **Maintenance period** 길이는 디폴트인 1시간으로 그대로 둔다.

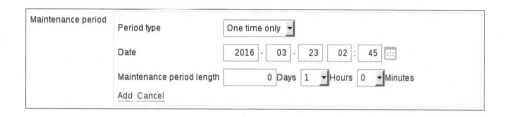

입력이 끝나면 Maintenance period 아래 작은 글씨로 링크된 Add를 클릭한다. 아직 Add 버튼을 클릭하면 안 된다. 이 작은 Add 버튼을 먼저 클릭한 후 Add 버튼을 클릭해야 한다. 오류가 하나 보인다.

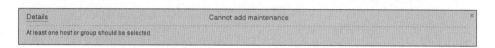

뭔가 작업이 실패한 것처럼 보인다. 호스트나 그룹이 지정되지 않은 메인터넌스 항목을 만들 수 없다. Hosts&Groups 탭으로 이동한다. 메인터넌스 기간 설정에서, Other hosts 세션의 Group 드롭다운에 Linux servers 선택하면 나오는 리스트 중 A test host를 선택해 버튼을 클릭한다.

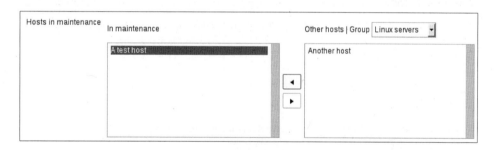

> **TIP**
> 원하는 수의 호스트 및 호스트 그룹을 자유롭게 추가할 수 있으며 중복될 수 있다. 자빅스는 어떤 호스트를 메인터넌스해야 하는지 정확하게 파악할 것이다.

호스트 또는 호스트 그룹 누락으로 인한 문제를 해결했으면, 다시 **Add**를 클릭한다. 메인 터넌스 항목이 목록에 나타난다.

NAME ▲	TYPE	ACTIVE SINCE	ACTIVE TILL	STATE	DESCRIPTION
Normal maintenance	With data collection	2016-03-23 00:00	2017-03-24 00:00	Active	We keep data during this maintenance

 작은 Add 링크 클릭을 계속 상기시키는 것은 아무 이유 없이 반복하는 것이 아니다. 클릭하는 것을 잊어 버리기가 너무 쉽기 때문에 경우에 따라 변경 사항을 놓칠 수 있다. 예를 들어 두 번째 서브 기간을 추가하고 작은 Add를 클릭하는 것을 잊어버린 경우 자동으로 삭제된다. 다른 화면의 기능과 유사하다고 생각해서는 안 된다.

메인터넌스 항목이 추가된 상태에서 프론트엔드의 여러 화면에 미치는 영향을 확인해보자. 콘솔에서 다음을 실행하자.

```
$ cat /dev/urandom | md5sum
```

Monitoring ➤ Triggers로 이동해 트리거가 수행될 때까지 기다린다. 표시되면 HOST 열을 확인한다. 이번에는 주황색 린치 아이콘이 보인다. 이는 현재 이 호스트에 대해 메인터넌스가 활성화되었음을 나타낸다. 마우스 커서를 이 아이콘 위로 이동하자.

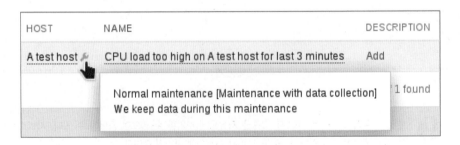

메시지에는 사용하고 있는 메인터넌스의 이름인 Normal maintenance가 표시된다. 또한 이 메인터넌스가 데이터 수집을 유지하도록 구성됐으며, 아래에는 메인터넌스 설명이 표시된다. 이를 통해 다른 사용자에게 메인터넌스가 왜 발생하는지 쉽게 알릴 수 있다. 트리거 페이지에서 필터를 확인하자. Show hosts in maintenance의 체크박스가 기본적으로 선택되어 있음을 확인한다. 선택을 제거하고 Filter를 클릭한다. 적어도 이 화면에서는 A test host의 모든 장애는 보이지 않아야 한다. 나중에 혼동되지 않도록, 다시 해당 체크박스를 선택하고 Filter를 클릭한다. 대부분의 필터 옵션은 특정 페이지를 방문할 때마다 적용된다. 때문에 만약 체크박스를 선택하지 않으면 이 화면에서는 메인터넌스되는 호스트를 보여주지 않게 된다.

호스트가 메인터넌스 상태일 때 다른 페이지에 어떻게 보이는지 확인해보자. Monitoring > Dashboard로 이동해 Last 20 issues 위젯을 확인한다.

Last 20 issues						··· ⌃
HOST	ISSUE	LAST CHANGE	AGE	INFO	ACK	ACTIONS
A test host 🔧	CPU load too high on A test host for last 3 minutes	2016-03-23 02:55:55	6m 33s		No	
			1 of 1 issue is shown		Updated: 03:02:28	

메인터넌스 중인 호스트는 동일한 방식으로 여기에 표시된다. 다시 마우스 커서를 주황색 아이콘 위로 이동하면 메인터넌스 이름, 타입 및 설명이 표시된다. 대시보드에서 메인터넌스 중인 호스트를 숨길 수도 있다. 오른쪽 상단 끝에 있는 공구 모양 아이콘을 클릭해 대시보드 필터를 연다. 필터 최 상단에 있는 Disabled를 클릭한 다음 Show hosts in maintenance 표시 체크박스를 풀어준다.

완료되면 Update를 클릭한다. Last 20 issues 위젯에 장애가 어떻게 처리됐는지 확인한다. 공구 모양 아이콘을 다시 클릭해(이 필터가 활성화되었음을 나타내는 녹색점이 표시됨) **Enabled** 를 클릭한 다음 Update를 클릭한다.

메인터넌스 상태이면 다른 프론트엔드 화면에서도 볼 수 있다. 9장, '그래프와 맵을 이용한 데이터 시각화'에서 몇 가지 검토해볼 것이다.

하나의 메인터넌스 항목을 생성하고 확인했다. 메인터넌스 기간 동안에도 호스트의 데이터는 계속 수집되며 트리거를 통해 해당 데이터를 확인한다. 상태가 프론트엔드에 표시되며, 표시 여부를 선택해 메인터넌스 항목에서 호스트를 숨겨 보았다. 이제는 데이터가 수집을 막는 다른 메인터넌스를 시도해보자.

메인터넌스 중 데이터 수집 비활성화

Configuration > Maintenance로 이동해 Create maintenance period를 클릭한다.

화면에 다음 값을 채운다.

250

- Name：Maintenance with all data dropped 입력

- Maintenance type：No data collection 선택

- Active since：현재 날짜 또는 이전 날짜로 시작 설정되어 있는지 확인

- Active till：1년이나 이후의 날짜로 설정되어 있는지 확인

- Description：We don't need no data 입력

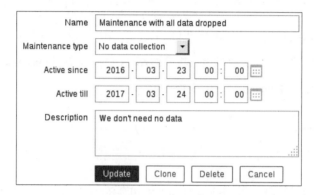

Periods 탭으로 전환하고 New를 클릭한다. Date 필드에 현재 날짜와 시간을 설정한다.

작은 Add(메인 Add 버튼 아님) 링크를 다시 클릭한다. 이제 Hosts&Groups 탭으로 전환한다. Other hosts 세션의 Group 드롭다운에서 Linux servers를 선택하고, A test host를 선택해 버튼을 클릭한다. 이제 메인 Add 버튼을 클릭한다. 목록에는 다음과 같은 메인터넌스 항목이 두 개 존재해야 한다.

NAME ▲	TYPE	ACTIVE SINCE	ACTIVE TILL	STATE	DESCRIPTION
Maintenance with all data dropped	No data collection	2016-03-23 00:00	2017-03-24 00:00	Active	We don't need no data
Normal maintenance	With data collection	2016-03-23 00:00	2017-03-24 00:00	Active	We keep data during this maintenance

Monitoring ❯ Latest data로 가서 필터의 Host groups 필드에 Linux servers가 선택되어 있는지 확인한다. Another host의 아이템에 대해 데이터가 수집되지 않는지 살펴보자. 타임스탬프는 더 이상 업데이트되지 않는다. 그 이유는 조금 전에 만든 메인터넌스에서 데이터 수집이 포함되지 않도록 설정했기 때문이다. 따라서 트리거도 작동하지 않으며, 필터에 관계없이 프론트엔드에 이런 호스트의 장애가 보여지지 않는다.

Configuration ❯ Hosts 메뉴에서 빠르게 확인해보자. 이는 메인터넌스 상태를 볼 수 있는 또 다른 경로로, 메인터넌스 중인 호스트의 STATUS 열을 보면 In Maintenance가 있을 것이다. 일반적으로는 Enabled 텍스트가 보여진다.

NAME ▲	APPLICATIONS	ITEMS	TRIGGERS	GRAPHS	DISCOVERY	WEB	INTERFACE	TEMPLATES	STATUS
Another host	Applications	Items 12	Triggers	Graphs	Discovery	Web	192.168.56.11: 10050		In maintenance

메인터넌스가 데이터 수집 및 장애 표시 여부에 영향을 줄 수 있는 방법을 확인했다. 이를 사용하는 중요한 이유 중 하나는 알림을 건너뛰거나 수정하는 것이다. 이 방법은 7장, '트리거 처리 액션 제어'에서 자세히 살펴본다.

메인터넌스 기간 옵션

지금까지 메인터넌스 서브 기간의 타입 중 one-time maintenance에 대해서만 사용해봤다. 첫 번째 탭인 Maintenance, 즉 메인 기간과 구별하기 위해 별도의 탭 subperiods를 서브 기간으로 명명하기로 했다. 메인 기간이 서브 기간과 겹치는 시간에만 메인터넌스가 활성화된다는 것을 배웠다. 하지만 동일한 기간을 두 번 정의해야 하는 이유는 무엇일까? 한 번만 지정할 수는 없을까? 정기적인 메인터넌스를 설정할 때 메인 기간의 이점이 더욱 분명해진다. 따라서 서브 기간에 사용할 수 있는 옵션이 있는지 살펴보자. Configuration ❯ Maintenance 메뉴로 이동해 새 메인터넌스를 생성하고 사용 가능한 서브 기간을 살펴보자.

One-time 메인터넌스

이것은 이미 사용해봤다. 지정된 날짜와 시간에 시작하고, 분, 시간, 일 단위로 지정된 시간 동안 작동한다. 이 타입의 서브 기간은 여전히 메인 기간과 겹쳐져야 한다.

Daily 메인터넌스

일일 메인터넌스의 경우 시작 시간과 메인터넌스 기간을 지정해야 한다.

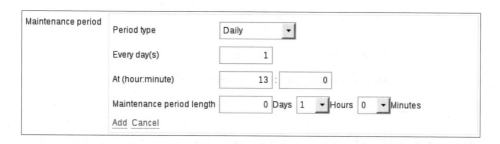

메인 기간 동안, 메인터넌스는 지정된 시간에 매일 시작된다. 디폴트 값이 1로 설정된 **Every day(s)** 옵션에 따라 매일 메인터넌스가 시작된다. 매 2일, 3일 등의 값으로 변경하여 지정된 일자에 메인터넌스를 실행하도록 설정할 수 있다.

Weekly 메인터넌스

주간 메인터넌스 경우 시작 시간과 메인터넌스 기간을 지정해야 하며 이는 일일 메인터넌스와 동일하다.

Maintenance period	Period type	Weekly ▼
	Every week(s)	1
	Day of week	☐ Monday
		☐ Tuesday
		☐ Wednesday
		☐ Thursday
		☐ Friday
		☐ Saturday
		☐ Sunday
	At (hour:minute)	13 : 0
	Maintenance period length	0 Days 1 ▼ Hours 0 ▼ Minutes
	Add Cancel	

메인터넌스가 이루어지는 요일을 선택해야 한다. 하나 이상의 요일을 선택할 수 있다. 메인 기간 동안, 정해진 요일, 시간마다 메인터넌스가 시작된다. 매주 시작되며 **Every week(s)** 옵션은 디폴트인 1의 값을 가진다. 이것을 바꿔 매주 둘째 주, 셋째 주 등에만 메인터넌스를 수행할 수 있다.

Monthly 메인터넌스

월별 메인터넌스에는 두 가지 모드가 있다.

- **By day** (or by date)
- **By day of week**

이 두 가지 경우는 일일 및 주간 메인터넌스 모드에서와 마찬가지로 메인터넌스 기간의 시작 시간과 길이를 지정해야 한다. 또한 메인터넌스가 어느 월에 이루어질 지 선택해야 한다. 한 달 이상 선택도 가능하다. 일일 또는 날짜 모드(Date 옵션을 Day로 선택)에서 **Day of month** 필드에 날짜를 입력해야 한다. 선택한 월마다 해당 날짜에 메인터넌스가 수행된다.

주차별 모드에서는(Date 옵션을 Day of week로 선택) 메인터넌스가 발생하는 요일을 하나 이상 선택해야 한다.

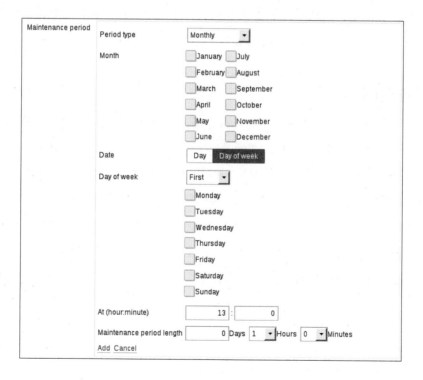

매주가 아닌 매월 시작해야 하기 때문에 선택한 달 중 First, Second, Third, Fourth, 또는 Last 주차에 실행할지 선택해야 한다.

```
First
Second
Third
Fourth
Last
```

이 외에도 선택한 달 마지막 특정 요일에 수행되도록 자빅스에 요청할 수도 있다. 예를 들어, 4월, 8월, 12월과 같이 선택한 달 마지막 수요일에 메인터넌스 수행이 가능하다.

정기적 메인터넌스 모드를 통해 거의 모든 시나리오를 생성할 수 있다. 다만, 매월 마지막 날에 월간 메인터넌스를 실행시키는 기능은 불가하다.

따라서 이런 종류의 이중 구성(메인 기간과 서브 기간 중복 설정)의 이점은 어느 시점부터 시작하여 어느 시점에서 중단되는 반복적인 메인터넌스를 자동으로 수행할 수 있다는 것이다. 특정 날짜에 맞춰 추가 및 제거하는 작업을 기억할 필요가 없다.

특별 메인터넌스

자빅스의 메인터넌스 기능은 유지보수가 항상 사전에 잘 계획된 최적의 상태를 목표로 한다. 실제로 사람들은 종종, 메인터넌스에 호스트를 신속하게 배치하고 나중에 수동으로 간단하게 제거하기를 원한다. 하지만 모든 기간 및 기타 메인터넌스 항목이 필요한 경우는, 결코 빠르지 않다. 이에 대한 차선책으로는 새로운 호스트 그룹과 항상 활성화된 메인터넌스 기간(종료일을 충분히 먼 날짜로 설정 필요)을 생성하는 것이다. 메인터넌스 항목에 해당 호스트 그룹을 포함시킨 다음 선택된 호스트 그룹에 호스트를 추가하면 해당 호스트가 메인터넌스에 추가된다. 물론 나중에 호스트 그룹에서 호스트를 제거해야 하는 것을 기억하자.

▌ 사용자, 사용자 그룹, 사용 권한

Hosts는 모니터링된 개체(호스트) 정보를 관리하고 아이템을 수집 단위로 기본 정보를 그룹화하는 데 사용된다. 자빅스의 사용자 계정은 모니터링된 정보에 대한 액세스를 제어한다.

인증 방법

좀 더 자세한 사용자 구성을 살펴보기 전에 자빅스가 세 가지 인증 방법을 지원한다는 점을 알면 도움이 될 것이다. Administration ➤ Authentication로 이동해 인증 설정에 대해 살펴보자.

화면에서 볼 수 있듯이 다음 세 가지 인증 방법이 제공된다.

- HTTP: 웹 서버 HTTP 인증 메커니즘을 사용한 사용자 인증. HTTP 인증 지원은 기본적으로 웹 서버가 지원하는 인증 방법을 자빅스가 사용할 수 있으며, 아파치 HTTPD 데몬의 경우 많은 인증 방법을 사용할 수 있다.

- **LDAP**: LDAP 서버를 사용한 사용자 인증. 자빅스에 접근해야 하는 모든 전사 사용자가 이미 LDAP 구조에 정의되어 있는 경우, 이 방법이 유용할 수 있다. 사용자 암호만 검증하며 그룹 회원 및 기타 속성은 사용되지 않는다. 로그인이 성공하려면 자빅스 사용자 계정이 있어야 한다.
- **Internal**: 자빅스의 내부 DB에 저장된 사용자/패스워드를 통한 사용자 인증. 지금은 이 방법을 사용할 것이다.

사용자 등록

초기 자빅스 설치에는 미리 정의된 사용자가 많이 포함되어 있지 않다. **Administration** ➤ **Users**로 이동해 사용자 목록을 확인해보자.

ALIAS ▲	NAME	SURNAME	USER TYPE	GROUPS	IS ONLINE?	LOGIN	FRONTEND ACCESS	DEBUG MODE	STATUS
Admin	Zabbix	Administrator	Zabbix Super Admin	Zabbix administrators	Yes (2016-03-24 12:15:03)	Ok	System default	Disabled	Enabled
guest			Zabbix User	Guests	No (2016-03-23 02:35:08)	Ok	System default	Disabled	Enabled

설명대로, **Admin**과 **guest**라는 두 사용자의 계정만 정의돼 있다. 지금까지 계속 관리자로 로그인했다. 반면 게스트 사용자는 인증되지 않은 사용자에게 사용된다. 관리자로 로그인하기 전까지는 게스트다. 사용자 목록에는 사용자가 속한 그룹, 로그인 여부, 마지막 로그인 시간 및 계정 사용 여부와 같은 몇 가지 기본 정보가 표시된다.

 게스트 사용자에게 액세스 권한을 부여하면 익명 액세스를 허용할 수 있다.

또 다른 사용자를 만들어보자. 오른쪽 상단 **Create user** 버튼을 클릭한다. 사용자 계정에 대해 사용 가능한 모든 옵션을 살펴보고 적절한 옵션을 작성한다.

- Alias: monitoring_user 입력. 기본적으로 사용자 이름을 입력한다.
- Name: monitoring 입력. 이 필드는 일반적으로 사용자의 실제 이름을 입력한다.
- Surname: user 입력. 필드명처럼 일반적으로 사용자 실제 성을 입력한다.
- Groups: 호스트와 마찬가지로 사용자 계정을 그룹화할 수 있다. 사용자는 적어도 하나의 그룹에 속해야 하므로 신규 사용자에 최소한 하나의 그룹을 할당한다. Groups 필드 옆에 Add 버튼을 클릭하고 Zabbix administrators 옆의 체크박스를 선택한다. 그런 다음 Select를 클릭한다.

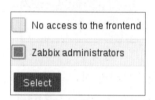

- Password: 암호를 입력하고 확인을 위해 한번 더 입력한다.
- Language: 프론트엔드는 다양한 언어로 완성도 있는 언어팩을 제공하고 있으며, 각 사용자는 자신의 상황에 따라 선택 가능하다. 지금은 영어(en_GB)로 둘 것이다.

```
English (en_GB)
English (en_US)
Czech (cs_CZ)
French (fr_FR)
Italian (it_IT)
Korean (ko_KR)
Japanese (ja_JP)
Polish (pl_PL)
Portuguese (pt_BR)
Russian (ru_RU)
Slovak (sk_SK)
Ukrainian (uk_UA)
```

- **Theme**: 자빅스 프론트엔드는 테마를 지원한다. 하지만 현재 두 가지 테마만 포함되어 있다. 시스템 디폴트 옵션인 **Blue**로 두도록 할 것이다.

- **Auto-login**: 이 옵션을 선택하면 처음 수동으로 로그인하고 이후는 자동 로그인된다. 자동 로그인은 브라우저 쿠키로 수행된다. 이 사용자는 자동 로그인을 사용하지 않는 것으로 하자.
- **Auto-logout**: 특정 시간 동안 사용하지 않으면 특정 계정을 자동으로 로그아웃할 수 있다. 설정할 수 있는 최소 시간은 90초이며 최댓값은 약 166분이다. 여기에 자동 로그아웃을 설정할 필요는 없다.

- **Refresh**: 모니터링 섹션에서 페이지 새로고침 간격(초)을 설정한다. 처음 설치했을 때나, 아이템의 수집간격이 짧을 때는 작은 값을 갖는 것이 좋으나, 서버부하가 다소 증가하며 페이지에 많은 정보가 포함되어 있는 경우 다음 새로고침까지 로딩이 완료되지 않을 수도 있다. 이 사용자는 60초로 설정하자. 필요한 경우, 언제든지 수동으로 새로고침할 수 있다. 일부 페이지는 전체 화면이 새로고침되지 않고 대신 화면의 일부만 다시 로드한다. 예를 들어 그래프 화면은 그래프 이미지만 새로고침된다.

- Rows per page: 각 사용자는 개별 최대 행 수를 설정할 수 있다. 반환된 데이터가 이 파라미터를 초과하는 경우 인터페이스는 데이터를 여러 페이지로 분할한다. 지금은 그대로 두도록 할 것이다.
- URL(after login): 사용자는 로그인 후, 오버뷰, 트리거 목록 등 특정 화면을 볼 수 있다. 이 옵션을 사용하면 사용자가 이를 사용자 정의할 수 있다. 입력 URL은 자빅스 디렉토리와 관련이 있으므로, 로그인할 때 항상 Monitoring ➤ Triggers 메뉴를 볼 수 있도록 여기서는 tr_status.php를 입력한다.

최종 결과는 다음과 같다.

User	Media	Permissions

Alias	monitoring_user
Name	monitoring
Surname	user
Groups	Zabbix administrators Add
	Delete selected
Password	Change password
Language	English (en_GB)
Theme	System default
Auto-login	▣
Auto-logout (min 90 seconds)	900
Refresh (in seconds)	60
Rows per page	50
URL (after login)	tr_status.php

Update Delete Cancel

완료됐으면 Add 버튼을 클릭한다.

이제 이 신규 사용자를 테스트해보자. 변경 사항을 쉽게 관찰할 수 있도록 테스트를 위해 다른 브라우저로 시작하는 것이 좋겠다. 관리자가 로그인한 브라우저를 '브라우저1'로, 다른 사용자가 로그인한 브라우저를 '브라우저2'로 부를 것이다. 브라우저2에서 자빅스 화면을 열고 monitoring_user 계정 및 이전에 입력한 암호를 입력한다. 대시보드 대신 Monitoring > Triggers 화면이 열린다.

또한, 이 화면은 기존과 확연하게 다르다. 메인 메뉴인 Configuration와 Administration가 보이지 않는다. 그렇지만 Hos와 Group 드롭다운이 모두 ALL로 설정되어 있으며 아무런 장애도 표시되지 않는다. 그리고 드롭다운은 어떠한 호스트, 호스트 그룹도 포함되어 있지 않다. Monitoring > Overview로 이동하자. Group 드롭다운이 All로 설정되어 있지만 Details는 아무런 데이터가 없음을 보여주고 있다. 이유가 무엇일까?

기본적으로 사용자는 시스템에 액세스할 수 없다. 새로운 사용자가 로그인할 때 읽기 전용뿐만 아니라 어떤 권한도 부여되지 않았으므로 모니터링 섹션에 아무것도 표시되지 않는다. 이 사용자를 Zabbix administrators 그룹에 할당했지만 해당 그룹에는 기본적으로 설정된 권한이 없다. 브라우저1로 돌아가 ALIAS 열의 monitoring_user를 클릭한다. 한 가지 주의할 점은 이번에 Password 입력 필드 대신 Change password라는 버튼이 표시된다는 것이다. 일부 사용자의 암호를 다시 설정해야 하는 경우, 이 단추를 클릭하면 암호 입력 필드가 다시 표시돼 다른 변경 사항과 함께 암호가 업데이트된다.

Password	Change password

하지만 아직 사용하지 않은 탭이 있다. Permissions 탭으로 전환해보자.

Media 탭도 있다. 사용자는 자빅스로부터 알람을 받는 방법을 다양한 미디어로 할당할 수 있다. 미디어 타입에는 이메일 주소나 SMS 메시지를 받을 번호가 포함된다. 7장, '트리거 처리 액션 제어'에서 알림 기능에 대해 설명한다.

가장 먼저 확인할 것은 User type 드롭다운이다. 이는 세 가지 사용자 타입을 제공한다. 이 사용자는 Zabbix User로 선택하자.

```
Zabbix User
Zabbix Admin
Zabbix Super Admin
```

참고로 이 타입의 의미는 다음과 같다.

- **Zabbix User**: 기본 메뉴의 모니터링, 인벤토리, 보고서 섹션만 액세스할 수 있는 일반 사용자
- **Zabbix Admin**: Zabbix User가 접근 가능한 세 가지 섹션 외에 Configuration 섹션에 접근하여 자빅스의 일부를 재구성 가능
- **Zabbix Super Admin**: 모니터링, 설정, 관리 섹션을 포함한 자빅스에 대한 모든 권한이 부여됨

다음은 우리가 찾고 있는 것에 매우 가까워 보이는 섹션이다. READ-WRITE, READ-ONLY, DENY 권한으로 구분된 Hosts와 Host groups이 있다.

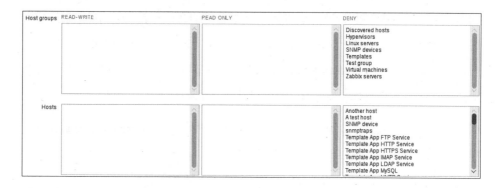

한 가지 문제는, 이 권한을 변경할 수 있는 방법이 없다는 것이다.

페이지 하단의 도움 메시지가 그 이유를 설명하고 있다. **Permissions can be assigned for user groups only.** 즉, 사용자 그룹을 위한 권한만 할당할 수 있다.

이전에 빠른 등록을 위해 그룹과 권한 추가 및 구성하는 작업을 건너뛰었지만, 이제 이를 설정해본다.

사용자 그룹 생성

기본 사용자 그룹을 수정하는 대신, 새로운 사용자 그룹을 추가하자. **Administration ➤ User groups**으로 이동해 현재 사용자 그룹 목록을 확인한다.

NAME ▲	#	MEMBERS	FRONTEND ACCESS	DEBUG MODE	STATUS
Disabled	Users		System default	Disabled	Disabled
Enabled debug mode	Users		System default	Enabled	Enabled
Guests	Users 1	guest	System default	Disabled	Enabled
No access to the frontend	Users		Disabled	Disabled	Enabled
Zabbix administrators	Users 2	Admin (Zabbix Administrator), monitoring_user (monitoring user)	System default	Disabled	Enabled

화면에 보이는 것처럼, 몇 가지 미리 정의된 그룹을 통해 사용자 구분 방법을 알 수 있다. 시스템 범주, 시스템, 관리 역할, 물리적 위치 등을 기반으로 구분 가능하다. 예를 들어, 본사와 일부 지사에 관리자 그룹이 있다면, 각 그룹은 서로의 UPS 상태에 관심이 없을 수 있으므로 **HQ admins**와 **Branch admins**로 그룹화할 수 있다. 사용자는 원하는 수의 그룹에 속할 수 있으므로 실제 조건에서 요구하는 다양한 구성표를 만들 수 있다.

이 사용자를 위한 새로운 그룹을 만들어 보겠다. 오른쪽 상단에 **Create user group**을 클릭한다. 양식을 채우고 각 필드의 역할을 알아보자.

- **Group name**: Our users를 입력한다.
- **Users**: 여기에서 그룹에 사용자를 추가할 수 있다. 현재는 사용자가 거의 없기 때문에 표시되는 모든 사용자 중에서 원하는 사용자 이름을 찾는 것이 쉽다. 사용자

가 많으면 Other groups 드롭다운을 사용해 사용자 목록을 필터링하여 원하는 사용자를 찾을 수 있다. monitoring_user를 선택하고 ◀ 버튼을 클릭한다.

- Frontend access: 이 옵션을 사용하면 특정 그룹에 대한 인증 방법을 선택할 수 있다. 대부분의 사용자가 LDAP으로 인증되지만 일부 사용자는 자빅스 내부 사용자 DB를 통해 인증이 허용된다. 또한 일부 그룹에 대해 GUI 접근이 불가하도록 설정할 수 있다. 이 기능은 알림을 수신해야 하는 사용자를 등록하도록 활용할 수 있다. 이 옵션은 System default로 두도록 할 것이다.

자빅스 설치 시, 사용자 그룹에 대해 Frontend access를 Internal로 설정하여 사용자 인증을 LDAP 사용으로 설정한 경우, 해당 그룹의 모든 사용자가 내부 자빅스 암호 저장소를 통해 인증된다. 자빅스 저장소 내 암호를 통한 내부 인증은 대체 옵션이 아니며 항상 사용된다. 이 기능은 LDAP 디렉토리에 없는 사용자에게 액세스 권한을 부여하거나 LDAP이 다운됐을 때 긴급하게 계정을 만들어야 하는 경우 유용하다. 이런 접근 방식은 HTTP 인증에서는 작동하지 않지만, 자빅스가 인증 백엔드 대해 무엇인가를 결정하기 전에 발생한다.

```
System default
Internal
Disabled
```

- Enabled: 단일 옵션을 사용하면 이 그룹의 모든 사용자를 비활성화하거나 활성화할 수 있다. 이전에 생성한 그룹에서 보았듯이, 이 옵션을 선택하지 않은 그룹에 개별 사용자 계정을 추가해 간단히 비활성화할 수 있다. 이 사용자는 로그인할 수 있는 상태이어야 하므로, 이 옵션은 그대로 표시해두자.
- Debug mode: 이 옵션을 사용하면 프론트엔드 디버그 정보를 액세스할 수 있다. 주로 자빅스 개발자에게 유용하다. 부록 A, '문제 해결'에서 디버그 모드에 대해 설명한다.

기본 설정이 적용된 상태에서 Permissions 탭으로 전환한다.

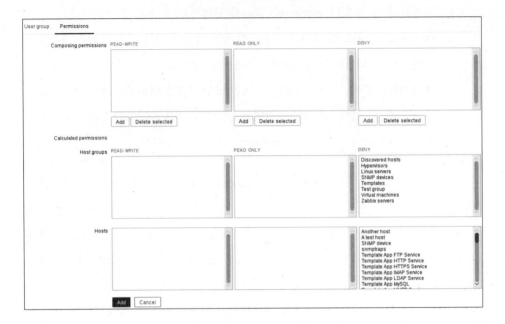

드디어 다양한 권한 수준에 대한 컨트롤을 볼 수 있다. READ-WRITE, READ ONLY, DENY 라는 세 섹션이 있다. 각각에는 추가 및 삭제라는 버튼이 있으며 이는 해당 권한을 수정할 수 있음을 추측할 수 있다. 사용자는 아무것도 볼 수 없는 상태이므로 READ-WRITE와 READ ONLY에 몇 가지 권한을 추가하려고 한다. READ-WRITE 상자 아래에 있는 Add를 클릭한다. 그러면 몇 가지 옵션이 있는 새 창이 열린다.

그것은 또한 우리에게 또 다른 좋은 정보를 제공한다. 창 내용을 주의 깊게 살펴보면 모든 항목에 대한 공통적인 내용을 알 수 있다. 바로 host groups이라는 것이다. 자빅스에서는 호스트 그룹 단위로만 사용자 그룹에 대한 권한을 설정할 수 있다는 중요한 정보를 얻었다.

SNMP devices 옆에 체크박스를 선택하고 Select 버튼을 클릭한다.

이제 READ-WRITE 상자에 SNMP devices가 추가된 것을 볼 수 있다. 다음으로 READ ONLY 상자 아래에 있는 Add를 클릭하자. 이전과 동일한 팝업창이 열린다. 이번에는 Linux servers 항목 옆에 체크박스를 선택하고 Select를 클릭한다.

이제 READ ONLY 상자에 Linux servers가 포함됐다. 다음과 같이 최종 결과가 보일 것이다.

사용한 컨트롤 바로 아래에 있는 Calculated permissions 섹션을 살펴보자.

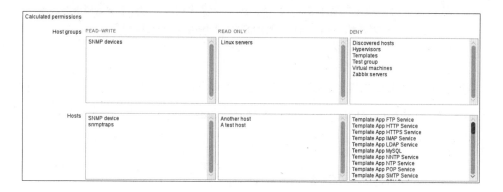

이 화면은 효과적인 사용자 권한 설정을 보여준다. 어떤 호스트가 읽기 및 쓰기 액세스가 허용되는지, 읽기 전용인지, 혹은 전혀 액세스할 수 없는지에 대한 정확한 액세스 권한을 확인할 수 있다. 모두 문제 없이 설정됐으므로 하단의 Add 버튼을 클릭하자. 그룹이 성공적으로 추가되면 그룹 목록에서 볼 수 있다.

Our users		Users 1	monitoring_user (monitoring user)		System default	Disabled	Enabled

브라우저2로 돌아가 Monitoring > Latest data로 이동하자. Host groups 필드 옆에 있는 Select를 클릭한다. 우리가 권한 설정 시 선택한 두 그룹이 사용 가능한 상태이다. 그룹 옆에 체크박스를 선택하고 Select를 클릭한다. 그런 다음 Filter를 클릭한다. 이제 새로 추가한 사용자는 모든 호스트의 데이터를 볼 수 있다. 그러나 우리는 또한 이 사용자를 위해 하나의 그룹에 쓰기 권한을 추가했는데 이 설정 메뉴는 무엇일까? 사용자 생성 프로세스를 기억해보자. 사용자 유형에 관련한 무엇인가 있었던가? 맞다. 이전에 세 가지 사용자 유형 중 하나를 선택할 수 있었고 Zabbix user를 선택했다. Zabbix user는 위에서 설명한 것처럼 설정에 액세스할 수 없었다.

 현재로서는 쓰기 권한이 부여된 자빅스 사용자는 프론트엔드에서 설정 작업을 할 수 없지만 API를 통해 쓰기 액세스 권한을 얻게 된다는 점을 명심하자. 이로 인해 보안 문제가 발생할 수 있다. 21장, '자빅스 데이터 활용하기'에서 API에 대해 설명한다.

사용자 권한을 계속 탐색하기 위해, 더욱 강력한 권한의 또 다른 사용자를 만들어보자. 브라우저1에서 Administration > Users을 선택하고 Create user 버튼을 클릭한다. 다음 값을 채워보자.

- Alias: advanced_user 입력
- Name: advanced 입력
- Surname: user 입력
- Groups: Add 버튼 클릭. Zabbix administrators 옆에 체크박스 선택, Select 클릭
- Password: 두 필드에 패스워드 입력. 기억하기 쉽게 monitoring_user와 동일한 패스워드를 입력
- Refresh: 60 입력
- URL (after login): 로그인 시 첫 페이지를 events.php(이벤트 이력)로 설정

이제 Permissions 탭으로 전환하고 User type 드롭다운에서 Zabbix Admin을 선택한다. 이는 매우 큰 차이를 가져오며, 곧 확인해보자.

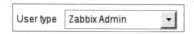

완료되면 Add 버튼을 클릭한다.

브라우저2를 사용해, 오른쪽 상단 끝에 로그아웃 아이콘을 클릭한 뒤, advanced_user로 로그인하자. 이 사용자는 이벤트 이력 페이지로 로그인되며, 이번에는 Configuration 섹션을 볼 수 있다. 이 사용자 타입을 Zabbix Admin으로 설정했기 때문이다. 여기서 사용할 수 있는 기능을 확인해보자. Configuration ➤ Hosts로 이동하자.

사용할 수 있는 호스트가 없는 이유는 무엇일까? 이 사용자를 Zabbix Admin 타입으로 설정했다. 브라우저1에서 사용자 목록을 다시 보자.

여기서 놓친 부분을 쉽게 발견할 수 있다. advanced_user를 Zabbix administrators 그룹에 추가했지만, 권한 설정은 Our users 그룹에 했다. 권한을 수정해보자 이번에는 사용자 속성 양식을 사용해본다. ALIAS 열에 advanced_user를 클릭하고 결과에서 Groups 필드 옆의 Add 버튼을 클릭한다. Our users 옆의 체크박스를 선택하고 Select를 클릭한다.

완료되면 Update를 클릭한다. 브라우저2에서 호스트 Configuration 탭을 새로고침하면 advanced_user에서 설정할 수 있는 두 개의 호스트인 SNMP device와 snmptraps가 표시된다.

여기서 잠깐, 우리는 snmptraps 호스트에 대한 설정 액세스 권한이 부여됐음을 알게 됐다. 이 호스트는 임의로 수정해서는 안 되는 중요한 호스트이며 우리의 두 사용자 어느 누구도 액세스할 수 없어야 한다. SNMP devices 그룹을 유지하면서 어떻게 이 호스트에 대한 액세스를 쉽게 제한할 수 있을까?

브라우저1에서 Configuration ➤ Host groups로 이동해 Create host group을 클릭한다. 다음 세부 정보를 입력하자.

- Group name: Important SNMP hosts 입력
- Hosts: Other hosts 섹션의 Group 드롭다운에서 SNMP devices를 선택해 리스트박스 필터링. snmptraps를 선택하고 ▶ 버튼 클릭

완료되면 Add 버튼을 클릭한다.

Administration ➤ User groups를 열어 NAME 열의 Our users를 클릭하고 Permissions 탭으로 전환한다. 그룹 세부 사항에서 DENY 상자 아래에 있는 Add 버튼을 클릭한다. 결과화면에서 Important SNMP hosts 옆의 체크박스를 선택하고 Select를 클릭한 다음 Update 버튼을 클릭한다.

이제 브라우저2를 살펴보자. 여전히 호스트 설정이 보이며, 두 개의 호스트가 표시된다. 목록을 새로고침하면 snmptraps 호스트가 사라진다. 권한 수정 후 advanced_user는 SNMP device에 대한 설정 액세스만 허용하며, snmptraps에 대한 모니터링 액세스는 Deny로 변경했으므로, 전혀 사용할 수 없다. monitoring_user에 대해서는 변경된 것이 없으므로 SNMP devices에 대한 접근 권한이 없는 채로 있다.

사용 권한과 메인터넌스

이 장에서 살펴본 메인터넌스 설정은 자체적으로 호스트 그룹 사용 권한의 규칙을 따른다. 호스트 그룹 권한은 자빅스 관리자가 메인터넌스 항목을 설정하는 방법에 영향을 준다.

- 자빅스 관리자는 새로운 메인터넌스 항목을 만들고 쓰기 권한이 있는 호스트 그룹과 호스트를 포함시킬 수 있다.
- 자빅스 관리자는 기존 메인터넌스 항목에 포함된 모든 호스트 및 호스트 그룹에 대한 쓰기 권한이 있는 경우, 기존 메인터넌스 항목을 편집할 수 있다.

▌ 요약

자빅스의 호스트 속성에 대한 또 다른 측면인 호스트 인벤토리를 살펴봤다. 호스트 인벤토리는 수동으로 작성할 수 있지만, 더 유용한 기능은 인벤토리 필드의 항목이 아이템으로부터 값을 가져올 수 있다는 점이다. 아이템의 값을 받지 않더라도 여전히 인벤토리 필드를 수작업으로 수정 가능하다.

호스트 및 호스트 그룹 메인터넌스를 통해 일별, 주별, 월별 기준으로 정시 또는 반복되는 메인터넌스 항목을 작성할 수 있다. 메인터넌스 중인 호스트의 장애는 프론트엔드에서 시각적으로 구분되며 여러 화면에서 그러한 장애를 전혀 표시하지 않도록 선택할 수도 있다.

자빅스 권한에 대한 기본 규칙을 꼭 기억하자.

- 사용 권한은 사용자 그룹으로만 할당 가능
- 사용 권한은 호스트 그룹으로만 할당 가능

즉, 완전한 사용자 권한 체계를 위해서는 사전에 권한 계획을 잘 세워야 한다. 이후 이상한 문제가 발생하지 않게 하려면 모든 호스트는 적어도 하나의 호스트 그룹에 포함시켜야 하며, 마찬가지로 모든 사용자는 적어도 하나의 사용자 그룹에 포함돼야 한다. 또한 효과적으로 권한을 부여하기 위해 두 가지 요소를 결합, 즉 그룹과 사용자 타입에 설정할 수도 있었다. 이 두 요소의 상호작용을 요약하면 다음과 같다.

사용자 유형 권한	Zabbix User	Zabbix Admin	Zabbix Super Admin
읽기/쓰기	읽기만	전체 허용	전체 허용
읽기만	읽기만	읽기만	전체 허용
거부	권한 없음	권한 없음	전체 허용

이 표를 보면, Zabbix Super Admin 사용자 타입은 어떤 권한도 거부될 수 없음을 알 수 있다. 반면에, Zabbix User는 쓰기 권한이 없다. 이때 중요하게 기억해야 할 것 중 하나는 자빅스 API를 통해 쓰기 권한을 얻을 수 있다는 것이다.

이런 지식을 바탕으로 호스트를 그룹화하고 호스트 인벤토리 및 호스트 메인터넌스와 생성은 물론, 그룹과 사용자에게 세분화된 권한을 할당할 수 있어야 한다.

6장에서는 아이템 값이 장애가 있는지에 대한 여부를 확인하는 방법을 살펴본다. 아이템 데이터를 수집하는 동안, 임계치나 비정상적인 값을 탐지하기 위한 다른 정보를 구성하는 데 자빅스 아이템이 사용되지는 않는다. 즉, 아이템은 값이 도착할 때까지 그 값이 무엇인지는 상관하지 않는다. 장애를 정의하기 위해 트리거라는 별도의 구성이 사용된다. 표현식으로 작성된 트리거 로직은 매우 단순한 임계치 설정부터 상당히 복잡한 논리까지 다양하게 구현할 수 있다.

06

트리거를 통한 문제 감지

지금까지 아이템을 이용해 어떤 종류의 정보를 얻을 수 있는지에 대한 포괄적인 지식을 획득했다. 하지만 지금까지는 하나의 트리거만 생성해서 모니터링했다(2장, '첫 번째 알림받기'에서 다뤘다). 트리거는 더 많은 방식으로 모니터링을 할 수 있다. 트리거가 무엇인지 다시 한 번 살펴보자.

트리거trigger는 조건에 부합되는 시기를 정의한다. 시스템의 부하가 높거나, 디스크 여유 공간이 부족한 것 같이 아이템 데이터가 특정 조건에 일치할 때 또는 데이터를 수집하지 못했을 때 트리거가 발생 된다(즉, 활성화된다).

이제 이 두 개념을 더 자세히 살펴보자. 6장에서 다루는 내용은 다음과 같다.

- 트리거와 아이템에 관계에 대하여 대해 자세히 알기
- 트리거 종속성 발견
- 트리거 표현식 구성
- 전역 스크립트로 구성된 자빅스 프론트엔드의 기본 관리 기능 배우기

트리거

트리거는 발생시키는 것이다. 트리거는 아이템 데이터가 정의된 조건에 맞지 않을 때 상태 변화가 발생한다. 이전에 다룬 것처럼 데이터를 단순히 수집하는 것은 좋지만 충분하지는 않다. 만약 알림을 포함한 과거 이력 데이터의 수집을 원하면, 사람이 항상 모든 데이터를 지켜보고 있어야 한다. 따라서 관심 있는 조건에 임곗값을 정의해야 한다. 트리거는 이런 조건들을 정의하는 방법을 제공한다.

이전 장에서 우리는 A Test Host에서 시스템 부하를 확인하는 트리거를 만들었다. 트리거는 수집한 값이 정의된 임곗값보다 큰지 여부를 확인한다. 이제 서버와 관련하여 발생할 수 있는 다른 문제 (예: 서비스가 중단된 경우)를 확인해보자. SMTP 서비스 다운은 중요하므로, 현재 일어나는 것을 찾으려고 노력할 것이다. Configuration > Hosts 메뉴로 이동해, 임의 Triggers 링크를 클릭하고 Create Trigger 버튼을 클릭한다. 열리는 양식에 다음과 같이 몇 가지 값을 채운다.

- Name: 이 필드의 내용은 많은 장소에서 트리거를 식별하는 데 사용되므로, 사람이 읽기 쉬워야 한다. 이번에는 SMTP service is down으로 입력하자. 문제가 실제로 무엇인지 표현하는 방법에 주목하자. 상태를 수집하는 아이템과 달리 트리거에는 검사할 특정 조건이 있으므로 이름에 조건 내용을 반영한다. 만약 SMTP 서비스가 실행 중이면 안 되는 호스트가 있는 경우, 이름이 SMTP service should not be running인 트리거를 만들 수 있다.

- **Expression**: 표현식은 트리거의 가장 중요한 속성이다. 무엇이 검사되고 조건이 무엇인지 표현식에 지정될 것이다. 트리거 표현식은 매우 간단한 것부터 복잡한 것까지 다양하다. 이번에 간단한 표현식을 만들 것이며, 프론트엔드에서 도움을 얻을 것이다. **Expression** 필드 옆에 있는 **Add** 버튼을 클릭해 표현식 작성 대화 상자를 열어본다. 여기에는 몇 가지 입력 항목이 있는데, 어떤 입력 항목이 있는지 살펴보자.

  - **Item**: 여기서는 확인할 아이템 데이터를 지정할 수 있다. **Select** 버튼을 클릭하면 다른 팝업창이 열릴 것이다. **Group** 드롭다운 메뉴에서 **Linux servers**를 선택하고 **Host** 드롭다운 메뉴에서 **Another host**를 선택한다. SMTP 서비스에 관심이 있으니 **NAME** 열에서 **SMTP server status**를 클릭한다. 그러면 팝업창이 닫히고 **Item** 필드에 선택한 아이템의 이름이 채워질 것이다.

  - **Function**: 여기서는 수행할 실제 테스트를 선택할 수 있다. 아마 SMTP server status 아이템 값이 무엇인지 기억할 것이다(1은 서버가 동작 중, 0은 서버다운). 만약 마지막 값이 언제 0인지 확인하고 싶다면, 디폴트 함수인 Last (most recent) 함수가 꽤 적합해 보이므로 변경하지 않을 것이다.

  - **Last of (T)**: 함수가 기간을 지원한다면, 이 필드에 함수 파라미터를 지정한다. 이전 3분 동안 값을 확인하기 위해 첫 번째 트리거의 seconds 항목에 180초를 사용했지만, 마지막 아이템 값을 취하는 경우에 시간 간격은 의미가 없다.

  - **Time shift**: 이 기능은 이 장 뒤에 있는 상대 임곗값 또는 시간 이동 부분에서 다룬다.

  - **N**: 이 필드는 이전 함수에서 사용된 상수를 설정할 수 있게 한다. 우리는 SMTP 서버가 다운될 때마다 (또는 상태가 0일 때) 알아내기를 원한다. 따라서 이 필드에 기본값 0이 적합하다.

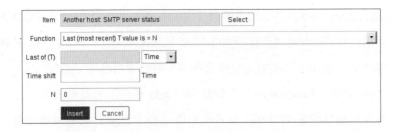

이전 화면에서 설명한대로 값을 설정하고 Insert 버튼을 클릭한다. 이제 Expression 필드에 {Another host:net.tcp.service[smtp].last( )}=0 트리거 표현식이 채 워질 것이다.

- **Serverity**: 다음과 같이 자빅스에는 5개의 심각도 단계와 **Not classfield** 심각도 가 있다.

이 문제를 보통 수준의 심각도로 간주할 것이므로, **Average**를 클릭한다.

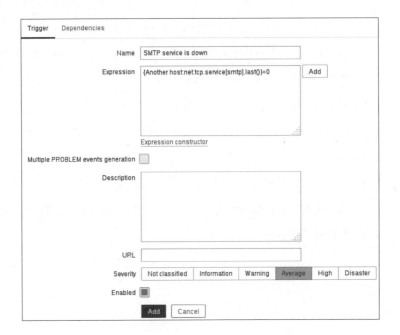

계속하기 전에 Another host에 SMTP 서버가 실행 중인지 확인해보고 실행 중이면 Add 버튼을 클릭한다. 이제 overview에 어떻게 나오는지 찾아보자. Monitoring ➤ Overview 메뉴로 가서 Type 드롭다운 항목이 Triggers로 선택돼 있는지 확인하자. 그런 다음 필터를 확장시켜 Trigger status 드롭다운 항목에 Any를 선택하고, Filter 버튼을 클릭한다.

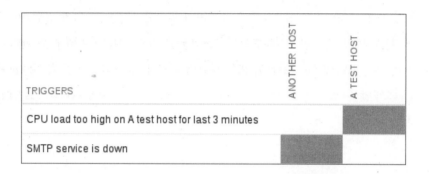

이제 트리거가 정의된 두 호스트를 볼 수 있다. 트리거가 다르기 때문에, 두 개의 빈칸이 있다.

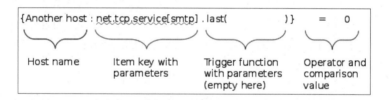

트리거에서 표현식을 더 자세히 살펴보자. 중괄호로 시작하고 첫 번째 파라미터는 호스트 이름이다. 콜론으로 구분된 아이템 키는 net.tcp.service[smtp] 부분이다. 아이템 키는 공백, 따옴표, 대문자를 포함하여 아이템 설정에 표시된 대로 정확히 복제돼야 한다. 정확한 아이템 키에 구분자로 점이 오고, 그다음에는 더 흥미로운 트리거 관련 함수들이 나온다. 여기 사용된 last()는 가장 일반적인 함수 중 하나다. 이 함수는 아이템 이력에서 항상 단일 값을 반환한다. 여러 개의 파라미터를 전달해야 하는 함수가 있지만, last() 함수에서 파라미터는 선택사항이며, 첫 번째 파라미터가 숫자인 경우 무시된다.

이전 버전의 자빅스에서는 파라미터가 무시되더라도 일부 파라미터를 전달해야 했다. last(0)처럼 사용하는 구문은 아직도 흔히 볼 수 있다. 따라서 last(300)은 last(0) 및 last()와 동일하다. 모두 하나의 항목에 대해 하나의 마지막 값을 반환한다.

반면에 첫 번째 파라미터가 해시가 붙은 숫자라면 무시되지 않는다. 그런 경우 n번째 값을 지정하는 것처럼 동작한다. 예를 들어, last(#9)는 가장 최근 9번째 값을 반환한다. 보이는 것처럼, last(#1)은 last(0) 또는 last()와 같다. 중복되는 다른 함수는 prev이다. 이름에서 알 수 있듯이, 이 함수는 이전 값을 반환한다. 따라서 prev()는 last(#2)와 동일하다.

호스트 이름, 아이템 키, 트리거 함수, 연산자 모두 대소문자를 구분한다.

트리거 표현식을 계속 언급하면, 중괄호는 반환되는 어떤 값들을 일련으로 나타낸 것이다. 즉 호스트와 아이템 참조, 트리거 함수 순으로 구성된다. 그다음에는 연산자가 나오는데, 여기에서는 간단한 등호 연산자. 여기에서는 상수 0과 비교했다.

아이템 이력을 0으로 설정하면, 값이 저장되지 않고 트리거는 평가되지 않는다. 트리거가 마지막 값만 확인하더라도 마찬가지다. 이것은 마지막 값만 참조하던 이전 버전의 자빅스와 다르다. 이전 버전의 트리거는 여전히 동작할 것이다.

트리거와 아이템 관계

자빅스 아이템에 데이터 품질에 대한 어떠한 설정도 포함되지 않은 것을 보았을 것이다. CPU 로드 값을 수집하면, 아이템 값이 0인지 500인지 신경쓰지 않는다. 문제 조건 정의는 단순한 임곗값이든 복잡한 것이든 트리거에서 한다.

그리고 이 트리거를 만들었을 때, Triggers 링크 중 어떤 것 이든 클릭할 수 있었지만 아이템을 선택할 때는 드롭다운 항목에서 선택된 호스트에 주의가 필요했다. 팝업창에서 올바른 호스트가 선택되거나 수동으로 올바른 호스트명을 입력한다면, 사실 어떤 Triggers 링크를 클릭하는지는 중요하지 않다.

 트리거는 아이템처럼 호스트에 속하지 않는다. 트리거는 아이템을 참조하는 많은 수의 호스트와 연결된다.

Triggers for host A를 클릭하고, 트리거에 host B에 속하는 아이템을 선택한다면, 생성된 트리거는 host A에 나타나지 않고 host B에 나타날 것이다.

값 수집과 이벤트 발생 조건의 분리는 상당히 많은 이점을 가지고 있다. 하나의 아이템에 다양한 조건들을 쉽게 확인할 수 있을 뿐만 아니라, 하나의 트리거에 여러 아이템들이 지정할 수도 있다. 예를 들어, 사용자 세션 수와 비교하면서 시스템의 CPU 로드를 확인할 수 있다. CPU 부하가 높고 시스템에 사용자 수가 많은 경우, 일반적인 상황이라고 생각할 수 있다. 그러나 CPU 부하가 높고 시스템에 사용자 수가 적다면 예외 상황이다. 트리거 예는 다음과 같다.

{host:system.cpu.load.last()}>5 and {host:user.sessions.last()}<100

이 트리거는 CPU load가 5를 초과하고 시스템 사용자 수가 100명 미만인지 확인하는 트리거다.

 트리거 표현식에서 참조하는 아이템이 시작하고 동작할 것이란 기대를 할 수 없다는 것을 기억하자. 트리거 표현식에 아이템을 사용하기 전에 아이템이 반드시 생성돼 있어야 한다.

트리거는 여러 호스트의 아이템을 참조할 수도 있다. 일부 데이터베이스 통계를 다른 호스트의 애플리케이션 성능과 관련시킬 수 있으며, LDAP^{Lightweight Directory Access Protocol}의 사용자 수와 파일 서버의 free disk 공간을 연관 지을 수 있다.

이 장 뒷부분에서 고급 트리거 표현식을 구성하고 논의한다.

트리거 의존성

현재 하나의 서비스를 감시하고 있다. 이제 HTTP서버에 대한 트리거를 생성하면 더 많은 것들이 감시된다. 웹 서비스는 웹 이메일 프론트엔드이며, SMTP 서버를 사용할 수 없을 때마다 다운되는 약간 이상한 소프트웨어가 호스트에 동작한다고 가정해보자. 이것은 웹 서비스가 SMTP 서비스에 의존한다는 것을 의미한다.

Configuration ➤ Hosts로 이동한 뒤, Another hosts 옆에 있는 Triggers를 클릭한 다음 Create Trigger를 클릭한다. 다음 값을 채운다.

- Name: Web service is down
- Expression: Add 버튼을 클릭한 뒤, Item 항목 옆에 있는 Select 버튼을 클릭한다. Group 드롭다운 메뉴에 Linux servers, Host 드롭다운 항목에 Another host가 선택되어 있는지 확인한 뒤, NAME 열에서 Web server status를 클릭한다. 함수와 파라미터에 문제없다면, Insert 버튼을 클릭한다.

이렇게 하면 표현식에 {Another Host:net.tcp.service[http,,80].last( )}=0이 입력
된다.

- Severity : Average
- Description : 트리거 표현식은 매우 복잡해질 수 있다. 때로는 복잡성으로 인해
  심도 있는 분석 없이는 트리거가 무슨 기능을 하는지 이해하는 것이 불가능할 수
  있다. 이 항목은 향후 다른 사람이나 자신이 복잡한 표현식을 이해할 수 있도록
  도와준다. 이 트리거는 꽤 간단하지만, 의존성에 대한 이유를 설명해야 하므로
  Web service goes down if SMTP is inaccessible와 같이 입력한다.

이제 Dependencies 탭으로 전환한다. SMTP 서비스 웹 프론트엔드의 종속성을 설정하기
위해, Dependencies 섹션에서 Add 링크를 클릭한다. 결과 창에서 Group 드롭다운에 Linux
Servers, Host 드롭다운에 Another host가 선택되어 있는지 확인한 뒤, NAME 열에서 SMTP
service is down 항목을 클릭한다.

여기까지 완료되면 하단의 Add 버튼을 클릭한다. 트리거 목록에서 NAME 열에 트리거 종
속성이 나열되는 방법을 기억하자. 이렇게 하면 각 트리거의 세부 사항을 개별적으로 열
지 않고도 종속 트리거를 신속하게 볼 수 있다.

SEVERITY	NAME ▲	EXPRESSION
Average	SMTP service is down	{Another host:net.tcp.service[smtp].**last()**}=0
Average	Web service is down **Depends on:** Another host: SMTP service is down	{Another host:net.tcp.service[http,,80].**last()**}=0

종속성 목록의 트리거와 EXPRESSION 열의 아이템 모두 링크로 되어 있어, 트리거 세부 항목에 쉽게 액세스할 수 있다.

EXPRESSION 열의 아이템 이름 색상은 상태를 나타낸다. OK는 녹색, Disable은 빨간색, Unsupported는 회색이다.

의존성을 설정하고, 프론트엔드에 어떤 변화가 있는지 알아보자. Monitoring ❯ Overview 로 이동해서, Type이 Triggers로 선택되어 있는지 확인한다. 그리고 Filter를 확장한 다음, Triggers status 항목을 Any로 바꾼 후, Filter 버튼을 클릭한다.

TRIGGERS	ANOTHER HOST	A TEST HOST
CPU load too high on A test host for last 3 minutes		
SMTP service is down	↕	
Web service is down	↕	

그 차이는 바로 보여진다. 종속성과 관련된 트리거에는 화살표가 그려져 있다. 위로 향한 화살표는 무언가가 이 트리거에 종속되어 있다는 것을 의미한다. 다른 방향의 화살표는 기억할 필요가 없다. 마우스 커서를 Another host 관련 트리거인 SMTP service is down 으로(화살표가 있는 위쪽 셀) 이동시킨다.

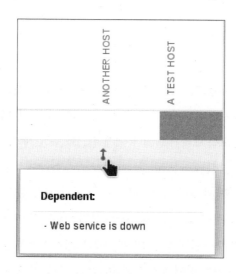

이 트리거에 의존하는 다른 트리거가 있음을 알리는 팝업이 나타난다. 종속 트리거는 팝업에 나열된다. 이제 마우스 커서를 아래 방향의 화살표가 있는 한 셀 아래로 이동한다.

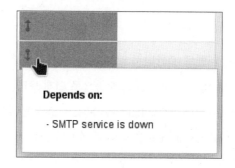

화살표가 아닌 어떤 차이가 있는지 확인해보자. Monitoring > Triggers로 이동한 다음, Host와 Group 드롭다운 항목이 all로 선택되어 있는지 확인한다. 그런 다음 Another host의 웹 서버를 중지한다. 그리고 트리거가 발생되면 화면을 살펴보자. 종속성을 나타내는 화살표가 어떻게 표시되는지 확인한다. 마우스 커서를 다시 이동시키면, 종속성에 대한 세부 사항이 팝업창에 표시될 것이다.

SEVERITY	STATUS	INFO	LAST CHANGE ▼	AGE	ACK	HOST	NAME	DESCRIPTION
Average			2016-04-05 15:49:01	3s	No 1	Another host	↕ Web service is down	Show

DESCRIPTION 열의 Show 링크는 무엇인지 알아보자. Show 링크를 클릭하면 트리거를 생성할 때 작성했던 설명이 표시된다. 이 링크는 트리거에 대한 자세한 정보를 찾거나 트리거 설명을 수정할 수 있도록 트리거 설명에 쉽게 접근할 수 있게 한다. 트리거 목록으로 돌아가기 위해 cancel ⊠ 버튼을 클릭한다. 이제 Another host에서 SMTP 서비스를 중지한다. 트리거 목록이 갱신될 때까지 기다렸다가 다시 확인하면, 웹 서버 트리거가 목록에서 사라지고 SMTP 서버의 트리거로 바뀐다. 이는 상위 트리거가 PROBLEM 상태인 경우, 종속 트리거를 표시하지 않기 때문이다. 이렇게 하면 트리거 목록을 짧게 유지할 수 있고, 실제로 중단시간을 발생시키는 장애에 집중할 수 있다는 이점이 있다.

SEVERITY	STATUS	INFO	LAST CHANGE ▼	AGE	ACK	HOST	NAME	DESCRIPTION
Average	PROBLEM		2016-04-05 15:51:00	3s	No 8	Another host	↕ SMTP service is down	Add
							Dependent: - Web service is down	

트리거 종속성은 하나의 레벨로 제한되지 않는다. 이제 트리거를 추가할 것이다. 추가하기 전에, 시스템 서비스에 영향을 주지 않고 수동으로 쉽게 트리거 상태를 변경하는 아이템을 만들 것이다. 프론트엔드에서 Configuration ➤ Hosts로 이동해서 Another host 옆에 있는 Item을 클릭한다. 그다음 Create item을 클릭해 아래의 값을 채우자.

- Name: Testfile exists
- Key: vfs.file.exists[/tmp/testfile]

입력이 완료되면, 하단의 Add 버튼을 클릭한다. 아이템 키에 써있는 것처럼, 이 아이템은 단순히 특정 파일이 존재하는지 확인해, 존재하면 1을 반환하고 그렇지 않으면 0을 반환한다.

TIP 사실 /tmp 경로는 어떤 사용자도 파일을 생성할 수 있기 때문에, 해당 경로의 파일을 파라 미터로 사용하는 것은 바람직하지 않다.

Item 목록 위의 메뉴에서 Triggers를 클릭한다. 그다음 Create trigger 버튼을 클릭해 다음 값을 입력한다.

- Name: Testfile is missing
- Expression: Add를 클릭한 다음 Item 항목 옆의 Select를 클릭한다. Another host 의 아이템 목록에서 NAME 열의 Testfile exists를 클릭한다. 그다음 Insert 버튼을 클릭한 뒤, Expression 항목에 다음 표현식을 작성하자.

```
{Another Host:vfs.file.exists[/tmp/testfile].last()}=0
```

- Severity: Warning

모두 입력했으면 하단의 Add 버튼을 클릭한다. 이제 트리거 관계를 복잡하게 만들어보자. NAME 열에서 SMTP service is down 트리거를 클릭한다. 그다음 Dependencies 탭으로 이 동해 Dependencies 섹션의 Add 버튼을 클릭한다. 클릭하면 나타나는 대화상자의 NAME 열에서 Testfile is missing 항목을 클릭한다. 이렇게 하면 SMTP service 트리거의 새로운 종속성이 만들어진다.

Dependencies	NAME	ACTION
	Another host: Testfile is missing	Remove
	Add	

Update를 클릭한다. 지금까지 3개의 트리거로 구성된 종속성 체인을 만들었다. Web service is down 트리거는 SMTP service is down 트리거에 종속되며, SMTP service is down 트리거는 Testfile is missing 트리거에 종속된다. 자빅스는 체인 종속성을 계산하므로, 어떤

트리거의 상태를 결정할 때 모든 상위 종속성도 고려된다. 여기에서 Web service is down 트리거는 다른 두 트리거에 의존한다. 즉, 오직 하나의 트리거가 Monitoring ➤ Triggers 섹션에 표시된다는 의미다. 이런 의존 관계에서 가장 중요한 트리거를 하단에 배치한다면, 다음과 같은 종속성 체인이 생길 것이다.

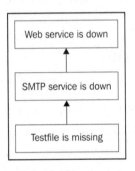

이제 모니터링 시스템이 발견한 문제를 해결해야 한다. 의존성 체인에서 가장 위에 있는 Testfile is missing 문제부터 시작해보자. "Another host"에서 다음을 실행한다.

```
$ touch /tmp/testfile
```

이 명령어 실행은 현재 트리거 목록에 있는 유일한 트리거를 처리하기 위함이다. 트리거 목록이 갱신될 때까지 기다리면, 상태가 깜빡이는 두 개의 트리거가 보일 것이다. 기본적으로 자빅스는 최근 상태가 바뀐 트리거와 상태가 OK인 트리거를 깜빡이며 보여준다.

SEVERITY	STATUS	INFO	LAST CHANGE ▼	AGE	ACK	HOST	NAME	DESCRIPTION
Warning	OK		2016-04-05 16:12:25	1m 4s	No 1	Another host	↕ Testfile is missing	Add
Average	PROBLEM		2016-04-05 15:51:00	22m 29s	No 8	Another host	↕ ↕ SMTP service is down	Add

목록을 보면 이번에는 큰 차이점을 볼 수 있다. 이제 SMTP 트리거에 두 개의 화살표가 있다. 하나는 위쪽을 가리키고 다른 하나는 아래쪽을 가리킨다. 마우스 커서를 위에 올려놓으면, 이전과 똑같은 것을 의미한다는 것을 알게 될 것이다(다른 트리거가 이 트리거에 의존

하거나 이 트리거가 다른 트리거에 의존함). 트리거가 종속성 체인의 중간에 있는 경우, SMTP service is down 트리거에 보이는 것처럼 두 개의 화살표가 표시된다.

이 화살표는 앞에서 보인 모양과 같은 방향으로 표시된다. 우리는 벽돌이 다른 벽돌 위에 놓여있는 것처럼 '더 중요한' 트리거가 종속 트리거를 '지원'한다고 말할 수 있다. 벽돌 중 하나라도 사라지면, 그 위에 있는 벽돌은 문제에 처할 것이다.

testfile 트리거는 체인 종속성에 대해 예상대로 작동했으므로, 이제 해당 종속성을 제거한다. Configuration ➤ Host로 이동해 Another host 옆에 있는 Triggers 버튼을 클릭한다. 그리고 NAME 열에서 SMTP service is down 트리거를 클릭한다. 이제 Dependencies 탭으로 전환해 ACTION 열에서 Remove 버튼을 클릭하고, Update 버튼을 클릭한다. 어떤 개체의 수정 양식에서 변경 사항은 항상 저장해야 한다는 것을 주의하자.

이 경우에는 단순히 종속성을 제거하는 것만으로는 충분하지 않다. 명시적으로 트리거를 업데이트하지 않고 다른 섹션으로 이동하면 변경 사항이 반영되지 않는다. 이제 "Another host"에서 중지된 서비스를 다시 시작해도 된다.

트리거 표현식 구성

지금까지 우리는 마지막 값을 일정한 상수와 비교하는 아주 간단한 트리거 표현식을 사용했다. 다행히도 트리거 표현식이 할 수 있는 것은 이게 전부가 아니다. 이제 좀 더 복잡한 트리거를 만들어보자.

SFTP^{SSH File Transfer Protocol} 서비스를 제공하는 A test host와 Another host라는 두 개의 서버가 있다고 가정하자. 아마 서비스 다운에 관심을 갖게 될 것이다. Configuration ➤ Host로 이동해 A test host 또는 Another host 옆에 있는 Triggers 버튼을 클릭한다. 그다음 Create trigger 버튼을 클릭해 아래 값을 입력한다.

- Name: One SSH service is down

- **Expression**: Add 버튼을 클릭하면 나타나는 팝업창에서 Item 항목 옆에 있는 Select를 클릭한다. 그리고 Host 드롭다운 메뉴에서 Another host가 선택됐는지 확인하고, NAME 열에서 SSH server status 아이템을 클릭한 다음, Insert 버튼을 클릭한다. 이제 입력된 표현식 끝으로 커서를 이동해 or를 입력한다(or 앞뒤는 공백이어야 한다). 다시 Add 버튼을 클릭하면, 나타나는 팝업창에서 Item 항목 옆의 Select를 클릭한다. 그리고 Host 드롭다운 메뉴에서 A test host를 선택하고 NAME 열에서 SSH server status 아이템을 클릭한 다음, Insert를 클릭한다.
- **Severity**: Average(중요하지 않은 서비스임을 기억하자).

최종 트리거 표현식은 다음과 같다.

```
{Another host:net.tcp.service[ssh].last()}=0 or {A test host:net.tcp.
service[ssh].last()}=0
```

완료되면 하단의 Add 버튼을 클릭한다.

 자빅스 2.4 이전 버전에서는 소문자 " or " 대신 파이프 문자 |를 사용한다.

여기까지의 과정을 통해 단순히 하나의 아이템 값을 비교하는 것보다 더욱 복잡한 표현식을 만들 수 있었다. 대신, 두 값을 비교해 둘 중 하나가 조건과 일치하면 트리거가 실행된다. 이것이 or 연산자의 기능이다. 다른 논리 연산자로 and가 있다. SSH 서버를 예제 트리거로 사용해, 두 개의 SSH 인스턴스 모두 다운될 때 실행되는 트리거를 만들 수 있다. 표현식은 간단하다. 단지 or 연산자를 and 연산자로 바꾸면 된다. 표현식은 다음과 같다.

```
{Another host:net.tcp.service[ssh].last()}=0 and {A test host:net.tcp.
service[ssh].last()}=0
```

트리거 표현식 연산자는 대/소문자를 구분하므로 AND는 유효한 연산자가 아니다. 소문자를 사용해야 한다.

트리거 표현식은 다른 연산자들도 지원한다. 우리가 만든 모든 트리거는 가장 일반적인 연산자인 항등 연산자 =를 사용했다. 이뿐만 아니라 비항등 연산자인 <>도 사용할 수 있다. 이 연산자는 항등 연산자의 반대이며, 표현식은 다음과 같다.

```
{A test host:net.tcp.service[ssh].last()}<>1
```

 자빅스 2.4 이전 버전은 "not equal" 비교를 위해 〈〉 대신 해시 기호 #를 사용했다.

아이템 값이 예상 값이 아닐 때, 트리거를 실행해야 하는 경우 유용하다.

트리거 표현식은 표준 수학 연산자 +, -, *, /와 비교 연산자 <, >, <=, >= 도 지원하므로 아이템 데이터와 상수 간의 복잡한 계산 및 비교를 할 수 있다.

다른 함수를 사용해 다른 트리거를 만들어보자. 프론트엔드 섹션 Configuration > Host로 이동해 Group 드롭다운 메뉴에서 Linux servers를 선택하고, A test host 옆의 Triggers를 클릭한다. 그다음 Create trigger 버튼을 클릭한 뒤, 다음 값을 입력한다.

- Name: Critical error from SNMP trap
- Expression: {A test host:snmptrap.fallback.str(Critical Error)}=1
- Severity: High

완료되면 하단의 Add 버튼을 클릭한다.

이번에는 다른 트리거 함수 str( )을 사용했다. 이 함수는 아이템 데이터에서 지정된 문자열을 검색하여, 발견하면 1을 반환한다. 그리고 이 함수는 대소문자를 구별한다.

이 트리거는 파라미터로 지정된 문자열이 아이템 마지막 값에 존재하지 않을 때 OK 상태로 바뀔 것이다. 수동으로 트리거를 OK 상태로 만들기 위해, 트리거가 체크하는 문자열을 포함하지 않은 트랩을 보낼 수 있다. 수동으로 성공 값을 보내는 것은 다른 시스템이 SNMP 트랩을 보낼 때 유용할 수 있다. 장애 발생 트랩이 성공적으로 수신됐지만, 네트워크 연결 문제 또는 다른 이유로 인해 해결 트랩이 손실된 경우, 가상의 트랩을 사용해 해당 트리거를 OK 상태로 복구할 수 있다. 기본으로 제공하는 트랩 처리 기능을 사용한다면, 트랩 정보를 임시 파일에 추가만 하면 된다. Zabbix trapper 아이템과 함께 스크립트 솔루션을 사용하는 경우, zabbix_sender를 사용할 수 있다. SNMP 트랩 관리는 4장, 'SNMP 장비 모니터링'에서 설명했다.

트리거 반복발생 현상 방지

앞에서 작성한 서비스에 대한 아이템과 트리거를 사용하면, 서비스가 중단된 즉시 트리거가 발생될 것이다. 그러나 로그 로테이션이나 백업 요구 사항으로 업그레이드하는 동안, 서비스가 잠시 중단될 것이라는 것을 알고 있는 경우에는 트리거가 발생되는 것이 바람직하지 않을 수 있다. 이런 경우 트리거 발생을 지연시키기 위해 다른 함수를 사용할 수 있다. last( ) 함수를 max( ) 함수로 바꾸면, 파라미터를 지정하여 얼마 동안 아이템 값이 문제가 있을 때만 트리거가 반응하도록 할 수 있다. 5분동안 서비스 응답이 없는 경우에만 발생하는 트리거 표현식은 다음과 같다.

```
{A test host:net.tcp.service[ssh].max(300)}=0
```

TIP

이 예제가 제대로 동작하려면 아이템 수집주기가 5분을 초과하지 않아야 한다. 아이템 수집주기가 트리거 함수의 체크 시간을 초과하면, max() 같은 트리거 함수를 쓸모 없게 만들어, 하나의 값만 확인될 것이다.

파라미터를 초로 인식하는 함수는 다음과 같이 파라미터를 숫자앞에 #를 붙여서 반환된 값의 개수로 사용할 수 있다.

```
{A test host:net.tcp.service[ssh].max(#5)}=0
```

이 경우 트리거는 항상 마지막으로 반환된 5개의 값을 확인한다. 이런 접근 방식은 아이템 수집주기가 변경에 따라 트리거 기간을 확장할 수 있지만, 데이터 전송이 멈출 수 있는 아이템에는 사용해서는 안 된다.

잠재적인 트리거 반복 발생 현상을 예방하기 위하여 트리거 함수를 사용하는 것이 가장 쉽고 많이 적용된다. 앞의 서비스 예제에서 지난 5분 동안 최댓값이 0인지를 확인했다. 따라서 서비스가 동작중임을 의미하는 값 1이 없다는 것을 확인했다.

CPU load 트리거에서 지난 3분동안의 평균값을 확인하기 위해 avg(180) 함수를 사용했는데, min(180)도 사용할 수 있다. 이 경우 평균값이 임곗값을 초과하더라도, 하나의 값이 임곗값 이하라면 3분 타이머를 재설정한다. 어느 것을 사용할지는 기능 요구 사항이 무엇인지에 따라 전적으로 독자에게 달려 있다. 항상 한 가지 방식만이 좋은 것은 아니다.

누락된 데이터 확인

CPU load 아이템과 같은 일부 아이템들은 항상 값을 수집할 것이다. 이 아이템의 문제 조건은 보통 '값이 너무 크다'이다. 그러나 어떤 아이템은 다를 수 있다. 예를 들면 agent.ping 키가 있는 아이템이다. 이런 아이템은 에이전트가 서버에서 사용할 수 있는지 여부를 알려주며, 에이전트가 작동 중일 때 1을 반환한다. 그러나 에이전트가 다운됐을 때, 값 0을 보내지 않으며 값은 없다. 따라서 마지막 값은 항상 1이므로, last() 함수를 사용할 수 없다. min(), max(), avg()도 마찬가지다. 다행히도 이 경우에 사용할 수 있는 nodata() 함수가 있다. 이 함수는 아이템이 일정 시간 동안 데이터를 수집하지 못하면 트리거가 발생한다. 예를 들어 A test host에 agent.ping 아이템을 만든다면, 트리거는 다음과 같을 것이다.

```
{A test host:agent.ping.nodata(300)=1}
```

여기서, nodata() 함수는 agent.ping 아이템이 300초(5분) 동안 수집한 데이터가 없는지 확인한다. 수집한 데이터가 없다면 트리거가 발생된다. 1과의 비교는 무엇일까? 자빅스의 모든 트리거 함수는 어떤 숫자를 반환한다. nodata() 함수는 지정된 기간 동안 수집한 데이터가 없으면 1을 반환하고, 하나의 값이라도 수집한 경우에는 0을 반환한다. 일부 트리거 함수가 어떤 반환값을 사용하는지 추측하는 것은 좋지 않을 수도 있다. 확실하지 않은 경우, https://www.zabbix.com/documentation/3.0/triggers/functions에서 설명서를 자세히 확인하는 것이 좋다.

nodata()는 시간 기반 트리거 함수다. '일반' 트리거 함수는 아이템에 새로운 값이 수집될 때 동작한다. 이는 CPU load 같은 아이템을 사용하는 트리거에는 맞는 말이다. 하지만 agent.ping 아이템과는 잘 동작하지 않는다. 값을 수집하면 아무 문제없이 트리거 함수가 동작하고 0을 반환한다. 그러나 값을 수집하지 못하면 트리거 함수는 동작하지 않고 트리거는 절대 발생되지 않는다. 그다음 다시 새로운 값이 수집되면 함수가 동작하고 새로운 값과 정상이라고 판단한 것이 보일 것이다.

따라서 이런 경우에, nodata() 함수는 새로운 값이 수집될 때만 동작하는 것이 아니고, 30초마다 동작한다. 이 동작 주기는 하드코딩되어 있다. 구체적으로, 표현식에 하나 이상의 시간 기반 함수를 사용하는 트리거는 30초 계산된다. 30초 간격으로 동작하는 nodata()

함수에 30초보다 낮은 파라미터를 사용하면 안 된다. 안전하게 파라미터를 60초 미만으로 사용하지 말자. 다음은 자빅스 3.0.0 버전의 시간 기반 트리거 함수다.

- date( )
- dayofmonth( )
- dayofweek( )
- nodata( )
- now( )
- time( )

이후 버전을 사용하는 경우 자빅스 설명서를 참고한다. 이 목록이 변경될 수 있다.

시간 초과 트리거

실패 시 트랩을 보내지만, 복구 시에는 트랩을 보내지 않는 시스템이 있다고 하자. 이런 경우, 수동으로 매 사건마다 트리거를 재설정하는 것은 선택이 아닌 필수다. 다행히도 방금 언급한 nodata( ) 함수를 사용해 시간 만료를 확인하는 트리거 표현식을 만들 수 있다. 10분 후에 시간 초과로 PROBLEM 상태를 만드는 표현식은 다음과 같다.

```
{Another host:snmptrap.fallback.str(Critical Error)}=1 and
{Another host:snmptrap.fallback.nodata(600)}=0
```

지금은 이 트리거가 발생하는 방식을 정확하게 다루기 위해, 트리거 표현식을 이전 예제로 변경하지는 않을 것이다.

nodata( ) 함수를 트리거에 추가하면 해당 트리거가 30초마다 계산한다는 점을 명심하자. 많은 수의 트리거가 이 함수를 사용하면 자빅스 서버의 성능에 상당한 영향을 줄 수 있다.

트리거의 유연한 임곗값 설정

절대값 대신 백분율로 임곗값을 측정하는 경우에도, 값의 범위에 따라 다른 임곗값이 필요한 모니터링 지표가 있다고 하자. 예를 들어, 디스크 공간 트리거에 바이트를 사용하면 디스크의 범위가 수십 메가 바이트에서 수백 테라 바이트 심지어 페타 바이트까지 되므로, 디스크의 값이 클 경우 잘 작동하지 않을 것이다. 트리거 표현식에 대한 지식을 적용하여, 전체 디스크 크기에 따라 임곗값을 변경할 수 있다. 이를 위해 여유 디스크 공간과 전체 디스크 공간 모두 모니터링해야 한다.

```
(
    {host:vfs.fs.size[/,total].last()}<=100GB
        and
    {host:vfs.fs.size[/,pfree].last()}<10
) or (
    {host:vfs.fs.size[/,total].last()}>100GB
        and
    {host:vfs.fs.size[/,pfree].last()}<5
)
```

이 표현식은 트리거와 관련된 모든 아이템이 하나 이상의 값을 수집한 경우에만 발생하는데, 이 경우 두 개의 아이템이 각각 두 번 참조된다.

이전의 트리거 표현식은 가독성을 위해 분할됐다. 자빅스 2.4 이전 버전에서는 한 줄에 입력해야 했지만, 자빅스 2.4부터는 트리거 표현식에서 개행 문자 및 탭 문자가 지원된다.

이 표현식은 두 가지 디스크 구성에 따라 트리거가 다르게 발생한다.

- 전체 디스크 공간이 100GB보다 작거나 같을 때
- 전체 디스크 공간이 100GB보다 클 때

전체 디스크 공간의 양에 따라, 다른 임곗값이 여유 디스크 공간에 백분율로 적용된다(작은 디스크의 경우 10%, 큰 디스크의 경우 5%).

100MB, 10GB, 100GB, 10TB 또는 그 이상의 디스크에 서로 다른 임곗값을 갖도록 쉽게 확장할 수 있다.

트리거 시간 제한

5장, '호스트, 사용자, 사용권한 관리'에서 호스트와 호스트 그룹 메인터넌스에 대해 설명했다. 메인터넌스 기능이 영향을 미칠 수 있는 가장 작은 개체는 호스트였으며, 메인터넌스 기능을 통해 알림을 중지할 수 있지만 특정 트리거에 대한 메인터넌스 기능은 없었다. 기능적으로 약간 다르긴 하지만, 트리거 수준에서 트리거가 활성화되는 시간을 제한할 수 있다. 이를 위해, 시간 기반 트리거 함수 몇 가지를 사용할 수 있다. CPU load 트리거를 예로 들면, 다음과 같이 보고가 많은 월요일에 트리거 발생을 제한할 수 있다.

```
{A test host:system.cpu.load.avg(180)}>1 and
{A test host:system.cpu.load.dayofweek()}<>1
```

dayofweek() 함수는 요일별로 1~7까지의 숫자를 반환하며, 반환값이 1이 아니면 앞의 표현식이 동작한다. 이 경우와 같이 트리거 함수에서 아이템 값을 전혀 사용하지 않더라도, 아이템에 트리거 함수를 추가해야 한다. CPU load 아이템 다음에 dayofweek() 함수를 사용하는 것이 보기에 직관적이지 않지만, 동일한 아이템을 다시 사용하는 것이 좋다.

또한 트리거가 주말 아침에 발생되지 않도록 만들 수 있다.

```
{A test host:system.cpu.load.avg(180)}>1 and
{A test host:system.cpu.load.dayofweek()}>5 and
{A test host:system.cpu.load.time()}<100000
```

여기에서는 요일 값이 5가 넘는지 확인한다(토요일과 일요일은 6과 7이다). 또한 트리거 함수 time()을 사용하는데, 이 함수는 시간을 HH:MM:SS 형식으로 반환하며, 이 예제에서는 10:00:00가 아닌지 확인한다.

이 방법은 트리거가 발생되는 것을 완전히 막아주므로, 알림을 받지 않으며 프론트엔드에서 트리거를 볼 수 없고 생성된 이벤트도 없다.

7장, '트리거 처리 액션 제어'에서 시간을 기준으로 트리거 알림을 제한할 수 있는 방법에 대해 설명한다.

상대적인 임곗값과 time shift

일반적으로 트리거 함수는 최신 값을 찾는다. last( )는 마지막 값을 가져오며, min( ), max( ), avg( )는 현재 시간부터 뒤로 계산해 지정된 시간을 본다. 일부 함수의 경우, time shift라는 추가 파라미터를 지정할 수 있다. 이것은 특정 과거로 돌아간 것처럼 함수를 동작하게 한다. 그것을 제외하고는 정확히 동일하게 작동한다. time shift를 사용하는 한 가지 방법은 상대적 임곗값을 갖는 트리거를 생성하는 것이다. CPU load 트리거에 1, 5,10 같은 고정 값 대신, 과거 기간과 비교해 load가 증가하면 발생하는 트리거를 만들 수 있다.

```
{A test host:system.cpu.load.avg(3600)} /
{A test host:system.cpu.load.avg(3600,86400)}
>3
```

이 예제에서는 기간을 1시간으로 변경했다. 과거의 결과와 고정된 임곗값을 비교하는 작업 대신, 86400초(하루) 전의 평균값과 비교한다. 기능적으로 이 표현식은 지난 한 시간 동안 평균 CPU load가 하루 전 같은 시간 동안의 평균 CPU load보다 3배 이상 큰지 확인한다.

이렇게 하면 CPU load가 1, 5, 500일 수 있는데, 이 트리거는 절대값을 신경 쓰지 않고, 단지 3배 이상 증가했는지 여부만 확인한다.

방금 사용했던 avg( ) 함수의 두 번째 파라미터가 time shift다. 값을 얻는 방법을 이해하기 위해, 새로운 아이템을 추가하고 time shift가 1시간으로 설정되어 있다고 가정하자.

현재는 13:00:00이고 아이템에 새로운 값이 들어 왔다. 1시간 동안 이전 값은 12:10:00, 12:20:00, 12:50:00까지였다. 1시간 전으로의 시간 이동은 값을 전혀 얻지 못할 것이다. 먼저 1시간 전인 12:00:00으로 되돌리고, 1시간 전의 모든 값을 찾지만 첫 번째 값은 12:10:00에 있었기 때문이다.

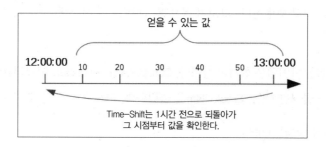

자빅스 3.0.0 버전부터 다음 함수가 time shift 파라미터를 지원한다.

- avg( )
- band( )
- count( )
- delta( )
- last( )
- max( )
- min( )
- percentile( )
- sum( )

> ℹ️ 트리거는 항상 트렌드 데이터가 아닌 이력 데이터에서 발생한다. 이력 보존 기간이 하루라면, 하루 전으로의 시간 이동은 값을 구할 때 일부 값을 놓칠 수 있기 때문에 사용해서는 안 된다.

시스템 시간 확인

자빅스는 모니터링 대상 시스템의 현재 시간 중 많은 것들을 확인할 수 있다. 이를 위해 빠른 구성을 만들어보자. 현재 시간을 수집하는 아이템을 생성하고, 그 시간을 자빅스 서버의 현재 시간과 비교하는 트리거를 생성한다. 물론 이것이 제대로 작동하려면 자빅스 서버의 시간은 정확해야 한다. 그렇지 않으면, 다른 모든 시스템들이 잘못됐다고 생각할 것이다.

제일 먼저 수집할 아이템은 현재 시간이다. Configuration > Hosts로 이동해 Another host 옆에 있는 Item을 클릭한 다음, Create item을 클릭한다. 그리고 다음 값을 채운다.

- Name: Local time
- Key: system.localtime
- Units: unixtime

완료되면 하단의 Add 버튼을 클릭한다. 이 아이템은 현재 시간을 유닉스 타임스탬프로 반환한다. 트리거에 Units가 꼭 필요하진 않지만, unixtime을 입력했다. 이것은 프론트엔드에서 타임스탬프를 사람이 읽을 수 있는 값으로 변환할 것이다. 아이템 Units에 대해서는 3장, '자빅스 에이전트와 기본 프로토콜과 모니터링'에서 자세히 설명했다.

아이템 목록 위의 막대에서 Triggers를 클릭한 뒤, Create trigger 버튼을 클릭한다. 그다음 값을 입력한다.

- Name: Incorrect clock on {HOST.NAME}
- Expression: Add를 클릭한 다음, Item 항목 옆의 Select를 클릭한다. Another host의 아이템 목록에서 NAME 열의 Local time을 클릭한 다음, Insert를 클릭한다. 그러면 Expression 항목은 표현식. {Another host:system.localtime.last()}=0으로 채워질 것이다. 실제로 필요한 것은 아니지만 여기에서는 함수를 선택하지 않기 위함이다. Expression 항목은 수동으로 편집할 것이다. 다음과 같이 변경한다. {Another host:system.localtime.fuzzytime(30)}=0.

- Severity: Warning

완료되면 하단의 **Add** 버튼을 클릭한다. `fuzzytime()` 함수는 파라미터로 기간을 받는다. 이렇게 하면, 아이템의 타임스탬프와 자빅스 서버의 현재 시간을 비교할 수 있다. 파라미터에 지정된 시간보다 차이가 큰 경우 0을 반환하며, 이것이 발견해야 하는 장애 조건이다. 일부 트리거 함수의 반환값에 대해 잘 모르는 경우에는 자빅스 매뉴얼을 확인하는 것이 좋다.

 자빅스 서버의 시간이 잘못되면 다른 모든 시스템에 대해 많은 양의 알림이 발생한다는 점을 주의하자.

가독성 좋은 상수

작은 값을 다룰 때는 일반 숫자 상수를 사용하는 것이 좋다. 그러나 아이템이 디스크 공간이나 네트워크 트래픽 같은 큰 데이터를 수집할 때, 일반 상수를 사용하는 방식은 꽤 불편하다. 원하는 값을 비교해야 하지만, 이 값이 실제로 얼마나 큰지 정확히 알기 어렵다. 이를 위해, 자빅스는 표현식에 suffix multipliers를 지원한다. 약어 K, M, G, T 등이 지원된다. 이를 통해 트리거 표현식이 더 짧아지며, 더 쉽게 읽을 수 있다. 예를 들어, host라고 불리는 서버의 디스크 공간을 검사하면 처음에는 다음과 같다.

```
{host:vfs.fs.size[/,free].last()}<16106127360
```

suffix multipliers를 사용하면 다음과 같이 된다.

```
{host:vfs.fs.size[/,free].last()}<15G
```

이 방법이 확실히 읽고 수정하기 쉽다.

또 다른 유형의 상수는 시간에 기반한다. 지금까지는 모든 트리거 함수에 시간을 초 단위로만 사용했지만, 약간 읽기 어려운 경향이 있다. 예를 들어, 6시간은 21600일 것이며, 시간이 더 크면 더 어려울 것이다. 이를 위해 다음과 같은 시간 기반 접미사가 지원된다.

- s: seconds
- m: minutes
- h: hours
- d: days
- w: weeks

접미사 s는 사용해도 동작 시 제거되지만, 다른 것들은 단위로 작동한다. 따라서 21600은 6h가 되어 훨씬 더 읽기 쉬울 것이다. 앞에서 살펴본 SSH 서비스 트리거 예제도 더 간단해진다.

```
{A test host:net.tcp.service[ssh].max(5m)}=0
```

지금은 자빅스의 트리거 기본 사항을 다뤘다. 그러나 나중에 사용할 다양한 조건들을 평가하는 더 많은 함수들이 있다. 프론트엔드 함수 선택창에 모든 함수가 포함되어 있지 않으므로, 때때로 함수를 찾아서 표현식을 직접 작성해야 한다. 전체 함수와 최신 함수 목록은 https://www.zabbix.com/documentation/3.0/manual/appendix/triggers/functions에서 공식 문서를 참고한다.

사용자 맞춤형 트리거 표시

트리거 설정과 관련된 모든 세부 사항을 살펴보면, 고려하는 문제를 자세하게 정의할 수 있어야 한다. 또한 트리거가 표시되는 방식을 사용자 맞춤형으로 할 수 있는 몇 가지 설정 옵션이 있다.

트리거 심각도

Administration ➤ General로 이동해 우측 상단의 드롭다운 메뉴에서 Trigger severities를 선택한다.

이 절에서 트리거 심각도 레이블과 색상을 사용자 정의할 수 있다. 이 페이지 하단의 Info 상자에 나와 있듯이, 심각도 레이블을 변경하면 자빅스 인스턴스를 사용하는 사용자들은 수동 번역이 필요하다.

트리거 표시 옵션

Administration ➤ General로 이동해 우측 상단의 드롭다운 메뉴에서 Trigger displaying options를 선택한다.

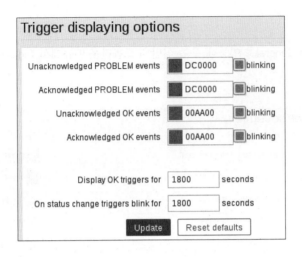

심각도 레이블만 수정할 수 있는 것이 아니다. PROBLEM/OK 상태에 사용되는 기본 색상인 빨강색과 녹색을 변경할 수도 있다. 또한 문제가 인지됐는지 아닌지에 따라 색을 다르게 할 수 있다. Monitoring ➤ Triggers와 다른 절에서 깜빡이는 트리거 상태를 다뤘다. 이 페이지에서는 트리거 상태와 인지 상태를 기반으로 깜박임을 선택적으로 활성화 또는 비활성화할 수 있을 뿐 아니라 최근 변경된 트리거가 깜빡이는 시간 길이도 정의할 수 있다 (여기에서는 기본값이 1800초로 정의되어 있다).

이벤트 세부 정보

트리거를 구성하면, 트리거는 액션에 의해 순서대로 실행되는 이벤트를 발생시킨다.

> 2장, '첫 번째 알림받기'에서 아이템, 트리거, 이벤트 관계를 포함하는 자빅스 내부의 고수준 정보흐름 스키마를 살펴봤다.

이벤트에 대한 더 자세한 정보를 보려면 프론트엔드에서 Monitoring ➤ Events로 이동한다. 그리고 TIME 열의 날짜와 시간을 클릭하면 PROBLEM 상태인 최신 항목을 볼 수 있다.

이벤트가 표시되지 않으면, 필터를 확장하고 Reset을 클릭한 다음, 선택한 기간에 이벤트 발생 시간이 포함되어 있는지 확인한다.

이렇게 하면 Event details 페이지가 열리며, 이벤트 흐름을 더 확실하게 확인할 수 있다. 여기에는 이벤트와 트리거 세부 정보, 액션 이력 등이 포함된다. 우측 하단의 Event list에는 previous 20 이벤트가 표시되며, 이 이벤트 중 하나를 클릭하면 선택한 이벤트를 기준으로 previous 20 이벤트를 볼 수 있다. 이 목록에는 단일 트리거에 대한 이벤트만 표시되므로, 독립적인 문제를 시간별로 알아야 할 경우 매우 유용하다.

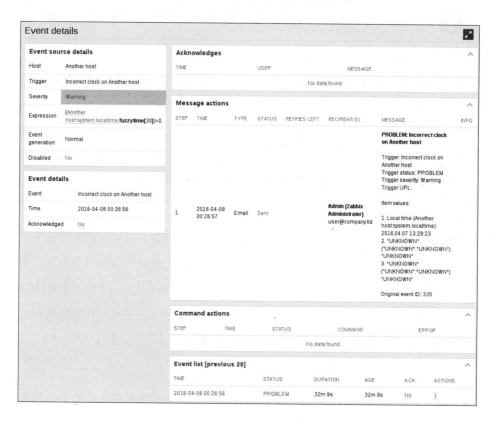

이벤트 생성과 이력

트리거 이벤트는 트리거가 상태를 변경할 때마다 생성된다. 트리거는 다음과 같은 상태가 될 수 있다.

- OK: 트리거 표현식이 false로 평가되는 정상 상태
- PROBLEM: 트리거 표현식이 true로 평가되어 문제가 있는 상태
- UNKNOWN: 자빅스가 트리거 표현식을 평가할 수 없는 상태 (일반적으로 누락된 데이터가 있는 경우)

 UNKNOWN 상태가 되는 트리거를 알리는 방법은 22장, '자빅스 운영/유지보수'를 참고한다.

트리거가 OK에서 PROBLEM, UNKNOWN 또는 다른 상태로 바뀌더라도 이벤트는 문제없이 생성된다.

 트리거 속성에서 Multiple PROBLEM events generation 옵션을 사용해 커스터마이징하는 방법도 있다. 이 옵션은 11장, '고급 아이템 모니터링'에서 설명한다.

앞에서 데이터 변경 후에 트리거 상태 변화를 피하기 위해 특정 트리거 함수를 사용할 수 있다는 것을 알았다. 이런 함수는 파라미터로 기간을 입력 받아 문제 발생이 한동안 지속되는 경우에만 반응하도록 할 수 있다. 그러나 아이템 값이 임곗값 근처에서 변동하여 나타나는 트리거 반복 발생 현상을 피하면서도, 가능한 빨리 알림을 원한다면 어떻게 해야될까? 여기에서 특정 자빅스 매크로(또는 변수)는 상태를 기억하는 일종의 이력hysteresis을 지원하는 트리거 표현식을 생성하는 것을 돕고 허용한다.

일반적인 경우는 온도를 측정하는 것이다. 매우 간단한 트리거 표현식을 예로 들면 다음과 같다.

```
server:temp.last( )>20
```

이 트리거는 온도가 21이었을 때 발생될 것이고, 20일 때 OK 상태가 될 것이다. 가끔 온도가 설정된 임곗값 주변에서 변동하기 때문에, 트리거는 반복 발생될 것이다. 이는 바람직하지 않으므로 다음과 같이 표현할 수 있다.

```
({TRIGGER.VALUE}=0 and {server:temp.last( )}>20) or
({TRIGGER.VALUE}=1 and {server:temp.last( )}>15)
```

여기에서는 새 매크로 TRIGGER.VALUE가 사용된다. 이 표현식은 트리거가 OK 상태이면 이 매크로는 0을 반환하고, 트리거가 PROBLEM 상태에 있으면 1을 반환한다. 논리 연산자 or를 사용해, 트리거가 OK 상태이고 온도가 20을 초과했을 때, 또는 트리거가 PROBLEM 상태이고 온도가 15를 초과했을 때, PROBLEM 상태로 변경한다고 명시하고 있다.

값이 20도의 상한 임곗값을 통과했을 때 PROBLEM 상태로 바뀌고, 15도의 낮은 임곗값 아래로 떨어지는 경우에만 해결되는 두 개의 임곗값을 갖는 트리거라고 생각할 수도 있다.

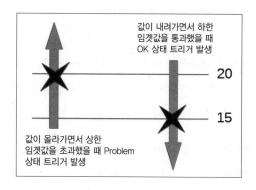

20도 이상의 온도만 체크한 표현과 비교했을 때 상황이 어떻게 바뀌었는지 살펴보자.

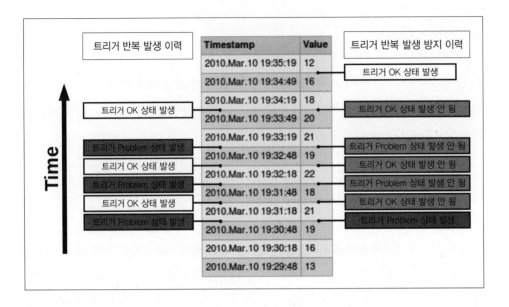

트리거 반복 발생 이력	Timestamp	Value	트리거 반복 발생 방지 이력
	2010.Mar.10 19:35:19	12	트리거 OK 상태 발생
	2010.Mar.10 19:34:49	16	
트리거 OK 상태 발생	2010.Mar.10 19:34:19	18	트리거 OK 상태 발생 안 됨
	2010.Mar.10 19:33:49	20	
	2010.Mar.10 19:33:19	21	트리거 Problem 상태 발생 안 됨
트리거 Problem 상태 발생	2010.Mar.10 19:32:48	19	
트리거 OK 상태 발생	2010.Mar.10 19:32:18	22	트리거 OK 상태 발생 안 됨
트리거 Problem 상태 발생			트리거 Problem 상태 발생 안 됨
트리거 OK 상태 발생	2010.Mar.10 19:31:48	18	트리거 OK 상태 발생 안 됨
트리거 Problem 상태 발생	2010.Mar.10 19:31:18	21	트리거 Problem 상태 발생
	2010.Mar.10 19:30:48	19	
	2010.Mar.10 19:30:18	16	
	2010.Mar.10 19:29:48	13	

이 예제에서는 불필요한 PROBLEM 상태 발생으로 인한 최소 2번 이상의 알림 발생을 방지했다. 이것이 트리거 반복 발생 현상을 방지하는 또 다른 방법이다.

▌ 요약

6장에는 모니터링 환경에서 발생하는 이벤트를 대응하는 것과 관련된 개념들이 있다. 이 장에서는 인지해야 하는 조건을 설명하는 트리거 표현식에 대해 배웠다. 트리거 자체에는 유용한 기능들이 있으며, 트리거들을 서로 연관 지을 수 있다.

또한, 트리거 표현식에 min( ), max( ), avg( ) 같은 함수 사용과 트리거 이력을 적용해 트리거 반복 발생 현상을 줄이는 여러 가지 방법을 다뤘다.

그 밖에 다뤘던 트리거 활용은 다음과 같다.

- 누락된 데이터를 검출하는 함수인 nodata( ) 사용
- 트리거 시간 종료를 확인하기 위한 nodata( ) 사용

- 총 디스크 공간에 따라 상이한 사용 디스크 공간의 임곗값을 갖는 트리거
- 특정 기간 동안에만 동작하는 트리거 생성
- 최근 데이터와 얼마 전의 상황을 비교하는 상대적 임곗값을 갖는 트리거

 아이템 이력을 0으로 설정하면, 마지막 값만 확인하는 트리거도 동작하지 않는다.

트리거 설정에는 삶을 편하게 만들고, 어려운 문제를 유발할 수 있는 많은 것들이 있다. 다행히도 이 장에 있는 기본 사항을 이해하면 전자의 이점이 있고, 후자를 피하는 데 도움이 된다.

7장에서는 트리거 지식을 사용해 트리거가 발생된 후 할 수 있는 것들에 대해 알아본다. 트리거 발생에 따라 이메일을 보내거나 명령어를 실행하는 방법에 대해 알아보자.

07

트리거 처리 액션 제어

트리거에 대한 자세한 내용을 배웠으므로, 이제는 트리거가 발생될 때 할 수 있는 일들을 살펴보자. 단순히 프론트엔드에서 장애를 확인하는 것만으로는 만족할 수 없다. 이메일이나 SMS를 사용해 알림을 보내거나 심지어 자동으로 장애가 해결되기를 원할 수도 있다.

액션Actions은 트리거 발생에 대해 어떠한 조치를 제공한다. 알림을 보내고 자동으로 명령을 실행해보자.

7장에서 다루는 내용은 다음과 같다.

- 알림 전송 시 조건 제한 방법 습득
- 알림 보내기
- 임계치 도달과 에스컬레이션

- 미디어 스크립트 사용
- 이슈 관리 시스템 통합
- 전역 스크립트 이해

▌ 액션

개별 아이템을 확인하는 것보다 트리거를 발생시키는 것이 더 낫지만, 여전히 엄청난 수작업이 필요할 것이다. 이를 위해 액션이라는 기능이 존재하며, 상황 변화에 반응하는 알림 및 기타 방법을 제공한다.

가장 일반적인 방법은 이메일이다. 2장, '첫 번째 알림받기'에서 item-trigger-action의 작업 체인 전체를 처음 구성할 때 액션을 올바르게 설정했다면, 서비스 시작/ 중지 시, 혹은 테스트 파일을 생성할 때마다 이메일을 수신했을 것이다. 액션 기능을 더 상세히 살펴보자.

알림 전송 시 제한 조건

2장, '첫 번째 알림받기'에서 생성한 액션은 이벤트 범위를 제한하지 않았으므로 모든 알림을 받을 수 있었다. 이제 특정 조건으로 제어해보자. Configuration ➤ Actions으로 이동한 다음 Create action을 클릭한다.

 다음 학습은 이메일 설정이 제대로 구성되어 있고(2장, '첫 번째 알림받기'에서 설정 완료), Our users(5장, '호스트, 사용자, 사용권한 관리'에서 생성 완료) 사용자 그룹이 생성된 상태에서 진행한다.

Name 필드에 SNMP action을 입력한 후 Conditions 탭으로 전환한다. 기본적으로 이미 두 가지 조건이 추가되어 있다. 왜일까?

이미 추가된 두 개의 조건은 대부분의 사용자가 새로운 액션을 수행하는 데 매우 유용하다.

- Maintenance status not in maintenance: 이 조건은 메인터넌스 중에는 아무런 오퍼레이션도 수행하지 않도록 한다. 필요하지 않으면 삭제해도 된다. 예를 들어 기술자는 메인터넌스 중에도 알림을 받고 싶어 하지만, 헬프 데스크 멤버는 그렇지 않을 수 있다.

- Trigger value = PROBLEM: 이 조건은 장애가 발생했을 때만 액션을 수행한다. 트리거가 해결되면 트리거 값이 OK로 변경되지만, 이 조건으로 인해 복구 시 이벤트는 무시된다. 장애가 해결됐을 때 알림을 받기 위해 이 조건을 제거할 수도 있겠지만, 권장하지는 않는다. 이 장의 뒷부분에서 더 나은 복구 메시지 옵션에 대해 설명한다.

트리거 값 조건을 제거하고 싶은 사람이 있는가? 장애가 발생했을 때와 해결될 때 모두 스크립트 실행이 필요한 경우도 있다. 이 조건을 제거할 수는 있지만, 제거한 경우 에스컬레이션을 사용해서는 안 된다. 장애 발생과 복구 이벤트 모두 에스컬레이션되면, 매우 혼란스러울 것이다.

Conditions	LABEL	NAME		ACTION
	A	Maintenance status not in *maintenance*		Remove
	B	Trigger value = *PROBLEM*		Remove
	C	Host group = *Important SNMP hosts*		Remove

이제 액션 학습을 위해 기본 조건을 그대로 두고 오퍼레이션으로 이동해보자. 오퍼레이션은 실제 수행되는 작업을 말한다. **Operations** 탭으로 전환하고 **Action operations** 블록에 **New** 링크를 클릭한다. 먼저, 하나의 **USER GROUP**에 이메일을 보내는 아주 간단한 동작을 설정해 볼 것이다. 이 화면은 상당히 혼란스러울 수 있다. **Send to User groups** 세션에서 **Add**를 클릭하고 다음 창에서 **Our users**를 클릭한다. 결과는 다음과 같다.

	USER GROUP	ACTION
	Our users	Remove
	Add	
Send to User groups		

 초기 자빅스 3.0 버전에는 이 화면의 레이블이 잘못 정렬되어 있기 때문에 세션을 잘 확인해 사용해야 한다.

이제 **Operation details** 블록의 메인 **Add** 링크(Conditions 섹션 바로 아래)를 클릭한다. 마지막으로 하단의 **Add** 버튼을 클릭한다. 이메일을 보내는 방법을 적절히 테스트하려면 이전에 추가한 액션을 사용하지 않도록 설정해야 한다. **Test Action** 옆의 체크박스를 선택하고 하단의 **Disable** 버튼을 클릭한 다음 팝업에서 비활성화되는 것을 확인한다.

이제 SNMP trap 아이템의 트리거가 필요하다. **Configuration > Hosts**로 이동해 snmptraps 옆의 **Triggers**를 클릭하고 **Create trigger**를 클릭한다. 다음과 같이 입력하자.

- Name: SNMP trap has arrived on {HOST.NAME}

- Expression: {snmptraps:snmptraps.nodata(30)}=0
- Severity: Information

이런 트리거는 트랩이 도착할 때마다 발생되며 약 30초 후에 장애가 해결된다. 6장, '트리거를 통한 문제 감지'에서 NODATA( ) 트리거 기능을 언급했다. 완료되면 하단의 Add 버튼을 클릭한다.

Another host에도 트리거를 발생시키려고 한다. 방금 생성한 트리거를 복사해보자. 해당 트리거를 선택하고 Copy를 클릭한다. Target type 드롭다운에서 Hosts를 선택하고 Group 드롭다운에서 Linux servers를 선택하고 Target은 Another host를 선택한다.

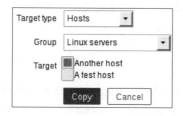

완료되면 Copy를 클릭한다.

 트리거 발생이 불필요한 아이템의 알림을 제거하려면 Configuration ❯ Hosts로 가서 Another host 옆에 있는 Items를 클릭하고 Experimental SNMP trap 아이템을 제거하거나 아이템 키를 변경한다.

아직 놓친 링크가 하나 있다. Our users 그룹의 두 사용자 중 한 명이 사용자 미디어가 설정되어 있지 않다. 미디어를 추가하기 위해 Administration ❯ Users로 이동해 ALIAS의 열의 monitoring_user를 클릭한다. Media 탭으로 전환하고 Add를 클릭한다. 그다음 Send to 필드에 이메일 주소를 입력하고 Add를 클릭해 팝업을 종료한다. 마지막으로 변경 사항을 저장하기 위해 Update를 클릭한다.

이제 트리거를 발생시켜보자. Another host에서 다음을 실행한다.

```
$ snmptrap -Ci -v 2c -c public <Zabbix server> "" "NET-SNMP-
MIB::netSnmpExperimental" NET-SNMP-MIB::netSnmpExperimental s "Critical Error"
```

 SNMP trap 수신에 대한 자세한 내용은 4장, 'SNMP 장비 모니터링'을 참고한다.

<Zabbix server>는 자빅스 서버의 IP 또는 DNS 명으로 변경한다. 이 값은 Another host 의 snmptraps 아이템에서 끝나고 트리거 발생과 연결시켜 준다. Monitoring ➤ Triggers에 서 트리거 발생을 확인할 수 있다.

 다음 트랩이 snmptraps 호스트에서 끝나게 하려면 Configuration ➤ Hosts에서 Another host 옆에 있는 Items를 클릭하고 snmptraps 아이템을 제거하거나 아이템 키를 변경하자.

Another host로 또 다른 트랩을 보내보자.

```
$ snmptrap -Ci -v 2c -c public <Zabbix server> "" "NET-SNMP-
MIB::netSnmpExperimental" NET-SNMP-MIB::netSnmpExperimental s "Critical Error"
```

Another host가 더 이상 snmptraps 아이템을 가지고 있지 않기 때문에, 이 값은 대신 snmptraps 호스트로 가게 된다. 이제 이전에 생성한 액션으로부터 이메일을 받았을 것이 다. 다른 화면, 즉 이벤트 보기를 확인해보자. Monitoring ➤ Events를 열고 최근 몇 가지 이 벤트를 살펴보자.

TIME	HOST	DESCRIPTION	STATUS	SEVERITY	DURATION	ACK	ACTIONS
2016-04-13 04:02:56	snmptraps	SNMP trap has arrived on snmptraps	PROBLEM	Information	34s	No	
2016-04-13 04:02:30	Another host	SNMP trap has arrived on Another host	OK	Information	1m 25s	No	
2016-04-13 04:00:56	Another host	SNMP trap has arrived on Another host	PROBLEM	Information	1m 34s	No	1	1

 SNMP 이벤트가 표시되지 않았다면 Group과 Host 드롭다운이 All로 선택되어 있는지 확인한다.

지금까지 세 가지 이벤트가 성공적으로 등록됐음을 알 수 있다. 먼저 SNMP Trap 아이템은 Another host에서 장애가 발생된 다음 복구됐으며, 마지막으로 snmptraps 호스트에서 트리거가 발생됐다. 그러나 ACTIONS란 제목의 마지막 칼럼은 다르게 표시됐다. 첫 번째 PROBLEM 이벤트에는 나열된 숫자가 있지만 가장 최근의 이벤트에는 아무것도 없다. 여기에 이유가 있다.

 자빅스에서는 트리거에서 참조되는 시스템 중 적어도 하나의 시스템에 대해, 읽기 전용 액세스 권한 이상을 가진 사용자만 알림을 받을 수 있다.

snmptraps 호스트는 중요한 SNMP host group에 있으며, 우리가 사용하는 사용자 그룹은 이 권한에 대해 명시적으로 Deny로 설정됐다.

host group 권한과 액션 조건을 결합하여 매우 복잡한 알림 시나리오를 만들 수 있다.

추가 액션 조건

지금까지 두 가지 기본 액션 조건만 사용해봤다. 사실, 자빅스는 액션이 언제 호출되는지를 결정하는 많은 다양한 조건을 제공한다. 다양한 조건을 사용할 수 있는 몇 가지 예를 살펴보자.

- **Application**: 특정 애플리케이션의 액션을 제한할 수 있다. 예를 들어, MySQL 애플리케이션에 속한 아이템에만 반응하도록 작업할 수 있다. 이는 자유 입력 필드이므로 실제 애플리케이션 이름과 일치하게 입력해야 한다. 또한 애플리케이션 이름이 입력한 문자열을 포함하거나 포함하지 않는 조건을 넣을 수 있다.
- **Host**: 액션 호출에 중요하거나, 중요하지 않은 호스트를 구분할 수 있다.
- **Host group**: 호스트 조건과 유사하게 호스트 그룹 자격을 기준으로 제한할 수 있다.
- **Trigger**: 이 조건을 통해 개별 트리거를 일치시킬 수 있다.
- **Trigger name**: 위에 나열한 조건보다 약간 유연하다. 이 조건에서는 트리거명을 기반으로 호출을 제한할 수 있다(예: 이름에 문자열 database가 있는 트리거에만 적용).
- **Trigger severity**: 심각도가 가장 높은 두 개의 트리거, 또는 가장 낮은 심각도의 경우에만 발생하도록 액션을 제한할 수 있다.
- **Time period**: 지정된 기간 동안 장애가 발생한 경우에만 액션을 수행하거나 혹은 수행하지 않을 수 있다.

특정한 상황에 유용하게 사용할 수 있는 더 많은 액션 조건이 있다. 나중에 사용할 수 있게 액션 조건 구성의 목록을 확인하자.

복잡한 조건

액션 속성의 Conditions 탭 상단에 Type of calculation 드롭다운이 있다. 액션에 둘 이상의 조건이 있을 때 나타난다. 기본 액션은 이미 두 가지 조건이 있기 때문에, 리스트에는 Type of calculation가 뜰 것이다. 어떤 기능을 제공하는지 알아보자.

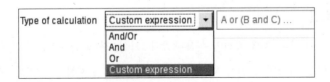

- **And**: 모든 조건이 충족돼야 액션 실행
- **Or**: 적어도 하나의 조건이 일치해야 액션 실행
- **And/Or**: 동일한 타입의 조건은 Or로, 다른 타입의 조건은 And로 판단
- **Custom expression**: 완전 자유 옵션으로 사용자가 조건을 판단하는 방법을 정의

처음 두 옵션은 매우 명확하다. **And/Or**는 자동으로 표현식을 만들고 논리는 조건 타입을 기반으로 한다. 예를 들어 다음과 같은 조건이 있는 경우,

- A: `Application = MySQL`
- B: `Application = PostgreSQL`
- C: `Trigger severity = High`
- D: Host group = `Database servers`

And/Or 옵션은 (A or B) and C and D 수식을 생성한다. 이는 많은 경우에서 작동하지만, 지금은 **Host group**에 다음과 같이 다른 조건을 추가하려고 한다.

- E: Host group = `Production servers`.

 실제 자리 표시자 문자는 자빅스 프론트엔드에서 조건 정렬이 다르게 보일 수 있다. 조건을 추가하거나 제거할 때 기존 조건의 문자가 변경될 수 있으니, 사용자 정의 표현식과 조건을 사용할 때 주의하자.

식은 (A or B) and C and (D or E)가 될 것이다. 새 **Host group** 조건은 동일한 타입으로 이전의 **Host group** 조건과 함께 " or " 조건으로 연결된다. 이는 아마도 사용자가 의도한 바가 아닐 것이다. 이 경우에는 'Database servers와 Production servers 그룹 모두에 대한 호스트' 조건을 원한다. and/or 옵션은 이 경우 도움이 되지 않으므로 Custom expression(사용자 정의 표현)을 사용할 수 있다. 이 경우, 입력 필드에 수식을 입력만 하면 된다.

(A or B) and C and (D and E)

D와 E의 그룹화는 선택 사항이다. 명확히 하기 위해 추가했다.

 일부 조건을 부정하는 조건식을 만들 때 상황은 훨씬 더 복잡해진다. 특정 그룹 A나 B에 소속되는 호스트에서 발생하는 장애의 액션을 스킵하고 싶다면, 그룹 A에도 포함되는 조건과 그룹 B에 포함되는 조건으로 (A and B)를 구성하려고 생각할 것이다. 하지만 이 조건식은 동작하지 않는다. 이 조건식은 특정 호스트가 그룹 A와 B가 동시에 아닐 때 동작하기 때문이다. 표현식을 (A or B)로 만든다면, 호스트가 두 개의 그룹에 동시에 포함되지 않는 한 표현식은 매치된다. 예를 들어 그룹 A에 포함되는 호스트에 장애가 발생할 경우 자빅스는 첫 번째 조건과 비교한 후 액션이 실행되지 않아야 할 것으로 판단할 것이다. 하지만 다음에 나오는 or 조건과 비교하면서, host가 그룹 B가 아닐 경우 액션을 동작하게 된다.

종속성과 액션

알림 전송을 제한하는 또 다른 방법은 트리거 의존성이다. 여기서는 정말 유용하다. 이미 활성화된 트리거와 동일한 종속 트리거가 발생되면 종속 트리거는 프론트엔드의 활성 트리거 목록에 나타나지 않는다. 이때는 액션이 수행되지 않는 것이 낫다. 만약 NFS^Network File System 서버 베이스의 웹사이트가 있고, 여기에 종속성을 설정한 경우 NFS 서버가 다운되면 웹 사이트 문제에 대해 사용자에게 알리지 않는다. 해결해야 할 문제가 있을 때 이메일이 넘치지 않게 하는 것이 좋다.

종속 트리거가 설정된 아이템을 자주 확인하면 조건에도 경쟁이 생길 수 있다. 종속 트리거가 처음 발생되고, 이후 다른 트리거가 바로 뒤에 발생되는 경우, 두 개의 알림이 실행 중에 놓인다. 프론트엔드에 트리거가 표시되는 데는 큰 문제는 없지만, 이와 관련된 액션이 존재하는 경우 바람직하지 않을 수 있다. 이런 오탐이 자주 나타나는 경우 종속 아이템이 항상 약간 더 긴 간격을 갖도록 아이템 수집주기를 변경하자.

318

사용자 미디어 제한

액션에 대한 제한뿐만 아니라 미디어별로 제한할 수 있다. Administration > Users를 클릭하고 ALIAS 열의 Admin을 클릭하자. Media 탭으로 전환한 다음 여기에서 생성한 미디어 옆에 있는 Edit을 클릭한다.

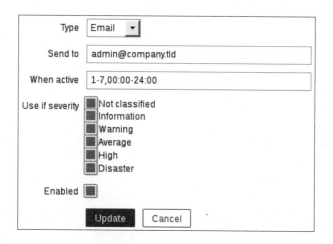

 운영자 레벨의 사용자는 자신의 미디어를 변경할 수 있으나, 일반 사용자는 자신의 미디어를 변경할 수 없다.

제한을 고려할 때, 주로 두 개의 정보에 관심이 있을 것이다. When active와 Use if severity 이다.

레이블명에서 알 수 있듯이 이들 중 첫 번째는 미디어 사용 기간을 설정할 수 있다. 날짜는 1-7의 숫자와 HH:MM-HH:MM의 24시간 표기법으로 표시된다. 세미콜론으로 여러 시간대를 결합할 수 있다. 이렇게 하면 주말과 야간에 기술자에게 SMS를 보낼 수 있으며, 근무일 동안 이메일을 보내고 근무 시간 중에 헬프 데스크에 이메일을 보낼 수 있다.

주는 월요일부터 시작된다.

예를 들어, 이와 같은 미디어 활성 기간은 일주일 동안 다른 근무 시간을 가진 직원에게 유용할 수 있다.

`1-3,09:00-13:00;4-5,13:00-17:00`

알림이 다음과 같이 전송된다.

- 월요일 ~ 수요일, 09:00 ~ 13:00
- 목요일, 금요일 13:00 ~ 17:00

 이 기간은 액션의 기간 조건과 함께 동작한다. 이 사용자의 액션은 두 기간이 겹칠 때만 수행된다.

Use if severity 옵션은 불쌍한 기술자가 밤에는 재난 알림 외에는 SMS 메시지를 받고 싶지 않을 때 유용하게 사용할 수 있다.

Cancel을 클릭해 이 창을 닫자.

알림 보내기

액션 오퍼레이션에 지정된 두 사용자 모두 snmptraps 호스트에 대한 액세스가 명시적으로 거부됐으므로 액션 오퍼레이션에 유효하지 않다.

이제 이 호스트에 대한 액세스 권한을 부여해보자. Administration > User groups로 이동해, NAME 열에 있는 Our users를 클릭한다. Permissions 탭으로 전환한 다음 DENY 리스트에

320

서 Important SNMP hosts를 체크하고, 아래 Delete selected 클릭한다. 마지막으로 Update를 클릭한다. 두 사용자는 이제 원하는 호스트를 액세스할 수 있다.

트리거가 계속 비활성화돼 있으므로, snmptraps 호스트의 활성화된 트리거에 다른 트랩을 보낼 수 있다.

 Trigger value = PROBLEM 조건으로 인해 트리거가 비활성화됐을 때 메시지가 전송되지 않는 것을 확인하자. 이 장의 뒷부분에서 복구 메시지를 사용하게 설정한다.

Another host에서 다음 명령을 실행하자.

```
$ snmptrap -Ci -v 2c -c public <Zabbix server> "" "NET-SNMP-
MIB::netSnmpExperimental" NET-SNMP-MIB::netSnmpExperimental s "Critical Error"
```

트리거가 다시 발생될 때까지 잠시 기다린다. 이메일을 확인하면 이전에 알려지지 않은 snmptraps 호스트에 대한 알림을 받았을 것이다. 이벤트 목록을 다시 보자. Monitoring ➤ Events를 열고, 최신 항목을 확인한다.

TIME	HOST	DESCRIPTION	STATUS	SEVERITY	DURATION	ACK	ACTIONS
2016-04-13 08:16:04	snmptraps	SNMP trap has arrived on snmptraps	PROBLEM	Information	56s	No	1	1

 ACTIONS 열에 오렌지 색의 수가 표시되면 몇 분 더 기다리자. 이런 지연의 이유에 대해서는 22장, '자빅스 운영/유지보수'에서 살펴본다.

한 가지, ACTIONS 칼럼의 이상한 목록이 보이는데, 이것은 무엇일까? 두 가지 색으로 구분된 숫자는 마치 암호처럼 보인다. 이것들이 의미하는 바를 찾아보자. Reports ➤ Action log를 열고 마지막 몇 개의 항목을 살펴보자.

RECIPIENT(S)	MESSAGE	STATUS	INFO
monitoring_user (monitoring user) monitoring_user@company.tld	**Subject:** PROBLEM: SNMP trap has arrived on snmptraps **Message:** Trigger: SNMP trap has arrived on snmptraps Trigger status: PROBLEM Trigger severity: Information Trigger URL: Item values: 1. Received SNMP traps (snmptraps:snmptraps): 192.168.56.11 "Critical Error" NET-SNMP-MIB::netSnmpExperimental 2. *UNKNOWN* (*UNKNOWN*:*UNKNOWN*): *UNKNOWN* 3. *UNKNOWN* (*UNKNOWN*:*UNKNOWN*): *UNKNOWN* Original event ID: 374	Sent	
advanced_user (advanced user)	**Subject:** PROBLEM: SNMP trap has arrived on snmptraps **Message:** Trigger: SNMP trap has arrived on snmptraps Trigger status: PROBLEM Trigger severity: Information Trigger URL: Item values: 1. Received SNMP traps (snmptraps:snmptraps): 192.168.56.11 "Critical Error" NET-SNMP-MIB::netSnmpExperimental 2. *UNKNOWN* (*UNKNOWN*:*UNKNOWN*): *UNKNOWN* 3. *UNKNOWN* (*UNKNOWN*:*UNKNOWN*): *UNKNOWN* Original event ID: 374	Not sent	☒

STATUS 열에 monitoring_user 메시지 전송은 성공했고, advanced_user는 실패했다고
표시된다. 따라서 이벤트 목록의 녹색 숫자는 성공적으로 알림을 보냈음을, 적색 숫자는
실패를 의미한다. 실패한 이유를 보기 위해 INFO 열의 적색으로 표시된 X에 마우스 커서
를 올려보자.

No media defined for user "advanced user
(advanced_user)"　　　　　　　　　　　×

훌륭하게도 오류에 대해 명확하게 설명하고 있다. advanced_user에 정의된 미디어가 없다. 우리는 이벤트 목록에 있는 번호가 성공한 경우 녹색을, 실패한 경우 적색을 띤다는 것을 쉽게 알 수 있다. 또한 미디어가 올바르게 설정되지 않은 사용자에게 메시지를 보내도록 액션을 구성하면 안 된다는 것을 보여주고 있다. 이런 오류는 불필요한 액션 로그가 쌓이게 하며, 유용한 정보를 얻으려 할 때 방해 요소가 될 수 있다.

액션 로그에서 세부 정보를 제공하는 동안 이벤트 목록에서 오류를 발견할 수 있었다. Monitoring ➤ Events로 돌아가서 ACTIONS 열의 적색으로 표시된 숫자 1 위로 마우스 커서를 옮기자. 팝업이 나타난다. 팝업창을 고정시키기 위해 숫자 1을 클릭하고 마우스 커서를 INFO 열의 적색 X 위로 옮겨보자. 똑같이 팝업으로 정보를 줄 것이다. 이 경우, 이 사용자에게 정의된 미디어가 없다고 말해 주고 있다.

매크로 사용

수신한 이메일을 자세히 살펴보자(이미 삭제한 경우 몇 개의 SNMP 트랩만 보내면 된다). 제목과 본문 모두 SNMP trap has arrived on snmptraps라는 트리거명이 언급되어 있다. 트리거명에 호스트명을 매크로로 포함시킨 것은 좋은 선택이었다. 이제부터 다른 방법을 살펴보겠지만, 일반적으로 트리거명에 호스트명을 항상 포함시키는 것을 추천한다. 그렇게 하면 알림을 받았지만 어떤 호스트에 문제가 있는지 알 수 없는 상황을 피할 수 있다. 예를 들어 트리거에서 호스트명 매크로를 생략한 경우 이메일 알림에 SNMP trap has arrived 라고 표시된다.

앞에서 언급한 또 다른 방법으로, 특별한 경우에 사용할 수 있는 매크로를 살펴보고 편집해보자. Configuration ➤ Actions로 이동해 NAME 열에 SNMP action을 클릭한 다음, 기본 제목 필드 내용을 다음과 같이 변경한다.

```
{TRIGGER.STATUS}: {TRIGGER.NAME} on {HOST.NAME}
```

매크로라는 단어 사용이 약간 혼란을 줄 수도 있다. 자빅스는 매크로(macros)라고 명명하는데, 더 정확하게 하자면 변수(variables)라고 말할 수 있다. 이 책에서는 자빅스 기술용어에 따라 매크로로 사용할 것이며, 변수로 생각하고 읽어도 무방하다.

필드에 이미 {TRIGGER.STATUS}과 {TRIGGER.NAME} 매크로 두 개가 포함돼 있다. 매크로의 이점은 많은 경우를 다루는 단일 액션을 가질 때 확실하다. 가능한 모든 상황을 다루기 위해 무수히 많은 액션을 취할 필요가 없다. 대신 매크로를 사용해 특정 이벤트와 관련된 원하는 정보로 바꾸어 얻을 수 있다. 매크로명은 일반적으로 매크로의 기능에 대한 정보가 포함된다. 이 경우 이미 트리거명 및 상태 매크로가 포함된 기존 제목을 수정했지만 호스트명 매크로를 추가해 트리거명에 호스트명을 포함하는 것이 좋다.

변경 사항을 확인하려면 **Update**를 클릭한다. 이전과 같이 SNMP 트랩을 보내서 트리거 상태를 변경한 다음 이메일을 확인한다. 이제 제목에 호스트명이 포함된다. 그러나 이번에는 호스트명이 두 번 포함되고 있다. 우리가 무엇을 한 것일까? 제목은 아래와 같다.

PROBLEM: SNMP trap has arrived on snmptraps on snmptraps

트리거명과 액션 제목에 동일한 매크로를 사용했다. 호스트명을 지정하려는 위치를 결정하고 항상 해당 규칙을 따라야 한다.

이메일 본문 메시지 끝에 약간 생소한 문구가 있다. UNKNOWN이라는 단어와 함께 다음과 같이 표시돼 있다.

Received SNMP traps (snmptraps:snmptraps): 192.168.56.11 "Critical Error" NET-SNMP-MIB::netSnmpExperimental
UNKNOWN (*UNKNOWN*:*UNKNOWN*): *UNKNOWN*
UNKNOWN (*UNKNOWN*:*UNKNOWN*): *UNKNOWN*

이제 해당 액션 설정을 살펴보면 다음과 같다.

```
Item values:
{ITEM.NAME1} ({HOST.NAME1}:{ITEM.KEY1}): {ITEM.VALUE1}
{ITEM.NAME2} ({HOST.NAME2}:{ITEM.KEY2}): {ITEM.VALUE2}
{ITEM.NAME3} ({HOST.NAME3}:{ITEM.KEY3}): {ITEM.VALUE3}
```

이런 매크로에 추가된 숫자(예: {ITEM.NAME1})는 트리거 표현식의 아이템 순차 번호다. 우리에게 알림을 보낸 트리거는 단일 아이템만 참조했으므로 첫 번째 참조가 작동하고 두 번째와 세 번째 아이템을 참조하지 못하고 메시지에 *UNKNOWN*이 출력된다. 기본 액션은 예제로 사용하기 위한 것이다. 이 경우 여러 아이템을 참조할 수 있는 기능을 보여준다. 대부분의 트리거가 하나의 아이템만 참조하는 경우 두 번째와 세 번째 줄은 삭제하길 원할 것이다. 하지만 현재 아이템 값이 있는 경우에만 조건부로 출력할 수 있는 방법은 없다.

경우에 따라 메시지 수신자에게 이벤트 관련 매크로에서 바로 얻을 수 없는 추가적인 정보가 도움이 될 수 있다. 여기 매크로의 추가 클래스가 있다. 트리거 표현식에 사용했던 것과 동일하게 매크로 내용 작성 시 사용 가능하다. 성능 문제가 있는 NFS 서버에 기반을 둔 두 대의 서버를 관리하는 사람이 있다고 가정해보자. 두 서버 중 하나가 트리거를 발생시킬 정도로 시스템 부하가 증가하면 알림 수신자는 다른 한 서버는 부하가 정상적인지, 또한 NFS 서비스가 올바르게 실행되고 있는지 알기를 원할 것이다. 이를 통해 문제가 더 많은 쪽이 어디인지 신속하게 판단이 가능하다. NFS 서비스가 다운되거나 자체적인 성능 문제가 있는 경우 두 서버의 시스템 부하는 그로 인해 상승했을 가능성이 높으며 NFS 서버 운영자는 이를 처리해야 한다. 이 사람이 이런 정보를 수신하려면 이메일 본문에 다음 줄을 추가할 수 있다.

```
CPU load on Another host: {Another host:system.cpu.load.last()}
NFS service is: {NFS Server:nfs.service.last()}
```

아이템 수집주기와 트리거 표현식을 조정하여 아이템의 경쟁 상태를 피하자.

참고로 NFS 서비스 아이템은 내장되어 있지 않다. 이런 아이템을 참조할 수 있도록 적절한 호스트와 아이템을 만들어야 한다.

예제에서 볼 수 있듯이 지원되는 함수를 포함하여 트리거 표현식과 동일한 구문이 사용된다. 이것은 수신자로 하여금 다음과 같은 매크로를 추가해 일정 시간 동안 평균 부하에 대해 즉각적으로 알려줄 수 있다.

```
Average CPU load on Another host for last 10 minutes: {Another host:system.cpu.
load.avg(600)}
```

공식 자빅스 설명서에서 지원 매크로의 전체 목록을 볼 수 있다. https://www.zabbix.com/documentation/3.0/manual/appendix/macros/ 페이지의 Macros supported by location에서 확인 가능하다.

복구 메시지 보내기

우리가 사용한 설정은 장애가 발생했을 때만 메시지를 보낸다. 이는 기본으로 등록된 Trigger value = PROBLEM에 의해 설정된 기능이다. 트리거가 해결될 때 메시지를 전송할 수 있는 한 가지 방법은 해당 조건을 제거하는 것이지만 에스컬레이션 기능을 사용할 때는 유용하지 않다. 따라서 해당 조건을 그대로 두고 액션 수준에서 복구 메시지를 사용하는 것이 좋다.

SNMP 트랩 액션의 복구 메시지를 활성화해보자. Configuration > Actions로 이동해, NAME 열의 SNMP action을 클릭하고 Recovery message 체크박스를 선택한다. 두 개의 추가 필드가 제공되는 것에 주목하자. 복구 메시지를 사용자 정의할 수 있다. 장애와 복구에 비슷한 메시지를 보내지 않고, 복구 메시지를 조금 더 두드러지게 할 수 있다. 좋은 생각이 있다. 이메일을 경영진에게 보낼 때, 여기에 'feel good'과 비슷한 표시를 추가해보자. Recovery subject 필드에 'Resolved:'와 앞서 추가한 문구를 추가하자.

Recovery message	
Recovery subject	Resolved: {TRIGGER.STATUS}: {TRIGGER.NAME}

> 복구 메시지를 사용할 때 트리거 값 조건을 제거하지 않도록 하자. 그렇지 않으면 복구 메시지가 확대되어 많은 양의 쓸모 없는 메시지가 생성될 수 있다.

Update 버튼을 클릭한다. 이 작업은 나가는 복구 메시지에 모든 것이 양호하다는 두 가지 확인이 표시된다. 제목은 Resolved: OK:. 로 시작한다. 이 설정을 테스트하려면 트랩이 장애를 발생하도록 설정하고 장애가 해결될 때까지 기다린다. 이번에는 두 개의 이메일이 전송되며, 두 번째 이메일은 사용자 지정 제목과 함께 제공될 것이다.

도착한 이메일의 맨 끝에 다음과 같은 문구를 확인하자.

Original event ID: 1313

끝의 번호는 장애 발생의 고유 식별자인 이벤트 ID이다. 이를 original event ID라고 부른다. 이것은 원천 장애의 ID이며 장애와 복구 알림에서 동일하게 기재된다. 매우 유용한 접근 중 하나로, 복구 메시지를 관리자 또는 티켓팅 시스템으로 전송할 때 자동으로 장애 메시지와 일치시킬 수 있다. 복구 정보를 사용해 티켓을 자동으로 닫거나 추가 정보를 제공할 수 있다.

이 ID는 매크로 {EVENT.ID}에 의해 생성됐으며 많은 다른 매크로와 마찬가지로 액션에서 사용할 수 있다. 복구 이벤트를 고유하게 식별하려면 {EVENT.RECOVERY.ID} 매크로가 필요하다.

매크로가 많으므로 자빅스 매뉴얼에서 전체 목록을 확인하자.

에스컬레이션

온도가 너무 높거나 사용 가능한 디스크 공간이 너무 낮거나 웹 서버가 작동하지 않는 등 임곗값에 도달했을 때 액션을 수행하는 방법을 배웠다. 메시지를 보내거나 추적 시스템에 티켓을 발행하고, 사용자 정의 스크립트를 실행하거나 원격 장비에 명령을 실행할 수 있다. 그러나 이 모든 것이 간단하다면 순서대로 진행하면 되지만, 그렇지 않다면 이 작업이 필요하다. 문제의 심각성은 문제가 얼마나 지속되느냐에 따라 다르다. 예를 들어 지사 사무실에 1~2분 정도 연결이 끊어지는 것은 큰 문제가 되지 않지만 IT 담당자에게 이메일을 보내는 것은 필요하다. 5분 동안 지사에 연결할 수 없다는 것은 꽤 심각한 상황이며, 이 시점에서는 헬프 데스크 시스템에서 티켓을 발행하고 IT 직원에게 SMS를 보내길 원할 것이다. 장애가 해결되지 않은 채로 20분이 지나면 IT 관리자에게 이메일을 보낼 것이다. 단계적인 처리가 가능하도록 자빅스가 어떤 툴을 제공하는지 알아보고 간단한 예제를 통해 설정해보자.

프론트엔드에서 Configuration ➤ Actions로 이동해, STATUS 열의 Test action 옆에 있는 Disabled를 클릭해 이 액션을 사용 가능하게 한 다음, SNMP action 옆에 있는 Enabled를 클릭하고, NAME 열의 Test action을 클릭한다. 현재 이 액션은 문제가 발생할 때마다 Admin 사용자에게 이메일을 보낸다. 시나리오를 만들어보자.

- 첫 번째 사용자인 Admin에게 장애가 발생한 후 5분 동안 1분 간격으로 통보한다. 그 후에 장애가 해결될 때까지 5분마다 통보한다.

- advanced_user는 5분 이내에 장애가 해결되지 않으면 알림을 수신하려는 하위 급의 관리자이다.
- monitoring_user는 장애가 해결되지 않고 아직 인지되지 않은 경우 20분 내에 알림을 받아야 하는 상위 수준의 경영자다.

실제 업무에서는 이 시간 간격을 더 길게 잡지만 여기서는 단계적으로 에스컬레이션 Escalation되는 것을 보기 위함이다.

이제 에스컬레이션을 설정할 준비가 됐다. **Operations** 탭으로 전환하자.

 에스컬레이션을 사용할 때 Trigger value = PROBLEM 조건을 제거하지 말자. 그렇지 않으면 OK 상태 메시지가 에스컬레이션될 때, 많은 양의 쓸모 없는 메시지가 발생할 수 있다.

오퍼레이션 목록을 살펴보자. 현재 하나의 오퍼레이션만 존재하는 것을 볼 수 있다. 한 개의 스텝 메시지의 **STEPS, DETAILS** 열에 명시된 것처럼 한 번, 그리고 즉시 Admin 운영자에게 이메일 메시지를 보낸다.

Action operations	STEPS DETAILS		START IN	DURATION (SEC) ACTION
	1 **Send message to users:** Admin (Zabbix Administrator) via all media	Immediately Default		Edit Remove
	New			

우리가 수행하고자 하는 첫 번째 변경 사항은 문제가 발생한 후 처음 5분 동안 Admin이 매분 알림을 수신하는 것이다. 그러나 이를 수정하기 전에 알아야 할 점은, 오퍼레이션 스텝 간격은 3600초가 기본값이며 60초보다 낮게 설정할 수 없다. 따라서 이에 맞게 변경해야 한다. 요구 사항을 살펴보면 두 가지 요소를 스텝 시간에 고려해야 한다.

- 두 번의 반복된 알림 사이의 최저 시간: 이 경우 1분
- 지연된 알림 시작 시간에 대한 가장 큰 공약수. 이 시나리오의 경우 지연된 알림은 5분, 20분에 필요하므로 가장 큰 공약수는 5분

일반적으로 스텝의 기본 간격은 두 요소의 가장 큰 공약수로 설정한다. 여기에서 60초가 되지만, 그렇게 설정하면 오퍼레이션 내에 스텝 간격이 중첩될 수 있다. 에스컬레이션 프로세스를 단순화하는 데 도움이 되는 방법을 살펴보자.

Default operation 스텝 시간에 300을 입력한다(분 환산 시, 5분). 이제 Admin이 처음 5분 동안 매분 알림을 받는다. Action operations 블록에서 Edit를 클릭한다.

오퍼레이션 세부 정보에도 Step duration 필드가 있다는 것을 확인하자. 이를 통해 액션 기준으로 각 오퍼레이션에 대한 스텝 간격을 재정의할 수 있다. 액션 기준의 스텝 간격이 300초지만 이 단계는 1분 간격으로 수행돼야 하므로 Step duration 필드에 60을 입력한다. 두 Steps 필드는 이 오퍼레이션을 시작하고 끝내야 할 스텝을 나타낸다. 1단계는 immediately(즉시)라는 의미이므로 첫 번째 필드 조건은 만족한다. 반면에 현재는 메시지를 한 번만 전송하지만 Admin에게 5분간 불만을 제기해야 한다. 두 번째 Steps 필드에 6을 입력한다.

 스텝 6은 장애가 발생한 시점으로부터 5분 뒤 실행된다. Step 1은 0분, Step 2는 1분인 것이다. 5분의 간격에 시작과 끝 메시지를 포함하면, 총 6개의 메시지가 보내진다.

최종 결과는 다음과 같다.

완료됐으면, Operation details 블록의 Update를 클릭한다. 아직 하단 버튼을 클릭하지 말자. 이제 다음 작업으로 Admin은 문제가 해결될 때까지 5분마다 알림을 받아야 한다.

Steps 입력란에 입력할 값을 확인해야 한다. 이 오퍼레이션이 5분 후에 시작되기를 원하지만, 5분의 알림은 이미 첫 번째 오퍼레이션에서 담고 있으므로 아마도 10분을 목표로 수행될 것이다. 10분 동안 어떤 스텝을 사용해야 할까? 타임 라인을 만들어 보았다. 현재는 디폴트 간격에 한 개의 오퍼레이션이 재설정됐다. 그 후 디폴트 간격이 작동하기 시작한다. 현재 할당된 작업이 없는 경우에도 추가 단계를 수행할 시기를 계산할 수 있다.

스텝	오퍼레이션	간격(초)	지연 시간
1	Admin 사용자에게 메시지 보내기	오퍼레이션, 60	0
2	Admin 사용자에게 메시지 보내기	오퍼레이션, 60	1분
3	Admin 사용자에게 메시지 보내기	오퍼레이션, 60	2분
4	Admin 사용자에게 메시지 보내기	오퍼레이션, 60	3분
5	Admin 사용자에게 메시지 보내기	오퍼레이션, 60	4분
6	Admin 사용자에게 메시지 보내기	오퍼레이션, 60	5분
7	없음	디폴트, 300	6분
8	없음	디폴트, 300	11분

 오퍼레이션 스텝 간격은 포함된 스텝 간 간격보다 우선한다. 오퍼레이션이 5-7 스텝에 걸쳐 지정되면 5-6, 6-7, 7-8 스텝의 간격보다 우선한다. 오퍼레이션을 스텝 3에서만 지정하는 경우 3-4 스텝을 재정의한다.

10분을 정하고 싶었지만, 이 설정으로는 불가능한 것으로 보인다. 첫 번째 오퍼레이션은 7단계에 6분이 되었고, 디폴트 간격으로 되돌아가면 8단계는 11분이 된다. 6-7 스텝의 간격을 재정의 하려면 7단계에서 몇 가지 오퍼레이션을 설정해야 하지만 그 작업을 원하지 않는다. 원하는 방식으로 설정하는 방법이 있을까? 분명히 있어야 한다. ACTION 열에 Edit를 클릭하고 두 번째 Steps 필드를 5로 변경한 다음, Operation details에 Update를 클릭한다. 하단의 메인 Update 버튼이 아님을 명심하자.

이제 Action operations 블록에서 New를 클릭한다. 먼저 간단한 것을 설정해보자. Operation details 블록에 Send to Users 세션의 Add를 클릭하고 팝업창에서 Admin을 클릭한다. 첫 번째 오퍼레이션이 업데이트되면 마지막 몇 단계를 다시 모델링해보자.

스텝	오퍼레이션	간격(초)	지연 시간
...	...	...	...
5	Admin 사용자에게 메시지 보내기	오퍼레이션, 60	4분
6	없음	디폴트, 300	5분
7	없음	디폴트, 300	10분
8	없음	디폴트, 300	15분

수정 사항을 적용하면 10분이 지난 뒤 메시지를 보낼 수 있는 것처럼 보인다(스텝 7). 하지만 스텝 6에서의 5분에 메시지 전송하는 오퍼레이션은 삭제됐다. 좋은 소식은, 이제 스텝 6에서 시작하는 또 다른 오퍼레이션을 추가하면 처음 5분의 전송주기가 끝난 다음 5분마다 메시지가 계속 전송되므로 완벽하게 된다.

첫 Steps 필드에 6을 입력한다. 장애가 해결될 때까지 이 오퍼레이션을 계속하기를 원하므로 두 번째 Steps 필드에 0을 입력한다. 설정이 완료되면 Operation details 블록 하단에 있는 Add 컨트롤을 클릭한다.

고맙게도 자빅스가 두 번째 작업이 시작되는 시간을 계산해 보여주고 있다. 때문에 잘못된 시간이 들어가도 쉽게 알아챌 수 있다. 두 번째 작업은 원하는 대로 5분에 시작되도록 설정됐다.

이제, 하위 관리자인 advanced_user에게 5분 후에 한 번만 알려야 한다. 즉, 다른 오퍼레이션이 필요하다. Action operations 블록에서 New를 클릭한다. Send to Users 섹션에서 Add를 클릭하고, 팝업에서 ALIAS 열의 advanced_user를 클릭한다. 한 개의 메시지 발송은 간단하다. 5분이 지난 후에 6단계가 발생한다는 것을 알고 있다. 두 Steps 필드에

6을 입력한 다음 Operation details 블록 맨 아래에 있는 Add를 누른다. START IN 열을 확인해보면 이 스텝이 예상대로 5분 후에 실행되는 것을 보여준다.

 에스컬레이션된 두 개의 오퍼레이션 스텝이 겹치고, 이중에 하나가 사용자 정의된 간격을 가지고 다른 하나는 디폴트값을 사용한다면 사용자 정의 간격이 사용된다. 두 오퍼레이션 모두 사용자 정의로 간격이 설정된 경우 가장 작은 간격이 사용된다.

이제 마지막 작업이 남았다. 20분 후에 상위 경영진에게 알리는 작업은 문제가 확인되지 않은 경우에만 알려준다. 이전과 마찬가지로, Action operations 블록에서 New를 클릭하고, Send to Users 세션에 Add를 클릭한다. 그리고 팝업창에서 ALIAS열 monitoring_user를 클릭한다. 계획된 스텝 표를 계속해서 보자.

스텝	오퍼레이션	간격(초)	지연 시간
...	...	...	...
7	없음	디폴트, 300	10분
8	없음	디폴트, 300	15분
9	없음	디폴트, 300	20분

스텝이 디폴트 간격으로 계속 진행되기 때문에 스텝 9까지 맞게 진행되고 있음을 볼 수 있다. 스텝9에서 한 번의 알림을 원하기 때문에 두 Steps 필드에 9를 입력한다.

 모든 스텝에 오퍼레이션을 채울 필요는 없다. 계획된 일정상 필요하다면 중간에 몇 스텝에서는 생략할 수 있다.

추가 요구 사항은 문제가 확인되지 않은 경우에만 이 사용자에게 알리는 것이다. 이런 제한을 추가하기 위해 Conditions 영역에서 New를 클릭한다. Operation condition 블록이 표시되고, 기본 설정은 이미 Not Ack로 선택됐으므로 Operation condition 블록에서 Add를 클릭한다. 이 부분에서 화면의 레이아웃이 약간 혼란스러울 수 있는데, **Operation details** 블록에 **Add**를 대신 클릭하지 않도록 조심하자. 거의 다 되었고, 상위 경영자에게 유용한 알림을 제공하기 위해 할 수 있는 것이 또 하나 있다. 현재 모든 사람이 같은 내용이 메시지를 수신한다. 일부 트리거 정보와 트리거에서 참조되는 아이템의 최종 값이 포함된다. 아이템 값은 경영자에게 흥미롭지 않을 것이다. 메시지에서 이런 정보를 생략할 수 있다. **Default message** 체크박스의 선택을 취소하고 특정 오퍼레이션의 제목과 메시지를 사용자 정의할 수 있는 방법을 확인하자. 메시지의 경우 **Trigger URL** 줄 아래에 있는 모든 내용을 삭제한다. 경영자에게는 누가 언제 알림 받았는지를 아는 것이 유용할 수 있다. 다행히도 유용한 매크로 `{ESC.HISTORY}`가 있다. 빈 줄을 추가하고 매크로를 추가해 메시지를 수정한다. 이 작업의 최종 결과는 다음과 같다.

Operation details			
	Steps	9 - 9	
	Step duration	0	(minimum 60 seconds, 0 - use action default)
	Operation type	Send message ▾	
	Send to User groups	USER GROUP ACTION Add	
	Send to Users	USER ACTION monitoring_user (monitoring user) Remove Add	
	Send only to	- All - ▾	
	Default message	☐	
	Subject	{TRIGGER.STATUS}: {TRIGGER.NAME}	
	Message	Trigger: {TRIGGER.NAME} Trigger status: {TRIGGER.STATUS} Trigger severity: {TRIGGER.SEVERITY} Trigger URL: {TRIGGER.URL} {ESC.HISTORY}	
	Conditions	LABEL NAME ACTION A Event acknowledged = *Not Ack* Remove New	
	Add Cancel		

모두 잘 입력됐으면, Operation details 블록 하단에 있는 **Add**를 클릭한다. 이제 액션 오퍼레이션을 최종 검토하고 각 오퍼레이션이 필요할 때 시작하는지 확인하자.

STEPS	DETAILS	START IN	DURATION (SEC)
1 - 5	**Send message to users:** Admin (Zabbix Administrator) via all media	Immediately	60
6 - 0	**Send message to users:** Admin (Zabbix Administrator) via all media	00:05:00	Default
6	**Send message to users:** advanced_user (advanced user) via all media	00:05:00	Default
9	**Send message to users:** monitoring_user (monitoring user) via all media	00:20:00	Default

모든 것이 계획했던 시나리오와 일치해 보인다. **Action** 탭으로 다시 돌아가 SNMP action과 유사하게 Recovery subject를 Resolved: {TRIGGER. NAME}로 변경한다. 이번에는 Resolved: OK:는 생략하길 원한다. 이제는 모든 것이 완벽하다. 최종적으로 **Update**를 클릭한다. 이 알림 설정을 제자리에 놓고, 이제 무언가를 끊어보자. **Another host**에서 다음을 실행한다.

```
$ rm /tmp/testfile
```

자빅스가 이 문제를 인식하고 첫 번째 장애를 발생하여 Admin 사용자에게 이메일을 보내기까지는 짧은 시간이 걸린다. 이 이메일은 이전에 받은 이메일과 다를 바가 없다. 이제는 인내심을 갖고 20분을 더 기다리자. 이 시간 동안 Admin은 더 많은 메시지를 받게 될 것이다. 우리가 관심 있는 것은 monitoring_user가 받은 이메일 메시지 내용이다. 이 메시지를 받으면 내용을 확인하자.

```
Trigger: Testfile is missing
Trigger status: PROBLEM
Trigger severity: Warning
Trigger URL:

Problem started: 2016.04.15 15:05:25 Age: 20m
```

```
1.  2016.04.15 15:05:27 message sent        Email admin@company.tld "Zabbix
Administrator (Admin)"
2.  2016.04.15 15:06:27 message sent        Email admin@company.tld "Zabbix
Administrator (Admin)"
3.  2016.04.15 15:07:27 message sent        Email admin@company.tld "Zabbix
Administrator (Admin)"
4.  2016.04.15 15:08:27 message sent        Email admin@company.tld "Zabbix
Administrator (Admin)"
5.  2016.04.15 15:09:27 message sent        Email admin@company.tld "Zabbix
Administrator (Admin)"
6.  2016.04.15 15:10:27 message failed      "advanced user (advanced_ user)" No
media defined for user "advanced user (advanced_user)"
6.  2016.04.15 15:10:27 message sent        Email admin@company.tld "Zabbix
Administrator (Admin)"
7.  2016.04.15 15:15:28 message sent        Email admin@company.tld "Zabbix
Administrator (Admin)"
8.  2016.04.15 15:20:28 message sent        Email admin@company.tld "Zabbix
Administrator (Admin)"
```

 다른 모든 알림과 마찬가지로 여기서 시간은 자빅스 서버의 시간을 사용할 것이다.

현재 상황에 대한 정보 이외에 더 많은 정보가 포함돼 있다. 관리자는 장애 알림을 누가 받았는지에 대한 자세한 목록을 받는다. Admin 사용자는 많은 알림을 받았고, advanced_user 사용자는 이메일 주소가 설정되어 있지 않기 때문에 알림을 받지 못했다. 이 사용자 또는 자빅스 관리자는 이 장애를 해결할 수 있는 몇 가지 방법이 있다. 이 경우, 이전에 아무도 장애를 확인하지 못했을 때만 장애가 monitoring_user로 에스컬레이션된다. 이는 아무도 장애를 파악하지 못했음을 의미한다.

> 현재 설정은 장애가 확인되면 경영자에게 에스컬레이션을 취소한다. 이후 스텝에서 경영자에게 메시지를 보내는 또 다른 오퍼레이션을 추가해 지연된 에스컬레이션을 만들 수 있지만, 이는 확인 여부 조건에 관계없이 수행된다. 문제가 확인되면 경영자에 대한 첫 번째 오퍼레이션은 생략하지만 두 번째 오퍼레이션은 항상 수행한다. 문제가 확인되지 않은 경우 경영자는 두 가지 알림을 모두 받게 된다.

앞에 붙은 번호를 주의 깊게 살펴보면 수행에 대한 순차적인 번호가 아닌 실제 에스컬레이션 스텝 번호임을 알 수 있다. 이는 타임스탬프를 비교하지 않더라도 어떤 알림이 동시에 발생했는지에 대하여 간략한 정보를 제공한다. Email은 이 알림에서 사용되는 미디어 타입 이름이다.

이 장애를 해결하기 위해 Another host에서 다음을 실행한다.

```
$ touch /tmp/testfile
```

잠시 후 Admin 사용자와 monitoring_user에게 두 개의 이메일 메시지가 전송될 것이다. 이 메시지는 복구 메시지이므로 사용자 지정 제목이 둘 다 표시된다.

```
Resolved: Testfile is missing
```

이 테스트 액션은 대부분의 실제 상황에 비해 에스컬레이션 임곗값이 너무 짧게 설정됐다. 액션을 생성할 때 이 수치를 줄이면 매우 불편할 것이다. 기존 테스트에서 쉽게 변경해보자. 프론트엔드에서 Configuration ➤ Actions으로 이동해 NAME 열에 Test action을 클릭하고 Operations 탭으로 전환한다. 장애가 30분 동안 지속되지 않는 한, 중요한 문제는 아니며 빠른 응답을 요구하지 않는다고 가정한다면 다음과 같은 변경이 필요하다.

- Admin 사용자가 받는 추가 반복 메시지 간의 간격을 늘린다.

- advanced_user와 monitoring_user에게 메시지가 전달되기 전에 지연 시간을 늘린다.
- 30분 동안 문제가 해결되지 않으면 Admin 사용자에게 메시지를 보내기 시작한다.

 입력이 완료되기 전까지 Update 버튼을 누르지 않도록 주의하자. 현재 수정 중인 내용이 다 삭제된다.

우선 Default operation 스텝 간격을 1800(30분)으로 변경한다. 그다음, 첫 번째 항목(현재 1-5 단계에 걸쳐 있음) 옆의 ACTION 열에서 Edit를 클릭한다. 속성에서 Steps 필드를 2와 6으로 설정한 다음 Operation details 블록의 Update 버튼을 클릭한다.

스텝 6에서 시작하는 두 오퍼레이션 모두 스텝 7로 변경한다. 두 Steps 필드에 6을 입력한 오퍼레이션은 전과 동일하게 두 필드 다 7로 변경하면 된다. 아직 Update 버튼을 누르지 말자.

최종 결과는 다음과 같아야 한다.

Default operation step duration	1800 (minimum 60 seconds)		
Action operations	STEPS DETAILS		START IN DURATION (SEC)
	2 - 6	**Send message to users:** Admin (Zabbix Administrator) via all media	00:30:00 60
	7 - 0	**Send message to users:** Admin (Zabbix Administrator) via all media	00:35:00 Default
	7	**Send message to users:** advanced_user (advanced user) via all media	00:35:00 Default
	9	**Send message to users:** monitoring_user (monitoring user) via all media	01:35:00 Default
	New		

동일하면 Update 버튼을 클릭한다.

디폴트 오퍼레이션 스텝의 첫 번째 변경 사항은 오퍼레이션 속성에서 재정의된 것을 제외한 모든 스텝의 간격을 재조정한다. 이는 Admin 사용자에게 알림을 보내고 다른 두 사용자에게는 알림을 지연시키려는 목표에 거의 만족한다. 첫 번째 오퍼레이션의 시작 스텝을 1에서 2로 변경하여 두 가지 목적을 달성했다. 스텝 1과 스텝 2 사이의 간격은 오퍼레이션의 디폴트 간격으로 원상복귀되었다(60초로 재정의한 오퍼레이션에서 스텝 1이 제외됨). Admin 사용자에게 즉시 메시지가 전송되지 않는다. 또한, Admin 사용자가 1분 간격으로 받는 메시지의 총 수가 변경되지 않도록 하기 위해 끝 스텝을 다음 오퍼레이션으로 이동시켰었다. 따라서 5분 경과 시인 35분에 발송되는 메시지는 다음 오퍼레이션인 스텝 7로 이동시킨다. 이전 설정과 비교해보자.

설정 전				설정 후
STEPS DETAILS		START IN	DURATION (SEC)	START IN
1 - 5 Send message to users: Admin (Zabbix Administrator) via all media		Immediately	60	00:30:00
6 - 0 Send message to users: Admin (Zabbix Administrator) via all media		00:05:00	Default	00:35:00
6 Send message to users: advanced_user (advanced user) via all media		00:05:00	Default	00:35:00
9 Send message to users: monitoring_user (monitoring user) via all media		00:20:00	Default	01:35:00

실제 상황에 더 적합하게 테스트를 설정해 봄으로써, 얼마나 손쉽게 알림과 에스컬레이션을 설정할 수 있는지 알 수 있었으며, 이는 요구 사항 변경을 빠르게 대응할 수 있게 해준다. 다른 장애를 생성해보자. Another host에서 다음을 실행한다.

```
$ rm /tmp/testfile
```

트리거가 시작될 때까지 기다렸다가 Admin 사용자에게 몇 개의 이메일이 도착하면 장애를 '해결' 한다.

```
$ touch /tmp/testfile
```

곧 Admin에게 복구 이메일을 보내진다. 여기서 잠깐, 왜 Admin에게만 알림이 발송됐을까? 자빅스는 장애 발생 알림을 받은 사용자에게만 복구 알림을 보낸다. 하위 관리자에게 장애 알림이 에스컬레이션되지 않았으므로, 해당 사용자에게 장애 해결에 대한 정보가 제공되지 않는다. 미디어가 설정되지 않은 advanced_user에서도 이와 비슷한 현상이 실제로 발생했다. 이벤트가 에스컬레이션됐을 때 알림이 전송되지 않았으므로 (이메일 주소가 설정되지 않았기 때문에) 해당 사용자에게 복구 메시지를 보내려고 시도조차 하지 않았다. 장애 메시지가 사용자에게 여러 번 보내졌다 하더라도, 하나의 복구 메시지만 오퍼레이션마다 전송된다.

따라서, `monitoring_user` 사용자에게 이메일이 전송되기 전에 `Admin` 사용자가 장애를 해결하거나 인식했다면, `monitoring_user`는 장애와 해결에 대한 어떤 메시지도 받지 못했을 것이다.

에스컬레이션은 상당히 유연해서 이벤트에 응답할 때 많은 오퍼레이션을 결합할 수 있다. 웹 서버가 다음과 같이 상당히 길고 복잡한 에스컬레이션 시퀀스가 진행되는 것을 상상해보자.

1. 운영자에게 이메일 보내기
2. 운영자에게 SMS 보내기
3. 헬프 데스크 시스템에 등록하기
4. 경영진에게 이메일 보내기
5. 경영진에게 SMS 보내기
6. 아파치 재시작
7. 서버 재부팅
8. 전체 서버실 재가동

마지막 상황은 과할 수 있겠지만, 장애에 대한 대응과 알림을 세부적으로 세울 수 있다.

달리기 비유

에스컬레이션이 이해하기 힘들다면, 솔트 레이크 시티 근처의 사건에 비유해 설명해본다.

직선 경로로 숲을 달리는 주자가 있다고 상상해보자. 이 경로에는 포스트가 있다. 주자는 기본 속도(디폴트 속도라고도 함)로 달린다. 즉, 주자가 한 포스트에서 다음 포스트로 이동하는 데 일반적으로 T초가 걸린다.

포스트에는 지침이 있을 수 있다. 주자는 첫 번째 포스트에서 시작해 지침이 있는지 확인한다. 지침은 주자에게 다양한 일을 명령한다.

- 이 포스트에서 누군가에게 SMS를 보내시오.
- 이 포스트에서 N 포스트까지 누군가에게 SMS를 보내시오.
- 이 포스트에서 다음 포스트까지 빨리 혹은 늦게 도착하도록 속도를 변경하시오.
- 이 포스트에서 N 포스트까지 속도를 변경하시오.

주자가 현재 포스트에 지침이 없는 경우, 주자는 다음 포스트로 계속 달린다.

이 비유로 액션 에스컬레이션 단계가 '러너'에 의해 어떻게 처리되는지 명확해졌다면, 이 절을 검토하고 세부 사항을 더 잘 이해하는 데 도움이 될 것이다.

스크립트 미디어 사용

자빅스는 알맞은 범위의 알림 메커니즘을 지원하지만, 매우 특이한 경우에 사용할 알림을 필요로 할 때가 분명 있을 것이다. 디폴트로 제공되는 방법으로는 이를 다루지 못한다. 이런 상황에서 자빅스는 사용자 지정 스크립트를 미디어로 사용할 수 있도록 지원한다. 한 가지를 설정해 보려고 한다. Administration ➤ Media types를 열고 Create media 타입을 클릭한 뒤, 다음 값을 입력하자.

- Name: Test script
- Type: Script
- Script name: testscript
- Script parameters: Add 클릭 후, 새 필드에 {ALERT.MESSAGE}를 입력

완료되면 하단의 **Add** 버튼을 클릭한다. 이제 이 미디어가 어느 시점에서 사용되는지 확인해보자. **Administration ➤ Users**로 이동해 ALIAS 열에서 monitoring_user를 클릭하고 **Media** 탭으로 전환한다. Media 섹션에 **Add**를 클릭한다. **Type** 드롭다운에서 Test script를 선택하고 **Send to** 필드에 user@domain.tld를 입력한다.

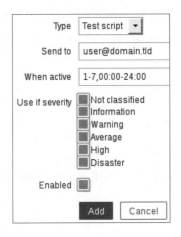

이메일 주소는 스크립트로 전달되지 않지만, Send to 필드에 빈 값으로 미디어 항목을 저장할 수 없다.

완료되면 Add를 클릭하고 사용자 편집 화면에서 Update를 클릭해 변경 사항을 적용한다. 스크립트 설정을 계속 진행하기 전에 Configuration ➤ Actions로 가서 SNMP action 옆에 있는Disabled를 클릭해 이 액션을 활성화한다.

스크립트명을 입력했는데, 그렇다면 이 스크립트는 어디에 두어야 할까? zabbix_server. conf를 찾아 AlertScriptsPath 옵션에 어떤 값이 있는지 확인한다. 기본 위치는 설치 방법에 따라 다르다. 소스로 설치했다면 /usr/local/share/zabbix/alertscripts로 설정되어 있을 것이다. 배포 패키지의 경우는 다른 디렉토리를 사용하기 쉽다. root에 testscript 라는 파일을 생성한다.

```
# touch /path/to/testscript
# chmod 755 /path/to/testscript
```

다음 내용으로 채운다.

```
#!/bin/bash
for i in "$@"; do
    echo "$i" >> /tmp/zabbix_script_received.log
done
```

보이는 것처럼 단순히 전달된 각 파라미터를 파일에 기록한다. 이제 SNMP 트랩을 생성하여 snmptraps 트리거가 PROBLEM 상태로 전환되도록 하자. 이메일이 도착할 때까지 기다렸다가 /tmp/zabbix_script_received.log 파일을 확인한다. 내용은 다음과 유사해야한다.

```
Trigger: SNMP trap has arrived on snmptraps
Trigger status: PROBLEM
Trigger severity: Information
Trigger URL:

Item values:

1. Received SNMP traps (snmptraps:snmptraps): 192.168.56.11 "Critical
Error"   NET-SNMP-MIB::netSnmpExperimental
2. *UNKNOWN* (*UNKNOWN*:*UNKNOWN*): *UNKNOWN*
3. *UNKNOWN* (*UNKNOWN*:*UNKNOWN*): *UNKNOWN*

Original event ID: 397
```

액션 속성의 전체 메시지 본문은 여기에 작성된 메시지와 함께 전달된다. 이 데이터를 받은 자빅스 사용자를 식별하기 위해 **Send to value**를 알기 원하면 {ALERT.SENDTO} 매크로를 alertscript로 전달한다. 마찬가지로 액션 속성에서 제목을 가져오려면 {ALERT.SUBJECT} 매크로를 사용한다.

 메시지 내용에 누락된 개행문자가 있다면, 스크립트의 따옴표를 확인하자. 모든 개행문자는 자빅스에서 유지된다.

여기에서 기본적으로 데이터를 통해 무엇이든 할 수 있다. 이메일 게이트웨이가 없는 이슈 관리 시스템에 데이터를 보내고, 자빅스에서 직접 지원하지 않는 미디어를 통해 보내거나, 어딘가에 표시하는 것이다.

액션 설정으로 다시 가 보자. **Configuration ➤ Actions**를 클릭하고 **Name** 열에서 **Test action**을 클릭한다. 이제 monitoring_user가 알림을 수신할 때마다 스크립트가 실행된다. 그러나 만약 알림에 스크립트를 빼고, 특정한 액션에서만 사용되길 원한다면? 고맙게도, 그러한 시나리오를 위해서 별도의 사용자를 생성할 필요가 없다. **Operations** 탭으로 전환하여

Action operations에 `monitoring_user`에게 메시지를 보내는 마지막 오퍼레이션 옆에 Edit을 클릭한다. Send only to 드롭다운을 살펴보자. 모든 미디어 타입이 나열되어 있고, 특정 작업을 특정 미디어 타입으로만 제한할 수 있도록 제공한다. 이 드롭다운에서 Email을 선택한다. Operation details 블록 하단에 있는 Update 링크를 클릭하고 하단에서 Update 버튼을 클릭한다.

Send only to 옵션을 이용해, 여러 개의 임시 사용자 계정을 만들지 않고 다른 상황에 대해 다른 알림 방법을 사용하는 것이 가능하다. 예를 들어, 사용자는 처음 몇 개의 에스컬레이션 스텝은 이메일로 수신하다가 이후로는 SMS로 받을 수 있다.

이슈 관리 시스템의 통합

기술자 또는 헬프 데스크에 메시지를 보내는 것도 좋지만, 다른 관리 시스템에 장애가 자동으로 등록되길 원하는 때와 상황이 있을 수 있다. 이때 두 가지 주요 통합 메소드를 사용해 쉽게 해결할 수 있다.

- 이메일 게이트웨이
- 적절한 시스템에서 제공하는 API

이런 통합을 구현하려면 다음 단계를 수행해야 한다.

1. 티켓팅 시스템 알림 등록을 위한 자빅스 사용자 생성
2. 해당 사용자 미디어 설정(수신하는 시스템의 이메일 또는 실행 스크립트)
3. 티켓을 자동으로 생성하는 리소스 읽기 전용 액세스 할당(사용자가 이벤트 생성과 관련된 호스트에 액세스할 수 없는 경우 경고가 전송되거나 스크립트가 실행되지 않음)
4. 별도의 액션 생성, 혹은 이미 존재하는 액션에 해당 사용자를 수신자로 지정하고 사용자 지정 메시지 작성(작업 편집 시 Default message 체크박스를 해제 함)

수신 시스템이 메시지로 작업을 판단할 수 있도록 형식화된 메시지 콘텐츠를 준비하거나, 티켓팅 시스템 API를 액세스하는 스크립트를 생성해야 하는 5단계도 있다. 이것은 각 시스템마다 다르지만 몇 가지 예를 살펴보자. 이 예제는 마지막 또는 평균값 같은 다른 매크로를 추가할 수 있는 기본 정보만 제공한다. 특정 구문은 티켓팅 시스템 버전에 따라 다를 수 있으므로 사용 중인 버전에 대한 설명서를 확인하자.

버그질라

버그질라^{Bugzilla}는 유명한 무료 버그 추적기이며 때로는 일반적인 이슈 관리 시스템처럼 사용되기도 한다. 예를 들어 컴파일 등이 실패했을 때, 자빅스는 소프트웨어 테스트 상태를 모니터링하고 알림을 발생시킨다. 다음 내용으로 메시지 본문이 구성된다.

```
@{TRIGGER.NAME}
@product = <some existing product>
@component = <some existing component>
@version = 1.8
{DATE} - {TIME}
{TRIGGER.NAME}.
```

From 주소는 버그 리포트를 작성하는 사용자 계정을 정할 때 사용된다.

Computer Associates Unicenter Service Desk Manager

CA^{Computer Associates}의 CA Service Desk Manager(이전의 Unicenter Service Desk)는 여러 기능들 중에, 티켓팅 시스템을 제공하는 솔루션이다. 메시지 본문이 다음과 같이 구성된다.

```
"start-request"
%CUSTOMER= <some existing user account>
%DESCRIPTION= {DATE} - {TIME}
{TRIGGER.NAME}.
%SUMMARY= {TRIGGER.NAME}.
```

```
%PRIORITY= {TRIGGER.NSEVERITY}
%CATEGORY= <some existing category>
"end-request"
```

 여기에 {TRIGGER.NSEVERITY} 매크로를 사용하자. 여기서 Not classified는 0, Disaster는 5로 표시하는 트리거 심각도 수치이다.

애틀라시안 지라

애틀라시안 지라^{Atlassian JIRA}는 인기있는 티켓팅 시스템이며 이슈 추척기다. 또한 이메일 게이트웨이도 지원한다. 우리는 API JIRA를 사용해 더욱 진보된 방법을 찾아 볼 수 있다. 이 장의 앞부분 '미디어 사용' 절에서 스크립트를 사용해 수행한 것과 비슷하게 미디어 타입과 사용자 미디어를 생성 및 구성해야 하며 그러한 스크립트를 실행하는 특별한 사용자를 만드는 것을 권장한다.

스크립트를 이용해 요약된 이슈를 간단하게 생성하고 액션 설정의 메시지 본문에 이를 배치한다.

```
#!/bin/bash
json='{"fields":{"project":{"key":"PROJ"},"summary":"Issue
automatically created by Zabbix","description":"'"$1"'","issuetype":{"
name":"Bug"}}}'
curl -u username:password -X POST --data "$json" -H "Content-Type: application/
json" https://jira.company.tld/rest/api/2/issue/
```

제대로 작동되게 하려면 프로젝트 키, 사용자 이름, 암호, JIRA 인스턴스 URL을 변경하고, 가능하면 이슈 타입도 변경한다.

TIP 디버깅을 위해 컬 플래그(curl flag) —D—를 추가한다. 이렇게 하면 머리글이 출력된다.

이것은 다양한 방법으로 확장될 수 있다. 예를 들어, 첫 번째 파라미터로 액션 속성의 제목을 전달하고 파이프 구분 기호로 트리거 심각도를 인코딩할 수 있다. 스크립트는 트리거 심각도를 분석해 JIRA 우선순위를 설정한다. 이는 구현하는 정도에 따라 매우 구체적일 수 있다. 이 예제가 좋은 출발점이 되길 바란다.

원격 명령

스크립트 미디어 유형은 매우 강력하며 이벤트에 대한 응답으로 명령을 실행하는 데 사용될 수도 있다. 그러나 모니터링 대상 호스트에서 명령을 실행하려면 연결, 권한 부여 등의 메커니즘이 필요하다. 이는 다소 복잡할 수 있다. 자빅스는 이벤트에 응답할 수 있는 또 다른 메커니즘을 제공한다. 바로 원격 명령이다. 원격 명령은 설정 변경이 감지될 때 설정 백업을 시작하거나 다운된 서비스를 시작하는 등 다양한 경우에 사용할 수 있다. 후자의 시나리오를 설정하여 사용해보자.

Configuration ➤ Actions로 이동해 Create action을 클릭한다. Name 필드에서 Restart Apache 를 입력한다. Conditions 탭으로 전환하고 New condition 블록의 첫 번째 드롭다운에서 Host 를 선택한다. another를 치면 드롭다운이 나타나며 Another host를 클릭한다. Add 컨트롤을 클릭한다(아직 Add 버튼을 클릭하지 말자.).

다른 조건을 생성해본다. New condition 블록의 첫 번째 드롭다운에서 Trigger name을 선택한다. 두 번째 드롭다운을 기본값으로 두고 옆의 입력 필드에 Web service is down을 입력한 다음 Add 컨트롤을 클릭하자. 최종 결과는 다음과 같다.

Conditions	LABEL	NAME		ACTION
	A	Maintenance status not in *maintenance*		Remove
	B	Trigger value = *PROBLEM*		Remove
	C	Host = *Another host*		Remove
	D	Trigger name like *Web service is down*		Remove

이제 Operations 탭으로 전환한다. Action operations 블록에서 New를 클릭한다. Operation details 블록에서 Operation type 필드에 Remote command를 선택한다. 자빅스는 다섯 가지 타입의 원격 명령을 제공한다.

- Custom script
- IPMI
- SSH
- Telnet
- Global script(전역 스크립트)

SSH 및 텔넷 아이템은 11장, '고급 아이템 모니터링'에서, IPMI 기능은 16장, 'IPMI 장비 모니터링'에서 설명한다. 전역 스크립트에 대해서는 이 장의 뒷부분에서 다루며 사용자 정의 스크립트 기능부터 살펴보자.

사용자 정의 스크립트의 경우 자빅스 에이전트 또는 자빅스 서버에서 실행하도록 선택할 수 있다. 에이전트에서 실행하면 장애가 발생한 시스템에서 정보를 수집하고 서비스를 제어하며 여러 작업을 수행할 수 있다. 서버에서 실행하면 자빅스 서버의 관점에서 시스템을 검사하거나 자빅스 API를 액세스해 해당 정보를 기반으로 한 추가 결정을 내릴 수 있다.

 이름이 같은 여러 버튼이나 링크가 동시에 표시될 수 있어 화면 기능이 매우 혼란스러울 수 있다. 예를 들어 Add라는 컨트롤이 3개나 있다. 클릭 시 유의하자.

아파치 웹 서버가 다운된 경우 아파치 웹 서버를 재시작하는 액션을 생성하려고 한다. 일반적으로 장애가 발생한 호스트에서 이 작업을 수행해야 한다. Target list 섹션에서 New 링크를 클릭한다. 드롭다운에는 변경할 필요없이 Current host가 선택되어 있을 것이므로, 바로 아래 Add 컨트롤을 클릭한다.

Commands 텍스트상자에 다음을 입력하자.

```
sudo /etc/init.d/apache2 restart
```

 이 단계와 이어서 나오는 작업은 /etc/init.d/apache2 init 스크립트가 있다는 가정하에 실행된다. 배포판에 다른 제어 스크립트가 있는 경우 해당 경로를 사용한다. 다만, 배포판에서 systemd를 단독적으로 사용하는 경우에는 /usr/bin/systemctl restart apache2 또는 /usr/bin/systemctl restart httpd. service와 같은 명령을 사용해야 할 것이다. 서비스 이름은 다를 수 있다.

단순히 다운되는 상황이 아닌 응답이 중지된 경우일 수 있으므로 아파치를 다시 시작한다. 수행할 많은 원격 액션을 입력할 수도 있지만 지금은 수행하지 않도록 할 것이다. 바로 Operation details 블록 하단의 Add 컨트롤을 클릭한다. 새로운 액션을 저장하기 위해 하단의 Add 버튼을 클릭한다.

 원격 명령을 실행할 때 자빅스 에이전트는 명령을 받아들이고 즉시 1을 반환한다. 서버가 명령 소요 시간 또는 실행 여부를 알 수 있는 방법은 없다. 에이전트의 원격 명령은 타임아웃 없이 즉시 실행된다.

원격 명령 생성은 대부분 준비를 마쳤다. 에이전트 측면에서 몇 가지 작업이 남았다. 에이전트 설정을 위해 루트에 zabbix_agentd.conf를 열고 EnableRemoteCommands 파라미

350

터를 찾아 1을 입력하고 주석을 제거한다. config 파일을 최종 저장하고 zabbix_agentd 를 다시 시작하자.

아직 작업이 하나 더 남아있다. 원격 명령이 자빅스 에이전트 데몬으로 전달돼 자빅스 사용자로 실행되므로, 이 사용자가 실제로 아파치를 다시 시작하도록 허용해야 한다. 원격 명령에서 알 수 있듯이 sudo를 사용해 편집한다. 루트 Another host에 /etc/sudoers를 편집해 다음 행을 추가한다.

```
zabbix    ALL=NOPASSWD: /etc/init.d/apache2 restart
```

 추가적인 안전 조치를 취하려면 visudo 명령을 사용한다. 변경 사항의 구문 유효성을 체크한다.

 일부 시스템에서는 sudo가 대화식으로만 사용되도록 설정된다. /etc/sudoers의 requiretty 옵션에 주석을 달아야 할 수도 있다.

다른 스크립트 이름을 사용해야 한다면 다시 스크립트명을 변경한다. 이때 자빅스 사용자가 sudo를 사용해 아파치 웹 서버를 다시 시작하도록 허용한다. 다시 시작하거나 중지하거나 다른 작업을 수행하지 말자.

 SMTP 서버가 Another host에서 실행되고 있는지 확인하자. SMTP 트리거에 대한 종속성이 있으면 웹 서비스 트리거가 실행되지 않는다. 또는 종속성을 제거한다.

이제 모든 준비가 끝났다. Another host에서 웹 서버를 중지시킨다. 트리거가 상태를 업데이트하고 웹 서버의 상태를 확인하기를 기다린다. 자동으로 다시 시작된다.

> **TIP**
> 기본적으로 모든 액션에는 두 가지 조건이 있다. 그 중 하나는 트리거가 PROBLEM 상태가 될 때만 작동하도록 제한하여, OK 상태로 복구되는 경우에는 작동하지 않는 것이다. 이 액션에서는 매우 바람직한 설정이다. 만약 그렇지 않으면 웹 서버가 다운된 것을 감지할 때 한 번 재시작되고, 재시작되는 것을 감지했을 때 또 재시작을 수행하게 된다. 이런 설정 실수는 분명하지 않기 때문에 바로 발견되지 않을 수도 있다. 또한 서비스를 다시 시작하는 액션에 복구 메시지를 사용하지 않도록 해야 한다.

에이전트의 원격 명령은 패시브 에이전트에서만 작동하므로 액티브 모드에서는 작동하지 않는다. 이것은 그러한 호스트에서 액티브 아이템을 사용할 수 없다는 것을 의미하지는 않는다. 그렇게 할 수도 있지만 원격 명령은 항상 해당 에이전트에 연결된 서버에 의해 수동으로 시도된다. 모든 아이템이 활성화되어 있어 서버 간 연결이 작동하지 않도록 설정이 변경되면, 원격 명령이 작동하지 않는 상황이 발생할 수 있다. 모든 아이템이 액티브 상태이고 원격 명령을 사용하려는 경우 해당 아이템 타입이 여전히 작동하는지 확인하는 패시브 아이템 하나를 두면 된다.

이와 같은 장애 해결은 서비스를 재시작해야 할 필요성이 있지만, 서비스 자체적으로는 가장 좋은 해결 방법이 될 수 있다. 특히, 긴급 상황이나 소프트웨어 업체의 지원이 없는 경우 유용하게 사용할 수 있다.

▌전역 스크립트

프론트엔드에서 데이터 값과 그래프를 보는 것은 매우 유용하지만, 추가적으로 필요한 정보가 더 있거나, 프로세스 업그레이드, 시스템 재부팅 또는 그 밖의 관리 작업 수행 같은 액션을 수동으로 호출해야 할 때도 있을 것이다. 자빅스는 프론트엔드에서 이런 기능을 직접 실행할 수 있도록 기능을 제공한다. 이를 전역 스크립트라고 한다. 어떻게 사용하는 것인지 알아보자. Monitoring ❯ Events로 이동해 항목에 아무 호스트명을 클릭한다.

```
SCRIPTS

Detect operating system

Ping

Traceroute

GO TO

Host inventory

Latest data

Triggers

Graphs

Host screens
```

메뉴에서 두 번째 부분에는 프론트엔드의 다양한 섹션으로 편리하게 이동할 수 있는 링크
가 제공된다. SCRIPTS라고 명이 붙은 첫 번째 부분이 우리가 찾는 기능이다. 현재 자빅스
에는 운영 시스템 감지, 핑ping, 트레이스라우트traceroute에 대한 미리 설정된 3개의 스크립
트가 함께 제공된다. 나중에 더 자세히 설명하도록 하고 Ping을 클릭한다. 다음 스크립트
가 팝업으로 출력된다.

```
PING 192.168.56.11 (192.168.56.11) 56(84) bytes of data.
64 bytes from 192.168.56.11: icmp_seq=1 ttl=64 time=0.293 ms
64 bytes from 192.168.56.11: icmp_seq=2 ttl=64 time=0.268 ms
64 bytes from 192.168.56.11: icmp_seq=3 ttl=64 time=0.363 ms

--- 192.168.56.11 ping statistics ---
3 packets transmitted, 3 received, 0% packet loss, time 1998ms
rtt min/avg/max/mdev = 0.268/0.308/0.363/0.040 ms
```

약간 시간이 걸리는 것을 알 수 있다. 대상 호스트가 3번 핑을 받았으므로 결과를 얻기 위
해 끝나기를 기다려야 한다.

프론트엔드의 여러 위치의 메뉴에서 호스트를 클릭하면 전역 스크립트를 사용할 수 있다.
위치는 다음과 같다.

- Monitoring ➤ Dashboard(최근 20개 장애)

- Monitoring ➤ Overview(왼편에 위치한 호스트)

- Monitoring ➤ Latest data(하나 이상의 호스트 데이터)

- Monitoring ➤ Triggers

- Monitoring ➤ Events

- Monitoring ➤ Maps

- Inventory ➤ Hosts, Host name을 클릭하면 인벤토리 오버뷰 화면이 열린다.

- Reports ➤ Triggers top 100

사전 구성된 3개의 스크립트 호출은 우리가 스스로 설정할 수 있도록 힌트를 준다. 직접 설정해보자.

전역 스크립트 설정

기존 스크립트를 참고해 시작한다. Administration ➤ Scripts로 이동한다.

NAME ▲	TYPE	EXECUTE ON	COMMANDS	USER GROUP	HOST GROUP	HOST ACCESS
Detect operating system	Script	Server	sudo /usr/bin/nmap -O {HOST.CONN} 2>&1	Zabbix administrators	All	Read
Ping	Script	Server	/bin/ping -c 3 {HOST.CONN} 2>&1	All	All	Read
Traceroute	Script	Server	/usr/bin/traceroute {HOST.CONN} 2>&1	All	All	Read

메뉴에서 본 세 가지 스크립트를 여기에서 볼 수 있다. 어떤 일을 하는지 살펴보자.

- Detect operating system: 이 스크립트는 sudo에 의존하여 nmap을 호출한다.
- Ping: ping 유틸리티를 사용하고 호스트에 핑을 세 번 전송한다.
- Traceroute: 호스트의 traceroute 유틸리티를 호출한다.

이 세 스크립트는 모두 자빅스 서버에서 실행되며, 다른 호스트(자빅스 에이전트, 스위치, 저장 장치 등)를 위해 동작한다.

자빅스 3.0 이전 버전에서는 기본적으로 stderr을 삭제했다. 스크립트 명령어 뒤에 2)&1을 추가해 stderr을 stdout으로 재전송하는 전역 스크립트가 존재한다면, 해당 버전에서의 설정은 매우 중요하다. 스크립트의 오류 메시지가 자동으로 사라지기 때문이다. 자빅스 3.0부터는 더 이상 사용하지 않으므로 문제되지 않는다.

잠시 뒤에 다른 옵션들을 알아보기로 하고, 현재 스크립트가 잘 작동하고 있는지 확인해보자. 핑은 대부분의 사람들이 사용할 수 있다. 트레이스라우트는 traceroute 유틸리티가설치되어 있어야 한다. 운영체제 감지는 바로 작동되지는 않는다. 실행시켜 보자.

자빅스 관리자에게 자빅스 서버의 루트 셸 액세스 권한이 허용되지 않는다면, 여기서 설명하는 sudo를 설정하지 않도록 하자. nmap에 명령을 실행할 수 있는 기능이 있다. 단일 인수로 −O만 허용하는 래퍼(wrapper) 스크립트를 대신 생성한다.

먼저 nmap이 자빅스 서버에 설치돼 있는지 확인한다. sudo를 사용하는 스크립트이기 때문에 **/etc/sudoers**(혹은, visudo 사용)를 편집하고 다음과 같은 라인을 추가한다.

```
zabbix    ALL=NOPASSWD: /usr/bin/nmap
```

배포 패키지에서 자빅스 서버는 zabbixs 또는 zabbixsrv 사용자로 대신 실행할 수 있으며 sudoers 설정에서 해당 사용자 이름을 사용한다.

필요한 경우 nmap 경로를 적용한다. 아파치 웹 서버를 다시 시작하는 것과 마찬가지로 **/etc/sudoers**에서 requiretty 옵션의 주석을 제거해야 할 수도 있다. 다시 말하지만, 이런 모든 변경 사항은 자빅스 서버에서 수행해야 한다. 작업이 완료되면 앞에서 설명한 메뉴 중 하나를 골라 운영체제 감지 스크립트를 실행한다.

```
Starting Nmap 6.40 ( http://nmap.org ) at 2016-04-16 02:27 EEST
Nmap scan report for 192.168.56.11
Host is up (0.00042s latency).
Not shown: 996 filtered ports
PORT    STATE  SERVICE
22/tcp  open   ssh
25/tcp  open   smtp
80/tcp  open   http
443/tcp closed https
MAC Address: 08:00:27:DD:4E:9E (Cadmus Computer Systems)
Aggressive OS guesses: Netgear DG834G WAP or Western Digital WD TV media player (94%), Linux 2.6.32 (94%), Linux 2.6.32 - 3.9 (93%),
Crestron XPanel control system (93%), Linux 2.6.31 (92%), Linux 3.0 (92%), Linux 3.1 (90%), Linux 3.2 (90%), Linux 2.6.32 - 2.6.35
(90%), Linux 2.6.32 - 3.2 (90%)
No exact OS matches for host (test conditions non-ideal).
Network Distance: 1 hop

OS detection performed. Please report any incorrect results at http://nmap.org/submit/ .
Nmap done: 1 IP address (1 host up) scanned in 8.55 seconds
```

 TIP SELinux 보안 프레임워크가 전역 스크립트 실행을 방해할 수 있다.

잘 작동된다! nmap 명령을 실행하는 데 시간이 걸렸다. 에이전트에서 전역 스크립트를 실행하는 경우, 이 장의 앞부분에서 설명한 원격 명령과 동일한 시간 제한을 적용한다. 이 스크립트는 서버에서 실행됐다. 이 경우 프론트엔드에서 60초 정도의 시간이 초과됐다.

이제 다른 스크립트 옵션을 사용해보자. 스스로 스크립트의 구성 방법을 익혀보자. 시스템에 문제가 발생하면 리소스가 고갈될 수 있다. 시스템에서 어떤 프로세스가 CPU에 가장 큰 영향을 미치는지 알아내야 할 수 있다. 다시 Administration ➤ Scripts로 이동하고 Create script를 클릭한다. 첫 번째 스크립트에 다음을 작성한다.

- Name: Top CPU using processes
- Commands: top -n 1 -b | grep -A 10 "^[ ]*PID"

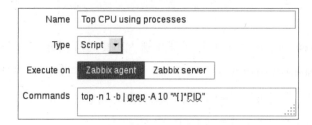

356

TIP 자빅스 3.0.0과 3.0.1 버전에는 버그가 있다. Commands 필드 아래 다른 Command 필드가 있다. 두 번째 입력란은 무시한다. 이 버그는 이후 버전에서 수정될 것이다.

완료되면 **Add**를 클릭하자. top 명령에서 프로세스 목록 출력하고 한 번만 수행되도록 설정했다. 헤더라인과 그다음 10라인을 채운다. 헤더라인은 공백과 문자열 PID로 시작한다고 가정한다.

TIP 이전에 Another host에서 원격 명령을 사용하도록 설정했다. 생략한 경우 계속 진행하기 전에 해당 명령을 사용하도록 설정해야 한다.

Monitoring ➤ Events로 이동해 HOST 열의 **Another host**를 클릭하고 **Top CPU using processes**를 선택한다.

이 컨텍스트 메뉴를 사용 가능한, 다른 위치에서도 사용할 수 있다. 이전에 이런 위치를 언급했다.

```
PID USER      PR  NI    VIRT    RES    SHR S  %CPU %MEM    TIME+ COMMAND
   1 root      20   0  129216   3536   2076 S 0,000 1,444  0:04.24 systemd
   2 root      20   0       0      0      0 S 0,000 0,000  0:00.04 kthreadd
   3 root      20   0       0      0      0 S 0,000 0,000  0:03.39 ksoftirqd+
   5 root       0 -20       0      0      0 S 0,000 0,000  0:00.00 kworker/0+
   6 root      20   0       0      0      0 S 0,000 0,000  0:03.32 kworker/u+
   7 root      rt   0       0      0      0 S 0,000 0,000  0:00.00 migration+
   8 root      20   0       0      0      0 S 0,000 0,000  0:00.00 rcu_bh
   9 root      20   0       0      0      0 S 0,000 0,000  0:00.00 rcuob/0
  10 root      20   0       0      0      0 S 0,000 0,000  0:08.40 rcu_sched
  11 root      20   0       0      0      0 S 0,000 0,000  0:25.93 rcuos/0
```

이 경우 systemd 프로세스가 대부분의 CPU를 사용한다. 이 시스템에서 실행되는 자빅스 에이전트는 상위 10위 안에도 들지 않고 있다. 공정함을 위해서 이 시스템에서는 아무런 작업도 하지 않고, 모든 프로세스는 전혀 CPU를 사용하지 않는 상태다.

다른 유사한 진단 명령은 일부 패키지 세부 정보, MAC^{Media Access Control} 주소 또는 표준 유틸리티에서 쉽게 얻을 수 있는 기타 정보를 표시한다. top 명령어를 사용해 대다수의 운영체제 또는 배포에서 대부분의 메모리를 사용하는 프로세스 목록을 얻는 것은 불가능하다. ps 명령을 아마 사용해야 할 것이다. 다음 코드는 메모리 사용 프로세스 상위 10개 목록을 제공한다.

```
ps auxw --sort -rss | head -n 11
```

여기에는 헤더도 포함되어 있기 때문에 11개 라인을 보여주게 된다.

이제 시스템을 재부팅할 수 있는 스크립트를 설정해보자. Administration > Scripts로 이동해 Create script를 클릭한다. 다음과 같이 작성한다.

- Name: Management/Reboot
- Commands: reboot
- User group: 이 명령은 약간 위험하므로 관리자만 사용하도록 제한한다. Zabbix administrators를 선택한다.
- Host group: SNMP 장치에서는 작동하지 않으므로 여기서는 리눅스 시스템 이외의 호스트는 사용하지 않는 것으로 한다. Selected 선택하고, 텍스트 입력란에 Linux를 입력한다. 드롭다운은 Linux servers 선택한다.
- Required host permissions: 읽기 전용 액세스 권한을 가진 사용자가 호스트를 재부팅하지 않도록 설정한다. Write를 선택한다.
- Enable confirmation: 잠재적으로 위험성이 있는 액션이므로 체크박스를 선택한다.
- Confirmation text: 상단 필드를 선택하면 이 필드를 채울 수 있다. Reboot this system?을 입력한다.

 그룹 선택 필드가 다른 메뉴의 여러 그룹을 선택하는 기능과 비슷하게 보이더라도 하나의 호스트 그룹만 선택할 수 있다.

358

확인 메시지를 미리 확인할 수 있다. Test confirmation을 클릭한다.

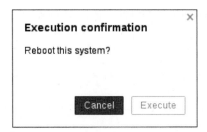

Execute 버튼이 현재 비활성화되어 있지만, 테스트 화면이기 때문에 무시한다. 대화상자에서 Cancel을 클릭한다. 최종 결과는 다음과 같다. 완료되면 하단의 Add 버튼을 클릭한다.

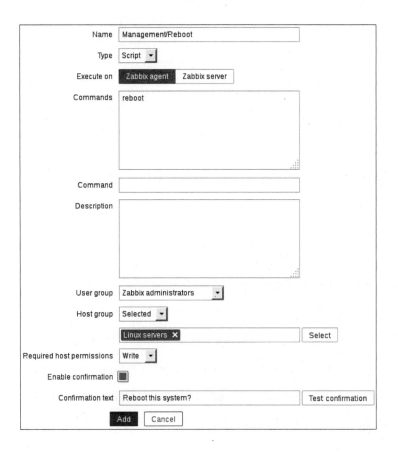

이제 이 스크립트가 메뉴에서 어떻게 보이는지 확인하기 위해, Monitoring > Events로 이동해 HOST 열에 Another host를 클릭한다. 팝업 메뉴에서 마우스 커서를 Management로 옮겨보자.

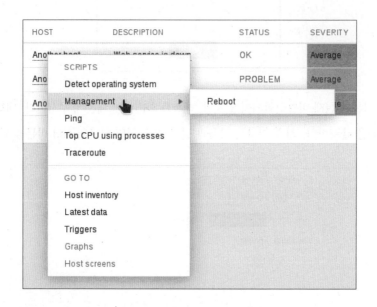

우리가 생성한 스크립트가 하위 메뉴를 어떻게 구성하고 있는지 확인하자. 슬래시는 구분 기호로 사용된다. Ping, Traceroute, Top CPU using processes를 Diagnostics로 묶고, Management 세션에 항목을 추가해 유용한 도구 세트를 만들 수 있다. 여기 서버에서 zabbix_get을 사용해 지속적으로 모니터링하고 싶지 않은 개별 아이템을 폴링할 수 있다. 아이템은 필요한 만큼 여러 방법으로 지정할 수 있지만, 너무 많은 수준으로 만들지 않도록 조심하자. 이런 마우스 오버 메뉴는 개수가 어느 정도를 넘어가면 사용하기가 어렵다. 마우스를 움직이기도 어려워지기 때문에, 마우스가 벗어나면 메뉴도 사라진다.

Reboot 항목과 관련하여 추가하는 것이 약간 위험하다고 생각되겠지만, 걱정하지 말자. 이는 작동되지는 않는다. 먼저 명령에서 sudo를 사용하도록 해야 한다. 둘째, sudoers를 구성해 zabbix 사용자가 해당 명령을 실제로 실행하도록 허용해야 작동이 가능하다.

액션에서 전역 스크립트 재사용

이런 방식으로 추가된 일부 전역 스크립트는 대화식으로 사용될 때만 의미가 있다. 대부분의 데이터 수집 또는 진단은 이 범주에 속한다. 하지만 Reboot 항목은 액션 작업에서도 다시 사용할 수 있다. 전역 스크립트와 각 액션에서 개별적으로 이런 명령을 설정하는 대신, Reboot가 발생하는 방식을 한 곳에서 제어할 수 있다. 10분 동안 재부팅이 지연되는 상황에 reboot 명령을 변경하길 원할 수도 있다. 이렇게 하면 시스템에서 작업하는 시스템 관리자가 재부팅을 취소하고 장애를 자세히 확인할 시간을 가질 수 있다.

이미 재부팅을 위한 전역 스크립트를 만들었다. 전체 시스템을 재부팅해야 하는 트리거가 있다면 적절한 조건으로 액션을 생성하면 된다. 액션 속성에서 작업 수정 시 전역 스크립트 재사용이 가능하다. Operation type 드롭다운에서 Remote command를 선택한 다음 Type 드롭다운에서 Global script를 선택하고 특정 스크립트를 선택한다.

이 스크립트는 프론트엔드와 액션에서 모두 사용할 수 있기 때문에 프론트엔드 스크립트라고 부르지 않고, 전역 스크립트로 분류한다.

▍요약

액션에 대해 이야기하며 이 장을 시작했다. 액션은 트리거가 작동할 때 수행되는 작업을 제어하는 것이며, 다양한 정밀도와 메시지 콘텐츠 등의 조건을 포함해 여러 레벨에서 구성할 수 있는 매우 다양한 범위의 오퍼레이션을 수행한다. 실제 액션 수행은 간단한 이메일 전송 및 사용자 지정 스크립트 사용으로 시작하여 강력한 원격 명령 실행까지 가능하다. 또한 사용자 미디어 구성 및 사용자 권한과 같은 작업이 어떤 영향을 주는지에 대해서도 배웠다.

알림 관련 개념에 대한 기억을 되살려보자.

- 트리거는 심각도 수준에 따라 장애를 정의해 놓은 것이며, 트리거 표현식에는 계산 및 임계치의 정보가 포함된다.
- 이벤트는 무엇인가 발생되는 것으로, 트리거가 **PROBLEM**에서 **OK**로 상태가 변경되는 것 등을 말한다.
- 액션은 설정 개체이며 특정 조건 집합을 사용해 호출 조건과 수행할 오퍼레이션을 결정한다.
- 오퍼레이션은 액션이 호출된 경우 어떤 작업을 할 것인지를 정의해 놓은 액션 속성이다. 또한 에스컬레이션을 설정하여 오퍼레이션에 도움을 줄 수 있다.
- 알림은 실제 전송되는 것을 말한다. 이메일, SMS 또는 기타 메시지다.

단순한 일회성 메시지 외에도 자빅스에서 내장 에스컬레이션이 어떻게 작동하는지 파악하고 몇 가지 장애를 에스컬레이션해 보았다. 에스컬레이션을 통해 상당히 복잡한 응답 시나리오를 생성할 수 있지만 설정 시 주의를 기울이는 것이 중요하다. 사용으로 설정되면 장애가 발생한 후 경과한 시간과 기타 요인에 따라 다른 오퍼레이션을 수행할 수 있다. 사용자는 알림을 수신하기 위해 호스트를 볼 수 있는 권한이 있어야 한다는 것과, 원래의 문제 메시지가 있는 사용자에게만 복구 메시지가 전송된다는 것을 비롯해 알림 관련 일반적인 장애에 대해 논의했다.

지금까지 우리는 과도한 알림을 발생하는 트리거 플래핑trigger flapping을 피하는 3가지 방법을 배웠다.

- min( ), max( ), avg( ) 같은 트리거 표현식 함수를 사용해 값이 정의된 시간 동안, 그리고 특정 범위 내에 있는 경우에만 트리거를 시작한다.
- 히스테리시스hysteresis를 사용하고 현재 값이 임계치보다 낮은(또는 그 이상인) 안정권인 경우에만 OK 상태로 돌아간다.
- 처음 몇 스텝을 건너뛰는 에스컬레이션을 작성하여, 일정 시간 동안 장애가 해결되지 않은 경우에만 메시지를 보낸다.

첫 번째 두 가지 방법은 마지막 방법과 다르다. 다른 트리거 기능과 히스테리시스를 사용하면 트리거가 작동하는 방식이 바뀌기 때문에, 트리거가 얼마나 자주 발생하고 복구되는지에 영향을 준다. 에스컬레이션의 경우 트리거 발생에 영향을 미치지 않지만(Monitoring ▶ Triggers와 기타 위치에 동일하게 표시됨), 트리거가 발생할 때마다 지연 알림을 받는다.

마지막으로 전역 스크립트가 무엇인지 파악하고 수동으로 호스트에 핑을 시도하고 호스트에서 가장 많이 사용되는 CPU 사용 목록을 얻도록 설정해봤다. 액션 작업에 관해서는 장애에 대응하는 몇 가지 방법을 배웠다.

- 이메일 보내기
- 명령 실행(자빅스 에이전트 또는 서버에서 실행)
- IPMI 명령 실행
- SSH 또는 텔넷을 통한 명령 실행
- 전역 스크립트 재사용

마지막으로 스크립트를 구성하고 동일한 위치의 모든 시스템에 잠재적으로 이를 재구성할 수 있었다.

트리거나 액션을 설정할 때, 삶을 편리하게 할 수도 있고 동시에 까다로운 장애들로 괴롭힘을 당할 수 있는 많은 기능이 있다. 다행히도 여기에 있는 기본 사항을 이해하면 전자를 활용하고 후자를 피하는 데 도움이 된다.

8장에서는 아이템과 트리거뿐만 아니라 이미 알고 있는 것들을 각 호스트에 개별적으로 설정하는 것을 피하는 방법을 설명한다. 템플릿을 사용해 여러 호스트에서 이런 설정을 쉽게 관리할 것이다.

08

템플릿을 통한
복잡한 설정 단순화

현재 비슷한 환경을 갖춘 두 개의 호스트가 설치되어 있으므로 한 호스트의 아이템을 다른 호스트의 아이템으로 복사했다. 그러나 모니터링을 위해 유사한 파라미터를 가진 호스트가 매우 많을 때, 무엇을 해야 할까? 수동으로 아이템을 복사하는 것은 매우 지루한 일이다. 특히 모든 호스트의 아이템 수집주기, 프로세스 이름 등을 변경해야 하는 경우라면 더욱 심각하다. 다행스럽게도, 자빅스는 템플릿으로 이런 것들을 통일된 방식으로 설정할 수 있는 방법을 제공한다.

▌템플릿 후보 식별

템플릿을 이용하면 자빅스 관리자의 작업량이 줄고, 설정을 간소화할 수 있다. 그러나 템플릿을 올바르게 배포하려면, 먼저 필요하거나 유익한 사용 사례를 식별해야 한다. 간단히 말하자면, 자빅스의 템플릿이 실제로 무엇인지 식별해야 한다.

두 번째 리눅스 호스트를 만들었을 때, 첫 번째 호스트의 아이템을 수동으로 복사했다. 원하는 경우, 트리거를 복사할 수도 있었다. 하지만 이런 복사가 최고의 방법은 아니다. 이 방법 대신 템플릿에 아이템과 트리거를 작성한 다음 호스트에 연결할 수 있다. 템플릿을 연결하면 템플릿에 정의된 모든 아이템과 트리거가 호스트에 즉시 추가된다. 나중에 모든 호스트의 아이템 파라미터를 변경하려면, 한 번만 작업하면 된다. 템플릿의 변경 사항은 링크된 호스트로 전파된다. 따라서 템플릿은 리눅스 서버와 같이, 다수의 호스트에 아이템과 트리거를 적용하는 데 가장 적합하다. 특정 클래스의 장치가 하나뿐인 경우에도, 새로운 기기가 나타날 경우를 대비해 템플릿을 만드는 것이 동일한 구성의 이점을 누릴 수 있어 좋다.

예를 들어, 호스트에 아파치 httpd와 MySQL이 동작 중이라면, 이 서비스들과 관련된 모든 아이템과 트리거를 별도의 템플릿으로 분리할 수 있다.

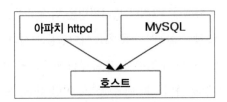

MySQL 템플릿의 아이템을 수정하면, 해당 변경 사항이 호스트로 전달된다. 호스트를 추가하는 것은 간단하다. 호스트에 적절한 템플릿을 연결하기만 하면 된다. 템플릿을 변경하면 템플릿을 사용하는 모든 호스트에 해당 변경 사항이 적용된다.

앞에서 생성한 snmptraps 호스트는 개체를 직접 생성하기에 좋은 후보로 보인다. 이제는 모든 SNMP 에이전트가 자빅스에 구성된 호스트 사이에 분포돼 트랩을 보내고 있다. 하지만 어떤 장치는 호스트나 SNMP 아이템이 구성되지 않은 트랩을 전송할 수 있다. 그런 트랩이 호스트의 적절한 아이템으로 수집되기를 원한다면, 템플릿을 사용해 개별 호스트와 포괄적인 호스트에 대한 아이템을 다시 만들 수 있다.

약간 뻔한 소리로 들릴 수 있겠지만, 템플릿은 자빅스 설정에서 중요한 도구다. 실제로 템플릿을 설정해보자.

▌ 템플릿 만들기

Configuration > Templates를 연다. 보이는 것처럼 미리 정의된 38개의 템플릿이 있다. Create template를 클릭하면 작성해야 할 간단한 양식이 열린다.

- Template name: C_Template_Linux
- New group: Custom templates

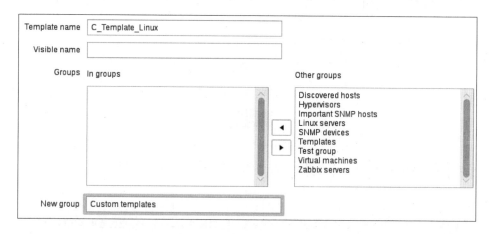

템플릿 이름 앞의 c_는 'Custom'을 나타낸다. 또한 템플릿을 보유할 새로운 그룹을 만들기 위해 그룹 설정을 거치지 않고, 이 양식에서 바로 생성할 그룹명을 작성한다. 완료되면 Add를 클릭한다.

이제 템플릿은 있지만 아이템이나 트리거가 없기 때문에 아직 사용할 수 없다. 빠른 사용을 위해 Configuration > Hosts로 이동한다. 기존에 있는 아이템과 트리거를 새로운 템플릿에 복사할 것이다. Group 드롭다운 메뉴에서 Linux servers를 선택한 다음, Another host 옆의 Items를 클릭한다. 그리고 헤더의 체크박스를 클릭해 모든 아이템을 체크한 다음, 하단의 Copy 버튼을 클릭한다.

 선택 가능한 체크박스에서 순차적으로 다수를 선택하려면, 첫 번째 체크박스를 선택한 다음 Shift 키를 누른 채로, 마지막 범위의 체크박스를 클릭한다.

다음 화면에서 Target Type 드롭다운 메뉴에서 Templates를 선택하고, Group 드롭다운 메뉴의 Custom templates를 선택한다. 그러면 하나의 템플릿만 남게 되는데, Target 섹션에서 C_Template_Linux 옆의 체크박스를 클릭한다.

완료되면 Copy를 클릭한다. 그러면 모든 아이템이 성공적으로 복사된다.

 대상 템플릿에 아이템을 설정할 수 없는 경우는 다음과 같다. 하나의 호스트에 동일한 키를 가진 두 개의 아이템을 가질 수 없기 때문에, 이미 존재하는 아이템을 복사하려고 시도하면 실패한다.

왼쪽 상단에서 Details 링크를 클릭한다. 이렇게 하면 메시지가 확장되고, 모든 아이템이 대상 템플릿에 추가된 것을 볼 수 있다.

Details	Items copied	
— Created: Item "Web server status" on "C_Template_Linux"		
— Created: Item "SSH server status" on "C_Template_Linux".		

이제 트리거에도 동일한 작업을 수행할 것이다. 아이템 목록 위의 탐색 바에서 Trigger를 클릭한 다음, 헤더의 체크박스를 클릭한다. 이번에는 One SSH service is down을 선택 해제한다. 왜냐하면 이 트리거는 두 호스트에 걸쳐 있기 때문이다. 만약 이 트리거를 템플릿에 복사하면, 모든 종류의 이상 현상이 발생한다.

> 아이템을 먼저 복사한 다음, 트리거를 복사하는 순서가 중요하다. 참조하는 아이템이 누락된 경우 트리거를 작성할 수 없으므로, 트리거를 먼저 복사하려고 하면 실패하게 된다. 트리거를 복사해도 트리거가 참조하는 아이템이 복사되지는 않는다.

다시 하단의 Copy 버튼을 클릭한다. 다음 화면에서 Target type 드롭다운 메뉴에서 Templates를 선택하고 Group 드롭다운 메뉴에서 Custom templates를 선택한다. Target 섹션에서 C_Template_Linux 옆의 선택박스를 체크한 다음, Copy를 클릭한다. 모든 트리거가 성공적으로 복사돼야 한다. 새로운 템플릿을 생성할 때, 템플릿에 직접 개체를 생성할 수 있기 때문에 호스트를 만들고 호스트에 개체를 생성한 뒤, 그 개체를 템플릿에 복사할 필요가 없다.

조심성이 부족하거나 템플릿에 대해 미리 생각하지 않았다면, 이처럼 복사하는 것이 템플릿을 더 빠르게 만드는 좋은 방법이다.

▌ 호스트에 템플릿 연결

이제 이 템플릿을 첫 번째 호스트인 "A test host"에 연결해보자. 먼저 새로 만든 템플릿과 해당 호스트 사이의 아이템 목록을 비교한다. 브라우저 창이나 브라우저 탭에 Configuration ➤ Hosts를 열고, 다른 탭이나 브라우저 창에는 Configuration ➤ Templates를 연다. 먼저 Group 드롭다운 메뉴에서 Linux servers를 선택한 다음, A test host 옆의 Items를 클릭한다. 다른 하나에서 Group 드롭다운 메뉴에서 Custom temlpates를 선택한 다음 C_Template_Linux 옆의 Items를 클릭한다. 그다음 윈도우 창을 서로 옆에 놓고 아이템 목록을 비교해본다.

NAME ▲	TRIGGERS	KEY	NAME ▲	TRIGGERS	KEY
CPU load	Triggers 1	system.cpu.load	CPU load		system.cpu.load
Full OS name		system.uname	Experimental SNMP trap		netSnmpExperimental2
ICMP ping performance		icmppingsec	ICMP ping performance		icmppingsec
Incoming traffic on interface lo		net.if.in[lo]	Incoming traffic on interface enp0s8		net.if.in[enp0s8]
Incoming traffic on interface enp0s8		net.if.in[enp0s8]	Incoming traffic on interface lo		net.if.in[lo]
SMTP server status	Triggers 1	net.tcp.service[smtp]	Local time	Triggers 1	system.localtime
SNMP trap fallback	Triggers 1	snmptrap.fallback	SMTP server status	Triggers 1	net.tcp.service[smtp]
SNMP trap tests		snmptrap[test]	SNMP trap fallback		snmptrap.fallback
SSH server status	Triggers 1	net.tcp.service[ssh]	snmptraps	Triggers 1	snmptraps2
Web server status	Triggers 1	net.tcp.service[http,,80]	SNMP trap tests		snmptrap[test]
Zabbix agent version		agent.version	SSH server status		net.tcp.service[ssh]
			Testfile exists	Triggers 1	vfs.file.exists[/tmp/testfile]
			Web server status	Triggers 1	net.tcp.service[http,,80]
			Zabbix agent version		agent.version

여기서 템플릿은 호스트보다 세 개의 아이템이 더 있음을 알 수 있다. 아이템 목록을 보면, 템플릿에서 사용할 수 있지만 호스트에서는 사용할 수 없는 아이템으로 나중에 추가한 SNMP 관련 아이템인 Experimental SNMP trap, snmptraps, 그리고 시간관련 아이템 Local time, 파일 체크를 위한 아이템 Testfile exists이 있다. 템플릿은 호스트에 없는 아이템 4개

를 가지고 있지만 템플릿의 전체 아이템 개수는 호스트 전체 아이템 개수보다 3개가 더 많다. 그 이유는 호스트에는 있지만, 템플릿에 없는 아이템 Full OS name을 가지고 있기 때문이다. 이를 염두에 두고 Configuration ➤ Hosts로 돌아간다.

Group 드롭다운 메뉴에 All 또는 Linux servers가 표시되어 있는지 확인한 다음, NAME 열의 A test host를 클릭한다. Templates 탭으로 이동해 Link new templates 입력 항목에 c를 입력하면 C_Template_Linux가 표시되는데 이를 클릭한다. 그러면 템플릿이 추가된 것처럼 보여도, 실제로는 아직 추가되지 않았기 때문에, 지금 Update 버튼을 클릭해도 연결되지 않는다.

Link new templates	C_Template_Linux ✕	Select
	type here to search	
	Add	

템플릿 이름 바로 아래에 있는 **Add**를 클릭한다. 이 양식이 매우 혼란스러울 수 있지만, 여기에서 **Add**를 클릭해야 한다는 것을 기억하자. 템플릿이 목록에 추가되면, 실제로 연결된 것이다. 각 템플릿을 클릭하면 템플릿 속성이 새 창에 열린다. 이렇게 호스트 속성에서 템플릿 속성에 빠르게 접근할 수 있는 기능을 제공한다. 이런 편리한 링크는 자빅스 프론트엔드의 여러 곳에 있다.

| Linked templates | NAME | ACTION |
| | C_Template_Linux | Unlink |

마지막으로 하단의 Update 버튼을 클릭한다. 이 작업이 무엇인지 알아보자. 왼쪽 상단 구석의 Details 링크를 클릭하면, 확장된 Details 패널에서 수행된 작업을 볼 수 있다. 이 경우 일부 아이템이 만들어지고, 일부 아이템은 갱신됐다.

```
Details                                                    Host updated

 – Created: Item "Experimental SNMP trap" on "A test host".
 – Created: Item "snmptraps" on "A test host".
 – Created: Item "Local time" on "A test host".
 – Created: Item "Testfile exists" on "A test host".
 – Updated: Item "CPU load" on "A test host".
 – Updated: Item "Web server status" on "A test host".
```

 템플릿을 호스트에 링크할 때 템플릿에 존재하는 개체와 동일한 개체가 호스트에도 존재하면, 그 개체는 템플릿에 링크되고 히스토리 데이터는 손실되지 않는다. 템플릿에만 존재하는 개체는 호스트에 추가되고 템플릿에 링크된다.

스크롤을 조금 더 내리면, 트리거에 같은 동작이 일어났음을 알 수 있다.

```
 – Updated: Trigger "Web service is down" on "A test host".
 – Updated: Trigger "SMTP service is down" on "A test host".
 – Created: Trigger "SNMP trap has arrived on {HOST.NAME}" on "A test host".
```

많은 일이 일어나지 않은 것처럼 보일 수도 있지만, 동일한 아이템과 트리거를 더 많은 호스트에 추가할 때, 템플릿이 없다면 각 호스트에 수동으로 복사해야 한다. 이로 인해 오류가 발생하기 쉽다. 하지만 템플릿을 이용하면 템플릿에 있는 모든 개체가 새로 추가된 호스트에 자동으로 연결된다.

호스트 그룹과 템플릿을 혼동하면 안 된다. 호스트 그룹과 템플릿은 완전히 다른 것이다. 호스트 그룹은 논리적인 호스트들의 집합 및 권한 부여를 제공하지만, 템플릿은 호스트에서 모니터링되는 대상, 그래프 등을 정의한다. 또한 하나의 호스트 그룹에는 일반 호스트와 템플릿이 모두 포함될 수 있다. 호스트 그룹에 템플릿을 추가하는 것은 호스트 그룹 내의 다른 호스트에 영향을 미치는 것이 아니며, 단지 템플릿만 연결될 뿐이다. 호스트 그룹을 호스트와 동일한 방식으로 템플릿을 그룹화하는 방법이라고 생각하자.

이제 Configuration에서 링크된 아이템이 어떻게 나타나는지 확인할 수 있다. Configuration
> Hosts로 가서 A test host 옆에 있는 Items를 클릭한다.

NAME ▲	TRIGGERS	KEY
C_Template_Linux: CPU load	Triggers 1	system.cpu.load
C_Template_Linux: Experimental SNMP trap		netSnmpExperimental2
Full OS name		system.uname
C_Template_Linux: ICMP ping performance		icmppingsec

템플릿으로부터 연결된 아이템을 확인할 수 있는 방법이 두 가지 있다. 첫 번째, 템플릿
은 아이템에 앞에 템플릿 이름(이 경우 C_Template_Linux)이 회색 텍스트로 붙는다. 이는 템
플릿으로부터 연결된 아이템을 의미하며, 템플릿 이름을 클릭하면 해당 템플릿의 아이템
목록이 열린다.

두 번째, 단일 아이템에는 Full OS name 같은 접두사가 붙지 않는다. 이것은 템플릿에는
존재하지 않고, 호스트에만 존재하는 아이템이라는 것을 의미한다. 개체가 호스트에만 있
는 경우 링크는 없으며 호스트에 직접 연결된 상태로 유지된다.

연결된 아이템이 어떻게 보이는지 확인해보자. NAME 열에서 SMTP server status를 클릭
한다.

Parent items	C_Template_Linux
Name	SMTP server status
Type	Simple check
Key	net.tcp.service[smtp]
Host interface	127.0.0.1 : 10050
User name	
Password	
Type of information	Numeric (unsigned)
Data type	Decimal
Units	

대부분의 항목이 회색으로 표시되어 편집할 수 없다. 그 이유는 템플릿과 관련돼 있다. 대부분의 개체(여기서는 아이템) 파라미터는 템플릿에서 설정된다. 보이는 것처럼, 일부 항목은 여전히 편집 가능하다. 즉, 템플릿으로부터 연결된 경우에도 각 호스트당 아이템을 활성 또는 비활성 설정이 가능하며 수집주기, 이력 보관 기간 등 몇 가지 파라미터 설정도 가능하다.

이제 이 호스트의 특정 아이템을 다른 호스트들과 약간 다르게 설정하기 위해 다음을 변경한다.

- Update interval: 360
- History storage period: 60

완료되면 Update를 클릭한다. 이제 이 호스트는 한 아이템에 두 개의 커스터마이징 파라미터를 갖지만, 템플릿에 링크된 다른 모든 호스트는 템플릿에서 값을 받을 것이다. 이제 하나 이상의 호스트를 템플릿에 연결해보자. Configuration ➤ Templates로 이동하면, 템플릿에 연결된 호스트와 함께 전체 템플릿 목록을 볼 수 있다. 이 화면의 LINKED TO 영역에는 다양한 개체가 나열되며, 나열된 개체는 다른 색상으로 표시된다.

TEMPLATES ▲	APPLICATIONS	ITEMS	TRIGGERS	GRAPHS	SCREENS	DISCOVERY	WEB	LINKED TEMPLATES	LINKED TO
C_Template_Linux	Applications	Items 14	Triggers 5	Graphs	Screens	Discovery	Web		A test host
Template App LDAP Service	Applications 1	Items 1	Triggers 1	Graphs	Screens	Discovery	Web		
Template App MySQL	Applications 1	Items 14	Triggers 1	Graphs 2	Screens 1	Discovery	Web		Zabbix server

- 회색: 템플릿
- 파란색: 활성화된 호스트
- 빨간색: 비활성화된 호스트

TEMPLATES 열에서 C_Template_Linux를 클릭하면, 여러 호스트를 현재 템플릿에 쉽게 연결하거나 연결 해제할 수 있는 양식이 나온다. 여기서는 하나의 호스트만 연결할 것이다. Hosts ➤ Templates 섹션의 Other ➤ Group 드롭다운 메뉴에서 Linux servers를 선택한 다음, 아래 상자에서 Another host 선택 후 ◄ 버튼을 클릭한다.

Hosts ➤ Templates 섹션에 현재 템플릿과 링크되는 두 개의 호스트가 선택되어 있다. Update를 클릭한다. Detail 섹션을 확장하여 수행된 내용을 정확히 볼 수 있다. 이미 Another host의 모든 요소를 템플릿에 복사했으므로, 템플릿을 이 호스트에 연결해도 새로운 아이템이나 트리거가 생성되지 않고 갱신만 된다. 템플릿 목록을 보면 템플릿에 연결된 두 개의 호스트를 볼 수 있다.

템플릿 테이블에서 호스트 이름 위로 마우스 커서를 이동한다(이 방법을 기억하자). 호스트 이름을 클릭하면 호스트 속성 창을 열어 신속하게 호스트를 비활성화하거나 IP 주소를 업데이트하는 등의 작업을 확인하거나 변경할 수 있다.

TEMPLATES ▲	APPLICATIONS	ITEMS	TRIGGERS	GRAPHS	SCREENS	DISCOVERY	WEB	LINKED TEMPLATES	LINKED TO
C_Template_Linux	Applications	Items 14	Triggers 5	Graphs	Screens	Discovery	Web		Another host, A test host

기본 템플릿 처리

목록에서 미리 정의된 많은 템플릿을 볼 수 있다. 기본 템플릿을 있는 그대로 사용할지, 수정해서 사용할지, 아니면 그냥 참조용으로 사용할지는 사용자에게 달렸다.

기본 템플릿을 주의 깊게 확인한 뒤, 있는 그대로 사용할지 정하면 된다. 아이템 수집주기가 너무 짧거나 기록 저장 기간이 너무 길 수도 있다. 변경할 사항이 있다면, 기본 템플릿을 복제한 뒤, 복제된 템플릿을 변경해 사용하고, 기본 템플릿은 그대로 남겨놓는 방법을 추천한다. 그러면 공식 템플릿(기본 템플릿)을 나중에 업데이트할 수 있으며, 항상 최신 버전을 참조할 수 있다.

공식 템플릿의 동기화를 유지하는 가장 쉬운 방법은 XML 임포트이며 21장, '자빅스 데이터 활용하기'에서 설명한다.

커뮤니티를 통해 배포된 템플릿에 대해 이야기해보면, 많은 사람이 템플릿을 개선하고 싶어한다. 이것은 템플릿 제공자의 요구 사항이 완전히 달랐기 때문일 수도 있다. 또 자빅스 설정을 잘못 이해했거나 적은 데이터만 수집하는 오래된 장비를 위한 템플릿일 수도 있다. 이런 템플릿은 항상 신중하게 검토해서 주저하지 말고 개선해야 한다.

템플릿 설정 변경

템플릿에 있는 아이템을 변경해보자. Configuration > Templates로 이동해, Group 드롭다운 메뉴에서 Custom templates를 선택한 다음 C_Template_Linux 옆의 Items를 클릭한다. 그다음 NAME 열에서 SMTP server status를 클릭한다. 템플릿에서 직접 연결된 아이템을 편집하면 모든 항목을 수정할 수 있다. History storage period 항목의 값을 14로 변경한 뒤 Update 버튼을 클릭한다. 페이지 상단의 Details 영역을 확대하면 변경된 사항을 볼 수 있다.

```
Details                                                          Item updated

– Updated: Item "SMTP server status" on "C_Template_Linux".
– Updated: Item "SMTP server status" on "Another host".
– Updated: Item "SMTP server status" on "A test host".
```

템플릿에서 아이템이 업데이트되면 변경 사항은 연결된 모든 호스트에 반영된다. 즉, 한 번의 작업으로 템플릿에 연결된 두 호스트의 이력 보관 기간이 14일로 설정된다. 예전에는 하나의 호스트에 대해 아이템 속성을 두 번 변경해야 했지만, 이제는 템플릿에서 하나의 아이템 속성만 변경했다. 호스트의 다른 아이템은 어떻게 됐는지 확인해보자. Configuration > Hosts로 이동해, Group 드롭다운 메뉴에서 Linux servers를 선택한 다음, A test host 옆의 Items를 클릭한다. 그리고 NAME 열에서 SMTP server status를 클릭한다.

Update interval은 템플릿 변경에 영향을 받지 않았지만, History storage period 값은 템플릿에 설정된 값으로 변경됐다. 이는 템플릿에 있는 아이템을 편집할 때, 변경된 속성만 호스트로 설정되기 때문이다. 이제 Cancel을 클릭한다.

매크로 사용

앞에서 Another host의 트리거를 템플릿에 추가했지만, A test host의 트리거는 추가하지 않았다. 템플릿에 사용할 수 있는 트리거가 있는지 알아보자. Items 목록 위의 Navigation에서 Triggers를 클릭한다. 트리거 목록에 호스트와 직접 연결된 트리거(트리거 이름 앞에 접두사로 템플릿 이름이 붙지 않은 트리거)들 중 한 트리거는 두 개의 다른 호스트의 아이템을 사용하므로, 이전에 복사하지 않았다. 여기서 관심 있는 트리거는 호스트에 직접 연결된 다른 트리거들이다. NAME 열에서 CPU load too high on A test host for last 3 minutes 트리거와 Critical error from SNMP trap 트리거 옆의 체크박스를 선택한 다음, 하단의 Copy 버튼을 클릭한다. 다음 창의 Target type 드롭다운 메뉴에서 Templates를 선택하고, Group 드롭다운 메뉴에서 Custom template를 선택한다. 그다음 나오는 C_Template_Linux 옆의 체크박스를 선택하고 Copy를 클릭한다. 이번 복사에는 좀 더 흥미로운 동작이 있었으므로 Details 상자를 다시 확장해보자.

Details	Trigger added
— Created: Trigger "CPU load too high on A test host for last 3 minutes" on "C_Template_Linux".	
— Updated: Trigger "CPU load too high on A test host for last 3 minutes" on "A test host".	
— Created: Trigger "CPU load too high on A test host for last 3 minutes" on "Another host".	
— Created: Trigger "Critical error from SNMP trap" on "C_Template_Linux".	
— Updated: Trigger "Critical error from SNMP trap" on "A test host".	
— Created: Trigger "Critical error from SNMP trap" on "Another host".	

복사한 두 개의 트리거가 템플릿에 추가되며, 이로 인해 다음이 발생한다.

- A test host가 수정된 템플릿에 연결되고, 호스트에 이미 같은 트리거가 있기 때문에, 호스트의 두 트리거는 연결을 적용하기 위해 업데이트된다.

- Another host에는 같은 트리거가 없으므로, 트리거가 만들어져 템플릿에 연결된다.

트리거 목록의 Host 드롭다운 메뉴에서 Another host를 선택한다. 이전 작업에서 호스트에 추가된 CPU load 트리거를 주의 깊게 본다.

NAME ▲
C_Template_Linux: CPU load too high on A test host for last 3 minutes

잠깐, 잘못된 부분이 있다. 이 트리거는 A test host를 참조하지만, Another host도 참조한다. 따라서 트리거 이름은 A test host에 추가했을 때 정확했지만, 이제는 동일한 트리거가 여러 호스트에 적용된다. 결국, 한 호스트를 제외한 모든 호스트의 트리거 이름이 잘못 표시된다. 이 문제를 해결해보자. Group 드롭다운 메뉴에서 Custom templates를 선택한 다음, NAME 열의 CPU load too high on A test host for last 3 minutes 트리거를 선택한다. NAME 항목을 CPU load too high on {HOST.NAME} for last 3 minutes로 변경한다.

이렇게 매크로를 통해 호스트에 적합한 트리거명을 적용할 수 있다.

 여기서 macros라는 단어 사용이 혼동될 수 있다. variables가 더 적절하다고 생각할 수 있겠지만, 자빅스에서는 macros라는 용어를 사용한다. 이 책에서는 자빅스 용어를 사용하겠지만, macro를 variable라고 자유롭게 읽어도 된다.

이제 Update를 클릭한다. 템플릿의 트리거 목록에서 트리거 이름이 CPU load too high on {HOST.NAME} for last 3 minutes로 변경됐다. 이런 트리거명을 이해하기 쉽지는 않아 보이지만, 설정 섹션에서 이런 상황을 자주 보게 될 것이다(자빅스는 설정에 대부분의 매크로를 표시하지 않는다). 예상대로 해결됐는지 확인하기 위해 Monitoring ＞ Triggers로 이동해 필터를 펼친다. Triggers status 드롭다운 메뉴를 Any로 설정하고, Filter by name 필드에 CPU를 입력한 다음, 필터 하단에 있는 Filter 버튼을 클릭한다.

HOST	NAME
A test host	CPU load too high on A test host for last 3 minutes
Another host	CPU load too high on Another host for last 3 minutes

트리거 이름에 어떻게 올바른 호스트 이름이 포함되는지 주목하자. 대부분의 경우에, 트리거에 영향을 받는 호스트를 쉽게 식별할 수 있도록 트리거 이름에 이와 같은 매크로를 포함시키는 것이 좋다.

여기에 사용된 매크로 {HOST.NAME}은 호스트의 visible name을 나타낸다. 앞에서 visible name을 작성하지 않고, 호스트 이름만 정의했었다. 만약 호스트에 visible name이 정의되어 있으면 {HOST.HOST} 매크로로 호스트 이름을 사용할지 선택할 수 있다.

사용자 매크로

앞에서 내장된 매크로를 사용했다. 자빅스에서는 사용자가 매크로를 정의하고 나중에 사용할 수 있다. 사용자 정의 매크로를 사용할 경우, 매크로라는 용어보다 변수로 부르는 것이 용도상 알맞을 수 있으므로, 두 용어를 병행해서 사용하는 것을 고려하자. 사용자 매크로의 실용적인 애플리케이션부터 시작해 조금 후에 세부 사항을 살펴보자.

Configutaion ➤ Template로 이동해 TEMPLATES 열의 C_Template_Linux를 클릭한다. Macros 탭으로 전환하여, 새 매크로를 하나 추가한다.

- MACRO: {$CPU_LOAD_THRESHOLD}
- VALUE: 1

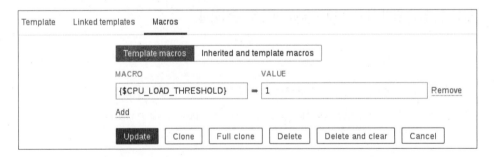

완료되면 Update를 클릭한다. 템플릿에 하나의 매크로를 정의했지만, 현재 이 매크로는 사용되지 않고 있다. C_Template_Linux 옆에 있는 Triggers를 클릭한 다음, NAME 열에서

CPU load too high on {HOST.NAME} for last 3 minutes를 클릭해 트리거 속성을 변경하자.

- Name: CPU load too high on {HOST.NAME} for last 3 minutes (over{$CPU_LOAD_THRESHOLD})

- Expression: {C_Template_Linux:system.cpu.load.avg(180)}> {$CPU_LOAD_THRESHOLD}

템플릿 속성에서 트리거 이름과 트리거 표현식에 동일한 사용자 매크로 이름을 어떻게 사용했는지 확인한다. 완료되면 Update를 클릭한다. 우리가 방금 변경한 사항에는 기능상의 영향이 없었다. 트리거 이름에 약간 더 설명적인 내용이 포함된 것을 제외하고는 이 트리거는 이전과 똑같이 작동할 것이다. 방금 했던 작업은 트리거 임곗값을 하드코딩된 값 대신 매크로로 대체하고, 파라미터화 하는 것이었다. 이제 각 호스트에서 이 값을 덮어쓸 수 있다. Configuration ➤ Hosts로 이동해 NAME 열에서 A test host를 클릭한다. Macros 탭으로 전환한 뒤 Inherited and host macros 모드로 전환한다.

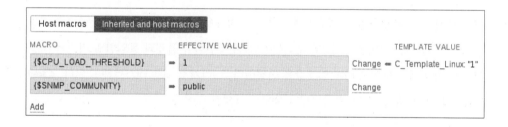

이 양식에서 우리가 방금 템플릿에 생성했던 매크로를 확인하는 방법에 주목하자. 조금 후에 다룰 {$SNMP_COMMUNITY} 매크로도 있다. 또한 우리가 생성했던 매크로를 정확히 어떤 템플릿에서 제공하는지 확인할 수 있다. 이 경우, 실제 설정 시 많은 템플릿이 호스트에 연결되어 있을 때 매우 유용한 기능이라는 것을 알 수 있다. 이 호스트에서 이 값을 사용자 정의하려면 {$CPU_LOAD_THRESHOLD} 옆에 있는 Change를 클릭한다. 그러면 EFFECTIVE VALUE 열의 입력 필드가 편집 가능해진다. 값을 0.9로 바꾸자.

자빅스 3.0은 이와 같이 매크로를 사용할 수 있는 첫 번째 버전이다. 이전 버전에서는 매크로 값을 덮어 쓰려면 정확한 매크로 이름을 알아야 했다. 매크로를 제공하는 템플릿을 식별하는 적당한 방법도 없었다.

완료되면 Update를 클릭한다. 마침내 매크로의 유용한 기능의 일부를 사용했다. 호스트 레벨에서 동일한 이름의 매크로를 사용해, 해당 단일 호스트의 매크로 값을 덮어 쓸 수 있었다. 변경 사항을 다시 확인하기 위해 Monitoring ➤ Triggers로 이동해 필터를 확장한다. Triggers status 드롭다운 메뉴를 Any로 설정하고, Filter by name 항목에 CPU를 입력한 다음 Filter를 클릭한다.

HOST	NAME
A test host	CPU load too high on A test host for last 3 minutes (over 0.9)
Another host	CPU load too high on Another host for last 3 minutes (over 1)

이 목록에서 Another host는 템플릿에서 매크로 값 1을 얻지만, A test host는 0.9로 변경된 값을 얻는 것을 확인할 수 있다. 우리는 여전히 동일한 템플릿과 동일한 트리거를 사용하지만, 개별 호스트의 트리거 임곗값을 변경했다. 트리거 발생을 테스트해도 된다. A test host에서, 이 트리거는 새로운 임곗값 0.9에서 발생될 것이다.

Inherited and host macros 섹션에서 다뤘던 {$SNMP_COMMUNITY} 매크로를 기억하는가? 지금까지 사용자 매크로를 정의할 수 있는 두 개의 위치(템플릿과 호스트 단계)를 설명했다. 실제로는 다른 위치에서도 정의할 수 있다. Administration ➤ General으로 이동해 우측 상단의 드롭다운 메뉴에서 Macros를 선택한다. 이 양식은 템플릿과 호스트의 매크로 속성과 동일하게 보이며, 이미 정의된 하나의 매크로가 있다.

Macros

MACRO		VALUE	
{$SNMP_COMMUNITY}	➡	public	Remove

Add

Update

잠시 후에 이 매크로에 대해 더 자세히 이야기하자. 먼저 이 세 단계가 상호작용하는 방식을 알아보자. 예를 들어, 방금 정의한 매크로를 가상으로 사용하는 방법을 살펴볼 수 있다.

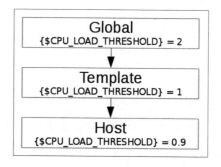

매크로는 템플릿과 호스트 단계의 정의뿐만 아니라, 전역 수준에서 다른 값으로 정의할 수 있다. 예를 들어, 현재 정의된 매크로를 갖지 않는 모든 템플릿과 호스트들은 전역 값인 2를 사용할 것이다. 우리가 사용했던 템플릿과 호스트는 같은 이름의 매크로를 이미 정의했기 때문에, 전역 매크로를 사용하는 것에 영향을 받지 않는다. 일반적으로 매크로 정의는 호스트에 가까운 단계일수록 우선시 된다. 즉, 자빅스는 호스트의 매크로를 먼저 확인하며, 그다음은 템플릿, 전역 순이다.

 대문자, 숫자, 밑줄, 점과 같이 허용되는 기호를 사용해 매크로 이름을 짓는 것은 사용자의 몫이다.

그러나 두 개의 템플릿에서 동일한 매크로를 정의하고, 하나의 호스트에 직접 연결돼 있다면 어떻게 될까? 이때는 매크로 값 중 하나가 사용되는데, 선택은 자빅스의 내부 ID에 의해 결정되며, 설정에 의존하지 않는다. 명시적으로 매크로 값을 재정의하는 한 가지 방법은 호스트에 직접 링크되고 두 개의 원래 템플릿을 가져오는 또 다른 템플릿을 도입하는 것이다.

트리거 이름과 표현식에서 사용자 매크로를 임곗값으로 사용했다. 그 밖에 또 어디서 사용할 수 있는지 확인해보자.

- **아이템 키 파라미터와 아이템 이름**: 어떤 서버는 SSH를 기본 포트 22로 실행할 수 있지만, 일부 호스트에서는 다른 포트 번호로 실행할 수 있다. 사용자 매크로는 아이템 키에 그대로 사용될 수 없으며, 대괄호로 묶인 파라미터에서만 사용할 수 있다.
- **트리거 함수 파라미터**: 트리거를 `{C_Template_Linux:system.cpu.load.avg({$CPU_LOAD_TIME})}>{$CPU_LOAD_THRESHOLD}`로 변경한 다음 `{$CPU_LOAD_TIME}`을 사용해 일부 호스트의 평균 시간을 변경할 수 있다.
- **SNMP 커뮤니티**: 전역 설정에서 봤던 기본 매크로 `{$SNMP_COMMUNITY}`가 사용되는 곳이다. 해당 매크로가 SNMP 아이템 속성에 사용된 경우, 다양한 SNMP 장치에 동일한 템플릿을 사용할 수 있으며, 필요에 따라 SNMP 커뮤니티를 변경할 수 있다.

사용자 매크로를 사용하는 템플릿을 디자인하는 경우, 전역 매크로 대신 템플릿에서 매크로를 정의하는 것이 좋다. 이런 템플릿을 내보내면 전역 매크로가 포함되지 않고, 템플릿에서 정의된 매크로만 포함된다.

아이템이나 트리거와 같은 개체는 템플릿에서 한 번 설정된다. 템플릿이 많은 호스트에 적용될 때, 매크로는 링크된 각 호스트에 개별로 설정하는 방법을 제공한다.

▌ 여러 개의 템플릿 사용

모니터링 중인 두 호스트가 있다. 두 호스트 모두 감시 중인 서비스가 있으며, 동일한 템플릿에 링크되어 있다. 갑자기 하나의 호스트에서 이메일 서버를 제거해야 하는 상황이 발생했다. 자빅스 관점에서는 간단히 해당 호스트의 이메일 관련 아이템을 비활성화하거나, 이메일 서버와 관련된 개체가 다른 서버에 남지 않도록 기존 템플릿에서 이메일 서버와 관련된 개체를 지우고, 별도의 템플릿을 작성하는 옵션이 있다. 이 중에서 이메일 서버와 관련된 개체를 별도의 템플릿으로 분할하는 것이 더 좋은 방법이다.

Confiuration ➤ Templates로 이동해, Create template 버튼을 클릭한다. Template name 항목에 C_Template_Email을 입력하고 Other groups 상자에서 Custom templates를 선택한 다음, ◀ 버튼을 클릭한 뒤 Add 버튼을 클릭한다.

이제 이 템플릿을 채워보자. Group 드롭다운 메뉴에서 Custom templates를 선택한 다음, C_Template_Linux 옆의 Items를 클릭한다. NAME 열의 SMTP server status와 Testfile 옆의 체크박스를 선택한 다음, 하단의 Copy 버튼을 클릭한다. 다음 화면에서 Target type 드롭다운 메뉴에서 Templates를 선택하고, Group 드롭다운 메뉴에서 Custom templates를 선택한다. 그다음 C_Template_Email 옆의 체크박스를 선택한 뒤 Copy를 클릭한다.

아이템은 해결했지만 여전히 트리거가 남아 있다. Item 목록 위의 탐색모음 바에서 Triggers를 클릭한다. 그리고 NAME 열의 SMTP service is down과 Testfile is missing 옆의 체크박스를 선택한 다음 Copy 버튼을 클릭한다. 다음 화면에서 다시 Target type 드롭다운 메뉴를 Templates로 선택하고, Group 드롭다운 메뉴를 Custom templates로 선택한다. 그리고 C_Template_Email 옆의 체크박스를 선택한 뒤 Copy 버튼을 클릭한다.

 SMTP 트리거는 test file 트리거에 의존성을 갖기 때문에 SMTP 트리거를 복사하려면 test file 아이템과 트리거를 가져와야 한다. 의존성 문제가 해결되지 않은 채, SMTP 트리거를 복사할 수 없다.

이제 호스트에 연결할 수 있는 간단한 이메일 서버 전용 템플릿을 갖게 됐다. SMTP 서비스에 관한 아이템과 트리거는 사용자 정의 리눅스 템플릿과 동일하다. 하지만 두 템플릿 모두 같은 키의 아이템을 가지고 있으므로, 이 템플릿들을 동일한 호스트에 연결할 수 없는 문제가 있다. 두 템플릿을 동일한 호스트에 연결하려고 하면 다음과 같은 메시지가 나온다.

Details   Cannot update host

Template "C_Template_Linux" with item key "net.tcp.service[smtp]" already linked to host.

템플릿 연결을 변경하는 몇 가지 단계를 수행해보자.

- "A test host"와 "Another host"에서 C_Template_Linux 템플릿 연결 해제
- C_Template_Linux 템플릿에서 SMTP 관련 아이템 및 트리거 제거
- "A test host"와 "Another host"에 C_Template_Email 템플릿 연결
- 다시 "A test host"와 "Another host"에 C_Template_Linux 템플릿 연결

이렇게 하면 SMTP 관련 아이템과 트리거가 이메일 템플릿에서 템플릿화되면서 수집된 모든 데이터가 보존된다. 만약 리눅스 템플릿에서 해당 아이템을 삭제한 다음 이메일 템플릿을 연결하면, 해당 아이템에 대해 수집된 모든 값도 제거된다.

Configuration > Hosts로 이동해, A test host와 Another host 옆의 체크박스를 선택한 다음,
Mass update를 클릭한다. Templates 탭으로 전환하여 Link templates 체크박스 선택 후,
Replace 체크박스를 선택한다. 이렇게 하면 링크된 템플릿의 연결이 해제되지만, 이전에
템플릿에 있던 개체는 호스트에 직접 연결된 개체로 유지된다.

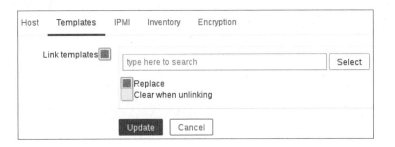

 호스트 대량 업데이트에 대해서는 이 장의 뒷부분에서 자세히 설명한다.

Update를 클릭한다. 이제 SMTP 관련된 아이템과 트리거를 제거하기 위해 리눅스 템플릿
을 수정할 것이다. Configuration > Template로 이동해, C_Tempalte_Linux의 Items을 클릭
한 다음, NAME 열에 남아있는 SMTP server status와 Testfile 옆의 체크박스를 선택한다.
하단의 Delete 버튼을 클릭한 다음 팝업창을 확인한다. Details를 확장하면 해당 아이템에
의존성 있는 트리거들이 수동으로 지우지 않아도 제거된 것을 확인할 수 있다.

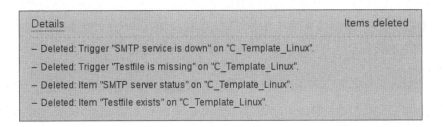

이제 새로운 이메일 템플릿을 연결하고 수정된 리눅스 템플릿을 다시 연결할 준비가 됐다. 이 작업을 한 번에 수행할 수 있으며, 이를 위해 대량 업데이트 기능을 다시 사용할 것이다. Configuration > Hosts로 이동해, A test host와 Another host 옆에 있는 체크박스를 선택한 다음, Mass update를 클릭한다. Templates 탭으로 전환하여 Link templates 체크박스를 선택하고, 입력 항목에 C_를 입력한다. 그러면 두 템플릿이 나타날 것이며, 둘 중 하나를 클릭한 다음 C_를 다시 입력하고 다른 템플릿을 클릭한다.

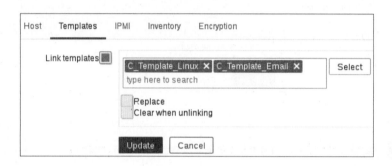

Update 버튼을 클릭한 다음, Configuration > Templates에서 템플릿 연결 목록을 확인한다. 이제 각 사용자 정의 템플릿은 두 개의 호스트가 연결되어 있다.

TEMPLATES ▲	APPLICATIONS	ITEMS	TRIGGERS	GRAPHS	SCREENS	DISCOVERY	WEB	LINKED TEMPLATES	LINKED TO
C_Template_Email	Applications	Items 2	Triggers 2	Graphs	Screens	Discovery	Web		Another host, A test host
C_Template_Linux	Applications	Items 12	Triggers 5	Graphs	Screens	Discovery	Web		Another host, A test host

하나의 호스트에 여러 개의 템플릿을 연결할 수 있다. 이렇게 하면 각 템플릿은 개체의 부분집합만 제공하는 모듈식 구성이 가능하므로 서버는 기본 리눅스, 이메일 서버, 웹 서버, 파일 서버 등의 여러 템플릿을 조합하여 서버를 구성할 수 있다.

물론 하나의 아이템과 트리거의 프로세스가 너무 복잡해 보이지만, 보통 이메일 서버에는 메일 서버 프로세스 수, SMTP, IMAP, POP3 서비스 상태, 스팸 및 바이러스 필터 상태, 큐 길이 등과 같이 많은 파라미터가 있다. 이 시점에서 몇 번의 클릭만으로 시스템에서 모니터링되는 일련의 메트릭을 신속하게 작성할 수 있다는 것은 굉장히 유용한 기능이다.

 링크 해제. 다시 설계. 다시 링크하는 방법은 템플릿 설정을 변경하는 일반적이고 권장되는 방법이다. 템플릿 연결이 해제되는 동안 아이템 키가 변경되거나, 아이템이 삭제되는 것을 주의해야 한다.

호스트에서 템플릿 연결 해제

앞에서 이메일 서비스를 제거한 서버에 대해 이야기했으며, 두 템플릿 모두 두 호스트에 연결하는 것은 실제로 올바른 작업이 아니었다. 이제 그 문제를 다뤄보자. Configuration > Hosts으로 이동해, Group 드롭다운 메뉴에 Linux servers를 선택한다. A test host가 더 이상 SMTP를 제공하지 않으므로, NAME 열의 A test host를 클릭한 다음 Templates 탭으로 전환한다.

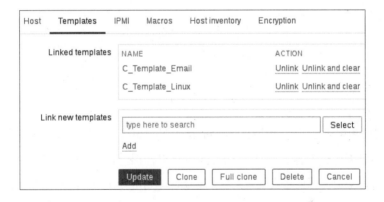

이 화면의 Linked templates에는 두 개의 템플릿이 올바르게 나열되어 있다. 이제 C_ Template_Email의 연결을 끊기 위한 동작으로 Unlink와 Unlink and Clear 두 가지가 있다. 이 동작의 차이점이 무엇인지 확인하기 위해 안전해 보이는 것부터 시작해보자.

C_Template_Email 옆에 있는 Unlink를 클릭한 다음 Update를 클릭한다. Details 링크를 확장해 무슨 작업이 발생했는지 확인한다.

Details	Host updated
– Unlinked: Trigger "SMTP service is down" on "A test host".	
– Unlinked: Trigger "Testfile is missing" on "A test host".	
– Unlinked: Item "SMTP server status" on "A test host".	
– Unlinked: Item "Testfile exists" on "A test host".	
– Templates "C_Template_Email" unlinked from hosts "A test host".	

아이템과 트리거 모두 연결이 해제됐다는 내용이 보인다. A test host 옆의 Items을 클릭해 이 내용이 기대했던 내용인지 확인해보자.

SMTP server status
C_Template_Linux: SNMP trap fallback
C_Template_Linux: snmptraps
C_Template_Linux: SNMP trap tests
C_Template_Linux: SSH server status
Testfile exists

SMTP 관련 아이템은 아직 남아있다. Unlinking하여 단순히 연결을 해제하고, 이전에 호스트에 연결된 아이템 사본을 남긴다. 이것은 만약 다른 아이템을 생성하거나, 이력 데이터를 유지하기 위해 호스트에 아이템을 남겨놓을 때 편리하지만 지금은 하고자 하는 것과 거리가 멀다. 이 문제를 해결하기 위해 트리거와 아이템을 수동으로 지울 수 있지만, 호스트가 직접 연결된 다수의 개체를 추가로 가지고 있다면 그렇게 쉽지 않다. 수동으로 개체를 삭제하면 이는 실수를 유발시킬 수 있기 때문에, 이 방법 대신 다른 방식으로 해보자. 이 템플릿을 다시 연결한 다음, 사본 없이 제거해보자.

탐색 상단에서 A test host를 클릭하고 Templates 탭으로 전환하자. Link new templates 입력란에 C_를 입력하면 나오는 C_Template_Email을 클릭하고, 작은 Add를 조심스럽게 클릭한 다음 Update를 클릭한다. 세부 정보를 펼치면 템플릿에 다시 연결된 SMTP 아이템과 트리거가 보일 것이다. 다시 처음 화면으로 이동하면 호스트에 연결된 두 개의 템플릿이 보일 것이다. 이제 이 템플릿을 다시 연결 해제해야 한다. NAME 열의 A test host를 클릭하고 Templates 탭으로 전환한다. Linked templates 블록에서 C_Template_Email 옆에 있는 Unlink and clear를 클릭하고 Update를 클릭한 다음 Details를 펼쳐보자.

Details	Host updated
– Deleted: Trigger "SMTP service is down" on "A test host".	
– Deleted: Trigger "Testfile is missing" on "A test host".	
– Deleted: Item "SMTP server status" on "A test host".	
– Deleted: Item "Testfile exists" on "A test host".	
– Templates "C_Template_Email" unlinked from hosts "A test host".	

이제 모든 작업이 완료됐다. 아이템과 트리거 모두 실제로 삭제된다. 호스트 목록을 보면 TEMPLATES 열에서 연결된 템플릿 현황을 보여주는데, 이는 특정 그룹의 모든 호스트에 대한 템플릿 연결 현황을 신속하게 확인하고자 할 때 유용하다.

NAME ▲	APPLICATIONS	ITEMS	TRIGGERS	GRAPHS	DISCOVERY	WEB	INTERFACE	TEMPLATES
Another host	Applications	Items 14	Triggers 8	Graphs	Discovery	Web	192.168.56.11: 10050	C_Template_Email, C_Template_Linux
A test host	Applications	Items 13	Triggers 6	Graphs	Discovery	Web	127.0.0.1: 10050	C_Template_Linux

▎ 일괄 업데이트

아이템과 마찬가지로 호스트에도 일괄 업데이트를 사용할 수 있으며, 이미 몇 번 사용해 봤다. 일괄 업데이트 기능이 제공하는 기능에 대해 자세히 살펴보자. 먼저 Configuration ➤

Hosts로 이동한다. 호스트 목록에서 A test host와 Another host 옆의 체크박스를 선택하고 하단의 Mass update 버튼을 클릭한다. 그다음 Templates 탭으로 전환하고 Link templates 체크박스를 선택한다.

여기서 템플릿 선택은 호스트 속성에서 템플릿 선택했던 것과 동일한 방식으로 수행된다. 하위 문자열을 입력하여 검색하거나 Select 버튼을 클릭해 목록에서 템플릿을 선택할 수 있다. 해당 항목에 여러 개의 템플릿을 지정할 수 있으며, 이를 위해 호스트 속성에서는 Add를 클릭해야만 했지만, 이 양식에서는 클릭할 수 있는 다른 컨트롤이 없다. 이 양식에서 첫 번째 항목에 템플릿이 나열되어 있는 것만으로 충분하다. 이렇게 양식이 다르게 동작하기 때문에 일괄 업데이트와 개별 호스트 업데이트 사이의 전환은 꽤 어려울 수 있다. 따라서 매우 신중해야 한다.

또한 두 개의 체크박스가 있는데, 두 체크박스가 무엇을 수행하는지 설명하기 전에 기본적으로 어떤 동작이 발생하는지 알아보자. 한 개 이상의 템플릿을 나열한 다음 설정을 업데이트하면, 선택된 호스트에 기존 템플릿뿐만 아니라 나열된 템플릿이 연결된다(기존 템플릿은 아무것도 건드리지 않았다). 이 동작은 체크박스를 통해 변경된다.

- **Replace**: 기존 템플릿의 연결이 끊어진다. 이전과 마찬가지로 기존 템플릿에서 받아온 개체는 건드리지 않는다. 기존 템플릿에 의해 제어된 아이템, 트리거 및 기타 모든 항목은 호스트에 남아 있는다. 만약 이 양식에서 지정한 템플릿에 동일한 키를 가진 아이템이 있으면, 호스트의 해당 아이템은 템플릿의 아이템으로 교체된다.
- **Clear when unlinking**: 기존 템플릿의 연결이 해제되고 지워진다. 즉, 템플릿으로부터 연결된 호스트의 모든 개체가 삭제된다. 직접 연결된 개체는 건드리지 않

고, 템플릿으로부터 연결된 개체만 영향을 받는다는 점을 제외하고는 호스트의 모든 개체를 지우는 것과 같다.

물론 두 템플릿에 동일한 아이템 키가 있는 경우처럼 충돌이 발생하면, 연결은 실패할 것이다.

지금은 템플릿 연결을 수정하지 않을 것이므로 Cancel 버튼을 클릭하자.

▌ 중첩된 템플릿

하나의 호스트는 이메일 서비스를 계속 제공하고 있다. Another host에는 두 개의 템플릿이 연결되어 있다. 그러나 논리적으로 그룹화할 수 있는 모든 서비스, 애플리케이션 및 기타 데이터를 개별 템플릿으로 분리한다면 어떻게 될까? 결국 하나의 호스트에 연결해야 하는 템플릿이 많아질 것이다. 이것이 나쁜 것은 아니지만 이런 서버가 2대 혹은 3대, 아니면 20대가 있으면 어떨까? 어떤 시점에서는 템플릿을 사용한 구성조차도 관리하기 어려워질 수 있다. 크고 복잡한 환경에서 각 호스트가 12개의 템플릿을 갖는 것은 흔한 일이다.

템플릿은 단순성과 강력한 기능이 결합된 곳이다. 백그라운드에서 템플릿과 호스트는 다르지 않다. 실제로 템플릿은 호스트이며, 약간 특별한 것이 있을 뿐이다. 템플릿은 다른 템플릿에 연결해 중첩된 구성을 만들 수 있다.

중첩된 구성이 이 상황에서 어떻게 적용될 수 있을까? 더 많은 호스트를 동일한 설정으로 쉽게 추가할 수 있는 간단한 구성을 만들어보자. Configuration ➤ Templates에서 Create template 버튼을 클릭한다. Template name 항목에서 C_Template_Email_Server를 입력한 다음, Other groups 상자에서 Custom templates를 선택하고, ◄ 버튼을 클릭한다.

Linked templates 탭으로 전환한다. 여기에서 다른 템플릿을 현재 템플릿에 연결할 수 있다. Select 버튼을 클릭하고 팝업창에서 C_Template_Email과 C_Template_Linux 옆에 있는 체크박스를 선택한다.

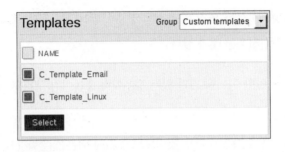

Select를 클릭하고, 하단의 Add가 아닌 Link new templates 섹션의 Add 링크를 먼저 클릭한다. 두 템플릿 모두 Linked templates 섹션에 추가된다.

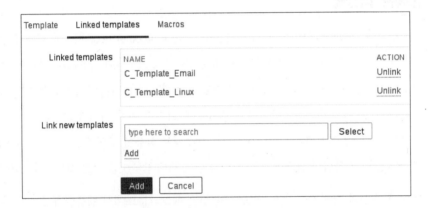

완료되면 하단의 Add 버튼을 클릭한다. 이제 이메일 서버와 기본 리눅스 시스템 설정을 포함하는 템플릿이 있으므로, 이 역할을 담당할 호스트에 템플릿을 올바르게 연결해야 한다.

Configuration ➤ Hosts로 이동해 Another host를 클릭하고, Templates 탭으로 전환한다. Linked templates 섹션에 나열된 두 템플릿 모두 Unlink 링크를 클릭한다. Link new templates input 항목에서 email을 입력한 다음, C_Template_Email_Server를 클릭한다. 작은 Add 컨트롤을 클릭한 다음, 양식 하단에 있는 Update를 클릭한다. 작업이 성공적으로 완료되면, Details 링크를 펼쳐보자. 여기서 볼 수 있듯이, 먼저 모든 요소가 연결이 해제되고 나중에 갱신된다. 본질적으로 이전 템플릿은 연결이 해제됐지만, 아이템과 트리거는 호스트에 남아 있고, 새 템플릿이 다시 연결된다. 이런 작업흐름의 가장 큰 이점은 모든 아이템의 이력 데이터를 유지하는 것이다.

그러나 여기에서 했던 가장 중요한 일은 중첩된 템플릿을 만든 것이다. 이런 중첩 템플릿은 다른 템플릿들과 링크되므로, 기존 템플릿의 조건들을 약간 수정하면서 기존 템플릿의 모든 아이템, 트리거 및 기타 특성을 상속한다. 이 경우 중첩 템플릿에는 다음과 같은 두 개의 다른 템플릿의 개체가 포함된다.

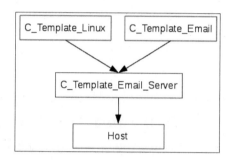

중첩 템플릿 사용은 이전 상황(단일 호스트에 두 개의 템플릿 연결)보다 약간의 이점만 있는 것 같지만, 모니터링되는 시스템의 규모가 큰 경우 매우 유효한 접근 방법이다. 하나의 호스트에 여러 템플릿의 특정 조합이 필요한 경우에는 해당 템플릿을 호스트에 직접 연결하는 것이 좋다. 하지만 템플릿 개수가 늘어날수록, 템플릿 중첩을 설정하고 호스트에 연결한 단일 템플릿을 생성하는 것이 더 편리하다. 이 작업을 수행하면 동일한 역할을 하는 호스트를 새로 추가할 때 단일 템플릿만 연결하면 되므로 설정이 매우 단순화되며 실수가 최소화된다.

호스트 목록을 보면, 이 호스트에 영향을 주는 모든 템플릿을 TEMPLATES 열에서 볼 수 있다.

TEMPLATES
C_Template_Email_Server (C_Template_Email, C_Template_Linux)

새로운 **C_Template_Email_Server** 템플릿이 처음에 나열되고, 두 개의 다른 템플릿이 괄호 안에 나열되는 것에 주목하자. 호스트에 직접 연결된 템플릿이 먼저 나열되고, 이 템플릿과 연결된 템플릿들이 괄호 안에 나열된다. 여기에서는 중첩 템플릿이 2단계까지만 표시되며, 더 많은 중첩 단계가 있으면 호스트 목록에서는 확인할 수 없다.

이제 템플릿 아이템을 검토해보자. 호스트 목록에서 **Another host** 옆에 있는 **Items**를 클릭한다. 그다음 **NAME** 열에서 **SMTP server status**를 클릭한 뒤, **Parent items**가 있는 첫 번째 행을 보자.

Parent items   C_Template_Email ➡ C_Template_Email_Server

이것은 템플릿 아이템을 나타낸다. 상위 아이템을 여기에서 확인하고 접근할 수 있으며, 이 아이템에 대해 두 단계가 표시된다. 호스트에 가까운 템플릿일수록 가장 우측에 나열되고, 가장 좌측 템플릿이 아이템의 출처가 된다. 두 단계 이상을 가지고 있어도 보여질 것이다. 이 행은 특정 아이템의 출처가 어디인지, 무엇을 수정해야 할지, 그리고 간편한 상위 단계 접근을 위한 정보를 신속하게 얻기 위해 사용된다. 만약 어떤 템플릿 아이템에서 간단한 실수가 발견되면 **Configuration ❯ Templates**으로 이동해 올바른 페이지나 템플릿을 찾아서 다시 아이템에 접근하는 대신, 한 번의 클릭만으로 상위 아이템으로 이동할 수 있다. 마찬가지로 트리거와 다른 개체에도 상위 개체에 접근할 수 있는 행이 있다.

중첩 템플릿 설정을 사용할 때, 상속된 매크로 확인 페이지는 매우 유용하다. 만약 상속 매크로 확인 기능이 없다면, 하나의 호스트와 하나의 템플릿이 있는 경우, 각각의 매크로를 확인해야 한다. 먼저 호스트의 매크로를 확인하고, 호스트에 매크로가 정의되어 있지 않다면 템플릿의 매크로를 확인해야 한다. 템플릿에도 매크로를 정의하지 않았으면 전역 단계의 매크로를 확인해야 한다. 중첩된 템플릿을 사용한다면 모든 템플릿을 각각 확인해야 한다. 하지만 매크로 확인 페이지를 사용하면, 정확히 어떤 템플릿에서 호스트 속성에 있는 매크로 탭의 값을 가져오는지 확인할 수 있다.

템플릿 중첩은 템플릿을 그룹화하고 대상 호스트에 단일 템플릿을 적용하는 동시에 다른 기능들을 적절하게 분리하고 여러 하위 수준 템플릿을 재사용하는 편리한 방법이다. 그럼에도 불구하고 과도한 중첩을 만들지 않도록 주의해야 한다. 두 단계 중첩을 사용하는 것이 일반적이다. 자빅스 고급 사용자는 다섯 단계 중첩을 사용해 템플릿을 설계하는 것이 다소 과도했으며, 향후 최대 4단계로 제한할 수 있다고 선언했다.

▎요약

자빅스에서 템플릿은 설정을 단순화하고, 대규모 변경에 중요한 역할을 한다. 워드프로세서의 능숙한 사용자는 스타일을 사용할 것이다. 비슷한 개념으로 TeX, 웹의 CSS 스타일 등 다른 곳에서 사용된다. 프레젠테이션에서 콘텐츠를 분리하면 변경 작업을 할 때 필요한 작업량을 줄일 수 있다.

스타일과의 비교가 억지스러울 수도 있겠지만 실제로는 비슷하다. 스타일과 마찬가지로, 템플릿은 호스트와 제공 서비스를 분리할 수 있으며, 이런 서비스들을 중앙집중식으로 정의할 수 있다. 한 번의 작업으로 해당 레벨의 모든 제목의 글꼴 크기를 변경할 수 있는 제목 스타일을 가진 워드프로세서 문서와 같은 방식으로, 직접 연결되거나 중첩된 템플릿은 모든 호스트의 일부 파라미터를 변경할 수 있다.

자빅스는 여러 위치에서 템플릿 연결을 수정할 수 있다.

- Host properties: 단일 호스트에 여러 템플릿을 연결, 연결 해제, 연결 해제 후 개체를 삭제할 수 있다.
- Host mass update: 여러 템플릿을 여러 호스트에 연결할 수 있을 뿐만 아니라 이전에 연결된 모든 템플릿의 연결 해제 또는 연결 해제 후 개체 삭제를 할 수 있다. 그러나 특정 템플릿은 연결 해제나 연결 해제 후 개체 삭제를 할 수 없다.
- Template properties: 단일 템플릿에서 여러 호스트를 연결하거나 연결 해제를 할 수 있다. 하지만 연결 해제 후 개체 삭제는 할 수 없다.

앞의 목록에서 우리는 호스트에 대한 템플릿에 대해서도 다뤘다. 이것은 중첩된 템플릿 구성을 관리할 때 사용된다.

자빅스의 매크로는 변수와 비슷하다. 매크로는 나중에 호스트별 값으로 대체되는 포괄적인 기호를 제공한다. 호스트 수준에서 아이템, 트리거, 기타 개체를 커스터마이징하기 위해 사용자 변수를 정의할 수 있는 내장 매크로와 사용자 매크로를 살펴봤다.

템플릿에서 아이템과 트리거의 모든 재구성을 통해 알 수 있듯이, 실제 구성을 시작하기 전에 적절한 템플릿 정책을 계획하는 것이 나중에 재구성하는 것보다 더 쉽다. 구성을 시작하기 전에 최소한 모니터링 대상의 기본 계층 구조를 작성하는 것을 강력하게 권장한다. 이렇게 하면 장기적으로 더 쉽게 작업할 수 있을 것이다.

9장에서는 자빅스에서 데이터를 시각화할 수 있는 방법에 대해 살펴본다. 그래프와 네트워크 맵으로 시작하여 다양한 런타임 정보를 표시하는 방법을 살펴본다. 그리고 그래프 사용자 정의와 사용법에 대해 자세히 설명한다.

09

그래프와 맵을
이용한 데이터 시각화

지금까지 몇 가지 기본 데이터 시각화 옵션을 간략히 살펴봤다. 앞에서 살펴본 그래프는
대부분 시간 흐름에 따라 아이템이 어떻게 변했는지 보여주는 간단한 그래프였다. 그러나
자빅스가 제공하는 그래프는 간단한 그래프가 전부는 아니다. 이것보다 더 많은 옵션이
있으며, 지금부터 살펴볼 것이다. 9장에서 살펴볼 자빅스의 시각화 옵션은 다음과 같다.

- 심플 그래프, 임시 그래프, 사용자 정의 그래프
- 다른 방법으로 정보를 표시할 수 있는 맵(예. 지리적 표현 방법)

무엇을 시각화하는가

앞에서 정보를 얻고자 할 때 정보를 보내주는 작업을 설정했으며, 필요에 따라 서비스를 다시 시작하고 다른 많은 작업을 수행할 수 있는 원격 명령이 있다. 그렇다면 왜 시각화를 해야 하는가?

대부분의 경우 시각화하고 싶은 데이터가 어떤 데이터인지 잘 알고 있기 때문에 이 질문은 어리석은 것처럼 보일 수도 있지만, 모든 기능이 명백하게 드러나는 것은 아니다.

물론, 그래프를 보면 문제가 발생된 시간, 관련 파라미터 확인, 반복되는 이상을 쉽게 발견할 수 있기 때문에 문제를 파악하는 것이 더 쉬울 수 있다.

그래프와 같은 것들은 "자빅스 시스템이 무엇을 하는가"와 같은 질문에 대답하기 위한 간단한 표현으로 사용될 수 있다. 비기술적인 관리자에게 모니터링 결과와 시스템 현황을 쉽게 파악할 수 있다는 이점을 보여 주려고 할 때 유용하다.

또 다른 유용한 영역은 큰 화면에 데이터를 표시하는 것이다. 일반적으로 시스템 상태에 대한 상위 수준의 요약이며, 시스템 운영자 또는 업무 지원 센터에 배치된다. 국가 내 업무 지원 센터 맵을 보여주고, 다양한 회사 위치와 이 중 발생한 문제들이 나열되어 있는 대형 TV를 상상해보자.

좋은 그래프를 가지고 있거나 시각적으로 배치하여 도움을 얻을 때 활용할 수 있는 시나리오가 더 많아진다. 이제 자빅스에서 제공하는 옵션을 살펴보자.

개별 요소

개별 요소와 결합된 시각적 요소를 구분할 수 있다. 개별 요소는 그래프와 네트워크 맵 같은 하나의 컨테이너에서 특정 정보를 보여주는 요소를 참고할 것이다. 개별 요소는 많은 아이템과 호스트에서 정보를 얻을 수 있지만, 일반적으로 다른 자빅스 웹 화면의 요소는 포함할 수 없다.

그래프

앞의 정의가 혼란스러울 수도 있지만 매우 간단하다. 개별 시각적 요소의 예로 그래프가 있다. 그래프에는 하나 이상 아이템 정보가 포함될 수 있지만, 그래프 같은 자빅스의 시각적 요소는 포함할 수 없다. 따라서 그래프는 개별 요소로 간주된다.

데이터베이스 서버를 새로 구매하는 것에 대해 경영진의 동의를 얻으려 할 때, 용량 계획을 위해 그래프를 적용하기는 어렵다. 웹 사이트 방문객 증가와 현재 성장률이 지속될 시 2달 안에 한계에 도달할 것임을 볼 수 있다면, 훨씬 더 설득력이 있을 것이다.

심플 그래프

이미 이 목록에서 심플 그래프simple graphs라 불리는 첫 번째 시각적 요소를 보았다. 심플 그래프는 설정이 필요하지 않고 만들 필요가 없기 때문에 약간 특별하다. 심플 그래프는 모든 아이템에 사용할 수 있다. 하지만 텍스트 아이템을 그래프로 표현하는 것은 별로 의미가 없으므로, 심플 그래프는 오직 숫자 아이템에만 사용할 수 있다. 기억을 되살리기 위해 Monitoring ➤ Latest data에서 아이템을 보자.

NAME ▲	LAST CHECK	LAST VALUE	CHANGE	
- other - (13 Items)				
CPU load	2016-04-27 15:15:25	0		Graph
Experimental SNMP trap				History
Full OS name	2016-04-27 15:15:22	Linux testhost 3.12.53-40-defa...		History
ICMP ping performance	2016-04-27 15:15:32	0.04 ms		Graph

숫자 아이템 이외의 아이템 오른쪽에는 링크가 History를 표시한다. 숫자 아이템의 경우에는 Graph 링크가 표시된다. 이는 데이터가 저장되는 방식에 따라 결정되며, 단위 또는 값 매핑 같은 것들은 그래프 사용 가능 여부에 영향을 미치지 않는다. 확대/축소와 같은 기본 그래프 컨트롤에 대한 정보를 다시 확인하려면 2장, '첫 번째 알림받기'를 참고한다.

심플 그래프에는 설정이 필요하지 않지만, 설정 기능도 제공하지 않는다. 심플 그래프는 쉽게 사용할 수 있지만 아주 제한적이다. 따라서 단일 아이템에 유용하기 때문에 여러 아이템을 그래프로 표시하거나 시각화 스타일을 변경하는 방법은 없다. 물론 다른 방법이 없다면 엄청난 한계가 될 수 있지만, 다행히 두 가지 그래프 유형(임시 그래프와 사용자 정의 그래프)이 더 있다.

임시 그래프

심플 그래프는 액세스하기 쉽지만, 하나의 아이템만 표시한다. 하나의 그래프에서 여러 개의 아이템을 빠르게 볼 수 있는 아주 쉬운 방법이 있는데, 자빅스에서는 이를 임시 그래 프ad hoc graph라고 한다. 임시 그래프는 Latest data 페이지에서 액세스할 수 있으며, 심플 그래프와 동일하다. 임시 그래프를 보려면 Monitoring ➤ Latest data로 이동해 왼쪽을 살펴보자. 설정 섹션의 많은 페이지와 마찬가지로 체크박스가 있다. A test host의 CPU 부하 및 네트워크 트래픽 관련 아이템 옆의 체크박스를 선택한다.

수집 데이터가 숫자가 아닌 아이템의 체크박스는 사용할 수 없다.

페이지 하단에서 Display graph 버튼을 클릭하면, 선택된 모든 아이템이 그래프에 표시된다.

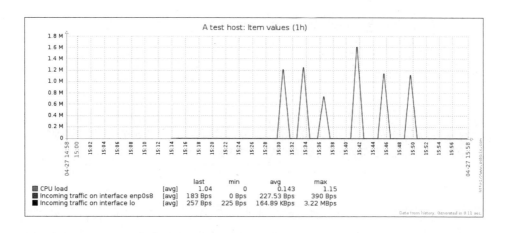

이제 그래프 상단을 살펴보면 새 컨트롤 Graph type이 있다.

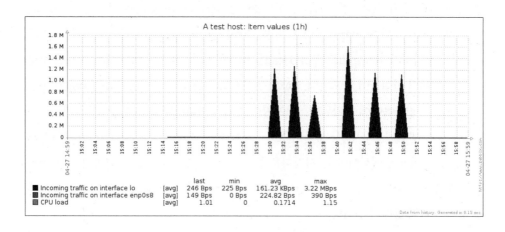

이를 통해 일반 그래프와 누적 그래프를 신속하게 전환할 수 있다. Stacked을 클릭해보자.

CPU 부하 아이템과 네트워크 트래픽 아이템은 의미와 값의 범위가 매우 다르기 때문에, 이 그래프에서 누적 모드는 별로 의미가 없지만, 그래도 모드를 빠르게 전환할 수 있다. 이번에는 Monitoring ❯ Latest data로 돌아가서 네트워크 트래픽 아이템 체크박스만 선택해본다. 그다음 목록 맨 아래에 Display stacked graph를 클릭한다. 이번에는 누적 모드가 기본으로 설정돼 임시 그래프가 다시 표시될 것이다. 즉 Latest data 페이지 하단의 버튼에서 그래프의 초기 모드를 제어하지만, 그래프가 열려도 쉽게 모드를 전환할 수 있다.

 TIP 글을 쓰는 시점의 자빅스 3.0.2 버전에서 임시 그래프의 기간은 바꿀 수 있지만, 페이지를 새로 고침하면 그래프 기간이 1시간으로 재설정된다.

안타깝게도 현재로서는 임시 그래프를 사용자 정의 그래프나 대시 보드의 즐겨 찾기에 저장할 수 없다. 특정 임시 그래프를 나중에 다시 보기 위해서는 해당 URL을 복사해야 한다.

사용자 정의 그래프

사용자 정의 그래프^{Custom graph}는 수동으로 만들어야 하지만, 많은 커스터 마이징이 가능하다. 사용자 정의 그래프를 만들기 위해 Configuration ▶ Templates으로 이동한다. C_Template_Linux 옆의 Graphs를 클릭한 다음, Create graph 버튼을 클릭한다. 심플 그래프 재현부터 시작하자. Name 필드에 CPU load를 입력한 다음, Items 섹션의 Add 컨트롤을 클릭한다. 그러면 팝업창이 나오는데, NAME 열에서 CPU load를 클릭하면 CPU load 아이템이 그래프 속성의 목록에 추가된다. 이 아이템의 여러 파라미터들을 변경할 수 있지만, 지금은 색상만 변경해보자. 색상 값을 수동으로 입력할 수 있지만, 그다지 편리하지 않으므로 COLOUR 열에서 색상이 있는 사각형을 클릭한다. 그러면 색상 선택 화면이 나오는데, 중간 범위의 빨간색 중 하나를 선택한다. 마우스 커서를 셀 위로 몇 초 동안 올려놓으면 색상 값이 표시된 툴팁이 열린다.

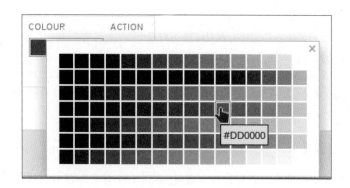

생성 중인 그래프가 어떻게 나타나는지 보려면 Preview 탭으로 전환한다. 안타깝게도 템플릿에서 선택한 아이템은 가지고 있는 데이터가 없기 때문에, 현재는 별로 도움이 되지 않는다.

 자빅스 색상 선택 화면은 선택할 수 있는 색상 표를 제공하지만, 일부 색상(예: 주황색)이 누락돼 있다. RGB 색상 코드를 16진수 형식으로 직접 입력할 수 있다(예: 주황색은 FFAA00와 유사함). 다른 유용한 색상 값을 찾기 위해 테스트를 해보거나 온라인 색 계산기를 사용할 수 있다. KDE를 사용하는 경우, 애플리케이션 KColorChooser를 실행하기만 하면 된다.

업무 시간과 트리거 라인

앞에서 그래프의 선 색상을 변경하는 간단한 사용자 정의 옵션을 보았다. 다시 Graph 탭으로 전환한 다음 Show legend, Show working time, Show triggers 체크박스를 주목하자. 이 세 가지를 활성화한 채로 하단의 Add 버튼을 클릭한다.

이제 사용자 정의 그래프가 저장됐다. 어디에서 사용자 정의 그래프를 찾을 수 있을까? 심플 그래프는 Monitoring > Latest data 섹션에서 찾을 수 있었지만, 사용자 정의 그래프는 자체 섹션이 있다. Monitoring > Graphs로 이동해 Group 드롭다운은 Linux servers, Host 드롭다운은 test host, Graph 드롭다운은 CPU load를 선택한다.

아마 눈치 챘을 수도 있지만, 여기서 한 가지 흥미로운 점이 있다. 템플릿에 아이템이 추가되는 동안 그래프는 호스트에 해당 아이템을 사용할 수 있으며, 모든 데이터는 정확하게 표시된다. 즉, 중요한 개념인 템플릿화가 여기에서도 동작함을 의미한다. 그래프를 자빅스의 템플릿에 연결할 수 있으며, 이후에는 템플릿에 연결된 각 호스트에서 사용할 수 있다.

앞에서 만든 사용자 정의 그래프는 심플 그래프와 매우 비슷해 보인다. 이전에 그래프에서 업무 시간 표시를 제어할 수 있음을 보았다. 그래프의 업무 시간 표시에 관해 살펴보자. 왼쪽 위 모서리의 Zoom caption 옆에 있는 **7d** 컨트롤을 클릭한다.

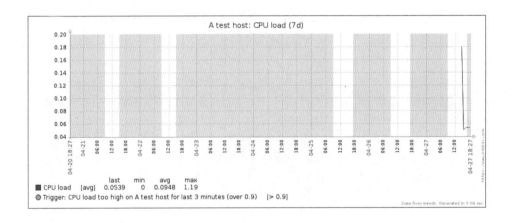

 최근에 CPU load 아이템을 작성한 경우, 아직 더 긴 기간을 사용할 수 없다. 이 경우 사용 가능한 기간 중 가장 긴 것을 선택한다.

그래프에는 회색과 흰색 영역이 있음을 알 수 있다. 흰색 영역은 업무 시간, 회색은 비업무 시간을 의미한다.

그러나 업무 시간 표시를 비활성화할 수 있는 방법이 없다는 점을 제외하고는 심플 그래프와 동일하다. 하드코딩되지 않은 업무 시간은 어떻게 결정될까? Administration ➤ General 로 이동해 우측 상단의 드롭다운에서 Working time을 선택한다.

이 옵션은 7장, '트리거 처리 액션'과 3장, '자빅스 에이전트와 기본 프로토콜과 모니터링'에서 다뤘던 사용자 미디어를 활성화할 때와 동일한 문법이 사용된다. 월요일부터 일요일까지는 1부터 7로 표시되며, 시간 설정에는 24시간제가 사용된다. 현재 이 항목에 적힌 1-5,09:00-18:00는 월요일부터 금요일까지 9시간을 의미한다. 이 부분을 1-3,09:00-17:00;4-5,09:00-15:00로 수정해보자.

Working time	1-3,09:00-17:00;4-5,09:00-15:00
Update	

 이 설정은 전역 설정이며, 현재 시점에서 사용자별로 설정하는 방법은 없다.

이 수정을 통해 월요일부터 수요일은 09시부터 17까지로, 목요일과 금요일은 09시부터 15시까지로 업무 시간이 변경된다. 변경 내용을 적용하려면 Update를 클릭한다. 다시 Monitoring > Graphs로 이동해 Graph 드롭다운에 CPU load가 선택됐는지 확인한다.

흰색 영역에는 월요일에서 수요일보다 목요일에서 금요일에 더 적은 업무 시간이 표시된다.

업무 시간이 데이터 수집이나 알림에 영향을 미치지 않는다는 것을 기억하자. 업무 시간에 영향을 받는 기능은 그래프뿐이다.

그러나 그래프 속성에서 트리거 옵션은 무엇일까? 그래프를 다시 보면 점선과 범례 항목을 볼 수 있다. 이 항목은 트리거 임곗값을 설명하고 있다. 트리거 라인은 간단한 트리거 표현식에 대해서만 표시된다.

 표시된 기간 동안 서버의 부하가 낮으면 그래프에 트리거 라인이 표시되지 않는다. Y축의 자동 스케일링은 트리거 라인이 표시되는 범위를 제외한다.

트리거 라인은 업무 시간과 마찬가지로 심플 그래프에 표시되며 비활성화할 수 없다.

이 그래프를 심플 그래프와 다르게 만드는 Show legend 체크박스가 있다. 이 세 가지 옵션을 비활성화하면 그래프가 어떻게 보이는지 확인해보자. 그래프 설정에서 Show legend, Show working time, Show triggers의 선택을 해제하고 Update 버튼을 클릭한다.

 그래프를 재구성할 때 두 개의 브라우저 탭 또는 창을 사용해 한 곳에는 Monitoring ❯ Graphs 페이지, 다른 곳에는 Configuration 섹션에 있는 그래프 세부 정보 페이지를 여는 것을 추천한다. 이렇게 하면 몇 번의 클릭만으로 설정을 변경한 후 모니터링 섹션을 새로 고칠 수 있다.

다시 모니터링 섹션에서 이 그래프를 열어보자.

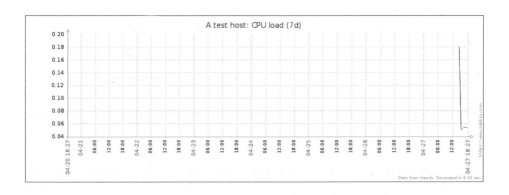

때로는 추가 정보가 너무 많은 공간을 차지할 수 있는데, 특히 그래프에 아이템이 많이 있을 때 범례가 그렇다. 사용자 정의 그래프에서 추가 정보들을 숨길 수 있다. 그래프 설정에서 체크박스들을 다시 활성화하고 Update 버튼을 클릭해 변경 사항을 저장한다.

그래프 아이템의 함수

작업 중인 사용자 정의 그래프는 심플 그래프와 매우 유사하지만 표시 기간이 길 때는 확연한 차이가 있다. 심플 그래프에는 3개의 다른 라인이 있으며 그 사이의 영역은 채워져 있고, 작업 중인 사용자 정의 그래프에는 하나의 라인만 있다(표시된 기간이 3일에 가까워지면 차이점을 쉽게 알 수 있다). min, max, avg 3개의 라인을 사용자 정의 그래프에도 적용할 수 있을까? 편집 양식을 열기 위해 Configuration ➤ Templates로 이동해 C_Template_Linux 옆의 Graphs를 클릭한 다음 NAME 열의 CPU load를 클릭한다. 아이템 섹션의 FUNCTION 드롭다운을 자세히 살펴보자.

현재는 평균값을 그려내는 avg이 선택되어 있으며, 다른 선택으로 min, max, all을 선택할 수도 있다. all을 선택한 다음 Update 버튼을 클릭하고, 다시 Monitoring ➤ Graphs로 이동해 Graph 드롭다운에 CPU load가 선택되어 있는지 확인하자.

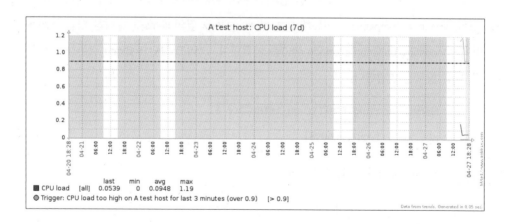

이제 그래프에는 각 시점에 최솟값, 최댓값, 평균값을 나타내는 3개의 선이 있으며, 이 예제에서 하단 선은 항상 0이다.

기본은 평균값이며 그래프에 많은 아이템이 있는 경우, 3개의 선이 색칠된 영역으로 표시되므로 정확하게 그래프를 읽기 어렵다. 반면에, **average**가 선택됐을 때도 그래프 범례에는 평균값 계산에 사용된 원시 데이터의 최솟값과 최댓값을 보여준다. 그 결과 그래프가 1을 넘지 않지만, 범례에는 최댓값이 5라고 표시되는 상황이 발생할 수 있다. 이런 경우 대부분은 수집된 데이터가 포함된 영역을 확대하여 볼 수 있지만, 이와 같은 상황이 여전히 혼란스러울 수 있다.

두 개의 y축

이제 심플 그래프를 복제한 그래프를 만들었다(심플 그래프는 평균값에 녹색을 사용하고 우리는 빨간색을 사용했지만 사소한 차이다). 그래프를 설정하면서 심플 그래프의 유용성을 경험하겠지만, 이것으로 목표를 달성할 수 있다면 사용자 정의 그래프는 필요 없을 것이다. 색상, 함수, 업무 시간 표시 같은 커스터마이징은 유용할 수 있지만 사소한 것들이다. 그래프에서 어떤 것들을 더 구성할 수 있는지 확인해보자. 그래프를 수정하기 전에 아이템을 하나 추가하자. 우리는 들어오는 트래픽을 감시하지만, 나가는 트래픽은 감시하지 않고 있다. **Configuration > Templates**로 이동해 **C_Template_Linux** 옆의 **Items**를 클릭한 다음, **NAME** 열에서 **Incoming traffic on interface eth0**를 클릭한다. 그리고 하단의 **Clone** 버튼을 클릭한 뒤, 다음 항목을 변경한다.

- Name: `Incoming traffic on interface $1`
- Key: `net.if.out[enp0s8]`

완료되면 하단의 **Add** 버튼을 클릭한다.

이제 그래프를 개선할 준비가 됐다.

Configuration > Templates로 이동해 **Group** 드롭다운에서 **Custom templates**를 선택한 다음, **C_Template_Linux** 옆의 **Graphs**를 클릭하고, **NAME** 열에서 **CPU load**를 클릭한다.

Items 섹션에서 **Add**를 클릭한다. 우측 상단 구석의 드롭다운이 어떻게 비활성화되는지 주목하자. 마우스 커서를 드롭다운 위로 가져가면 툴팁이 표시된다.

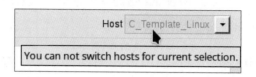

 일부 브라우저에서 툴팁이 보이지 않을 수도 있다.

현재는 다른 호스트나 템플릿을 선택할 수 없다. 그 이유는 그래프에 단일 템플릿 아이템 또는 하나 이상의 호스트 아이템이 포함될 수 있기 때문이다. 호스트에 추가된 아이템이 그래프에 있으면, 그래프에 템플릿 아이템은 더 이상 추가할 수 없다. 만약 그래프가 어떤 템플릿에 추가된 아이템을 가지고 있으면, 오직 동일한 템플릿에 있는 아이템만 그래프에 추가할 수 있다.

또한 그래프는 트리거와 비슷하다. 그래프는 실제로 특정 호스트에 속하지 않으며, 아이템을 참조한 다음 그 아이템을 참조하는 호스트와 연결된다. 그래프에 아이템을 추가하면 해당 아이템이 속한 호스트에 그래프가 표시된다. 그러나 지금은 템플릿에서 그래프를 설정하는 작업을 계속 진행하자.

NAME 열에서 Incoming traffic on interface eth0와 Outgoing traffic on interface eth0 옆의 체크박스를 선택한 다음, **Select**를 클릭한다. 그러면 해당 아이템이 그래프의 아이템 목록에 추가될 것이다.

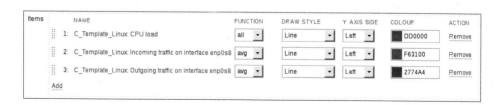

색상이 자동으로 할당되는 방법을 주목하자. 한 번에 여러 아이템을 사용자 정의 그래프에 추가하면, 자빅스는 미리 정의된 목록에서 색상을 선택한다. 이 경우 CPU load와 incoming traffic의 색상이 매우 비슷하다. incoming traffic 아이템 옆의 COLOR 열에서 색상이 있는 직사각형을 클릭하고 녹색 음영을 선택하자.

이제 그래프에는 CPU load뿐만 아니라 다른 아이템도 있으므로, Name 항목을 CPU load & traffic으로 변경하자. 그래프 편집 양식에 있는 동안 두 개의 네트워크 트래픽 아이템의 Draw style 드롭다운을 Filled region로 선택한 다음 Update를 클릭한다. Monitoring ➤ Graphs로 이동해 그래프를 확인해보자.

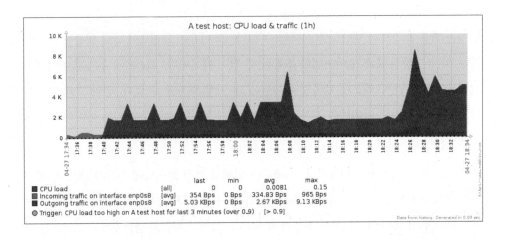

이렇게 설정된 그래프 모습이 썩 보기 좋지는 않다. 시스템 로드와 시스템 로드 트리거 라인은 네트워크 트래픽 값보다 훨씬 작기 때문에 그래프의 맨 아래에 표시되어 거의 보이지 않는다. y축 레이블은 단지 K라고 적혀 있으며 정확하지 않다. 그래프 설정에서 이 문제를 그래프 설정에서 다시 해결해보자. CPU load 아이템의 Y AXIS SIDE 드롭다운을 Right로 변경한 다음 Update를 클릭한다.

TIP 네트워크 트래픽 아이템을 변경할 수도 있었다. 하지만 그렇게 하려면 두 번 더 클릭해야 할 것이다.

Monitoring ➤ Graphs로 이동해 변경 사항을 확인해보자.

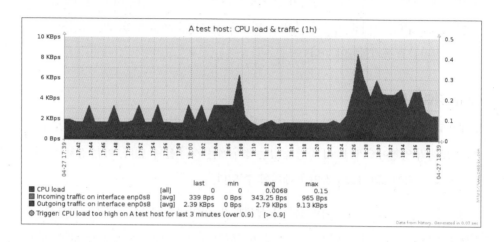

이제 훨씬 더 보기 좋아졌다. 이제 각각의 다른 스케일 값은 적절한 y축에 매핑된다. 왼쪽 측면의 y축 레이블이 네트워크 트래픽 정보를 표시하는 반면, 오른쪽 측면은 **CPU load**에 대해 적절하게 조정되는 것을 주목하자. 두 개의 y축을 사용하지 않으면 하나의 그래프에 시스템 부하와 웹 서버 연결 수를 배치하는 것은 유용하지 않으며, 크기가 서로 다른 아이템을 비교해야 하는 경우가 발생한다.

채워진 영역에서 다른 영역과 겹치는 부분이 약간 투명한 것을 주목하자. 이렇게 하면 더 큰 영역 뒤에 있는 값을 볼 수 있지만, 채워진 영역 그리기 스타일을 가진 많은 요소들을 동일한 그래프에 배치하면 그래프를 보기 어렵기 때문에 피하는 것이 좋다. 잠시 후에 이 그래프를 좀 더 보기 쉽게 만들 것이다.

경우에 따라 오른쪽 축의 자동 y축 스케일링이 약간 이상하게 보일 수 있다. 자동 스케일링은 필요한 것보다 범위가 더 클 수 있다. 예를 들어 0에서 0.25 사이의 값을 사용하면

y축의 크기가 0.9로 조정될 수 있다. 이는 두 축에서 수평 지시선을 일치시키려고 하기 때문에 발생한다. 왼쪽 y축은 더 중요한 아이템이 선택돼야 하므로 오른쪽 축이 조정된다.

범례에는 y축의 아이템 배치에 대한 별도의 표시가 없음을 알 수 있다. 이 그래프에서는 네트워크 트래픽 아이템은 왼쪽 축으로 가고, **CPU load** 아이템은 오른쪽 축에 있음을 알 수 있지만, 다른 아이템으로 구성되어 있다면 복잡해질 수 있다. 불행히도 현재로서는 좋은 해결책이 없다. 아이템 이름이 'L' 또는 'R'을 포함하도록 쪼갤 수 있지만, 수동으로 그래프를 설정하고 동기화해야 한다.

아이템 정렬 순서

그래프로 되돌아 가서, CPU load 라인은 네트워크 트래픽 영역 위에 있을 때 보일 수 있지만, 트래픽 영역이 CPU load 라인을 덮는 경우에는 거의 볼 수 없다. 이런 경우 두 개의 트래픽 영역 위에 CPU load 라인을 배치할 수 있다.

그래프 설정으로 돌아가서 아이템 목록을 살펴보자. 아이템은 그래프 구성에 나타나는 순서대로 자빅스 그래프에 배치된다. 첫 번째 아이템이 배치된 다음, 두 번째 아이템이 첫 번째 아이템 위에 놓인다. 결국 그래프 설정에서 목록에 있는 첫 번째 아이템이 가장 뒤에 배치된다. 우리는 CPU load 아이템이 다른 모든 아이템보다 위에 놓이기를 원하기 때문에, CPU load 아이템이 목록 마지막에 열거되어 있는지 확인해야 한다. 아이템 왼쪽에 있는 핸들을 드래그해 아이템 순서를 변경할 수 있다. CPU load 아이템 옆에 있는 핸들을 잡고 목록의 마지막으로 드래그한다.

이제 아이템의 번호가 다시 지정될 것이며, **Update**를 클릭한다. **Monitoring > Graphs**로 이동해 그래프가 어떻게 보이는지 확인해보자.

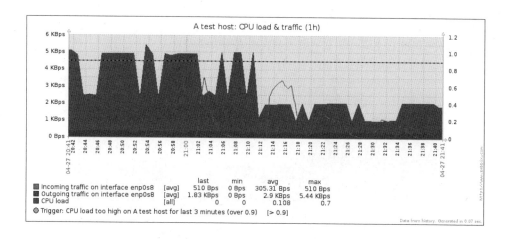

이제 보기 더 좋아졌다. CPU load 라인은 두 네트워크 트래픽 영역 위에 그려진다.

 종종 이메일에 그래프를 포함하거나 문서에 사용하려고 할 수 있다. 자빅스 그래프를 사용하면 필요하지 않은 영역을 수동으로 잘라내야 하는 화면을 만들 필요가 없다. 자빅스의 모든 그래프는 PNG 이미지이므로 마우스 오른쪽 버튼을 클릭하고 저장 또는 복사하여 프론트엔드에서 바로 그래프를 쉽게 사용할 수 있다. 약간의 트릭이 있는데, 대부분의 브라우저에서 확대/축소를 위해 드래그 동작을 허용하는 영역 외부에서 마우스 오른쪽 버튼을 클릭해야 한다. 범례 영역을 예로 들면 심플 그래프, 임시 그래프, 사용자 정의 그래프에서 같은 방식으로 작동한다.

그라데이션 라인과 그 밖의 그리기 스타일

그래프는 점점 더 유용해지고 있지만, 네트워크 트래픽 아이템은 서로를 덮고 있다. 아이템 정렬 순서는 바꿀 수 있지만, 트래픽 패턴이 바뀌면 제대로 동작하지 않을 것이다. 이 그래프의 설정을 다시 편집해보자. 이번에는 두 네트워크 트래픽 아이템의 그리기 스타일을 **Gradient line**으로 변경할 것이다.

NAME		FUNCTION	DRAW STYLE
1:	C_Template_Linux: Incoming traffic on interface enp0s8	avg ▼	Gradient line ▼
2:	C_Template_Linux: Outgoing traffic on interface enp0s8	avg ▼	Gradient line ▼

Update를 클릭하고 모니터링 섹션의 그래프를 확인한다.

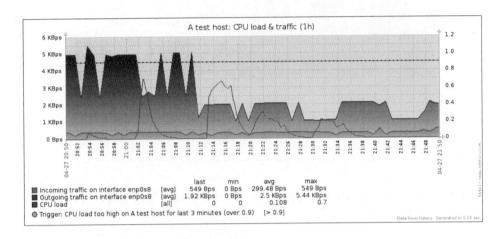

그라데이션 옵션을 선택함으로써 영역이 훨씬 투명해졌으며, 이전처럼 두 개의 트래픽 라인이 서로를 덮고 있어도 쉽게 볼 수 있다.

지금까지 라인, 채워진 영역 및 그라데이션 라인 그리기 스타일을 사용했다. 아직 사용할수 있는 그리기 스타일 옵션이 더 있다.

- Line
- Filled region
- Bold line
- Dot
- Dashed line
- Gradient line

그래프의 설정의 그리기 스타일 옵션에서 채워진 영역 및 그라이데이션 라인 옵션을 선택할 때 다른 옵션들도 볼 수 있었다. 나머지 옵션을 비교해보자.

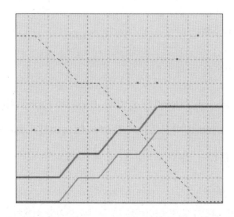

이 예제에서는 동일한 그래프에서 선, 굵은 선, 점, 점선을 사용한다.

점 모드는 라인을 연결하지 않고 값을 그린다. 그러나 표시할 값이 많으면, 점이 너무 많아 결과가 선처럼 보일 것이다.

 CPU load 아이템의 FUNCTION 값을 all로 설정했었다. 시간이 길어지면 그래프를 읽기 어려워질 수 있다. 자빅스 그래프를 설정할 때, 자빅스 그래프가 다른 기간에서 얼마나 잘 동작하는지 확인하자.

사용자 정의 y축 스케일

아마 눈치 챘겠지만 y축 눈금은 자동으로 조정돼 모든 값이 선택된 범위에 잘 맞는다. 때때로 직접 정의할 수도 있는데, 이를 위해 빠르고 간단한 데이터 셋을 준비해보자.

Configuration ➤ Templates로 이동해 C_Template_Linux 옆의 Items를 클릭한 다음, Create item 버튼을 클릭한 뒤, 아래의 값을 채운다.

- Name: Diskspace on $1 ($2)

- Key: vfs.fs.size[/,total]

- Units: B

- Update interval: 120

완료되면 하단의 Add 버튼을 클릭한다.

이제 NAME 열의 Diskspace on / (total)을 클릭하고 하단의 Clone 버튼을 클릭한다. Key 항목에 적혀 있는 total을 used로 바꾼 뒤, 키가 vfs.fs.size[/,used]인 것을 확인하고 하단의 Add 버튼을 클릭한다.

> 일반적으로 전체 디스크 공간 아이템은 더 큰 수집주기를 사용하는 것이 좋다(최소 1시간 혹은 그 이상). 불행히도, 자빅스에서는 강제로 아이템을 폴링할 수 있는 방법이 없기 때문에, 어떤 데이터를 수집하기까지 최대 1시간을 기다려야 할 것이다. 지금은 단지 테스트하는 것이기 때문에, 결과를 더 빨리 볼 수 있도록 수집주기를 2분 또는 120초로 설정한다.

아이템 목록 위에 있는 탐색 헤더의 Graphs를 클릭하고 Create graph를 클릭한다. Name 필드에 Used diskspace를 입력한 다음, Items 섹션의 Add 버튼을 클릭한 뒤, NAME 열의 Diskspace on / (used)를 클릭한다. DRAW STYLE 드롭다운에서 Filled region을 선택한다. 자유롭게 색상을 변경한 다음, 하단의 Add 버튼을 클릭하자.

Monitoring ❯ Graphs로 이동해 A test host의 그래프가 어떻게 보이는지 살펴보자.

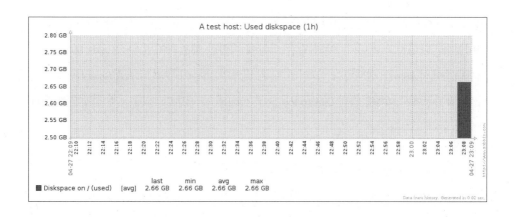

이 호스트는 루트 파일 시스템에 2.5GB보다 약간 큰 공간을 사용하고 있지만 그래프에서는 정확히 확인하기 어렵다(상대적으로 파티션이 얼마나 찼는지를 보여주지는 않는다). Y축은 값약간 아래에서 시작해 값 약간 위에서 끝난다. 바람직한 y축 상한 범위를 위해 Monitoring > Latest data로 이동하면 루트 파일 시스템의 전체 디스크 공간을 알아낼 수 있다.

Diskspace on / (total)	2016-04-27 23:10:56	58.93 GB

전체 약 60GB의 공간이 있으며 그래프에 반영되지 않았다. 그래프를 좀 더 읽기 쉽게 만들어보자. 템플릿의 Used diskspace 그래프 설정에서 Y axis MIN value와 Y axis MAX value 두 가지 옵션을 살펴보면, 현재 둘 다 Calculated로 설정되어 있지만 현재 시나리오에서는 잘 동작하지 않는 것 같다. 먼저, 그래프가 0에서 시작하는지 확인하고 Y axis MIN value를 Fixed로 변경한다. 이렇게 하면 임의의 값을 입력할 수 있지만, 기본값인 0이 우리가 원하는 값이다.

58.93GB를 바이트 단위로 계산한 다음 그 값을 상한 값으로 삽입할 수 있지만, 전체 디스크 공간이 변경되면 어떻게 될까? LVM^Logical Volume Management 또는 다른 수단을 사용해 실제 하드웨어를 추가함으로써 파일 시스템을 늘리는 것만으로도 충분하다.

이 말이 전체 디스크 공간 변경이 일어날 때마다 자빅스 설정을 업데이트해야 한다는 것을 의미할까? 다행히도 아니다. 이와 같은 상황에 적합한 해결책이 있다. Y axis MAX value 드롭다운에서 Item을 선택한다. 그러면 다른 필드와 버튼이 추가되므로 Select를 클릭한 다음, 팝업창에서 NAME 열의 Diskspace on / (total)을 클릭한다. 최종 y축 설정은 다음과 같아야 한다.

완료되면 Update를 클릭한다. 이제 Monitoring ❯ Graphs로 이동해 Used diskspace 그래프에 어떤 영향이 있었는지 확인한다.

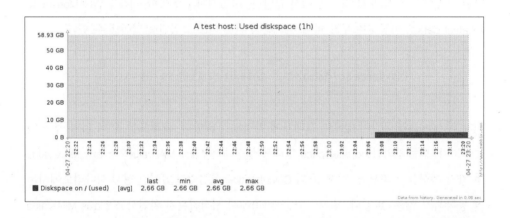

 만약 Y축 최댓값을 사용한 디스크 공간의 양으로 설정하면, 전체 디스크 공간 아이템은 아직 값을 수신하지 않았을 것이다. 이 경우 아이템이 업데이트될 때까지 기다리거나 일시적으로 수집주기를 줄일 수 있다.

이제 그래프를 통해 전체 디스크 공간 중에서 얼마나 찼는지 쉽게 식별할 수 있다. 템플릿에서 이와 같은 그래프를 사용한 방법을 기억하자. 모든 호스트는 전체 디스크 공간 아이템과 사용된 디스크 공간 아이템을 사용할 것이며, 그래프는 자동으로 호스트의 전체 디스크 공간의 크기로 확장할 것이다. 이 접근법은 사용 중인 메모리 또는 값의 전체 크기를 볼 수 있는 다른 아이템에서도 사용할 수 있다. 페타 바이트 크기의 파일 시스템과 같은 큰 값을 모니터링할 때 잠재적으로 부작용이 나타날 수 있다. y축의 범위가 페타 바이트일 때, y축의 픽셀 하나는 기가 바이트 단위일 것이기 때문에, 일반 데이터 변경 사항은 보이지 않을 것이다.

 이때 y축의 최솟값과 최댓값을 각각 좌우 y축으로 설정할 수 없다.

백분위수 선

백분위수Percentile line란 크기 순으로 정렬된 값에 대하여 주어진 백분율 이하에 위치하는 값이다. 예를 들어 네트워크 트래픽을 측정하는 경우, 값의 95%가 103Mbps보다 낮으며, 값의 5%는 103Mbps보다 크다는 것을 계산할 수 있다. 이렇게 하면 사용된 대역폭을 꽤 정확하게 측정하면서 피크에 도달하는 것을 필터링할 수 있다. 실제로 대역폭 사용량에 대한 요금 청구는 백분위수만큼 발생한다. 따라서 네트워크 트래픽 그래프에 백분위수를 표시하는 것이 유용할 수 있다. 다행히 자빅스에서는 이를 수행할 수 있는 방법을 제공한다. 이것이 어떻게 동작하는지 보기 위해 새로운 그래프를 만들어보자.

Configuration ➤ Templates로 이동해 C_Template_Linux 옆에 있는 Graphs를 클릭한 다음, Create graph 버튼을 클릭한다. Name 필드에 Incoming traffic on eth0 with percentile를 입력한 다음, Items 섹션에서 Add를 클릭하면 나타나는 팝업창에서 NAME 열의 Incoming traffic on interface eth0를 클릭한다. 이 아이템의 색상을 빨간색으로 변경한 뒤, 그래프 속성에서 Percentile line (left) 옆의 체크박스를 선택하고, 해당 필드에 95를 입력한다. 완료되면 하단의 Add 버튼을 클릭한 뒤, 모니터링 섹션에서 그래프를 확인해보자.

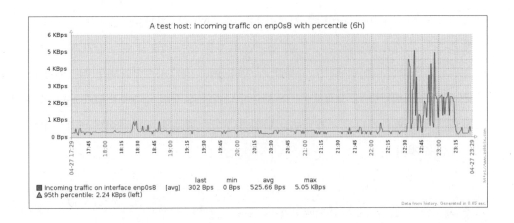

백분위수 선이 설정되면 녹색으로 그래프에 그려진다(어두운 테마에서는 약간 다르다). 또한 백분위수 정보는 범례에 표시된다. 이 예제에서 백분위수 선은 평균 대역폭 사용량을 보기 위해 몇 차례의 피크 현상을 구분한다. 백분위수 선은 전체 값 크기의 상위 95%를 나타내며, 전체 값 중 5%만이 2.24KBps보다 크다.

 백분위수 선의 색상을 아이템과 다르게 하여 구별하기 쉽게 기본 아이템 색상을 녹색에서 다른 색으로 변경했다. 녹색은 항상 왼쪽 y축 백분위수 라인에 사용되며, 오른쪽 y축 백분위수 라인은 항상 빨간색일 것이다.

이 그래프에는 아이템을 하나만 사용했다. 동일 축에 여러 개의 아이템이 있을 때, 자빅스는 모든 값을 추가한 다음 그 결과에 기반하여 백분위수를 계산한다. 이때 그래프에서 개별 아이템에 대한 백분위수를 지정하는 방법은 없다.

 백분위수 값에 대해 알림을 하려면 트리거 함수 percentile()을 사용할 수 있다. 백분위수 값을 아이템으로 저장하려면 11장, '고급 아이템 모니터링'에서 계산 아이템을 참고하자.

누적 그래프

여러 아이템, 네트워크 트래픽, CPU 부하가 포함된 이전 그래프는 아이템을 y축에 독립적으로 배치했다. 그러나 때로는 같은 축에 아이템 위에 다른 아이템을 놓고 누적을 원할 수 있다. 버퍼 메모리, 캐시 메모리, 사용 중인 메모리 아이템을 누적하여 메모리 사용을 나타낼 수 있으며(y축의 최댓값은 전체 메모리 양이 된다), 전체 네트워크 부하를 확인하기 위해 여러 인터페이스의 네트워크 트래픽을 누적할 수 있고, 그 밖에도 전체 값과 개별 값을 분리해서 보기 원하는 상황에 사용할 수 있다. 누적 그래프를 만들어보자. Configuration > Templates로 이동해 C_Template_Linux 옆의 Graphs를 클릭한 다음, Create graph 버튼을 클릭한다. Name 항목에 Stacked network traffic을 입력하고, Graph type 드롭다운을 Stacked으로 변경한다. Items 섹션의 Add를 클릭하면 나타나는 팝업창에서 NAME 열의 Incoming traffic on interface eth0와 Outgoing traffic on interface 옆에 체크박스를 선택한 다음, Select를 클릭한다. 완료되면 하단의 Add 버튼을 클릭하자.

누적 그래프를 사용할 때 그리기 스타일을 선택하지 않았다는 것을 유의하자. 모든 아이템은 Filled region 스타일이 적용될 것이다.

테스트 장비에 여러 개의 인터페이스가 활성화된 경우, 모든 인터페이스에서 들어오는 트래픽을 누적하는 것이 바람직해 보일 수 있지만, 이 경우에는 동일한 인터페이스에서 들어오는 트래픽과 나가는 트래픽이 모두 표시될 것이다.

새로운 그래프를 보기 위해 Monitoring > Graphs로 이동해 확인해보자. 드롭다운이 Stacked network traffic으로 선택되어 있어야 한다.

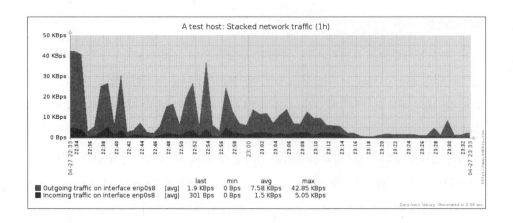

누적 그래프에서 전체 트래픽 양(데이터 영역의 맨 위에 표시됨)과 전체 트래픽 양에 속하는 각 아이템 개별의 양을 확인할 수 있다.

원 그래프

지금까지 작성한 그래프는 광범위한 사용자 정의가 가능하지만, 때때로 비율에 더 관심이 있을 수 있다. 이런 상황에 원 그래프를 만들 수 있다. Configuration > Templates로 이동해 C_Template_Linux 옆의 Graphs를 클릭한 다음, Create graph 버튼을 클릭한다. 그리고 Name 항목에 Used diskspace (pie)를 입력하고 Graph 타입 드롭다운에 Pie를 선택한다. Items 섹션에 Add를 클릭한 뒤 Diskspace on / (total)와 Diskspace on / (used) 아이템 옆의 체크박스를 선택한 다음 Select를 클릭한다.

원 그래프의 경우 그래프 아이템 설정은 약간 다르다. 그리기 스타일 대신, 유형을 선택할 수 있는데, Simple과 Graph sum 중에서 선택할 수 있다.

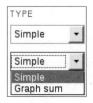

일부 값의 비율은 원 그래프에 표시될 수 있지만, 그 비율이 얼마나 큰지 알기 위해 아이템을 원 그래프의 total로 지정해야 한다. 여기서는 전체 디스크 공간이 된다. Diskspace on / (total)의 TYPE 드롭다운을 Graph sum로 선택하자.

완료되면 하단의 Add 버튼을 클릭한다.

 전체 디스크 공간에는 녹색으로 표시되고, 사용된 디스크 공간에는 빨간색으로 표시됐다. 더 많은 아이템의 색상도 조정할 수 있다.

Monitoring ➤ Graphs로 돌아가서 Used diskspace (pie)를 선택한다.

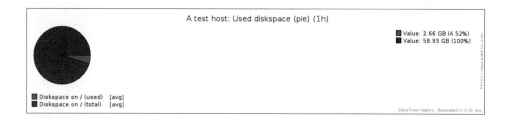

오른쪽에 커다란 빈 공간을 제외하면 괜찮아 보인다. 어떻게 커다란 빈 공간을 없앨 수 있을까? 이 그래프의 설정으로 돌아가자. 이번에는 너비 및 높이를 조정하는 기능이 유용할 것이다. Width 필드를 430, Height 필드를 300으로 변경한 다음 Update 버튼을 클릭한다. 이제 다시 Monitoring ➤ Graphs로 가서 어느 것이 더 괜찮은지 확인해보자.

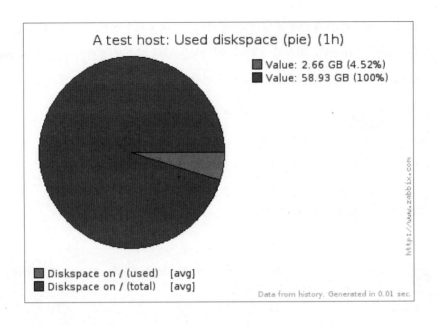

A test host: Used diskspace (pie) (1h)

Value: 2.66 GB (4.52%)
Value: 58.93 GB (100%)

Diskspace on / (used)   [avg]
Diskspace on / (total)   [avg]

Data from history. Generated in 0.01 sec.

템플릿에서 그래프 미리보기는 이름 및 값 길이를 포함하여 실제 값이 표시되지 않으므로
제한적으로 사용된다.

커다란 빈 공간을 없앴더니 훨씬 보기 좋아졌다. 원 그래프는 메모리 정보를 표시하는 데 유용할 수 있다. 전체 파이를 버퍼 메모리, 캐시 메모리, 실제 사용 메모리로 분할하여 전체 메모리 크기 위에 놓을 수 있다. 이때 전체 메모리는 Graph sum으로 설정된 TYPE을 갖지만, 다른 모든 아이템들의 TYPE은 Simple로 설정된다.

다른 변화를 시도해보자. Used diskspace (pie) 그래프를 다시 수정할 것이다. Graph type 드롭다운에서 Exploded를 선택한 다음, 3D view 옆의 체크박스를 선택한다. 이 변경 사항을 저장한 다음, Monitoring > Graphs의 그래프 화면을 갱신해보자.

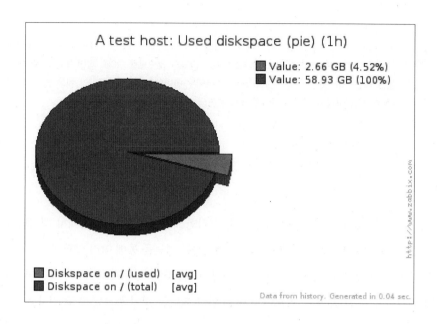

일반 그래프에서 설정한 'function'을 기억하는가? avg와 all을 번갈아 변경했으며, min과 max 옵션도 사용할 수 있었다. 이런 파라미터는 원 그래프에서도 사용할 수 있지만, 약간 다른 점이 있다.

원 그래프의 경우 all 대신 last가 있다. 원 그래프 자체에는 시계 열이 없지만 시간대를 선택할 수 있다. 함수는 이 기간에서 값이 선택되는 방법을 결정한다. 예를 들어 원 그래프의 기간을 1시간으로 설정하고 이 기간 동안 여유 디스크 공간 값으로 60GB, 40GB, 20GB를 받았다면 max, avg, min 함수는 각각 해당 값 중 하나를 반환할 것이다. 함수를 last로 설정하면 시간 길이에 상관없이 가장 최근 값인 20GB가 항상 표시된다.

백분율로 값을 모니터링할 때, 그래프 합계를 y축 최댓값과 비슷한 100을 수동으로 설정하는 것이 바람직하다. 불행히도 현재로서는 지원되지 않으므로 "100" 값만 받는 가짜 아이템을 사용해야 한다. 수식이 "100"으로 계산되는 아이템은 이를 수행하기 쉬운 방법 중 하나다. 11장, '고급 아이템 모니터링'에서 계산되는 아이템에 대해 설명한다.

맵

몇 가지 유형의 데이터 시각화를 다뤘으며, 시각화를 통해 다양한 관점에서 데이터를 볼수 있었다. 하나의 그래프에 다양한 요소를 배치하는 기능을 통해 여러 상황에서 데이터와 이벤트를 볼 수 있지만, 때로는 요소들이 어떻게 연결되어 있는지 좀 더 자세히 이해하게 되기를 원할 수도 있다. 또는 돋보이게 하는 반짝 빛나는 것이 필요할 수도 있다.

자빅스에는 맵을 만들 수 있는 기능이 있다. 때로는 네트워크 맵이라고도 하지만, 네트워크가 아닌 다른 것들을 사용해 매핑할 수도 있다. 시작하기 전에 Monitoring ➤ Triggers에서 두 서버에 활성된 트리거가 없는지 확인하고 문제가 보이면 고친다.

맵 생성

이제 간단한 맵을 만들기 위해 Monitoring ➤ Maps로 이동해 Create map을 클릭한다. 그다음 Name 필드에 First map을 입력하고 Expand single problem 체크박스를 선택한다.

자빅스 이전 버전에서는 설정 섹션에서 맵을 설정하고 모니터링 섹션에서 맵을 볼 수 있었다. 자빅스 3.0은 두 가지 동작 모두 모니터링 섹션으로 옮겼다.

완료되면 하단의 **Add** 버튼을 클릭한다. 맵을 설정하기 위해 **ACTIONS** 열의 **Constructor**를 클릭하자. 인터페이스 편집이 더 필요하다. 먼저 뭔가를 추가해야 하므로 맵 상단의 **Icon** 레이블 옆에 있는 **Add**를 클릭한다. 그러면 맵의 왼쪽 상단 모서리에 요소가 추가되지만 위치는 정확하지 않다. 올바른 위치로 배치하기 위해 아이콘을 클릭해 50×50의 셀 주변 어딘가로 드래그한다.

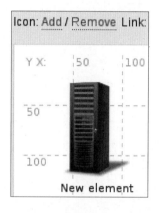

 그리드에 어떻게 스냅되는지 주목하자. 이 기능에 대해서는 나중에 설명한다.

아직 맵은 유용하지 않다. 방금 추가한 요소를 한 번만 클릭하면, 요소 속성 양식이 열린다. 요소 자체가 어떻게 강조되어 있는지 주목하자. 기본적으로 추가된 맵 요소는 이미지이며 모니터링 대상 시스템과 관련하여 아무것도 표시하지 않는다. 간단한 시작으로 호스트를 사용할 것이므로 **Type** 드롭다운에서 **Host**를 선택한다. 어떻게 양식이 약간 바뀌는지 확인하자. **Label** 텍스트 영역에 **A test host**를 입력한 다음, **Host** 필드에 **test**를 입력하고 드롭다운에서 **A test host**를 선택한다. 기본 아이콘은 Server_ (96)이며, 약간 줄여보자. **Icons** 섹션의 **Default** 드롭다운에서 **Server_(64)**를 선택한다. 속성은 다음과 같아야 한다.

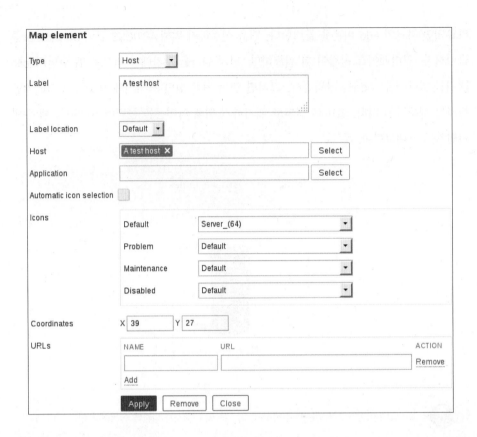

간단한 호스트만으로도 충분하므로 Apply를 클릭한 다음 Close를 클릭해 속성 팝업을 닫자. 그러면 맵이 다시 생성되며 변경 사항이 표시된다.

단일 요소만 존재하는 맵은 그리 흥미롭지 않으므로 Icon 라벨 옆에 있는 Add를 클릭한 다음, 새 요소를 450×50 셀 주위로 드래그한다. 요소를 한 번 클릭해 속성을 변경하자. Type 드롭다운을 Host로 선택하고 Label에 Another host를 입력한 다음, Host 필드에 another를 입력한다. 그런 다음 드롭다운에서 Another host를 선택하고, 기본 아이콘을 Server_(64)로 변경한 후 Apply를 클릭한다.

요소가 더 이상 그리드에 정렬되지 않는 것을 주목하자. 아이콘 크기를 변경하여 그리드 셀의 중심에서 조금 벗어나는 결과를 확인할 수 있다. 이는 아이콘의 중심을 기준으로 정렬되기 때문에, 아이콘이 좌측 상단 구석에 위치하게 되는 것이다. 아이콘 크기를 변경함으로써 왼쪽 상단 모서리는 고정되었고, 더 이상 정렬되지 않기 때문에 중심이 바뀌었다. 아이콘을 조금씩 드래그하면 아이콘이 그리드에 맞추어 지거나, 맨 위에 있는 Align icons 컨트롤을 클릭할 수 있다. 지금 Align icons를 클릭해보자. 맵 상단의 다른 Grid controls를 주목하자. Shown을 클릭하면 해당 레이블이 Hidden으로 변경되며 그리드를 숨긴다. On을 클릭하면 해당 레이블이 Off로 변경되며, 아이콘이 이동했을 때 그리드에 정렬되지 않는다.

맵은 자동으로 저장되지 않으며, 저장을 위해 우측 상단의 Update 버튼을 클릭하자. 나타나는 팝업은 맵의 저장 여부를 묻지 않으므로 꽤 혼란스러울 수 있다. 실제로, 메시지에 나와있듯이, 맵은 이미 저장되어 있다. OK를 클릭하면 맵 목록으로 돌아가며, Cancel을 클릭하면 맵 편집 화면에 남게 된다. 일반적으로 여기에서 OK 또는 Cancel 클릭은 별로 중요하지 않다.

 가끔씩 맵을 저장하는 게 좋은데, 특히 많은 양을 변경할 때마다 맵을 저장하는 것이 좋다.

Monitoring ➤ Maps로 이동해 NAME 열의 First map을 클릭한 후 이제 맵이 어떻게 보이는지 확인한다. 원 그래프와 같이 커다란 흰색 영역을 제외하고는 그리드 라인이 제거되어 보기 더 좋아졌을 것이다. 약간의 수정을 위해 맵 위에 있는 All maps를 클릭하고, First map 옆에 있는 Properties를 클릭한다. Width 필드에 600을 입력하고 Height 필드에 225를 입력한 다음 Update를 클릭한다.

그리드를 표시하고 정렬하는 작업은 별도로 제어할 수 있다. 그리드를 표시하고 자동 정렬을 하지 않거나 그리드를 표시하지 않고 정렬만 사용할 수 있다.

기본적으로 50×50픽셀의 그리드가 사용되며, 미리 정의된 20, 40, 50, 75, 100픽셀의 사각형 그리드를 사용할 수 있다. 이 크기는 하드코딩되어 있으며 커스터마이징할 수 없다.

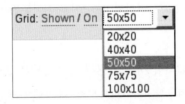

맵의 그리드 크기를 75×75로 변경하고 그리드 정렬을 활성화 상태에서, 맵의 반대편 끝의 테두리로부터 한 셀 떨어지도록 아이콘을 배치한다. 변경 사항을 저장하기 위해 Update 버튼을 누른다.

 맵을 변경할 때는 항상 Update를 클릭하자.

Monitoring ➤ Maps으로 이동해 NAME 열의 First map을 클릭하자.

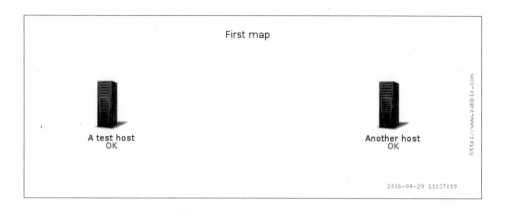

 우측 상단에 + 버튼이 있다. 이 버튼을 클릭하면 맵을 대시보드 즐겨찾기에 쉽게 추가할 수 있다. 그래프를 볼 때도 동일한 기능을 사용할 수 있다.

이제 훨씬 더 보기 좋아졌으며, 요소를 더 추가해야 하는 경우 맵의 면적을 쉽게 변경할 수 있음을 확인했다.

 자빅스 맵은 너비가 자동으로 조정되지 않으며, 누적 그래프는 설정된 면적으로 고정되어 있다.

이 외에 화면에 어떤 것을 표시할 수 있을까? Another host 아이콘을 클릭하자.

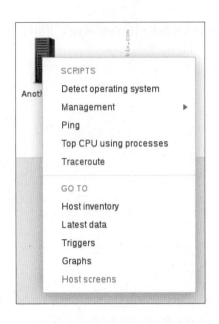

여기에서는 7장, '트리거 처리 액션 제어'에서 설정한 기본적인 항목들을 비롯해 몇 가지 전역 스크립트에 접근할 수 있다. 여기서는 5장, '호스트, 사용자, 사용권한 관리'에서 다뤘던 호스트 인벤토리와 호스트의 최근 데이터, 트리거, 그래프 페이지에 빠르게 접근할 수 있는 링크가 있다. 이 링크를 사용하면 처음에는 클릭한 호스트의 정보가 필터링돼 표시된다. 이 절의 마지막 링크인 **Host screens**는 현재 비활성화돼 있다. 10장, '스크린과 슬라이드 쇼를 이용한 데이터 시각화'에서 호스트(또는 템플릿) 화면에 대해 설명한다.

요소가 어떻게 연결되어 있는지를 보는 방법으로 맵을 사용하는 것에 대해 이야기했다. 더 자세히 살펴보기 전에, 기본 테스트 인프라를 만들어보자. 네트워크 가용성을 나타내는 세 개의 아이템과 세 개의 트리거 세트를 만들 것이다. 쉽게 제어할 수 있도록, 어떤 파일이 존재하는지 확인한 다음 필요에 따라 파일을 생성하거나 삭제할 것이다. **A test host**와 **Another host** 서버에서 다음을 실행해보자.

```
$ touch /tmp/severity{1,2,3}
```

프론트엔드에서 Configuration > Templates를 클릭하고, C_Template_Linux 옆의 Items를 클릭한 다음, Create item 버튼을 클릭한다. Name 필드에 Link $1를 입력하고 Key 필드에 vfs.file.exists[/tmp/severity1]을 입력한 다음, 하단에 있는 Add 버튼을 클릭한다. 이제 이 아이템을 클릭한 다음, Clone 버튼을 이용해 아이템을 복제해 두 개의 아이템을 더 만들고, 파일 이름의 후행 번호를 적절하게 2와 3으로 변경한다.

 TIP 아이템 세부 정보를 연 후에 Clone을 클릭하는 것을 잊지 말자. 그렇지 않으면 단지 기존 아이템을 편집하게 되는 것이다.

위의 세 가지 아이템이 올바르게 설정되어 있는지 확인한다.

NAME ▼	TRIGGERS	KEY
Link /tmp/severity1		vfs.file.exists[/tmp/severity1]
Link /tmp/severity2		vfs.file.exists[/tmp/severity2]
Link /tmp/severity3		vfs.file.exists[/tmp/severity3]

탐색 바에서 Triggers를 클릭한 다음 Create trigger 버튼을 클릭한다. Name 필드에 Latency too high on {HOST.NAME}을 입력하고 Expression 필드에 {C_Template_Linux:vfs.file.exists[/tmp/severity1].last()}=0을 입력한다. Severity 섹션에서 Warning를 선택하고, 하단의 Add 버튼을 클릭하자. 아이템과 동일하게, 이 트리거를 두 번 복제하고 Expression 필드에서 심각도 수치를 변경한다. 이름과 심각도는 다음과 같이 사용한다.

- severity2 파일 트리거: Name은 Link down for 5 minutes on {HOST.NAME} 입력, Severity는 Average 선택
- severity3 파일 트리거: Name은 Link down for 10 minutes on {HOST.NAME} 입력, Severity는 High 선택

최종 세 개의 트리거는 다음과 같아야 한다.

Warning	Latency too high on {HOST.NAME}	{C_Template_Linux:vfs.file.exists[/tmp/severity1].last()}=0
Average	Link down for 5 minutes on {HOST.NAME}	{C_Template_Linux:vfs.file.exists[/tmp/severity2].last()}=0
High	Link down for 10 minutes on {HOST.NAME}	{C_Template_Linux:vfs.file.exists[/tmp/severity3].last()}=0

아이템 및 트리거를 복제하면 모든 세부 정보가 복제되지만 맵을 복제하면 맵 속성만 포함된다. 아이콘, 레이블 및 기타 정보가 포함된 실제 맵 내용은 복제되지 않는다. 맵을 복제하는 비교적 쉬운 방법은 XML 파일로 내보낸 다음, XML 파일에서 맵 이름을 변경해서 다시 XML 파일을 가져오는 것이다. XML 익스포트 및 임포트 기능은 21장, '자빅스 데이터 활용하기'에서 다룬다.

맵 요소 연결

이제 테스트 환경을 갖추게 됐다. 자빅스를 사용하면 맵 요소를 links라는 선과 연결할 수 있다. 맵 링크에서 어떤 기능을 사용할 수 있는지 알아보자. Monitoring > Maps으로 이동해 표시된 맵 위의 All maps를 클릭한 다음, First map 옆의 ACTIONS 열의 Constructor를 클릭한다.

이전에 생성한 아이템과 트리거의 세 쌍을 네트워크 연결 문제의 지표로 사용할 수 있다. 두 요소를 연결하는 맵에 링크를 추가할 수 있다. 또한 트리거 상태에 따라 연결 속성을 변경할 수 있다. 두 개의 서버 룸 간에 네트워크 연결이 있다고 가정해보자. 네트워크 맵에 표시되는 링크의 모양을 다음과 같은 연결 상태에 따라 변경한다.

- **문제 없음**: 녹색 라인
- **높은 대기시간**: 노란색 라인
- **5분간 연결 문제**: 오렌지, 점선 라인
- **10분간 연결 문제**: 빨간색, 굵은 선

좋은 소식은 자빅스가 이런 구성을 지원한다는 것이다. 세 가지 아이템과 트리거를 사용해 각각의 상태를 시뮬레이션한다. 맵 상단의 Link 라벨 옆에 있는 **Add**를 클릭해 링크를 추가해보자. 그러나 **Add**를 눌러도 효과가 없으며, 나타나는 팝업은 두 개의 요소가 선택돼야 함을 알려준다.

A test host를 한 번 클릭하고 Ctrl 키를 누른 채 Another host를 클릭한다. 그러면 두 호스트가 모두 선택된다. 한 번에 두 요소 모두를 대량 변경할 수 있도록 속성 팝업이 변경됐다. 애플 시스템 사용자는 Ctrl 대신 Command를 누르고 있어야 할 수도 있다.

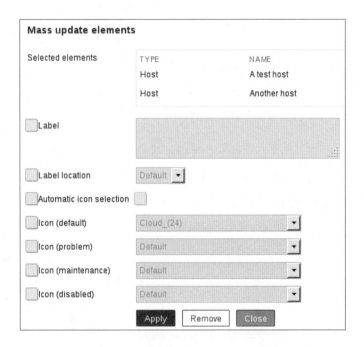

 TIP 팝업이 선택한 요소를 가리고 있는 경우, 팝업을 닫지 말고 요소가 보이도록 팝업을 드래그하여 옮기면 된다. 기본 테마에서는 확실하지 않지만, 팝업을 위쪽 영역으로 드래그할 수 있다.

여러 요소를 선택하는 또 다른 방법은 맵 설정 영역에서 요소 주변을 사각형 모양으로 드래그하는 것이다.

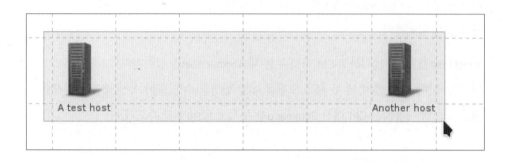

이와 같이 여러 요소를 드래그해 선택할 수 있지만 현재 여러 요소를 이동할 수 있는 방법이 없다. 여러 요소를 선택하더라도 드래그한 요소만 이동된다.

어떤 방법으로 두 호스트를 선택하든 간에 Link 레이블 옆에 있는 Add를 다시 클릭한다. 맵에 두 호스트 사이의 새로운 링크가 나타나며 기본적으로 녹색이다. 속성 편집기의 맨 아래에 Links 섹션이 어떻게 나타나는지 주목하자.

요소가 FROM과 TO 열에 배치되는 순서는 중요하지 않다. 자빅스에서는 맵 링크에 대한 방향 개념이 없다.

이곳에서 ACTION 열의 Edit을 클릭해 링크 속성을 편집할 수 있다.

조건을 정의하고 링크에 미치는 영향을 정의해보자. Link indicators 섹션에서 Add를 클릭하면 나타나는 팝업창에서 Group 필드에 Linux servers와 Host 드롭다운에 A test host

를 선택한 다음, 방금 생성한 세 개의 트리거 옆에 있는 체크박스를 선택하고 Select를 클릭한다.

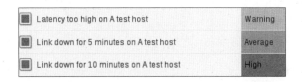

이제 이 트리거가 활성화될 때 어떤 영향을 주는지 설정해야 한다. 대기시간이 긴 트리거는 색상 선택기에서 색상을 노란색으로 변경하자. 5분 동안 연결 실패 트리거는 오렌지색 점선으로 설정할 수 있다. 이 설정을 위해 TYPE 드롭다운을 Dashed line으로 선택한 다음, 색상 선택기에서 오렌지색을 선택해야 하지만, 색상 선택기에서 색상은 약간 제한되어 있어 오렌지색이 없다. 다행히도, 16진수 RGB 입력 필드를 통해 색상을 지정할 수 있다. 두 번째 트리거에 FFAA00를 입력하자. 10분간 연결 실패 트리거의 경우 TYPE 드롭다운을 Bold line으로 선택하고 색상을 빨간색 그대로 둔다.

최종 링크 설정은 다음과 유사해야 한다.

Links	FROM	TO	LINK INDICATORS		ACTION
	A test host	Another host			Edit

Label					

Type (OK)	Line ▾				
Colour (OK)	■ 00CC00				

Link indicators	TRIGGER		TYPE	COLOUR	ACTION
	A test host: Latency too high on A test host		Line ▾	■ EEEE00	Remove
	A test host: Link down for 5 minutes on A test host		Dashed line ▾	■ FFAA00	Remove
	A test host: Link down for 10 minutes on A test host		Bold line ▾	■ DD0000	Remove
	Add				
	Apply Remove Close				

완료되면 연결 영역에서 **Apply**를 클릭한 다음, 맵 요소 속성 창을 닫고 맵 위의 **Update** 버튼을 클릭 후 팝업에서 **OK**를 클릭한다. **NAME** 열에서 **First map**을 클릭하자. 두 호스트 모두 **OK**, 링크는 초록색이며 모든 것이 괜찮아 보인다. **A test host**에서 다음을 실행해보자.

```
$ rm /tmp/severity2
```

방금 원격 데이터 센터와 5분간 연결을 끊었다. 맵을 다시 확인하자. 변경 사항이 표시될 때까지 최대 30초 동안 기다려야 할 수도 있다.

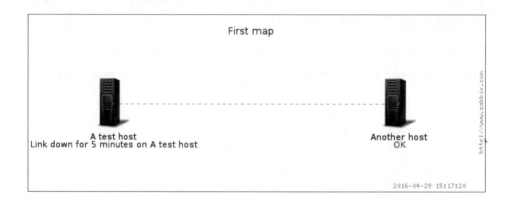

링크는 다운된 것으로 표시되며, 한쪽 호스트에 활성화된 트리거가 나열된다. 라벨 텍스트가 맵 가장자리에 얼마나 가까이 있는지 주목하자. 트리거 이름 또는 호스트 이름이 길다면 잘릴 수 있기 때문에, 이 점을 유의하여 맵을 만들어야 한다. 대신 트리거 이름 확장을 사용하지 않도록 설정할 수 있는데, 어떻게 보이는지 확인해보자. **All maps**을 클릭하고 **First map** 옆의 **Properties**를 클릭하자. 속성에서 **Expand single problem** 체크박스를 해제하고 **Update**를 클릭한 다음 **NAME** 열의 **First map**을 클릭한다.

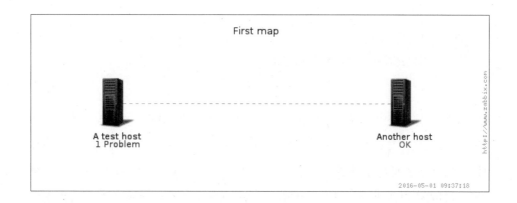

전체 트리거 이름 대신 1 Problem만 표시된다. 트리거 이름 전체를 표시하는 것이 사용자의 이해에 더 도움이 되지만, 트리거 이름이 길어서 맵 테두리에서 잘리거나 다른 요소나 레이블과 겹칠 수 있다.

앞에서 네트워크는 5분 동안 다운됐다. 지금까지 더 많은 시간이 지났으므로, 네트워크 연결이 10분간 중단됐을 때 어떤 일이 발생하는지 보자. A test host에서 다음을 실행한다.

```
$ rm /tmp/severity3
```

30초 동안 기다린 다음, 다시 맵을 확인해보자.

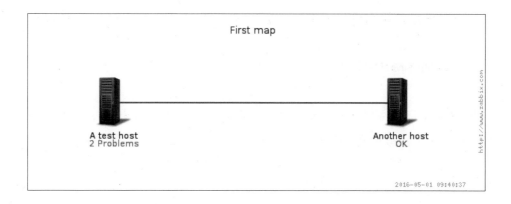

자빅스 3.0.0 버전에서는 맵이 자동으로 새로 고쳐지지 않는 버그가 있다.
3.0.3 버전에서 수정될 것으로 예상된다.

운영자의 관심을 끌기 위해, 이제 링크는 굵은 빨간색 선으로 나타난다. 하나의 장애가 있을 때 호스트는 트리거 이름 또는 1 Problem 문자열을 표시하지만, 여러 개의 트리거가 활성화되어 있을 때는 항상 장애 발생 수가 표시된다. 이제 대기시간 트리거가 긴 대기시간을 확인해서 지금 막 트리거가 발생했다고 가정해보자. A test host에서 다음을 실행한다.

```
$ rm /tmp/severity1
```

30초 동안 기다린 다음 맵을 새로 고쳐보자. 노란색 선이 보이지 않아야 한다. 실제로 현재 활성화된 문제가 세 개 있음을 정확하게 감지했음에도 불구하고, 굵은 빨간색 선이 여전히 있다. 왜냐하면 트리거 발생 순서는 상관 없고, 트리거 심각도에 따라 링크의 스타일이 결정되기 때문이다. 우리는 트리거의 세 가지 심각도를 분별할 수 있도록 신중하게 설정했으므로 트리거가 발생될 때 모호성은 없다. 만약 심각도는 같지만 스타일이 다른 트리거를 여러 개 추가하고, 이 트리거들이 모두 발생되면 어떤 일이 일어날까? 기술적으로 그러한 상황을 만들 수는 있지만 의미는 없다. 심각도가 같은 트리거가 여러 개라면, 그냥 동일한 스타일을 사용하면 된다. 높은 대기시간 트리거를 유지하면서 연결을 수정해보자.

```
$ touch /tmp/severity{2,3}
```

하나의 문제만 남겨두었으며, 최종적으로 요소간의 연결선은 노란색이어야 한다. 더 높은 심각도 트리거는 더 이상 노란색을 제공하는 트리거를 덮어쓰기 하지 않는다.

테스트 파일을 제거하고 추가하는 것을 자유롭게 시도해보자. 링크는 항상 심각도가 가장 높은 활성화 트리거에 지정된 것과 같은 스타일이어야 한다.

상태 표시기에 추가할 수 있는 양은 실제 제한이 없으므로 더 많은 단계로 시각적 차이를 쉽게 추가할 수 있다.

링크와 연결된 호스트 중 하나에서 트리거를 사용했지만, 연관된 트리거가 링크에 연결된 호스트에 꼭 있어야 하는 것은 아니다. 맵에 전혀 없을 수도 있다. 두 호스트 사이에 링크를 그리기로 결정했어도 트리거는 완전히 다른 호스트에서 올 수 있다. 이 경우 두 요소 모두 상태가 OK로 표시되지만 링크의 속성은 변경된다.

링크 선택

맵에는 현재 하나의 링크만 있다. Link 속성에 접근하기 위해 이 링크가 연결되어 있는 요소 중 하나를 선택하면, 요소 속성 팝업의 맨 아래에 링크 섹션이 나타날 것이다. 좀 더 복잡한 맵에서 요소에 많은 링크가 있는 경우, 올바른 링크를 선택하기 어려울 수 있다. 다행히도 자빅스 맵 편집 인터페이스는 다음과 같은 두 가지 규칙에 따라 쉽게 사용할 수 있다.

- 하나의 요소만 선택하면, 해당 요소의 모든 링크가 표시된다.
- 하나 이상의 요소를 선택하는 경우, 오직 선택된 요소 중 두 요소 사이의 링크만 표시된다.

이 규칙을 설명하는 몇 가지 예는 다음과 같다.

하나 또는 두 요소를 선택하면 하나의 링크가 표시될 것이다.

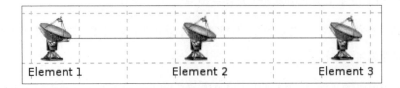

- Element 1을 선택하면 Element 1과 Element 2 사이의 링크가 표시된다.
- Element 3을 선택하면 Element 2와 Element 3 사이의 링크가 표시된다.
- Element 2를 선택하면 두 개의 링크가 모두 표시된다.
- Element 2를 선택하고 Element 1 또는 Element 3 중 하나를 선택하면 선택된 요소 사이의 링크가 표시된다.
- Element 1과 Element 3을 선택하면 링크가 전혀 표시되지 않는다.
- 세 요소를 모두 선택하면 두 링크가 모두 표시된다.

가장 중요한 것은 Element 2에서 20개의 링크가 빠져나가더라도 Element 2와 해당 링크의 반대쪽에 있는 요소를 선택해 특정 링크를 선택하는 것이다.

호스트로 지정된 요소의 경우, 이름이 링크 목록에 표시된다. 이미지의 경우 아이콘 이름만 표시된다. 모든 이미지가 동일한 아이콘을 사용하면, 목록에서 이름이 동일하게 된다.

라우팅과 보이지 않는 링크

자빅스의 링크는 한 요소의 중심에서 다른 요소의 중심까지의 직선이다. 연결된 두 요소 사이에 다른 요소가 있다면 어떻게 될까? 링크는 그냥 '방해' 요소 아래로 지나갈 것이다. 링크를 다른 방식으로 '라우트'하는 기본 제공 방법은 없지만, 독창적인 해결책이 있다. 커스텀 아이콘으로 사용할 투명 PNG 이미지를 업로드한 다음, 링크의 라우트로 사용할 수 있다(이 장의 뒷부분에서 추가 이미지 업로드에 대해 다룬다).

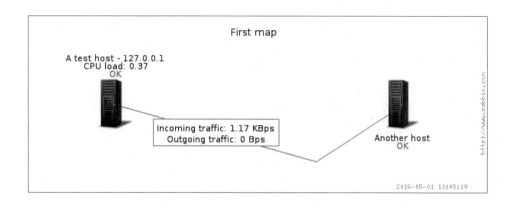

모든 링크에서 Link indicators(사용된 경우)를 설정해야 한다. 그렇지 않으면 일부 링크들은 트리거 상태에 따라 색과 스타일이 변경되지만 일부는 그렇지 않을 수 있다.

이 방법은 일부 시스템에서 한 줄로 시작하여 나중에 여러 줄로 분할되는 링크를 갖는데 사용될 수도 있다. 그러면 일부 맵에서 혼란을 줄일 수 있다.

또 다른 문제는 맵에 많은 링크가 있다는 것이다. 매우 많은 링크를 표시하면 굉장히 읽기 어려운 맵이 될 수 있다. 여기에서 팁을 주자면 링크의 기본 색을 맵 배경색으로 하고, 링크 표시 설정을 통해 문제가 발생하는 경우에만 링크가 표시되도록 한다.

추가적인 맵 사용자 정의

맵 설정에 멋진 효과를 추가할 수 있는 몇 가지 다른 기능들을 찾아보자.

레이블의 매크로 기능

지금까지 사용된 맵 요소는 레이블에 하드코딩된 이름을 가지며 상태가 자동으로 추가됐다. 호스트 속성의 이름을 자동으로 사용하고 몇 가지 추가 정보를 표시할 수 있다.

Monitoring ➤ Maps으로 이동해 맵이 표시되면 All maps를 클릭한 다음, NAME 열에서 First map을 클릭한다.

 저장된 그리드 설정을 주목하자. 그리드 스냅, 그리드 표시, 그리드 크기를 비롯한 그리드 설정은 각 맵별로 별도로 저장된다.

A test host 아이콘을 클릭한다. Label 필드에서 {HOST.NAME} – {HOST.IP}를 입력한 다음, Label location 드롭다운에서 Top을 선택한 다음 Apply를 클릭한다.

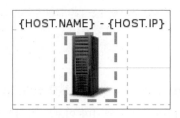

 {HOST.IP} 매크로는 항상 에이전트 인터페이스로 시작하여 인터페이스 주소를 순차적으로 선택한다. 예를 들어 호스트에 여러 개의 인터페이스 유형이 있는 경우, 에이전트 인터페이스보다 SNMP 인터페이스를 선택하도록 지정할 방법이 없다.

이상하게도 입력한 값에 실제 호스트명과 IP가 표시되지 않고 실제 매크로 포맷이 표시된다. 기본적으로 매크로는 성능상의 이유로 맵 설정에서 표시되지 않는다. 맵 위의 상단 막대를 살펴보면 Expand macros 컨트롤이 기본적으로 Off로 설정되어 있다.

Expand macros: Off

Off를 클릭해 On으로 전환하고 변경한 레이블을 관찰한다. 이제 호스트 이름과 IP 주소가 표시된다.

호스트 이름과 IP 주소의 매크로는 변경이 발생할 때 유용하며, 모든 맵을 확인한 다음 수동으로 해당 값을 업데이트하는 것을 원치 않을 것이다. 또한 맵에 많은 양의 호스트를 추가할 때, 각 호스트에 대해 개별적으로 이름을 설정하는 대신 {HOST.NAME}을 입력하여 대량 업데이트를 수행할 수 있다.

TIP Update 버튼을 클릭해 맵을 저장하는 것이 좋다. 지금 바로 맵을 저장하는 것이 좋으며, Cancel을 클릭해 팝업을 닫아도 어쨌든 맵은 저장된다.

레이블 위치를 어떻게 변경할 수 있는지 확인해보자. 기본적으로 맵 속성에 설정된 값이 사용되지만 요소를 개별적으로 재정의할 수 있다.

요소 레이블에서 동작하는 매크로는 더 많이 있으며, 자빅스 매뉴얼에 전체 목록이 나와 있다. 가장 큰 관심사는 아이템의 실제 데이터를 표시하는 기능일 수 있다. 그 중 하나를 시도해보자. A test host의 레이블에 {A test host:system.cpu.load.last()}라는 다른 행을 추가하고 레이블을 살펴본다.

```
A test host - 127.0.0.1
            0
```

레이블에 CPU load 값이 표시되지 않고 *UNKNOWN* 문자열이 표시되면 호스트 이름 또는 아이템 키에 오타가 있는 것이다. 선택한 함수를 사용하는 아이템에 데이터가 없는 경우에도 *UNKNOWN*이 표시될 수 있다. 입력한 매크로가 표시되고 값이 표시되지 않으면, 구문 또는 트리거 함수 이름에 오타가 있는 것이다.

호스트 이름과 아이템 키, 함수 이름은 모두 대소문자를 구분한다는 것을 주의하자. 문자열이나 텍스트 아이템에 avg()와 같은 숫자 함수를 적용하려고 하면 입력된 매크로도 표시된다.

이 호스트의 실시간 모니터링 데이터가 표시된다. 구문은 트리거에서와 거의 동일하지만, 맵 레이블은 트리거 함수의 일부분만 지원하며 지원되는 함수도 일부 파라미터만 지원한다. 트리거 함수 last( ), min( ), max( ), avg( )만 사용할 수 있다. 파라미터에서는 초 단위로 지정하거나 사용자에게 익숙한 형식으로 지정된 기간만 사용할 수 있다. 예를 들어 avg(300)와 avg(5m)는 맵 레이블에서 동작한다.

그러나 사용자들은 그 값이 무엇인지 정확히 알 수 없다. 그래서 CPU load: 라는 접두어로 레이블을 훨씬 더 명확하게 만들 수 있다.

```
A test host - 127.0.0.1
--- CPU load: 0.03 ---
```

이렇게 하면 필요한 만큼의 정보를 맵 요소에 추가할 수 있으며, 여러 라인으로 작성할 수 있다. 여기에서 하드코딩된 호스트 이름을 주목하자. 더 많은 양의 맵 요소를 업데이트하는 것은 번거로울 수 있지만 다행히도 여기서 다시 매크로를 사용할 수 있다. 이 행을 CPU load:{{HOST.HOST}:system.cpu.load.last( )}로 변경하자. 이 요소는 이제 매크로에서 호스트 이름을 선택할 것이므로, 맵에서의 실제 매크로명이 변경되지는 않는다.

{HOST.NAME} 매크로는 여기에서 동작하지 않는다. 이 매크로는 호스트의 표시 이름으로 해석되지만 호스트를 식별하려면 호스트 이름 또는 소위 "host technical name"을 참조해야 한다. 매크로 이름을 작성하는 것이 다소 혼란스러울 수 있다.

요소 레이블은 무엇을 표시할 수 있을까? CPU 부하, 메모리 또는 디스크 사용량, 무선 액세스 포인트에 연결된 사용자 수 등 무엇이든 맵에서 즉시 볼 수 있기 때문에 유용하다.

또한 이 호스트에는 시뮬레이션했던 대기시간 트리거로 인해 한 가지 문제가 남아 있음을 알 수 있다. A test host에서 다음을 실행하자.

```
$ touch /tmp/severity1
```

링크 레이블

앞에서 언급했듯이 링크에도 레이블을 붙일 수 있다. First map의 constructor로 돌아가서 A test host 아이콘을 클릭한다. 링크 속성 창을 열기 위해 Links 섹션의 Edit를 클릭한 다음, Label 영역에 Slow link를 입력한다. 그리고 링크 속성 창에서 Apply를 클릭한 다음, 맵에서 변화를 살펴보자.

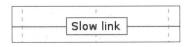

링크에서 레이블은 항상 링크 자체와 같은 색을 갖는 직사각형 상자이다. 링크 중심에 위치하므로 오프셋을 지정할 방법은 없다.

하드코딩된 텍스트를 사용하는 것이 유용할 수 있지만, 호스트에서 수행했던 것처럼 모니터링 데이터를 표시하는 것이 더 좋다. 다행히도 모니터링 데이터를 표시하는 것이 가능하며, 이 링크에 네트워크 트래픽 데이터를 표시할 수 있다. 링크 레이블을 다음과 같이 변경하자.

```
Incoming traffic: {A test host:net.if.in[eth0].last()} Outgoing traffic: {A test
host:net.if.out[eth0].last()}
```

{HOST.HOST}와 같은 자동 참조는 여기에서 사용할 수 없다. 링크가 호스트와 관련이 없으므로 이런 참조는 실패한다.

여기에 자유 형식의 텍스트(예를 들어, 링크에 Slow link라는 레이블을 붙일 수 있음)와 매크로(이 경우, 특정 트래픽 아이템을 참조)를 혼합해보자. 링크 속성 창에 대해 **Apply**를 클릭한다. 지금 오른쪽 상단의 **Update**를 클릭해 변경 사항을 저장하는 것이 좋다.

```
Incoming traffic: 903 Bps
Outgoing traffic: 1.18 KBps
```

우리가 사용한 매크로와 다중 행 레이아웃은 모두 잘 동작한다.

에이전트, SNMP, 기타 아이템 타입을 참조할 수 있다. 데이터를 수집하는 동안 맵에 값을 표시할 수 있다.

맵 요소 레이블에서 지원되는 매크로의 전체 목록은 자빅스 매뉴얼을 참고한다.

맵 요소의 장애 반영

레이블에서 장애 개수를 표시하는 것은 유용하지만, 먼 거리에서는 쉽게 볼 수 없다. 또한 사용자들은 문제를 돋보이게 할 수 있는 더 멋진 맵을 원할 수도 있다. 자빅스는 이를 위해 두 가지 방법을 제공한다.

- 사용자 정의 아이콘

- 아이콘 강조 표시(아이콘 하이라이트)

First map의 constructor에서 A test host를 클릭한다. Problem 드롭다운에서 다른 아이콘을 선택한다. 테스트를 위해 Crypto-router_(24) 아이콘을 사용할 것이지만, 다른 아이콘을 사용해도 된다. Apply를 클릭한 다음 맵에서 Update를 클릭한다. 그리고 A test host에서 다음을 실행하자.

```
$ rm /tmp/severity1
```

30초 후에 모니터링 화면에서 맵을 확인하자. 설정 섹션에 상태 아이콘은 표시되지 않는다.

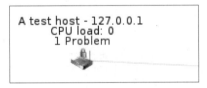

호스트에 문제가 발생하자마자 아이콘이 자동으로 변경됐다.

설정에는 두 개의 상태가 더 있으며, 각각의 아이콘에 고유한 아이콘을 지정할 수 있다(호스트가 disabled된 경우와 maintenance가 필요한 경우). 물론 서버가 라우터나 다른 예기치 않은 장치로 변경되어서는 안 된다. 일반적인 방법은 일반적인 아이콘과 빨간색 십자가가 있는 아이콘 또는 그 옆에 작은 색의 원으로 상태를 표시하는 것이다.

 더 이상 링크가 수평으로 정렬되지 않는 것에 주목하자. 아이콘이 왼쪽 상단 모서리에 위치하므로 작은 아이콘의 가운데가 움직인다. 링크는 아이콘의 중앙에 연결된다.

수동으로 다른 아이콘을 지정하는 것은 괜찮지만, 큰 규모로 수행하는 것은 번거로울 수 있다. 문제가 되는 요소를 식별하는 또 다른 기능을 아이콘 강조 표시(아이콘 하이라이트)라고 한다. 상태에 따라 아이콘을 선택하는 것과 대조적으로 여기에는 일반적으로 아이콘 강조 표시(아이콘 하이라이트)가 사용된다. 이것은 맵 수준의 설정이며 맵 요소별로 커스터마이징할 수 있는 방법은 없다. 테스트를 하기 위해 모든 맵 목록에서 First map 옆의 Properties를 클릭한 다음, Icon highlight 체크박스를 선택하자.

이 설정은 맵 요소가 상태에 따라 추가적인 시각화 여부를 결정한다. Update를 클릭한 다음, Configuration > Hosts로 이동하자. 호스트를 비활성화하기 위해 Another host 옆의 Enabled를 클릭해 상태를 전환하고 팝업을 확인한다. 이제 모니터링 화면에서 맵을 확인하자.

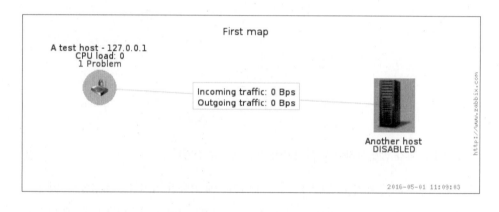

이제 두 호스트 모두 배경이 생겼다. 이것은 무엇을 의미할까?

- 원형 배경은 트리거 상태를 나타낸다. 트리거의 상태가 OK가 아니면 우선순위가 가장 높은 트리거가 원의 색을 결정한다.
- 사각형 배경은 호스트 상태를 나타낸다. 사용할 수 없는 호스트는 회색으로 강조 표시된다. 유지관리 중인 호스트는 주황색 배경이 된다.

A test host를 클릭한 다음 Triggers를 클릭한다. 트리거 목록에서 ACK 열의 No를 클릭한 다음, 메시지를 입력한 후 Acknowledge를 클릭한다. 모니터링 화면에서 맵을 다시 확인하자.

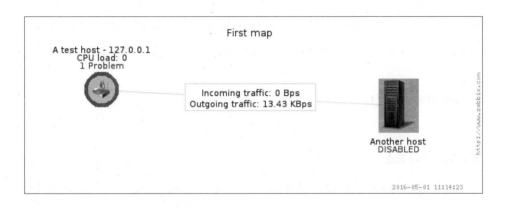

색깔이 있는 원은 이제 두꺼운 녹색 테두리를 가지고 있다. 이 경계선은 문제가 인지됐을 때 인지 상태를 나타낸다.

자빅스 기본 아이콘은 현재 가운데에 정확히 있지 않으며, 아이콘 강조 표시가 사용될 때 가장 분명하게 보인다. 그림자 때문에 Another host의 정렬이 어긋나는 것을 주목하자. 이 아이콘의 경우 문제 강조 표시에서 훨씬 더 분명하게 보인다. First map의 constructor에서 A test host를 클릭하고, Icons 섹션의 Problem 드롭다운에서 Default를 선택한다. Apply를 클릭한 다음 맵에서 Update를 클릭하고 모니터링 섹션 화면에서 맵을 확인한다.

이런 설정에서, 눈을 즐겁게 하려면 다른 아이콘 세트를 사용해야 할 수도 있다.

호스트를 정상 상태로 되돌리려면 Configuration ❯ Hosts로 이동해, Another host 옆의 Disabled를 클릭하고 팝업을 확인한 다음 A test host에서 다음을 실행한다.

```
$ touch /tmp/severity1
```

사용 가능한 맵 요소

호스트가 맵에 추가할 수 있는 유일한 요소는 아니다. First map의 constructor에서 Another host를 클릭하고 요소 속성에서 Type 드롭다운을 확장하자. 지금은 추가 타입을 사용하지 않지만 사용할 수 있는 타입을 살펴보자.

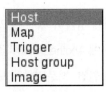

- Host: 이미 호스트를 다뤘다. 호스트는 연관된 모든 트리거에 대한 정보를 표시한다.
- Map: 실제로 다른 맵에 링크를 삽입할 수 있다. 모든 요소와 같은 아이콘을 가지며 클릭하면 해당 맵을 여는 메뉴가 제공된다. 이렇게 하면 흥미로운 드릴다운 설정을 만들 수 있다. 우리는 세계 맵을 가질 수 있고, 대륙 맵을 링크할 수 있고, 국가 수준의 맵, 도시 수준의 맵, 데이터 센터 수준의 맵, 랙 수준의 맵, 시스템 수준의 맵이 뒤따를 수 있다. 다른 행성과 은하계 맵을 가질 수도 있다! 물론, 각 레벨은 적절한 맵 또는 도식을 배경 이미지로 설정할 수 있다.

- **Trigger**: 단일 트리거 정보만 포함된다는 점을 제외하면, 호스트와 매우 유사하다. 이렇게 하면 호스트의 다른 트리거의 영향을 받지 않는 단일 트리거를 맵에 배치할 수 있다. 중첩된 맵 시나리오에서는 핵심 라우터 구성을 백그라운드에 배치하고 특정 포트에 개별 트리거를 추가해 마지막 디스플레이에서 트리거를 사용할 수 있다.

- **Host group**: 그룹의 모든 호스트에 대한 정보가 수집된다는 점을 제외하고는 호스트처럼 동작한다. 단순 모드에서는 선택한 그룹의 모든 호스트를 나타내는 단일 아이콘이 표시된다. 이는 상위 수준의 개요에 유용할 수 있지만, 대륙, 국가, 도시별로 모든 호스트를 그룹화할 수 있는 앞의 중첩 시나리오에서 특히 유용하다. 따라서 상위 수준의 맵에 아이콘을 배치한다.

  예를 들어, 충분한 공간이 있는 경우 국가별 호스트 그룹 요소를 글로벌 맵에 배치할 수 있다. 맵의 호스트 그룹 요소는 모든 호스트를 개별적으로 표시할 수도 있다. 잠시 후에 그 기능을 다룬다.

- **Image**: 맵에 이미지를 배치할 수 있다. 이미지는 서버 룸에서 컨디셔너의 위치와 같이 시각적으로만 볼 수 있지만, 여기서는 URL도 할당될 수 있어 임의의 객체에 연결할 수 있다.

URL을 이야기하기 전에, 요소 속성 팝업의 맨 아래를 살펴보자.

URLs	NAME	URL	ACTION
			Remove
	Add		

여기에서 여러 개의 URL을 추가할 수 있으며, 각 URL은 이름을 가질 수 있다. 모니터링 섹션에서 맵을 보면, 요소를 클릭했을 때 메뉴에 URL 이름이 포함된다. 스위치나 UPS 장치의 웹 관리 페이지 또는 내부 위키의 페이지를 신속하게 액세스하여 특정 장치의 문제 해결 단계를 설명할 수 있다. 또한 URL 필드에서 다음 매크로가 지원된다.

- {TRIGGER.ID}
- {HOST.ID}
- {HOSTGROUP.ID}
- {MAP.ID}

이렇게 하면 열린 URL에서 클릭한 엔티티의 ID를 지정하면서 자빅스 프론트엔드 섹션으로 연결되는 링크를 추가할 수 있다.

맵 필터링

맵 요소 host, host group, map은 모든 장애 관련에 대한 정보를 집계한다. 물론 필요한 정보이겠지만, 자빅스 맵은 표시된 장애를 필터링할 수도 있다. 사용 가능한 조건은 다음과 같다.

- **인지 상태**: 전체 맵에 설정할 수 있다.
- **트리거 심각도**: 전체 맵에 설정할 수 있다.
- **애플리케이션**: 개별 호스트에 설정할 수 있다.

맵 속성에서 Problem display 드롭다운은 인지 상태를 기반으로 표시되는 장애의 대상과 방법을 제어한다. 이것은 설정 시간 전용 옵션이며 모니터링 섹션에서 변경할 수 없다. 사용할 수 있는 선택 사항은 다음과 같다.

- All
- Separated
- Unacknowledged only

All 옵션은 우리가 현재 선택한 것이며 인지 상태가 장애 표시에 영향을 주지 않는다. Separated 옵션은 두 줄을 표시하는데, 하나는 장애의 전체 개수를 표시하고 다른 하나는 인지되지 않은 장애의 개수를 표시한다.

A test host - 127.0.0.1
CPU load: 0.06
3 Problems
1 Unacknowledged

전체 장애 개수 라인과 비인지 개수 라인이 서로 다른 색상인 것을 확인하자. Unacknowledged only 옵션은 현재 인지되지 않은 장애만 표시한다.

맵에 표시되는 정보를 필터링하는 또 다른 방법은 트리거 심각도다. 맵 속성에서 Minimum trigger severity 옵션을 사용하면 필터링할 심각도를 선택할 수 있다.

| Minimum trigger severity | Not classified | Information | Warning | Average | High | Disaster |

이전 화면과 마찬가지로 High를 선택하면, 모니터링 섹션에서 맵을 열면 가장 높은 두 가지 레벨의 심각도가 무시된다. 기본적으로는 Not classified가 선택되며 모든 장애가 표시된다. 더 좋은 점은 맵 구성에서 어떤 심각도 레벨을 선택했는지에 상관 없이, 모니터링 섹션에서 맵을 볼 때 우측 상단에서 심각도를 변경할 수 있다는 것이다.

Minimum severity Disaster

 이때 링크 표시기는 심각도 필터를 무시한다. 이것은 버그 같지만, 이 글을 쓰는 시점에는 언제 수정될지 알려지지 않았다.

맵에 표시된 내용을 필터링하는 또 다른 방법은 호스트 수준에서 애플리케이션(아이템 그룹만)을 사용하는 것이다. 호스트 데이터를 표시하는 맵 요소를 편집할 때 Application 필드가 있다.

Map element

Type	Host ▾
Label	{HOST.NAME} - {HOST.IP} CPU load: {{HOST.HOST}:system.cpu.load.last()}
Label location	Top ▾
Host	A test host ✕ [Select]
Application	[Select]

여기에서 애플리케이션을 선택하면 이 애플리케이션의 아이템을 참조하는 트리거만 고려하게 된다. 이것은 자유 형식 필드이며, 애플리케이션 이름을 수동으로 입력하는 경우 아이템에 사용된 애플리케이션과 정확히 일치하는지 확인하자. 여기서 하나의 애플리케이션만 지정할 수 있다. 이것은 configuration-time only 옵션이며 모니터링 섹션에서 변경할 수 없다.

사용자 정의 아이콘과 배경 이미지

자빅스는 맵에서 사용 가능한 아이콘을 가지고 있다. 종종 다른 이미지의 아이콘을 사용하기를 원할 때, 자빅스에 먼저 업로드하면 아이콘을 사용할 수 있다. 아이콘으로 사용할 이미지를 업로드하려면 Administration ➤ General로 이동해 드롭다운에서 Images를 선택한다. Create icon 버튼을 클릭하고 새 아이콘의 이름을 선택한 다음, 이미지 파일을 선택한다(파일 크기가 너무 크지 않는 것이 바람직하다).

Name	Zabbix logo
Upload	[Browse...] zabbix_logo_100x27.png
	[Add] [Cancel]

Add를 클릭한다. 다음 이미지의 어딘가에 방금 업로드한 이미지가 표시된다. 사용자 아이콘 외에도 맵에 사용할 배경 이미지도 업로드할 수 있다. Type 드롭다운에서 Background 전환하고 Create background를 클릭한다. 이 드롭다운은 다른 페이지들과 달리 3.0.0의 왼쪽에 있다. 배경의 이름을 입력하고 이미지를 선택한다. 지금 작업하는 맵 크기인 600×225 크기의 이미지를 선택하는 것이 좋다.

작은 이미지는 가장자리에 빈 공간이 생기며 큰 이미지는 잘리게 된다.

Add를 클릭하자. 기본적으로 자빅스에는 배경 이미지가 없으므로 추가한 이미지만 표시된다. 이미지가 업로드됐으면 맵에서 이미지를 사용해보자. Monitoring ➤ Maps으로 이동해 맵이 표시되면 All maps를 클릭한다. First map 옆의 Constructor를 클릭한 다음, Icon레이블 옆의 Add를 클릭한 후, 새로 추가된 아이콘을 클릭한다. Icons 섹션에서 Default 드롭다운을 변경하여 업로드된 아이콘에 대해 선택한 이름을 표시한 다음, Apply를 클릭한다. 이 새로운 아이콘을 가장 잘 보이는 위치에 놓자 (그리드 스냅 비활성화 기능을 기억하자). Label 필드도 지울 수 있다. Apply를 클릭해 맵의 변경 사항을 확인한다.

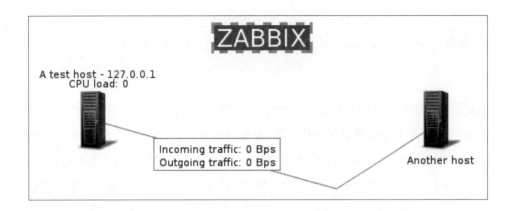

이미지 배치를 완료했으면, 오른쪽 상단의 **Update**를 클릭해 맵을 저장하자. 나타나는 팝업에서 **OK**를 클릭해 맵 목록으로 돌아갈 수 있다. 이제 배경을 설정해보자. **First map** 옆에 있는 **Properties**를 클릭한다. 현재 설정 양식에서 **Background image** 드롭다운에 **No image**가 선택되어 있다. 우리가 업로드한 배경이 이 드롭다운에 있어야 한다. 업로드한 이미지를 선택하자.

Update를 클릭한 다음, 다시 **First map** 옆의 **Constructor**를 클릭한다. 편집 인터페이스는 우리가 선택한 배경 이미지를 표시해야 하며, 배경과 일치하도록 이미지를 배치해야 한다.

맵 이미지 제공: MapQuest and OpenStreetMap

많은 양의 이미지를 업로드하는 것은 굉장히 지루한 일이 될 수 있다. XML 임포트 기능을 사용하는 것이 자동화하는 가장 쉬운 방법이며 21장, '자빅스 데이터 활용하기'에서 다룬 다. 또한 자빅스 API를 사용해 이런 작업을 수행할 수 있다.

다음은 큰 지리적 지도가 어떻게 보이는지 보여주는 예다.

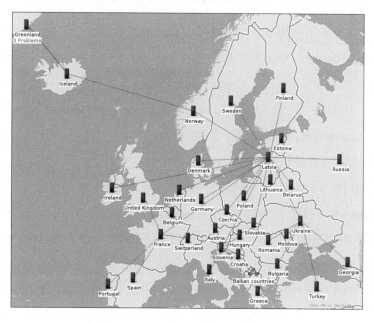

맵 이미지 제공: Wikimedia and OpenStreetMap

지리적 지도는 여기에서 배경으로 사용되며 다른 요소들이 상호 연결된다.

아이콘 매핑

지금까지 요소에 사용된 이미지는 정적이거나 호스트 및 트리거 상태에 따라 변경됐다. 또한 자빅스는 호스트 인벤토리 내용을 기반으로 적절한 아이콘을 자동으로 선택할 수 있는데, 이 기능을 아이콘 매핑이라고 한다. 이 기능의 혜택을 누리기 전에 아이콘 맵을 설정해야 한다. Administration > General로 이동해 드롭다운에서 Icon mapping을 선택한 다음, 우측 상단의 Create icon map 버튼을 클릭한다. 아이콘 맵 항목을 사용하면 정규 표현식을 지정하고 이 표현식과 일치하는 인벤토리 필드를 지정할 수 있으며, 일치하는 항목이 있을 경우 사용할 아이콘을 지정할 수 있다. 모든 항목은 일치되는 순서대로 선택되며, 일치하는 첫 번째 항목의 아이콘이 사용된다. 일치하는 항목이 없으면 Default 드롭다운에 지정된 대체 아이콘이 사용된다.

한 번 시도해보자. Name 필드에 Zabbix 3.0을 입력한다. Inventory 필드 드롭다운에서 Software application A를 선택하고 Expression 필드에 ^3.0을 입력한다.

5장, '호스트, 사용자, 사용권한 관리'에서 A test host 호스트의 에이전트 버전 아이템 Populates host inventory field 필드에 Software application A를 설정했다. 여전히 동일하게 설정되어 있는지 확인해보자. Configuration > Hosts로 이동해 A test host 호스트 옆의 Items를 클릭한다. 아이템 목록에서 NAME 열의 Zabbix agent version(Zabbix 3.0)을 클릭하면, Populates host inventory 필드 옵션은 −None−으로 설정된다. 어떻게 이렇게 되었을까? 8장, '템플릿을 통한 복잡한 설정 단순화'에서 이 아이템은 템플릿에 의해 제어되도록 변경되었지만, 이 템플릿의 에이전트 버전 아이템은 인벤토리 옵션이 설정되지 않은 Another host에서 복사됐다. 새 템플릿을 A test host에 연결했을 때, 이 옵션은 덮어 쓰여졌다. 인벤토리 필드에는 마지막으로 수집된 값이 남았으며, 현재 A test host는 인벤토리 필드에 에이전트 버전을 갖고 있지만, Another host 그렇지 않다. 두 호스트 모두 인벤토리 필드에 에이전트 버전 아이템을 넣으려면 Parent item 옆의 C_Template_Linux를 클릭한 다음, Populates host inventory 필드의 드롭다운에 Software application A를 선택한다. 완료
됐으면 Update 버튼을 클릭하자.

Software application A 필드에 자빅스 에이전트 버전이 자동으로 채워지며, 아이콘 맵에서
3.0으로 시작하는지 확인한다. 첫 번째 줄의 ICON 드롭다운에서 원하는 아이콘을 선택한
다. 여기에서는 앞에서 업로드했던 zabbix logo를 선택했다. Default 드롭다운에는 다른 아
이콘을 선택한다. 여기에서는 Hub_(48)를 사용한다.

 오른쪽 이미지를 클릭하면 전체 크기로 볼 수 있다.

여기에서 인벤토리 필드 하나만 사용했지만 다른 인벤토리 필드에도 일치시키려면
Mappings 섹션에서 Add 컨트롤을 클릭한다. 각 항목은 그래프 설정에서 사용자 정의 그
래프 아이템과 마찬가지로 왼쪽 핸들을 잡고 원하는 위치로 드래그하여 재정렬할 수 있다.
첫 번째 항목이 사용될 아이콘을 결정한다는 것을 기억하자.

완료되면 하단의 Add 버튼을 클릭한다. 이제 Monitoring ➤ Map으로 이동해 맵이 표시되면
All maps를 클릭한다. First map 옆의 Properties를 클릭한 다음, Automatic icon mapping 드
롭다운에서 방금 생성했던 아이콘 매핑을 선택한다(그외에 드롭다운에서 선택할 수 있는 항목
은 〈manual〉만 있어야 한다). 하단의 Update 버튼을 클릭한다. 지금 모니터링 화면에서 이 맵
을 확인해보면 차이가 없어 보인다. 이유를 확인하려면 맵 목록으로 이동해 First map 옆의

Constructor를 클릭한다. 맵 편집 화면에서 A test host를 클릭하면 Automatic icon selection 은 비활성화되어 있다. 이 맵에 새 요소를 추가하면, 맵에 아이콘 맵이 할당돼 자동 아이콘 선택이 활성화된다. 기존 요소는 할당된 아이콘 맵이 없었을 때 추가됐으며, 할당되기 전 설정을 유지한다. Ctrl 키를 누르고 Another host를 클릭한다. 대량 업데이트 양식에서 먼저 Automatic icon selection 선택의 왼쪽에 있는 체크박스를 선택한 다음, 오른쪽을 선택한다. 첫 번째 체크박스는 자빅스가 선택한 모든 요소에 대해 이 옵션을 덮어 쓰도록 하는 옵션이고, 두 번째 체크박스는 해당 요소에 대해 옵션을 사용하도록 지정하는 옵션이다.

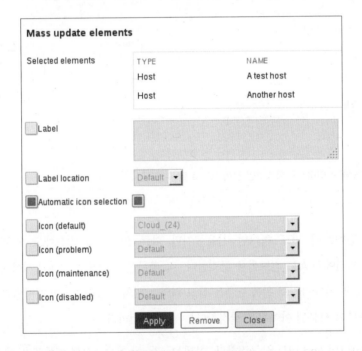

 Automatic icon selection 체크박스를 선택하면 수동으로 아이콘 선택 드롭다운을 선택할 수 없다. 이런 기능은 동일한 아이콘에 동시에 사용할 수 없다.

Apply를 클릭해 두 호스트의 아이콘이 아이콘 맵 속성의 기본 아이콘으로 변경되는 것을 확인하자. Another host는 아이콘이 변경되지 않았다. 성능과 관련이 있는데, 적어도 **A test host**는 해당 필드에 3.0 버전을 가지고 있는 것이다(설정에서 아이콘 매핑은 적용되지 않고 기본 아이콘이 항상 사용된다). **Update**를 클릭해 변경 사항을 저장한 다음 모니터링 화면에서 맵을 열자.

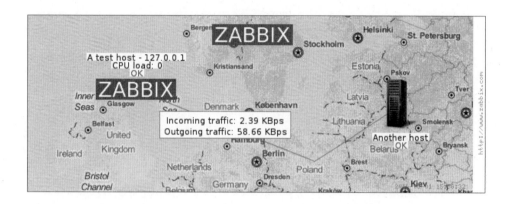

여기에서 **A test host**는 자빅스 에이전트 3.0에 사용될 아이콘을 가지고 있다(해당 호스트에 자빅스 에이전트 3.0을 가지고 있다고 가정). 그러나 **Another host**는 아직 아이템이 인벤토리 필드를 업데이트하지 않았기 때문에 기본 아이콘을 가지고 있다. 조금 후에, **Another host**의 에이전트 버전 아이템이 데이터를 받으면 아이콘도 변경될 것이다.

아이콘 매핑은 실행 중인 호스트의 운영체제에 따라 다른 아이콘을 표시하기 위해 사용될 수 있다. 네트워크 장치는 sysDescr OID를 기반하여 아이콘 매핑을 하는 경우, 구석에 벤더 로고가 있는 일반 장치 아이콘을 표시할 수 있다. UPS 장치는 장치 상태에 따라 아이콘이 바뀔 수 있는데, 충전 중일 때와 방전 중일 때, 그리고 배터리를 바꾸라고 지시할 때 각각 아이콘 상태를 바꿀 수 있다.

그 밖의 글로벌 맵 옵션

이 맵으로 작업하면서 이미 많은 글로벌 맵 옵션을 논의했지만 아직 언급하지 않은 것도 몇 가지 있다. 언급하지 않은 나머지 것들을 살펴보자. 그것들은 전체 맵(모든 맵은 아님)에 영향을 미친다는 점에서 전역적이다. 맵 목록으로 이동한 다음 First map 옆에 있는 Properties를 클릭한다.

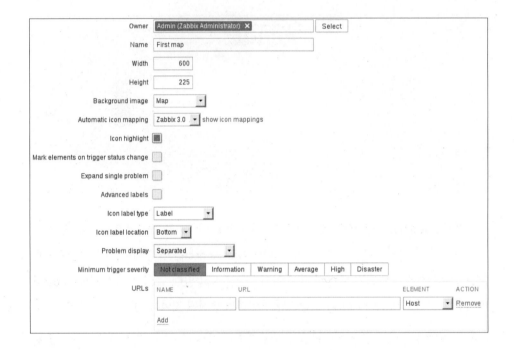

이미 다룬 내용은 건너뛰고, 나머지 옵션은 다음과 같다.

- **Owner**: 맵을 작성하고 제어할 수 있는 사용자다. 이 장의 뒷부분에서 더 자세하게 다룬다.

- **Mark elements on trigger status**: 최근에 상태가 변경된 요소를 표시한다. 기본적으로 요소들은 30분 동안 표시되며 6장, '트리거를 통한 문제 감지'에서 커스터마이징 가능성에 대해 설명했다. 요소는 레이블의 위치를 제외한 나머지 모든 면에 세 개의 작은 삼각형을 추가해 표시된다.

466

- **Icon label type**: 레이블에 사용되는 모든 것을 설정한다. 기본적으로 우리가 사용했던 것처럼 Label을 설정한다. 다른 옵션으로는 IP address, Element name, Status only, Nothing이 있으며 따로 설명이 필요 없다. 호스트에 다중 인터페이스가 있는 경우 {HOST.IP} 매크로와 동일하게 표시할 IP address를 선택할 수 없으며, 자빅스는 자동으로 에이전트 인터페이스의 IP 주소를 선택한다. 이 옵션들 중 일부는 일부 요소에만 의미가 있다. 예를 들어, IP 주소는 호스트 요소에만 적합하다. 위의 Advanced labels를 사용하면 각 요소 유형별로 레이블 타입을 설정할 수 있다.

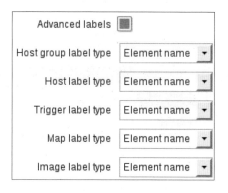

- **Icon label location**: 기본 레이블 위치를 지정할 수 있다. 이 옵션은 기본 위치를 사용하는 모든 요소들의 레이블 위치를 제어한다.

자빅스 3.0.0에는 Advanced labels을 사용하면 각 드롭다운 아래에 추가 텍스트 필드가 표시되는 버그가 있다. 이 글을 쓰는 시점에는 어떤 버전에서 이 문제를 해결할지는 아직 알려지지 않았다.

호스트 그룹 요소 표시

이전에 사용 가능한 맵 요소에 대해 논의했을 때, Host group에 자동으로 모든 호스트를 표시할 수 있다고 언급했다. 동작을 보기 위해 맵 목록으로 이동해 Create map을 클릭한다. Name 필드에 Host group elements를 입력한 다음 하단에 있는 Add 버튼을 클릭하자. 이제 Host group elements map 옆의 Constructor를 클릭하고 Icon 레이블 옆에 있는 Add를 클릭한다. 새 요소를 클릭해 속성을 열고 Type 드롭다운에서 Host group을 선택한다. Host group 필드에 linux를 입력한 뒤 드롭다운에서 Linux servers를 클릭한다. Show 옵션에서 Host group elements를 선택하자. 그 결과 몇 가지 추가 옵션이 표시되지만 지금은 변경하지 않을 것이다. 마지막으로 Label을 {HOST.NAME}으로 변경한다.

Map element

Type	Host group ▾
Show	Host group Host group elements
Area type	Fit to map Custom size
Placing algorithm	Grid
Label	{HOST.NAME}
Label location	Default ▾
Host group	Linux servers ✕ Select

자빅스 3.0.0에는 새 호스트 그룹 아이콘에 대한 버그가 있는데, Show 선택박스는 처음에 어떤 선택 사항이 선택됐는지 표시되지 않는다. 이 글을 쓰는 시점에는 어떤 버전에서 이 문제를 해결할지는 아직 알려지지 않았다.

완료되면 **Apply**를 클릭한다. 요소가 맵 중앙에 어떻게 배치되었고, 나머지 맵 영역이 어떻게 음영 처리됐는지 확인한다. 이는 호스트 그룹 요소가 맵의 모든 영역을 활용할 것임을 나타낸다. 우측 상단 모서리에 있는 **Update**를 클릭해 맵을 저장한 다음 모니터링 화면에서 확인한다. 선택한 **Host group**의 모든 호스트가 맵 상단 부근에 배치된다(여기서는 2개의 호스트가 표시된다).

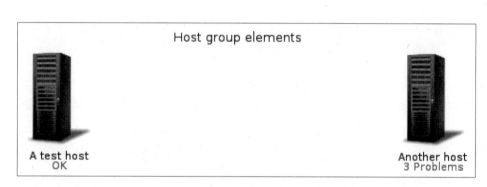

이제 몇 가지 변화를 시도해보자. 맵의 **constructor**로 돌아가서 **Host group**을 나타내는 아이콘을 클릭한다. 속성에서 **Area type**을 **Custom size**로 전환하고, **Area size** 필드의 **Width**를 400으로, **Height**를 550으로 변경한다. **Label** 필드에는 CPU load: {{HOST.HOST}:system. cpu.load.last()}를 추가한다.

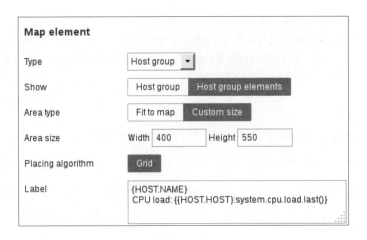

완료되면 **Apply**를 클릭한다. 회색으로 표시된 영역이 축소되고 선택 영역 테두리가 나타난다. 아이콘을 잡아서 오른쪽 하단으로 드래그하자. 잘 작동하지 않는 것처럼 보인다. 영역의 중앙이 그리드에 스냅되고 잘 배치되지 않는다. 맵 위의 **Grid** 레이블 옆을 클릭해 그리드에 스냅을 비활성화하고 영역을 다시 배치한다. 이제 잘 작동한다. **Update**를 클릭해 맵을 저장하고 모니터링 화면에서 맵을 확인해보자.

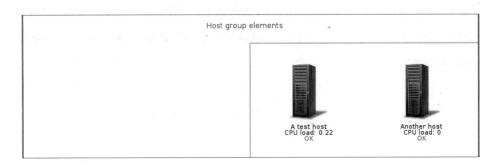

이제 호스트는 회색 테두리로 표시된 열(Host group 영역)에 위치한다. 레이블에 사용된 매크로는 각 요소에 적용되며, 이 경우에는 각 호스트의 CPU load가 아이콘 아래에 표시된다. 추가된 호스트에서 아이템 값을 자동으로 선택하는 중첩 매크로 구문은 이제 더 많이 사용된다. **Host group**에 호스트가 추가되거나 제거되면, 맵은 이를 반영하도록 자동으로 업데이트된다. 배치 알고리즘은 모든 상황에서 완벽하게 작동하지 않을 수 있기 때문에, 예상되는 호스트 수가 선택한 영역에 얼마나 잘 맞는지 테스트를 잘 수행하는 것이 좋다.

특정 영역을 사용하는 기능을 통해 맵의 왼쪽에 다른 요소를 배치할 수 있으며, 서버와 관련된 일부 스위치, 라우터, 방화벽을 오른쪽에 배치할 수 있다.

숫자 아이콘

멀리서 맵을 볼 때 작은 레이블 텍스트는 읽기 어려울 수 있다. 브라우저 기능을 사용해 텍스트를 확대할 수 있지만 아이콘도 함께 커질 것이다. 또한 어떤 맵에 표시한 시스템이 모두 같으면, 시각적 아이콘을 사용할 필요가 없을 것이다. 그러나 각 시스템에 숫자를 표시하는 것을 시도할 수 있다. 자빅스 맵은 글꼴 크기를 변경할 수 없지만, 숫자를 이미지로 생성하고 그 이미지를 맵의 아이콘으로 사용해 문제를 해결할 수 있다. 이렇게 하는 한 가지 방법은 ImageMagick 제품군을 사용하는 것이다. 01에서 50까지 숫자를 생성하기 위해 다음과 같은 스크립트를 리눅스에서 실행할 수 있다.

```
for imagenum in {01..50}; do
    convert -font DejaVu-Sans-Mono-Bold -gravity center -size
    52x24 -background transparent -pointsize 32 label:
    "$imagenum"        "$imagenum".png
done
```

이 스크립트는 01에서 50까지 반복되고 `DejaVu` 글꼴을 사용해 숫자가 있는 이미지를 생성하는 `convert` 유틸리티를 실행한다. 예를 들어 **1** 대신 **01**을 사용해 두 자리 수로 만든다.

접두사 0을 원하지 않는다면 01을 1로 바꾼다. 나중에 이런 이미지를 아이콘으로 업로드하고 맵에서 사용하게 될 것이다. 더 작은 버전의 맵은 다음과 같이 보일 수 있다.

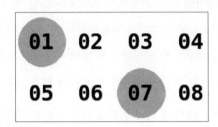

많은 시스템을 가지고 있고 하나의 맵에 모든 시스템을 담을 방법이 없다면, 시스템의 부분 집합에 대한 맵을 만든 다음, 자빅스에 내장된 슬라이드 쇼 기능을 통해 모든 맵을 자동으로 반복하여 볼 수 있다.

이제는 시각적으로 뛰어나고 기능적인 맵을 만들 수 있어야 한다. 더 큰 맵 작업을 시작하기 전에 계획을 세우는 것이 좋으며, 대규모 변경 작업을 수행하는 데 시간이 많이 소요될 수 있다.

대용량의 복잡한 맵을 수동으로 생성하는 것은 불가능하다. 21장, '자빅스 데이터 활용하기'에서 자동화된 방식으로 생성하는 옵션을 몇 가지 다룬다.

맵 공유

맵을 생성할 때, 첫 번째 필드인 Owner를 무시했다. 맵 소유 개념은 자빅스 3.0의 새로운 개념이다. 이전 버전에서는 관리자만 맵을 만들 수 있었다. 이제 모든 사용자가 맵을 만들 수 있으며 다른 사용자와 맵을 공유할 수 있다. 또 다른 변경 사항은 맵은 기본적으로 Private 모드로 생성되므로 다른 사용자에게는 보이지 않는다. 우리가 만들었던 맵은 5장, '호스트, 사용자, 권한 관리'에서 다루는 모니터링 및 고급 사용자에게는 보이지 않는다. 맵을 공유해보자.

다른 브라우저에서 `monitoring_user`로 로그인하고 Monitoring ➤ Maps으로 이동한다. 현재사용할 수 있는 맵이 없는 것을 주목하자. Admin 유저로 로그인했던 첫 번째 브라우저로 돌아가서 맵 목록으로 이동한다. First map 옆의 Properties를 클릭하고 Sharing 탭을 전환한다. 그리고 Type 선택을 Public으로 전환한 다음 Update를 클릭한다.

`monitoring_user` 유저로 맵 목록을 새로 고치면 First map이 표시된다. 사용자가 현재 맵을 변경하지 않을 수 있기 때문에 ACTIONS 열은 비어있다. 맵을 공개로 설정하면 모든 사용자가 볼 수 있으며 이는 자빅스 3.0 이전의 네트워크 맵과 동일하다.

첫 번째 브라우저로 돌아가서 First map의 속성에서 Sharing 탭으로 다시 이동한다. 이번에는 List of user shares 섹션에서 Add를 클릭하고 팝업에서 monitoring_user를 클릭한다. PERMISSIONS가 Read-write로 설정되어 있는지 확인한다. 맵이 공개되어 있는 경우, 읽기 전용 권한을 추가할 수는 있지만 차이는 없으므로 Type을 다시 Private로 전환한다.

다시 List of user shares 섹션에서 Add를 클릭한 다음, advanced_user를 클릭한다. advanced_user 사용자의 PERMISSIONS를 Read-only로 설정한다.

TIP

또한 List of user group shares 섹션 목록을 사용해 그룹 내 모든 사용자와 맵을 공유할 수 있다.

완료되면 Update를 클릭한다. monitoring_user로 맵 목록을 새로 고치고 ACTIONS 열에 Properties와 Constructor 링크가 어떻게 표시되는지 확인한다. Properties의 Sharing 탭을 확인한다. 이제 이 사용자는 기존 공유 설정을 볼 수 있으며 Read-only 및 Read-write 모드로 다른 사용자와 맵을 공유할 수 있다. 일반 사용자는 자신이 속한 사용자 그룹과 해당 그룹의 사용자와만 공유할 수 있다. Map 탭으로 다시 전환하여 Owner 필드를 확인한다.

Owner	Admin (Zabbix Administrator) ✕	Select

이 사용자에게는 Read-write 권한이 있지만 소유권을 변경할 수는 없으며 최고 관리자 및 관리자만이 권한을 변경할 수 있다.

이제 두 번째 브라우저에서 advanced_user로 로그인하여 맵 목록을 확인하자.

NAME ▲	WIDTH	HEIGHT	ACTIONS
First map	600	225	Properties Constructor
Host group elements	800	600	Properties Constructor

이 사용자와 하나의 맵만을 공유했다. 어떻게 Read-only 모드에서 두 맵을 모두 볼 수 있고 쓰기 권한을 가질 수 있을까? 공유는 관리자 또는 최고 관리자가 아닌 자빅스 사용자에게만 영향을 미친다. 늘 그렇듯이 최고 관리자는 모든 것을 완벽하게 제어할 수 있다. 자빅스 관리자는 맵에 포함된 모든 개체에 대해 쓰기 권한이 있는 한 모든 맵을 볼 수 있고 편집할 수 있다. 그리고 읽기 모드에서 맵에 포함된 개체 중 하나라도 볼 수 있는 권한이 없는 자빅스 사용자와 맵을 공유하면, 그 사용자는 맵을 보지 못한다. 즉, 사용자가 맵을 보

려면 포함된 모든 개체를 볼 수 있는 권한이 있어야 한다. 호스트, 호스트 그룹, 하위 맵 같은 집계 객체를 포함하는 경우, 사용자는 마지막 하위 맵의 마지막 트리거까지 모든 객체를 볼 수 있는 권한이 있어야 최상위 레벨 맵을 볼 수 있다.

아마도 공유 기능의 가장 큰 이점은 사용자가 자신의 맵을 만들고 다른 사용자와 공유할 수 있다는 것이며, 이전에는 불가능했던 것이다.

▎ 요약

다양한 유형의 그래프를 만들고 커스터마이징하는 방법을 배웠다. 이를 통해 하나의 그래프에 여러 아이템을 배치하고, 시각적 특성을 변경하고, 다른 그래프 유형을 선택하고, y축 크기 조정 및 기타 여러 파라미터를 수정할 수 있다. 또한 그래프에 기본 트리거 정보와 백분위수 선을 표시할 수 있었다.

필요에 맞는 각각의 카테고리를 가진 심플 그래프, 임시 그래프, 사용자 정의 그래프를 발견했다.

심플 그래프는 단일 아이템의 데이터를 표시한다. 임시 그래프를 사용하면 최신 데이터에서 여러 아이템들을 빠르게 그래프로 볼 수 있지만, 저장할 수는 없다. 사용자 정의 그래프는 여러 아이템과 모든 유형의 사용자 정의를 가질 수 있으며, 아이템을 참조하는 모든 호스트와 연관된다는 점이 트리거와 유사하다.

이제 큰 어려움 없이 네트워크 맵을 생성할 수 있을 것이다. 하나의 데이터 센터를 보여 주든, 전 세계에 퍼져있는 많은 장소를 보여 주든, 멋지게 보이는 네트워크 맵을 만들 수 있다. 맵에서 실시간 아이템 데이터와 네트워크 연결 상태를 볼 수 있으며, 멋진 배경 이미지를 사용할 수 있을 것이다.

10장에서는 데이터를 시각화하는 또 다른 방법을 살펴볼 것이다. 자빅스 스크린을 사용하면 그래프, 맵, 그 밖의 여러 요소를 단일 페이지에 결합할 수 있다. 또한 단일 스크린을 사용해 표시된 정보를 특정 호스트로 쉽게 변경하는 방법을 배울 것이다. 슬라이드 쇼는 스크린을 결합하여 일정 시간 동안 하나의 스크린을 표시한 다음 다른 스크린을 표시하고 선택한 모든 스크린을 순환하며 표시한다.

10

스크린과 슬라이드 쇼를 이용한 데이터 시각화

이제 심플 그래프와 임시 그래프, 사용자 정의 그래프, 네트워크 맵에 익숙해졌다. 10장에 서는 다양한 시각화 옵션을 몇 가지 알아본다. 다루는 내용은 다음과 같다.

- 전역 및 템플릿 또는 호스트 화면을 포함한 다른 항목을 구성할 수 있는 스크린
- 주기적으로 표시된 정보를 자동으로 변경하는 슬라이드 쇼

이전에는 개별 시각화 요소를 살펴봤는데, 이제는 좀 더 자세히 알아볼 때다. 시스템을 운 영하다 보면 네트워크 맵과 함께 아웃 바운드 링크 그래프, 현재의 장애 목록을 한 번에 확 인하고 싶을 수 있다. 복합 요소는 맵과는 별개로 개별 요소와 기타 소스를 결합하여 더욱 유익하고 보기 좋은 개요를 제공한다.

▌ 스크린

우리가 친숙한 그래프와 지도는 독자적으로 하나의 페이지로 구성할 수 없다. 이때 스크린screen 개체를 사용할 수 있다. 스크린을 구성해보자. Monitoring ❭ Screens을 클릭하고 Create screen 버튼을 클릭하자. Name 필드에 Local servers을 입력하고 Columns 필드에 2를 입력하자. 이 값은 나중에 수정할 수 있다.

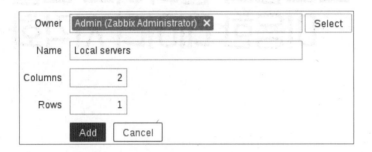

 Add를 클릭한 다음 Local servers 옆의 Constructor를 클릭하자. 익숙하지 않은 화면이 표시될 것이다.

이 화면을 변화시키는 것이 우리가 이제부터 할 일이다. Change를 클릭하면 셀 내용을 바꾸는 편집 양식이 생긴다. 기본으로 선택된 리소스 유형은 그래프이며 앞에서 몇 개의 그래프를 만들어 보았다. Graph 필드 옆에 있는 Select를 클릭한다. 팝업 윈도우의 Host 드롭다운에서 A test host를 선택하고 CPU load & traffic을 클릭하자. 이 항목을 구성할 것이므로 Add를 클릭하자.

478

다른 설정들과는 달리 화면을 명시적으로 저장하지 않아도 된다. 모든 변경 사항은 즉시 저장된다.

이제 우측의 Change 버튼을 클릭한 다음, Graph 필드 옆의 Select를 클릭하고 팝업된 창에서 Used diskspace(pie)를 클릭하자. 이전에 원형 차트의 크기를 조정한 방법을 기억하는가? 스크린에 요소를 삽입할 때 해당 요소에 지정된 설정을 사용하게 된다. 이번에는 원형 차트가 다른 그래프와 공간을 공유해야 하므로 Width 필드에 390을 입력하고 Height 필드에 290을 입력한 다음 Add를 클릭하자. 지금 설정한 스크린을 즉시 볼 수 있지만, 설정한 모든 것을 한 번에 보면서 모니터링해보자. Monitoring ➤ Screens 화면으로 이동해 Local servers를 클릭하자.

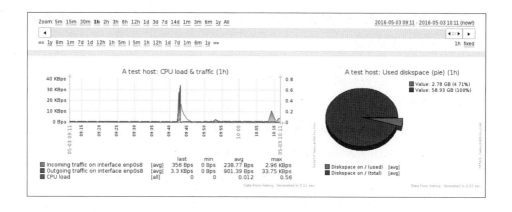

이제 두 그래프를 한 페이지에 표시한다. 하지만 화면 상단의 기간 필터를 한 번 보자. 그 기간 필터는 우리가 그래프에 사용한 것과 매우 유사하다. 이 필터를 설정하면 모든 스크린 컴포넌트의 그래프와 동일하게 기간을 설정할 수 있다. 스크린 컴포넌트의 조회 기간을 장기간으로 설정하거나 특정 시점의 과거 이력을 확인할 수 있다.

지금 표시되는 두 개의 그래프는 훌륭하지만 앞에서 동일한 페이지에서 토플로지 맵과 그래프를 동시에 사용하는 방법에 대해 언급했었다. 토플로지 맵과 그래프의 동시 표시 방법에 대하여 알아보자. 화면 상단의 **All screens**를 클릭하고 **Local servers** 옆에 있는 **Constructor**를 클릭하자. 이 스크린의 상단에 맵을 추가하고 싶지만, 화면을 두 개의 열과 단일 행으로 구성했으므로 행이나 열을 더 추가해야 한다. 스크린을 만들 때 사용한 것과 같이 스크린 속성의 필드를 사용해 그렇게할 수 없을까? 물론 가능하다. 하지만 한 가지 제한이 있다. 열과 행 수를 늘리면 오른쪽 또는 아래에 각각 새로운 열과 행이 추가된다. 이 방법은 임의의 위치에 행과 열을 삽입할 수 없다. 그래서 다른 방식을 사용해야 한다.

 열/행 수를 줄이는 것은 일반 화면 속성 양식을 사용할 때 우측 및 하단의 요소만 제거가 가능하다. 제거된 필드에 구성된 모든 요소도 함께 제거된다.

화면의 +와 − 버튼을 살펴보자. 이 버튼을 이용해 임의의 위치에 열과 행을 삽입하거나 제거할 수 있다. 처음에는 레이아웃을 이해하기 어려울 수 있지만, 몇 가지 기본 원칙을 이해하면 효율적으로 사용할 수 있다.

- 상단과 하단의 버튼은 열을 조작한다.
- 왼쪽과 오른쪽 버튼은 행을 조작한다.
- + 버튼은 + 버튼이 위치한 행이나 열의 앞에 행이나 열이 추가된다.
- − 버튼은 − 버튼이 위치한 행이나 열을 제거한다.

상단에 새로운 행을 추가하려면 첫 번째 열의 왼쪽 위 + 아이콘(그래프가 없는 +와 − 컨트롤만 있는 열)을 클릭한다. 두 개의 열이 있는 그래프 위에 행이 추가된다. 새로운 행에는 두 개의 Change 링크가 있다. 첫 번째 Change 링크를 클릭하자. 토플로지 맵을 추가하기 위하여 Resource 드롭다운에서 Map을 선택하자. Map 필드 옆의 Select를 클릭하고, First map을 클릭하자. 다른 요소를 변경하지 않으면 토플로지맵이 왼쪽 상단에 나타날 것이다. 지도가 두 열 위의 가운데에 배치되면 더 좋아 보일 것 같다. 이럴 때에는 Column span 옵션을 사용할 수 있다. Column span 필드에 2를 입력하고 Add를 클릭한다. 토플로지 맵이 이제 두 개의 열로 표시되는 것을 바로 확인할 수 있다. 이 기능은 토폴로지 맵에만 제한되지 않는다. 모든 요소는 여러 열이나 행에 걸쳐 있을 수 있다.

동적 스크린

이제 네트워크 맵과 두 개의 그래프가 포함된 화면이 표시되어 **A test host**의 데이터가 표시된다. 이제 **Another host**의 데이터를 보여주는 스크린을 만들어야 한다. 이 작업을 위해 지금까지 수행한 모든 단계를 반복해야 한다. 이렇게 반복된 작업을 하는 것은 상당히 불편하다. 다른 쉬운 접근방법을 살펴보자.

화면 구성에서 **CPU load & traffic** 그래프 아래의 **Change** 링크를 클릭하고 마지막 파라미터를 살펴보자.

dynamic item의 동작을 알아보자. 다른 설정은 손대지 말고 그래프를 편집해 Dynamic item 확인란을 선택하고 **Update**를 클릭하자. 그리고 결과를 확인해보자. **Monitoring ➤ Screens**으로 이동해 **Local servers**를 클릭하고, 화면 상단의 사용 가능한 드롭다운을 살펴보자.

일부 요소를 동적으로 표시하자마자 다른 호스트를 선택할 수 있게 됐다. 이 방법이 얼마나 편리한지 확인해보자. **Group** 드롭다운에서 **Linux servers**를 선택하고 **Host** 드롭다운에서 **Another host**를 선택하자.

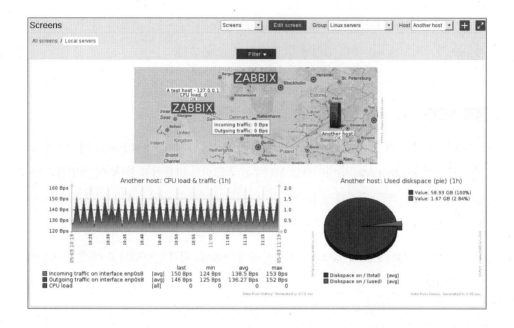

훌륭하다! Dynamic item이 선택된 요소는 선택된 호스트의 데이터를 표시하지만, Dynamic item이 선택되지 않은 요소는 선택된 호스트와 상관없이 동일한 데이터를 표시한다. 현재의 스크린에서는 토플로지 맵이 정적인 요소로 지정되었지만, Dynamic item 옵션이 체크되지 않은 그래프도 될 수 있다. 이렇게 설정하면 일부 그래프에서는 선택된 서버 정보를 표시하도록 화면을 전환할 수 있고, 다른 그래프는 일반 네트워크 정보를 계속 표시할 수 있다.

 스크린을 구성할 때 호스트의 그래프만 화면에 추가할 수 있다. 템플릿의 그래프는 추가할 수 없다. 동적 항목의 경우 처음에 그래프를 선택한 호스트가 삭제되어 화면이 깨질 위험이 있기 때문이다. 이전 버전의 자빅스에서는 템플릿의 그래프를 포함할 수 있었는데, 그 기능은 사라졌다.

추가 스크린 요소

이 스크린은 멋지고 간단한 화면이지만 사용할 수 있는 스크린 요소가 더 많이 남아 있다. 이제 다른 화면을 만들어보자. 스크린 목록으로 이동하고, 모니터링 보기에서 화면이 표시되면 All screens를 클릭한 다음 Create 버튼을 클릭하자. 결과 양식에서 이름 필드에 Experimental screen을 입력하고 열과 행 필드 모두에 2를 입력한 다음 Add를 클릭하자. 화면 목록에서 Experimental screen 옆의 Constructor를 클릭하자. 이전과 마찬가지로 왼쪽 상단 셀의 Change 링크를 클릭하자. Resource 드롭다운에서 Simple graph를 선택한 다음 Item 필드 옆에 있는 Select를 클릭한다. Host 드롭다운에서 A test host를 선택하자.

화면에서 볼 수 있듯이, 별도의 구성이 불필요한 간단한 그래프를 스크린에 추가할 수 있다. 이번에는 CPU load 항목을 클릭하자. Width 필드에 600을 입력하고 Add를 클릭한다. 오른쪽 상단 셀에서 Change 링크를 클릭하자. Resource 드롭다운에서 History of events를 선택하고 Add 클릭한다.

수정된 그래프는 너무 작게 표시되어 그다지 멋지게 보이지 않는다. 이 문제는 이벤트 리스트 아래에 그래프를 위치시켜 해결할 수 있다. 하지만 이것을 수행하려면 그래프를 삭제 후 우측 하단의 셀을 재설정해야 할 것 같다. 정말 그럴까? 그래프를 클릭해서 오른쪽 아래 셀로 드래그하고 마우스 버튼을 놓아보자.

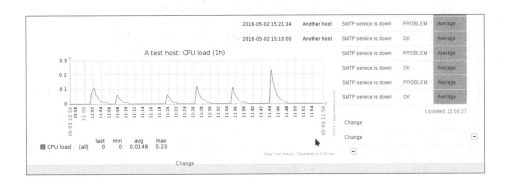

스크린의 요소(이 경우 그래프)는 한 셀에서 다른 셀로 이동이 가능하기 때문에, 개별 셀을 재구성할 필요가 없다.

이제 좌측 상단의 셀이 비어 있으므로 Change를 클릭하자. Resource에서 Triggers info를 선택하고, 드롭다운 메뉴를 선택한다. Vertical에 Style 옵션을 선택한 다음 Add를 클릭하자. 이 스크린 요소는 트리거별 심각도에 대한 고급 정보를 제공한다. 이 스크린에 더 많은 요소들을 채워보자. 왼쪽 하단에 있는 Change 링크를 클릭한다. 스크린 요소 구성에서 Resource 드롭다운에서 Triggers overview를 선택하고 Group field에 linux를 입력하자. 드롭다운에서 Linux servers를 클릭한다. 이 호스트 그룹은 그룹에 소속된 호스트 수보다 더 많은 트리거가 있다. Hosts location 옵션으로 Top을 선택하고 Add를 클릭하자. 요소의 배열이 만족스럽지는 않을 것이다.

이제 다시 배열을 해보자. 첫 번째 열의 위에서 두 번째 + 버튼(방금 추가한 개요 요소 옆)을 클릭하자. 그러면 두 번째 행 앞에 새로운 행이 추가된다. Triggers overview 요소(마지막에 추가한 요소)를 방금 추가한 행의 첫 번째 셀 위로 드래그한다. History of events(오른쪽 위 셀)의 Change 링크를 클릭하고 Show lines 필드에 20을 입력 하자. Row span 필드에 2를 입력하고 Update를 클릭하자.

좌측 하단 모서리가 비어 있다는 것을 제외하고는 이제 화면이 꽤 멋지게 보이다. 좌측 하단 셀의 Change를 클릭하고 Resource 드롭다운에서 Server info를 선택한 다음 Add를 클릭한다. 화면 구성이 꽤 괜찮아 보인다. 모니터링 뷰에서 보기 위하여 Monitoring > Screens으로 이동해 Experimental screen을 클릭하자.

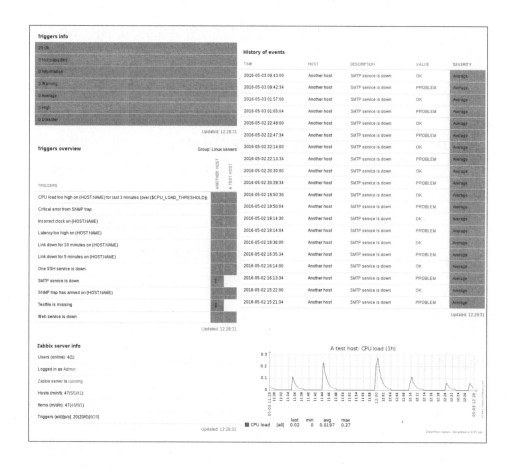

앞에서 스크린에는 모든 그래프가 동일한 기간을 표시하는 것을 언급했었다. 그래프가 일반 스크린 요소로 추가되는 경우에도 마찬가지다. 정적인 시간을 표시하기 위해서는 화면에 임의의 페이지를 포함시킬 수 있는 URL 스크린 요소를 사용해 그래프를 추가할 수 있다. 이 경우 URL은 자빅스 프론트엔드 요소를 지정해야 한다. 예를 들어 http://zabbix.frontend/zabbix/chart.php?period=3600&itemids[0]=23704&width=600과 같은 URL을 사용해 간단한 그래프를 표시할 수 있다. 추가하고자 하는 심플 그래프를 열고 URL을 보면 아이템 ID를 찾을 수 있다. 그래프 셀의 너비는 스크린 셀 너비와 일치하도록 수동으로 조정해야 하며, 스크린 셀의 스크롤 막대는 사용하지 않아야 한다. 이렇게 하면 동일한 아이템의 시간 별, 일별, 주 별, 월별, 연도별 그래프를 표시하는 화면을 구성할 수 있다.

자빅스의 스크린은 매우 유연한 시각적 레이아웃을 가능하게 한다. 더욱 상세한 그래프와 맵을 선택할 수 있다. 또한 서버 그룹에 대해 가장 중요한 정보의 그래프를 표시하고 상단에 트리거 요약을 표시할 수 있다. 그 외에도 다른 조합으로 추가할 수 있는 스크린 요소가 많이 있다. 사용 가능한 모든 스크린 요소를 시험해보고 제공되는 정보를 확인하는 것이 좋다.

 스크린은 많은 정보를 포함할 수 있기 때문에 성능에 영향을 많이 준다. 특히 많은 사용자가 동시에 사용하면 더욱 그렇다.

템플릿 스크린

지금까지 구성한 글로벌 스크린은 Monitoring ➤ Screens에서 확인하고 설정할 수 있었다. 스크린은 다양한 요소를 포함할 수 있으며 일부 요소가 동적으로 설정된 경우 드롭다운에서 다른 호스트를 선택해 해당 데이터를 볼 수 있다. 자빅스는 화면을 구성하고 사용하는 또 다른 방법인 템플릿 스크린(호스트 스크린이라고도 함)을 제공한다. 이런 템플릿은 템플릿에 구성되어 있으며 해당 템플릿에 연결된 모든 호스트에서 사용할 수 있다. 간단한 스크린을 만들어보자. Configuration ➤ Templates을 선택하고 C_Template_Linux 옆에 있는 Screens를 클릭하자. 그런 다음 Create screen 버튼을 클릭한다. 글로벌 스크린과 마찬가지로 ACTIONS 열에서 Constructor를 클릭하자. 지금까지 구성은 거의 동일하다. 이제, 유일한 셀에서 Change 링크를 클릭하고 Resource 드롭다운을 클릭하자. 사용 가능한 리소스 목록은 글로벌 화면보다 적다. 그 목록을 비교해보자.

글로벌 스크린 리소스	템플릿 스크린 리소스
Action log Clock Data overview Graph Graph prototype History of events Host group issues Host issues Hosts info Map Plain text Screen Server info Simple graph Simple graph prototype System status Triggers info Triggers overview URL	Clock Graph Graph prototype Plain text Simple graph Simple graph prototype URL

보이는 것처럼 글로벌 스크린은 19개의 유형의 요소를 제공하며, 템플릿 기반 스크린은 7개의 요소를 제공한다.

이제 우리의 스크린에서 Resource 드롭다운을 Graph에 두고 Graph 필드 옆에 있는 Select를 클릭하자. 어떻게 템플릿이 선택되고 변경될 수 없는지 유의하자. 템플릿 스크린에 추가할 모든 요소는 동일한 템플릿에서 가져와야 한다. 팝업에서 CPU load & traffic을 클릭한 다음 Add를 클릭하자. 우측 상단의 + 아이콘을 클릭해 열을 추가하고 가장 오른쪽 셀의 Change를 클릭하자. Resource 드롭다운에서 심플 그래프를 선택하고 Item 필드 옆의 Select를 클릭한 다음 CPU load를 클릭하고 Add 버튼을 클릭하자. 이제, Configuration ➤ Hosts로 이동해 각각의 호스트에 이용 가능한 열을 살펴보자. 스크린 열이 없음을 확인할 수 있다. 템플릿 또는 호스트 스크린은 템플릿 수준에서만 구성된다. 아이템, 트리거, 기타 항목 같은 호스트에서 상속된 내용을 확인할 수 없다.

이제 Monitoring ➤ Screens으로 이동하자. 화면에서 목록을 보면 방금 구성한 스크린이 없는 것을 확인할 수 있다. 템플릿 또는 호스트 스크린은 다음 위치의 호스트 팝업 메뉴에서만 액세스할 수 있다.

- Monitoring ➤ Dashboard(Last 20 issues 위젯)

- Monitoring ➤ Overview(호스트가 좌측에 존재할 경우)

- Monitoring ➤ Latest data(Host로 필터링할 경우 사용 불가)

- Monitoring ➤ Triggers

- Monitoring ➤ Events

- Monitoring ➤ Maps

또한 아래의 두 페이지에서 사용할 수 있다.

- 글로벌 검색 결과

- 호스트 인벤토리 페이지

Monitoring ➤ Maps로 이동해서 Host group elements를 클릭한다. 맵에서 A test host 또는 Another host를 클릭하자. 이번에는 메뉴의 Host screens 항목이 활성화되어 있다. Host screens를 클릭해보자.

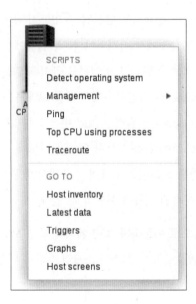

이전에 구성한 스크린이 보이고 해당 호스트의 데이터가 표시된다.

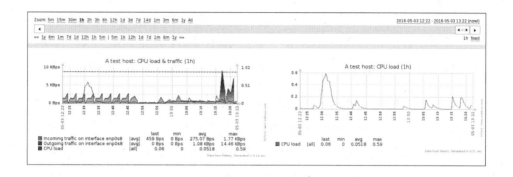

이 템플릿에 구성된 여러 개의 스크린이 있는 경우, 오른쪽 상단의 드롭다운으로 전환할 수 있다. 이 화면은 이 템플릿에 링크된 호스트에서만 사용할 수 있다.

이 스크린에서 주목해야 할 것은 두 그래프의 높이 차이다. 스크린을 구성할 때 그래프의 높이 값을 변경하지 않았으며 높이는 두 그래프 모두 100이었다. 여기에서 설정한 높이는 전체 그래프의 높이가 아닌 그래프 셀의 높이다. 아이템 수, 트리거 또는 백분위 선에 따라 그래프의 높이가 달라진다. 스크린의 크기를 맞추는 작업은 상당히 지루하다. 이는 너비에도 동일하게 적용된다. Y축의 수에 따라서 값을 사용하면 그래프 폭이 달라진다.

 TIP 사용자 정의 그래프에서 범례가 비활성화돼 있으면, 항목 수에 따라 높이가 달라지지 않는다. 사용자 정의 그래프를 표시할 때는 사용자 정의 그래프에 대한 범례를 표시하고, 사용자 정의 그래프를 스크린에 표시할 때 범례를 숨기는 방법은 없다.

언제는 템플릿 스크린을, 언제는 글로벌 스크린을 사용해야 할까? 다음 요소를 고려해 결정한다.

- 다양한 요소의 사용(전역 스크린이 더 많은 요소를 사용할 수 있음)
- 탐색(Monitoring ▶ Screens 메뉴에서 이동할지, 팝업메뉴를 사용할지)
- 얼마나 많은 호스트에 스크린이 적용돼야 하는지

▌ 슬라이드 쇼

이제 두 개의 스크린이 있지만 두 스크린은 수동으로 전환해야 한다. 개인이 사용하는 데는 큰 문제가 없겠지만, 헬프데스크 등의 대형 디스플레이에 표시하려는 경우에는 불편할 수 있다. 자빅스를 보조 모니터에서 항상 열어 놓은 경우에도 수동 전환은 불편하다.

이런 불편함을 해소하기 위하여 슬라이드 쇼를 사용할 수 있다. 자빅스의 슬라이드 쇼는 쉽게 설정할 수 있다. Monitoring ➤ Screens로 이동하자. 왜 스크린 페이지일까? 자빅스 3.0에서 토폴로지 맵과 스크린의 설정이 모니터링 섹션으로 이동하면서 슬라이드 쇼의 조작도 같이 이동했다. 슬라이드 쇼만을 위한 화면은 없다. 슬라이드 쇼에 접근하려면 오른쪽 상단의 드롭다운에서 Slide shows를 선택하자. Create slide show 버튼을 클릭한다. Name 필드에 First slide show를 입력하고 Slides 섹션에서 Add 컨트롤을 클릭하자. 슬라이드Slides는 팝업으로 볼 수 있는 스크린이다. Local servers를 클릭하자. 이 슬라이드의 Delay 필드의 기본값은 변경하지 않는다. 이 값을 비워두면 위의 기본 Delay 필드 값인 30이 사용된다.

다시 슬라이드 섹션에서 Add를 클릭한 다음 Experimental screen을 클릭하자. 이번에는 이화면의 DELAY 필드에 5를 입력하자.

왼쪽의 핸들은 그래프와 아이콘 매핑과 같이 슬라이드 순서를 변경할 수 있다. 일단 지금은 그대로 두고 하단의 **Add** 버튼을 클릭하자.

 슬라이드 쇼에 맵이나 그래프와 같은 단일 요소를 추가하려면 해당 요소만 포함된 스크린을 만들어야 한다.

이제 First slide show를 클릭하자. 슬라이드 쇼는 Local servers 화면으로 시작하여 30초 후 Experimental screen 화면으로 전환 후 5초 후 다시 Local servers 스크린으로 전환하여 반복된다. 슬라이드 쇼에 동적 화면 항목이 포함되어 있으므로 오른쪽 상단 모서리에서 호스트를 선택할 수도 있다. 동적 스크린 항목에만 영향을 미친다.

더 많은 스크린을 표시할 수 있다. 예를 들어 먼저 30초 동안의 고 수준의 개요 화면을 표시한 다음, 서버 그룹 화면별로 순환하면서 각각을 5초 동안 표시할 수 있다.

오른쪽 상단의 버튼을 살펴보자.

첫 번째 버튼을 사용하면 이 슬라이드 쇼를 그래프 및 화면과 마찬가지로 대시보드 즐겨찾기에 추가할 수 있다. 세 번째 버튼은 전체 화면이다. 가운데 단추를 사용하면 슬라이드 쇼의 속도를 조절할 수 있다.

```
REFRESH TIME MULTIPLIER
   x0.25
   x0.5
 ✓ x1
   x1.5
   x2
   x3
   x4
   x5
```

슬라이드 쇼의 속도를 조절할 때에는 특정 시간이 아닌 승수를 적용해 슬라이드 쇼를 더 빠르거나 느리게 만들 수 있으므로 각 슬라이드를 표시할 상대적인 시간은 유지된다.

템플릿 또는 호스트 화면보다 글로벌 화면을 선택해야 하는 또 다른 이유가 있다. 슬라이드 쇼에는 글로벌 스크린만 포함될 수 있다.

이전 버전의 자빅스는 슬라이드 쇼 기능에서 메모리 누수가 있었다. 브라우저에서 메모리 누수가 발생하는 몇 가지 사례가 있다. 자빅스 슬라이드 쇼를 사용하는 동안 브라우저 메모리 사용량이 계속 증가하는 경우 업그레이드를 고려하자. 대부분의 경우 메모리 사용량을 줄여야 하기 때문에, 업그레이드가 어렵다면 슬라이드의 URL과 자바스크립트를 사용해 페이지를 다시 로드할 수 있다. http://www.phpied.com/files/location-location/location-location.html에서는 페이지를 리로드하는 방법 535개를 제안한다.

스크린과 슬라이드 쇼는 일반 사용자도 만들 수 있고, 자빅스 3.0 이후로 공유도 가능하다. 공유 방법은 9장, '그래프와 맵을 이용한 데이터 시각화'에서 맵을 공유하는 것과 같은 방법으로 공유할 수 있다. 맵과 마찬가지로 다른 사용자가 공유된 스크린과 슬라이드 쇼를 액세스할 수 있으려면 공유된 스크린과 슬라이드 쇼에 포함된 모든 요소의 액세스가 가능해야 한다.

▌ 대형 디스플레이에 데이터 표시

개인 차원의 시각화가 중요하지만, 큰 화면을 위한 페이지를 구성할 때는 약간 다른 문제가 발생한다. 큰 화면에 페이지를 구성할 때는 일반적으로 헬프데스크 또는 기술 운영자가 신속하게 문제를 식별할 수 있도록 배치해야 해야 하는데, 이때 몇 가지를 고려해야 한다.

도전 과제

많은 사람이 동시에 사용하는 큰 화면에 자빅스를 표시하려면, 디스플레이 위치, 그것을 볼 것으로 예상되는 사람들의 수준 및 정보 표시 측면 등의 요소를 고려해야 한다.

비대화형 디스플레이

대부분의 경우, 그러한 화면에 표시되는 데이터는 대화형이 아니므로 사람들은 그것을 볼 수 있지만 화면을 클릭하지 못한다. 이런 요구 사항은 주로 독립적인 워크스테이션의 드릴다운으로부터 발생한다. 메인 디스플레이의 접근은 다른 사람들을 위하여 남겨 두어야 한다. 누군가는 메인 디스플레이를 사용할 수 없게 만들 수 있으므로 일반적으로 직접 액세스를 제한한다. 즉, 대형 디스플레이에 표시된 데이터는 상세정보를 볼 수 있는 기능에 의존해서는 안 된다. 또한 기술 지원에 필요한 지식을 수집하기에 충분해야 한다.

정보 과부하

조직의 인프라의 모든 정보를 배치해야 하는 경우 작은 글꼴의 너무 많은 세부 정보가 화면에 쌓여 디스플레이가 복잡해질 수 있다. 이것은 이전의 도전 과제의 반대이다. 중요한 서비스와 각 서비스를 정의하는 방법을 결정해야 한다. 올바른 종속성 체인이 구축될 수 있도록 해당 서비스 책임자와 긴밀히 협력해야 가능하다. 이 방법은 유용한 정보를 유지하면서 표시되는 데이터를 단순화하고 줄이기 위해 가장 자주 사용되는 방법이다.

이 두 가지 문제는 적절하게 슬라이드 쇼 및 세부 상태를 표시하는 스크린을 신중하게 사용해 해결할 수 있다. 슬라이드 쇼를 너무 많이 사용하지 말자. 수많은 슬라이드가 몇 초 만에 끝나기 때문에 슬라이드가 다시 표시될 때까지 기다리는 것은 불편하다.

특정 섹션 자동 표시

디스플레이에는 요구 사항이 몇 가지 추가될 수 있다. 예를 들어 로그인할 때 자동으로 열리고 원하는 정보(예: 네트워크 토폴로지 맵)가 표시되기를 원할 수 있다. 이것은 클라이언트 사이드 스크립팅을 사용해 이 작업을 수행할 수도 있지만, 자빅스는 좀 더 편리한 방법을 제공한다.

Administration > Users로 이동해 ALIAS가 `monitoring_user`인 사용자를 클릭하고 Auto-login과 URL (after login)를 살펴보자.

Auto-login	■
Auto-logout (min 90 seconds)	900
Refresh (in seconds)	60
Rows per page	50
URL (after login)	tr_status.php

디스플레이 장치에 사용되는 사용자의 자동 로그인 옵션을 표시한 경우, 해당 사용자는 한 번만 로그인하면 각 페이지 액세스 시 자동으로 로그인이 된다. 이 기능은 브라우저 쿠키를 사용하므로 사용된 브라우저는 쿠키를 지원하고 저장할 수 있어야 한다. URL (after login) 옵션을 사용하면 사용자가 화면에 접속할 때 해당 페이지로 바로 이동할 수 있다. 이제 남은 것은 디스플레이에서 브라우저가 구동되고, 간단히 설정한 프론트엔드 url이 호출되는 것이다. 디스플레이가 시작되면 별도의 조작 없이 페이지(일반적으로 화면 또는 슬라이드 쇼)가 열릴 것이다. 예를 들어, 사용자가 자빅스 프론트엔드에 액세스할

때마다 ID가 21인 화면을 열려면 다음 URL http://zabbix.frontend/zabbix/screens. php?elementid=21을 사용할 수 있다. 자빅스의 전체 화면 모드에서 해당 화면을 열려면 전체 화면 파라미터를 추가해야 한다. http://zabbix.frontend/zabbix/screens. php?elementid=21&fullscreen=1.

이런 대형 화면에 데이터를 표시할 때 사용 가능한 옵션과 기능을 잘 살펴보자. 경우에 따라 최신 데이터 표시가 가장 적합한 경우일 수 있다. 트리거 개요를 사용할 때에는 호스트/트리거 관계를 고려하여 어떤 데이터가 어느 축에 표시할지 선택하자.

▌ 요약

10장에서는 스크린을 사용해 그래프, 지도, 기타 데이터를 단일 페이지에 결합하는 방법을 배웠다. 스크린은 URL 요소를 사용해 현재 활성 트리거의 통계와 히스토리, 사용자 정의 페이지를 비롯해 많은 다른 요소를 지정할 수 있다. URL 요소를 사용하면 정적인 기간을 보여주는 그래프가 포함된 스크린을 구성할 수 있다. 화면은 전역 또는 템플릿 수준에서 사용할 수 있다.

슬라이드 쇼는 대형 디스플레이에 특히 유용하며 슬라이드 쇼를 통해 화면을 순환할 수 있다. 디폴트 전환 시간을 설정하거나, 개별 화면에서 이를 사용할 수 있다. 슬라이드 쇼에 단일 맵이나 그래프를 포함시키려면 맵이나 그래프가 포함된 화면을 만들어야 한다.

11장에서는 고급 방법을 사용해 데이터를 수집할 것이다. 이미 수집된 데이터를 계산되고 집계된 아이템으로 재사용하고 외부 검사로 사용자 지정 스크립트를 실행하고 로그 파일을 모니터링하는 방법을 살펴본다. 자빅스에서 사용자 정의 데이터를 얻는 가장 일반적인 방법인 에이전트에 설정하는 사용자 파라미터와 훌륭한 zabbix_sender 유틸리티를 활용해보겠다.

11

고급 아이템 모니터링

패시브나 액티브 자빅스 에이전트 아이템 외에도 ICMP 핑 또는 TCP 서비스 체크 같은 간단한 체크 또는 SNMP 및 IPMI 체크를 할 수 있다. 자빅스는 여러 상황에서 유용한 아이템 타입을 몇 가지 제공한다.

이 장에서는 로그 파일 모니터링과 서버에서 이미 수집된 데이터의 값 계산, 자빅스 서버 또는 에이전트에서 사용자 정의 스크립트 실행, 훌륭한 유틸리티인 zabbix_sender를 사용해 완전한 사용자 정의 데이터 전송, SSH와 텔넷을 통해 명령을 실행하는 방법에 대해 알아본다. 이런 방법들을 통해 자빅스에서 지원하지 않는 사용자 지정 데이터 소스를 모니터링할 수 있어야 한다.

█ 로그 파일 모니터링

로그 파일은 중요한 정보 소스가 될 수 있다. 자빅스는 자빅스 에이전트를 사용해 로그 파일을 모니터링하는 방법을 제공하며, 이를 위해 두 개의 특별한 키를 제공한다.

- log: 단일 파일을 모니터링할 수 있다.
- logrt: 날짜나 시간에 따라 순환되는 여러 파일을 모니터링할 수 있다.

두 개의 로그 모니터링 아이템 키는 액티브 아이템으로만 작동한다. 이 기능이 어떻게 동작하는지 일부 파일을 실제로 모니터링해 자빅스 로그 파일 모니터링에 대해 알아보자.

단일 파일 모니터링

단일 파일을 모니터링하는 간단한 경우부터 시작해보자. 몇 가지 테스트 파일을 만든다. 테스트를 편하게 하기 위해 A test host에 /tmp/zabbix_logmon/ 디렉토리를 만들고 그곳에 logfile1과 logfile2라는 두 개의 파일을 생성해보자. 그리고 두 파일에 다음 내용을 입력하자.

```
2016-08-13 13:01:03 a log entry
2016-08-13 13:02:04 second log entry
2016-08-13 13:03:05 third log entry
```

 로그 모니터링이 제대로 작동하려면 액티브 아이템이 올바르게 설정돼야 한다. 3장, '자빅스 에이전트와 기본 프로토콜과 모니터링'에서 설명했다.

파일을 사용해 아이템을 만들어보자. Configuration ➤ Hosts로 이동해 A test host 옆의 Items를 클릭한 다음, Create item을 클릭한 후 다음과 같이 채운다.

- Name: First logfile

- Type: Zabbix agent (active)

- Key: log[/tmp/zabbix_logmon/logfile1]

- Type of information: Log

- Update interval: 1

완료되면 하단의 **Add** 버튼을 클릭하자. 앞서 언급했듯이 로그 모니터링은 액티브 아이템으로만 작동하므로 해당 아이템 타입을 사용했다. 키의 경우 첫 번째 파라미터가 필요하며 이 파라미터는 모니터링하려는 파일의 전체 경로다. 또한 **Type of information**에는 **Log**를 사용했다. 그런데 **Update interval**은 왜 1초라는 작은 간격을 사용했을까? 로그 아이템의 경우 이 간격은 에이전트와 서버 사이의 실제 연결이 발생하는 주기가 아닌 에이전트에서 파일이 변경됐는지 여부를 확인하는 주기다. 내부적으로 stat( ) 호출을 수행하며, 일부 플랫폼이나 파일 시스템에서의 tail -f와 유사하다. 서버와의 연결은 에이전트가 보낼 항목이 있을 때만 수행된다.

 액티브 아이템을 사용하면 파일을 로컬에서 검사하고 서버와의 과도한 연결을 피할 수 있기 때문에 로그 모니터링 반응이 빠르다. 다소 비효율적인 패시브 아이템으로 구현될 수도 있지만 자빅스 3.0.0에서는 아직 지원되지 않는다.

모든 것들이 정상적으로 동작하면 아이템을 만든 후 데이터가 도착하는 데 3분 이상 걸리지 않는다. 서버의 설정 캐시가 업데이트되는 데 최대 1분이 소요될 수 있으며 액티브 에이전트가 아이템 목록을 업데이트하는 데 최대 2분이 필요할 수 있다. 데이터가 도착했는지 확인하기 위해 Monitoring ➤ Latest data로 이동해 A test host로 필터링하자. First logfile 아이템이 표시되고, 값도 수집되어 있을 것이다.

First logfile	2016-05-09 10:01:05	2016-08-13 13:03:05 third log ...

 로그가 짧게 표시되며 과도하게 잘린다고 생각할 수도 있다. 향후 릴리스에서는 개선될 것으로 기대된다. 아이템이 지원되지 않음으로 표시되고, 설정 섹션에 사용 권한에 대한 내용이 있는 경우 자빅스 OS 계정이 해당 파일에 실제로 액세스할 수 있는 권한이 있는지 확인하자. 파일의 권한이 올바르다면 모든 상위 디렉토리에 대한 실행 권한도 확인하자. 지원되지 않는 아이템 문제가 해결된 후 업데이트하는 데 최대 10분이 걸릴 수 있다.

숫자가 아닌 다른 아이템과 마찬가지로 자빅스는 로그를 그래프로 표시할 수 없으므로 우측에 있는 History 링크를 클릭하자.

TIMESTAMP	LOCAL TIME	VALUE
2016-05-09 10:01:05		2016-08-13 13:03:05 third log entry
2016-05-09 10:01:05		2016-08-13 13:02:04 second log entry
2016-05-09 10:01:05		2016-08-13 13:01:03 a log entry

 History 모드에서 값을 볼 수 없다면 자빅스 시간 스크롤 막대의 버그로 인해 발생할 수 있다. 우측 상단 모서리의 드롭다운에서 latest values를 선택하자.

History에 로그 파일의 모든 행이 보인다. 기본적으로 자빅스 로그 모니터링은 파일의 처음부터 전체 구문을 조회한다. 이 파일이 아닌 기존의 거대한 로그 파일을 모니터링하기 시작하면 어떨까? 불필요한 파싱을 할 뿐만 아니라 쓸모 없는 오래된 많은 정보들을 자빅스 서버로 보낸다. 다행히 자빅스는 로그 파일 모니터링이 시작된 이후에 들어온 새로운 데이터만 파싱하는 기능을 제공한다. 이 기능을 확인하기 위해 두 번째 파일을 사용해 이를 시도할 수 있고, 작업을 간단하게 하기 위해 첫 번째 아이템을 복제할 수도 있다. Configuration ➤ Hosts로 이동해 A test host 옆의 Items를 클릭한 다음 NAME 열의 First logfile을 클릭하자. 아이템 설정 양식에서 하단의 Clone 버튼을 클릭하고 다음과 같이 변경한다.

- Name: Second logfile
- Key: log[/tmp/zabbix_logmon/logfile2,,,,skip]

 아이템 키에는 4개의 콤마가 있다. 이 방법으로 일부 파라미터를 건너뛰고 첫 번째와 다섯 번째 파라미터만 지정할 수 있다.

완료되면 하단의 Add 버튼을 클릭하자. 이전과 동일하게 이 아이템이 작동하기까지 최대 3분이 걸릴 수 있다. skip 파라미터를 지정했으므로 작업이 시작되더라도 최신 데이터 페이지에는 아무것도 표시되지 않으며, 새로운 행이 추가될 때만 표시될 것이다.

 아래의 명령을 실행하기 전에 아이템을 추가한 후 적어도 3분이 지나야 한다. 그렇지 않으면 에이전트는 아직 새 아이템에 대한 정보를 갖지 않는다.

테스트를 위해 Second logfile에 몇 줄을 추가해보자. A test host에서 다음을 실행한다.

```
$ echo "2016-08-13 13:04:05 fourth log entry" >> /tmp/zabbix_logmon/ logfile2
```

이후의 임의로 생성한 로그 항목에 대해서는 로그의 타임스탬프를 증가시키자. 로그의 타임스탬프가 필수는 아니지만 보기에 더 좋아 보인다. 당분간, 자빅스는 그 타임스탬프를 무시할 것이다.

잠시 후 이 내용은 최신 데이터 페이지에 나타난다.

| Second logfile | 2016-05-09 11:42:15 | 2016-08-13 13:04:05 fourth log... |

자빅스는 새로운 행에 대해서만 확인하므로 아이템 기록을 확인하면 하나의 값만 있다.

 skip 파라미터는 새로운 로그 파일을 모니터링할 때만 영향을 준다. 해당 파라미터의 유무에 상관없이 로그 파일을 모니터링하는 동안에는 자빅스 에이전트는 파일을 다시 읽지 않고 추가된 메시지만 읽는다.

특정 문자열 필터링

작은 파일에서는 파일의 모든 내용을 전송할 수 있지만 파일에 많은 정보가 있고 오류 메시지에만 관심이 있다면 어떻게 해야 할까? 자빅스 에이전트에서 행을 필터링할 수 있으며 필터된 내용만 서버로 보낼 수 있다. 예를 들어 문자열에 오류가 있는 행만 잡을 수 있다. Second logfile 아이템 키를 다음과 같이 수정하자.

```
log[/tmp/zabbix_logmon/logfile2,error,,,skip]
```

즉, 로그 파일 경로 다음에 error를 추가했다. 두 번째 아이템 키 파라미터를 채웠으며 이제 error와 skip 사이에 콤마가 세 개 있다. 이 상태로 Update를 클릭하자. 이전과 동일하게 변경 사항이 자빅스 에이전트에 전달되는 데 최대 3분이 걸릴 수 있으므로 계속하기 전에 잠시 기다리자. 잠시 후에 A test host에서 다음을 실행한다.

```
$ echo "2016-08-13 13:05:05 fifth log entry" >> /tmp/zabbix_logmon/ logfile2
```

이번에는 Latest data 페이지에 새로운 내용이 나타나지 않는다. 앞에서 error 문자열을 필터링하도록 변경했지만, 이 라인에는 해당 문자열이 없기 때문이다. 다른 라인을 추가해보자.

```
$ echo "2016-08-13 13:06:05 sixth log entry - now with an error" >> /tmp/ zabbix_
logmon/logfile2
```

이제 logfile2 로그 파일 아이템의 이력을 확인하면 최신 항목이 표시된다.

더 복잡한 조건으로 해보자. 모든 error와 warning 문자열 발생을 필터링하려고 하며 warning인 경우 숫자 60-66으로 시작하는 숫자 코드가 오는 경우에만 필터링한다고 가정해보자. 상당히 복잡할 것 같지만 다행히 필터 파라미터는 실제 정규 표현식을 적용할 수 있다. 두 번째 로그 모니터링 아이템의 키를 다음과 같이 변경하자.

```
log[/tmp/zabbix_logmon/logfile2,"error|warning 6[0-6]",,,skip]
```

큰따옴표를 넣어 키의 두 번째 파라미터를 "error|warning 6 [0-6]"으로 변경했다. 이 정규식은 모든 error나 60에서 66사이의 값이 포함된 warning과 일치해야 한다. 정규 표현식에 대괄호가 있기 때문에 큰따옴표를 사용해야 한다. 대괄호는 주요 파라미터를 묶는 데도 사용된다. 이를 테스트하기 위해 로그 파일에 몇 개의 테스트 라인을 삽입해보자.

```
$ echo "2016-08-13 13:07:05 seventh log entry - all good" >> /tmp/zabbix_ logmon/
logfile2
$ echo "2016-08-13 13:08:05 eighth log entry - just an error" >> /tmp/ zabbix_
logmon/logfile2
$ echo "2016-08-13 13:09:05 ninth log entry - some warning" >> /tmp/ zabbix_
logmon/logfile2
$ echo "2016-08-13 13:10:05 tenth log entry - warning 13" >> /tmp/zabbix_ logmon/
logfile2
$ echo "2016-08-13 13:11:05 eleventh log entry - warning 613" >> /tmp/ zabbix_
logmon/logfile2
```

정규 표현식을 기반으로 로그 모니터링 아이템은 다음과 같이 수행할 것이다.

- seventh 항목은 error나 warning을 포함하지 않으므로 무시

- eighth 항목은 error가 있으므로 값 수집

- ninth 항목은 warning을 포함하지만 그 뒤에 숫자가 없으므로 무시

- tenth 항목은 warning이 있지만 그 이후의 숫자가 60-66 사이의 범위가 아니므
  로 무시

- eleventh 항목은 warning이 포함되어 있으며 그 뒤의 숫자는 60-66 범위에 속하
  는 61로 시작하므로 값 수집

결국 eighth와 eleventh 항목만 수집될 것이다. 최신 데이터 페이지에서 정규 표현식과
일치하는 항목만 수집됐는지 확인하자.

앞에서 사용한 정규 표현식은 그다지 복잡하지 않았다. 여러 문자열을 제외시키거나 복잡
한 필터링을 수행하려면 어떻게 해야 할까? POSIX EXTENDED 정규식은 매우 복잡한 조건
들을 설정할 수 있다. 자빅스에는 global regular expressions 기능이 있어 정규 표현식
을 쉽게 정의할 수 있다. Filter logs라는 전역 정규 표현식을 사용했다면 아이템에 다음
과 같이 재사용할 수 있다.

```
log[/tmp/zabbix_logmon/logfile2,@Filter logs,,,skip]
```

전역 정규 표현식은 12장, '설정 자동화'에서 더 자세히 다룬다.

순환 파일 모니터링

단일 파일을 모니터링하는 것은 그리 어렵지 않았다. 하지만 여러 로그 파일을 사용하는 소프트웨어가 많이 있다. 예를 들어 아파치 HTTP 서버는 파일 이름에 날짜를 포함하여 매일 새 파일에 기록하도록 설정된다. 자빅스는 별도의 아이템 키인 logrt를 통해 이런 로그 순환 체계를 모니터링할 수 있다. 이를 시도해보기 위해 Configuration > Hosts로 이동하자. A test host 옆의 Items를 클릭한 다음 Create item을 클릭한 후 다음과 같이 작성한다.

- Name: Rotated logfiles
- Type: Zabbix agent (active)
- Key: logrt["/tmp/zabbix_logmon/access_[0-9]{4}-[0-9]{2}-[0-9]{2}.log"]
- Type of information: Log
- Update interval: 2

완료되면 하단의 Add 버튼을 클릭하자. 그러나 키와 첫 번째 파라미터가 앞에서 사용했던 것과 약간 차이가 있다. 이제 키는 logrt이고 첫 번째 파라미터는 정규 표현식이며 일치해야 하는 파일을 설명한다. 이 파라미터에서 정규 표현식은 파일 부분에만 지원되며 경로 부분은 특정 디렉토리를 명시해야 한다. 또한 정규 표현식에서 사용된 대괄호 때문에 큰따옴표로 묶었다. 정규 표현식은 access_로 시작하는 파일 이름과 일치해야 하며 네 자리 수, 대시, 두 자리 수, 대시, 두 자리 수, .log로 끝나야 한다. 예를 들어 access_2015-12-31.log와 같은 파일 이름이 일치하게 된다. 업데이트 간격을 1이 아닌 2초로 설정한 이유는 logrt 키는 정기적으로 디렉토리 내용을 다시 읽으므로 단일 파일을 검사하는 것보다 리소스를 많이 사용하기 때문이다. 이것이 별도의 logrt 키로 구분된 이유이기도 하다. 그렇지 않으면 로그 아이템의 파일 부분에 정규 표현식을 사용해야 할 것이다.

 자빅스 에이전트는 감시 파일에 파싱할 라인이 아직 남아있을 경우, 디렉토리 내용을 2초마다 다시 읽지 않는다. 이미 알려진 파일이 완전히 파싱된 경우에만 디렉토리를 다시 확인한다.

아이템을 사용해 정규 표현식과 일치하는 일부 파일을 만들고 내용을 채워보자. A test host 호스트에서 다음을 실행한다.

```
$ echo "2016-08-30 03:00:00 rotated first" > /tmp/zabbix_logmon/
access_2015-12-30.log
```

최근 데이터 페이지를 확인해보면 순환된 로그 파일 아이템이 값을 가져야 한다. 오늘은 더 이상 로그가 기록되지 않고 다음 날에 로그를 기록한다고 가정해보자.

```
$ echo "2015-12-31 03:00:00 rotated second" > /tmp/zabbix_logmon/
access_2015-12-31.log
```

아이템 이력을 확인했을 때 새 파일로부터 성공적으로 값을 가져와야 한다.

TIMESTAMP	LOCAL TIME	VALUE
2016-05-09 13:56:55		2015-12-31 03:00:00 rotated second
2016-05-09 13:56:25		2016-08-30 03:00:00 rotated first

다른 날짜의 파일이 더 많이 나타나면 자빅스는 현재 파일을 끝내고 다음 파일을 파싱하기 시작한다.

로그 데이터 알림

데이터가 수집됐으므로 트리거로 알림을 보내는 것에 대해 이야기해보자. 지금까지 트리거에서 사용했던 임곗값 및 비슷한 수치 비교와는 다른 점이 몇 가지 있다.

모든 행을 수집하는 로그 아이템이 있고 특정 문자열이 포함된 행을 알림하고 싶을 때 사용할 수 있는 여러 가지 트리거 함수가 있다.

- str( ): 부분 문자열을 검사한다. 예를 들어, 모든 값을 수집하는 경우 이 함수를 사용해 error를 알림하는 데 사용할 수 있다. str(error)
- regexp: str( ) 함수와 유사하며 일치시킬 정규 표현식을 지정할 수 있다.
- iregexp: 대/소문자를 구분하지 않는 regexp( ) 버전이다.

 이 함수는 한 줄에 대해서만 동작하며, 여러 줄의 로그 항목은 일치시킬 수 없다.

이 세 함수는 두 번째 파라미터도 지원한다. 두 번째 파라미터에 입력하는 숫자는 초나 확인할 값의 수다. 예를 들어, str(error,600) 함수는 지난 10분 동안 값에 error 문자열이 있는지 체크한다.

그러나 이 설정은 문제가 있다. 에이전트 측에서 필터링해 서버에 error 라인을 보내는 경우에 문제가 발생한다. 어떤 문제인지 이해하기 위해 CPU load가 임곗값을 초과하는지 체크하는 normal 트리거를 예로 들어 생각해보자. 임곗값은 5이며 현재 트리거가 OK 상태에 있고 0, 1, 2와 같은 값이 도착했다고 가정하면, 아무 일도 일어나지 않으며 이벤트가 생성되지 않는다. 첫 번째 값이 5 이상되면 PROBLEM 이벤트가 생성되고 트리거는 PROBLEM 상태로 전환된다. 그 이후 5 이상의 모든 값은 이벤트를 생성하지 않으며 아무것도 발생하지 않는다.

그리고 이 문제는 로그 모니터링에서도 마찬가지이다. 첫 번째 error 라인에 대해 PROBLEM 이벤트를 생성한 다음 아무 이벤트도 생성하지 않았다. 트리거는 PROBLEM 상태에 머무를 것이고 아무것도 일어나지 않을 것이다. 이 문제의 해결책은 다소 간단하다. 트리거 속성에 Multiple PROBLEM events generation라는 체크박스가 있다.

> Multiple PROBLEM events generation ☐

이 체크박스를 선택하면 언급한 CPU load 트리거가 임곗값 5를 초과하는 모든 값에 대해 새로운 PROBLEM 이벤트를 생성한다. 대부분의 경우 별로 유용하지 않지만 로그 모니터링 트리거에 매우 유용하다. error 라인만 수신하더라도 각각에 대해 새로운 PROBLEM 이벤트가 생성되므로 괜찮다.

error 라인과 정상 라인을 모두 보내더라도 정상 라인 뒤의 첫 번째 error 라인은 선택되지만 후속 error 라인은 무시되어 문제가 될 수 있음을 유의하자.

이 문제가 해결되면 또 다른 문제에 직면하게 된다. error 라인만 수신하는 아이템에 대해 발생하는 트리거는 항상 PROBLEM 상태가 되며 해결되지 않는다. 어떤 경우에는 문제가 되지 않지만 다른 경우에는 바람직하지 않다. 이미 알고 있는 트리거 함수 인 nodata( )를 사용하면 이런 트리거를 쉽게 시간 초과 시킬 수 있다. 아이템이 error 라인과 normal 라인을 모두 받으며, normal 라인이 도착하지 않아도 마지막 error 라인이 도착하고 10분 후에 시간 초과를 원한다면 트리거 표현식은 다음과 같이 구성될 수 있다.

```
{host.item.str(error)}=1 and {host.item.nodata(10m)}=0
```

여기서는 다른 방법으로 nodata( ) 함수를 사용한다. 마지막 항목에 오류가 있어도 지난 10분 동안 다른 값이 없으면 트리거가 OK 상태로 전환된다.

6장, '트리거를 통한 문제 감지'의 '시간 초과 트리거' 절에서 시간 초과 트리거에 대해 설명했다.

아이템이 오류 라인만 수신하는 경우 위와 같은 식을 사용해도 되지만 더 단순화할 수 있다. 이 경우 어떤 값을 갖든 문제인 상황이므로 nodata( ) 함수만 다시 사용해 존재하는 값에 대해 알림을 한다.

```
{host.item.nodata(10m)}=0
```

지난 10분 동안 값이 있으면 트리거는 **PROBLEM** 상태이며, 값이 없으면 트리거가 **OK** 상태로 전환된다. 자빅스는 실제 아이템 값을 평가할 필요가 없으므로 자원 사용량은 적다.

여기서 사용할 수 있는 또 다른 트리거 함수는 count( )다. 일정 기간 동안 특정 수의 에러 문자열(예: errors)이 있을 때 경고를 발생시킬 수 있다. 예를 들어, 다음 트리거는 지난 10분 동안 10개 이상의 오류가 있는 경우 알림을 한다.

```
{host.item.count(10m,error,like)}>10
```

라인 일부 추출

때때로 단지 오류가 기록됐는지 알고 싶은 경우가 있다. 이 경우 전체 라인을 수집할 수 있다. 하지만 때로는 로그 라인에 어떤 큐의 메시지 수와 같은 하위 문자열이 포함될 수 있다. 로그 라인은 다음과 같다.

```
2015-12-20 18:15:22 Number of messages in the queue: 445
```

이론적으로 전체 라인에 대해 트리거를 작성할 수 있다. 예를 들어, 다음 정규식은 10,000개 이상의 메시지가 있을 때 일치해야 한다.

```
messages in the queue: [1-9][0-9]{4}
```

그러나 메시지 수가 15,000을 초과될 때 다른 트리거를 원하면 어떻게 될까? 그 트리거의 정규식은 다음과 같을 것이다.

```
messages in the queue: (1[5-9]|[2-9].)[0-9]{3}
```

첫 번째 정규 표현식에서 15,000을 초과하는 값을 제외하는 표현식은 다음과 같다.

```
messages in the queue: 1[0-4][0-9]{3}
```

이 방법은 확실히 유지관리 하기가 쉽지 않으며, 단지 두 개의 임곗값만을 포함하고 있다. 그러나 우리가 필요로 하는 것이 단지 숫자(메시지 수)뿐이라면 더 쉬운 방법이 있다. 자빅스 로그 모니터링을 사용하면 정규식으로 값을 추출할 수 있다. 이를 확인해보기 위해 추출할 값이 있는 파일을 만들어보자. A test host 호스트의 /tmp/zabbix_logmon/queue_log 파일에 다음 내용을 작성하자.

```
2016-12-21 18:01:13 Number of messages in the queue: 445
2016-12-21 18:02:14 Number of messages in the queue: 5445
2016-12-21 18:03:15 Number of messages in the queue: 15445
```

이제 Configuration ➤ Hosts로 이동해 A test host 옆의 Items를 클릭한 다음 Create item을 클릭한 후 다음과 같이 작성하자.

- Name: Extracting log contents

- Type: Zabbix agent (active)
- Key: log[/tmp/zabbix_logmon/queue_log,"messages in the queue: ([0-9]+)",,,,\1]
- Type of information: Log
- Update interval: 1

대괄호가 포함되기 때문에 정규 표현식에 따옴표를 사용했다. 정규 표현식 자체는 "messages in the queue" 텍스트 뒤에 콜론, 공백, 숫자가 뒤따르는 텍스트를 추출한다. 이 숫자는 캡처 그룹에 포함되고 키의 마지막 파라미터인 \1에서 캡처 그룹 내용을 참조한다. "output" 파라미터(마지막 파라미터)는 자빅스에게 전체 라인을 반환하지 말라고 지시하며 해당 파라미터에서 참조되는 것은 무엇이든 알려준다(이 경우에는 숫자다).

> 출력 파라미터에 추가 텍스트를 더할 수 있다. 예를 들어 log[/tmp/zabbix_logmon/queue_log, messages in the queue: "([0-9]+)",,,,Extra \1 things]과 같은 키는 로그 파일의 첫 번째 행에 대해 "Extra 445 things"를 반환한다. 출력 파라미터에 \2, \3 등을 사용해 여러 캡처 그룹도 사용할 수 있다.

완료되면 하단의 **Add** 버튼을 클릭하자. 약 3분 후에 최신 데이터 페이지에서 이 아이템의 이력을 확인할 수 있다.

TIMESTAMP	LOCAL TIME	VALUE
2016-05-09 14:25:01		15445
2016-05-09 14:25:01		5445
2016-05-09 14:25:01		445

예상대로 값을 추출했다. 이런 트리거를 작성하는 것은 훨씬 더 쉬워야 한다. 이 아이템은 그래프를 볼 수 없다는 점을 유의하자. 그 이유는 이 아이템의 **Type of information** 속성을

Log로 설정했기 때문에 그래프 생성에 적합하지 않다. 이 설정을 바꿔보자. Configuration ＞ Hosts로 이동해 A test host 옆의 Items를 클릭한 다음 Name 열에서 Extracting log contents 를 클릭한다. Type of information을 Numeric (unsigned)로 변경한 다음, 하단의 Update 버튼을 클릭하자.

 추출된 숫자에 소수 부분이 있으면 해당 아이템에 Numeric(float)를 사용하자.

최근 데이터(Lastest data) 섹션에서 이 아이템을 확인해보면 Graph 링크가 있다. 그러나 클릭해보면 데이터가 없다. 왜 그럴까? 내부적으로 자빅스는 Type of information별로 값을 저장한다. 이 값을 변경해도 값은 제거되지 않지만 자빅스는 현재 설정된 유형만 검사한다. 따라서 처음부터 올바른 유형의 정보를 설정해야 하는 것에 주의해야 한다. 정상적으로 작동하는지 확인하기 위해 A test host에서 다음을 실행하자.

```
$ echo "2016-12-21 18:16:13 Number of messages in the queue: 113" >> / tmp/
zabbix_logmon/queue_log
$ echo "2016-12-21 18:17:14 Number of messages in the queue: 213" >> / tmp/
zabbix_logmon/queue_log
$ echo "2016-12-21 18:18:15 Number of messages in the queue: 150" >> / tmp/
zabbix_logmon/queue_log
```

이제 Lastest data 섹션에서 이 아이템을 확인하면 값이 있어야 하며 그래프도 사용할 수 있어야 한다. 로그 파일 항목의 날짜와 시간은 중요하지 않다. 값은 할당된 현재 타임스탬프를 가져온다.

 값 추출은 logrt 아이템 키와 동일하게 작동한다.

타임스탬프 파싱

자빅스에서 수집한 행의 타임스탬프는 실제 파일에 생성된 날짜와 시간이 자빅스에 표시된 날짜와 시간과 일치하지 않는다. 자빅스는 로그를 수집한 시간과 함께 아이템을 표시한다. 지속적으로 모니터링을 수행할 때 대부분의 경우는 괜찮다. 매 초 내용을 확인하고, 수집하고, 타임스탬프를 작성하고 서버에 푸시한다. 일부 이전 데이터를 파싱할 때 타임스탬프는 유용할 수 있다. 자빅스는 로그 항목에서 타임스탬프를 파싱하는 방법을 제공한다. First logfile 모니터링 아이템을 사용해보자. Configuration > Hosts로 이동해 A test host 옆에 있는 Items를 클릭하고 NAME 열의 First logfile을 클릭하자. Log time format 필드를 주목하자. 이것이 이제 우리가 사용할 필드다. 특수 문자를 사용해 날짜와 시간을 추출할 수 있으며 지원되는 문자는 다음과 같다.

- y: Year
- M: Month
- d: Day
- h: Hour
- m: Minute
- s: Second

테스트 로그 파일에서 다음과 같은 시간 포맷을 사용했다.

```
2015-12-13 13:01:03
```

날짜와 시간을 파싱하는 시간 포맷 문자열은 다음과 같다.

```
yyyy-MM-dd hh:mm:ss
```

중요한 것은 지원되는 문자다. 지원되지 않는 나머지 문자는 단지 자리 표시 문자일 뿐이며 지원 문자 외에 어떤 문자도 사용할 수 있다. 예를 들어, 다음은 위의 포맷과 정확히 동일하게 동작한다.

---

yyyyPMMPddPhhPmmPss

특수 문자 대신 어떤 문자든지 선택할 수 있으며 가독성이 뛰어난 것이 가장 좋다. **Log time format** 필드에 위의 포맷 예제 중 하나를 입력하자.

Log time format	yyyy-MM-dd hh:mm:ss

 TIP Log time format을 지정할 때 모든 날짜와 시간 요소가 있어야 한다(초가 누락된 경우 시간을 추출할 수 없다).

완료되면 하단의 **Update** 버튼을 클릭한다. 몇 분이 지난 후 감시 파일에 로그를 추가해보자. **A test host**에서 다음을 실행해보자.

```
$ echo "2016-05-09 15:30:13 a timestamped log entry" >> /tmp/zabbix_ logmon/
logfile1
```

이제 최신 데이터 페이지에서 **First logfile** 아이템의 이력을 확인해보자.

TIMESTAMP	LOCAL TIME	VALUE
2016-05-09 15:31:52	2016-05-09 15:30:13	2016-05-09 15:30:13 a timestamped log entry

이전의 경우와 다른 점이 하나 있다. 이제 **LOCAL TIME** 열이 채워지며 이 열에는 로그 행에 적힌 시간이 포함되어 있다. **TIMESTAMP** 열에는 여전히 자빅스가 로그를 수집된 시간이 적혀 있다.

날짜 및 시간 추출에는 숫자 데이터만 지원된다. 표준 syslog 형식은 Jan, Feb 등과 같이 짧은 텍스트 월 이름을 사용한다. 이 경우 날짜/시간 형식은 현재 추출할 수 없다.

로그 데이터 보기

데이터를 수집하는 모든 로그 모니터링 아이템을 사용해 표시 옵션을 간략하게 살펴보자. Monitoring ➤ Latest data로 이동해 Second logfile의 History를 클릭한다. 그다음 Filter를 확장하면 매우 간단한 로그 보기 옵션이 몇 가지 보일 것이다.

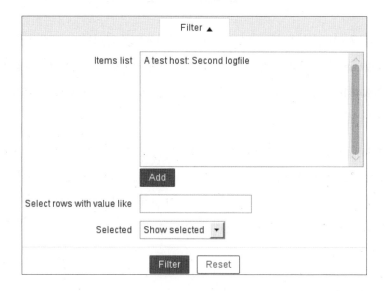

- Items list: 동시에 여러 아이템을 추가해 동시에 모든 로그 항목을 볼 수 있다. 로그 아이템은 자신의 타임스탬프별로 정렬되며 서로 다른 로그 파일 또는 다른 시스템의 이벤트 순서를 결정할 수 있다.
- Select rows with value like 및 Selected: 부분 문자열을 기반으로 로그 항목을 표시하거나 숨기거나 채울 수 있다.

기능 확인을 위해 Select rows with value like 필드에 error를 입력하고 Filter를 클릭하면 error 문자열을 포함하는 항목만 남는다. 이제 Selected 드롭다운에서 Mark selected를 선택해서 error 문자열이 포함된 항목이 빨간색으로 강조되어 표시되는 것을 확인하자. 우측에 나타나는 추가 드롭다운에서는 강조 표시를 위해 빨강, 녹색 또는 파랑을 선택할 수 있다.

여기에서 다른 아이템을 추가하려면 Items list 항목의 Add를 클릭하자. 클릭하면 나타나는 팝업창의 Group 드롭다운에서 Linux servers를 선택하고 Host 드롭다운에서 A test host를 선택한 후 NAME 열의 First logfile을 클릭한다. 두 파일의 항목이 어떻게 표시되는지 확인하고 색상 옵션은 그 위에 적용된다.

여기까지 자빅스 프론트엔드에서 제공되는 대부분의 로그 모니터링 기능을 살펴봤다. 이 기능은 전체 로그 분석 옵션을 위해 중앙 집중화된 syslog 서버로 사용하는 제한된 기능이며, 중앙 집중화된 syslog 서버를 사용하려면 syslog에 특화된 솔루션을 사용해야 한다. 사용 가능한 무료 소프트웨어 제품이 상당히 많이 있다.

▌ 서버 데이터 재사용

지금까지 사용했던 아이템은 일부 자빅스 에이전트 또는 SNMP 장치에서 수집하는 데이터였다. 그러나 이 데이터는 계산을 위한 재사용이 가능하다. 그래프나 트리거 등을 지정하기 위해 계산된 결과를 저장하여 일반 아이템처럼 사용할 수 있다.

자빅스는 아이템 재사용을 위한 두 가지 유형의 아이템을 제공한다.

- **계산 아이템**Calculated items에는 정확한 수식 작성과 각 개별 아이템 참조가 필요하다. 이 아이템은 집계 아이템보다 유연하지만, 많은 수의 아이템에 대해 실행할 수 없으며 계산에 포함될 아이템이 변경되면 수동으로 변경해야 한다.
- **집계 아이템**Aggregate items은 호스트 그룹에서 동일한 키를 공유하는 아이템에 대해 동작하며 최소, 최대, 합계, 평균을 계산할 수 있다. 동일한 호스트의 여러 아이템에는 사용할 수 없다. 호스트를 그룹에 추가하거나 그룹에서 제거하여 이 아이템 값을 조정할 수 있다.

계산 아이템

수식 입력이 필요한 계산 아이템부터 시작해보자. 이미 우리는 전체 디스크 공간과 사용된 디스크 공간을 모니터링하고 있다. 추가적으로 여유 디스크 공간을 모니터링하려는 경우 에이전트에 이 정보를 쿼리할 수 있다. 에이전트 또는 장치가 특정 데이터를 노출하지 않거나 감시 대상 호스트를 쿼리하지 않는 경우, 이미 수집한 값에서 계산을 수행할 수 있다. 여유 디스크 공간을 계산하는 계산 아이템을 생성하기 위해 Configuration ➤ Hosts를 클릭한 다음 A test host 옆에 Items를 클릭한다. 그리고 Create item을 클릭한 뒤 다음 정보를 입력한다.

- Name: Diskspace on / (free)
- Type: Calculated
- Key: calc.vfs.fs.size[/,free]
- Formula: last("vfs.fs.size[/,total]")-last("vfs. fs.size[/,used]")
- Units: B
- Update interval: 1800

완료되면 하단의 **Add** 버튼을 클릭하자.

기존의 키와 충돌하지 않는 키를 선택했다. 계산 아이템은 키를 자유롭게 사용할 수 있다.

참조되는 모든 아이템이 존재해야 한다. 여기에서는 키를 입력할 수 없으며 계산 아이템에서 확장된 데이터를 수집한다. 계산 아이템을 계산하는 데 사용하는 값은 감시 대상 장치에 연결해 수집하지 않고 자빅스 서버 캐시 또는 데이터베이스에서 가져온다.

이 아이템이 추가되면 Latest data 페이지로 이동하자. 갱신 간격이 1,800초로 설정됐으므로 값은 조금 후에 나타날 것이다.

| Diskspace on / (free) | 2016-05-09 17:40:05 | 56.16 GB |

 아이템이 지원되지 않는 경우 오류 메시지를 확인하고 입력한 수식이 올바른지 확인하자.

설정한 1,800초의 갱신 간격은 참조된 두 아이템의 수집주기와 일치하지 않았다. 총 디스크 공간과 사용된 디스크 공간 아이템은 3,600초마다 데이터를 수집했지만, 계산 아이템은 참조된 아이템의 수집에 연결되지 않았다. 계산 아이템은 참조된 아이템이 값을 얻을 때 평가되지 않고 자체 수집주기에 따라 수행되며, 참조된 아이템의 수집주기와는 완전히 독립적이며 거의 무작위다. 만약 참조된 아이템이 데이터 수집을 중단한 경우, 계산 아이템은 last( ) 함수를 사용했으므로 계산의 최신 값을 계속 사용한다. 참조된 아이템 중 하나의 아이템이 데이터 수집을 중단하면 최근 값 하나와 구식 값 하나를 기반으로 계산할 것이다. 그리고 참조된 아이템 중 하나의 값이 크게 변경됐지만, 다른 아이템이 아직 새 값을 받지 못하여 계산 아이템이 잘못된 시간에 갱신된 경우 매우 잘못된 결과를 얻을 수 있으며, 불행히도 쉽게 해결할 수 없다. 3장, '자빅스 에이전트와 기본 프로토콜과 모니터링'에서 설명한 사용자 지정 스케줄링은 여기에서 도움이 될 수 있지만 불규칙한 배치로 값을 폴링하여 성능 문제가 발생할 수 있으며 관리가 더 복잡해지므로 특수한 경우에만 사용하는 것이 좋다.

 계산된 free 디스크 공간이 시스템 툴에서 나타나는 'available' 디스크 공간과 일치하지 않을 수 있다. 많은 파일 시스템과 운영체제는 사용된 것으로 계산하지 않지만 사용 가능한 디스크 공간의 일부 공간을 예약한다.

인터페이스에서 들어오고 나가는 트래픽의 합계를 계산할 수도 있다. 계산 아이템의 수식은 다음과 같다.

```
last(net.if.it[enp0s8])+last(net.if.out[enp0s8])
```

 첫 번째 예제에서 아이템 키에 따옴표를 사용한 이유는 계산 아이템의 수식 항목이 function(key, function_parameter_1,function_parameter_2 ...)의 구문을 따르기 때문이다. 디스크 공간 아이템에서 참조했던 아이템 키에는 vfs.fs.size[/,total]과 같이 쉼표가 들어 있다. 키에 따옴표를 붙이지 않았다면, 자빅스는 vfs.fs.size[/를 키로 해석하고 total을 함수 파라미터로 해석할 것이며, 이는 동작하지 않을 것이다.

계산 아이템에서 따옴표 사용

참조한 아이템은 하나 또는 두 개의 파라미터가 있는 상대적으로 간단하며 따옴표가 없는 키였다. 그러나 참조된 아이템이 더 복잡해지면 따옴표를 잘못 입력하는 일반적인 실수를 하게 된다. 그 결과 아이템이 적절하게 또는 전혀 작동하지 않게 된다. 여유 디스크 공간을 계산하는 데 사용한 수식을 살펴보자.

```
last("vfs.fs.size[/,total]")-last("vfs.fs.size[/,used]")
```

참조된 아이템 키에는 따옴표가 없다. 하지만 다음과 같이 키에 따옴표가 붙은 파일 시스템 파라미터가 있다면 어떨까?

```
vfs.fs.size["/",total]
```

역슬래시를 사용해 안쪽 따옴표를 이스케이프 처리해야 한다.

```
last("vfs.fs.size[\"/\",total]")-last("vfs.fs.size[\"/\",used]")
```

참조된 아이템의 따옴표 수가 많을수록 계산 아이템 수식이 더 복잡해진다. 계산 아이템이 올바르게 작동하지 않는 것으로 판단되면 따옴표 사용을 매우 주의 깊게 확인하자. 종종 사용자는 따옴표에 대한 오해로 인해 버그라고 보고하기까지 한다.

여러 호스트에서 아이템 참조

지금까지 작성한 계산 아이템은 단일 호스트 또는 템플릿에서 아이템을 참조했으며 방금 함수에 아이템 키를 제공했다. 계산 아이템은 여러 호스트에서 아이템을 참조할 수도 있다. 이 경우 수식 구문이 약간 변경된다. 우리가 해야 할 일은 트리거 표현식과 동일하게 아이템 이름 앞에 호스트 이름을 붙이고 콜론으로 구분하는 것이다.

```
function(host:item_key)
```

두 호스트 모두의 평균 CPU load를 계산할 아이템을 설정해보자. onfiguration ➤ Hosts로 이동해 A test host 옆의 Items를 클릭한 다음 Create item를 클릭한 후 다음의 내용을 채워보자.

- Name: Average system load for both servers
- Type: Calculated

- Key: calc.system.cpu.load.avg
- Formula: (last(A test host:system.cpu.load)+last(Another host:system.cpu.load))/2
- Type of information: Numeric (float)

완료되면 하단의 **Add** 버튼을 클릭하자.

트리거는 아이템을 참조할 때, 해당 아이템이 있는 호스트와 연결됐다. 계산 아이템 또한 아이템을 참조하지만 항상 단일 특정 호스트에서 작성됐다. 우리가 만든 아이템은 **A test host**에만 있다. 이런 아이템은 수식에 포함되지 않은 호스트에 존재할 수도 있다. 예를 들어 클러스터 전반의 계산은 클러스터 전체 아이템을 보유하지만 직접 모니터링하지 않는 메타 호스트에서 수행될 수 있다.

Monitoring ➤ Latest data에서 이 아이템이 동작하는지 확인해보자. 호스트가 모두 표시되는지 확인하고 모든 항목을 확장하면 **A test host**와 **Another host**의 CPU load 아이템, **A test host**의 Average system load for both servers 아이템, 총 세 개의 값이 보일 것이다.

HOST	NAME ▲	LAST CHECK	LAST VALUE
Another host	- **other** - (1 Item)		
	CPU load	2016-05-09 21:06:34	0.94
A test host	- **other** - (2 Items)		
	Average system load for both servers	2016-05-09 21:06:06	0.46
	CPU load	2016-05-09 21:06:25	0.01

 아이템 이름에서 'load'로 필터링해 관련 항목만 볼 수 있다.

값이 올바르게 계산된 것 같다. 두 호스트의 개별 CPU load 아이템을 하나의 그래프에 포함시켜 일반 아이템처럼 사용할 수 있다. 그러나 값을 살펴보면 개별 호스트에 대한 시스템 로드는 0.94와 0.01이지만 평균은 0.46으로 계산됐다. 수동으로 계산해보면 소수점 두 자리까지 반올림하는 경우 0.475 또는 0.48이어야 한다. 왜 이런 차이가 있을까? 계산 아이템이 의존하는 두 아이템의 데이터는 서로 다른 간격으로 수집되며 계산된 값도 약간 다른 시간에 계산되므로 개별 값 자체는 정확하지만 값의 평균은 정확하게 일치하지 않을 수 있다. 여기서는 두 CPU load 아이템에 값이 있으며 계산된 평균값이 올바르게 계산됐다. 그런 다음 CPU load 아이템 중 하나 또는 둘 모두에 새 값이 수집됐지만 계산 아이템은 아직 업데이트되지 않은 것이다.

 12장, '설정 자동화'에서 계산 아이템에 관한 내용을 좀 더 설명한다.

집계 아이템

계산 아이템을 사용해 정확한 개별 아이템을 참조하는 특정 수식을 작성할 수 있었다. 이 것은 작은 규모의 계산에는 효과적이었지만 마지막으로 생성한 CPU load 아이템은 수십 개의 호스트에 대해 작성하고 유지관리하는 것이 매우 어려웠을 것이며, 수백 가지 경우라면 불가능했을 것이다. 많은 호스트에서 동일한 아이템 키에 대해 계산하려는 경우 아마 집계 아이템을 선택할 것이다. 각 아이템에 개별적으로 이름을 지정하지 않고도 클러스터 의 평균 로드 또는 파일 서버 그룹의 총 여유 디스크 공간을 확인할 수 있다. 계산 아이템 과 동일하게 결과는 트리거 또는 그래프에 사용될 수 있는 일반 아이템이다.

이런 상황에서 우리가 사용할 수 있는 것을 찾기 위해 Configuration ➤ Hosts로 이동해 Group 드롭다운에서 Linux servers를 선택하고 A test host 옆의 Items를 클릭한 다음 Create item을 클릭하자. 이제 사용할 아이템 타입을 알아 내야 한다. Type 드롭다운을 펼치고

Zabbix aggregate 항목을 찾아보자. 이것이 우리가 필요로 하는 것이므로 선택 하고 Key 필드 옆에 있는 Select를 클릭한다. 현재 이 키 열에는 grpfunc이 나열되어 있지만 키는 식별자일뿐이다. grpfunc를 클릭해보자. 이것을 grpsum, grpmin, grpmax, grpavg 중 하나인 그룹 키로 대체해야 한다. 여러 호스트에 대한 평균을 계산할 것이므로 grpavg로 변경하자. 이 키 또는 그룹 함수에는 몇 가지 파라미터가 사용된다.

- group: 이름에서 알 수 있듯이 호스트 그룹 이름이다. 이 파라미터에 Linux servers를 입력하자.
- key: 계산에 사용될 아이템 키다. 여기에 system.cpu.load를 입력하자.
- func: 호스트 개별 아이템에서 데이터를 검색하는 데 사용되는 함수다. 여러 기능을 사용할 수 있지만, 이 예제에서는 최근 시스템 부하를 찾고자 하므로 이 필드에 last를 입력하자.
- param: 위의 함수에 대한 파라미터로써 일반 함수 파라미터와 동일한 규칙을 따른다(초 또는 앞에 #를 붙여서 값의 개수 지정). 우리가 사용한 함수 last( )는 파라미터 없이 사용할 수 있기 때문에 마지막 쉼표와 그 뒤에 오는 자리표시만 제거하면 된다.

개별 아이템 데이터의 경우 다음 기능이 지원된다.

기능	내용
avg	평균값
count	값의 수
last	마지막 값
max	최댓값
min	최솟값
sum	값의 합

집계 아이템의 경우 두 가지 수준의 기능을 사용할 수 있으며 이 기능들은 중첩된다. 먼저 func 파라미터로 지정된 함수는 그룹의 모든 호스트에서 필요한 데이터를 수집한다. 그런 다음, grpfunc(여기에서는 grpavg)는 func가 검색한 모든 중간 결과에서 최종 결과를 계산한다.

 모든 참조 아이템이 존재해야 한다. 여기에 키를 입력하고 집계 아이템에서 데이터를 확장하여 수집할 수는 없다. 계산 아이템을 계산하는 값은 수집 대상 장치에 연결 없이 자빅스 서버 캐시 또는 데이터베이스에서 검색한다.

최종 아이템 키는 grpavg[Linux servers,system.cpu.load,last]다.

 참조된 아이템 키에 파라미터가 있으면 따옴표를 사용해야 한다.

다음을 작성해 아이템 설정을 마무리하자.

- Name: Average system load for Linux servers
- Type of information: Numeric (float)

최종 아이템 설정은 다음과 같아야 한다.

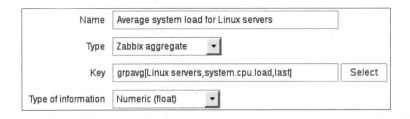

완료되면 하단의 Add 버튼을 클릭하자. Monitoring ➤ Latest data로 이동해 모든 호스트가 표시되는지 확인하고 3개의 값(A test host와 Another host에 CPU load, Another host에 Average system load for Linux servers)이 보이는지 확인한다.

HOST	NAME ▲	LAST CHECK	LAST VALUE
Another host	**- other -** (1 Item)		
	CPU load	2016-05-09 21:16:34	1.06
A test host	**- other -** (3 Items)		
	Average system load for both servers	2016-05-09 21:16:36	0.54
	Average system load for Linux servers	2016-05-09 21:16:37	0.54
	CPU load	2016-05-09 21:16:55	0

 아이템 이름에서 다시 'load'로 필터링할 수 있다.

이전과 동일하게, 개별 호스트의 값을 보면 두 호스트의 계산된 평균이 수동으로 계산한 결과와 일치하지 않으며 그 이유는 계산 아이템과 동일하다.

 주요 파라미터에서 알 수 있듯이 집계 아이템은 호스트 그룹에 대해 계산할 수 있으며 개별 호스트를 선택할 방법이 없다. 임의의 호스트가 계산된 집계 아이템을 가져야 하는 경우 새 그룹을 생성해야 한다. 5장, '호스트, 사용자, 권한 관리'에서 신중한 호스트 그룹 계획을 통해 얻을 수 있는 이점에 대해 설명했다.

grpavg 집계 함수를 사용해 서버 그룹의 평균 부하를 확인했지만 다른 함수가 있다.

함수	내용
grpmax	최댓값을 반환한다. 하나의 데이터베이스 서버 그룹에서 초당 최대 SQL 쿼리 수를 알아낼 수 있다.
grpmin	최솟값을 반환한다. 파일 서버 그룹의 최소 여유 공간을 판별할 수 있다.
grpsum	전체 그룹의 값이 합산된다. 웹 서버 그룹의 총 HTTP 세션 수를 계산할 수 있다.

이렇게 하면 많은 수의 호스트에 제한된 함수 세트를 적용할 수 있다. 계산 아이템보다 유연하지는 않지만 수백 개의 호스트가 포함된 그룹을 계산하려는 경우 훨씬 더 실용적이다. 또한, 계산 아이템은 호스트 또는 아이템을 계산에 추가하거나 제거할 때마다 업데이트해야 한다. 그러나 집계 아이템은 모든 관련 호스트 및 아이템을 자동으로 찾는다. 활성화된 호스트의 활성화된 아이템만 적용된다는 점을 유의하자.

서버별로 집계 아이템의 사용을 제한하는 것은 없다. 또한 SNMP를 통해 모니터링되는 스위치 그룹의 평균 CPU load를 계산하는 장치 클래스에서도 사용할 수 있다.

여러 그룹에 대한 집계

기본 구문을 사용하면 하나의 호스트 그룹을 지정할 수 있다. 이전에 임의의 호스트에서 집계할 때 새로운 그룹을 만들어야 한다고 언급했지만, 집계 아이템은 여러 호스트 그룹을 참조할 수 있다. Solaris servers 그룹에 호스트를 포함하도록 집계 아이템 키를 수정한 경우 다음과 같다.

```
grpavg[[Linux servers,Solaris servers],system.cpu.load,last]
```

즉, 대괄호 안에 여러 호스트 그룹을 쉼표로 구분하여 지정할 수 있다. 호스트가 여러 호스트 그룹에 포함되어 있으면 해당 호스트의 아이템은 계산에 한 번만 포함된다. 비록 가독성 및 전체 아이템 키 길이 제한(2,048자)이 있지만, 호스트 그룹 수에 대한 엄격한 제한은 없다.

> **TIP** 계산 아이템과 집계 아이템은 계산 아이템과 집계 아이템을 비롯한 다른 아이템의 값을 다시 사용할 수 있다. 또한 트리거, 그래프, 네트워크 맵 레이블, 아이템을 사용할 수 있는 어느 곳에서도 사용할 수 있다.

▌ 사용자 파라미터

지금까지 살펴본 아이템을 통해 자빅스 에이전트의 내장 기능을 쿼리하고 SNMP 장치를 쿼리하며 자빅스 서버에서 데이터를 재사용할 수 있었다. 이제는 자빅스에서 지원하지 않는 것을 모니터링하는 방법에 대해 알아보자. 자빅스 데이터 수집을 확장하는 가장 쉽고 가장 널리 사용되는 방법은 사용자 파라미터다. 사용자 파라미터는 자빅스 에이전트에 의해 실행되는 명령이며 결과는 아이템 값으로 반환된다. 사용자 파라미터를 설정해보고 특별히 주의해야 할 사항에 대해 살펴보자.

수집 방법

먼저, 에이전트가 어떤 값을 반환하도록 할 수 있는지 확인해보자. 사용자 파라미터는 에이전트 측에서 설정되며 에이전트 데몬은 명령에 대한 참조를 포함하는 키 내용을 포함한다. A test host에서 zabbix_agentd.conf를 열고 파일의 끝 부분을 보면 다음과 같이 구문에 대한 설명을 볼 수 있다.

```
UserParameter=<key>,<shell command>
```

즉, 실행할 키 이름과 명령을 자유롭게 선택할 수 있다. 키 이름을 소문자와 숫자, 점을 사용하는 것이 좋다. 먼저, 다음과 같은 아주 간단한 행을 추가해보자.

```
UserParameter=quick.test,echo 1
```

이 파라미터는 항상 1을 반환한다. 설정 파일을 저장하고 자빅스 에이전트 데몬을 다시 시작해보자. 이 아이템을 바로 프론트엔드에 추가하고 싶을 수 있지만 프론트엔드에 설정하기 전에 모든 사용자 파라미터를 테스트하는 것이 좋다. 아이템을 테스트하는 가장 쉬운 방법은 zabbix_get을 사용하는 것이다. 이 작은 유틸리티는 3장, '자빅스 에이전트와 기본 프로토콜과 모니터링'에서 설명했다. A test host에서 다음을 실행하자.

```
$ zabbix_get -s 127.0.0.1 -k quick.test
```

 다른 호스트에서 사용자 파라미터를 테스트하려면 자빅스 서버에서 zabbix_get을 실행하거나 에이전트가 zabbix_agentd.conf 파일의 server 파라미터에 설정된 localhost에서의 연결을 허용하는지 확인하자.

이 명령어를 수행하면 그냥 1이 반환돼야 한다. 1이 반환될 경우 첫 번째 사용자 파라미터가 동작한 것이다. 그렇지 않다면 올바른 파일이 편집되고 있는지, 에이전트 데몬이 실제로 재시작됐는지 확인하자. 그리고 올바른 호스트에 명령어를 수행하자.

 이 간단한 사용자 파라미터는 실제로 문제를 해결하는 법을 보여준다. 사용자 파라미터가 실패하고 이유를 파악할 수 없으면 zabbix_get을 사용해서 반복하여 테스트하자. 결국 실패의 원인을 파악하게 될 것이다.

이 아이템이 큰 의미는 없기 때문에 실제로 프론트엔드에 이 아이템을 추가하지 않을 것이다. 대신 자빅스 에이전트에서 이미 사용하고 있는 로그인한 사용자 수 아이템을 다시 구현해보자. zabbix_agentd.conf를 다시 연 다음 앞에서 수정했던 부분에서 다음을 추가한다.

```
UserParameter=system.test,who | wc -l
```

여러 명령을 연결하는 방법을 주목하자. 일반적으로 기본 셸이 받아 들일 수 있는 것은 무엇이든 괜찮다. 파일을 저장하고 자빅스 에이전트 데몬을 다시 시작하자. 다시 빠르게 테스트해보자.

```
$ zabbix_get -s 127.0.0.1 -k system.test
```

동일한 시스템에서 zabbix_get을 실행하면 숫자가 반환되며 최소 1이어야 한다. 프론트엔드에서 이 데이터를 받을 수 있는 아이템을 만들어보자. Configuration ➤ Hosts를 열고 Group 드롭다운에 Linux servers가 선택됐는지 확인한 다음 A test host 옆의 Items를 클릭한 후, Create item를 클릭해 다음 내용을 입력한다.

- Name: Users logged in
- Type: Zabbix agent (active)
- Key: system.test

사용자 파라미터와 함께 액티브 아이템 타입을 사용하고 있다. 사용자 파라미터는 매우 빠르게 반환되지 않으면 서버와의 연결을 묶을 수 있으므로 액티브 아이템으로 사용하는 것을 추천한다. 에이전트 데몬 설정 파일에 지정된 것과 정확히 동일한 키 이름을 사용한 점에 유의하자. 완료되면 Add를 클릭한다.

이제 Monitoring ➤ Latest data를 확인해보자. 액티브 아이템이기 때문에 에이전트가 서버로 아이템 목록을 요청한 다음 서버에서 1분 후에 캐시를 업데이트하는 시간을 더하여 데이터를 반환하는 데 최대 2분이 걸릴 수 있다. 조금 기다리면 데이터가 보일 것이다.

사용자 파라미터의 가장 좋은 점은 서버 측에 완전히 아이템이 내장되어 있는 것처럼 보이며 동작하는 것이다.

동작하는 기본 사용자 파라미터를 얻었지만, 기존의 자빅스 에이전트 아이템을 복제한 것이므로 여전히 유용하지는 않다. 사용자 파라미터가 제공하는 가장 큰 이점은 자빅스 에이전트가 기본적으로 지원하지 않는 항목 대부분을 모니터링할 수 있다는 점이다. 좀 더 고급 메트릭을 사용해보자.

자빅스 에이전트가 지원하지 않는 데이터 수집

관심을 가질만한 한 가지는 열린 TCP 연결 수이다. netstat 명령어를 사용해 이 데이터를 얻을 수 있다. 자빅스 서버에서 다음을 실행하자.

```
$ netstat -t
```

-t 스위치는 netstat에 TCP 연결만 나열한다. 결과적으로 연결 목록이 표시된다(여기서는 다듬어짐).

```
Active Internet connections (w/o servers)
Proto Recv-Q Send-Q Local Address          Foreign Address        State
tcp        0      0 localhost:zabbix-trapper localhost:52932        TIME_WAIT
tcp        0      0 localhost:zabbix-agent  localhost:59779        TIME_ WAIT
tcp        0      0 localhost:zabbix-agent  localhost:59792        TIME_ WAIT
```

 최신 배포판에서는 ss 유틸리티가 더 나은 옵션일 수 있다. 특히 많은 연결이 있는 경우 더 나은 성능을 발휘한다. 앞에서 언급한 netstat 명령과 일치하는 ss의 대체 명령은 ss -t state connect다.

연결 수를 얻기 위해 다음 명령을 사용하자.

```
netstat -nt | grep -c ^ tcp
```

여기에서 grep은 먼저 연결 행을 걸러낸 다음 연결 행을 샌다. 다른 많은 방법을 사용할 수 있지만 이 방법이 꽤 간단하다. 또한 -n 옵션이 netstat에 전달되어 호스트 이름 확인을 수행하지 않도록 지시하므로 성능이 향상된다.

zabbix_agentd.conf를 열고 다른 사용자 파라미터 근처에 다음 행을 추가하자.

```
UserParameter=net.tcp.conn,netstat -nt | grep -c ^tcp
```

프론트엔드에서 Configuration ❯ Hosts로 이동해, A test host 옆의 Items를 클릭한 다음 Create item을 클릭하고 다음 값을 작성하자.

- Name: `Open connections`
- Type: Zabbix agent (active)
- Key: `net.tcp.conn`

완료되면 하단의 **Add** 버튼을 클릭한다. 설정 파일을 수정한 후에 에이전트 데몬을 다시 시작하지 않았으면 지금 바로 다시 시작하자. 에이전트가 시작된 후 즉시 액티브 아이템 목록을 조회하기 때문에 이런 순서를 이용하면 값이 더 빨리 수집된다. 에이전트가 다시 시작될 때 서버에 이미 아이템이 설정되어 있으며 Monitoring ❯ Latest values에서 확인할 수 있다.

| Open connections | 2016-05-09 21:55:55 | 33 |

유연한 사용자 파라미터

현재 열려 있는 모든 연결에 대한 데이터를 수집하고 있다. 하지만 netstat 출력을 보면 TIME_WAIT 및 ESTABLISHED 같은 여러 상태의 연결을 볼 수 있다.

```
tcp        0        0 127.0.0.1:10050      127.0.0.1:60774       TIME_ WAIT
tcp        0        0 192.168.56.10:22     192.168.56.1:51187    ESTABLISHED
```

서로 다른 상태의 연결을 모니터링하려는 경우 각각에 대해 새로운 사용자 파라미터를 만들어야 할까? 다행히도, 그러지 않아도 된다. 자빅스는 실행 가능한 명령에 파라미터를 전달할 수 있는 소위 가변 사용자 파라미터를 지원한다.

다시 zabbix_agentd.conf를 열어서 앞에서 추가한 사용자 파라미터 행을 다음과 같이 수정하자.

```
UserParameter=net.tcp.conn[*],netstat -nt | grep ^tcp | grep -c "$1"
```

 최신 배포 판의 ss 유틸리티는 더 쉽게 사용할 수 있다. 예를 들어, established 연결에 대한 필터링은 established ss -t 명령으로 쉽게 수행할 수 있다.

여기서 몇 가지를 변경했다. 먼저, [*] 추가는 이 사용자 파라미터 자체가 파라미터를 지정 가능함을 나타낸다. 둘째, 두 번째 grep 문을 추가하면 명령에서 전달된 파라미터를 사용할 수 있다. 또한 count를 하기 위해 -c 옵션을 마지막 grep 문으로 이동했다.

 ss 유틸리티로 사용하면 더 쉽게 할 수 있다.

이제 이 키에 사용할 모든 파라미터는 스크립트에 전달된다. 첫 번째 파라미터 대신 $1, 두 번째 파라미터로 $2 등이 스크립트에 전달된다. $1 주위에 큰따옴표를 사용한 것을 유의하자. 파라미터가 전달되지 않으면 결과는 grep을 전혀 사용하지 않는 것과 같다.

수정된 사용자 파라미터를 적용하기 위해 에이전트를 다시 시작하자.

Configuration ❯ Hosts로 이동해 A test host 옆의 Items를 클릭하고 NAME 열에서 Open connections를 클릭하자. 그다음 편집 양식의 맨 아래에 있는 Clone 버튼을 클릭한 후 다음 필드를 변경한다.

- Name: Open connections in $1 state
- Key: net.conn[TIME_WAIT]

하단에 있는 Add 버튼을 클릭하자. 이제 NAME 열의 Open connections in the TIME_WAIT state를 클릭한 다음, Clone를 클릭하고 Key 필드를 net.conn[ESTABLISHED]로 수정한 다음 하단의 Add 버튼을 클릭한다.

TIP 가능한 연결 상태의 전체 목록은 netstat의 man 페이지를 참조하자.

Monitoring ❯ Latest data를 보자.

Open connections	2016-05-10 05:14:53	48
Open connections in ESTABLISHED state	2016-05-10 05:14:23	2
Open connections in TIME_WAIT state	2016-05-10 05:14:23	45

수집된 결과 값이 일치하지 않을 수 있다. 모든 상태의 open connection 수를 합하면 열려있는 모든 open connection 수와 같지 않을 수 있다. 그 이유는 첫째, 더 많은 연결 상

태가 있기 때문이다. 따라서 완전하게 얻으려면 모든 상태를 추가해야 한다. 둘째, 이전에 보았듯이 이 모든 값은 동시에 검색되지 않으므로 하나의 아이템이 데이터를 가져오고 나중에 다른 데이터가 들어왔지만 데이터는 이미 변경되었을 수 있다.

 자빅스 서버에 원격으로 연결하거나 다른 방법으로 생성된 모든 연결을 세고 있다.

이제 다양한 아이템에 대한 값을 받고 있지만 하나의 사용자 파라미터만 추가했다. 또한 유연한 사용자 파라미터는 많은 파라미터를 기반으로 데이터를 반환할 수 있다. 예를 들어 다음과 같이 간단한 수정을 통해 사용자 파라미터에 추가 기능을 제공할 수 있다.

```
UserParameter=net.conn[*],netstat -nt | grep ^tcp | grep "$1" | grep
-c "$2"
```

두 번째 파라미터에 다른 grep 명령을 추가했다. 다시 큰따옴표를 사용해 파라미터가 누락되더라도 명령어가 실행에 문제가 없도록 하자. 이제 IP 주소를 두 번째 파라미터로 사용해 특정 호스트의 특정 상태에 있는 연결 수를 파악할 수 있다. 이 경우 아이템 키는 net. conn[TIME_WAIT,127.0.0.1]일 것이다.

이 경우 아이템 파라미터 순서(상태, IP 주소)는 완전히 임의적이다. grep을 사용해 두 개의 문자열로 출력을 필터링하는 것과 동일한 결과를 얻을 수 있다. 파라미터 순서를 바꾼다면 결과는 약간 달라질 수 있다.

모니터링 세부 수준

어떤 대상에서 어떤 내용을 모니터링할 수 있는지에 대한 세부 정보는 거의 무제한의 조합이 있다. 프로세스의 세부적인 메모리 사용, PID 파일의 존재 외에도 많은 것들을 모니터링할 수 있으며 프로세스가 실행 중인지 여부도 간단히 확인할 수 있다.

때로는 단일 서비스에서 여러 프로세스가 실행되도록 요구할 수 있으며 특정 범주의 프로세스가 예상대로 실행되는지 여부를 감시하고 다른 일부 구성 요소 확인을 모니터링하는 것으로 충분할 수 있다. 하나의 예가 이메일 서버인 Postfix일 수 있다. Postfix는 master, pickup, anvil, smtpd 및 다른 여러 프로세스를 실행한다. 모든 개별 프로세스를 검사할 수 있지만, 종종 init 스크립트를 호출해 모든 프로세스가 정상인지 확인하는 것만으로도 충분하다.

상태 명령을 지원하는 init 스크립트가 필요할 수 있다. init 스크립트는 보통 Checking for service Postfix: running이라는 텍스트 문자열을 출력하므로 서비스 상태를 나타내는 숫자 값만 자빅스로 반환하는 것이 좋다. 일반적인 종료 코드는 성공한 경우 0이며 문제가 있는 경우 0이 아니다. 이는 다음과 같은 것을 할 수 있음을 의미한다.

```
/etc/init.d/postfix status > /dev/null 2>&1 || echo 1
```

init 스크립트를 호출하고 stdin 및 stderr 출력을 모두 버리고(자빅스로 하나의 숫자만 반환하기 때문에) 성공하지 못한 종료 코드는 1을 반환한다. 그러나 하나의 커다란 문제가 있다. 파라미터는 절대 빈 문자열을 반환하면 안되지만, Postfix가 실행 중인지 검사하는 경우에서 빈 문자열을 반환하는 일이 발생한다. 자빅스 서버에서 이런 아이템을 검사하는 경우 파라미터가 지원되지 않는 것으로 간주하여 결과를 비활성화시킨다. 이 문자열을 다음과 같이 수정할 수 있다.

```
/etc/init.d/postfix status > /dev/null 2>&1 && echo 0 || echo 1
```

이제 0 또는 1이 반환되고 자빅스는 항상 유효한 데이터를 얻으므로 아주 잘 작동한다. 그러나 더 좋은 방법이 있다. 성공한 종료 코드는 0이고 문제는 0이 아니므로 간단히 반환할 수 있다. 값을 0 또는 1로 얻지는 못하지만 다음과 같이 트리거 표현식에서 0이 아닌 값을 확인할 수 있다.

```
{hostname:item.last()}>0
```

추가 이점으로, init 스크립트가 0이 아닌 종료 코드와 함께 보다 자세한 상태를 반환하면 보다 자세한 반환 메시지를 확인할 수 있다. Linux Standard Base에 정의된 상태 명령어의 종료 코드는 다음과 같다.

코드	의미
0	프로그램이 실행 중이거나 서비스 정상
1	프로그램은 죽고 /var/run pid 파일 존재
2	프로그램은 죽고 /var/lock 잠금 파일 존재
3	프로그램이 실행 중이지 않음
4	프로그램 또는 서비스 상태 알 수 없음

특정 애플리케이션 또는 배포판에서 사용되는 다른 코드가 포함될 수 있는 예약된 코드가 여러 개 있다. 해당 코드는 해당 설명서에서 찾아야 한다.

이 경우 사용자 파라미터 명령은 다음과 같은 전체 문자열과 함께 훨씬 간단해진다.

```
UserParameter=service.status[*],/etc/init.d/"$1" status > /dev/null 2>&1; echo $?
```

간단하게 종료 코드를 자빅스로 반환한다. 출력물을 좀 더 사용자에게 친숙하게 만들기 위해 값 매핑을 사용해보자. 그렇게 하면 각 리턴 코드는 프론트엔드에서 위와 같은 설명 메시지를 수반하게 된다. $1의 사용에 주목하자. 이렇게 하면 단일 사용자 파라미터를 만들어 원하는 서비스에 사용할 수 있다. 이런 아이템의 경우 적절한 키는 service.status[postfix] 또는 service.status[nfs]가 된다. root가 아닌 사용자에서 동작하지 않으면 sudo를 사용해야 한다.

단일 서비스에 여러 개의 프로세스가 실행되는 것이 오픈소스에서는 일반적이지 않지만, 상용 소프트웨어에서는 일반적이다. 이런 경우 위와 같은 사용자 파라미터는 이런 서비스 모니터링을 크게 단순화할 수 있다.

 일부 배포판은 최근에 systemd로 옮겨졌다. 이 경우 사용자 파라미터 라인은 다음과 같다.
UserParameter=service.status[*],systemctl status "$1" > /dev/null 2)&1; echo $?

다양한 환경 모니터링

수집할 수 있는 다른 흥미로운 통계가 무엇인지 알아보자. 일반적인 요구는 데이터베이스에 대한 일부 통계를 모니터링하는 것이다. MySQL 쿼리 데이터를 수집을 시도할 수 있다(예: 초당 쿼리 개수). MySQL에는 초당 쿼리 측정이 내장되어 있지만 대부분의 사용자가 기대하는 정도의 수준은 아니다. 초당 쿼리 값은 MySQL의 전체 가동 시간에 대해 계산된다. 이는 처음 몇 분 동안만 유용하다는 것을 의미한다.

실행 시간이 길어지는 MySQL 인스턴스의 경우, 이 수치는 평균값에 근접하고 약간 변동폭이 있다. 그래프를 볼 때 초당 쿼리 그래프는 시간이 지날수록 점점 더 평평해진다.

자빅스의 유연성 덕분에 다른 측정 항목을 사용할 수 있다. 약간 더 유용한 MySQL 쿼리 아이템을 만들어보자. 다음과 같은 쿼리를 사용해 SELECT 문의 데이터를 얻을 수 있다.

```
mysql> show global status like 'Com_select';
```

이것을 사용자 파라미터로 동작하도록 만들 것이다. 우리가 관심 있는 번호만을 파싱하는 테스트 명령은 다음과 같다.

```
$ mysql -N -e "show global status like 'Com_select';" | awk '{print $2}'
```

awk를 사용해 두 번째 필드를 출력한다. mysql의 -N 옵션은 열의 헤더를 생략하도록 지시한다. 이제 에이전트 데몬 설정의 사용자 파라미터 부분에 다음을 추가하자.

```
UserParameter=mysql.queries[*],mysql -u zabbix -N -e "show global status like
'Com_$1';" | awk '{print $$2}'
```

기본적으로 명령어가 있는 사용자 파라미터 정의이지만 여기에서는 몇 가지 변경 사항이 있다. 키 뒤에 [*]를 사용하고 Com_select에서 select를 $1로 어떻게 바꾸었는지 주목하자. 이렇게 하면 쿼리 타입을 아이템 키 파라미터로 사용할 수 있다. 또한 awk 문에 두 번째 달러 기호를 추가했다. 문자 달러를 사용자 파라미터에 자리 표시자로 사용해야 하는 경우, 달러 기호 앞에 다른 달러 기호가 붙어야 한다. 마지막 변경 사항으로 mysql 명령에 -u zabbix를 추가했다. 물론 가능하다면 데이터베이스 통계를 얻기 위해 root 또는 유사한 액세스를 사용하지 않는 것이 가장 좋다. 그러나 왜 이 명령어는 자빅스 에이전트에 의해 실행되는 데도 유저명을 다시 지정할까? MySQL이 잘못된 사용자와 연결을 시도하는 오래된 버그 때문이다. 이 문제의 현재 상태를 보려면 https://bugs.mysql.com/bug.php?id=64522를 참고하자. 변경 사항을 적용한 후 파일을 저장하고 닫은 다음 에이전트 데몬을 다시 시작한다.

 모니터링을 위해 쓰기 권한이 없는 완전히 별도의 데이터베이스 사용자를 생성해도 된다.

이제 이전과 마찬가지로 zabbix_get으로 빠르게 테스트해보자.

```
$ zabbix_get -s 127.0.0.1 -k mysql.queries[select]
```

이 메시지가 보일 수도 있다.

ERROR 1045 (28000): Access denied for user 'zabbix'@'localhost' (using password: NO)

데이터베이스 사용자는 암호가 필요했지만 아무것도 지정하지 않았다. 어떻게 암호를 지정할 수 있을까? MySQL 유틸리티는 명령 줄에 -p 옵션과 함께 암호를 지정할 수 있지만 피하는 것이 좋다. 명령 줄에 암호를 입력하면 다른 사용자가 프로세스 목록에서 이 데이터를 볼 수 있으므로 명령 줄에 비밀 정보를 넣지 않도록 습관을 들이는 것이 좋다.

 일부 플랫폼에서는 일부 버전의 MySQL 클라이언트가 패스워드를 숨긴다. 이는 MySQL 개발자의 멋진 작품이지만, 모든 플랫폼과 모든 소프트웨어에서 작동하지 않으므로 그러한 접근 방식은 피해야 한다. 이 경우 패스워드는 셸 기록 파일에 기록되어 프로세스가 더 이상 실행되지 않아도 공격자가 사용할 수 있다.

그럼 어떻게 패스워드를 안전하게 전달할 수 있을까? MySQL은 권한으로 보안 파일에서 암호를 읽을 수 있다. .my.cnf 파일은 여러 디렉토리에서 검색되며, 우리에게 최고의 옵션은 사용자의 홈 디렉토리에 배치하는 것이다. 자빅스 서버에서 zabbix 사용자로 다음을 실행하자.

```
$ touch ~zabbix/.my.cnf
$ chmod 600 ~zabbix/.my.cnf
$ echo -e "[client]\npassword=<password>" > ~zabbix/.my.cnf
```

 이 파일에서 암호에 해시 기호 #가 포함되어 있으면 큰따옴표로 묶어야 한다. su - zabbix 를 사용해 zabbix 사용자로 변경하거나 sudo를 사용할 수 있다.

자빅스 데이터베이스 사용자가 가지고 있는 패스워드를 사용하자. zabbix_server.conf를 살펴보면 패스워드가 기억날 것이다. 위의 명령을 root로 실행하는 경우 파일을 만든 후에 chown -R zabbix.zabbix ~zabbix도 실행하자. 먼저 파일을 만들고 보안을 설정한 다음 암호를 입력한다. 에이전트 측을 진행하기 전에 MySQL 유틸리티가 암호 파일을 선택하는지 테스트해보자. zabbix 유저로 다음을 실행한다.

```
$ mysqladmin -u zabbix status
```

TIP 동일한 su 세션에서 위의 명령어를 실행하거나 sudo –u zabbix mysqladmin –u zabbix status 명령을 실행하자.

패스워드를 넣은 파일에 문제 없으면 몇 가지 데이터를 반환해야 한다.

```
Uptime: 10218  Threads: 23  Questions: 34045  Slow queries: 0  Opens: 114
Flush tables: 2  Open tables: 140  Queries per second avg: 3.331
```

만약 동작하지 않으면 패스워드와 경로, 파일의 사용 권한을 다시 확인하자. 이 테스트에 mysqladmin을 사용했지만 mysql과 mysqladmin 모두 .my.cnf 파일을 찾고 암호를 읽는 것과 동일한 절차를 사용해야 한다. 정상적으로 동작한 것을 확인했으면 이제 zabbix_get으로 다시 돌아가보자(이번에 에이전트 설정 파일을 수정하지 않았으므로 에이전트를 다시 시작하지 않아도 된다).

```
$ zabbix_get -s 127.0.0.1 -k mysql.queries[select]
```

그러나 결과가 이상하게 보인다.

```
ERROR 1045 (28000): Access denied for user 'zabbix'@'localhost' (using password:
NO)
```

 경우에 따라 systemd를 사용할 때 홈 디렉토리가 설정될 수 있다. 그렇다면 다음 변경 사항을 건너뛰지만, 잠재적 위험을 염두하자.

아직까지도 실패하고 있는 것이다. 전체 오류 메시지를 자세히 읽으면 암호가 아직 사용되지 않음을 알 수 있다. 어떻게 그럴 수 있을까?

 zabbix_get을 실행하는 사용자 계정은 TCP 포트를 통해 실행 중인 에이전트 데몬에 연결되므로 사용자 파라미터 명령이 실행될 때 zabbix_get을 실행하는 사용자에 대한 정보는 전혀 영향을 주지 않는다.

이는 사용자 파라미터 명령에 대해 환경이 초기화되지 않았기 때문이다. 여기에는 몇 가지 공통 변수가 있으며 HOME 변수가 상당히 중요하다. 이 변수는 MySQL 클라이언트가 .my.cnf 파일을 찾을 위치를 결정하는 데 사용된다. 변수가 누락된 경우, 이 파일을 찾을 수 없다. 이런 사소한 문제가 작업을 멈추게 하지 않을 것이다. 우리는 이 파일을 찾을 곳을 MySQL에게 알려주기만 하면 된다. 아주 간단한 방법으로 파일을 찾을 수 있다. zabbix_agentd.conf 파일을 다시 열어서 사용자 파라미터 행을 다음과 같이 변경하자.

```
UserParameter=mysql.queries[*],HOME=/home/zabbix mysql -u zabbix -N -e "show
global status like 'Com_$1';" | awk '{print $$2}'
```

이는 mysql 유틸리티의 HOME 변수를 설정하고 MySQL 클라이언트가 암호가 지정된 설정 파일을 찾을 수 있도록 한다. 자빅스 에이전트를 다시 시작한 후 다음을 실행하자.

```
$ zabbix_get -s 127.0.0.1 -k mysql.queries[select]
229420
```

다른 값이 나타나며 마침내 아이템이 작동하는 것을 볼 수 있다. 그러나 이 숫자는 무엇일까? 반복적으로 zabbix_get을 실행하면 숫자가 증가하고 있음을 알 수 있다. 이것은 카운터처럼 보이며, 실제로 데이터베이스 엔진 시작 이후 SELECT 쿼리의 수다. 우리는 이것을 처리하는 방법을 알고 있다. 프론트엔드로 돌아가서 초당 SELECT 쿼리를 모니터링하는 아이템을 추가해보자.

Configuration > Hosts로 이동해 A test host 옆의 Items를 클릭한 다음 Create item 버튼을 클릭하고 아래의 값을 입력한다.

- Name: MySQL $1 queries per second

- Type: Zabbix agent (active)

- Key: mysql.queries[select]

- Type of information: Numeric (float)

- Units: qps

- Store value: Delta (speed per second)

- New application: MySQL

완료되면 하단의 Add 버튼을 클릭하자. 여기서 Delta (speed per second)와 Numeric (float)를 어떻게 사용했는지에 주목하자. 네트워크 트래픽 아이템의 경우 값이 float를 오버플로우할 수 있으므로 Numeric (unsigned)을 선택했었다. 이 쿼리 아이템의 정확도를 높이면 많은 이점을 얻을 수 있다. 단위 qps는 단지 문자열이다. 이 문자열은 옆에 나타나는 것 외에는 데이터 표시에 영향을 주지 않는다.

다시 말하지만, 어떤 데이터가 도착하기까지 몇 분 동안 기다려야 할 수도 있다. 기다리기 힘들면 자빅스 에이전트 데몬을 다시 시작한 다음 Latest data 페이지를 확인하자.

NAME ▲	LAST CHECK	LAST VALUE
MySQL (1 Item)		
MySQL select queries per second	2016-05-09 23:36:52	2.96 qps

데이터가 멋지게 들어오고 테스트 서버가 지나친 부하를 받지 않음을 알 수 있다. 이제 해당 사용자 파라미터를 유연하게 만드는 이점을 살펴보자. 다시 Configuration ➤ Hosts로 이동해 A test host 옆의 Items를 클릭한 다음 NAME 열에서 MySQL select queries per second를 클릭하자. 양식의 맨 아래에서 Clone 버튼을 클릭하고 키의 select를 update로 변경한 다음 하단의 Add 버튼을 클릭한다. 이 아이템을 두 번 더 복제해 키 파라미터를 insert와 delete로 변경하자. 최종적으로 네 개의 아이템이 있어야 한다.

NAME ▲	TRIGGERS	KEY
MySQL delete queries per second		mysql.queries[delete]
MySQL insert queries per second		mysql.queries[insert]
MySQL update queries per second		mysql.queries[update]
MySQL select queries per second		mysql.queries[select]

아이템은 곧 데이터 수집을 시작할 것이며 어떻게 보이는지 확인해보자. 아이템 목록 위의 탐색 헤더에서 Graphs를 클릭한 다음 Create graph를 클릭한다. Name 필드에 MySQL queries를 입력하고 Items 섹션에서 Add를 클릭하자. 네 개의 MySQL 아이템 옆에 있는

체크박스를 선택하고 하단의 Select를 클릭한 다음 하단의 Add 버튼을 클릭한다. 이제 Monitoring ❯ Graphs로 이동해 Host 드롭다운에서 A test host를 선택하고 Graph 드롭다운에서 MySQL queries를 선택하자. 잠시 후 그래프는 다음과 같이 보일 것이다.

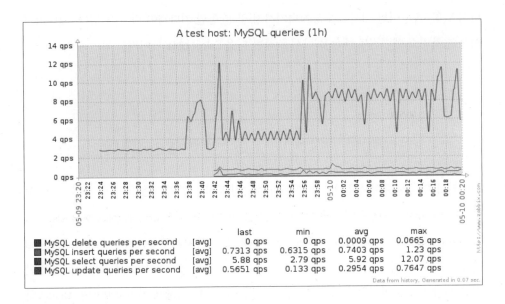

그래프에서 볼 수 있듯이 SELECT 쿼리는 맨 위에 있으며 DELETE 쿼리는 거의 존재하지 않는다. 다른 쿼리 타입이 있지만 사용자 파라미터로 구현할 수 있어야 한다.

사용자 파라미터에 대해 기억해야 할 사항

우리는 사용자 파라미터의 유연성이 기본적으로 무제한이라는 것을 다뤘다. 그러나 아직도 추가적인 조치가 필요한 경우가 있다.

래퍼 스크립트

실행될 명령은 자빅스 에이전트 데몬 설정 파일에서 한 줄로만 지정할 수 있다. 전체 스크립트를 밀어 넣으면 매우 혼란스러울 수 있으며 때로는 따옴표를 알아 내기가 어려울 수 있다. 이 경우 래퍼 스크립트를 작성해야 힌다. 이런 스크립트는 데이터를 파싱할 때 더 복잡한 작업이 필요하거나 유연한 사용자 파라미터로 여러 값을 파싱할 수 없는 경우 유용할 수 있다.

사용자 파라미터와 사용자 정의 스크립트를 사용하면 스크립트 파일과 자빅스 에이전트 데몬의 설정 파일에 대한 변경 사항을 모든 모니터링 대상 호스트에 배포해야 한다.

이는 곧 관리가 어려워질 수 있다. 다양한 시스템은 서로 다른 사용자 파라미터를 필요로 하므로, 모든 시스템과 관련된 파일들이 포함된 복잡한 설정 파일로 끝나거나 수많은 조합이 발생할 수 있다.

모든 시스템의 설정 파일이 포함되는 이 문제를 해결하기 위한 광범위한 기능이 있다. zabbix_agentd.conf에 다음과 같은 항목을 추가해 개별 파일을 포함할 수 있다.

```
Include=/etc/zabbix/userparameters/zabbix_lm_sensors.conf
Include=/etc/zabbix/userparameters/zabbix_md_raid.conf
```

지정된 파일이 없으면 자빅스는 에러 메시지를 보내지만 시작은 된다. 포함 내용은 중첩될 수 있다. 하나의 파일을 포함할 수 있으며 여러 파일을 포함될 수 있다.

전체 디렉토리를 포함하는 것도 가능하다. 전체 디렉토리를 포함하는 경우, 그 디렉토리에 배치된 모든 파일이 사용된다. 이 방법을 통해 다른 패키지가 특정 디렉토리에 사용자 파라미터 설정을 배치할 수 있으며, 이 디렉토리는 자빅스에서 자동으로 사용된다.

```
Include=/etc/zabbix/userparameters/
```

conf로 끝나는 파일만 포함시킬 경우, 다음과 같이 설정한다.

```
Include=/etc/zabbix/userparameters/*.conf
```

그런 다음 다른 패키지는 zabbix_lm_sensors.conf 또는 zabbix_md_raid.conf와 같은 파일을 /etc/zabbix/userparameters 디렉토리에 배치하기만 하면 에이전트 데몬 설정 파일을 추가로 변경하지 않고도 사용할 수 있다. 아파치 웹 서버를 설치하면 하나의 파일을 추가하고 다른 하나는 Postfix를 설치하는 등의 작업을 수행할 수 있다.

사용자 파라미터를 사용하지 않을 때

사용자 파라미터가 다른 해결책으로써 대체돼야 하는 경우도 있다. 일반적으로 다음과 같은 경우에 해당된다.

- 스크립트에 오랜 시간이 걸린다.
- 스크립트가 많은 값을 반환한다.

첫 번째 경우에는 스크립트가 시간 초과될 수 있다. 에이전트의 기본 타임 아웃은 3초이며, 대부분의 경우 늘리는 것을 권장하지 않는다.

두 번째 경우에는 스크립트가 단일 호출에서 반환할 수 있는 100개의 값이 필요할 수 있지만 자빅스에서는 단일 키 또는 단일 호출에서 여러 값을 가져올 수 없으므로 스크립트를 100번 실행해야 한다. 이는 그리 효율적이지 않다.

 스크립트가 여러 트랩퍼 아이템의 값을 제공하는 경우 일부 아이템에 대해 nodata() 트리거를 추가하는 것이 좋다. 즉, 스크립트 및 누락된 데이터의 모든 문제점을 신속하게 발견할 수 있다.

각각의 경우에 장점과 단점이 있는 몇 가지 잠재적인 해결책이 있다.

- 데이터 수집 스크립트가 빠르면 zabbix_sender를 사용해 데이터를 바로 보낼 수 있는 특수 아이템(일반적으로 아래 설명된 외부 검사 또는 사용자 파라미터)을 사용하자.

속도가 빠르지 않다면 임시 파일에 데이터를 쓰거나 nohup을 사용해 다른 스크립트를 호출할 수 있다.

- crontab: 스크립트가 실행되는 데 오랜 시간이 걸리거나 많은 값을 반환할 때 유용한 고전적인 솔루션이다. 자빅스 외부에서 수집주기를 관리해야 하는 단점이 있다. 값은 보통 zabbix_sender(이 장의 뒷 부분에서 설명함)를 사용해 즉시 전송되지만, 임시 파일에 쓰고 vfs.file.contents 또는 vfs.file.regexp 키를 사용해 다른 아이템에서 읽을 수도 있다.

- atd 작업을 추가하는 특수 아이템(일반적으로 다른 사용자 파라미터)을 사용할 수 있다. 이 솔루션은 좀 더 복잡하지만 자빅스에서 수집 간격 관리를 유지하면서 장기간 실행되는 데이터 수집을 허용한다. 자세한 내용은 http://zabbix.org/wiki/Escaping_timeouts_with_atd를 참고하자.

 RHEL 5와 6 및 다른 배포판에서는 atd가 비정상 동작할 수 있다는 보고가 있으므로 이 방법을 사용하는 경우 atd도 모니터링하는 것이 좋다.

외부 검사

이전에 해봤던 모든 검사 카테고리는 가능한 다양한 장치를 다뤘지만 표준 모니터링 프로토콜로 제대로 작동하지 않고 에이전트를 설치할 수 없으며 버그가 있는 경우도 있다. 실제 사례로는 웹 인터페이스에서는 온도 정보를 제공하지만 SNMP를 통해 이 데이터를 제공하지 않는 UPS가 있다. 또 자빅스가 아직 지원하지 않는 정보를 원격으로 수집하고자 한다. 예를 들어 SSL 인증서가 만료될 때까지 남은 시간을 모니터링하고 싶을 수도 있다.

자빅스에서 이런 정보는 외부 검사 또는 외부 스크립트를 사용해 수집할 수 있다. 사용자 파라미터는 자빅스 에이전트가 실행하는 스크립트이지만 외부 검사 스크립트는 자빅스 서버에서 직접 실행된다.

먼저 남은 인증서 유효 기간을 확인하는 명령을 알아야 한다. 여기에는 적어도 두 가지 옵션이 있다.

- 인증서 만료 시간 반환
- 인증서가 일정 시간 동안 만료됨을 식별하기 위해 0 또는 1 반환

두 옵션을 모두 사용해보자.

인증서 만료 시간 확인

다음과 같은 OpenSSL 명령을 사용해 인증서 만료 시간을 확인할 수 있다.

```
$ echo | openssl s_client -connect www.zabbix.com:443 2>/dev/null | openssl x509
-noout -enddate
```

 여기에서의 테스트 또는 나중에 테스트할 때 원하는 다른 도메인을 사용해도 된다.

echo를 사용해 openssl 명령에 대한 stdin을 닫고 검색된 인증서 정보를 다른 openssl 명령 x509에 전달하여 인증서가 만료되는 날짜와 시간을 반환한다.

```
notAfter=Jan  2 10:35:38 2019 GMT
```

결과 문자열은 자빅스에서 쉽게 파싱할 수 있는 문자열이 아니며, 다음과 같이 유닉스 타임스탬프로 변환할 수 있다.

```
$ date -d "$(echo | openssl s_client -connect www.zabbix.com:443 2>/dev/ null |
openssl x509 -noout -enddate | sed 's/^notAfter=//')" "+%s"
```

날짜가 아닌 부분을 sed로 제거한 다음 date 유틸리티를 사용해 유닉스 타임스탬프로 날짜 및 시간을 형식화한다.

```
1546425338
```

명령어는 준비가 되어 있는 것처럼 보인다. 이 명령어를 어디에 놓을까? 외부 검사의 경우 특수 디렉토리가 사용된다. zabbix_server.conf를 열고 ExternalScripts 옵션을 찾자. 특정 경로나 경로를 대체하는 자리 표시자를 볼 수 있다.

```
# ExternalScripts=${datadir}/zabbix/externalscripts
```

특정 경로가 지정되어 있으면 쉽지만, 위와 같이 경로에 자리 표시자가 있는 경우 컴파일 시 데이터 디렉토리를 참조한다. 이것은 변수가 아니다. 소스에서 컴파일할 때, ${datadir} 경로의 기본값은 /usr/local/share/다. 패키지로 설치한 경우 ${datadir} 경로는 /usr/share/일 수 있다. 어쨌든 해당 경로에는 zabbix/externalscripts/ 하위 디렉토리가 있어야 한다. 이 디렉토리에 외부 체크 스크립트가 있어야 한다. 다음 내용으로 zbx_certificate_expiry_time.sh 스크립트를 만들어보자.

```
#!/bin/bash
date -d "$(echo | openssl s_client -connect "$1":443 2>/dev/null | openssl x509
-noout -enddate | sed 's/^notAfter=//')" "+%s"
```

실제 웹 사이트 주소를 $1로 바꾼 것에 주목하자. 이 방법을 통해 이 스크립트의 파라미터로 확인할 도메인을 지정할 수 있다. 해당 파일을 실행 가능하게 만들자.

```
$ chmod 755 zbx_certificate_expiry_time.sh
```

이제 빠르게 테스트해보자.

```
$ ./zbx_certificate_expiry_time.sh www.zabbix.com
1451727126
```

이 스크립트에 도메인 이름을 전달하고 해당 도메인의 인증서가 만료되는 시간을 얻을 수 있다. 이제 자빅스에 이 정보를 등록하자. 프론트엔드에서 Configuration ➤ Hosts로 이동해 A test host 옆에 Items를 클릭한 다음, Create item를 클릭하고 다음을 작성하자.

- Name: Certificate expiry time on $1
- Type: External check
- Key: zbx_certificate_expiry_time.sh[www.zabbix.com]
- Units: unixtime

검사할 도메인을 키 파라미터로 지정한 다음 첫 번째 파라미터로 스크립트에 전달하면 스크립트에서는 파라미터를 $1로 사용한다. 하나 이상의 파라미터가 필요한 경우 다른 모든 아이템 타입과 마찬가지로 파라미터를 쉼표로 구분할 수 있다. 파라미터는 $1, $2 등으로 스크립트에 전달된다. 파라미터가 필요하지 않으면 빈 대괄호 []를 사용하거나 대괄호를 사용하지 않으면 된다. 앞에서 했던 것처럼 값을 하드코딩하는 대신 호스트 정보에 따라 값을 원한다면, 예를 들어 {HOST.HOST}, {HOST.IP}, {HOST.DNS}는 호스트의 공통 매크로다. 또 다른 유용한 매크로인 {HOST.CONN}는 인터페이스 속성에서 어떤 것이 선택됐는지에 따라 IP 또는 DNS 중 하나를 해결한다.

완료되면 하단의 Add 버튼을 클릭한다. Latest data 페이지에서 이 아이템을 확인해보자.

| Certificate expiry time on www.zabbix.com | 2016-05-09 23:59:21 | 2019-01-02 12:35:38 |

만료 시간이 올바르게 수집된 것으로 보이며, 단위 unixtime이 사람이 읽을 수 있는 형태로 값을 변환했다. 이 아이템의 트리거는 어떨까? 가장 쉬운 해결책은 fuzzytime() 함수를 다시 사용하는 것일 수 있다. 7일 이내에 만료되는 인증서를 검색한다고 가정할 때 트리거 표현식은 다음과 같다.

```
{A test host:zbx_certificate_expiry_time.sh[www.zabbix.com].
fuzzytime(604800)}=0
```

트리거 함수의 파라미터에 604800이라는 큰 값은 초 단위로 7일이다. 더 직관적으로 만들 수 있을까? 물론 가능하다.

```
{A test host:zbx_certificate_expiry_time.sh[www.zabbix.com].
fuzzytime(7d)}=0
```

트리거는 1주일 남았음을 알릴 것이고, 아이템 값으로부터 시간이 얼마나 남았는지 정확히 알 수 있다. 트리거에 대한 자세한 설명은 6장, '트리거를 통한 문제 감지'를 참고하자.

 인증서가 아직 유효하지 않을 수도 있다는 사실을 무시하고 있다. 인증서가 1주 이상 남아 유효하지 않은 경우 트리거가 작동하지만, 1주일 이내에만 유효한 인증서는 무시한다.

인증서 유효성 결정

더 간단한 방법은 OpenSSL 유틸리티에 대한 임곗값을 전달하여 몇 초 후에 인증서가 유효한지 여부를 결정하게 할 수 있다. 인증서가 7일 동안 유효한지 확인하는 명령어는 다음과 같다.

```
$ echo | openssl s_client -connect www.zabbix.com:443 2>/dev/null | openssl x509
-checkend 604800
Certificate will not expire
```

꽤 간단해 보인다. 인증서가 주어진 시간에 만료되는 경우, Certificate will expire 메
시지가 표시된다. 좋은 점은 종료 코드가 만료 상태에 따라 다르므로, 인증서가 유효한 경
우 1을 반환하고 만료된 경우 0을 반환할 수 있다.

 이 접근 방식은 내장된 많은 아이템들과 마찬가지로 성공 시 1을 반환한다. openssl 명령어
뒤에 "echo $?"가 붙은 명령어가 성공하면 0을 반환한다.

```
$ echo | openssl s_client -connect www.zabbix.com:443 2>/dev/null| openssl x509
-checkend 604800 -noout && echo 1 || echo 0
```

 이 버전에서는 7d와 같은 값이 지원되지 않는다. 초로 값을 사용하자.

이전과 동일한 디렉토리에서 zbx_certificate_expires_in.sh 스크립트를 다음 내용으
로 만들어보자.

```
#!/bin/bash
echo | openssl s_client -connect "$1":443 2>/dev/null | openssl x509
-checkend "$2" -noout && echo 1 || echo 0
```

이번에는 도메인이 $1로 바뀌었을 뿐만 아니라 체크 기간도 $2로 바뀌었다. 해당 파일을
실행 가능하게 만들자.

```
$ chmod 755 zbx_certificate_expires_in.sh
```

그다음 테스트를 위해 다음을 실행해보자.

```
$ ./zbx_certificate_expires_in.sh www.zabbix.com 604800 1
```

이제 프론트엔드에서 아이템 작성을 위해 Configuration > Hosts로 이동해, A test host 옆의 Items를 클릭하고 Create item을 클릭한다. 그다음 Show value 드롭다운 옆의 Show value mappings를 클릭하자. 결과 팝업에서 Create value map을 클릭한다. Name 필드에 Certificate expiry status를 입력한 다음 Mappings 섹션에서 Add 링크를 클릭한 후 다음을 작성하자.

- 0: Expires soon
- 1: Does not expire yet

아이템을 사용자 정의할 수 있으므로 여기에서 기간을 지정하지 않는다. 완료되면 하단의 Add 버튼을 클릭하고 팝업을 닫는다. 아이템 설정 양식을 새로 고침하여 새로운 value map을 얻고 다음 내용을 작성하자.

- Name: Certificate expiry status for $1
- Type: External check
- Key: zbx_certificate_expires_in.sh[www.zabbix.com,604800]

- Show value: `Certificate expiry status`

완료되면 하단의 **Add** 버튼을 클릭해 다시 **Latest data** 페이지에서 이 아이템을 확인하자.

Certificate expiry status for www.zabbix.com	2016-05-10 00:31:22	Does not expire yet (1)

제대로 동작하는 것처럼 보이며, 아직 만료되지 않은 것으로 확인된다. 이전 접근법에 비해 한 가지 큰 이점은 목록을 볼 때 곧 만료될 인증서가 더 분명하게 보인다는 것이다.

외부 검사는 꽤 오랜 시간이 걸릴 수 있다는 점을 주의해야 한다. 기본 타임 아웃은 3초 또는 4초이며 1~2초가 더 걸린다면 너무 위험하다(22장, '자빅스 운영/유지보수'에서 자세히 다룬다). 또한 서버 poller 프로세스는 스크립트를 실행하는 동안 항상 바쁘다는 것을 명심하자. 사용자 파라미터를 액티브 아이템으로 지정한 것처럼 외부 검사의 부하를 에이전트에 보낼 수 없다. 정보를 수집하는 모든 옵션들이 실패한 경우, 최후 수단으로만 외부 검사를 사용하는 것이 좋다. 일반적으로 외부 검사는 가볍고 신속하게 수행해야 하며, 스크립트를 수행하는데 너무 오래 걸리면 시간이 초과돼 아이템이 지원되지 않는다.

█ 데이터 전송

경우에 따라 앞에서 설명한 방법 중 어떤 방법으로도 제대로 수집할 수 없는 사용자 정의 데이터 소스가 있다. 이때 스크립트는 매우 오랫동안 실행될 수 있다. 또한 자빅스 에이전트가 없지만 데이터를 푸시할 수 있는 시스템이 있을 수 있다. 이런 상황에서 자빅스는 커맨드라인 유틸리티인 Zabbix sender를 사용해 Zabbix trapper라는 특수 아이템 타입으로 보내는 방법을 제공한다. 동작 원리를 설명하는 가장 쉬운 방법은 Zabbix trapper 타입의 아이템을 설정해보는 것이다. **Configuration > Hosts**로 이동해, **A test host** 옆의 **Items**를 클릭한 다음 **Create item**을 클릭하고 다음을 작성하자.

- Name: Amount of persons in the room
- Type: Zabbix trapper
- Key: room.persons

완료되면 하단의 **Add** 버튼을 클릭하자. 이제 데이터를 이 아이템으로 전달하는 방법을 결정해야 하며 zabbix_sender를 통해 이 아이템으로 데이터를 보낸다. 자빅스 서버에서 다음을 실행하자.

```
$ zabbix_sender --help
```

결과 내용이 다소 길기 때문에 여기서 출력을 재현하지 않겠다. 대신 작업에 필요한 가장 간단한 파라미터를 확인하고 커맨드라인에서 단일 값을 보내자.

- -z to specify the Zabbix server
- -s to specify the hostname, as configured in Zabbix
- -k for the key name
- -o for the value to send

호스트 이름은 IP, DNS, 표시명이 아닌 자빅스 호스트 속성에 있는 호스트 이름이다.

이제 값을 보내보자.

```
$ zabbix_sender -z 127.0.0.1 -s "A test host" -k room.persons -o 1
```

 보통 호스트 이름은 대소문자를 구분하며, 아이템 키에도 동일하게 적용된다.

이 명령은 성공해야 하며 다음 출력을 표시할 것이다.

```
info from server: "processed: 1; failed: 0; total: 1; seconds spent: 0.000046"
sent: 1; skipped: 0; total: 1
```

 아이템을 추가한 후 이 명령어가 매우 빠르게 실행되면 트랩퍼 아이템이 자빅스 서버 설정 캐시에 없을 수 있으므로, 아이템을 추가한 후 최소 1분은 기다려야 한다.

zabbix_sender를 사용해 다른 값으로 다시 보내보자.

```
$ zabbix_sender -z 127.0.0.1 -s "A test host" -k room.persons -o 2
```

이 명령어도 성공적으로 수행될 것이며, 프론트엔드에서 Monitoring > Latest data를 살펴보자. 데이터가 성공적으로 도착했고, 변경 사항이 올바르게 저장되었음을 알 수 있다.

NAME ▲	LAST CHECK	LAST VALUE	CHANGE
- **other** - (1 Item)			
Amount of persons in the room	2016-05-10 00:35:18	2	+1

자빅스에 다른 데이터 타입을 전달해보자.

```
$ zabbix_sender -z 127.0.0.1 -s "A test host" -k room.persons -o nobody
```

프론트엔드에서 데이터 타입이 정수로 설정되어 있지만 자빅스 아이템에 문자열을 전달하려고 한다.

```
info from server: "processed: 0; failed: 1; total: 1; seconds spent: 0.000074"
sent: 1; skipped: 0; total: 1
```

자빅스는 이런 데이터 타입의 불일치를 좋아하지 않는다. 지금 제공한 데이터는 데이터 형식 불일치로 인해 거부된다. 이처럼 데이터를 전달하는 모든 프로세스에서 데이터 내용과 포맷을 주의해야 한다.

보안 관련 사람들은 누가 트랩퍼 타입 아이템으로 데이터를 보낼 수 있는지 물어볼 것이다. zabbix_sender는 호스트 이름과 아이템 키만 알면 누구든지 모든 호스트에서 실행할 수 있으며, 몇 가지 방법으로 제한할 수 있다. 그 방법 중 하나로 Configuration > Hosts에서 A test host 옆의 Items를 클릭하고 NAME 열의 Amount of persons in the room을 클릭하자. 몇 개의 속성들 중 Allowed hosts에 IP 주소 또는 DNS 이름을 지정할 수 있으며, 이 아이템의 모든 데이터는 지정된 호스트에서만 허용될 것이다.

Allowed hosts	127.0.0.1

쉼표로 구분하여 여러 주소를 지정할 수 있다. 이 필드에서는 사용자 매크로도 지원된다. 8장, '템플릿을 통한 복잡한 설정 단순화'에서 사용자 매크로에 대해 설명했다.

데이터를 trapper 아이템으로 보낼 수 있는 사용자를 제한하는 또 다른 옵션은 PSK 또는 SSL 인증서와 함께 인증 기능을 사용하는 것이다. 이것에 대해서는 20장 '트래픽 데이터 암호화'에서 설명한다.

에이전트 데몬 설정 파일 사용

지금까지는 zabbix_sender가 필요로 하는 모든 정보를 커맨드라인에서 지정했지만 에이전트 데몬 설정 파일에서 해당 정보 중 일부를 자동으로 검색할 수 있다. 다음을 실행해보자(에이전트 데몬 설정 파일 경로를 올바르게 사용).

```
$ zabbix_sender -c /usr/local/etc/zabbix_agentd.conf -k room.persons -o 3
```

자빅스 서버 주소와 호스트 이름 대신 설정 파일을 지정했으며 이 작업은 성공한다. 설정 파일에서 자빅스 설정 주소와 호스트 이름이 선택된다. 이 방법이 자빅스 에이전트가 있는 많은 호스트에서 zabbix_sender를 실행할 때 설정 파일을 수동으로 입력해 구문 분석하는 것보다 쉽고 안전하다. zabbix_sender에 필요한 파라미터만 포함하는 특수 설정 파일을 사용할 수도 있다.

 설정 파일의 ServerActive 파라미터에 여러 항목이 포함되어 있으면 값은 첫 번째 항목만 전송된다. HostnameItem 파라미터는 zabbix_sender에서 지원하지 않는다.

파일에서 값 전송

우리가 사용하는 접근 방식은 zabbix_sender를 실행할 때마다 하나의 값을 보낼 수 있다. 많은 수의 값을 반환하는 스크립트가 있다면 매우 비효율적일 것이다. 또한 zabbix_sender를 사용해 파일에서 여러 값을 보낼 수 있다. 아무 경로(예: /tmp/)에서 다음과 같은 파일을 만들어보자.

```
"A test host" room.persons 4
"A test host" room.persons 5
"A test host" room.persons 6
```

각 라인에는 호스트 이름, 아이템 키, 값이 있다. 즉, 호스트와 키는 단일 파일에서 제공될 수 있다.

파일을 제공하는 옵션은 -i다. 파일 이름이 sender_input.txt라고 가정하면 다음과 같이 실행할 수 있다.

```
$ zabbix_sender -z 127.0.0.1 -i /tmp/sender_input.txt
```

그러면 세 가지 값 모두 성공적으로 전송된다.

```
info from server: "processed: 3; failed: 0; total: 3; seconds spent:
0.000087"
sent: 3; skipped: 0; total: 3
```

파일에서 값을 전송할 때 에이전트 데몬 설정 파일의 이점은 유효하다.

```
$ zabbix_sender -c /usr/local/etc/zabbix_agentd.conf -i /tmp/sender_ input.txt
```

이 경우 서버 주소는 설정 파일에서 가져오지만 호스트 이름은 여전히 입력 파일에서 제공된다. 입력 파일로부터 호스트 이름을 가져오는 대신 에이전트 데몬 설정 파일에서 호스트 이름을 얻을 수 있을까? 입력 파일의 호스트 이름을 다음과 같이 대시로 바꿈으로써 가능하다.

```
-   room.persons 4
"A test host" room.persons 5
-   room.persons 6
```

이 경우 첫 번째와 세 번째 항목은 설정 파일에서 호스트 이름을 가져오며, 두 번째 항목은 입력 파일에서 가져온다.

 입력 파일에 많은 항목이 들어있으면 zabbix_sender는 연결당 250개의 값을 일괄적으로 전송한다.

많은 값을 연속적으로 보낼 필요가 있을 때, zabbix_sender 바이너리를 반복적으로 실행하지 않는 것을 원한다. zabbix_sender를 반복적으로 실행하는 대신 파일을 닫지 않고 새 항목을 파일에 쓰고 그 파일에서 zabbix_sender를 읽도록 할 수 있다. 유감스럽게도 기본적으로 값은 파일이 닫힐 때 또는 250개의 값이 수신될 때마다 서버로 전송된다. 다행히도 이 동작에 영향을 주는 커맨드라인 옵션이 있다. 옵션 -r은 real-time mode를 가능하게 한다. 이 모드에서 zabbix_sender는 파일에서 새 값을 읽고 0.2초 동안 대기한다. 새 값이 없으면 가져온 값이 전송된다. 더 많은 값이 들어 오면 0.2초 이상 기다리며 최대 1초까지 기다린다. 자빅스 서버에 지속적으로 값을 전송하는 호스트가 있는 경우 zabbix_sender는 최대 초당 한 번씩 서버에 연결하고 한 번 연결에서 수신된 모든 값을 한 번에 보낸다. 예를 들어 정확히 0.3초마다 하나의 값을 제공하는 특수한 경우에는 연결 수가 더 많을 수 있다.

아주 드문 일이지만 방대한 수의 값을 보내고 파일을 사용하는 것이 성능 문제가 될 수 있는 경우, 파일 대신 지정된 파이프를 고려할 수 있다.

타임스탬프 값 전송

지금까지 보낸 데이터는 정확한 순간에 수신된 것으로 간주됐다. 값에는 서버가 받은 시간 스탬프가 있다. 지금 당장 더 오랜 기간 동안 값을 일괄적으로 보내거나 가져올 필요가 있다. zabbix_sender를 사용하면 파일에서 값을 전송할 때 타임스탬프를 쉽게 제공할 수 있다. 이렇게 하면 입력 파일의 값 필드가 오른쪽으로 이동되고 타임스탬프가 세 번째 필드로 삽입된다. 빠른 테스트를 위해 1, 2, 3일 전의 타임스탬프를 생성할 수 있다.

```
$ for i in 1 2 3; do date -d "-$i day" "+%s"; done
```

결과 타임스탬프를 새 입력 파일에서 사용하자.

```
- room.persons 1462745422 11
"A test host" room.persons 1462659022 12
- room.persons 1462572622 13
```

sender_input_timestamps.txt라는 이름의 파일을 가지고 -T 옵션을 사용해 zabbix sender에게 그 파일에 타임스탬프가 있어야 한다고 알린다.

```
$ zabbix_sender -c /usr/local/etc/zabbix_agentd.conf -T -i /tmp/sender_ input_
timestamps.txt
```

세 가지 값을 모두 성공적으로 보내야 한다.

 더 오랜 기간 동안 값을 전송할 때는 해당 아이템의 이력 및 트렌드 보존 기간이 필요에 맞게 설정됐는지 확인하자. 그렇지 않으면 housekeeper 프로세스가 이전 값을 전송한 직후 삭제할 수 있다.

이 아이템의 그래프 또는 최신 값을 보면 약간 엉망일 것이다. 방금 보낸 타임스탬프 값이 이전 값과 시간이 겹칠 수 있다. 대부분의 경우, 정상적으로 값을 전송하며 동일한 아이템에 타임스탬프와 함께 값을 보내는 것은 추천하지 않는다.

▌ SSH와 텔넷 아이템

우리는 자빅스로 데이터를 가져오는 꽤 많은 맞춤 방식 및 사용자 정의 방식을 살펴봤다.
외부 검사를 통해 어떤 방법으로든 데이터를 수집할 수는 있지만, 에이전트를 설치할 수
없는 시스템에 SSH나 텔넷을 통해 접근하여 데이터를 수집해야 할 수도 있다. 이 경우 효
율적으로 값을 검색하는 방법은 내장된 SSH 또는 텔넷을 사용하는 것이다.

SSH 아이템

먼저 SSH 아이템을 살펴보자. 간단한 테스트로, who | wc -l 명령을 실행해 현재 로그
인한 사용자 수를 결정했던 첫 번째 사용자 파라미터와 동일한 자빅스 에이전트 파라미터
를 다시 구현할 수 있다. 이 작업을 하기 위해 해당 명령을 실행할 수 있는 사용자 계정이
필요하며, A test host에 별도의 계정을 만드는 것이 가장 좋다. 다음과 같이 간단하게 계
정을 만들 수 있다.

```
# useradd -m -s /bin/bash zabbixtest
# passwd zabbixtest
```

운영 시스템에서 권한이 없는 사용자 계정을 만들지 않는다. 원격 시스템의 경우 사용자가
자빅스 서버에 로그인할 수 있는지 확인하자.

사용자 계정을 사용해 SSH 아이템을 만들어보자. 프론트엔드에서 Configuration > Hosts
로 이동해 A test host 옆의 Items를 클릭하고 Create item을 클릭한 후 다음을 작성하자.

- Name: Users logged in (SSH)
- Type: SSH agent
- Key: ssh.run[system.users]
- User name: zabbixtest (테스트 계정용 사용지 이름이면 무엇든 상관없다)
- Password: 해당 계정에 사용된 암호 입력
- Executed script: who | wc -l

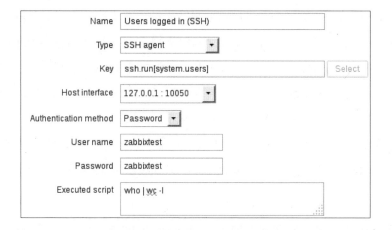

 사용자 이름과 패스워드는 자빅스 데이터베이스에 일반 텍스트로 보관된다.

완료되면 하단의 **Add** 버튼을 클릭하자. 키에 IP 주소와 포트를 각각 두 번째 및 세 번째 파라미터로 커스터마이징할 수 있다. 이들을 생략하면 SSH 기본 포트인 22와 호스트 인터페이스 주소가 사용된다. 아이템 키의 첫 번째 파라미터는 유니크 식별자다. SSH 아이템의 경우 키 자체는 ssh.run이어야 하지만 첫 번째 파라미터는 사용자 파라미터의 전체 키와 비슷한 방식으로 작동한다. **Latest data**에서 첫 SSH 아이템은 잘 동작하고 예상대로 값을 반환해야 한다. 이 방법으로 모든 명령을 실행하고 반환값을 얻을 수 있다.

 일반적으로 SSH 검사 대신 사용자 파라미터를 사용하는 것이 좋다. 감시 대상 시스템에 자빅스 에이전트를 설치할 수 없는 경우에만 직접 SSH 검사를 사용해야 한다.

방금 만든 아이템은 자빅스에서 직접 제공하는 비밀번호 입력 필드를 사용한다. 키 기반 인증을 사용할 수도 있다. 이렇게 하려면 아이템 속성에서 **Authentication method** 드롭다운을 **Public key**로 선택하고 **Private key file** 필드에 개인 키가 들어있는 파일의 이름을 작성하자. 기본 라이브러리가 OpenSSL로 컴파일할 때 공개 키를 건너뛸 수 있지만, 자빅스는 현재 **Public key file** 필드에 공개 키 파일 이름을 지정해야 한다. 키가 암호로 보호되어 있으면 **Key passphrase** 필드에 암호를 입력해야 한다. 그 파일은 어디에 위치해야 할까? 자빅스 서버 설정 파일을 확인해 SSHKeyLocation 파라미터를 찾아보자. 기본적으로는 설정되어 있지 않으며, 디렉토리를 설정한 후 개인 키와 공용 키 파일을 그 디렉토리에 두자. zabbix 사용자만 해당 디렉토리와 모든 키 파일을 액세스할 수 있는지 확인하자.

 데비안뿐만 아니라 여러 배포판에서는 기본적으로 암호화 또는 패스워드 보호 키가 지원되지 않는다. 종속성 libssh2는 암호화된 키를 허용하기 위해 OpenSSL을 사용해 컴파일해야 할 수도 있다. 자세한 내용은 https://www.zabbix.com/documentation/3.0/manual/installation/known_issues#ssh_checks를 참고하자.

텔넷 아이템

자빅스 에이전트를 설치할 수 없고 SSH도 지원할 수 없는 장비의 경우 자빅스는 텔넷을 통해 값을 가져오는 기본 방법을 제공한다. 실제로 텔넷은 오래됐으며 안전하지 않은 프로토콜이기 때문에 데이터 수집을 위해 제안한 방법 중 가장 추천하지 않는 방법이다.

텔넷 아이템은 SSH 아이템과 유사하며, 가장 간단한 아이템 키 구문은 다음과 같다.

---

telnet.run[<unique_identifier>]

SSH 아이템과 같이 키 자체는 고정된 문자열이며 첫 번째 파라미터는 고유한 식별자다. 또한 호스트 인터페이스 IP와 기본 텔넷 포트(23)가 다른 경우, 두 번째와 세 번째 파라미터에 IP와 포트를 사용한다. 실행할 명령어는 Executed script 필드에 입력하고 사용자 이름과 패스워드도 입력해야 한다.

 텔넷을 사용하면 사용자 이름과 암호는 일반 텍스트로 전송되기 때문에 가능하면 피하는 것이 좋다.

로그인 프롬프트에서 자빅스는 :(콜론)으로 끝나는 문자열을 찾는다. 명령어 프롬프트에서 지원하는 기호는 다음과 같다.

- $
- #
- >
- %

명령어가 반환되면 문자열 시작 부분에서 이 기호 중 하나의 위치까지 잘라낸다.

▌맞춤 모듈

자빅스는 앞서 다룬 방법 외에도 로드 가능한 모듈을 작성하는 방법을 제공한다. 이런 모듈은 C로 작성돼야 하며 자빅스 에이전트, 서버, 프록시 데몬에 로드될 수 있다. 자빅스 에이전트에 포함되는 경우, 서버 관점에서 기본 제공 아이템 또는 사용자 파라미터와 동일하게 작동한다. 자빅스 서버 또는 프록시에 포함되면 심플체크처럼 동작한다.

모듈은 LoadModulePath 및 LoadModule 파라미터를 사용해 명시적으로 로드해야 한다. 모듈에 대한 자세한 내용은 여기에서 다루지 않지만 모듈 API와 기타 세부 정보는 https://www.zabbix.com/documentation/3.0/manual/config/items/loadablemodules에서 확인할 수 있다.

▌요약

이 장에서는 데이터를 수집하는 고급 방법에 대해 살펴봤다.

로그 모니터링을 살펴봤으며, 정규 표현식과 일치하는 단일 파일 또는 여러 파일을 추적하는 방법을 살펴봤고, 결과를 필터링하고 일부 값을 파싱했다.

계산 아이템은 사용자 정의 수식을 입력할 수 있는 필드를 제공했으며, 감시 대상 장비를 다시 쿼리하지 않고 서버가 이미 가지고 있는 데이터로부터 결과를 계산했다. 또한 모든 트리거 기능을 사용할 수 있어서 유연성이 뛰어났다.

집계 아이템을 사용해 호스트 그룹에 대한 아이템의 최소, 최대, 평균 같은 특정 값을 계산할 수 있었다. 이 방법은 그룹 내의 호스트가 공통 서비스를 제공하는 클러스터 또는 클러스터형 시스템에 주로 유용하다.

외부 검사 및 사용자 파라미터는 커맨드라인에서 얻을 수 있는 거의 모든 값을 검색하는 방법을 제공한다. 개념적으로 매우 유사하지만 몇 가지 차이점이 있으며 요약하면 다음과 같다.

외부 검사	사용자 파라메트
자빅스 서버 프로세스에서 실행된다.	자빅스 에이전트 데몬에 의해 실행된다.
자빅스 서버에서 실행된다.	감시 대상 호스트에서 실행된다.
모든 호스트에 연결할 수 있다.	자빅스 에이전트 데몬이 실행되는 호스트에만 연결할 수 있다.
서버 성능을 저하시킬 수 있다.	액티브 아이템으로 설정한 경우 서버 성능에 큰 영향을 미치지 않는다.

비교에서 알 수 있듯이 외부 검사는 자빅스 설정을 통해 모든 호스트에 연결할 수 있기 때문에 자빅스 에이전트를 설치할 수 없는 원격 시스템에서는 외부 검사가 주로 사용해야 한다. 성능상의 부정적인 영향을 고려하면 사용자 파라미터를 사용하는 것이 좋다.

사용자 파라미터는 액티브 자빅스 에이전트 타입을 갖는 것이 좋다. 이렇게 하면 실행된 명령이 적시에 반환되지 않을 경우 서버 연결이 끊어지지 않는다. 또한 에이전트 데몬이 구동될 때 OS 환경 변수가 초기화되지 않는 것을 알게 됐다.

많은 수의 값을 반환하는 스크립트나 실행 시간이 오래 걸리는 스크립트의 경우, 커맨드 라인 유틸리티인 zabbix_sender를 해당 자빅스 트랩퍼 아이템과 함께 사용하는 것이 좋다. 이는 우리가 선호하는 속도로 무엇이든 보낼 수 있을 뿐만 아니라 각 값의 타임스탬프를 지정할 수 있게 해준다.

그리고 값을 얻기 위해 원격 호스트에서 명령을 실행해야 하는 경우, 내장된 SSH 또는 텔넷 아이템이 유용할 수 있다.

이런 지식을 바탕으로 자빅스 에이전트, SNMP, IPMI 및 기타 제공 방법 같은 기존의 방법으로는 얻을 수 없는 모든 값을 수집할 수 있어야 한다.

12장에서는 자빅스에서 설정을 자동화하는 몇 가지 방법을 설명할 것이며, 네트워크 디스커버리, 로우 레벨 디스커버리, 액티브 에이전트 자동 등록 등을 다룬다.

12

설정 자동화

지금까지 우리는 호스트, 아이템, 트리거, 그밖의 항목을 추가해 자빅스의 수동 설정을 완료했다. 크고 더욱 동적인 환경을 수용할 수 있는 방법은 8장, '템플릿을 통한 복잡한 설정 단순화'에서 템플릿을 살펴봤다. 이 장에서는 로우레벨 디스커버리low-level discovery를 통한 네트워크 인터페이스나 파일 시스템 자원을 자동으로 조회하는 방법과 네트워크 디스커버리를 통한 서브넷 스캔, 액티브 에이전트 자동 등록 기능을 활용한 호스트 등록을 살펴볼 것이다.

이런 방법을 학습하면서 전역 정규식과 같은 관련 기능을 살펴보고 사용자 매크로 컨텍스트를 비롯해 이미 알고 있는 기능에 대해 자세히 알아본다.

자빅스는 개체 설정을 자동으로 관리하는 여러 가지 방법을 제공하고 있으며 서로 다른 방식으로 작동하므로 자동 검색auto-discovery이라는 용어를 사용하지 않는 것이 좋다. 아무도 어떤 기능을 의미하는지 알 수 없다. 대신, 로우레벨 디스커버리 또는 네트워크 디스커버리, 액티브 에이전트 자동 등록 등으로 명확히 표현하는 것이 좋다.

▌ 로우레벨 디스커버리

현재 우리는 호스트에서 네트워크 트래픽을 비롯한 여러 아이템을 모니터링하고 있다. 앞에서는 인터페이스 이름을 찾아서 관련된 모든 아이템을 수동으로 지정하여 해당 아이템을 설정했다. 하지만 인터페이스 이름은 시스템마다 다를 수 있으며 각 시스템마다 인터페이스의 수가 다를 수 있다. 파일 시스템, CPU, 기타 개체에서도 마찬가지다. 또한 파일 시스템이 마운트되거나 마운트가 해제될 수도 있다. 자빅스는 로우레벨 디스커버리 기능을 통해 이와 같이 다양하고 잠재적으로 동적인 구성을 다루는 방법을 제공한다. 로우레벨 디스커버리는 자빅스 문서와 커뮤니티에서는 LLD라고 알려져 있으며, 이 책에서도 LLD를 사용할 것이다.

로우레벨 디스커버리는 일반적으로 기존 호스트에서 개체를 디스커버리할 수 있게 한다. 18장, 'VM웨어 모니터링'에서 LLD를 사용해 호스트를 디스커버리하는 것과 관련된 고급 기능을 설명한다. LLD는 매우 널리 사용되는 기능이며, 대부분의 자빅스 사용자는 이 기능의 혜택을 받는다. 기본적으로 제공되는 몇 가지 LLD가 있고, 새로운 LLD를 만드는 것도 매우 간단하다. 사용 가능한 LLD는 다음과 같다.

- 네트워크 인터페이스(자빅스 에이전트)
- 파일 시스템(자빅스 에이전트)
- CPU(자빅스 에이전트)
- SNMP 테이블
- ODBC 쿼리
- 커스텀 LLD

윈도우 서비스 디스커버리에 대해서는 14장, '윈도우 모니터링'에서 설명한다. ODBC 모니터링은 모니터링되는 많은 데이터베이스에 따라 번거로울 수 있으므로 이 책에서는 ODBC 모니터링에 많은 시간을 할애하지는 않을 것이며, ODBC LLD를 다루지 않을 것이다. 공식 문서는 https://www.zabbix.com/documentation/3.0/manual/discovery/low_level_discovery#discovery_using_odbc_sql_queries에서 참고한다.

네트워크 인터페이스 디스커버리

서버의 네트워크 인터페이스는 모니터링하기 쉽지만 환경, 크기가 증가하고 시간이 지나면서 복잡해지는 경향이 있다. 예전에는 eth0만으로 모든 것이 충분했다. 하지만 eth1, eth2 같은 인터페이스를 필요로 하는 사람들도 있다. 현재 사용 중인 네트워크 인터페이스를 수동으로 자빅스 아이템으로 생성하여 모든 인터페이스를 올바르게 모니터링하는 것은 어려운 일이다. 또한 리눅스 기반 시스템의 네트워크 인터페이스 이름 지정 방식이 변경돼 이제는 enp0s25 같은 전혀 다른 인터페이스 이름을 사용할 수도 있다. 이런 점이 수많은 시스템 관리를 어렵게 한다. 윈도우의 인터페이스 이름은 더욱 흥미롭다. 인터페이스 이름에는 공급 업체, 드라이버, 바이러스 백신 소프트웨어의 이름, 방화벽 소프트웨어 외에도 많은 것을 포함시킬 수 있다. 과거에는 윈도우 시스템에서 가상 eth0 인터페이스를 만들기 위해 VB 스크립트를 작성하기도 했다.

다행히 LLD는 모든 네트워크 인터페이스를 자동으로 조회하고 각각의 인터페이스에서 원하는 항목을 모니터링할 수 있는 기본 방법을 제공한다. 이것은 리눅스와 윈도우, FreeBSD, OpenBSD, NetBSD, 솔라리스, AIX, HP-UX를 비롯해 자빅스 에이전트가 실행되는 대부분의 플랫폼에서 지원된다. 이제 모니터링되는 시스템에서 모든 인터페이스를 자동으로 찾는 방법을 살펴보자.

Configuration > Templates으로 이동해 C_Template_Linux 옆의 Discovery를 클릭하자. 현재 설정된 Discovery는 없지만 LLD 룰을 나열하는 섹션이다. 규칙을 작성하기 전에 LLD 룰이

무엇인지, 다른 항목이 LLD를 보완하는지 이해하는 것이 도움이 될 것이다.

디스커버리Discovery 룰은 자빅스가 어떤 것들을 조회할지를 설정하는 개체이다. 네트워크 인터페이스의 경우 LLD 룰은 모든 인터페이스 목록을 반환한다. 우리 시스템에 eth0와 eth1이라는 인터페이스가 있다고 가정하면 LLD 룰은 두 인터페이스의 목록을 반환한다.

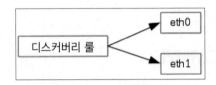

LLD 룰에는 프로토타입이 포함된다. 가장 먼저 아이템에 대한 프로토타입이 필요하고, 트리거와 사용자 정의 그래프 프로토타입을 추가할 수 있다. 그렇다면 프로토타입은 무엇일까? 8장, '템플릿을 통한 복잡한 설정 단순화'에서 템플릿에 대해 설명했는데, LLD 프로토타입은 미니 템플릿으로 생각할 수 있다. 템플릿은 전체 호스트에 영향을 주지만 LLD 프로토타입은 아이템이나 트리거 또는 호스트의 사용자 정의 그래프에 영향을 준다. 예를 들어, 네트워크 인터페이스 디스커버리를 위한 아이템 프로토타입은 자빅스에서 찾아낸 모든 인터페이스로 들어오는 네트워크 트래픽을 동일한 방식으로 모니터링하도록 설정할 수 있다.

LLD 룰 생성으로 돌아가서, LLD 룰의 빈 목록에서 오른쪽 상단 모서리에 있는 Create discovery rule을 클릭하고 다음을 입력해보자.

- Name: Interface discovery
- Key: net.if.discovery
- Update interval: 120

Name	Interface discovery
Type	Zabbix agent ▾
Key	net.if.discovery
Update interval (in sec)	120

완료되면 **Add**를 클릭하자. 디스커버리 룰이 추가된다. 하지만 이 룰은 당장 유용한 일을
수행하지 않는다. 우리가 사용한 핵심 요소인 net.if.discovery는 시스템의 모든 인터페
이스를 반환해야 한다. 이미 눈치 챘을 수 있지만, LLD 룰의 속성은 아이템 속성과 매우
비슷하게 보인다. 유연한 수집주기가 있다. 기본적으로 LLD 룰은 실제로 아이템이다. 나
중에 어떻게 작동하는지 자세히 살펴볼 것이다.

디스커버리 룰은 매크로를 반환한다. 이전에 언급했던 것처럼, 매크로를 변수로 생각하
는 것이 더 알맞을 수 있다. 그럼에도 불구하고 앞으로도 이 변수를 매크로라고 부를 것이
다. 이 매크로는 디스커버리된 개체의 다양한 특성을 반환한다. 자빅스 에이전트가 네트
워크 인터페이스를 찾을 때 이 매크로는 인터페이스 이름을 반환한다. LLD 매크로는 항
상 {#NAME} 구문을 사용한다. 즉, 중괄호로 묶여 있고 해시 표시가 앞에 붙은 이름이다. 매
크로는 나중에 프로토타입에서 디스커버리된 각 인터페이스의 아이템을 만들 때 사용할
수 있다. 내장된 LLD 룰 키는 매크로의 고정된 집합을 반환한다. 네트워크 인터페이스에
서 파일 시스템, 기타 디스커버리 순서로 살펴보고, 우리는 특정 분야의 디스커버리를 볼
때마다 각 세트에 대해 논의할 것이다. 이제 LLD 룰이 생성돼 인터페이스를 조회할 것이
다. 하지만 프로토타입 없이는 아무것도 수행되지 않는다. 프로토타입을 만들어 LLD 룰
생성의 혜택을 받아보자. LLD 룰 목록에서 **Interface discovery** 옆에 있는 **ITEMS** 열의 **Item
prototype**을 클릭하자. 그런 다음 **Create item prototype** 버튼을 클릭하고 다음을 채워보자.

- Name: Incoming traffic on $1
- Key: net.if.in[{#IFNAME}]
- Units: Bps

- Store value : Delta (speed per second)

신규로 생성한 프로토타입의 아이템 키 파라미터는 LLD 매크로를 사용하는데, 이것은 필수로 사용된다. 이 매크로는 아이템을 최종 생성할 때 다른 값으로 바뀌므로 아이템 키가 바뀐다. 키 파라미터에서 LLD 매크로를 사용하지 않고 아이템 프로토타입을 만들 수 있지만, 디스커버리의 조회 결과로 LLD 매크로당 하나의 아이템을 만들려고 시도하기 때문에 유일성의 문제로 아이템 생성에 실패한다.

구성이 완료되면 하단의 **Add** 버튼을 클릭하고, 아이템 프로토타입이 현재 설정한 대로 작동하는지 살펴보자. LLD 룰의 간격은 120초로 설정했다. 아이템과 디스커버리 룰은 수동으로 실행할 수 없기 때문에, 다양한 설정을 둘러보면서 기다려보자. 몇 분 후 Configuration ➤ Hosts로 이동하자. 그런 다음 A test host 옆에 있는 Discovery를 클릭해보자. INFO 열에 빨간색 오류 아이콘이 생긴 것을 볼 수 있는데, 뭔가 잘못된 것을 알 수 있다. 마우스 커서를 아이콘 위로 이동하면 오류 메시지의 내용을 볼 수 있다.

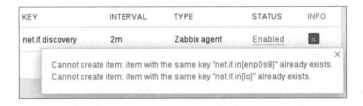

메시지 내용은 LLD 아이템 프로토타입을 기반으로 만들어야 할 아이템이 이미 존재한다는 내용이다. 오류가 발생하는 원인은 앞에서 인터페이스 모니터링을 위해 수동으로 동일한 아이템을 만들었기 때문이다.

 LLD 룰이 이미 만들어진 아이템을 만들려고 하면 디스커버리는 실패하고 아이템이 만들어지지 않는다.

아이템의 유일성은 모든 파라미터를 포함한 아이템 키에 의해 결정된다. 불행하게도 수동으로 구성된 아이템과 LLD 생성 아이템을 병합하는 방법은 없다. 또한 수집된 이력을 유지하는 간단한 방법도 없다. 수동으로 생성된 아이템의 이력을 유지하려면 기존 수동으로 추가한 아이템이나 아이템 프로토타입의 아이템 키를 약간 변경해 이력 수집의 목적으로 유지한 다음, LLD 생성 아이템이 충분한 이력 데이터를 수집하면 아이템을 제거하는 방법을 사용할 수 있다. 이 경우 기존 아이템 키에 트릭을 적용할 수 있다. Configuration > Templates을 선택하고 C_Template_Linux 옆의 Items를 클릭하자. Incoming traffic on interface eth0을 클릭하고 속성을 다음과 같이 변경하자.

- Name: Incoming traffic on interface $1 (manual)
- Key: net.if.in[enp0s8,]

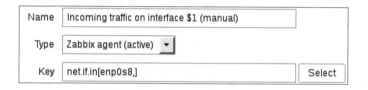

이름 뒤에 (manual)을 추가하고, 키의 대괄호 안에 콤마를 추가하자. 첫 번째 변경은 꼭 필요한 것은 아니지만 수동으로 등록한 아이템을 식별할 수 있게 한다. 두 번째 키의 변경은 기능적인 변화는 없으며, 아이템은 계속 동일한 정보를 수집한다. 이와 같이 작은 변경만으로도 키가 달라진다. 이제 아이템 키를 변경했으므로 디스커버리 룰은 해당 아이템을 만들 수 있어야 한다. 수정이 완료되면 Update를 클릭한다. 이제 outgoing network traffic 아이템과 loopback interface 아이템도 동일하게 변경하자.

 이 트릭은 파라미터가 존재하는 아이템 키이기 때문에 동작한다. 파라미터가 없는 아이템 키의 경우 빈 대괄호를 추가해서 파라미터 없는 키로 표현할 수 없다.

아이템 키가 변경되면 송신 트래픽을 자동으로 모니터링할 수 있다. Configuration ➤ Templates로 이동해 C_Template_Linux 옆의 Discovery를 클릭하고, Interface discovery 옆의 Item prototypes를 클릭하자. Incoming traffic on {#IFNAME}을 클릭한 다음 Clone 버튼을 클릭하자. Name 필드의 Incoming을 Outgoing으로 변경하고, Key 필드를 net. if.out[{#IFNAME}]으로 변경하자. 변경이 완료되면 하단의 Add 버튼을 클릭하자.

몇 분 후 다시 Configuration ➤ Hosts로 이동하자. A test host 옆의 Discovery를 클릭하면 오류 아이콘이 없어졌을 것이다. 오류 아이콘이 아직 남아있다면, 오류가 발생한 아이템을 앞에서 언급한 방식으로 다시 수정해보자. 이 절에 나열된 오류가 없으면 Configuration ➤ Hosts로 이동해서 A test host 옆의 Items를 클릭해보자. Items에는 몇 가지 새로운 아이템이 있어야 하며 아이템 이름 앞에 LLD 룰 이름인 Interface discovery가 있어야 한다.

| Interface discovery: Incoming traffic on lo |
| Interface discovery: Incoming traffic on enp0s8 |
| Interface discovery: Incoming traffic on enp0s3 |

LLD 룰 이름을 클릭하면 LLD 룰의 프로토타입 목록이 열린다.

 생성되는 아이템의 수는 시스템의 인터페이스 수에 따라 달라진다. 현재의 설정에서 각 인터페이스에 대해 두 개의 아이템이 생성돼야 한다.

첫 번째 디스커버리 룰은 잘 작동하고 있는 것으로 보인다. 시스템의 모든 인터페이스가 검색되고 네트워크 트래픽이 모니터링되고 있다. 각 인터페이스에서 다른 파라미터를 모니터링하려면, 아이템 키 파라미터에 디스커버리 매크로를 사용해 아이템의 유일성을 보장하는 프로토타입을 추가한다.

계산 아이템 자동 생성

11장, '고급 아이템 모니터링'에서는 수동으로 생성된 네트워크 트래픽 아이템의 총 송수신 트래픽을 수집하기 위해 계산 아이템을 생성했다. LLD로 작성한 모든 아이템에 대해서도 계산 아이템을 수동으로 생성할 수는 있지만 자동으로 생성된 아이템을 수동으로 작업하는 것은 엄청난 양의 작업이 될 수 있다.

대신 LLD 룰에 따라 인터페이스별로 계산 아이템을 만들 수 있다. Configuration ➤ Templates 이동해 C_Template_Linux 옆의 Discovery를 클릭하고 Interface discovery 옆의 Item prototypes를 클릭하자. 그리고 Create item prototype을 클릭하고 다음 값을 입력해보자.

- Name: Total traffic on $1
- Type: Calculated
- Key: calc.net.if.total[{#IFNAME}]
- Formula: last(net.if.in[{#IFNAME}])+last(net.if.out[{#IFNAME}])
- Units: B

 여기에서 입력한 네트워크 트래픽 아이템의 데이터 형식은 의도적으로 Numeric (unsigned)으로 두었다. 그 이유에 대해서는 3장, '자빅스 에이전트와 기본 프로토콜과 모니터링'을 참고하자.

완료되면 하단의 **Add** 버튼을 클릭하자. 몇 분 이내에 최근 데이터 페이지에서 해당 아이템이 데이터를 수집하는 것을 확인할 수 있다.

 계산 아이템의 아이템 키는 단지 편의를 위한 것이다. 데이터 수집은 수식에 의하여 결정되고, 아이템 키에 영향을 받지 않는다.

만일 전체 트래픽에 대한 매우 자세한 통계에는 관심이 없지만, 장기적인 추세에 관심이 있다고 가정해보자. 이런 경우 방금 생성한 아이템의 지난 10분 동안 평균 송수신 트래픽 합계를 계산하고, 10분마다 수집하도록 수정할 수 있다. 이제 Configuration > Templates 으로 이동해, C_Template_Linux 옆의 Discovery를 클릭하고, Interface discovery 옆의 Item prototypes를 클릭하자. Total traffic on {#IFNAME}을 클릭하고, 아래 네 개의 필드를 변경하자.

- Name: Total traffic on $1 over last 10 minutes
- Key: calc.net.if.total.10m[{#IFNAME}]
- Formula: avg(net.if.in[{#IFNAME}],10m)+avg(net.if.out[{#IFNAME}],10m)
- Update interval: 600

 Formula에 10m 대신에 600을 사용할 수도 있다.

완료되면 하단의 Update 버튼을 클릭하자. 디스커버리 룰을 실행하는 데 몇 분 정도 소요되고, 아이템 수집에 10분가량 소요될 것이다.

이제 변경 내용에 대해 이야기해보자. 가장 중요한 변화는 수식 업데이트다. 우리는 두 아이템의 last() 함수를 avg()로 변경했다. 계산 아이템에서는 모든 트리거 함수를 사용할 수 있다. 이 함수에 대한 파라미터를 콤마 다음에 지정했다. 그래서 디스크 스페이스 아이템에서는 아이템 키를 큰따옴표로 묶어야 했다. 참조된 키에 콤마가 포함되어 있으며 아이템 키의 파라미터와 함수 파라미터를 구분할 때 자빅스에서 콤마를 잘못 해석한다.

TIP 콤마를 더 추가해 추가 파라미터를 지정할 수 있다. 예를 들어 avg(net.if.in [{# IFNAME}], 10m, 1d)로 지정할 경우 1d는 avg() 트리거 함수의 두 번째 파라미터로 지정되어 타임 쉬프트가 된다. 트리거 기능에 대한 자세한 내용은 6장, '트리거를 통한 문제 감지'를 참고하자.

그래프에 합계를 표시하려는 경우 누적 그래프를 작성하면 별도의 아이템을 생성하지 않아도 된다. 누적 그래프는 9장, '그래프와 맵을 이용한 데이터 시각화'에서 알아본다.

총 트래픽 아이템은 최근 10분 동안의 평균 총 트래픽을 표시하도록 최신 데이터로 업데이트돼야 한다. 일반적으로 이런 평균에는 한 시간 정도로 더 긴 간격을 사용하지만 여기서는 빨리 데이터를 확인하기 위하여 10분으로 지정했다. 이 방법을 사용해 일부 아이템의 변동 평균을 구성할 수도 있다. 예를 들어 다음과 같은 수식을 사용하면 CPU 로드에 대해 6시간 동안의 평균을 계산할 수 있다.

```
avg(system.cpu.load,6h)
```

계산 아이템은 단일 아이템을 참조하여 계산을 수행할 수도 있기 때문에, 꼭 여러 아이템을 참조할 필요는 없다. 이렇게 작성된 평균은 현재 CPU 로드 값의 평균보다 추세 예측 또는 관련된 트리거 작성에 좀 더 유리하다.

트리거 자동 생성

디스커버리된 모든 개체에 대한 아이템을 작성하는 것은 유용하지만 이를 관찰하는 것도 상당한 작업이다. 다행히 LLD를 사용하면 자동으로 트리거를 생성할 수 있다. 트리거도 아이템과 마찬가지로, 프로토타입 생성이 선행돼야 한다. 실제 트리거는 디스커버리 프로세스에 의해 나중에 생성된다.

프로토타입을 생성하기 위해 Configuration ➤ Templates로 이동하자. C_Template_Linux 옆의 Discovery를 클릭하고, Trigger prototypes를 클릭하자. 우측 상단의 Create trigger prototype을 클릭하고, 다음과 같이 입력하자.

- Name: Incoming traffic too high for {#IFNAME} on {HOST.NAME}
- Expression: 해당 필드 옆의 **Add**를 클릭하고, 팝업에서 **Select prototype**을 클릭한 후 **Incoming traffic on {#IFNAME}**을 클릭하자. **Insert**를 클릭하고 생성된 표현식의 =0을 >5k로 수정하자. 이렇게 설정하면 초당 바이트로 수집되는 아이템의 트래픽이 초당 5,000바이트를 초과할 때마다 트리거가 동작한다.
- Severity: Warning 선택

완료되면 하단의 **Add** 버튼을 클릭하자. 수신 트래픽에 대한 트리거 프로토타입 생성이 완료됐다. 이제 송신 트래픽에 대한 프로토타입을 만들어보자. 방금 만든 프로토타입의 이름을 클릭한 다음 **Clone**을 클릭하자. 새 서식에서 NAME 필드의 Incoming을 Outgoing으로 변경하고, Expression 필드의 net.if.in을 net.if.out으로 변경한 다음 하단의 **Add** 버튼을 클릭하자. **Configuration > Hosts**를 선택하고 **A test host** 옆의 **Triggers**를 클릭해 신규로 생성된 프로토타입을 확인하자. 송신 트래픽에 프로토타입을 먼저 만들었기 때문에 디스커버리는 송신 트래픽 트리거를 먼저 처리하여, 이미 여러 개의 송신 트래픽 트리거가 존재할 수도 있다.

Warning	Interface discovery: Incoming traffic too high for enp0s3 on {HOST.NAME}	{A test host:net.if.in[enp0s3].**last()**}>5K
Warning	Interface discovery: Incoming traffic too high for enp0s8 on {HOST.NAME}	{A test host:net.if.in[enp0s8].**last()**}>5K
Warning	Interface discovery: Incoming traffic too high for lo on {HOST.NAME}	{A test host:net.if.in[lo].**last()**}>5K

모든 LLD 트리거가 나타나기까지 몇 분 걸리지 않을 것이다. 변경 사항을 확인하기 위해 페이지를 수동으로 새로고침해보자. 설정 페이지는 모니터링 페이지처럼 자동으로 새로고침되지 않는다.

트리거 이름에는 아이템과 마찬가지로 LLD 룰 이름이 접두어로 붙는다. 생성된 트리거가 아이템처럼 각 인터페이스에 대한 프로토타입마다 하나씩 있는지 확인하자. {#IFNAME} LLD 매크로는 인터페이스 이름으로 대체됐다. 따라서 생성된 트리거를 고유하게 만드는 것에 대해 걱정할 필요가 없다. 트리거는 아이템 키를 참조해야 하며 아이템 키 파라미터에 적절한 LLD 매크로가 이미 포함됐다.

여기에서 선택한 임계치는 매우 낮기 때문에, 이 작은 테스트 시스템에서도 발생할 가능성이 있다. 다양한 시스템이 있고 각 시스템마다 서로 다른 임계치를 갖고 싶다면 어떻게 해야 할까? 앞에서 살펴본 사용자 매크로가 이럴 때 도움이 될 것이다. 사용자 매크로를 사용하면 하드코드된 특정 값 대신 트리거 표현식에서 필요에 따라 특정 호스트에서 이를 재정의할 수 있다. 사용자 매크로에 대해서는 8장, '템플릿을 통한 복잡한 설정 단순화'에서 설명했다.

그래프 자동 생성

지금까지 모든 인터페이스에 대하여 자동으로 생성되는 트리거와 아이템을 만들었다. 이제는 각각의 인터페이스의 송수신 트래픽을 결합한 그래프를 작성해 볼 것이다. 이전과 마찬가지로 이것은 프로토타입을 활용하여 생성하게 된다. Configuration ➤ Templates로 이동해, C_Template_Linux 옆의 Discovery를 클릭하고, Graph prototypes를 클릭하자. Create graph prototype을 클릭한 후 Name 필드에 Traffic on {#IFNAME}을 입력하자.

Items 섹션에서 Add prototype을 클릭하고, incoming/outgoing network traffic items 옆에 있는 체크박스를 선택하자. 그런 다음 Select를 클릭한다. 두 항목의 DRAW STYLE 드롭다운에서 Gradient line을 선택하자.

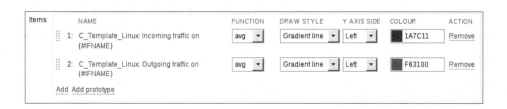

완료되면 하단의 Add 버튼을 클릭하자. 그래프 이름에 LLD 매크로를 지정한 것에 유의하자. 그래프 이름에 LLD 매크로를 지정하지 않으면 각각의 인터페이스별로 같은 이름의 그래프가 생성되기 때문에 자빅스는 그래프를 만들 수 없게 된다.

프로토타입의 정상적인 생성을 확인하기 위해 Configuration > Hosts로 이동해 A test host 옆의 Graphs를 클릭하자. 그래프가 표시되지 않는다면 2분 정도 기다렸다가 페이지를 새로고침해보자. 각 인터페이스별로 LLD 룰 이름이 접두어로 붙은 그래프가 나타날 것이다.

Interface discovery: **Traffic on enp0s3**

Interface discovery: **Traffic on enp0s8**

Interface discovery: **Traffic on lo**

Monitoring > Graphs로 이동하고, Host 드롭다운에서 A test host를 선택하면, 이 모든 그래프가 Graph 드롭다운에 표시될 것이다. 이 방법을 사용하면 적절한 수동으로 그래프를 구성하지 않아도 적절한 그래프를 선택해 특정 인터페이스의 트래픽을 쉽게 검토할 수 있다.

 현재 디스커버리된 모든 아이템을 그래프로 자동 생성하는 방법은 없다.

디스커버리 결과 필터링

이렇게 생성된 아이템과 트리거, 그래프를 살펴보면 실제 인터페이스 외에도 루프백 인터페이스도 디스커버리됐고, 루프백 인터페이스의 모든 개체도 생성됐다. 경우에 따라 루프백 인터페이스도 모니터링하는 것이 유용할 수 있지만 대부분의 시스템에서 이런 데이터는 불필요하다.

설정에서 아이템 목록을 보면, LLD로 생성된 아이템의 체크박스가 비활성화되어 속성을 편집할 수 없다. 호스트에서 LLD로 생성된 아이템은 STATUS 열의 컨트롤을 사용해 개별적으로 활성화 또는 비활성화하는 것 외에는 편집할 수 없다. 또한 프론트엔드에서는 체크박스를 사용할 수 없으므로 대량 업데이트를 사용할 수 없다. 각 아이템을 하나씩 수행해야 한다.

많은 호스트에서 LLD로 생성된 아이템을 비활성화하면 엄청난 수작업이 될 수 있다. 프로토타입에서 비활성화를 설정할 수도 있지만 다음의 두 가지 이유로 동작하지 않는다. 먼저 모든 인터페이스의 아이템에 동일한 프로토타입이 사용되기 때문에 루프백 인터페이스 아이템을 비활성화하면 모든 아이템에 적용된다. 또 프로토타입의 상태 변경은 생성된 아이템으로 전파되지 않는다. 아이템은 생성될 때 아이템의 활성화 상태가 결정된다.

아이템 키나 속성 수정 등 아이템에 변경 사항이 발생하면 어떻게 될까? 프론트엔드에서 프로토타입을 변경할 때가 아닌, 해당 아이템이 자빅스 서버에 의해 디스커버리될 때 LLD 아이템이 변경된다. 프로토타입의 변경 사항이 LLD 아이템에 적용되려면 LLD 룰 실행 주기를 기다려야 한다는 의미다.

이런 루프백 인터페이스 아이템 같은 특별한 경우를 위하여 특정 디스커버리된 개체에 대한 아이템을 생성 못하도록 막는 간단한 방법을 제공한다. 이럴 때는 개체의 LLD 룰 수준에서 LLD 반환을 필터링할 수 있다. lo라는 이름의 인터페이스를 필터링하도록 기존 룰을 변경해보자.

 LLD에서 생성된 아이템을 유지하면서 아이템을 활성화거나 비활성화하려는 경우 자빅스 API를 활용할 수 있다. 21장, '자빅스 데이터 활용하기'에서 API에 대해 간략하게 소개한다.

Configuration ❯ Templates로 이동해 C_Template_Linux 옆의 Discovery를 클릭하자. 그런 다음 Name 열의 Interface discovery를 클릭하자. Filters 탭으로 전환하고 첫 번째이자 유일한 필터 항목에서 다음을 채워보자.

- MACRO: {#IFNAME}
- REGULAR EXPRESSION: ^([^l].*|l[^o]|lo.+)$

완료되면 **Update**를 클릭하자. LLD 필터는 일치하는 항목만 반환하도록 작동한다. 이 경우에서는 lo 항목이 제외되고, 다른 모든 항목을 유지되도록 설정했다. 안타깝게도 자빅스 데몬은 POSIX 확장 정규식만 지원한다. 이 방법으로 문자열을 필터링하는 것은 상당히 복잡하다. 지금 작성한 필터는 lo를 제외하지만 다른 모든 항목(eth0, enp0s8, loop 포함)과 일치한다.

 12장의 뒷부분에서 문자열을 필터링하는 방법을 더 쉽게 설명한다.

매크로의 작동 여부를 확인하려면 **Configuration ➤ Hosts**를 선택하고 **A test host** 옆의 **Items**를 클릭하자. 목록에서 두 인터페이스 항목의 **INFO** 열에 느낌표가 있는 주황색 아이콘이 표시되는지 확인하자. 마우스 커서를 위로 이동하면 이 아이템이 더 이상 검색되지 않고 나중에 삭제될 것이라는 메시지가 나타날 것이다.

The item is not discovered anymore and will be deleted in 29d 23h 57m (on 2016-06-10 at 05:54).

이렇게 표시되는 경우는 아이템이 필터에 의해 제외됐기 때문에 아이템을 찾을 수 없지만, 인터페이스가 제거됐거나 이름이 변경된 것일 수도 있다. 하지만 왜 29일이라는 특정 시간이 지나야 제거되는 것일까? LLD 룰의 속성을 다시 보면 **Keep lost resources period**를 확인할 수 있다.

Keep lost resources period (in days)	30

여기서 아이템을 다시 검색하지 않을 때 보관할 기간을 지정할 수 있으며 기본값은 30일이다. 툴 팁은 아이템이 삭제까지 남은 시간과 정확한 삭제 시간을 표시한다. 트리거와 사용자 정의 그래프를 비롯한 기타 개체는 기본 아이템이 유지되는 한 유지된다.

 LLD 룰은 데이터를 가져올 때만 평가된다. 룰에서 데이터를 가져오지 못하면 아이템의 삭제가 고려돼야 한다고 표시되지만, 룰이 데이터를 가져와서 평가될 때까지 삭제되지 않는다.

이제 Monitoring > Latest data를 클릭하고 Incoming traffic on lo의 그래프를 클릭하자. 시간 변화를 보면, 해당 아이템은 삭제가 예정됐음에도 불구하고, 계속해서 데이터를 수집한다. 모니터링을 처음 구성할 때, 장비에 부하를 줄 수 있을 정도로 많은 것들을 모니터링했고, 그래서 부하를 해결하기 위하여 필터를 적용했었다. 필터를 적용했는데도 계속 모니터링되는 것은 옳지 않다. 이를 직접 제어할 수 있는 방법은 없지만 일시적으로 자원 보존 기간을 0으로 설정하면 다음 번에 LLD 룰이 실행될 때 검색되지 않는 아이템이 제거된다. LLD 룰 속성에서 이 필드의 값을 0으로 설정하고 Update를 클릭한다. 몇 분 후에 설정에서 A test host의 아이템 목록을 확인해보자. lo 인터페이스 아이템은 모두 없어질 것이다.

디스커버리된 개체마다 다른 아이템 세트를 원한다면 어떻게 할 수 있을까? 예를 들어 특정 이름의 인터페이스에서 더 많은 것을 어떻게 모니터링할 수 있을까? 불행하게도 이것은 쉽지 않다. 한 가지 방법은 서로 다른 아이템 프로토타입을 사용해 두 개의 서로 다른 LLD 룰을 만든 다음 하나의 LLD 룰에서 한 세트의 아이템을 필터링하고 다른 LLD 룰에서 또 다른 세트를 필터링하는 방법이 있다. 아직도 예상보다 복잡하다. LLD 룰에는 아이템과 동일한 유일성 기준인 키가 있다.

일부 아이템에서는 아이템 키에 key와 key[]를 사용해 약간의 트릭을 줄 수 있다. 키에 빈 대괄호를 지정하면 빈 파라미터가 지정되고 기능적으로는 동일하게 동작해야 한다. 하지만 불행하게도 에이전트 LLD 키는 파라미터를 허용하지 않으므로 이 트릭은 동작하지 않는다. 한 가지 해결책은 아이템 키에 별칭을 지정하는 것이다. 이 작업을 수행하는 방법은 22장, '자빅스 운영/유지보수'에서 설명한다.

파일 시스템 디스커버리

자빅스 에이전트에 내장된 네트워크 인터페이스를 디스커버리하는 기능을 확인했다. 또한 자빅스 에이전트는 가장 인기 있는 파일 시스템 디스커버리도 지원한다. 파일 시스템을 설정하기 전에 이 기능이 제공하는 것을 알아보자.

LLD JSON 형식 소개

디스커버리는 프론트엔드에서 아이템처럼 보인다. 디스커버리는 내부적으로는 아이템과 같은 방식으로 동작한다. 하지만 디스커버리는 특정 아이템 값의 내용을 기반으로 생성된다. 디스커버리된 모든 것들은 JSON 구조로 인코딩되는데, 이 결과를 보는 가장 쉬운 방법은 zabbix_get을 사용해 자빅스 에이전트에 조회하는 것이다. A test host에서 이 명령을 실행해보자.

```
$ zabbix_get -s 127.0.0.1 -k net.if.discovery
```

여기서 net.if.discovery는 아이템 키이며 다른 아이템 키와는 다르지 않다. 명령을 실행하면 다음과 비슷한 문자열이 반환된다.

```
{data:[{{#IFNAME}:enp0s3},{{#IFNAME}:enp0s8},{{#IFNAME}:lo}]}
```

반환된 문자열은 충분히 이해할 수 있지만 일부 포맷을 정리하면 더 이해하기 좋을 것이다. 포맷하기 가장 쉬운 방법은 펄 또는 파이썬을 사용하는 것이다. 파이썬을 활용하는 방법은 다음과 같다.

```
$ zabbix_get -s 127.0.0.1 -k net.if.discovery | python -mjson.tool
```

펄 사용 시, 아래 두 가지 방법 중 하나를 사용할 수 있다.

```
$ zabbix_get -s 127.0.0.1 -k net.if.discovery | json_pp
$ zabbix_get -s 127.0.0.1 -k net.if.discovery | json_xs
```

후자의 방법은 빠르지만 JSON::XS Perl 모듈이 필요하다. 지금의 목적은 성능이 아니기 때문에 가장 편한 방법을 선택하자. 출력은 다음과 유사하다.

```
{
    data : [
        {
            {#IFNAME} : enp0s3
        },
        {
            {#IFNAME} : enp0s8
        },
        {
            {#IFNAME} : lo
        }
    ]
}
```

인터페이스의 수와 이름은 다를 수 있지만 디스커버리된 각 인터페이스에 대해 하나의 매크로를 반환한다는 것을 알 수 있다. 파일 시스템 디스커버리를 위한 키는 네트워크 인터페이스와 비슷한 vfs.fs.discovery를 사용한다. 이제 다음을 실행해보자.

```
$ zabbix_get -s 127.0.0.1 -k vfs.fs.discovery | json_pp
```

이것은 대부분 많은 항목을 반환한다. 다음은 전체 데이터 중 일부다.

```
{
    data : [
      {
      ...
         {#FSNAME} : /dev/pts,
         {#FSTYPE} : devpts
      },
      {
         {#FSNAME} : /,
         {#FSTYPE} : ext3
      },
      {
         {#FSNAME} : /proc,
         {#FSTYPE} : proc
      },
      {
         {#FSNAME} : /sys,
         {#FSTYPE} : sysfs
...
```

여기서는 두 가지를 알 수 있다. 하나는 모니터링하고자 하는 파일 시스템보다 더 많은 항목이 반환하는 것이고. 둘째는 각 파일 시스템의 이름과 타입, 두 값을 반환하는 것이다. 파일 시스템을 이름으로 필터링할 수 있지만 일부 모니터링 시스템은 루트 파일 시스템만 가질 수도 있고 일부는 /home을 가질 수도 있다. 이때 가장 좋은 방법은 파일 시스템 타입으로 필터링하는 것이다. 이 예제에서는 ext3 유형의 파일 시스템만 모니터링할 것이다. Configuration ➤ Templates로 이동해 C_Template_Linux 옆의 Discovery를 클릭하고, Create discovery rule을 클릭하자. 그리고 다음 값을 채워보자.

- Name: `Filesystem discovery`
- Key: `vfs.fs.discovery`
- Update interval: `120`

업데이트 주기는 네트워크 인터페이스 검색과 마찬가지로 120으로 설정하자. 디폴트값인 30초는 너무 짧기 때문에 사용하지 않아야 한다. 디스커버리는 자원을 많이 사용할 수 있다. 가능하다면 시간 단위로 실행하는 것이 좋다. 이제 Filters 탭으로 전환하고 다음 값을 입력해보자.

- Macro: {#FSTYPE}
- Regular expression: ^ext3$

 파일 시스템 타입을 시스템에서 사용되는 타입으로 바꾸자. ^ext3|ext4$와 같이 여러 파일 시스템 타입을 사용할 수 있다.

완료되면 하단의 **Add** 버튼을 클릭하자. 이제 디스커버리는 생성됐지만 아직 프로토타입은 없다. Filesystem discovery 옆의 Item prototypes를 클릭하고 Create item prototype을 클릭한 후 다음을 채워보자.

- Name: `Free space on {#FSNAME}`
- Key: `vfs.fs.size[{#FSNAME},free]`

완료되면 하단의 Add 버튼을 클릭하자. 이제 디스커버리는 모든 파일 시스템 목록을 얻고, 파일 시스템 타입이 ext3인 파일 시스템을 제외하여 필터링한 후, 각각의 파일 시스템에 대해 디스크 여유 공간 아이템을 생성할 것이다. {#FSTYPE} LLD 매크로를 통해 필터링을 수행했지만 실제 아이템 설정에서는 {#FSNAME}을 사용했다. 몇 분 후, Configuration ➤ Hosts로 이동해 A test host 옆의 Items를 클릭하자. ext3 유형의 각 파일 시스템에 대해 디스크 여유 공간 아이템이 있어야 한다.

Filesystem discovery: Free space on /	vfs.fs.size[/,free]

더 많은 프로토타입을 사용해 총 용량 및 inode 통계, 그 밖의 데이터 등을 모니터링할 수 있다. 필요에 따라 각각의 파일 시스템에 트리거를 생성할 수 있다.

이 디스커버리는 여러 매크로를 반환하므로 동시에 여러 매크로를 활용하여 필터링할 수 있다. 예를 들어 /boot 파일 시스템을 모니터링에서 제외하는 것을 추가할 수 있다. 7장, '트리거 처리 액션 제어'에서 살펴봤던 액션 조건의 논리 타입과 유사하게 And, Or, And/Or를 사용해 조건식을 선택할 수 있다. 그리고 또한 거기에 사용자 정의 표현식도 설정이 가능하다. 이를 통해 다양한 복잡성을 가진 디스커버리 로직을 만들 수 있다.

스크린에 디스커버리된 그래프 구성

일반 그래프로 스크린을 구성할 때는 스크린에 포함될 그래프만 선택하면 된다. 하지만 LLD로 생성된 그래프를 사용하면 각 호스트마다 얼마나 많은 그래프가 있는지를 알 수 없으므로 설정이 더욱 복잡해진다. 다행히 자빅스는 디스커버리된 개체의 수를 자동으로 계산하여 LLD 그래프를 스크린으로 구성할 수 있다. LLD 그래프를 스크린으로 구성하려면 Monitoring ➤ Screens의 스크린 목록으로 이동해 Local servers 옆에 있는 Constructor를 클릭하자. 왼쪽 하단의 + 아이콘을 클릭해 여기에 다른 행을 추가한 다음, 왼쪽 하단 셀의 Change를 클릭하자. Resource 드롭다운에서 Graph prototype을 선택하고, Graph prototype 필드 옆에 있는 Select를 클릭하자. 팝업 메뉴의 Group 드롭다운에서 Linux servers를 선택하고 Host 드롭다운에서 A test host를 선택하자. NAME 열의 Traffic on {#IFNAME}을 클릭하고 Width 필드에 400을 입력하자.

Resource	Graph prototype ▾	
Graph prototype	A test host: Traffic on {#IFNAME}	Select
Max columns	3	
Width	400	

Add를 클릭하자. 이 스크린 설정에서 제목은 **Traffic on {IFNAME}**로 표시되고, 데이터도 표시되지 않아서 그다지 유용하지 않은 것처럼 보인다. 모니터링 뷰에서 이 스크린을 확인해 실제로 얼마나 유용한지 확인해보자.

스크린 왼쪽 하단에는 시스템의 네트워크 인터페이스의 수에 따라 그래프가 표시된다. 시스템에 lo를 제외한 인터페이스가 하나만 있는 경우 화면이 괜찮게 보인다. 하지만 더 많은 인터페이스가 있으면 모든 인터페이스가 표시되지만 하나의 셀에 채워져 화면 레이아웃 보기에 좋지는 않다.

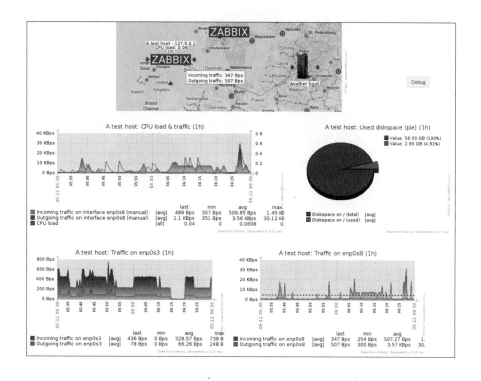

이 문제를 개선하려면 Local servers 스크린의 constructor로 돌아가서 왼쪽 하단의 Change 링크를 클릭하고, Column span을 2로 변경하자. 네트워크 인터페이스 그래프가 두 개의 칼럼을 사용하면 네트워크 인터페이스 그래프는 전체 화면 너비를 사용하게 된다. 또한 Max columns 입력란을 살펴보자. 기본값으로 3으로 설정되어 있다. Max columns가 3으로 설정된 경우 시스템에 세 개 이상의 네트워크 인터페이스가 디스커버리되면 그래프는 두 개가 아닌 세 칼럼 단위로 레이아웃을 구성한다. 여기서는 2로 설정하자. 완료되면 Update를 클릭한 다음 모니터링의 스크린을 다시 확인해보자.

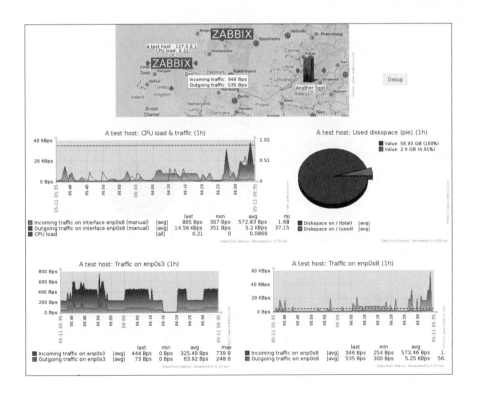

개선된 스크린은 이전보다 훨씬 좋아 보인다. 네트워크 트래픽 그래프는 전체 화면 너비로 표시되고 두 개가 넘는 트래픽 그래프는 열 아래에 배치된다. 이것이 새로 추가한 커스텀 그래프 프로토타입이다. 이제 심플 그래프 프로토타입이 어떻게 동작하는지 살펴보자. Local servers 스크린의 constructor를 다시 열고 왼쪽 하단에 있는 + 아이콘을 클릭하자. 왼쪽 하단 표 셀의 Change를 클릭하고 Resource 드롭다운에서 Simple graph prototype을 선택하자. 그런 다음 Item prototype 필드 옆에 있는 Select를 클릭하자. Group 드롭다운에서 Linux servers를 선택하고 Host 드롭다운에서 A test host를 선택한 다음 NAME 열의 Free space on {#FSNAME}을 클릭하자. Max columns, Column span을 모두 2로 설정하고 Add를 클릭하자.

모니터링 화면에서 이 스크린을 확인해보자. 디스커버리된 모든 파일 시스템은 네트워크 트래픽 그래프 아래의 이 스크린에 표시될 것이다.

단일 템플릿의 아이템 및 그래프 프로토타입만 선택할 수 있다는 점을 제외하고는 템플릿 스크린(호스트 스크린)에서도 동일한 방식으로 작동한다.

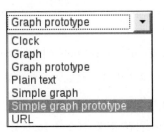

사용자 매크로를 사용한 임계치 설정

네트워크 인터페이스 LLD 프로토타입으로 생성된 트리거는 항상 동일한 임계치를 사용했다. 사용자 매크로를 사용하고 개별 호스트에 대한 임계치를 사용자 정의할 수 있지만 모든 인터페이스는 해당 호스트에서 동일한 임계치를 갖는다. 파일 시스템 모니터링을 사용하면 파일 시스템별로 다른 임계치를 설정하는 것이 필요할 수 있다. 예를 들어 루트 파일 시스템에서는 80%, /boot 파일 시스템에서는 60%, /home 파일 시스템에서는 95%를 설정하는 것이 필요할 수 있다. 이것은 사용자 매크로 컨텍스트를 사용해 가능하다.

 사용자 매크로에 대한 자세한 내용은 8장, '템플릿을 통한 복잡한 설정 단순화'를 참고하자.

사용자 매크로의 일반적인 구문은 {$MACRO}이다. 매크로 컨텍스트는 중괄호 안에 지정되며 콜론({$MACRO:context})으로 구분된다. LLD 룰에서 사용량이 80%인 파일 시스템을 감시하는 트리거 프로토타입의 표현식은 다음과 같이 작성할 수 있다.

```
{C_Template_Linux:vfs.fs.size[{#FSNAME},free].last()}<20
```

 트리거 반복 발생 현상(trigger flapping)을 피하기 위해서 6장, '트리거를 통한 문제 감지'에서 설명한 것처럼 avg() 또는 max()와 같은 트리거 함수를 사용하는 것이 좋다.

이 표현식은 디스크 공간이 20% 미만이거나 80% 이상인 파일 시스템에 대해 알림을 발생시킨다. 이 표현식의 임계치를 사용자 매크로로 사용하도록 작성할 수 있다.

```
{C_Template_Linux:vfs.fs.size[{#FSNAME},free].last()}<{$FS_FREE_ THRESHOLD}
```

이렇게 하면 호스트당 임계치를 사용자 정의할 수 있지만 파일 시스템당 임계치는 사용자 정의할 수 없다. 이 표현식을 확장하여 LLD 룰에 다음과 같이 디스커버리된 파일 시스템을 매크로 컨텍스트로 지정해보자.

```
{C_Template_Linux:vfs.fs.size[{#FSNAME},free].last()}<{$FS_FREE_
THRESHOLD:{#FSNAME}}
```

LLD 프로토타입이 처리될 때 LLD 매크로는 생성된 아이템의 디스커버리 값으로 대체된다. 호스트에 생성될 루트 파일 시스템의 트리거는 다음과 같다.

```
{A test host:vfs.fs.size[{#FSNAME},free].last()}<{$FS_FREE_THRESHOLD:/}
```

/home 파일 시스템의 트리거는 다음과 같다.

```
{A test host:vfs.fs.size[{#FSNAME},free].last()}<{$FS_FREE_THRESHOLD:/home}
```

자빅스는 이 트리거를 검사할 때, 이 컨텍스트 값을 가진 매크로를 호스트에서 먼저 찾는다. 호스트에서 발견되지 않으면 링크된 템플릿에서 이 컨텍스트의 매크로를 찾는다. 템플릿에 없으면, 전역 매크로를 찾을 것이다. 여전히 발견되지 않으면 컨텍스트 없이 매크로로 되돌아가서 일반 사용자 매크로로 표현식을 비교한다. 즉, 가능한 모든 컨텍스트 값을 가진 사용자 매크로를 정의할 필요가 없다. 즉, 동작을 수정하려는 사용자 매크로만 정의하면 된다. 특정 사용자 매크로의 사용이 불가능하다면 호스트, 템플릿, 전역 매크로가 지정되어 있을 것이다.

이 훌륭한 기능을 쉽게 설명하는 것은 쉽지 않다. 이 기능의 이해를 위해 그림으로 표현하면 다음과 같다. 컨텍스트가 없을 경우 사용자 매크로는 오른쪽 열과 같이 평가된다. 즉, 호스트 매크로를 먼저 확인 후, 템플릿 확인, 전역 매크로를 확인한다.

만일 컨텍스트를 사용하면 컨텍스트가 있는 매크로 이름을 먼저 호스트, 템플릿, 세 가지 수준 모두에서 찾은 다음 해당 매크로를 찾을 수 없으면, 세 가지 수준 모두에서 컨텍스트 없는 매크로 이름으로 찾는다. 가장 먼저 검색된 위치의 값이 해당 매크로의 값으로 결정된다.

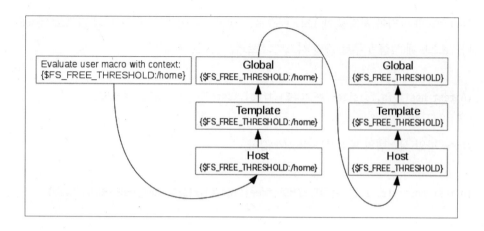

트리거에서 이 기능을 사용하면 파일 시스템마다 다른 임계치를 가질 수 있으며, 호스트별로도 지정할 수 있다. 이 방법으로 사용자 매크로 {$ FS_FREE_THRESHOLD : /home}을 한 호스트에서는 20, 다른 호스트에서는 30으로 설정할 수 있다.

물론 이것은 트리거에 국한되지 않고 아이템 매크로 파라미터 및 트리거 함수 파라미터를 포함하여 사용자 매크로가 지원되는 모든 위치에서 지원된다. 하나의 트리거로 한 시스템에서 5분, 다른 시스템에서 15분의 평균 온도를 확인하게 설정할 수 있다.

CPU 디스커버리

자빅스 에이전트가 지원하는 또 다른 디스커버리 방법은 CPU 디스커버리다. CPU 디스커버리는 시스템에 있는 모든 CPU나 코어를 반환한다. 이제 LLD JSON을 얻는 방법을 알고 있으므로, CPU 정보를 반환하는 데 사용되는 아이템 키만 알면 된다. CPU 디스커버리의 아이템 키는 system.cpu.discovery이다. 다음 명령을 A test host에서 실행해보자.

```
$ zabbix_get -s 127.0.0.1 -k system.cpu.discovery | json_pp
```

단일 코어 시스템의 경우 다음을 반환한다.

```
{
   data : [
      {
         {#CPU.NUMBER} : 0,
         {#CPU.STATUS} : online
      }
   ]
}
```

CPU 디스커버리는 각 CPU에 대해 두 개의 매크로를 반환한다.

- {#CPU.NUMBER}는 시스템에서 할당한 CPU 번호다.
- {#CPU.STATUS}는 호스트 시스템에서 제공한 CPU 상태를 알려준다.

이 기능을 사용하면 개별 CPU와 코어의 다양한 상태를 모니터링할 수 있다. 애플리케이션이 모든 코어를 고르게 사용해야 한다고 가정할 때 각 코어의 사용률이 균등하지 않은 경우를 파악할 때 유용하다. 간단한 CPU 사용률 모니터링은 모든 CPU에서 평균 결과를 반환하므로 쿼드 코어 시스템에서 단일 CPU의 100%를 소모하는 무한루프 프로세스는 25%의 사용률로만 등록된다. 또한 CPU가 어떤 상황에서 온라인 상태가 아닌지 알고 싶을 수 있다.

SNMP 디스커버리

앞서 살펴본 SNMP 디스커버리 방법은 자빅스 에이전트 기반이었다. 하지만 자빅스는 SNMP를 통한 개체 디스커버리도 지원한다. 이는 4장, 'SNMP 장비 모니터링'에서 설명한 동적 SNMP 인덱스 지원과는 다르다. 동적 SNMP 인덱스는 이름으로 특정 개체를 모니터할 수 있게 한다. LLD의 SNMP 지원은 모든 항목을 검색하고 모니터링할 수 있다. 우리가 모든 네트워크 인터페이스를 디스커버리하는 데 어떻게 사용할 수 있는지 살펴보자.

Configuration ➤ Hosts로 이동하고, 이전에 SNMP 아이템을 만든 호스트 옆의 Discovery를 클릭 후 다음 Create discovery rule을 클릭하자. 필드에 다음 값을 입력하자.

- Name: SNMP interface discovery
- Type: SNMPv2 agent(지원되는 적당한 SNMP 버전 선택)
- Key: snmp.interface.discovery
- SNMP OID: discovery[{#IFDESCR}, IF-MIB::ifDescr]
- Update interval: 120

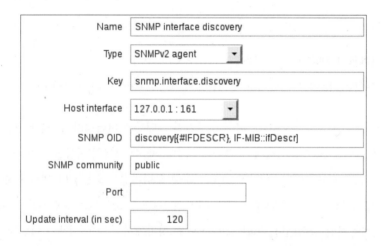

Name	SNMP interface discovery
Type	SNMPv2 agent
Key	snmp.interface.discovery
Host interface	127.0.0.1 : 161
SNMP OID	discovery[{#IFDESCR}, IF-MIB::ifDescr]
SNMP community	public
Port	
Update interval (in sec)	120

 자빅스 2.4 이전 버전에서는 LLD 룰에 대해 별도의 SNMP OID 구문을 사용했다. 자빅스를 업그레이드하면 구문이 현재 버전으로 변경된다. 자빅스 2.4 이전 버전에서 익스포트한 템플릿을 임포트할 때는 이전 구문으로 익스포트됐기 때문에, 자빅스 2.4 이상에서는 실패한다. 이 문제가 현재 자빅스 버전에서 해결됐는지 여부는 확인되지 않고 있다.

완료되면 하단의 Add 버튼을 클릭하자. SNMP OID 값을 제외하고 지금까지 작성한 것과 매우 유사하다. SNMP LLD의 경우 디스커버리될 매크로 이름과 OID 테이블을 정의한다. 이 경우, 자빅스는 IF-MIB::ifDescr 테이블에 있는 모든 개별 값을 보고 SNMP

OID 필드에서 방금 지정한 이름인 {#IFDESCR} 매크로에 할당한다. 지정한 매크로 외에도 자빅스는 디스커버리된 각 개체에 대해 {#SNMPINDEX} 매크로를 추가한다. 이제 살펴볼 {#SNMPINDEX}는 아이템 프로토타입을 만들 때 유용하다.

프로토타입을 만들려면 새 디스커버리 룰 옆에 있는 Item prototype을 클릭한 다음 Create item prototype을 클릭하고 다음을 채운다.

- Name: Incoming traffic on interface $1 (SNMP LLD)
- Type: SNMPv2 agent
- Key: lld.ifInOctets[{#IFDESCR}]
- SNMP OID: IF-MIB::ifInOctets.{#SNMPINDEX}
- Units: Bps
- Store value: Delta (speed per second)

완료되면 하단의 Add 버튼을 클릭하자.

아이템 키 앞에 lld 접두사를 붙이는 것에 주목하자. 이렇게 키를 지정하면 이전에 수동으로 생성한 아이템과 중복을 방지할 수 있다. SNMP OID에는 내장된 {#SNMPINDEX} 매크로를 사용했다. 이 매크로는 SNMP 테이블의 값을 고유하게 식별해야 한다. 이런 아이템을 수동으로 추가한다면 인터페이스의 인덱스를 무엇인지 확인해 해당 번호를 직접 지정해야 한다. 이 아이템은 수신 트래픽을 수집하는 것이다. 송신 트래픽 아이템을 생성하기 위하여 Incoming traffic on interface {#IFDESCR} (SNMP LLD) 아이템을 클릭한 다음 하단의 Clone 버튼을 클릭하자. Name 필드에서 Incoming을 Outgoing으로 수정하고, key와 및 SNMP OID 필드에서 In을 Out으로 변경하여 OID가 ifOutOctets가 되도록 수정하자. 입력이 완료되면 하단의 Add 버튼을 클릭하자. Configuration > Hosts를 선택하고 방금 작업한 호스트 옆에 있는 Items를 클릭하자. 몇 분 후 신규로 생성된 아이템 프로토타입을 통해 아이템이 생성될 것이다. 아이템이 생성되지 않으면 페이지를 새로고침해보자. 이 화면은 설정 페이지이므로 새로고침을 하지 않으면 변경 사항이 자동으로 반영되지 않는다.

LLD 룰에 필터링을 적용하지 않았기 때문에 루프백 인터페이스도 목록에 포함될 것이다.

SNMP interface discovery: Incoming traffic on interface enp0s3 (SNMP LLD)	lld.ifInOctets[enp0s3]
SNMP interface discovery: Incoming traffic on interface lo (SNMP LLD)	lld.ifInOctets[lo]
SNMP interface discovery: Incoming traffic on interface enp0s8 (SNMP LLD)	lld.ifInOctets[enp0s8]

이전과 마찬가지로 이 아이템에 대한 그래프 프로토타입을 작성해보자. 아이템 목록 위
의 내비게이션 헤더에서 Discovery rules를 클릭하고 SNMP interface discovery 옆의 Graph
prototypes를 클릭한 다음 Create graph prototype 버튼을 클릭하자. Name 필드에 Traffic
on {#IFDESCR} (SNMP)를 입력하고 Items 섹션에서 Add prototype을 클릭하자. 두 프로토
타입 옆의 체크박스를 선택하고 Select를 클릭하자. 하단에 있는 Add 버튼을 클릭하고 몇
분 후 이 호스트의 설정 섹션에서 그래프 목록을 보면 인터페이스별로 새 그래프가 나타
날 것이다.

ifDescr OID는 일반적으로 인터페이스의 이름이다. 사용자는 일반적으로 읽기 좋은 설
명을 위해 ifAlias OID를 사용한다. ifDescr 대신 ifAlias를 사용할 수 있지만 모든 시
스템이 모든 인터페이스에 대해서 유용한 ifAlias 값을 갖는 것은 아니며, ifAlias 대신
ifDescr 값을 알고 싶을 수도 있다. ifAlias를 조회하는 기능을 살펴보자. 자빅스는 하
나의 LLD 룰에서 여러 개의 OID를 검색할 수 있다. 이 호스트의 디스커버리 룰 설정으
로 돌아가서 NAME 열의 interface discovery을 클릭하고 SNMP OID 필드를 다음과 같이 수
정하자.

```
discovery[{#IFDESCR}, IF-MIB::ifDescr, {#IFALIAS}, IF-MIB::ifAlias]
```

다수의 OID는 추가 파라미터로 설정할 수 있다. 매크로 이름은 항상 OID를 사용한다. 필요한 경우 더 많은 OID를 추가할 수도 있다.

```
key[{#MACRO1}, MIB::OID1, {#MACRO2}, MIB::OID2, {#MACROn}, MIB::OIDn]
```

지금의 경우 ifAlias만으로 충분하다. 하단에 있는 Update 버튼을 클릭한 다음 SNMP interface discovery 항목 옆의 Graph prototypes를 클릭하자. Traffic on {#IFDESCR} (SNMP)를 클릭하고 이 그래프 프로토타입의 이름을 변경하자.

```
Traffic on {#IFDESCR} ({#IFALIAS}) (SNMP)
```

인터페이스에 ifAlias가 설정되어 있으면 이 방법으로 ifAlias가 그래프 이름에 포함될 것이다. 일부 인터페이스는 ifAlias OID가 지정되지 않을 수 있기 때문에 ifDescr를 고유한 인터페이스 식별자로 유지해야 한다. 이 호스트에 대한 그래프 설정으로 이동해보자. 몇 분이 지나면 그래프 이름이 괄호에 ifAlias가 포함된 이름으로 업데이트될 것이다.

 Net-SNMP 데몬을 실행하는 리눅스 시스템을 모니터링하는 경우 디폴트로 ifAlias가 지정되지 않는다.

이 기능을 활용하면 쉽게 특정 인터페이스만 모니터링할 수 있다. 많은 수의 네트워크 장치가 있고 선택된 몇 개의 포트만 모니터링해야 하는 경우, 장치에서 포트의 설명을 변경할 수 있다. 예를 들어 접두어로 zbx를 붙일 수 있다. 이렇게 설정된 값은 ifAlias OID로 확인될 것이며, {#IFALIAS} 매크로를 통해 필터링할 수 있다.

커스텀 LLD 룰 생성

기본 제공된 로우레벨 디스커버리는 파일 시스템, 네트워크 인터페이스, CPU, 기타 항목을 검색하는 데 유용하다. 하지만 디스커버리하고자 하는 컴포넌트가 있는 커스텀 소프트웨어나 디스커버리를 제공하지 않는 이전 버전의 자빅스 에이전트가 설치된 시스템에서 디스커버리를 사용하려고 하면 어떻게 해야 할까? LLD의 가장 큰 장점은 다양한 상황에서 디스커버리 룰을 확장하는 것이 매우 쉽다는 것이다. 두 가지 예를 살펴보자.

- 리눅스에서 CPU 검색 구현
- MySQL 데이터베이스 검색

LLD 룰은 아이템 값을 반환하지 않고, 프로토타입에서 아이템을 만들 수 있는 개체를 찾는다. 아이템 값은 에이전트나 SNMP 장치, zabbix_sender, 그 밖의 데이터 수집 방법을 사용해 받는다.

CPU 검색 구현

먼저 최신 자빅스 에이전트에서 이미 사용 가능한 CPU 검색을 시도해보자. 이 구현은 CPU 검색 기능을 지원하지 않는 이전 버전의 에이전트를 가진 상황에서 유용하며, LLD 구현이 얼마나 간단한지 알아볼 수 있다. 이를 위해 다음 스크립트를 고려해보자.

```
for cpu in $(ls -d /sys/devices/system/cpu/cpu[0-9]*/); do
    cpui=${cpu#/sys/devices/system/cpu/cpu}
```

```
    [ $(cat ${cpu}/online 2>/dev/null) == 1 || ! -f ${cpu}/online] &&
    status=online || status=offline;
    cpulist=$cpulist,'{{#CPU.NUMBER}:'${cpui%/}',
    {#CPU.STATUS}:'$status'}'
done
echo '{data:['${cpulist#,}']}'
```

이 스크립트는 /sys/devices/system/cpu/를 참조한다. 해당 디렉토리에는 각 CPU 번호별로 디렉토리가 있다. 스크립트는 각 디렉토리에서 온라인 파일을 찾는다. 해당 파일이 있으면 해당 파일을 검사하고, 파일의 내용이 1이면 CPU는 온라인으로 간주된다. 그렇지 않다면 오프라인으로 간주한다. 경우에 따라 **CPU0**의 온라인 상태 변경이 허용되지 않는다. 그런 경우 파일이 누락되게 되는데, 이때는 CPU를 온라인 상태로 간주할 것이다. 그런 다음 {# CPU.NUMBER}와 {# CPU.STATUS} 매크로를 적절한 값으로 추가하고 LLD 데이터 배열로 작성된 모든 내용을 출력한다. 이것을 이제 사용자 파라미터로 사용해보자.

 사용자 파라미터는 11장, '고급 아이템 모니터링'에서 살펴봤다.

이 명령을 별도의 스크립트 없이 사용하기 위해 모든 라인을 하나의 라인으로 만들고 A test host의 자빅스 에이전트 데몬 설정 파일에 다음을 추가하자.

```
UserParameter=reimplementing.cpu.discovery,for cpu in $(ls -d /sys/ devices/
system/cpu/cpu[0-9]*/); do cpui=${cpu#/sys/devices/system/cpu/ cpu}; [ $(cat
${cpu}/online 2>/dev/null) == 1 || ! -f ${cpu}/online
] && status=online || status=offline; cpulist=$cpulist,'{{#CPU.
NUMBER}:'${cpui%/}',{#CPU.STATUS}:'$status'}'; done; echo
'{data:['${cpulist#,}']}'
```

에이전트 데몬을 다시 시작하고, 다음을 실행해보자.

```
$ zabbix_get -s 127.0.0.1 -k reimplementing.cpu.discovery
```

쿼드 코어 시스템에서는 다음과 비슷한 결과가 반환될 것이다.

{data:[{{#CPU.NUMBER}:0,{#CPU.STATUS}:online},{{#CPU.NUMBER}:1,{#CPU.STATUS}:online},{{#CPU.NUMBER}:2,{#CPU.STATUS}:offline},{{#CPU. NUMBER}:3,{#CPU.STATUS}:online}]}

이제 아이템 키를 기본 제공 아이템과 동일한 방식으로 LLD 룰에 사용할 수 있다. 아이템 프로토타입도 동일한 방식으로 작동할 것이고, 다른 LLD 매크로를 사용할 필요조차 없다.

대부분의 리눅스 시스템에서 일부 CPU 또는 코어를 오프라인으로 변경해서 테스트를 진행할 수도 있다. 예를 들어 다음과 같이 하면 두 번째 CPU가 오프라인된다.

```
# echo 0 > /sys/devices/system/cpu/cpu1/online
```

MySQL 데이터베이스 검색

CPU 검색이 완료됐다. 이제 MySQL 검색을 실행해보자. MySQL 검색에서는 사용자 파라미터 대신 Zabbix Trapper 아이템을 사용해 Zabbix Sender로 디스커버리를 수행할 것이다.

 Zabbix Sender는 11장, '고급 아이템 모니터링'에서 살펴봤다.

이제 다른 아이템 타입을 사용해보자. 자빅스 트랩퍼를 사용하는 것은 정상적인 아이템 구성이다. 올바른 JSON을 자빅스 서버에 가져올 수 있는한 LLD에 사용되는 아이템 타입은 중요하지 않다. 먼저 프로토타입을 사용해 LLD 룰을 작성한 다음, JSON을 생성해보자. 이 룰을 통해 모든 MySQL 데이터베이스를 검색하고 사용자 파라미터를 사용해 데이터베이스의 크기를 모니터링할 수 있다. 다음은 자빅스 데이터베이스가 A test host에 있다고 가정한다. Configuration ➤ Hosts에서 A test host 옆의 Discovery를 클릭하고 Create discovery rule을 클릭하자. 그리고 다음과 같이 입력해보자.

- Name: MySQL database discovery
- Type: Zabbix trapper
- Key: mysql.db.discovery

완료되면 Add를 클릭하자. 이제 MySQL database discovery 옆의 Item prototypes를 클릭하고 Create item prototype을 클릭하자. 여기에 다음 내용을 입력하자.

- Name: Database $1 size
- Type: Zabbix agent (active)
- Key: mysql.db.size[{#MYSQL.DBNAME}]
- Units: B

- Update interval: 300

- Applications: MySQL

완료되면 하단의 **Add** 버튼을 클릭하자. 이 아이템의 경우 사용자 파라미터에서 제안한 대로 액티브 에이전트를 사용했으며 업데이트 간격을 5분으로 설정했다. 일반적으로 데이터베이스 크기는 크게 변경되지 않으므로 짧은 시간의 변화보다는 장기간의 변화에 관심을 갖는다. 이제 사용자 파라미터 변수가 될 아이템을 생성했다. 이 아이템은 Zabbix Sender가 보낸 LLD 룰에 따라 생성될 것이다. 먼저 사용자 파라미터에 변수를 설정해보자. **A test host**의 자빅스 에이전트 데몬 설정 파일에 다음을 추가하자.

```
UserParameter=mysql.db.size[*],HOME=/home/zabbix mysql -Ne select sum(data_length+index_length) from information_schema.tables where table_schema='$1';
```

이 `UserParameter` 변수는 실제 데이터와 모든 인덱스를 포함하여 총 데이터베이스 크기를 조회한다. 파라미터에 `HOME` 변수가 다시 설정되는 것에 유의하자. 파일을 저장하고 에이전트 데몬을 다시 시작하는 것을 잊지 말자. 설정이 완료되면 바로 테스트하는 것도 좋은 생각이다.

```
$ zabbix_get -s 127.0.0.1 -k mysql.db.size[zabbix]
```

테스트 결과는 대부분 숫자가 반환된다.

```
147865600
```

실패할 경우 11장, '고급 아이템 모니터링'에서 사용한 MySQL 파라미터 구성을 다시 확인해보자.

LLD 룰과 아이템 프로토타입이 동작하도록 디스커버리 JSON을 전송하자. 다음 스크립트는 현재 사용자가 액세스할 수 있는 모든 데이터베이스를 찾아 자빅스용 LLD JSON을 생성한다.

```
for db in $(mysql -u zabbix -Ne show databases;); do
    dblist=$dblist,'{{#MYSQL.DBNAME}:'$db'}'
done
echo '{data:['${dblist#,}']}'
```

이 방법은 이전의 CPU 검색 구현과 비슷하게 모든 데이터베이스를 찾아 적절한 매크로명 뒤에 JSON으로 나열한다. 명령의 실행 결과는 아래와 유사하게 표시될 것이다.

```
{data : [{{# MYSQL.DBNAME} : information_schema}, {{# MYSQL.DBNAME} : zabbix}]}
```

이제 이것을 LLD 룰에 실제로 전달하기 위해 Zabbix Sender를 사용할 것이다.

위의 스크립트를 테스트하여 이미 dblist 변수가 지정됐다면 다음 명령을 실행하기 전에 unset dblist를 실행하자.

```
$ zabbix_sender -z 127.0.0.1 -s A test host -k mysql.db.discovery
($ mysql.DBNAME) : '$ db'} '; done; echo '{data : [ mysql -u zabbix -Ne show
databases;]); dblist = $ dblist, '{ '$ {dblist #,}']} ')
```

 이 명령은 자빅스 에이전트 데몬이 실행되는 계정으로 실행돼야 한다. MYSQL에는 자빅스 사용자가 권한이 없는 데이터베이스가 포함될 수 있으며 이런 항목은 지원되지 않는다.

설정에서 A test host에 대한 아이템 목록에 접속하면 각 데이터베이스별로 아이템이 하나씩 생성되어 있을 것이다.

| MySQL database discovery: Database information_schema size | mysql.db.size[information_schema] |
| MySQL database discovery: Database zabbix size | mysql.db.size[zabbix] |

Latest data 페이지에 첫 번째 값이 표시되는 데는 최대 3분이 소요된다. 먼저 설정 캐시가 새로 고쳐지기까지 최대 1분, 액티브 에이전트가 서버에서 설정을 업데이트하는 데 최대 2분이 소요될 것이다.

 룰은 새 데이터를 가져올 때만 평가된다는 점도 기억하자. 데이터베이스가 삭제되거나, 삭제 계획이 있는 경우에도 트랩퍼 아이템에 데이터가 전송되지 않으면 데이터베이스가 삭제되지 않는다.

잠시 후 Monitoring > Latest data 페이지에서 값을 확인할 수 있다.

NAME ▲	LAST CHECK	LAST VALUE
MySQL (6 Items)		
Database information_schema size	2016-05-11 10:45:42	144 KB
Database zabbix size	2016-05-11 10:45:42	77.89 MB

LLD 룰은 중첩될 수 없다. 예를 들어, 디스커버리하고 있는 데이터베이스에서 테이블을 디스커버리할 수 없다. 테이블을 디스커버리해야 한다면 별도의 독립적인 LLD 룰이 필요하다.

▐ 전역 정규식

지금까지 자동화 기능에 대해 살펴봤다. 자빅스의 기능을 살펴보면 쉽고, 강력한 방식으로 정규식을 정의할 수 있다. 이 기능은 여기에서 설명한 것처럼 로우레벨 디스커버리에서 사용할 수도 있고, 다른 곳에서도 사용할 수 있다.

자빅스에는 정규식을 사용할 수 있는 곳이 많다. 이미 9장, '그래프와 맵을 이용한 데이터 시각화'에서 아이콘 매핑과 11장, '고급 아이템 모니터링'의 '맵과 로그 필터링'에서 살펴봤다. 이 모든 곳에서 정규식을 직접 정의했다. 그러나 때로는 재사용할 수 있는 단일 표현식이 필요할 때도 있고, 직접 입력할 때 표현식이 너무 복잡하다고 느낄 수 있다. 이전에 루프백 인터페이스를 필터링하는 방법은 사용하기 가장 좋은 방법은 아니었다. 이럴 때 전역 정규식을 사용할 수 있다. 이제 필터링을 단순화하기 위해 이 기능을 어떻게 사용할 수 있는지 살펴보자. Administration ➤ General을 선택하고 드롭다운에서 Regular expressions를 선택하고 New regular expression을 클릭하자. 여기에서 수행할 수 있는 작업을 보려면 EXPRESSION TYPE 드롭다운을 펼쳐보자.

Character string included와 Character string not included는 매우 단순하다. 이 식은 단일 문자열의 일치 여부를 판단한다. Any character string included는 조금 더 복잡하다. DELIMITER 드롭다운(Any character string included를 선택할 때 나타남)에 따라 여러 값을 입력할 수 있으며 그 중 하나라도 발견되면 일치로 판단한다.

예를 들어 Delimiter 드롭다운을 기본 설정인 콤마로 두고 표현식 필드에 ERROR, WARNING을 입력하면 ERROR나 WARNING 문자열과 비교할 때 일치한다고 판단한다.

나머지 두 옵션인 Result is TRUE와 Result is FALSE는 강력한 기능을 제공하는 옵션이다. 여기서 Expression 필드에 ^ [0-9]을 입력해서 문자열이 숫자로 시작되거나, 시작하지 않을 때 일치 여부를 판단할 수 있다. 실제로 이 마지막 두 개만 정규식이고, 앞의 세 개는 문자열 일치 옵션이다. 이것은 기술적으로 조금 더 단순하게 만드는 것 외에 어떤 추가 기능도 제공하지 않는다. 기술적으로는 정규식이 아니지만 여기서는 편의상 지원된다.

이전에는 lo라는 이름의 인터페이스를 걸러 내고 싶었을 때 다음 정규식을 사용했다.

```
^([^l].*|l[^o]|lo.+)$
```

이 정규식은 꽤 복잡해 보인다. 동일한 동작을 하는 전역 정규식을 만들어보자. 이름을 Exclude loopback으로 입력하고, 표현식 블록에 다음을 입력하자.

- EXPRESSION TYPE: Result is FALSE

- EXPRESSION: ^lo$

Name	Exclude loopback				
Expressions	EXPRESSION TYPE	EXPRESSION	DELIMITER	CASE SENSITIVE	ACTION
	Result is FALSE	^lo$			Remove
	Add				

맨 아래에 있는 Add 버튼을 클릭하자.

 TIP Character string not included를 사용하면 정확한 문자열 lo뿐만 아니라, lo가 포함된 항목을 제외시킬 수 있다.

이렇게 설정된 정규식을 LLD 룰 필터에서 어떻게 사용할 수 있을까? 전역 정규식은 정규식 대신에 이름 앞에 @ 기호를 붙여서 사용할 수 있다. Configuration ❯ Templates에서 C_Template_Linux 옆에 있는 Discovery를 클릭하고 Interface discovery를 클릭하자. Filters 탭으로 전환하고 REGULAR EXPRESSION 열의 값을 @Exclude loopback으로 바꿔보자.

 TIP 전역 정규식을 사용할 때에는 인용 부호를 사용하지 않아야 한다. 즉, @ 기호와 전역 정규식 이름은 관리 섹션에서 설정한 것과 동일하다.

완료되면 Update를 클릭하자. 새로운 설정은 동일하게 작동하지만, 훨씬 더 이해하기 쉬워보인다.

 전역 정규식의 이름이 바뀌면 아무런 검사도 수행되지 않는다. 전역 정규식의 변경은 다른 설정을 변경할 수 있기 때문에 아주 조심해야 한다.

전역 정규식이 유용하게 사용되는 또 다른 장소는 로그 모니터링이다. LLD 룰 필터와 마찬가지로 regexp를 직접 입력하는 대신 @이 붙은 표현식 이름을 사용할 수 있다. 예를 들어 다음과 같은 정규식을 정의할 수 있다.

```
(ERROR|WARNING) 13[0-9]{3}
```

이 정규식은 어떤 시스템의 오류 패턴이 errors나 warnings 메시지 뒤에 13,000개 범위의 오류 코드가 나타날 경우 탐지할 수 있다. 이 정규식을 "regexp errors and warnings 13k"라고 지정한다면 로그 모니터링 아이템의 키는 다음과 같이 지정해야 한다.

```
log[/path/to/the/file,@errors and warnings 13k]
```

전역 정규식 테스트

Administration ➤ General의 드롭다운에서 Regular expressions를 선택하고 New regular expression을 클릭하자. 다음과 같이 세 개의 표현식을 추가하자.

- 첫 번째 표현식:
  - EXPRESSION TYPE: Character string included
  - EXPRESSION: A
  - CASE SENSITIVE: yes
- 두 번째 표현식:
  - Expression type: Result is TRUE
  - Expression: ^[0-9]
- 세 번째 표현식:
  - Expression type: Result is FALSE
  - Expression: [0-9]$

612

이 표현식은 대문자 A를 포함하고 숫자로 시작하며 숫자로 끝나지 않는 문자열과 일치해야 한다. 이제 Test 탭으로 전환하고 Test string 필드에 1A2를 입력하자. 그런 다음 표현식 테스트를 클릭하자. 다음 화면의 결과 영역에서 대문자 A 문자열이 포함되고, 숫자로 시작해야 한다는 조건에는 부합하게 되지만, 그 문자열이 숫자로 끝나지 않는 문자열과 일치해야 한다는 조건에서 부합하지 않았음을 확인할 수 있다. 결과적으로 최종 테스트는 실패하게 된다.

 자빅스 프론트엔드는 PCRE를 사용하지만 자빅스 데몬은 POSIX EXTENDED를 사용한다. POSIX ERE가 아닌 PCRE에서 지원하는 PCRE 문자 클래스, lookarounds 또는 다른 기능은 사용하지 말아야 한다. 프론트엔드 테스트에서는 정상적으로 동작하지만 자빅스 데몬에서 해석할 때 동작하지 않는다.

기본 정규식 템플릿의 사용법

전역 정규식을 만들었을 때 이미 거기에 존재하는 몇 가지 정규식을 발견했을 것이다. 이
제 Administration > General로 이동해서 드롭다운에서 Regular expressions를 다시 선택하
자. Regular expressions에는 루프백 인터페이스 필터링을 위해 만든 것 외에 세 개의 기
존식이 있을 것이다.

File systems for discovery	1	»	^(btrfs|ext2|ext3|ext4|jfs|reiser|xfs|ffs|ufs|jfs|jfs2|vxfs|hfs|ntfs|fat32|zfs)$	[Result is TRUE]
Network interfaces for discovery	1	»	^\lo$	[Result is FALSE]
	2	»	^Software Loopback Interface	[Result is FALSE]
Storage devices for SNMP discovery	1	»	^(Physical memory|Virtual memory|Memory buffers|Cached memory|Swap space)$	[Result is FALSE]

그 중 하나인 Network interfaces for discovery는 Microsoft Windows의 Software Loopback
Interface로 시작하는 인터페이스를 필터링한다는 점을 제외하면, 앞에서 작성한 것과 거
의 동일하다. 디스커버리용 파일 시스템은 모니터링할 파일 시스템 타입을 제한하는 데
사용할 수 있다. 이 정규식은 앞에서 필터링한 ext3 외에 다른 파일 시스템 타입도 포함한
다. Storage devices for SNMP discovery는 SNMP를 통해 장치를 모니터링할 때, 하나의 스
토리지 장치의 특정 메모리 통계를 제외할 때 사용된다. 파일 시스템 타입의 regexp는 직
접 입력할 수 있지만 나머지는 거의 불가능하다. 실제로 POSIX EXTENDED는 여러 문
자열을 필터링하는 합리적인 방법을 지원하지 않는다.

▌ 네트워크 디스커버리

LLD는 개별 호스트에서 개체를 검색하는 것과 관련이 있다. 자빅스는 네트워크 주소 범
위를 검색하고 거기에서 디스커버리된 개체를 기반으로 일부 작업을 수행하는 방법을 지
원하는데, 이를 네트워크 디스커버리라고 한다.

디스커버리 룰 설정

네트워크 디스커버리가 어떻게 동작하는지 보기 위해 간단한 디스커버리 룰을 만들어보자. 디스커버리 룰을 활용해 테스트 시스템을 디스커버리하거나 자빅스 서버에서 액세스할 수 있는 다른 네트워크 범위에서 디스커버리할 수 있다.

네트워크 디스커버리 룰을 만들려면 Configuration > Discovery을 클릭하고 Create discovery rule을 클릭하자. Name에 A test discovery와 IP 범위를 채우고 Checks 블록에서 New를 클릭하자. Check type 드롭다운에서 ICMP ping을 선택하고 이 블록에서 Add를 클릭하자. 또한 Delay를 120으로 변경하여 변경 사항을 빨리 확인할 수 있게 하자.

 3장, '자빅스 에이전트와 기본 프로토콜과 모니터링'에서 언급한 fping이 올바르게 구성됐는지 확인하자.

완료되면 하단의 Add 버튼을 클릭하자.

결과 보기

몇 분이 지난 후 Monitoring > Discovery 섹션을 살펴보자.

DISCOVERED DEVICE ▲	MONITORED HOST	UPTIME/DOWNTIME	ICMP PING
A test discovery (2 devices)			
192.168.56.10 (testhost)		00:23:22	
192.168.56.11	Another host	00:23:20	

설정된 범위의 핑에 응답하는 모든 장치가 여기에 표시된다. 이미 자빅스에서 호스트로 모니터링된 장치는 MONITORED HOST 열에 표시된다. 또한 호스트가 얼마나 오랫동안 작동했는지 알 수 있으며, ICMP PING 열은 모든 호스트에 대해 녹색으로 표시한다. 하지만 왜 하나의 호스트만 MONITORED HOST에 표시될까? 호스트는 IP 주소로 인식되며, A test host의 경우 127.0.0.1을 사용한다. A test host의 IP와 디스커버리된 IP 주소가 다르므로 실제로 동일한 호스트나 장치로 간주되지 않는다.

 이 화면에서는 호스트를 클릭할 수 없다. 호스트 설정으로 이동하는 가장 쉬운 방법은 글로벌 검색 필드에 호스트 이름을 복사하여 검색하는 것이다.

이제 Configuration > Discovery를 클릭하고 NAME 열의 A test discovery를 클릭하자. Checks 블록에서 New를 클릭하고, 이런 호스트에서 제어하기 쉽고 액세스 가능한 서비스인 SNMP를 선택해보자. Checks 섹션에서 Add를 클릭한 다음 New를 다시 클릭하자. 이번에는 설정된 범위에 모든 호스트에서 제공하지 않는 서비스를 선택하자. FTP가 좋은 선택일 수 있다. 그런 다음 이 블록에서 Add를 다시 클릭하자.

Checks			
	ICMP ping	Edit	Remove
	SMTP	Edit	Remove
	FTP	Edit	Remove

마지막으로 **Update**를 클릭하고, 몇 분 후 **Monitoring ❯ Discovery**로 이동해보자.

DISCOVERED DEVICE ▲	MONITORED HOST	UPTIME/DOWNTIME	ICMP PING	SMTP
A test discovery (2 devices)				
192.168.56.10 (testhost)		02:07:13		
192.168.56.11	Another host	02:07:11		

이제 SMTP가 표시된다. 하지만 FTP 열이 보이지 않는 이유는 무엇일까? 이 화면은 두 개의 서비스만 표시되는 것일까? 이 기능은 서비스의 수에는 제한이 없다. 하지만 어떤 호스트에서도 해당 서비스가 디스커버리되지 않으면 화면에 표시되지 않는다. 일부 시스템에서 디스커버리된 특정 서비스가 다른 시스템에서는 디스커버리되지 않으면 서비스가 디스커버리되지 않은 시스템에서도 열은 표시되고 회색으로 표시된다.

녹색 셀 위로 커서를 이동하면 이 서비스가 얼마나 오랫동안 디스커버리됐는지 확인할 수 있다.

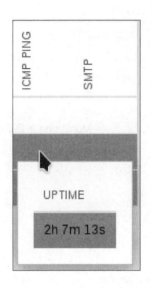

이제 상황을 좀 바꿔보자. 호스트 중 하나에서 SMTP 서비스를 종료하고 몇 분 기다려보자. 해당 호스트의 SMTP 셀은 빨간색으로 바뀌고 팝업은 해당 서비스의 중단 시간을 추적할 것이다. 호스트의 모든 서비스가 중단된 경우 호스트 자체는 중단된 것으로 간주되어 UPTIME/DOWNTIME 열에 반영된다.

디스커버리 결과 액션 적용

디스커버리 모니터링 페이지는 처음에는 흥미롭지만 그렇게 유용해 보이지 않는다. 다행히도 자빅스는 디스커버리된 결과로 다른 오퍼레이션을 수행할 수 있다. 오퍼레이션 설정은 트리거의 액션을 설정한 방식과 비슷하다. 설정 방법을 보려면 Configuration ➤ Actions를 클릭하고 오른쪽 상단의 Event source 드롭다운에서 Discovery로 이동하자. 그런 다음 Create action을 클릭하자. 여기서 한 가지 주의해야 할 점은 이 액션에는 트리거와 동일하게 Default subject와 Default message가 채워져 있지만 내용은 다르다. 또한 여기서는 네트워크 디스커버리에서만 사용된다. 이름을 Network discovery test로 입력하고 Conditions 탭으로 전환한 다음 New condition 섹션의 첫 번째 드롭다운을 열어보자.

```
Discovery check
Discovery object
Discovery rule
Discovery status
Host IP
Proxy
Received value
Service port
Service type
Uptime/Downtime
```

여기서 사용 가능한 조건은 트리거 액션에 사용 가능한 조건과 완전히 다르다. 조건을 살펴보자.

- **Discovery check**: 특정 디스커버리 검사 룰을 선택한다.

- **Discovery object**: 디스커버리된 장치 또는 서비스를 선택한다. 이 예에서 디스커버리된 호스트는 Device 오브젝트이고 SMTP는 Service 오브젝트이다.

- **Discovery rule**: 특정 네트워크 디스커버리 룰을 선택한다.

- **Discovery status**: 이 값은 Up, Down, Discovered, Lost의 값을 갖는다. 장치의 경우 적어도 하나의 서비스에 도달할 수 있으면 장치는 디스커버리된 것으로 인지한다. 값의 의미는 다음과 같다.

  - **Discovered**: 이 장치나 서비스가 처음으로 디스커버리됐거나, down 상태 후 디스커버리된 경우

  - **Lost**: 이전에 디스커버리된 장치나 서비스가 사라진 경우

  - **Up**: 매 검사 시 횟수에 상관없이 장치나 서비스가 디스커버리된 경우

  - **Down**: 디스커버리됐던 장치나 서비스가 매 검사 시 횟수에 상관없이 현재 접근이 불가한 경우

- **Host IP**: 개별 IP 또는 범위를 지정한다.

- **Proxy**: 액션 실행을 특정 자빅스 프록시로 제한한다. 19장, '프록시를 이용한 원격지 모니터링'에서 설명한다.

- **Received value**: 자빅스 에이전트 아이템이나 SNMP OID를 수집하는 경우, 시

스템에서 디스커버리한 경우와 같이 특정 값의 포함 여부를 조건식에 넣을 수 있다. 예를 들어 system.uname 아이템 키를 조회하여 반환된 문자열에 리눅스가 있는 경우 해당 호스트를 리눅스 템플릿에 연결할 수 있다.

- Service port: 액션 실행을 디스커버리가 발생된 특정 포트 또는 포트 범위로 제한한다.

- Service type: 액션 실행을 서비스 유형으로 제한한다. 이 조건은 Discovery check와 거의 유사한데, SMTP를 선택하면 특정 네트워크의 SNMP뿐 아니라 모든 네트워크 디스커버리 룰의 모든 SMTP 검사와 비교한다는 점에서 차이가 있다.

- Uptime/Downtime: 시간(초)값을 입력해 특정 시간 동안 장치 또는 서비스가 구동되거나 정지된 경우 액션을 실행할 수 있다.

대부분의 항목은 쉽게 이해할 수 있지만, 두 가지 항목이 조금 이해하기 어려울 것이다. 먼저 Discovery status 조건은 초기 검사 또는 다운타임 후의 디스커버리와 주기적인 검사로 구별할 수 있다. 예를 들어 액션이 Up 상태인 경우 Host group을 추가하도록 설정했다면, 이 액션은 서비스가 업 상태인 채로 디스커버리 검사가 실행되면 호스트 그룹을 추가한다. 만일 해당 호스트를 호스트 그룹에서 제거하면 모든 디스커버리 주기 동안 다시 추가된다. 반면 Discovered 상태인 경우 Host group을 추가하도록 설정했다면 호스트가 처음 디스커버리된 경우와 호스트가 다운된 후 다시 작동할 때만 호스트 그룹에 추가된다. 그룹에 자동으로 다시 추가되는 경우 아마도 가장 나중에 발생할 것이다.

Uptime/Downtime 조건을 사용하면 즉각적인 대응이 아니라 지연 시간에 대응할 수 있다. 예를 들어, 네트워크에 연결된 노트북이 문제 해결 중일 수 있으므로, 특정 시간 이후의 액션이 필요할 수 있다. 특히 호스트를 삭제하는 액션을 작성할 때, 호스트가 단지 5분 동안 다운됐다고, 이력이 쌓인 호스트를 삭제하고 싶지 않을 수 있다. 일주일 동안의 중단시간을 확인하는 것이 합리적일 수 있다. 다운된 호스트에 대해서 아무도 1주일간 고민하지 않을 때 삭제하는 것이 안전할 것이다.

지금은 조건을 비워두고 Operations 탭으로 전환하자. 새 오퍼레이션을 추가하고 Operation type 드롭다운을 펼치면 사용 가능한 모든 오퍼레이션이 표시된다. 잠시 후에 좀 더 자세하게 설명하겠지만, 지금은 Add to host groups를 선택하자. 입력 필드에서 linux를 입력하고 드롭다운에서 Linux servers를 선택하자. 그런 다음 Operation details 블록에서 작은 Add 컨트롤을 클릭하자. 설정이 취소되기 쉽기 때문에 여기에서 매우 주의하자. 완료되면 하단의 Add 버튼을 클릭하자.

몇 분 후에 Configuration ➤ Hosts에서 결과를 살펴보자. 테스트 시스템을 발견하면 새로운 호스트 하나가 추가돼야 한다.

 팁과 요령은 액션에 호스트 자체를 추가하는 작업을 하지 않았지만 호스트가 자동으로 추가된다. 액션에 호스트 그룹에 추가하거나 템플릿에 연결하는 등의 호스트가 필요한 작업이 동반될 때 호스트는 자동으로 추가된다.

왜 하나의 호스트만 추가될까? Monitoring ➤ Discovery에 존재하는 다른 호스트는 이미 해당 호스트 이름과 IP 주소로 등록되어 있기 때문이다. 자빅스 서버가 IP 주소에 대해 호스트명 조회를 실행할 수 있다면 그 결과를 호스트 이름으로 사용한다. 그렇지 않은 경우 IP 주소가 호스트 이름으로 사용된다.

같은 이름으로 여러 IP가 확인된 경우 name_2 등으로 추가된다.

NAME 열에서 New host를 클릭하자. Groups 섹션에서 이 호스트는 예상대로 Linux servers 그룹에 포함되어 있다. 이 호스트는 또한 Discovered hosts에도 있다. Discovered hosts에는 어떻게 포함된 것일까?

```
In groups

Discovered hosts
Linux servers
```

기본적으로 네트워크 디스커버리로 검색된 모든 호스트는 특정 그룹에 추가된다. 그렇다면 어떤 그룹에 추가될까? 이것은 전역 설정에서 확인할 수 있다. Administration ➤ General을 선택 후 다음 드롭다운에서 Other를 선택하자. Group for discovered hosts 설정은 우리가 어떤 그룹인지를 선택할 수 있게 한다. 디스커버리된 호스트가 그룹에서 제거되게 하려면 어떻게 해야 할까? 액션 오퍼레이션에서 다른 오퍼레이션인 Remove from host group을 추가하고 Discovered hosts 호스트 그룹을 지정할 수 있다.

사용 가능한 모든 디스커버리 관련 오퍼레이션을 확인해보자.

```
Send message
Remote command
Add host
Remove host
Add to host group
Remove from host group
Link to template
Unlink from template
Enable host
Disable host
Set host inventory mode
```

- **Send message**: 트리거 액션과 마찬가지로 사용자 및 사용자 그룹에 메시지를 보낼 수 있다. 장치를 추가하는 액션을 보완하거나(새로운 서버에서 모니터링을 시작했습니다. 확인해 보시기 바랍니다.), 새 장치가 네트워크에 나타난 것을 알리는 단순한 알림(신규 IP가 확인되었으나, 현재 모니터링하고 있지 않습니다.)으로 사용할 수 있다.

- **Remote command**: 자빅스는 패시브 에이전트 또는 자빅스 서버에서 원격 명령, IPMI, SSH 텔넷을 사용하는 명령, 전역 스크립트를 실행할 수 있다. 자빅스 에이전트의 원격 명령은 에이전트에 원격 명령 설정이 활성화된 경우에만 가능하다. 이 설정은 7장, '트리거 처리 액션 제어'에서 원격 명령에 대해 설명했다.

- **Add host**: 호스트가 추가되고 Discovered hosts 그룹에 추가된다.

- **Remove host**: 호스트가 제거된다. 이는 호스트가 디스커버리되지 않을 때 수행하는 것이 안전하고, 다운타임이 이 일정 시간을 초과할 때만 수행하는 것이 가장 좋다.

- **Add to host group**: 호스트를 호스트 그룹에 추가한다. 호스트 그룹에 추가될 호스트가 없으면 먼저 호스트가 추가된다.

- **Remove from host group**: 호스트 그룹에서 호스트를 제거한다.

- **Link to template**: 호스트가 템플릿에 연결된다. 템플릿에 연결될 호스트가 없으면 먼저 호스트가 추가된다.

- **Unlink from template**: 호스트가 템플릿에서 연결 해제된다.

- **Enable host**: 호스트가 활성화된다. 활성화할 호스트가 없으면 먼저 호스트가 추가된다.

- **Disable host**: 호스트가 비활성화된다. 이것은 호스트를 제거하는 더 안전한 대안으로 사용되거나, 호스트를 먼저 비활성화하고 나중에 제거할 수 있다. 비활성화할 호스트가 없으면 먼저 호스트가 추가된다.

템플릿에 연결하는 작업을 수행할 때, 호스트는 해당 템플릿의 항목에 필요한 모든 인터페이스를 필요로 한다. 디스커버리하는 동안 성공적인 디스커버리 검사만 해당 유형의 인터페이스를 추가한다. 예를 들어 호스트에서 SNMP만 디스커버리된 경우 SNMP 인터페이스만 추가된다. 호스트에서 SNMP와 자빅스 에이전트 디스커버리 검사가 모두 성공하면 두 인터페이스가 모두 추가된다. 나중에 일부 검사가 성공하면 추가 인터페이스가 작성된다.

유일성 기준

하지만 멀티 홈의 다양한 인터페이스를 가진 호스트가 자빅스 네트워크 디스커버리에 노출되면 어떻게 될까? Configuration ➤ Discovery를 클릭하고 A test discovery를 클릭하자. IP 주소가 있는 설정인 Device uniqueness criteria 옵션을 보자. Checks 블록에서 New를 클릭하고 Check type 드롭다운에서 Zabbix agent를 선택하자. 키 필드에 system.uname을 입력한 다음 Checks 블록에서 Add를 클릭하자. Device uniqueness criteria에 Zabbix agent "system.uname"이라는 새로운 옵션이 있을 것이다.

기본적으로 유일성 기준을 IP address로 설정하면 자빅스는 검색된 각 IP 주소에 대해 새 호스트를 만든다. 주소가 여러 개인 시스템이 있는 경우 각 주소에 대해 새 호스트가 생성된다. 유일성 기준이 자빅스 에이전트 아이템으로 설정된 경우, 모든 IP 주소와 해당 아이템 키에 대해 가져온 값으로 유일성을 검사한다. 새 값이 이전 값과 일치하면 새 호스트를 만들지 않고 기존 호스트에 새 인터페이스를 추가한다. SNMP도 동일한 방식으로 작동한다. SNMP 검사를 추가하면 또 다른 유일성 기준 옵션이 추가되고 자빅스는 해당 OID에 대해 수신된 값을 비교한다. SNMPv2-MIB::sysDescr.0 OID를 사용해 SNMP 장치를 디스커버리하는 것이 일반적이다.

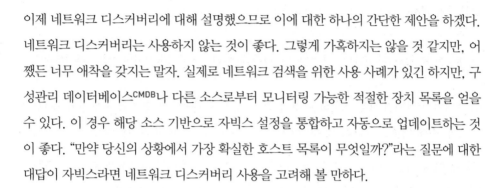

자빅스 에이전트와 SNMP는 모두 자빅스 서버의 연결을 허용하도록 구성돼야 한다.

이제 네트워크 디스커버리에 대해 설명했으므로 이에 대한 하나의 간단한 제안을 하겠다. 네트워크 디스커버리는 사용하지 않는 것이 좋다. 그렇게 가혹하지는 않을 것 같지만, 어 쨌든 너무 애착을 갖지는 말자. 실제로 네트워크 검색을 위한 사용 사례가 있긴 하지만, 구 성관리 데이터베이스^{CMDB}나 다른 소스로부터 모니터링 가능한 적절한 장치 목록을 얻을 수 있다. 이 경우 해당 소스 기반으로 자빅스 설정을 통합하고 자동으로 업데이트하는 것 이 좋다. "만약 당신의 상황에서 가장 확실한 호스트 목록이 무엇일까?"라는 질문에 대한 대답이 자빅스라면 네트워크 디스커버리 사용을 고려해 볼 만하다.

▌ 액티브 에이전트 자동 등록

앞에서는 네트워크 범위를 스캔하는 네트워크 디스커버리를 알아봤다. 자빅스는 자빅스 에이전트가 자빅스 서버에 접속할 때 자동으로 모니터링을 시작할 수 있는 액티브 에이전 트 자동 등록 기능을 지원한다.

자빅스 에이전트는 자빅스 서버에 연결할 때마다 서버는 들어오는 에이전트 호스트 이름 과 기존 호스트를 비교한다. 같은 이름의 호스트가 있으면 정상적인 액티브 아이템 모니터 링 절차를 따른다. 여기에는 활성화된 호스트와 비활성화된 호스트 모두가 포함된다. 이때 호스트가 없으면 자동 등록이 시작된다. 즉, 이벤트가 생성됨을 의미한다.

알 수 없는 에이전트가 자빅스 서버에 연결할 때마다 이벤트가 생성된다는 사실이 중요하 다. 액티브 아이템이나 자동 등록을 사용하지 않으면 에이전트 측의 액티브 검사를 해제 하자. 그렇지 않으면 이런 각 검사 결과로 인해 네트워크 연결이 생성되고, 에이전트 및 서 버 측의 로그 항목이 생성되고, 자빅스 데이터베이스에 이벤트가 발생하게 된다. 자동 등록 때문에 데이터베이스 크기가 증가하고 성능이 크게 저하되는 경우가 발생한 사례가 있다. 경우에 따라 수백만 가지의 이런 완전히 쓸모 없는 자동 등록 이벤트가 발생하며 전체 이벤트 수의 90%까지 발생할 수도 있다. 이를 예방하기 위해 서버 로그에서 다음과 같은 항목이 존재하는지 확인하는 것이 좋다.

```
cannot send list of active checks to [127.0.0.1]: host [Register me] not found
```

이 로그가 발견되면 모두 조치하는 것이 좋다. 첫 번째 대괄호는 연결을 시도한 IP를 나타내고 두 번째 대괄호는 에이전트가 확인하고자 하는 호스트명이 나타낸다.

우리는 해당 이벤트의 트리거 및 네트워크 디스커버리 이벤트와 유사하게 조치를 취할 수 있다. 이제 자동 등록 액션을 설정해보자. Configuration ➤ Actions를 선택하고 Event source 드롭다운에서 Auto registration으로 전환하자. 그리고 Create action을 클릭하자. Name 필드에 Testing registration을 입력한 다음 Operations 탭으로 전환하자. Action operations 블록에서 New를 클릭하자. Operation type 드롭다운은 네트워크 디스커버리에 사용할 수 있는 오퍼레이션들의 서브 세트이다. 여기에서는 호스트 제거, 호스트 그룹에서 호스트 제거, 템플릿에서 호스트의 링크 해제 등을 할 수 없다. 이 오퍼레이션은 기능상 네트워크 디스커버리와 동일하므로 많은 부분을 살펴보지 않을 것이다. Add host를 선택하고, Operation details 블록에서 작은 Add 컨트롤을 클릭하자. 그런 다음 하단의 Add 버튼을 클릭하자. 이 오퍼레이션에 대하여 테스트하는 가장 쉬운 방법은 가상의 새로운 에이전트를 생성하는 것이다. A test host에서 에이전트 데몬 설정 파일을 Hostname 파라미터를 Register me로 변경하자. 그리고 에이전트 데몬을 다시 시작하자. Configuration ➤ Hosts 로 이동하면 새로운 호스트가 생성되어 있을 것이다. 호스트 속성을 확인하면 해당 호스트가 네트워크 디스커버리에서와 같이 Discovered hosts 그룹에 포함된 것을 확인할 수 있다. 에이전트 데몬 설정 파일에서 Hostname 파라미터를 이전 값으로 다시 변경하고 에이전트를 다시 시작해보자.

자동 등록 조건은 아직 확인하지 않았다. Configuration ➤ Actions에서 Testing registration
을 클릭하고 Conditions 탭으로 전환하자. New condition 섹션 옆의 드롭다운에서 사용 가
능한 조건이 표시된다.

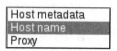

여기서 보이는 것처럼 설정할 수 있는 조건은 많지 않다. 여기에서는 호스트 이름을 기준
으로 필터링할 수 있는데, 예를 들어 Linux hosts가 linux라는 이름을 갖는다면, 이 방법으
로 해당 호스트를 검출할 수 있다. 또한 자빅스 프록시를 사용하는 환경에서 자동 등록을
수행한다면 프록시를 통한 필터링도 할 수도 있다. 마지막으로 Host metadata라는 항목도
있다. 호스트 메타데이터는 무엇일까?

자동 등록 메타데이터

자빅스 에이전트가 서버에 연결하면 호스트 이름을 전송하는데, 추가로 서버에 사용자 정
의 문자열을 보낼 수도 있다. 정확히 말하자면 전송되는 문자열은 에이전트 데몬 설정 파
일의 HostMetadata라는 파라미터에 의해 설정된다. 호스트 메타데이터는 호스트의 데이
터베이스 또는 애플리케이션의 유형을 정의하는 데 사용될 수 있다. 또는 호스트에서 실
행 중인 개별 서비스를 나열할 수 있다. 호스트 메타데이터는 자동 등록 오퍼레이션에서
받은 메타데이터와 일치시킬 수 있으므로 파이프로 구분된 실행 중인 서비스를 모두 나열
할 수 있다. 예를 들면 액션 조건에서 |MySQL|을 찾을 수 있다. 신규 호스트의 호스트 메
타데이터를 적절한 템플릿에 링크하자.

 메타데이터의 크기는 255자로 제한된다.

설정 파일에서 직접 메타데이터 파라미터를 제어하는 것은 가능하지만 불편하다. 이를 해소하기 위하여 에이전트에서 그 값을 동적으로 얻을 수 있는 방법이 있다. HostMetadata 대신 HostMetadataItem을 정의하고 아이템 키를 지정할 수 있다. 기본으로 제공되는 아이템 키 중 하나를 사용하거나, 사용자 파라미터를 구성하여 스크립트를 실행할 수 있다. 여기에 system.run 아이템 키를 사용할 수 있으며 원격 명령을 사용할 수 없는 경우에도 HostMetadataItem 파라미터에 직접 명령을 지정할 수 있다. 이 경우 명령은 네트워크에서 도착하지 않았기 때문에 원격 명령으로 간주되지 않는다. 예를 들어 다음과 같이 HostMetadataItem을 지정할 수 있다.

```
HostMetadataItem=system.run[rpm -qa mariadb]
```

RPM 기반 시스템에 패키지 mariadb가 있으면 에이전트는 결과를 메타데이터로 보낸다. 액션 조건에서 해당 문자열을 일치시킬 수 있고 그 호스트를 마리아DB/MySQL 템플릿에 연결할 수 있다.

이 파라미터에 대한 또 다른 사용 사례가 있다. 자동 등록 액션이 설정되어 있을 때, 누군가 실수로 또는 악의적으로 많은 호스트를 생성하여 자빅스의 성능을 저하시킬 수 있다. 이를 막을 수 있는 특별한 메커니즘은 없지만, 메타데이터를 사용할 수 있다. 액션 조건은 메타데이터에 포함될 특정 문자열을 검사할 수 있다. 그 문자열이 있을 때 호스트를 생성하도록 설정하고, 문자열이 존재하지 않을 경우 공격인지 판단할 이메일을 보내자. 여전히 255자 길이 제한은 적용되므로 키를 너무 길게 만들 수 없다.

▌ 요약

12장에서는 설정을 자동 생성하고 유지관리할 수 있는 자빅스의 몇 가지 기능에 대해 살펴봤다.

- 로우 레벨 디스커버리 또는 LLD
- 네트워크 디스커버리
- 액티브 에이전트 자동 등록

LLD를 사용하면 자빅스 에이전트를 사용해 개체를 검색할 수 있으며 네트워크 인터페이스, 파일 시스템, CPU를 기본적으로 지원한다. 사용자 매크로 컨텍스트 지원을 사용해 디스커버리된 개체당 임계치 및 기타 값을 사용자 정의하는 방법에 대해 설명했다. 자빅스는 네트워크 인터페이스 같은 SNMP 테이블도 디스커버리할 수 있고, 그 외의 모든 SNMP 테이블을 디스커버리할 수 있다. 또한 MySQL 데이터베이스 디스커버리와 같은 커스텀 디스커버리를 만드는 방법을 살펴봤다.

LLD는 정규식을 사용해 결과를 필터링하는 방법을 제공한다. 또한 전역 정규식을 사용해 로그 모니터링과 같은 다른 위치에서 이 작업을 쉽게 수행하는 방법에 대하여 확인했다.

또 주소 범위를 스캔하고 자동으로 호스트를 추가하고 호스트를 적절한 템플릿에 연결한 후 호스트 그룹에 추가하는 것과 관련된 네트워크 디스커버리를 살펴봤다.

액티브 에이전트가 활성화되어 서버가 자동으로 모니터링하게 하는 액티브 에이전트 자동 등록을 살펴봤다. 자동 등록 시 메타데이터를 통해 링크할 템플릿이나 호스트가 속해야 하는 호스트 그룹에 대한 아주 세밀한 규칙을 적용할 수 있었다. 액티브 에이전트 자동 등록을 사용하지 않을 경우 에이전트에서 액티브 검사를 비활성화해야 한다고 언급했다. 그렇지 않으면 전체 자빅스 인프라에 불필요한 로드가 발생한다.

13장에서는 내장된 웹 모니터링 기능을 살펴본다. 이 기능을 통해 여러 단계로 구성된 시나리오를 정의할 수 있다. 각 단계는 웹 페이지를 확인하고 반환된 페이지에서 특정 HTTP 응답 코드 또는 문자열을 찾을 수 있다. 또한 애플리케이션에 로그인하고 한 페이지에서 데이터를 추출한 다음 다른 페이지로 전달하는 방법을 확인할 것이다.

13

웹 페이지 모니터링

13장에서는 자빅스가 웹 페이지를 모니터링할 수 있는 기능을 소개한다. 웹 페이지의 다른 섹션을 점검하고 응답 없음, 다운로드 속도 및 응답 시간을 모니터링해볼 것이다. 또한 자빅스가 일부 페이지에서 값을 추출한 다음 그 값을 다시 사용할 수 있는 방법을 알아본다. 고급 시나리오와 스텝 기반 솔루션 외에도 자빅스 에이전트에서 사용할 수 있는 웹 모니터링 관련 아이템을 살펴보자.

▌ 간단한 웹 페이지 모니터링

인터넷은 사회 생활, 비즈니스, 엔터테인먼트 등 현대 생활의 모든 면에서 중요하다. 네트워크에 사용되는 모든 리소스를 통해, 내부 호스팅 사이트이든 신뢰할 만한 업체에서 제공된 외부 호스팅인지에 관계없이 우리는 웹 사이트를 유지관리해야 한다. 최소한 기본적인 서비스 상태를 확인하길 원한다. 실제 웹 사이트에서 몇 가지 간단한 것들을 모니터링 함으로써 시작해본다.

웹 모니터링 시나리오 생성

자빅스의 웹 모니터링은 시나리오를 순서대로 스텝을 생성하여 이를 통해 수행한다. 각 스텝은 확인해야 할 URL과 체크해야 할 항목으로 구성된다. 이렇게 하면 한 페이지를 확인하고 여러 페이지가 연속해서 제대로 작동하는지 확인할 수 있다. 자빅스의 웹 모니터링 시나리오는 여전히 호스트에 할당되며 또한 템플릿화할 수도 있다. 이것이 어떻게 작동하는지 알기 위해 오픈 맵 프로젝트 OpenStreetMap에서 몇 가지 페이지를 모니터링해본다.

기존 호스트 중 하나에 웹 모니터링 시나리오를 추가할 수는 있지만, 시나리오가 무엇을 모니터링해야 할지 명확히 정하기 어려우므로, 시나리오를 위한 전용 호스트를 생성한다. 단 OpenStreetMap 웹 사이트 하나만 모니터링할 것이기 때문에 템플릿을 사용하지 않을 것이다. Configuration ➤ Hosts로 이동해 Create host를 클릭하고 아래 값들을 채우자.

- Name: OpenStreetMap
- Groups: In Groups에 그룹이 있는 경우 해당 그룹을 선택하고 ▸ 버튼 클릭
- New group: Web pages

다른 값은 여기에서 변경할 필요가 없으므로 하단의 **Add** 버튼을 클릭한다. 이제 시나리오를 만들 준비가 됐다. 호스트 목록에서 OpenStreetMap 옆에 있는 Web을 클릭하고 **Create web scenario**를 클릭한다. 시나리오 속성에 다음 값을 입력한다.

- Name: `Main page`
- New application: `Webpage`
- Update interval: `300`

이제 개별 스텝으로 이동한다. 웹 모니터링 스텝은 웹 서버에서 수행되는 실제 쿼리다. 각 스텝마다 URL이 있다. **Steps** 탭으로 전환하고 **Steps** 섹션에서 **Add**를 클릭한다. 새 팝업에서 다음 값을 입력하자.

- Name: `First page`
- URL: http://www.openstreetmap.org/
- Required string: OpenStreetMap is a map of the world, created by people like you 를 입력한다. 이 필드는 반환된 페이지에서 특정 문자열을 검색하며 해당 문자열이 없으면 이 스텝은 실패하게 된다. 12장, '설정 자동화'에서 설명했듯이 여기서는 전역 정규식이 아닌, POSIX 정규식을 사용한다.
- Required status codes: 200을 입력한다. 여기서 허용되는 HTTP 리턴 코드는 콤마로 구분하여 지정할 수 있다. 리턴 코드가 일치하지 않으면, 이 스텝은 실패로 간주된다. 상태코드 200은 OK를 의미한다.

> ℹ️ Required string은 HTTP 헤더가 아닌, 페이지 소스에 대해서만 검사한다. 이 시나리오는 스텝의 URL이 가리키는 내용만 다운로드한다. 웹 페이지의 다른 요소는 절대로 다운로드되지 않는다.

최종 입력값은 다음과 같다.

Name	First page
URL	http://www.openstreetmap.org/
Post	
Variables	
Headers	
Follow redirects	■
Retrieve only headers	☐
Timeout	15
Required string	OpenStreetMap is a map of the world, created by peo
Required status codes	200

Add   Cancel

맞으면 Add 버튼을 클릭한다. GPS traces 페이지에 액세스할 수 있는지 확인해보자. 다시 Steps 섹션에서 Add를 클릭하고 다음 값을 입력한다.

- Name: Traces
- URL: http://www.openstreetmap.org/traces/
- Required string: Public GPS traces
- Required status codes: 200

Required string에 우리는 추적trace 페이지에 표시할 텍스트를 입력했다. 완료되면 Add를 클릭하자.

최종 스텝 설정은 다음과 같다.

Steps		NAME	TIMEOUT	URL	REQUIRED	STATUS CODES	ACTION
	1:	First page	15 sec	http://www.openstreetmap.org/	OpenStreetMap is a map of the world, created by people like you	200	Remove
	2:	Traces	15 sec	http://www.openstreetmap.org/traces/	Public GPS traces	200	Remove
Add							

모든 것이 잘 설정됐다. 하단의 Add 버튼을 클릭한다. 웹 모니터링이 시각적으로 어떻게 보이는지 확인하자. Monitoring > Web을 열고 OpenStreetMap 옆에 있는 Main page를 클릭한다. STATUS 열에 분명히 OK라고 표시된 것으로, 모든 스텝이 성공적으로 완료된 것으로 보이면, 적어도 우리가 모니터링하고 있는 웹사이트가 올바르게 작동한다고 볼 수 있다. 일반 아이템과 마찬가지로 마지막 검사가 언제 수행됐는지 확인할 수 있다.

HOST	NAME ▲	NUMBER OF STEPS	LAST CHECK	STATUS
OpenStreetMap	Main page	2	2016-05-13 00:46:22	OK

각 시나리오에 스텝 수도 표시돼 있지만 매우 모호하다. NAME 열의 Main page를 클릭하자. 자세한 정보를 볼 수 있다. 여기에서는 SPEED, RESPONSE TIME, RESPONSE CODE와

같은 각 스텝의 통계를 볼 수 있다. 그것으로 충분하지 않다면 SPEED와 RESPONSE TIME에 대해 미리 정의된 훌륭한 그래프도 제공된다. 그래프는 누적 그래프이므로 모든 스텝에 대해 더 많은 시간이 걸리는 작업을 확인할 수 있다. 그래프 위에서 스크롤바, 확대/축소, 캘린더 컨트롤 같은 시간 및 스케일을 컨트롤할 수 있는 도구를 볼 수 있다. 이 기능들로 다른 곳과 동일한 기능을 제공한다. 클릭 및 드래그하여 확대할 수도 있다.

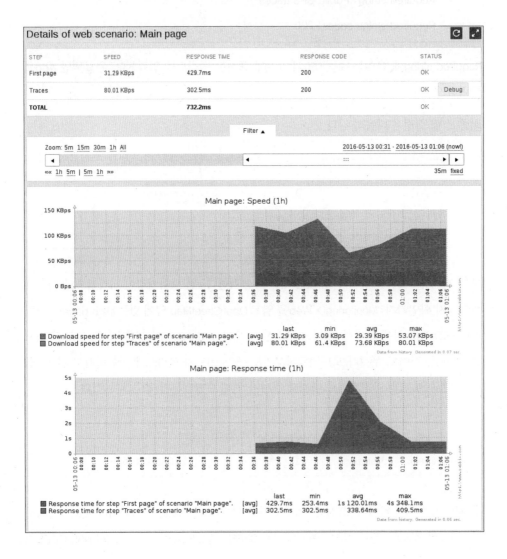

각 스텝에서 걸린 상대적 시간과 다른 스텝과의 속도비교를 확인할 수 있다. 이 경우, 평균 5초 정도의 스파이크가 있었음에도 불구하고 평균적으로 두 작업 모두 1초보다 약간 적다.

이 뷰는 매우 훌륭하지만 유연하지는 않다. 기본 데이터를 직접 액세스할 수 있을까? 모니터링 Monitoring > Latest data로 이동해보자. Host groups 필드에서 Webpages를 선택하고 Filter를 클릭한다. Webpage 애플리케이션 내의 아이템이 나타난다. 데이터를 살펴보자. 수집된 값은 모두 다운로드 속도, 응답 시간, 응답 코드, 시나리오별 마지막 오류 메시지를 포함하여 개별 아이템으로 액세스할 수 있다. 이런 아이템을 재사용해 원하는 그래프를 만들 수 있다. 각 스텝의 응답 시간에 대한 파이 차트 또는 다운로드 속도가 아닌 누적 그래프가 필요할 수 있다. 물론 모든 아이템과 마찬가지로 추가 설정 없이 간단한 그래프를 얻을 수 있다.

NAME ▲	LAST CHECK	LAST VALUE
Webpage (9 Items)		
Download speed for scenario "Main page".	2016-05-13 01:16:37	28.78 KBps
Download speed for step "First page" of scenario "Main page".	2016-05-13 01:16:37	3.16 KBps
Download speed for step "Traces" of scenario "Main page".	2016-05-13 01:16:37	54.41 KBps
Failed step of scenario "Main page".	2016-05-13 01:16:37	0
Last error message of scenario "Main page".		
Response code for step "First page" of scenario "Main page".	2016-05-13 01:16:37	200
Response code for step "Traces" of scenario "Main page".	2016-05-13 01:16:37	200
Response time for step "First page" of scenario "Main page".	2016-05-13 01:16:37	4s 257.7ms
Response time for step "Traces" of scenario "Main page".	2016-05-13 01:16:37	439.2ms

실패한 스텝의 아이템도 보인다. 실패한 스텝이 하나도 없는 경우 0을 리턴한다. 값이 0이고 모든 스텝이 성공했을 때, 트리거에서 0이 아닌 다른 값으로 확인 가능하고, 이 값을 기반으로 알림을 전송할 수 있다.

 실패한 스텝이 0일 때 값 매핑을 사용해 Success를 표시할 수는 있지만 모든 스텝의 수만큼 값 매핑을 추가해야 한다. 값 매핑은 범위 또는 기본값을 아직 지원하지 않는다.

그 밖의 시나리오와 스텝 속성

알림을 위한 작업을 계속하기 전에 시나리오 수준의 다른 옵션을 검토해 보겠다.

- **Attempts**: 웹 페이지에 유령이 살고 있는 것처럼, 계속 잘 작동하다가 모니터링 시스템이 한 번 체크할 때 실패할 수도 있다. 혹은, 사용자들이 페이지 로드에 실패했는데, 불평하지 않는 것일까? 이런 걱정을 덜기 위해, 이 필드는 자빅스가 웹 페이지 다운로드를 시도한 횟수를 지정할 수 있게 한다. 일시적인 실패가 발생하는 페이지의 경우 2 또는 3의 값이 적합하다.
- **Agent**: 웹 브라우저가 웹 서버에 연결되면 대개 자신을 식별하는 문자열을 전송한다. 이 문자열에는 브라우저 이름, 버전, 운영체제, 기타 정보가 포함된다. 이 정보는 통계 수집, 일부 브라우저에서 사이트의 특정 부분을 더 잘 작동시키거나 액세스를 거부하거나 사이트에서의 경험을 제한하는 등의 목적으로 사용된다. 자빅스 웹 모니터링 검사는 사용자 에이전트 문자열을 웹 서버로 보낸다. 기본적으로 자빅스로 식별되지만 미리 정의된 브라우저 문자열 목록에서 선택할 수도 있고 other를 선택해 완전히 사용자 정의된 문자열을 입력할 수도 있다.

- HTTP proxy: 필요한 경우 시나리오별로 HTTP 프록시를 설정할 수 있다. 사용자 이름, 암호, 포트도 지정할 수 있다.

HTTP proxy	http://[user[:password]@]proxy.example.com[:port]

 기본 HTTP 프록시는 자빅스 서버 프로세스의 http_proxy 및 https_proxy 환경 변수로 설정할 수 있다. 이런 변수는 웹 모니터링을 위해 사용되는 libcurl에 의해 선택된다. 시나리오 레벨에서 프록시가 지정되면 프록시는 이런 기본 프록시 설정을 오버라이트한다. 스텝 수준에서 프록시를 설정할 방법은 없다.

나머지 필드인 Variables와 Headers에 대해서는 나중에 이야기한다.

 자빅스의 웹 모니터링은 자바스크립트를 전혀 지원하지 않는다.

웹 시나리오 알림

시나리오의 스텝 중 하나가 실패할 때 알림을 보내는 트리거를 만들어보자. 이전에 발견된 것처럼 실패한 스텝 아이템은 모두 양호한 경우 0의 값을 갖는다. 그 밖의 것은 실패한 스텝의 순차 번호이다. 웹 시나리오가 실패해 중지되면 실패한 스텝 번호 3은 처음 두 스텝이 성공적으로 실행된 다음 세 번째 스텝이 실패했음을 의미한다. 추가 스텝이 있는 경우 처리되지 않은 상태에 대해 알 수 없다.

트리거를 만들려면 항상 아이템 키가 필요하다. 이는 아이템 목록에서 찾을 수 있다. Configuration > Hosts로 가서 OpenStreetMap 호스트 옆의 Items를 클릭한다. 아이템이 없다. 이는 자빅스 웹 시나리오의 내부 아이템으로(22장, '자빅스 운영/유지보수'에서 설명하는 내부 모니터링 아이템과 혼동하지 말자), 수동 설정으로 사용할 수 없는 특수 아이템이다. 트리거를 만들 때 그것들을 선택할 수 있어야 한다. 탐색 헤더에 Triggers를 클릭, Create trigger를 클릭한다.

트리거 수정 화면에서 다음 값을 입력하자.

- Name: {HOST.NAME} website problem
- Expression: Add를 클릭한 다음, 팝업의 Item 필드 옆의 Select를 클릭한다. Group 드롭다운에서 Web pages를 선택하고 Host 드롭다운에서 OpenStreetMap을 선택한다. 그다음 NAME 열의 Main page 시나리오에서 Failed step을 클릭한다. 이 아이템이 언제 0을 반환하지 않는지 찾아야 한다. Function 드롭다운에서 Last (most recent) T value is NOT N을 선택하고 Insert를 클릭한다. 최종 트리거 표현식은 다음과 같아야 한다.

```
{OpenStreetMap:web.test.fail[Main page].last()}<>0
```

완료되면 아래 Add 버튼을 클릭한다. web.test.fail[Main page] 아이템 키가 어떻게 사용됐는지 볼 수 있다. 웹 시나리오 아이템은 일반 아이템과 매우 비슷하다. 아이템 설정 화면에서 보여지지 않음에도 불구하고, 이름과 키를 가지고 있다. 이 방법으로 응답 시간, 다운로드 속도, 성능 이슈 포인트나 실패한 정확한 스텝 포인트에서의 리턴 코드와 같은 모든 웹 시나리오 아이템에 대한 트리거를 생성할 수 있다. 동일한 아이템들로 사용자 정의 그래프도 가능하다.

생성한 트리거는 이 웹 시나리오의 첫 번째 실패에 대해 알림을 발생한다. 이 모니터링의 민감도를 낮추려면 다음 두 가지 방법이 있다.

- 시나리오 속성의 **Attempts**에 큰 값을 설정한다.
- 아이템 값이 더 긴 시간을 갖는지 확인한다. 이런 방법은 6장, '트리거를 통한 문제 감지'에서 설명했다.

웹 모니터링 스텝이 실패하면 자빅스가 중지되고 다음 스텝으로 넘어가지 않는다. 따라서 모니터링하는 웹 사이트에 서로 독립적으로 작동하는 여러 섹션이 있는 경우 각각에 대해 별도의 시나리오를 만들어야 한다.

 웹 모니터링이 실패한 경우 웹 서버에서 정확히 무엇이 리턴됐는지 알면 매우 유용하다. 하지만 기본적으로 자빅스는 모든 검색된 콘텐츠를 저장하지 않는다. 부록 A, '문제 해결'의 '실행 중인 데몬 제어' 절에서 검색된 모든 웹 페이지를 임시로 볼 수 있는 방법에 대해 설명한다.

▌ 자빅스 인터페이스 로그인

웹 사이트 테스트의 첫 번째 스텝은 매우 간단했다. 이번엔 더 재미있는 작업을 수행해보려고 한다. 우리는 자빅스 프론트엔드 로그인을 시도해볼 것이며, 성공 여부를 확인하고 로그아웃해보려고 한다. 로그아웃 또한 성공적으로 실행됐는지 확인할 것이다.

명확히 확인하기 위해 개별 스텝으로 최대한 나누어 작업을 수행한다.

- Step 1: 첫 페이지 확인
- Step 2: 로그인
- Step 3: 로그인 확인
- Step 4: 로그아웃
- Step 5: 로그아웃 확인

A test host에서 이 시나리오를 설정한다. Configuration ➤ Hosts로 이동해 A test host 옆의 Web을 클릭하고, Create web scenario를 클릭한다. 다음 값을 입력한다.

- Name: Zabbix frontend
- New application: Zabbix frontend
- Variables: 아래 값 입력

```
{user}=Admin
{password}=zabbix
```

입력한 변수는 자빅스의 다른 매크로/변수와 다른 구문을 사용한다. 우리는 시나리오 스 텝에서 그것들을 사용할 수 있고, 정확히 어떻게 수행되는지를 볼 것이다. 이제 스텝별로 Steps 탭으로 전환한다. 각 스텝에 대해 먼저 Steps 섹션에서 Add 링크를 클릭한다. 마지막으로 스텝 속성에서 **Add** 버튼을 클릭하고 다음 스텝으로 진행한다. 모든 스텝에서 필요에 따라 IP 주소 또는 호스트 이름과 자빅스 프론트엔드의 실제 위치를 조정한다.

Step 1: 첫 페이지 확인

첫 번째 페이지에서 다음 세부 정보를 입력하자.

- Name: First page
- URL: http://127.0.0.1/zabbix/index.php
- Required string: Zabbix SIA
- Required status codes: 200

URL에 index.php를 추가해 필요한 리디렉션의 수를 줄였다. **Required string**은 페이지 내용을 검사한다. 또한 모든 HTML 태그를 포함하므로, 포함되길 원하는 문자열이 있으면 해당 태그를 나열한다. 또한 페이지 하단에 나타나는 텍스트를 선택해 페이지가 완전히 로드될 수 있도록 했다. 그리고 상태 코드는 특정 코드가 반환되도록 하여 HTTP 응답 코드로 200을 받으면 이상 없음을 의미한다.

Step 2: 로그인

이제 로그인 방법이다.

- Name: Log in
- URL: http://127.0.0.1/zabbix/index.php
- Post: name={user}&password={password}&enter=Sign in
- Required status codes: 200

이 스텝에서 **Post**를 제외한 대부분의 항목은 명확히 알고 있을 것이다. **Post**는 &로 연결된 여러 값을 지정하는 표준 구문을 따른다. 드디어 이전에 지정한 변수를 사용하며, 로그인 화면의 입력 필드 이름에 따라 입력한다. 마지막 enter 변수는 자빅스 프론트엔드 로그인 페이지에서 숨겨진 필드로 입력되고, 하드코딩된 Sign in 값이 전달된다. 다른 페이지에서 이 값들을 찾으려면 페이지 소스를 확인하거나 브라우저 디버깅 기능을 사용, 혹은 네트워크 트래픽을 확인한다.

Step 3: 로그인 확인

로그인이 성공했다고 가정할 수 있으나 항상 직접 확인하는 것이 좋다. 일부 숨겨진 변수 지정을 누락했거나 암호를 잘못 입력했을 수 있다. 따라서 별도의 스텝을 거쳐 로그인이 실제로 성공했는지 확인한다. 이 시나리오의 모든 추가 스텝은 로그아웃할 때까지 로그인한 사용자가 실행한 것으로 간주한다. 자빅스는 전체 시나리오에서 후반 스텝을 위해 수신된 모든 쿠키를 유지한다. 로그인할 때 가장 중요한 요소는 프로필 링크이다. 이 링크는 top-nav-profile 클래스를 사용하며 이는 우리가 확인할 문자열이다.

- Name: Check login
- URL: http://127.0.0.1/zabbix/index.php
- Required string: top-nav-profile
- Required status codes: 200

아직 이 스텝을 추가하지 말자. 다음 스텝(로그아웃)을 설정하기 전에 무엇이 필요한지 확인해보아야 한다. 로그아웃은 뭔가를 수정하는 액션으로 간주되므로 실제로 sid 변수로 세션 ID를 전달해야 한다. 세션 ID 값은 이 페이지 소스에서 가져와 추출하여 수행할 수 있다. 값은 웹 페이지에서 추출하여 변수에 할당하고 다음 스텝에서 재사용한다. 다음을 작성해보자.

```
Variables: {sid}=regex:sid=([0-9a-z]{16})
```

이제 이 스텝을 추가할 수 있다. 이 구문에 대해 더 자세히 살펴보면, 변수 할당의 첫 번째 부분은 수동으로 일부 값을 할당하는 것과 동일하지만 두 번째 부분은 등호 뒤에 키워드 regex로 시작한다. 다음 부분은 콜론으로 구분하여 정규식으로 표현한다. 이 정규식은 페이지에서 패턴을 조회한다. 이 테스트의 경우 sid= 문자열에 16자리의 영숫자가 붙은 문자열을 찾는다. 이 영숫자는 세션 ID이며 정규식의 캡처 그룹에 포함시켰다. 이것은 자빅스에 한정된 것이 아닌 표준 정규식 기능이다. 일치하는 캡처 그룹의 내용이 변수에 지정된다. 세션 ID를 추출하고 재사용하는 것이 가장 보편적인 기능이지만, 후속 스텝에서 재사용하길 원하는 어떤 것이든 정규식으로 표현 가능하다면 페이지에서 추출해 변수에 할당시킬 수 있다.

TIP 개행문자 일치 여부는 지원되지 않으므로 찾고자 하는 값은 하나의 라인에 있어야 한다.

Step 4: 로그아웃

이제 세션 ID가 생겼으므로 로그아웃할 준비가 됐다. URL을 확인해보자. 페이지 소스를 보면 로그아웃 컨트롤은 자바스크립트를 사용해 다음과 같은 URL로 리디렉션한다.

```
index.php?reconnect=1&sid=b208d0664fa8df35
```

여기서 중요한 두 변수는 reconnect와 sid이다. reconnect는 간단하게 1로 설정한다. Sid는 운 좋게도 이전 스텝에서 그 값을 추출했으므로, 로그아웃을 위한 모든 구성 요소를 알고 있다.

- Name: Log out
- URL: http://127.0.0.1/zabbix/index.php?reconnect=1&sid={sid}
- Required status codes: 200

Step 5: 로그아웃 확인

로그아웃 후 로그인 페이지에서 볼 수 있는 문자열이 있는지 확인한다. 로그아웃해 다음 값이 보이지 않으면 실패로 판단한다.

- Name: Check logout
- URL: http://127.0.0.1/zabbix/index.php
- Required string: Sign in
- Required status codes: 200

최종 스텝 결과는 아래와 같다.

Steps		NAME	TIMEOUT	URL	REQUIRED	STATUS CODES	ACTION
	1:	First page	15 sec	http://127.0.0.1/zabbix/index.php	Zabbix SIA	200	Remove
	2:	Log in	15 sec	http://127.0.0.1/zabbix/index.php		200	Remove
	3:	Check login	15 sec	http://127.0.0.1/zabbix/index.php	top-nav-profile	200	Remove
	4:	Log out	15 sec	http://127.0.0.1/zabbix/index.php?reconnect=1&sid={sid}		200	Remove
	5:	Check logout	15 sec	http://127.0.0.1/zabbix/index.php	Sign in	200	Remove
Add							

모두 완료되면, 페이지 하단의 **Add** 버튼을 클릭해 이 시나리오를 최종 저장한다. 시나리오를 실행하는 동안 사용하지 않은 스텝 파라미터에 대해 알아보자.

- **Follow redirects**: 자빅스가 리디렉션을 따를지에 대한 여부를 지정한다. 사용하도록 설정하면 하드코딩된 리디렉션이 최대 10개까지 이어지므로 얼마나 더 리디렉션이 있는지 확인할 방법이 없다. 미사용인 경우 HTTP 응답 코드가 301인지 아니면 또 다른 유효한 리디렉션 코드인지 확인할 수 있다.

- **Retrieve only headers**: 페이지가 큰 경우 헤더만 검색하도록 선택할 수 있다. 이 경우, 자빅스는 헤더에서 일치하는 문자열을 아직 지원하지 않으므로 Required string 옵션이 비활성화된다.

- **Timeout**: 특정 스텝의 시간 초과를 지정한다. 이는 연결시간과 HTTP 요청을 수행하는 작업에 각각 적용된다. 참고로 기본 제한 시간은 15초로 상당히 길기 때문에 자빅스는 한 페이지에서 최대 30초를 소비할 수 있다.

 URL의 일부 또는 전부에 대해 사용자 매크로를 사용할 수 있었다. 이렇게 하면 한 번만 정의한 다음 각 스텝에서 참조할 수 있다. 8장, '템플릿을 통한 복잡한 설정 단순화'에서 사용자 매크로에 대해 설명했다.

시나리오 실행에 약간의 시간이 소요되면 Monitoring ❯ Web page로 가서 Group 드롭다운에서 Linux servers를 선택하고 NAME 열의 Zabbix frontend를 클릭한다.

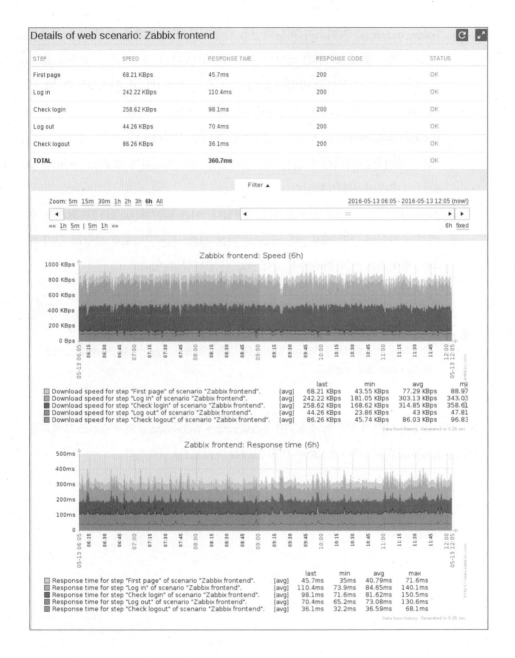

시나리오가 올바르게 실행되고 있는 것처럼 보인다. 로그인 및 로그아웃이 제대로 작동하는 것 같다. 어떤 스텝에서 실패로 표시됐다면 실제로 이전 스텝에서 실패했을 수 있다. 예를 들어 'Step 3: 로그인 확인'이 실패하면 'Step 2: 로그인'에서 실제 오류가 발생했을 가능성이 있다. 즉, 로그인에 실패한 경우다.

시나리오를 5개의 스텝으로 분리한 방법은 가장 간단한 방법은 아니다. 각각의 스텝에서 각각의 액션을 분리하는 것을 허용하지만(또한 5개의 값으로 보기 좋은 그래프 제공), 훨씬 더 간단한 방법을 사용할 수 있다. 로그인과 로그아웃을 확인하는 최소한의 수의 스텝을 이용한 가장 간단한 방법은 다음과 같다.

- 로그인 및 성공 여부 확인
- 로그아웃 및 성공 여부 확인

개인적으로, 새로운 시나리오를 만들고 두 스텝으로 동일한 결과가 나오도록 연습해보면 좋겠다.

인증 옵션

시나리오 속성에는 우리가 아직 사용하지 않은 탭도 있었다. 바로 Authentication이다.

HTTP authentication을 위해, 자빅스는 현재 Basic과 NTLM, 두 가지 옵션을 지원한다. Digest 인증은 현재 지원하지 않는다.

HTTP authentication 방법 중 하나를 선택하면 이름과 패스워드 입력 필드가 보여질 것이다.

다른 모든 옵션은 SSL/TLS와 관련되어 있다. 체크박스를 통해 서버 인증서의 유효성 확인이 가능하다. SSL verify peer 옵션이 인증서 유효성을 검사하고 SSL verify host는 추가적으로 서버 호스트 이름이 인증서의 Common Name 또는 Subject Alternate와 일치하는지 확인한다. 인증 권한은 시스템 기본값과 비교해 유효성이 검증된다. CA 인증서의 위치는 서버 설정 파일의 SSLCALocation 파라미터로 오버라이드될 수 있다.

마지막 세 필드를 사용해 인증서 사용한 클라이언트 인증을 설정할 수 있다. 자빅스는 인증서, 키 및 키 암호의 모든 가능한 조합을 지원한다(단일 복호화 파일, 완전 분리된 인증서, 키, 키 패스워드 등). 클라이언트 인증서 파일은 서버 설정 파일의 SSLCertLocation 파라미터로 지정된 디렉토리에 있어야 한다. 키 파일이 있는 경우는 SSLKeyLocation 파라미터로 지정된다.

▌ 에이전트 아이템 사용

방금 설정한 웹 시나리오 기반 모니터링은 매우 강력하지만, 더 간단한 방법으로도 충분할 수 있다. 에이전트 수준에서 웹 페이지를 검색하고 간단한 확인을 수행할 수 있는 흥미로운 아이템 키가 있다. 추가적인 이점은 모든 에이전트에서 이를 수행할 수 있기 때문에 지리적으로 분산된 여러 위치에서 웹 페이지 가용성을 확인하는 것이 매우 쉽다. 웹 페이지 관련 아이템 키는 세 가지다.

- web.page.get
- web.page.perf
- web.page.regexp

 3장, '자빅스 에이전트와 기본 프로토콜과 모니터링'에서 설명한 net.tcp.service와 같이 더 간단한 아이템 키가 존재함을 기억하자.

페이지 요소 검색

가장 간단한 웹 페이지 관련 에이전트 아이템 키인 web.page.get을 사용하면 페이지 콘텐츠를 검색할 수 있다. 시나리오 기반의 웹 모니터링과 같으며, 모든 포함된 콘텐츠를 검색하지는 않는다(예, 이미지). 이 키를 사용해 간단한 아이템을 만들어보자. Configuration ➤ Hosts로 이동해 Group 드롭다운에서 Web pages를 선택한다. OpenStreetMap 옆에 있는 Items를 클릭하고 Create item을 클릭한다. 다음을 채워보자.

- Name: OpenStreetMap main page
- Key: web.page.get[www.openstreetmap.org,/]
- Type of information: Text
- New application: OSM

 우리는 자빅스 서버용 에이전트 아이템을 만든다. 즉, 이 웹 아이템은 로컬 에이전트가 검사한다.

완료되면, 아래 Add 버튼을 클릭한다. 이 아이템에는 두 번째 파라미터로 /를 지정했으며, 이 파라미터는 필수는 아니다. 기본적으로는 웹 서버의 최상위 경로가 요구된다. 만약 사용자 지정 포트가 사용되는 경우, 이는 세 번째 파라미터로 지정할 수 있다.

```
web.page.get[www.site.lan,/,8080]
```

나중에 개별적으로 각각 아이템을 생성할 때 확인하지 말고, 먼저 세 아이템을 모두 생성해 결과를 확인해보자.

페이지 성능 확인

웹 페이지 관련 또 다른 에이전트 아이템은 web.page.perf이다. 페이지 로딩 시간을 초 단위로 반환한다. 아이템 목록에 있는 동안, Create item을 클릭해 다음을 채워보자.

- Name: OpenStreetMap main page load time
- Key: web.page.perf[www.openstreetmap.org,/]
- Type of information: Numeric (float)
- Units: s
- Applications: OSM

완료되면 하단의 Add 버튼을 클릭한다. 이 아이템 키는 페이지를 로드하는 데 걸리는 시간을 초 단위로 반환하므로 Type of information을 변경했으며 이 값은 일반적으로 소수 값을 갖는다.

웹 페이지 콘텐츠 추출

웹 모니터링 시나리오를 만들 때 페이지에서 콘텐츠를 추출하고 나중에 재사용할 수 있는 기능을 사용했다. 더 간단한 에이전트 모니터링을 사용하면 페이지에서 일부 콘텐츠를 추출할 수 있다. 테스트로, `OpenStreetMap is`에서부터 첫 번째 콤마까지의 테스트를 추출해보자. **Create item**을 다시 클릭하고 다음을 채우자.

- Name: `OpenStreetMap is`
- Key: `web.page.regexp[www.openstreetmap.org,,,OpenStreetMap is ([a-z ]*),,,\1]`
- Type of information: `Character`
- Applications: `OSM`

 내부 대괄호 안에 a-z 다음에 공백을 준다.

완료되면 하단의 **Add** 버튼을 클릭한다.

 현재 버전으로는 아이템 키는 OpenStreetMap 페이지 내용과 함께 작동한다. 웹 페이지가 재 설계되면 정규식 적용을 추가적으로 고려해야 한다.

이 아이템의 경우 페이지에서 직접 검색, 결과를 추출한다. 여기서 중요한 파라미터는 네 번째 위치한 파라미터로, 페이지 소스에서 일치해야 할 부분을 정규식으로 니타냈다. 이 경우 `OpenStreetMap is` 문자열이고 캡처 그룹의 첫 번째 콤마까지 다 포함된 문자열을 찾고 있다. 정규식에 콤마가 들어 있기 때문에 정규식을 큰따옴표로 묶었다. 콤마는 아이템 키 파라미터 구분 기호이므로 잘못 해석하지 않도록 해야 한다. 그런 다음 마지막 파라미터에서 첫 번째 캡처 그룹의 내용만 포함하도록 지정한다. 기본적으로 일치하는 전체 문자열이 반환된다. 이 방법을 이용한 자세한 값 추출 내용은 11장, '고급 아이템 모니터링'의 '로그 파일 모니터링'을 참고한다. 또한 **Type of information**으로 Character를 선택했다. 수집된 데이터가 매우 긴 문자열과 일치하는 경우, 255자로 제한된다.

이 아이템의 활용은 아파치 웹 서버의 mod_status나 다른 서버의 소프트웨어의 유사한 기능을 이용해 통계를 추출하는 것이다.

설정 완료된 아이템을 사용해 반환값을 확인해보자. Monitoring ❯ Latest data로 가서 Host groups를 지우고, Hosts 필드에 OpenStreetMap을 선택하고 Filter를 클릭한다. OSM 애플리케이션에서 아이템을 찾아보자.

NAME ▲	LAST CHECK	LAST VALUE
OSM (3 Items)		
OpenStreetMap is	2016-05-13 13:41:21	a map of the world
OpenStreetMap main page	2016-05-13 13:41:20	HTTP/1.1 200 OK Date: Fri, 13 May 2016 10:41:20 GMT ...
OpenStreetMap main page load time	2016-05-13 13:41:21	604.8ms

각 아이템은 아이템별로 페이지를 요청한다.

아이템은 전체 페이지 내용, 페이지 로드하는 데 걸린 시간 및 정규식의 결과를 반환해야 한다. web.page.get 아이템은 항상 헤더를 포함한다. web.page.get과 web.page.regexp

아이템에 빈 값이 매번 나타난다면, 이는 요청 시간 초과로 발생할 것이다. 웹 시나리오에는 자체 타임 아웃 설정이 있지만 에이전트 아이템은 기본적으로 3초의 에이전트 제한 시간을 갖는다. `web.page.perf` 아이템은 시간이 초과되면 0을 반환한다.

 자빅스의 web.page.get 아이템은 현재 널리 사용되는 청크 분할 전송 인코딩에서 제대로 작동하지 않는다. 추가 데이터가 페이지 내용에 삽입된다. 자빅스 3.0에서 libcurl을 사용해 이런 에이전트 아이템이 지원 가능하도록 수정될 것을 기대했지만 아직 개발이 완료되지 않았다. 현재로서는 언제 수정 가능한지 공지된 바는 없다.

이런 아이템을 사용하면 페이지가 로딩되는 데 시간이 오래 걸리거나 혹은, 작동하지 않거나 페이지에서 특정 문자열을 찾을 수 없는 경우에 대한 트리거를 생성할 수 있다. 전체 페이지 아이템이나 콘텐츠 추출 아이템에서 str( )와 유사한 트리거 표현식을 사용한다.

 웹 시나리오는 자빅스 서버에서 실행되며 에이전트 아이템은 에이전트에서 실행된다. 19장, '프록시를 이용한 원격지 모니터링'에서 원격 시스템에서 웹 시나리오를 실행할 수 있는 기능에 대해 설명한다.

우리가 만든 아이템은 모두 동일한 자빅스 에이전트로 연결된다. 하지만 여러 인터페이스를 가진 호스트를 만들고 각 인터페이스에 아이템을 할당하는 방법도 있다. 이렇게 설정하면 다양한 위치에서 웹 페이지 확인이 가능하고, 하나의 호스트에서 결과를 관리할 수 있다. 이때 아이템 키는 고유하게 만들어야 한다. 필요한 경우 빈 키 파라미터 트릭을 사용하거나, 키 파라미터에 추가 콤마 찍기, 22장, '자빅스 운영/유지보수'에서 다루게 될 키 별명 지정의 방법을 사용할 수 있다. 템플릿에서는 이런 설정을 사용할 수 없다.

▌ 요약

먼저, 응답 시간이나 전송 속도, HTTP 리턴 코드, 페이지 자체에 포함된 텍스트를 비롯한 다양한 파라미터를 기반으로 웹 페이지를 모니터링하는 방법을 배웠다. 또한 여러 스텝의 시나리오와 스텝을 설정하는 방법 및 모든 스텝에서 사용할 변수를 설정하는 방법에 대해서도 알아봤다. 이를 응용한 예제로, 자빅스 프론트엔드에 로그인하고 다시 로그아웃 해봤다. 또한 세션 ID를 추출하여 다음 스텝에서 재사용했다. 이런 지식을 바탕으로 웹 페이지의 기능 대부분을 모니터링할 수 있어야 한다.

운영 시스템의 경우 일반적으로 더 많은 애플리케이션, 시나리오 및 스텝이 있다. 웹 모니터링은 많은 다른 목적으로 사용될 수 있다. 가장 유용하게는 사이트 가용성과 성능을 목적으로 사용되지만, 다른 여러 상황에서 사용될 수 있다. 예를 들어 프론트 페이지의 회사명을 확인하고 기본 첫 웹 페이지를 보다 단순한 화면으로 변경하여 로딩 성능을 좋게 할수 있다. 더 간단한 대안으로, 또한 에이전트 측에서 웹 페이지 아이템을 탐색했다. 이는 세 가지 기능을 가지고 있다.

- 전체 페이지 콘텐츠 검색
- 페이지 로딩 시간 체크
- 정규식을 사용한 페이지 문자열 추출

웹 시나리오는 서버 측에서만 사용할 수 있지만 이 아이템은 에이전트 측에서만 사용할수 있다.

지금까지는 리눅스 시스템 모니터링에 집중해 살펴봤다. 다음 14장에서 윈도우 모니터링을 살펴보자. 윈도우용 기본 에이전트, 성능 카운터와 WMI^{Windows Management Instrumentation} 모니터링, 서비스 검색, 윈도우 이벤트 로그 모니터링에 대해 알아본다.

14

윈도우 모니터링

지금까지 다양한 서비스와 리눅스 시스템의 모니터링에 대해 살펴봤다. 마이크로소프트 윈도우를 모니터링하는 것은 여러 측면에서 매우 비슷하지만 일부 윈도우에 특화된 기능을 자빅스에서 사용할 수 있다. 자빅스 에이전트에 대해 배웠던 대부분의 기능과, 아이템 사용, 심지어 사용자 파라미터까지도 윈도우에서 동일하게 적용 가능하다. 이 장에서는 윈도우에 자빅스 에이전트 설치, 윈도우 성능 카운터 모니터링, 기본 WMI^{Windows Management} ^{Instrumentation} 사용 방법을 살펴볼 것이다. 또한 자동 검색 기능과 자빅스 에이전트의 이벤트 로그 시스템 기능을 비롯해 윈도우 서비스를 모니터링해 볼 것이다. 이 절에서는 자빅스 서버에서 액세스할 수 있는 윈도우 시스템이 필요하다.

윈도우 자빅스 에이전트 설치

에이전트를 설치하려면 먼저 에이전트를 가져와야 한다. 윈도우에서 소프트웨어 컴파일은 잘 사용하지 않고, 대부분은 바이너리 배포판으로 설치한다.

자빅스 에이전트의 윈도우 빌드는 두 가지 공식적인 경로로 구할 수 있다.

http://www.zabbix.com/download.php 다운로드 페이지나 소스 아카이브로부터 다운로드할 수 있다. 소스에 바이너리를 저장하는 방법은 추천하지 않지만, 자빅스가 어떻게 그것을 실행하는지 알 수 있으며, 가끔은 이를 활용할 수 있는 부분이 있다. 소스로 설치한 경우 버전이 일치하도록 동일한 아카이브의 윈도우 에이전트 바이너리를 사용하는 것이 좋다. 에이전트 실행 파일은 bin/win32 또는 bin/win64 하위 디렉토리에 있으니 윈도우 환경에 맞게 선택한다. 패키지에서 설치한 경우 다운로드 페이지를 방문해 윈도우 에이전트 아카이브를 가져온다. 자빅스 서버의 이전 버전과 동일하거나 이전 버전을 사용해야 한다. 에이전트를 다른 방법으로 사용하려면 윈도우 시스템과 같은 디렉토리에 배치한다. 간단하게 실습하기 위해 이번에는 C:\zabbix를 사용하겠지만 디렉토리는 다른 위치에서 자유롭게 사용할 수 있다. 또한 설정 파일도 필요한데 소스에서 바이너리를 사용한 경우 conf/zabbix_agentd.win.conf에 제공된 예제를 사용한다. 자빅스 웹 사이트에서 바이너리를 다운로드한 경우 아카이브 안의 conf/ 디렉토리에서 가져와 같은 경로에 설정 파일을 둔다. 이제 두 개의 파일이 저장됐다. 에이전트 설치를 계속하기 전에 어떻게 설정을 변경해야 하는지 알아보자. 즐겨쓰는 텍스트 편집기에서 C:\zabbix\zabbix_agentd.win. conf를 열고 변경하고자 하는 파라미터를 찾는다. 먼저 로그 파일 위치를 변경하자. 로그 파일 위치는 디폴트로 C:\zabbix_agentd.log로 설정돼 있으므로 다음과 같이 변경한다.

```
LogFile=c:\zabbix\zabbix_agentd.log
```

> **TIP** 윈도우 자빅스 에이전트 데몬 커맨드라인과 설정 파일에서는 슬래시와 역슬래시를 모두 사용할 수 있다.

이미 앞에서 Server=127.0.0.1로 입력된 서버 라인을 변경해야 한다는 것을 배웠다. 127.0.0.1 부분을 자빅스 서버의 IP 주소로 바꾼다. 액티브 아이템이 예상대로 잘 작동할 수 있도록 Hostname 설정 값을 확인한다. 기본적으로 Windows host로 설정되어 있다. 호스트명은 그대로 두도록 하자. 액티브 체크를 위한 또 다른 파라미터는 ServerActive이다. 여기서 127.0.0.1을 자빅스 서버 IP 주소로 바꾸고 파일을 저장한다.

에이전트를 시작하면 12장, '설정 자동화'에서 생성한 설정을 기반으로 자빅스 서버에 에이전트가 자동으로 등록된다. 이런 자동 등록은 편리하지만, 이번에는 더 엄격한 방식으로 테스트해보자. Configuration ➤ Actions를 클릭하고 Event source 드롭다운에서 Auto registration을 선택하고 Testing registration 옆의 Enabled를 클릭한다. 이전에 설정한 자동 등록이 비활성화된다.

이제 에이전트를 시작해보자. 윈도우의 cmd.exe를 시작하고 다음을 실행한다.

```
C:\zabbix>zabbix_agentd.exe -c c:/zabbix/zabbix_agentd.win.conf
```

> **TIP** 일부 윈도우 버전에서는 명령 앞에 .\를 붙여야 할 수 있다.
> 출력이 표시되지 않거나 매우 짧게 나타나는 경우, 관리자 권한으로 명령 프롬프트를 시작해야 한다. 최근 버전의 윈도우에서는 메뉴 항목을 명령 프롬프트(관리자)라고 한다.

에이전트 데몬 시작이 거부됐다.

```
zabbix_agentd.exe [6348]: use foreground option to run Zabbix agent as console
application
```

포어그라운드 옵션을 제공하는 방법을 알아보자. 윈도우 에이전트 데몬을 지정할 수 있는 추가 옵션이 있다. 명령 프롬프트에서 zabbix_agentd.exe가 있는 디렉토리 위치로 이동해 다음을 실행한다.

```
C:\zabbix>zabbix_agentd.exe --help
```

Options 섹션을 살펴보면 포어그라운드 파라미터가 리스트에 있다.

```
-f --foreground  Run Zabbix agent in foreground
```

이 옵션을 사용해보자.

```
C:\zabbix>zabbix_agentd.exe --foreground -c c:/zabbix/zabbix_agentd.win. conf
Starting Zabbix Agent [Windows host]. Zabbix 3.0.0 (revision 58455). Press Ctrl+C
to exit.
```

이제 에이전트가 시작된 것으로 보인다. 빠른 테스트를 위해 자빅스 서버에서 다음을 실행한다.

```
$ zabbix_get -s <Windows host IP> -k system.cpu.load
0.316667
```

현재 에이전트가 실행 중이며 에이전트에서 값을 조회할 수 있다. 여기서 한 가지 문제는 에이전트가 터미널에서 실행 중이다. 터미널을 닫으면 에이전트는 더 이상 동작하지 않을 것이다. 시스템이 재부팅되면 에이전트는 자동으로 시작되지 않는다. 포어그라운드에서 에이전트를 실행하는 것은 좋지만 윈도우 서비스로 실행할 수도 있다. 그럼 어떻게 실행할 수 있을까? 먼저 **Ctrl+C**를 눌러 중지하고 --help 출력을 다시 확인해보자. 모든 파라미터 중에서 이번에는 Functions 섹션을 관심있게 살펴보자.

```
Functions:
-i --install  Install Zabbix agent as service
-d --uninstall   Uninstall Zabbix agent from service
-s --start Start Zabbix agent service
-x --stop  Stop Zabbix agent service
```

 --multiple-agents 옵션은 여러 에이전트를 동일한 윈도우 시스템에서 서비스로 실행하기 위한 것으로, 이 옵션을 사용할 경우 서비스 이름은 설정 파일의 Hostname 파라미터 값을 서비스 이름에 포함시키게 된다.

윈도우용 자빅스 에이전트 데몬은 실행 옵션을 통해 표준 윈도우 서비스로 등록하는 기능을 제공한다. 단순히 몇 가지 테스트를 수행하는 경우가 아니라면 제대로 설치하는 것이 좋다. 지금 바로해보자.

C:\zabbix>zabbix_agentd.exe -c c:/zabbix/zabbix_agentd.win.conf -i

이때 확인 대화상자가 표시될 수 있다. **Yes**를 클릭한다. 관리자로 명령 프롬프트를 실행한 경우 서비스 설치가 성공할 것이다.

zabbix_agentd.exe [6248]: service [Zabbix Agent] installed successfully
zabbix_agentd.exe [6248]: event source [Zabbix Agent] installed successfully

그렇지 않은 경우, 이 명령은 다음과 같이 실패할 수 있다.

```
zabbix_agentd.exe [3464]: ERROR: cannot connect to Service Manager: [0x00000005]
Access is denied.
```

이 경우 명령 프롬프트를 관리자로 실행하거나 프로그램이 관리자로 실행되도록 허용해야 한다. 프로그램이 관리자로 실행되도록 하려면 zabbix_agentd.exe에서 마우스 오른쪽 버튼을 클릭하고 Troubleshoot compatibility(호환성 문제 해결)을 선택한다. 결과 화면에서 Troubleshoot program(프로그램 문제 해결)을 클릭하고 The program requires additional permissions(프로그램에 추가 권한 필요)를 체크한다.

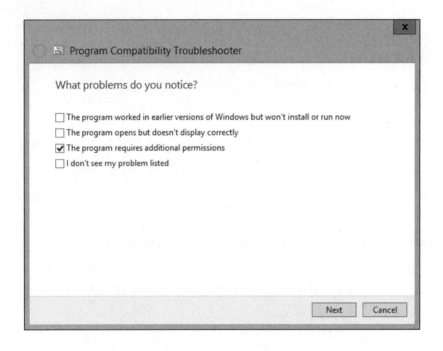

Next(다음)를 클릭하고 Test the program(프로그램 시작)을 클릭, 다시 Next을 클릭한다. 마지막 화면에서 Yes를 선택해 이 프로그램에 대한 설정을 저장한다. Close를 클릭한다.

성공적으로 완료되면, 자빅스 에이전트 데몬은 -c 옵션으로 지정된 설정 파일을 사용해 윈도우 서비스로 등록된다. 등록된 서비스는 제어판 서비스 세션에서 확인할 수 있다. 자빅스 서비스가 실제로 설치되어 있는지 확인한다.

Name ▼	Description	Status	Startup Type	Log On As
🔧 Zabbix Agent	Provides system monitoring		Automatic	Local System

자동으로 시작되도록 설정되어 있음에도 불구하고, 현재 중지상태이다. 자빅스 에이전트에서 마우스 오른쪽 버튼을 클릭하고 Start를 선택하거나, zabbix_agentd.exe 시작 명령어를 사용해 서비스를 시작할 수 있다. 시작 명령어를 사용해 시작해보자.

```
C:\zabbix>zabbix_agentd.exe --start
```

여기에 다른 보안 프롬프트에 응답해야 할 수도 있지만 서비스가 성공적으로 시작돼야 한다. 서비스 목록에서 자빅스 서비스가 시작됐는지 확인한다.

Name ▼	Description	Status	Startup Type	Log On As
🔧 Zabbix Agent	Provides system monitoring	Running	Automatic	Local System

호스트 모니터링을 위한 모든 작업이 잘된 것 같다. 이제 프론트엔드에서 설정 작업을 해야 한다. Configuration ➤ Hosts를 열고 Create host를 클릭한 후 다음 값을 채우자.

- Host name: `Windows host`
- Groups: In groups 박스에 그룹이 있으면 삭제
- New group: `Windows servers`
- Agent interfaces, IP ADDRESS: 호스트의 IP 주소 입력

완료되면 하단의 Add 버튼을 클릭한다. Group 드롭다운에서 Windows servers를 선택하고 Windows host 옆에 있는 Items를 클릭한 다음 Create item을 클릭한다. 다음 값을 입력하자.

- Name: `CPU load`
- Key: `system.cpu.load`
- Type of information: `Numeric (float)`

완료되면 하단의 Add 버튼을 클릭한다. Monitoring ❯ Latest data에서 들어오는 데이터를 확인할 수 있다. 다른 필터 필드를 제거하고 Host group 필드에서 Windows host를 선택한 다음 Filter를 클릭한다.

HOST	NAME ▲	LAST CHECK	LAST VALUE
Windows host	- **other** - (1 Item)		
	CPU load	2016-05-14 17:15:52	0.07

 윈도우의 CPU load는 유닉스 시스템과 비슷한 방식으로 작동하지만 윈도우 관리자와 이 CPU load는 친숙하지 않기 때문에 윈도우에서 CPU 사용률은 더 높다.

이제 윈도우 시스템에서 CPU 로드 데이터를 성공적으로 추출했다. 키 구문이 리눅스의 경우와 동일한지 확인하자. 다른 여러 키에 대해서도 마찬가지이며 자빅스 설명서를 확인해 어떤 플랫폼에서 어떤 키가 지원되는지 확인할 수 있다.

▌ 성능 카운터 검색

많은 키가 플랫폼 간에 일치하지만 윈도우에서만 제공되는 키가 있다. 자빅스는 윈도우에서 탑재된 메트릭 수집 시스템인 성능 카운터를 지원한다. 윈도우에 익숙한 사람들은 아마 잘 알고 있겠지만, 이 기능들은 윈도우 이전 버전에서는 **제어판 > 관리 도구 > 성능**에서 제공된다. 최신 버전에서는 관리 **도구 > 성능 모니터링**에서 이전 버전보다 더 많은 카운터가 추가되어 제공된다. 작동 방식은 윈도우 버전에 따라 다르다. 이전 버전에서는 하위 도구 모음의 + 아이콘을 클릭하거나 사용 가능한 카운터를 보려면 Ctrl + I를 누른다.

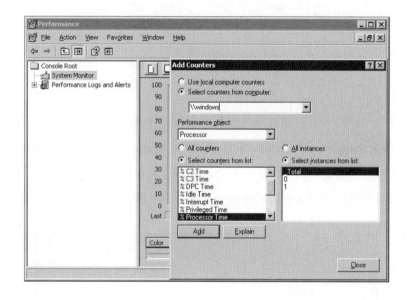

이 창에서 성능 카운터 문자열을 구성하는 데 필요한 정보를 확인할 수 있다. 첫째, 문자열은 역슬래시(\)로 시작해야 한다. 이 경우 성능 개체^{Performance object}는 **Processor**를 따른다. 그런 다음 원하는 인스턴스를 괄호 안에 넣어야 한다. 최종적으로 원하는 문자열은 \Processor(_Total)이 된다(Total 앞에 밑줄 표시). 카운터 문자열은 선택한 개체의 인스턴스(Select counters from list) 목록에서 개별 카운터 문자열을 추가해 완료되고 이는 백슬래시로 구분된다. 최종 성능 카운터 문자열은 다음과 같다.

```
\Processor(_Total)\% Idle Time
```

최신 윈도우 버전에서, 데이터 수집기 집합^{Data Collector Sets}을 펼치고 사용자 정의^{User Defined}를 마우스 오른쪽 버튼으로 클릭한다. New(새로 만들기) ❯ Data Collector(데이터 수집기 집합)을 선택한다.

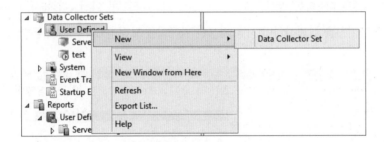

결과 창에서 데이터 수집기 집합의 이름을 입력하고 Create manually를 선택한 다음 Next를 클릭한다. Performance Counter Alert를 선택하고 Next를 다시 클릭하고 Add를 클릭한다. 여기 드디어 성능 카운터가 보인다. Processor를 확장하고 % Idle Time을 클릭한 다음 Add>>를 클릭한다. 최종적으로 OK를 클릭해 구성된 성능 카운터 문자열을 확인한다.

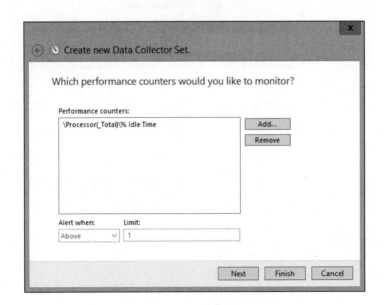

성능 카운터 생성을 완료했다. 이제 생성한 성능 카운터로 무엇을 해야 할까? 물론 아이템을 만들어야 한다. 프론트엔드로 돌아가 Configuration > Hosts로 이동해 Windows hosts 옆에 있는 Items를 클릭하고 Create item을 클릭한다. 다음 값을 입력한다.

- Name: CPU idle time, %
- Key: 입력방법은 아주 간단하다. perf_counter 키를 조금 전에 파라미터로 생성한 성능 카운터 문자열과 함께 사용해야 한다. 여기에 perf_counter[\Processor(_Total)\% Idle Time]을 입력하자.
- Type of information: Numeric (float)
- Units: %

완료되면 하단의 **Add** 버튼을 클릭한다. 이 아이템은 모든 CPU가 시스템에서 유휴상태로 소비하는 총 시간을 수집할 것이다. **Monitoring > Latest data**를 확인해보자. 윈도우에 내장된 성능 카운터에서 데이터를 수집하는 것을 확인할 수 있다.

CPU idle time, %	2016-05-14 17:20:24	97.42 %

윈도우에서 사용 가능한 성능 개체 및 해당 카운터 목록을 보면 다양한 메트릭을 볼 수 있다. 하지만 이 창에서는 최소한의 내용만 확인할 수 있다. 이 작은 위젯으로는 필터링 작업이나 검색 기능을 사용할 수 없다. 또한 직접 입력한 문자열을 키로 사용하기 때문에 항목을 복사할 수도 없다. 다행히도 사용할 수 있는 솔루션이 있다. typeperf.exe 유틸리티를 사용해 명령을 실행할 수 있다. 이것이 어떤 이점이 있는지 확인하기 위해 다음을 실행해보자.

```
C:\zabbix>typeperf -qx > performance_counters.txt
```

이 명령의 모든 출력은 performance_counters.txt 파일에 저장된다. 해당 파일을 텍스트 편집기로 열고 내용을 살펴보자. 다양한 소프트웨어 및 하드웨어 정보를 다루는 성능 카운터 문자열이 많이 있음을 알 수 있다. 익숙하지 않은 대화상자와 더 이상 고군분투할 필요가 없다. 이 문자열을 쉽게 검색하고 복사할 수 있다.

성능 카운터 숫자 참조

국가별 윈도우 설치를 사용하는 경우 모든 성능 카운터가 영어가 아닌 현지어로 표시될 것이다. 다른 로케일이 구성된 여러 대의 윈도우 시스템을 모니터링해야 하는 경우 특히 주의해야 한다. 예를 들어 영어 윈도우 설치에서 \System\Processes인 카운터는 프랑스어로 \Systéme\Processes가 된다. 성능 카운터를 참조하는 다른 보편적인 방법을 사용할 수 있을까? 가능하다. 우리는 숫자 참조를 사용할 수 있지만, 먼저 그것들이 무엇인지 알아야 한다.

regedit을 실행하고 HKEY_LOCAL_MACHINE\SOFTWARE\Microsoft\WindowsNT\CurrentVersion\Perflib 키를 찾는다. 이 키 아래에 하나 이상의 항목이 표시되며 그 중 하나는 009이다. 이는 영어 항목이다. 이 항목을 선택하고 Counter 키를 살펴보자. 성능 카운터 이름과 의심스러울 정도로 비슷하다. 이전 버전의 윈도우에서 다음과 같은 것을 볼 수 있다.

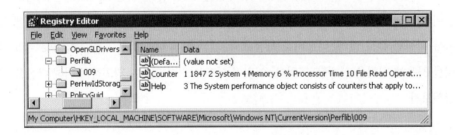

최신 버전에서는 다음과 같은 내용을 볼 수 있다.

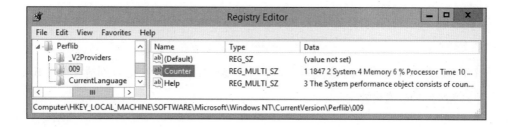

이 값을 두 번 클릭하면 내용을 다소 확인하기 쉬운 형태로 볼 수 있다.

각 성능 카운터 문자열은 숫자로 변환할 수 있다. 그러나 이 창에서 정확하게 변환하는 것은 매우 어렵다. 따라서 모든 내용을 복사해 numeric.txt 파일에 저장하여 검색해보자. 이 것이 어떻게 작동하는지 확인하기위해 이전에 사용한 성능 카운터 문자열 \Processor(_ Total)\% Idle Time을 변환해보자.

먼저 성능 개체인 Processor를 번역해야 한다. 텍스트 편집기에서 이런 내용을 검색할 수는 있지만, 특히 많은 값을 변환해야 하는 경우에는 귀찮은 일이 될 수 있다. 이 경우 윈도우 시스템에 기본 GNU 도구 grep이 설치되어 있다면 바로 사용할 수 있다. 그렇지 않은 경우 이 파일을 자빅스 서버에 복사한다.

```
$ grep -B 1 "^Processor$" numeric.txt
```

이 명령은 Processor 문자열을 정확히 포함하는 행을 검색하고 이 성능 객체의 숫자 ID
를 포함하는 행을 출력한다.

```
238
Processor
```

 숫자 값은 윈도우 버전마다 다를 수 있으므로 파일에 있는 값을 사용해야 한다.

자빅스 서버에서 grep을 사용하는 경우 저장된 파일에 윈도우 스타일의 줄 바꿈 행이 포
함될 수 있으며 이 경우 출력이 표시되지 않을 수 있다. 만일 출력이 표시되지 않으면 다
음을 실행해 개행 문자로 변환하자.

```
$ sed -i 's/\r//' numeric.txt
```

이제 첫 번째 부분에 대한 숫자 값을 얻었으므로 성능 카운터의 두 번째 부분에 대해 동일
한 값을 적용해보자.

```
$ grep -B 1 "^% Idle Time$" numeric.txt 1482
% Idle Time
```

이제 _Total을 제외한 성능 카운터의 모든 부분에 대한 숫자 값을 찾았다. 그럼, _Total
은 어떻게 변환해야 할까? 이는 별도의 변환 작업이 필요 없다. 이 문자열은 모든 로케일
에서 공통으로 사용된다. 결과로 얻은 성능 카운터는 다음과 같다.

```
\238(_Total)\1482
```

이미 이 정보를 수집한 아이템이 있으므로 이 정보를 새로 추가하지 않을 것이다. 대신 zabbix_get 유틸리티로 테스트해보자. 자빅스 서버에서 다음을 실행한다.

```
$ zabbix_get -s <Windows host IP> -k "perf_counter[\238(_Total)\1482]"
```

실행 결과는 \Processor(_Total)\% Idle Time 키와 동일한 데이터를 반환해야 한다.

```
99.577165
```

 특정 소프트웨어는 성능 카운터를 추가할 수 있으며 이런 카운터의 숫자 값은 시스템마다 다를 수 있다. 또한 어떤 경우는 소프트웨어가 기존 성능 카운터를 수정한다. 예를 들어 방화벽 소프트웨어 공급 업체의 이름을 네트워크 인터페이스에 추가하는 경우가 될 수 있다.

성능 카운터 별칭 사용

자빅스 구성을 사용하는 아이템 키를 통합하는 또 다른 방법은 성능 카운터 별칭을 지정하는 것이다(모든 호스트에 단일 템플릿을 사용할 수 있음). 이를 수행하려면 자빅스 에이전트 설정 파일에 Alias 지시문을 추가해야 한다.

예를 들어, 우리가 사용했던 성능 카운터인 \Processor(_Total)\% Idle Time을 cpu.idle_time으로 참조하려면 다음을 추가한다.

```
Alias = cpu.idle_time:perf_counter[\Processor(_Total)\% Idle Time]
```

변경한 후 에이전트를 다시 시작하는 것을 잊지 말자.

로케일이 다른 시스템에서는 Alias가 다른 성능 카운터를 사용하겠지만 이제부터는 모든 시스템에 동일한 항목 키(cpu.idle_time)를 사용할 수 있다.

성능 카운터 평균 반환

자빅스 에이전트는 윈도우에 특화된 또 다른 기능을 제공한다. 성능 카운터 값을 수집하고 평균을 반환할 수 있다. 이 기능으로 수집주기 마지막에 평균값을 반환하고 비정상적인 데이터가 누락될 가능성을 줄여, 카운터를 부드럽게 할 수 있다. 예를 들어 에이전트 데몬 설정 파일에 다음과 같은 행을 추가할 수 있다.

```
PerfCounter = disk.writes,"\PhysicalDisk(_Total)\Disk Writes/sec",300
```

이를 기반으로 에이전트는 매 초 성능 카운터에서 값을 수집하고 5분 간격으로 평균값을 계산한다. 그런 다음 5분마다 에이전트를 검색하여 초당 평균 쓰기 수를 정확하게 파악할 수 있다. 평균을 사용하지 않으면 5분마다 마지막 데이터를 가져온다.

▌ WMI 쿼리

자빅스 에이전트는 성능 카운터에 대한 기본 지원 외에 WMI 쿼리도 지원한다.

 자빅스는 자빅스 에이전트를 통해 WMI를 지원한다. 원격 WMI는 현재 지원되지 않는다.

유용한 정보를 추출하려면 WMI 쿼리가 필요하며 윈도우에서 또는 자빅스 에이전트를 사용해 쿼리를 신속하게 테스트할 수 있다. 윈도우 측면에서는 wbemtest.exe 유틸리티를 사용할 수 있다. wbemtest.exe를 시작하려면, Connect를 클릭하고 root\cimv2의 기본 네임스페이스를 그대로 사용해 Connect를 다시 클릭한다. 그런 다음이 대화상자에서 Query를 클릭한다.

여기에 전체 쿼리를 입력할 수 있다. 예를 들어, 쿼리를 사용해 현재 타임존을 조회할 수 있다.

```
SELECT StandardName FROM Win32_TimeZone
```

Query Result

WQL: SELECT StandardName FROM Win32_TimeZone   Close

1 objects   max. batch: 1   Done

Win32_TimeZone.StandardName="FLE Standard Time"

Add   Delete

자빅스 에이전트를 통해 이런 쿼리를 테스트하는 다른 방법은 zabbix_get 유틸리티를 사용하는 것이며, 3장, '자빅스 에이전트와 기본 프로토콜과 모니터링'에서 설명한다.

이런 쿼리를 사용해 아이템 만들기를 진행해보자. Configuration > Hosts로 이동해 Windows host 옆에 있는 Items를 클릭한 후 Create Item을 클릭한다. 다음을 채워보자.

- Name: Time zone
- Key: wmi.get[root\cimv2,SELECT StandardName FROM Win32_TimeZone]
- Type of information: Character
- Update interval: 300

여기에서 핵심은 wmi.get이고 첫 번째 파라미터는 네임 스페이스이고 두 번째 파라미터는 쿼리 자체이다. 시간대가 자주 바뀌지는 않기 때문에 업데이트 간격을 조금 더 늘리도록 할 것이다. 일반적으로는 매우 큰 주기를 사용하지만, 우리는 테스트를 위해 첫 번째 값을 확인해야 하기 때문에 낮게 설정한다. 완료되면 하단의 Add 버튼을 클릭한다. Monitoring > Latest data를 체크해보자. 5분 안에 아래와 같은 결과가 확인돼야 한다.

Time zone	2016-05-14 18:06:54 FLE Standard Time

이런 방법으로 WMI 쿼리 출력을 모니터링할 수 있지만 쿼리는 반드시 단일 값을 반환해야 한다. 멀티 값은 지원되지 않는다. 멀티 값이 반환되면 첫 번째 값만 처리된다.

▌ 윈도우 서비스 모니터링

윈도우 관련 다른 아이템 카테고리가 아직 남아있다. 바로 윈도우 서비스 상태 모니터링 전용 키다. 이제 서비스를 모니터링해보자. 먼저 이 서비스를 참조하는 방법을 알아야 한다. 이를 위해 서비스 목록을 연 다음 서비스 세부 정보를 열어 DNS Client를 선택한다.

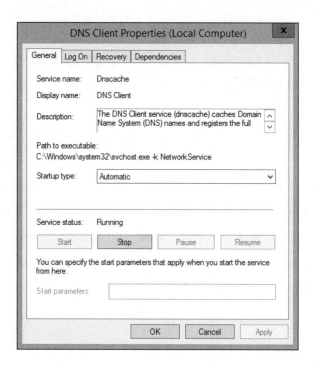

이 탭의 상단을 보자. Service name은 우리가 사용해야 할 이름이며, display name과 다르다는 것을 알 수 있다. display name인 DNS Client를 사용하는 대신 Dnscache를 사용할 것이다. 이제 아이템을 만들어보자. Configuration ❯ Hosts로 이동해 Windows host 옆에 있는 Items를 클릭하고 Create item을 클릭한다. 다음 값을 입력하자.

- Name: DNS client service state
- Key: service.info[Dnscache]

> **서비스 이름은 대소문자를 구분하지 않는다**
>
> 여기에 사용된 key인 service.info는 자빅스 3.0의 새로운 기능이다. 이전 버전의 자빅스는 service_state 키를 사용했다. 이 키는 더 이상 사용되지 않지만 여전히 지원되고 있으며 이전 자빅스 설치 및 템플릿에서 볼 수 있다. service.info 키는 더 많은 파라미터 사용이 가능하다. 자빅스 매뉴얼을 참고하자.

작업이 완료되면 하단의 Add 버튼을 클릭하고 Monitoring ❯ Latest data를 열어 새로운 아이템이 추가된 것을 확인한다.

DNS client service state	2016-05-14 18:20:25	0

데이터가 수집되고 상태는 0으로 표시된다. 이 값은 아마 정상일 것이다. 그러나 상태 숫자가 의미하는 것이 무엇인지 어떻게 알 수 있을까? Configuration ❯ Hosts로 돌아가 Windows host 옆에 있는 Items를 클릭하고 NAME 열의 DNS client service state를 클릭한다. 아주 익숙한 Show value 항목을 확인해보자. Show value mappings 링크를 클릭하고 목록 하단에서 매핑을 확인해보자.

```
                                    0 ⇒ Running
                                    1 ⇒ Paused
                                    2 ⇒ Start pending
                                    3 ⇒ Pause pending
Windows service state               4 ⇒ Continue pending
                                    5 ⇒ Stop pending
                                    6 ⇒ Stopped
                                    7 ⇒ Unknown
                                    255 ⇒ No such service
```

사용 가능한 윈도우 서비스 상태에 대해 사전 정의된 매핑이 있다. 이 창을 닫고 Show value 드롭다운에서 Windows service state를 선택하고 Update를 클릭한다. Monitoring ❯ Latest data로 돌아가서 서비스 상태가 훨씬 사용자 친화적인 방식으로 표시되는지 확인해보자.

```
NS client service state          2016-05-14 18:23:55   Running (0)
```

이제 프론트엔드에서 다양한 서비스 상태를 쉽게 식별할 수 있다.

아이템을 그대로 두고, 이 서비스가 중지됐을 때 알려줄 트리거를 만들어보자. Configuration ❯ Hosts로 이동해 Windows host 옆에 있는 Triggers를 클릭하고 Create trigger를 클릭한다. Name 필드에 DNS client service down on {HOST.NAME}을 입력하고 Expression 필드 옆에 있는 Add를 클릭한다. Item 옆에 있는 Select를 클릭하고 DNS client service state를 선택한다음 Insert를 클릭한다. 그러나 잠깐, 서비스가 실행될 때의 값은 0이다. 실제로 0이 아닌 값을 테스트해야 한다. 삽입 식을 변경하는 드롭다운 함수 사용은 피했었다.

```
{Windows host:service.info[Dnscache].last()}<>0
```

심각도를 Warning으로 변경하고 하단의 Add 버튼을 클릭한다. 이 시스템이 운영 시스템이 아니라면 이 서비스를 중지해도 괜찮을 것이다. 서비스를 중지하고 Monitoring ❯ Triggers 을 관찰해보자. Group 드롭다운에서 Windows servers를 선택한다. 자빅스는 이제 이 서비스가 다운됐다고 경고를 준다.

SEVERITY	STATUS	INFO	LAST CHANGE ▼	AGE	ACK	HOST	NAME
Warning	PROBLEM		2016-05-14 19:09:25	20s	No 1	Windows host	DNS client service down on Windows host

자동 서비스 확인

때로는 모든 서비스의 정확한 세부 내용에 대해 관심이 없으나 각각의 아이템과 트리거를 수동으로 설정해야 할 수도 있을 것이다. 아니면, 높은 수준의 개요를 보고 싶을 수도 있다. 예를 들어, 자동으로 시작된 서비스가 중지됐는지 여부를 알고 싶을 수 있다. 자빅스는 이런 확인을 매우 쉽게 할 수 있는 아이템을 제공한다. 서비스가 자동으로 시작되고 중지될 때의 파라미터를 포함해 다른 파라미터를 기반으로 서비스 목록을 검색할 수 있다. 그렇다면 이 기능을 어떻게 사용할 수 있을까?

다음 키를 사용해 아이템을 추가해야 한다.

```
services[automatic,stopped]
```

 지원되는 모든 서비스 키 파라미터 목록은 자빅스 매뉴얼을 참고한다.

이 방법으로 필요한 데이터를 가져올 수 있다. 자동으로 시작되도록 설정된 서비스가 중지될 때마다 이 아이템의 데이터에 표시된다.

또한 일부 윈도우 버전에서는 자동으로 시작되고 나중에 종료되는 서비스가 있을 수 있다. 이 경우 불필요한 값이 목록에 표시되고 모니터링을 어렵게 한다. 다행히 자빅스는 이런 문제에 대한 해결책을 가지고 있다. 이 키에 세 번째 파라미터를 추가해 검사에서 제외할 서비스를 지정할 수 있다. 예를 들어, RemoteRegistry와 sppsvc 서비스를 제외하려면 다음과 같은 키가 필요하다.

```
services[automatic,stopped,"RemoteRegistry,sppsvc"]
```

제외할 서비스가 쉼표로 분리되고, 전체 목록이 큰따옴표로 묶여 있음을 주의하자.

> 호스트 간에 이런 서비스 목록이 다른 경우 사용자 매크로를 사용해 서비스 목록을 고정하는 것이 좋다. 8장, '템플릿을 통한 복잡한 설정 단순화'에서 사용자 매크로에 대해 설명했다.

트리거에서는 장애를 어떻게 확인할 수 있을까? 목록이 비어 있으면 자빅스 에이전트는 0을 반환한다. 결과적으로 마지막 값이 0인지 여부를 간단히 확인해 자동 시작된 서비스가 중지될 때 트리거를 발생시킬 수 있다. 이런 검사를 위한 트리거 표현식은 다음과 같다.

```
{Windows host:services[automatic,stopped].last()}<>0
```

물론 count()와 같은 함수도 적용 가능하다. 한 번 이상의 검사에서 0이 아닌 값이 되면 트리거를 발생시키는 식은 다음과 같다.

```
{Windows host:services[automatic,stopped].count(#3,0)}=0
```

이 트리거 표현식은 마지막 3번의 검사에서 최소한 하나 이상의 서비스가 중지된 경우에만 실행된다.

서비스 디스커버리

위의 방법은 실행 중이라고 가정된 일부 서비스가 중지됐을 때 알려준다. 어떤 서비스인지 보려면 항목 값을 살펴봐야 한다. 자빅스는 3.0 버전부터 Windows service discovery를 지원하므로 실제로 모든 서비스를 개별적으로 모니터링할 수 있다. 모든 윈도우 서비스를 검색하고 모니터링해보자. 여기서 서비스 설명을 선택할 수 있다.

Configuration ➤ Hosts로 이동해 Windows host 옆의 Discovery를 클릭한 다음, Create discovery rule을 클릭하고 다음을 입력한다.

- Name: Windows service discovery
- ey: service.discovery
- Update interval: 300

기본 제공 에이전트 키를 사용하고 수집주기를 늘렸다. 운영에서는 수집주기를 더 늘리는 것이 좋다. 1시간 정도의 평균 디폴트 간격을 갖는 것이 좋겠다. 완료되면 하단의 **Add** 버튼을 클릭한다. 이제 룰이 생성됐다. 이제는 프로토타입이 필요하다. **Item prototypes**를 클릭한 다음 **Create item prototype**을 클릭한다. 데이터를 채우기 전에 이 디스커버리 아이템이 반환하는 값을 알고 있으면 유용하다. 서비스에 대한 예제는 다음과 같다.

```
{
  "{#SERVICE.STARTUP}" : 0,
  "{#SERVICE.DISPLAYNAME}" : "Zabbix Agent",
  "{#SERVICE.DESCRIPTION}" : "Provides system monitoring",
  "{#SERVICE.STATENAME}" : "running",
  "{#SERVICE.STARTUPNAME}" : "automatic",
  "{#SERVICE.USER}" : "LocalSystem",
  "{#SERVICE.PATH}" : "\"C:\\zabbix\\zabbix_agentd.exe\" --config \"c:\\zabbix\\
zabbix_agentd.win.conf\"", "{#SERVICE.STATE}" : 0,
  "{#SERVICE.NAME}" : "Zabbix Agent"
}
```

> **TIP** 자빅스 에이전트는 zabbix_get을 사용해 LLD 데이터를 쿼리할 수 있다. 로우레벨의 디스커버리에 대해서는 12장, '설정 자동화'에서 더 자세히 설명했다.

또한 이 디스커버리는 각 서비스에 대해 모니터링할 수 있는 다른 것들을 보여준다. 지금부터 모든 서비스에 대한 설명을 추출하고자 한다. 아이템을 추가하려면 실제 서비스 이름이 필요하다. 설명은 여기에서 바로 사용할 수 있지만 아이템을 통해 조회해보려고 한다. 아이템 프로토타입의 경우 {#SERVICE.NAME} 매크로를 사용할 수 있다. 이 지식을 바탕으로 아이템 프로토타입을 채워보자.

- Name: Service $1 description
- Key: service.info[{#SERVICE.NAME},description]
- Type of information: Character
- Update interval: 300

완료되면 하단의 **Add** 버튼을 클릭한다. 5분마다 디스커버리가 실행되므로 프로토타입이 실제 아이템에 반영되는 데 최대 5분이 걸릴 수 있으며 아이템이 첫 번째 값을 얻는 데는 설정 캐시 업데이트와 아이템 업데이트 주기에 따라 최대 6분이 소요된다. 먼저 윈도우 호스트에 대한 아이템 설정으로 이동한다. 잠시 후 디스커버리 룰에 아이템이 추가될 것이다.

Windows service discovery: Service SysMain description	service.info[SysMain,description]
Windows service discovery: Service swprv description	service.info[swprv,description]
Windows service discovery: Service TabletInputService description	service.info[TabletInputService,description]
Windows service discovery: Service svsvc description	service.info[svsvc,description]
Windows service discovery: Service SystemEventsBroker description	service.info[SystemEventsBroker,description]
Windows service discovery: Service SSDPSRV description	service.info[SSDPSRV,description]

꽤 많은 아이템들이 보일 것이다. **Monitoring ➤ Latest data**로 가면 몇 분 후, 모든 서비스에 대한 설명을 볼 수 있다.

Service ADWS description	2016-05-14 19:21:58	This service provides a Web Service interface to instances of the directory ser...
Service AeLookupSvc description	2016-05-14 19:21:59	Processes application compatibility cache requests for applications as they a...
Service ALG description	2016-05-14 19:22:00	Provides support for 3rd party protocol plug-ins for Internet Connection Sharing
Service AppHostSvc description	2016-05-14 19:22:01	Provides administrative services for IIS, for example configuration history and ...
Service AppIDSvc description	2016-05-14 19:22:02	Determines and verifies the identity of an application. Disabling this service w...

더 일반적인 접근 방법은 현재 서비스 상태 또는 서비스 시작을 모니터링하는 것이다. `service.info` 키는 이 모든 것을 지원 가능하다.

 또한 LLD 매크로를 사용해 발견된 서비스를 필터링할 수 있다. 예를 들어 {#SERVICE. STARTUP}를 필터링해, 자동으로 시작(value 0)하거나 혹은, 지연 값을 주고 자동으로 시작(value 1)되도록 구성된 서비스만 검색할 수 있다.

▌ 윈도우 이벤트 로그 모니터링

자빅스는 또한 윈도우의 로그 파일 모니터링을 지원한다. 11장, '고급 아이템 모니터링'에서 다뤘던 로그 모니터링과 동일하게 지원될 뿐만 아니라 윈도우의 특화된 로깅 서브 시스템을 기반으로 자빅스는 내장된 이벤트 로그 시스템 지원을 제공한다. 윈도우에는 다양한 이벤트 로그 카테고리가 있으며, 보안 이벤트 로그도 모니터링할 수 있다. 그 밖의 일반적인 로그는 시스템과 애플리케이션 로그이며, 최신 버전의 윈도우에서도 더 많은 로그가 있다. 이제 **Configuration ➤ Hosts**로 가서 Windows host 옆에 있는 Items를 클릭하고 Create item을 클릭해보자. 그리고 다음과 같이 입력한다.

- Name: Windows $1 log
- Type: Zabbix agent (active)
- Key: eventlog[Security,,,,,,skip]
- Type of information: Log
- Update interval: 1

 TIP 윈도우의 이벤트 로그 모니터링은 액티브 아이템처럼 작동하며, 일반 로그 파일 모니터링과 동일하다.

아이템 키에 6개의 콤마가 입력된다. 완료되면 하단의 **Add** 버튼을 클릭한다. skip으로 지정한 마지막 파라미터는 에이전트가 신규로 발생된 로그만 읽도록 한다. 얼마 동안 동일한 로그가 지속될 경우 꽤 좋은 기능이다. Monitoring ➤ Latest data로 이동해 Windows Security log 아이템의 History를 클릭한다.

TIMESTAMP	LOCAL TIME	SOURCE	SEVERITY	EVENT ID	VALUE

2016-05-14 19:34:38	2016-05-14 19:34:37	Microsoft-Windows-Security-Auditing	Success Audit	4634	An account was logged off.
					
					Subject:
					  Security ID:
					  Account Name:
					  Account Domain:
					  Logon ID:
					
					Logon Type:
					
					This event is generated when ID value. Logon IDs are only

값이 표시되지 않으면 윈도우 시스템에 로그인해보자. 이 로그에 일부 항목이 생성돼야 한다.

일반적인 로그 파일 모니터링과 비교할 때 주목할 만한 몇 가지 차이점은 LOCAL TIME 열에 자동으로 데이터가 채워질 뿐만 아니라, 소스, 심각도 그리고 이벤트 ID가 포함되어 있다는 것이다. 사실, 이미 에이전트 수준에서 이들 중 일부를 필터링할 수 있다. 모든 항목을 서버에 보낼 필요는 없다. 아이템 키 파라미터에 대해 좀 더 자세히 설명해 보겠다. 일반적인 키 구문은 다음과 같다.

```
eventlog[name,<regexp>,<severity>,<source>,<eventid>,<maxlines>,<mo de>]
```

두 번째 파라미터인 regexp는 일반 로그 파일 모니터링과 동일하게 작동하며, 이 정규식은 로그 아이템과 매치된다. maxlines와 mode 파라미터는 log와 logrt 아이템 키에 동일하게 작동한다. eventlog 키에 특화된 severity, source, eventid 파라미터는 모두 정규식이며 대응된 필드와 일치된다. 이를 통해 에이전트 측에서 eventlog를 매우 광범위하게 필터링할 수 있다. 그러나 사람들은 때로는 다소 일반적인 실수를 저지르는 경우가 있다. 이들은 정확히 일치하는 문자열이 아닌 정규식이라는 사실을 잊어 버린다. 예를 들어, 다음과 같은 아이템 키는 ID가 13인 하나의 이벤트에만 매치되지 않는다.

```
eventlog[Security,,,,13]
```

ID가 133, 1333, 913인 이벤트와도 매치된다. 13만 일치시키려면 정규식을 사용해야 한다.

```
eventlog[Security,,,,^13$]
```

severity, source 파라미터도 마찬가지다. 의도하지 않은 값과 매치되지 않아도, 정확한 일치가 필요한 경우 정규식으로 표현됐는지 항상 확인해야 한다.

▌ 요약

14장에서는 윈도우에 특화된 기능에 대해서 알아봤고, 이런 윈도우 환경에서 자빅스가 명시적으로 지원하는 여러 가지 사항에 대해 살펴봤다.

자빅스 에이전트를 윈도우 서비스로 설치하고 여러 기능적인 면에서 리눅스 에이전트와 동일하게 작동하는지 확인했다. 그런 다음 윈도우 관련 기능 지원도 배워보았다.

- 성능 카운터
- 자빅스 에이전트를 사용한 WMI
- 자동 검색 기능을 포함한 윈도우 서비스
- 이벤트 로그 시스템

이 모든 것에 대한 세부 기능과 잠재적인 장애를 논의했을 뿐만 아니라, 각 기능을 사용해 일부 데이터를 모니터링해 보았다. 현재 가지고 있는 일반적인 모니터링과 레포팅 지식을 활용해 윈도우를 효율적으로 모니터링할 수 있어야 한다.

상당히 많은 하위 레벨 설정을 경험해봤으므로, 다음 15장에서는 SLA 모니터링과 같은 비즈니스 지향적 측면을 살펴보자. 자빅스를 사용하면 IT 서비스 트리를 만들고, 서비스 가용성을 나타내는 트리거를 할당하며, SLA에 대한 준수 정도를 계산할 수 있다.

15

고수준의
비즈니스 서비스 모니터링

IT 시스템을 모니터링하는 것은 대개 세부 사항(CPU, 디스크, 메모리 통계, 프로세스 상태, 무수한 다른 파라미터)을 포함한다. 모든 것이 매우 중요하며 모든 세부 사항을 기술자가 이용할 수 있어야 한다. 그러나 결국 IT 시스템의 목표는 충분한 디스크 공간을 확보하는 것이 아니라 특정 필요를 충족시키는 것이다. 낮은 수준의 세부 사항만 살펴본다면 현재의 문제가 사용자에게 미칠 수 있는 영향을 파악하는 것이 매우 어려울 수 있다. 자빅스는 IT services라는 더 높은 수준의 화면을 제공한다. IT services는 개별 시스템 간의 관계를 구성하여 서비스 전달 방법을 확인하고 결과 트리의 일부에서 SLA^{Service Level Agreement} 계산을 사용할 수 있다.

▮ 서비스 트리 결정

IT 서비스 트리를 설정하기 전에 설치에 대해 충분히 생각을 하는 것이 좋으며, IT 서비스는 그보다 더 많은 고민을 하는 것이 좋다. 커다란 서비스 트리가 인상적일 수도 있지만 실제 기능을 잘 나타내지 못할 수도 있으며, 실제 시스템 상태를 불분명하게 표시할 수도 있다. 디스크 공간이 줄어드는 것은 중요하지만, 실제로 시스템을 다운시키지는 않으므로 SLA에 영향을 주지 않는다. 최선의 접근 방법은 사용 가능한 서비스를 식별하거나 수용 가능한 범위에서 동작하는지 확인하는 것만 포함될 수 있다. 예를 들어 SLA에는 서비스를 유지하려면 어느 정도 성능이 필요할 수 있다. 크고 복잡한 IT 서비스 트리를 원하지 않는 한, 서비스를 제공하고 모니터링하는 데 필요한 핵심 요소를 식별해야 한다.

핵심 요소는 무엇일까? 서비스가 매우 간단하고 쉽게 테스트할 수 있는 경우 직접 테스트할 수 있다. 아마도 SLA는 웹 사이트가 사용 가능한지 요구할 것이다. 이 경우에는 간단한 web.page.get 아이템만으로 충분하다. 웹 페이지 기반 시스템인 경우 페이지 자체를 확인하고, 로그인한 다음 로그인한 사용자로 일부 작업을 수행할 수 있는데, 이는 웹 시나리오에서 가능하다.

 13장, '웹 페이지 모니터링'에서 웹 모니터링에 대해 자세히 설명했다.

가끔 인터페이스를 직접 사용하지 못할 수도 있다. 이는 모니터링 목적으로 특수 사용자를 가질 수 없거나 실제 인터페이스에 연결할 수 없는 경우일 수 있다. 이 경우 사용 가능한 시스템의 주요 부분에 집중해 하위 수준의 모니터링을 해야 한다. 우리는 계속해서 최고 수준의 감시가 가능하도록 노력해야 한다. 예를 들어 웹 서버 소프트웨어가 실행 중인지 여부, TCP 포트에 연결할 수 있는지 여부, 프론트엔드 시스템에서 백엔드 데이터베이스에 연결할 수 있는지 여부를 확인할 수 있다. 데이터베이스 시스템의 메모리 또는 디스크 사용량과 데이터베이스의 낮은 수준의 상태는 상위 수준의 모니터링 관점에서 중요하지 않다. 물론 모두 모니터링해야 하지만 삭제 쿼리 속도가 빠르면 일반적으로 최상위 서비스에는 영향을 주지 않는다. 반면에 서비스가 중단되면 동일한 트리에서 디스크가 가득 찼기 때문에 문제가 발생했음을 볼 수 없지만, 이는 운영상의 오류다. 담당자는 문제를 해결할 수 있는 적절한 종속성의 저 수준 트리거를 사용하기 바란다.

▎ IT 서비스 설정

기능을 익히는 가장 좋은 방법은 기능을 사용해보는 것이다. 이 환경에 비즈니스 서비스는 없지만 네트워크 맵 링크 표시 기능과 유사한 접근법을 사용할 수 있다. 여기에서는 네트워크 문제를 시뮬레이션하기 위해 가상의 아이템과 트리거를 만들 것이다. 고수준의 서비스 모니터 역할을 하는 아이템과 트리거를 만들어보자.

'바나나'와 '파인애플'이라는 두 회사가 있다고 가정하자. 우리 회사는 이 두 회사를 위해 다양한 서비스를 제공할 것이다.

- '바나나' 회사의 코드 저장소 시스템
- '파인애플' 회사의 창고 분석 시스템
- '바나나'와 '파인애플' 회사의 발권 시스템

서비스 트리는 다음과 같다.

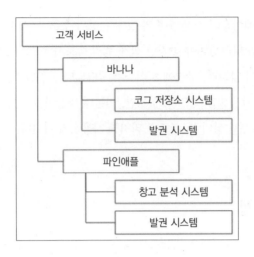

최상위 수준에서 모든 것이 녹색이면 모든 고객의 시스템에 문제가 없다는 것이다. 그렇지 않은 경우 어떤 고객의 시스템에 문제가 있는지 파악하고 어떤 시스템이 영향을 받는지 확인할 수 있다. 만약 발권 시스템이 다운되면 두 고객 모두에 영향을 미칠 것이다. 그리고 이런 서비스 아래에 있는 모든 것들 역시 모니터링된다.

불행히도 IT 서비스 기능은 장기간 동안 데이터를 수집하지 않으면 평가하기 어렵다.

SLA 그래프는 몇 주 이상의 데이터가 있을 때 더 흥미로우며, 데이터를 보내서 과거 데이터인 것처럼 가장할 수도 있다. 11장, '고급 아이템 모니터링'에서 설명한 작지만 훌륭한 도구인 zabbix_sender를 사용하면 각 값의 타임스탬프를 지정할 수 있다. 즉, 자빅스 트랩퍼 아이템을 만들고 그 안에 값을 넣을 것이다.

테스트 아이템 및 트리거 생성

Configuration ➤ Hosts로 이동해 Create host를 클릭한다. 일반적으로 이와 같은 아이템들은 다른 호스트에 있지만, 단일 호스트에서 테스트 설정하는 것이 가장 좋다. Host name과 New group 필드에 IT services를 입력하고 In groups 선택상자에 그룹이 없는지 확인한 다음, 하단의 Add 버튼을 클릭한다. Group 드롭다운을 Group으로 변경하여 IT services 옆의 Items를 클릭한 다음, Create item을 클릭한다. 이 방법으로 다음의 설정을 갖춘 세 가지 아이템을 만들어보자.

- Name: `Code repository service`
- Type: Zabbix trapper
- Key: `code_repo`
- New application: IT services

아이템 복제 기능을 사용해 나머지 두 아이템을 더 빠르게 생성할 수 있다. 남은 두 아이템에 New application 필드 대신 Applications 필드를 사용하자.

- Name: `Warehouse analytics service`
- Type: Zabbix trapper
- Key: `warehouse_analytics`
- Application: IT services

다음은 마지막 아이템이다.

- Name: `Ticketing service`
- Type: Zabbix trapper
- Key: `ticketing`
- Application: IT services

아이템의 최종 목록은 다음과 같아야 한다.

NAME ▲	TRIGGERS	KEY	INTERVAL	HISTORY	TRENDS	TYPE	APPLICATIONS
Code repository service		`code_repo`		90d	365d	Zabbix trapper	IT services
Ticketing service		`ticketing`		90d	365d	Zabbix trapper	IT services
Warehouse analytics service		`warehouse_analytics`		90d	365d	Zabbix trapper	IT services

이제 아이템 목록 위의 탐색 모음에서 Triggers를 클릭한 다음, Create trigger를 클릭한다. 다음과 같이 세 가지 트리거를 설정하자.

첫 번째 트리거

- Name: Code repository down
- Expression: {IT services:code_repo.last( )}=0
- Severity: High

두 번째 트리거

- Name: Warehouse analytics down
- Expression: {IT services:warehouse_analytics.last( )}=0
- Severity: High

세 번째 트리거

- Name: Ticketing down
- Expression: {IT services:ticketing.last( )}=0
- Severity: High

SEVERITY	NAME ▲	EXPRESSION
High	Code repository down	{IT services:code_repo.**last()**}=0
High	Ticketing down	{IT services:ticketing.**last()**}=0
High	Warehouse analytics down	{IT services:warehouse_analytics.**last()**}=0

 여기에서는 트리거 이름을 짧게 하기 위해 트리거 이름에 호스트 이름을 포함시키지 않았다. 운영 시스템에서는 호스트 이름을 사용하고 싶을 것이다.

이런 트리거에서 심각도 설정은 매우 중요하다. 자빅스 트리거는 기본적으로 가장 낮은 심각도인 Not classified를 가진다. IT 서비스에서 SLA 계산 시 두 가지 가장 낮은 심각도인 Not classified와 Information을 무시한다. 이것은 기능적 이점이 있는 것보다는 아마 과거의 어떤 요구 사항 때문이었을 것이다. 사용자는 SLA 계산이 동작하지 않는 것을 보기 위해 일반적으로 빠른 테스트 트리거를 만들 것이다. 빠른 테스트를 위해 트리거를 만들 때 심각도 설정은 상대적으로 중요하지 않으므로 심각도를 변경하지 않는다. 이미 특정 심각도가 무시된다는 점을 알고 있기 때문에, 지금 생성된 트리거는 SLA 계산이 동작된다.

IT 서비스 구성

가상의 데이터를 보내는 것에 근접했다. 이제 데이터가 들어오기 전에 IT 서비스를 설정해야 한다. 자빅스에서는 SLA 결과를 소급해 계산할 수 없다. SLA를 수집하려는 기간의 시작 부분에 IT 서비스를 설정해야 한다. SLA 상태는 트리거 및 이벤트 정보와 별도로 저장되며 런타임 시 자빅스 서버에 의해 계산된다.

Configuration ❯ IT services로 가보자. IT services를 관리하는 인터페이스는 자빅스의 대부분의 다른 인터페이스들과 다르다. 우리에게는 불변의 항목인 root가 있다. 다른 모든 서비스 항목은 하위 항목으로 추가돼야 한다. root 항목 옆에 있는 Add child를 클릭하자.

모든 고객 서비스를 하나의 항목으로 그룹화하여 시작할 것이며, 나중에 내부 서비스가 있을 수 있다. Name 필드에 Customer services를 입력하고 하단의 Add 버튼을 클릭한다.

우리에게는 두 고객이 있으며, Customer services 옆의 Add child 버튼을 클릭한다. Name 필드에 Banana를 입력하고, Calculate SLA 체크박스를 선택한 다음 Add 버튼을 클릭한다.

Customer services 옆에 있는 **Add child**를 다시 클릭하자. Name 필드에 Pineapple을 입력하고, Calculate SLA 체크박스를 선택한 다음, **Add** 버튼을 클릭한다. 이제 Customer services 항목이 어떻게 확장되는지 확인해보자. Customer services를 확장하면 다음과 같다.

이제 두 고객이 놓여 있으며 그들의 서비스를 추가해보자. Banana 옆에 있는 **Add child**를 클릭한다. Name 필드에 Code repository를 입력하고 Calculate SLA 체크박스를 선택한다. 이 서비스는 leaf 또는 최하위 수준의 서비스가 될 것이고, 이제 트리거에 연결할 것이다. 트리거 상태는 SLA 계산이 활성화된 서비스와 모든 상위 서비스의 SLA 상태에 영향을 줄 것이다. Trigger 필드 옆에 Select를 클릭한 다음 NAME 열에서 Code repository down를 클릭한다. 이 서비스의 최종 설정은 다음과 같다.

694

Service	Dependencies	Time			

Name	Code repository	
Parent service	Banana	Change
Status calculation algorithm	Problem, if at least one child has a problem ▾	
Calculate SLA, acceptable SLA (in %)	☒ 99.05	
Trigger	IT services: Code repository down	Select
Sort order (0->999)	0	
	Add Cancel	

완료되면 Add를 클릭한다. 그런 다음 Banana 옆에 있는 Add child를 다시 클릭한다. Name 필드에 Ticketing을 입력하고 Calculate SLA 체크박스를 선택한 다음 Trigger 필드 옆에 있는 Select를 클릭한 후, NAME 열에서 Ticketing down을 클릭한다. Add 버튼을 클릭해 Banana 고객의 두 번째 서비스를 추가하자.

첫 번째 고객이 설정됐다. 이제 Pineapple 옆에 Add를 클릭하자. Name 필드에 Warehouse analytics를 입력하고 Calculate SLA 체크박스를 선택한 다음 Trigger 필드 옆에 있는 Select를 클릭한다. NAME 열에서 Ticketing down을 클릭한 다음, Add 버튼을 클릭한다.

Pineapple의 다른 하위 서비스로 ticketing service를 추가할 수 있지만, 이미 정의된 이 서비스를 서비스 트리의 여러 위치에 추가할 수도 있다. 이는 상위 서비스를 추가 서비스에 종속시킴으로써 수행된다. Pineapple을 클릭하고 Dependencies 탭으로 전환하자. 유일한 하위 서비스인 Warehouse analytics가 나열되어 있는지 확인한다. Add 링크를 클릭하고 Ticketing entry를 클릭한 다음 Update 버튼을 클릭한다.

Details	Cannot update service	✕
Service "Ticketing" is already hardlinked to a different service.		

그러나 잘 동작하지 않고 오류 메시지가 표시됐다. 파일 시스템 개념에 익숙하다면 오류 메시지가 약간 도움이 될 수 있지만, 그렇지 않으면 아마 매우 혼란스러울 것이다. 자빅스의 IT 서비스에는 상위 서비스에 연결되는 하나의 '하드 링크'가 있다. 서비스를 다른 서비스에 추가하기 위해 종속성으로 추가하지만, 서비스당 하나의 '하드 링크'만 허용되므로 이를 '소프트 링크'로 추가해야 한다. Ticketing 옆의 SOFT 체크박스를 선택하고 Update를 다시 클릭하자. 이번에는 작업이 성공적으로 완료돼야 하며, 두 회사 모두 Ticketing entry가 표시돼야 한다.

 하드 링크된 항목 또는 소프트 링크된 항목을 삭제할 때 해당 서비스의 모든 항목이 삭제된다.

항목이 축소됐으면 모두 펼치고 마지막 트리를 확인한다.

SERVICE	ACTION	STATUS CALCULATION	TRIGGER
root	Add child		
▼ Customer services	Add child	Problem, if at least one child has a problem	
▼ Banana	Add child	Problem, if at least one child has a problem	
Code repository	Add child Delete	Problem, if at least one child has a problem	Code repository down
Ticketing	Add child Delete	Problem, if at least one child has a problem	Ticketing down
▼ Pineapple	Add child	Problem, if at least one child has a problem	
Ticketing	Add child Delete	Problem, if at least one child has a problem	Ticketing down
Warehouse analytics	Add child Delete	Problem, if at least one child has a problem	Warehouse analytics down

SLA 계산은 회사 수준에서 시작됐다. 모든 고객에 대한 전체 SLA를 계산하는 것은 가능하지만 흔한 일은 아니다. 모든 서비스의 STATUS CALCULATION 열에 Problem, if at least one child has a problem이 표시되어 있다. 이는 SERVICE 속성에서 상태 계산 알고리즘이 Problem, if all children have problems로 선택되어 있기 때문이다. 이것이 문제 상태 전파를 위한 유일한 옵션이다. 자식 서비스의 백분율이나 양을 설정하는 것은 불가능하다(예: 클러스터 솔루션의 경우 유용할 수 있음).

데이터 전송

이제 가상의 데이터를 보낼 차례다. 언급한 바와 같이 IT 서비스/SLA 기능은 오랜 기간 동안 데이터를 가지고 있을 때 더 흥미로우며, 1년치의 데이터를 보낼 수 있다. 물론 자동으로 생성할 것이다. 자빅스 서버에 다음과 같은 스크립트를 만들자.

```
#!/bin/bash
hostname="IT services"
time_period=$[3600*24*365] # 365 days interval=3600 # one hour
probability=100
current_time=$(date "+%s")
for item_key in code_repo warehouse_analytics ticketing; do
    [[ -f $item_key.txt ]] && {
        echo "file $item_key.txt already exists"
        exit
    }
    for ((value_timestamp=$current_time-$time_period;
        value_timestamp<$current_time;
        value_timestamp=value_timestamp+$interval)); do
        echo "\"$hostname\" $item_key &value_timestamp
        $([[ $(($RANDOM%$probability)) < 1 ]] && echo 0 ||
        echo 1)" >> $item_key.txt
    done
done
```

이 스크립트는 현재 시간부터 시작하여 1년 동안 매 시간 세 개의 아이템 키 값을 생성한다. 각 아이템은 작은 확률로 0의 값을 얻으며 이 값은 실패를 의미한다. 그 결과는 무작위이지만 SLA 수준에 따라 결과는 변동돼야 하므로 SLA 수준을 충족시키는 서비스와 그렇지 않은 서비스를 얻을 수 있기를 기대한다. 모든 값이 1시간 간격으로 보내지기 때문에, 실패가 두 번 연속 나올 가능성은 거의 없으므로 중단 시간은 한 시간을 초과해서는 안 된다. 스크립트가 generate_values.sh로 저장됐다고 가정하고 이 스크립트를 한 번 실행해보자.

```
$ ./generate_values.sh
```

세 개의 파일이 생성돼야 한다.

- code_repo.txt
- ticketing.txt
- warehouse_analytics.txt

 TIP 다음은 많은 경고 이메일을 생성할 수 있다. 이를 피하려면 이전에 추가한 액션을 비활성화해야 한다.

이제 다음 파일 각각에 대해 zabbix_sender를 실행하자.

```
$ zabbix_sender -z 127.0.0.1 -T -i code_repo.txt
$ zabbix_sender -z 127.0.0.1 -T -i ticketing.txt
$ zabbix_sender -z 127.0.0.1 -T -i warehouse_analytics.txt
```

각 호출의 출력은 다음과 유사해야 한다.

```
info from server: "processed: 250; failed: 0; total: 250; seconds spent: 0.001747"
...
info from server: "processed: 10; failed: 0; total: 10; seconds spent: 0.000063"
sent: 8760; skipped: 0; total: 8760
```

 TIP Zabbix sender는 한 번에 최대 250개의 값을 처리한다. 작지만 훌륭한 Zabbix sender에 대한 자세한 내용은 11장, '고급 아이템 모니터링'을 참고하자.

위의 모든 것이 성공했다면 이제 1년치의 데이터를 가지고 있는 것이다.

▎ 보고서 보기

마지막으로 이전에 수행한 모든 작업의 결과를 볼 준비가 됐다. Monitoring ❯ IT services로 이동해 다음과 같은 보고서를 볼 수 있다.

SERVICE	STATUS	REASON	PROBLEM TIME		SLA / ACCEPTABLE SLA
root					
▼ Customer services	OK				
▼ Banana	OK			2.3810	97.6190 / 99.0500
Code repository - Code repository down	OK			0.5952	99.4048 / 99.0500
Ticketing - Ticketing down	OK			1.7857	98.2143 / 99.0500
▼ Pineapple	OK			1.7857	98.2143 / 99.0500
Ticketing - Ticketing down	OK			1.7857	98.2143 / 99.0500
Warehouse analytics - Warehouse analytics down	OK			0.0000	100.0000 / 99.0500

각 서비스의 현재 상태, 계산된 SLA 값, 예상 값 충족 여부를 보여준다. 이 예제에서는 세 가지 서비스 중 Warehouse analytics 서비스 하나만 SLA 레벨을 충족한다. 당신은 다른 결과를 볼 수 있다.

막대는 실제로 100%를 나타내지 않는다. 막대의 양이 빨간색으로 표시되는 것과 값을 비교하면 일치하지 않는다. 마우스 커서를 막대 위에 놓으면 그 이유를 볼 수 있다.

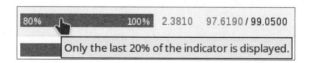

이 막대는 마지막 20%만 표시한다. SLA 모니터링은 80% 미만으로 사용할 수 있을 것으로 기대하지 않으며, 전체 막대 중 작은 부분을 표시하면 더 많은 영향을 볼 수 있다.

우리가 지금 보고 있는 것은 지난 7일 동안의 보고서이며, 오른쪽 위 모서리에서 확인할 수 있다. 드롭다운을 펼쳐서 사용 가능한 옵션을 확인하자.

선택 항목을 바꿔가며 무작위 데이터가 예상 SLA 레벨을 충족시켰는지, 충족시키지 못했는지 확인하자. 유감스럽게도, 현재로서는 임의의 기간에 대해서는 보고서를 생성할 수 없다. 두 달 전 특정 주에 대한 SLA 값을 보는 것도 불가능하다.

이 페이지에는 몇 가지 다른 보고서가 숨겨져 있다. 이 옵션을 클릭하면 다음 결과가 표시된다.

- **서비스 이름**은 해당 서비스의 가용성 보고서를 연다.
- **트리거 이름**(서비스에 링크된 경우)은 해당 트리거에 대한 이벤트 이력을 연다.
- **SLA 바**는 해당 서비스에 대한 연간 가용성 그래프를 연다.

Banana를 클릭하면, 가용성 보고서가 열릴 것이다.

기본적으로 현재 연도의 주간 보고서를 표시한다. **Period** 드롭다운을 Yearly로 바꿔보자.

YEAR	OK	PROBLEMS	DOWNTIME	SLA	ACCEPTABLE SLA
2016	134d 0h 4m	2d 7h 0m		98.3186	99.0500
2015	360d 18h 0m	4d 6h 0m		98.8356	99.0500
2014	365d 0h 0m			100.0000	99.0500
2013	365d 0h 0m			100.0000	99.0500
2012	366d 0h 0m			100.0000	99.0500
2011	365d 0h 0m			100.0000	99.0500

6개 항목이 표시되는 이유는 6개의 연도에 걸쳐서 최근 5년 동안의 보고서를 보여주고 있기 때문이다. 이 예제뿐만 아니라 자빅스 SLA 계산은 장애에 대한 정보를 얻을 것이라고 가정하며, 장애에 대한 정보가 없으면 자빅스는 해당 기간 동안 서비스를 사용할 수 있었다고 여긴다. 이 페이지에서 월별, 주간, 일별로 기간을 선택할 수 있으며, 해당 연도를 선택하면 그 해의 모든 달, 주 또는 일에 대한 데이터가 표시된다. Year 드롭다운에서 연도 목록을 살펴보면, 사용 가능한 연도는 연간 보고서에서와 동일하게 최근 5년이 걸쳐있는 6개의 연도가 나타난다.

트리거가 서비스에 연결되어 있을 때, 트리거 이름을 클릭하면 해당 트리거에 대한 이벤트 이력이 표시된다. 6장, '트리거를 통한 문제 감지'에서 이벤트 화면을 살펴봤으므로 여기에서는 더 이상 다루지 않을 것이다.

이제 Monitoring ➤ IT services로 돌아가서 PROBLEM TIME 열에 있는 막대 중 하나를 클릭하면, 연간 SLA 그래프가 표시된다.

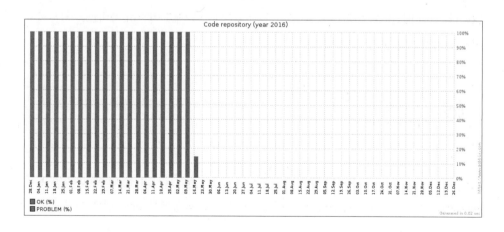

각 열은 일주일을 나타내며, 이 서비스가 종료된 시간이 맨 위에 빨간색으로 표시된다. 서비스는 많은 시간 동안 가동되었지만 대부분의 주에 약간의 중단 시간이 있음을 알 수 있다.

가용성 보고서와 연간 그래프 모두 설정할 필요가 없다. 기간을 사용자 정의 시간으로 설정할 수 없으며, 미리 정의된 기간만 사용할 수 있다. 또한 SLA 그래프 크기 또는 기타 파라미터를 커스터마이징할 수 없다. 연간 그래프는 현재 연도만 볼 수 있다.

 IT 서비스 모니터링 및 보고서에 대한 접근을 제한할 수 있는 방법은 없다. 모든 사용자가 사용할 수 있으며 여기에서 일반적인 사용권한은 고려되지 않는다.

▌ 가동 시간과 중지 시간 지정

SLA 모니터링을 설정하면 시스템이 원활하게 작동하는지 계속해서 확인할 수 있다. SLA 레벨이 떨어진 것을 발견하기 위해 적절하게 스케줄된 유지보수 기간 동안 유지보수를 수행한다. 유지보수 기간 동안 가동 중지 시간이 SLA 모니터링에 반영되지 않을까? 그렇지 않다. 자빅스 호스트 및 호스트 그룹 수준의 메인터넌스는 SLA 모니터링에 영향을 주지 않는다. 이런 메인터넌스 기간 중에 무언가가 다운된 경우에도 여전히 자빅스는 허용되지 않는 서비스 이용 불가로 간주한다.

 호스트 및 호스트 그룹 수준의 메인터넌스에 대해서는 5장, '호스트, 사용자, 사용권한 관리'에서 설명했다.

그래도 특정 기간 동안 SLA 데이터를 계산을 피하는 방법은 있다. Configuration > IT services로 이동해 Code repository를 클릭하자. 서비스 속성에서 Time 탭으로 전환한다.

여기에서 세 가지 기간 타입을 추가할 수 있다.

- Uptime
- Downtime
- One-time downtime

가장 단순한 One-time downtime부터 시작해보자. One-time downtime 기간을 추가할 때, Note 필드에 간단한 설명을 입력할 수 있으며 From-Till 필드에 날짜 및 시간을 선택할 수 있다.

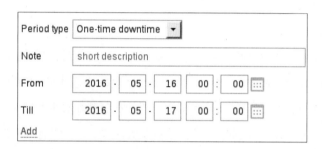

그러나 Note는 많이 사용되지 않으며, 앞의 그림에서 본 것과 같이 설정된 시간 목록에만 표시된다.

Downtime 옵션을 사용하면 SLA 계산이 제외되는 시간을 지정할 수 있다.

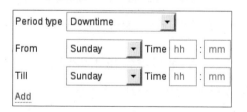

이것은 주 단위로 이루어지며, 평일과 시간을 분 단위까지 정밀하게 선택할 수 있다. 불행하게도, 이 화면이 한 주의 시작을 일요일로 설정하는 유일한 곳이다. 가장 큰 장애는 이 기간이 주 경계를 넘을 수 없다는 것이다. 따라서 주말의 SLA 계산 중지 시간을 한 번에 추가하는 것은 불가능하며, 토요일과 일요일에 각각 하나의 항목을 추가해야 한다.

그러나 Uptime 옵션은 반대로 동작한다. 가동 시간 항목이 추가되면 SLA 계산은 해당 기간 동안에만 발생하며, 다른 기간에는 'downtime'으로 간주된다.

물론 여기에서 기간을 추가할 때 SLA 계산에서 장애를 숨기기 위해 이 기능을 사용하면 안되고, 실제 계약 조항을 준수해야 한다.

▌요약

이 장에서는 CPU, 디스크, 메모리의 하위 수준 모니터링에서 약간 벗어났다. 자빅스에서 IT services라고 불리며 비즈니스 서비스를 관찰하는 높은 수준의 모니터링에 대해 설명했다. 의존성과 구조를 표현하고, 개별 항목을 트리거에 연결해 장애 상태를 서비스에 전파하고, 그 서비스에 대한 SLA 계산을 설정할 수 있었다. 테스트할만한 대규모 IT 시스템이 없었기 때문에 가상의 데이터를 전송해 서비스 가용성 보고서와 연간 SLA 그래프를 포함한 결과 보고서를 살펴봤다.

자빅스의 IT 서비스 기능에 대한 두 가지 중요한 사실을 알게 됐다.

- SLA 계산 시 심각도가 Not classified 또는 Information인 트리거는 무시된다.
- SLA 정보는 나중에 계산할 수 없으며, IT 서비스를 미리 구성해야 한다.

서비스에 풀타임 SLA 커버리지가 없는 경우, 평일 시간대를 기준으로 SLA 계산을 수행할 시기를 지정하는 방법에 대해 배웠다. 하지만 호스트와 호스트 그룹 수준의 메인터넌스는 SLA 계산에 영향을 미치지 않으며, 가동 시간/중지 시간 설정은 IT 서비스 자체에 대해 수행돼야 한다.

16장에서는 이전보다 훨씬 낮은 수준의 모니터링을 살펴볼 것이다. IPMI^{Intelligent Platform Management Interface}를 사용해 하드웨어를 직접 모니터링하는 방법을 다룬다. 자빅스는 '일반' 또는 아날로그 IPMI 센서, 이산 IPMI 센서 모니터링을 모두 지원하며 개별 센서를 위한 특별한 트리거 기능도 있다. 자세한 내용은 다음 장을 통해 알아보자.

16

IPMI 장비 모니터링

이제 우리는 자빅스 에이전트, SNMP, 기타 여러 방법을 사용했던 모니터링에 익숙하다. 대다수의 네트워크 연결 장비에서 SNMP가 매우 널리 사용되고 있지만, SNMP 외에도 시스템 관리 및 모니터링을 목표로 하는 IPMI^Intelligent Platform Management Interface 프로토콜이 있다. IPMI는 일반적으로 시스템의 운영체제와 별도로 전원이 꺼져도 정보를 제공할 수 있는 별개의 관리 모듈과 모니터링 모듈로 구현된다. IPMI는 점점 대중화되고 있으며 자빅스에서도 지원한다. 특히 IPMI는 light-out 또는 out-of-band라는 관리 카드에서 널리 사용되며, 오늘날 대부분의 서버 하드웨어에서 사용할 수 있다. 운영체제 타입이나 동작 여부에 의존하지 않기 때문에, 이런 카드에서 하드웨어 상태를 직접 모니터링하는 것은 바람직하다.

▐ IPMI 장치 준비

이번 절에서는 IPMI 지원 장치(일반적으로 원격 관리 카드가 있는 서버)가 필요하다. 이번 예제에서는 실제 하드웨어를 사용하며 벤더별로 차이점이 존재할 수 있지만, 어떤 벤더의 제품이든 일반적인 원칙을 적용할 수 있어야 한다.

▐ IPMI 모니터링 준비

IPMI를 사용해 데이터를 수집하려면, 자빅스는 올바르게 설정돼야 하며 장치는 자빅스의 연결을 받아 들여야 한다. 자빅스를 패키지 방식으로 설치한 경우 IPMI 지원을 사용할 수 있어야 한다. 자빅스 서버 소스를 컴파일하여 설치했으면 OpenIPMI 라이브러리 지원도 포함돼야 한다. 자빅스 서버 로그 파일에서 시작 메시지를 확인하자. IPMI에 관한 행에 YES라고 나오는지 확인한다.

```
IPMI monitoring:          YES
```

확인할 것이 더 남아있다. 기본적으로 자빅스 서버는 IPMI 폴러^{poller}가 시작되지 않도록 설정된다. 따라서 추가된 IPMI 아이템은 동작하지 않는다. 이를 변경하려면 zabbix_server.conf 파일을 열고 다음 행을 찾도록 하자.

```
# StartIPMIPollers = 0
```

주석 처리를 제거하고 다음과 같이 폴러 카운트를 3으로 설정한다.

```
StartIPMIPollers = 3
```

파일을 저장하고 zabbix_server를 재시작하자.

모니터링되는 장치에서 자빅스가 사용할 사용자를 추가한다. IPMI 표준은 다양한 권한 수준을 지정하며 모니터링을 위해 사용자 수준이 가장 적합해 보인다. IPMI 사용자 설정은 공급 업체가 제공하는 커맨드라인 도구, 웹 인터페이스 또는 다른 방법을 사용해 수행할 수 있다. 이 부분에 대한 자세한 내용은 공급 업체별 설명서를 참고하자.

IPMI 아이템 설정

자빅스에 IPMI 아이템을 추가하기 전에 IPMI 액세스를 테스트해야 한다. 기본적으로 IPMI는 UDP 포트 623을 사용하므로 방화벽에 의해 차단되지 않도록 하자. 자빅스 서버에 ipmitool 패키지가 설치되어 있는지 확인하고, 설치되어 있지 않은 경우 설치하고 다음을 실행한다.

```
$ ipmitool -U zabbix -H <IP address of the IPMI host> -I lanplus -L user sdr
Password:
```

IPMI 설정에서 설정한 암호를 입력한다. -L user 옵션에 지정된 대로 사용자 수준의 액세스를 사용하므로 자빅스 IPMI 사용자에게 관리자 권한은 필요하지 않다. -I lanplus 옵션은 ipmitool이 IPMI v2.0 LAN 인터페이스를 사용하도록 하며, sensor 명령은 호스트에 사용 가능한 센서를 쿼리한다. 장치의 IPMI가 기본 포트가 아닌 포트에서 실행 중인 경우 -p 옵션을 사용해 포트를 지정할 수 있다.

 자빅스는 ipmitool 대신 OpenIPMI 라이브러리를 사용해 IPMI 장치를 쿼리한다. OpenIPMI 라이브러리는 과거에 몇 가지 버그가 있었으며, 동작하는 ipmitool 인스턴스는 자빅스 서버에서 IPMI 모니터링을 보장하지 않는다. 의심스러운 경우 최신 버전의 OpenIPMI로 테스트하자.

출력에는 다음과 같은 센서를 포함시킬 수 있다.

```
BB +5.0V         | 4.97 Volts      | ok
Baseboard Temp   | 23 degrees C    | ok
System Fan 2     | 3267 RPM        | ok
Power Unit Stat  | 0x00            | ok
```

유용한 데이터처럼 보이므로 자빅스에서 팬 RPM을 모니터링해보자. 프론트엔드에서 Configuration ▶ Hosts로 이동한다. 정리된 상태로 유지하려면 IPMI 모니터링을 위해 새로운 호스트를 생성하자. Create host를 클릭한 뒤, 다음 값을 입력한다.

- Name: IPMI host
- Groups: Other groups 박스에서 Linux servers를 클릭한 뒤 버튼을 클릭한 다음 In groups 리스트박스에 다른 그룹이 없는지 확인한다.
- IPMI interfaces: Add 컨트롤을 클릭한 뒤 IPMI 주소를 입력한 다음 Agent interfaces 옆에 있는 Remove를 클릭한다.

> **TIP**
> 일부 IPMI 솔루션은 IPMI 요청을 차단하고, 기본 네트워크 인터페이스에서 작동한다. 이 경우 IPMI에 사용할 IP 주소를 기본 에이전트 인터페이스에 설정하면 된다.

IPMI 탭으로 전환하고 다음 값을 입력하자.

- IPMI username: IPMI 액세스에 사용되는 사용자 이름을 입력한다.
- IPMI password: IPMI 액세스에 대해 설정한 암호를 입력한다.

> IPMI 암호 길이를 길게 설정한 다음, 호스트 편집 화면을 다시 방문하면 암호가 잘리는 것을 볼 수 있다. IPMI v2.0의 최대 암호 길이는 20자이므로 정상적인 동작이다.

IPMI의 권한 수준, 포트 또는 그 밖의 파라미터 같은 설정이 다른 경우 적절하게 설정하자. 완료되면 하단의 **Add** 버튼을 클릭한다.

 이 호스트를 위해 Linux servers 그룹을 재사용했지만, 다른 그룹에 추가해도 된다.

IPMI 아이템 생성

이제 IPMI 연결에 관해 호스트 부분을 설정했으므로, 실제 아이템을 만들 차례다. **Group** 드롭다운에서 **Linux servers**가 선택됐는지 확인한 다음, **IPMI host** 옆의 **Items**를 클릭하고 **Create item**을 클릭한 후, 다음 값을 입력한다.

- **Name**: System Fan 2 입력(또는 IPMI 지원 장치가 이런 센서를 제공하지 않는 경우, 사용 가능한 다른 센서를 입력)
- **Type**: IPMI agent
- **Key**: System_Fan_2
- **IPMI sensor**: System Fan 2
- **Units**: RPM

완료되면 하단의 **Add** 버튼을 클릭한다.

 이 아이템 타입의 경우 아이템 키는 아이템 식별자로만 사용되며 여기에 다른 문자열을 입력해도 된다. 트리거 표현식과 다른데서 아이템을 쉽게 식별할 수 있도록 공백이 밑줄로 대체된 센서 이름을 사용하기로 했다. IPMI 센서 이름은 수집할 데이터를 결정한다.

일부 장치의 경우 센서 이름 뒤에 공백이 있을 수 있으며, ipmitool의 기본 센서 출력에서 명확하게 확인할 수 없다. 센서 이름이 정확해 보이는데도 자빅스에서 쿼리를 실패하면, 자빅스 서버에서 단일 센서의 데이터를 검색해보자.

```
$ ipmitool -U zabbix -H <IP address of the IPMI host> -I lanplus -L user sensor
get "System Fan 2"
```

그러면 해당 센서에 대한 자세한 정보가 표시된다. 실패했다면 아마도 센서 이름이 잘못되었을 것이다.

작업의 결과를 확인하기 위해 Monitoring > Latest data로 이동한 다음, 필터의 Hosts에 IPMI host를 선택한다.

NAME ▲	LAST CHECK	LAST VALUE
- **other** - (1 Item)		
System Fan 2	2016-05-18 12:26:49	3348 RPM

 이 값은 3.3K로 단축되지 않고, 값 전체가 표시되는 것을 확인하자. RPM 단위는 하드코딩 단위에 포함되며, 이런 단위를 사용하는 아이템은 배수 접두사가 붙지 않는다. 단위 목록에 대해서는 22장, '자빅스 운영/유지보수'에서 더 자세히 설명한다.

하드웨어 상태 정보가 올바르게 수집되고 있다. 이 IPMI가 다른 방식보다 더 나은 점은 IMPI는 설치된 운영체제 또는 특정 에이전트와 독립적으로 검색되며, 운영체제가 실행 중이 아니거나 설치되지 않은 경우에도 검색된다.

 현재로서는 로우 레벨 디스커버리 지원 기능이 내장되어 있지 않다. 사용 가능한 센서를 찾으려면 로우 레벨 디스커버리 룰 자체에 대한 외부 검사나 자빅스 트랩퍼 아이템 타입을 사용하는 것이 좋다.

▌이산 센서 모니터링

센서 목록에는 온도, 팬 RPM 등의 값이 명확한 일부 센서가 표시된다. 하지만 이 중 일부는 다소 까다로울 수 있다. 예를 들어 센서 목록에 Power Unit Stat 또는 이와 유사한 센서가 있을 수 있는데, 이들이 이산 센서다. 이 센서는 OK 상태에서 0을 반환하고 Failure에서는 1을 반환할 것이라고 쉽게 생각하지만 일반적으로는 더 복잡하다. 예를 들어, 전원 장치 센서는 실제로 8개의 상태 정보를 하나의 값으로 반환할 수 있다. 이런 시스템을 자빅스에서 모니터링해 어떠한 가치를 얻을 수 있는지 알아보자. Configuration ➤ Hosts로 이동해 IPMI host 옆의 Items를 클릭한다. 그리고 Create item을 클릭한 다음, 아래를 작성하자.

- Name: Power Unit Stat를 입력(IPMI 지원 장치가 이런 센서를 제공하지 않는 경우, 유용한 다른 센서를 선택)
- Type: IPMI agent
- Key: Power_Unit_Stat
- IPMI sensor: Power Unit Stat

완료되면 하단의 Add 버튼을 클릭한다.

 일반적인 센서는 작동하지만 이산 센서는 동작하지 않는 경우 OpenIPMI 라이브러리의 최신 버전을 사용해보자. 이전 버전에서는 이산 센서 이름에 .0을 붙인다.

Latest data 섹션에서 이 아이템을 확인해보면 아마 0을 반환할 것이다. 반환된 값은 각 비트가 특정 상태를 식별하는 이진 값을 10진수로 표현한다. 이 센서의 경우 상태는 Intelligent Platform Management Interface Specification Second Generation v2.0에 나열되어 있다.

TIP 이 사양의 최신 버전은 http://www.intel.com/content/www/us/en/servers/ipmi/ipmi-home.html에서 확인할 수 있다.

개별 16진수 값은 다음과 같은 의미를 가진다고 명시되어 있다.

00h	전원 꺼짐 / 전원 차단
01h	전원 주기
02h	240 VA 전원 차단
03h	파워 다운 인터록
04h	AC 손실 / 전원 입력 손실(전원 장치에 전원 공급이 끊어짐)
05h	소프트 전원 제어 오류(장치가 전원 켜기 요청에 응답하지 않음)
06h	전원 장치 오류 감지
07h	예측 실패

첫 번째 비트의 설명에 이진 값 0은 장치가 실행 중이며 아무런 문제가 없다는 것을 의미한다고 나와있다. 이진 값 1은 장치 전원이 꺼졌음을 의미한다. 우리는 반환된 값과 장치에 아무 문제가 없다는 것을 의미하는 0을 비교할 수 있다. 하지만 다른 비트인 '예측 실패'를 확인하려면 어떻게 해야 할까? 해당 비트만 설정된 경우 아이템은 128을 반환한다. 앞에서 언급했듯이, 이산 항목은 이진 값을 10진수 표현으로 반환한다. 원래의 이진 값은 10000000(이전 표의 07h)이며, 최하위 비트부터 세어 8번째 비트가 설정된다. 즉, 실제로는 2진수로 인코딩되지만 값은 10진수로 전송되기 때문에, 이런 이유로 아이템 설정에서 Type of information 필드를 Numeric(unsigned)으로, Data Type을 Decimal로 남겨놓은 것이다.

따라서 예측 실패를 확인하기 위해 값을 128과 비교하면 될 것 같지만 그렇지 않다. 시스템이 다운되어 예상 값을 보고하는 경우, 이진 값은 10000001이고 10진수 값은 129가 된다. 다른 비트들을 포함하기 시작할 때 더 복잡해지며, 이런 아이템에 값 매핑을 사용할 수 없는 이유다. 어떤 경우에는 모든 비트의 값을 설정할 수 있지만, 모든 가능한 비트 조합에 대해 값 매핑 항목이 있어야 한다. 값 129에서 1이라는 값을 확인하는 것만으로는 시스템이 다운된 것을 감지할 수 없으며, 값 129에는 다른 값들도 포함될 것이다.

마지막 값을 간단한 방법으로 비교할 수 없다면, 어떻게 이산 센서 값을 합리적으로 확인할 수 있을까? 이를 위해 자빅스는 이산 IPMI 센서 모니터링을 위해 특별히 구현된 band( )라는 비트 트리거 함수를 제공한다.

비트 트리거 함수 사용

특수 함수 band( )는 단순 함수 last( )와 다소 비슷하지만 마지막 값을 반환하는 대신 비트 연산자 AND를 적용하고 이 연산의 결과를 반환한다. 유닛의 전원이 켜져 있는지 여부를 알려주는 최하위 비트를 확인하려면 비트 마스크 1을 사용할 것이다. 다른 비트가 설정됐다고 가정하고 모니터링되는 시스템에서 170의 값을 받았다고 하자. 바이너리는 10101010이 되며 비트 연산자 AND는 각 비트를 곱한다.

	10 진수 값	이진 값
값	170	10101010
비트 연산자 AND (multiplied down)		
마스크	1	00000001
결과	0	00000000

band( ) 트리거 함수의 일반 구문은 다음과 같다.

```
band(#number|seconds,mask)
```

 또한 세 번째 파라미터로 Time shift를 지원하며 이것에 대해 6장, '트리거를 통한 문제 감지'에서 설명했다.

이진 표현에 대해 생각하면서 자빅스에서 10진수를 사용해야 한다. 이 경우 트리거 표현식은 다음과 같다.

```
host:item.band(#1,1)}=1
```

이 트리거 표현식의 #1은 수집된 마지막 값을 확인하는 것을 의미하고, 10진수 마스크 1을 적용하여 마지막 비트가 설정되어 있는지 확인한다.

좀 더 복잡한 예로, 최하위부터 시작하여 3번째와 5번째 비트를 확인하고, 110(십진수) 값을 받았다고 가정해보자.

	10 진수 값	이진 값
값	110	01101110
비트연산자 AND (multiplied down)		
마스크	20	00010100
결과	4	00000100

마스크 작업을 이해하는 간단한 방법은 마스크의 0과 일치하는 모든 비트는 0으로 설정되며, 나머지 비트는 값 그대로 통과한다는 것이다. 이 경우 세 번째 비트와 다섯 번째 비트가 모두 설정되어 있는지 확인하고자 하므로 표현식을 다음과 같이 지정할 수 있다.

```
{host:item.band(#1,20)}=20
```

이 트리거 표현식의 결과는 세 번째 비트만 설정되어 함수의 결과 값은 10진수 4가 되고, 20과 일치하지 않게 되어 FALSE로 평가된다. 만일 세 번째 비트가 설정되어 있고 다섯 번째 비트가 설정되어 있지 않은지 확인하려면 결과를 4와 비교하도록 표현식을 설정해야 한다. 그리고 세 번째 비트가 설정되지 않고 다섯 번째 비트가 설정되어 있는지 확인하려면 바이너리로 00010000이기 때문에 16과 비교하도록 표현식을 설정해야 한다.

이제 예측 실패 비트가 설정되어 있는지 확인해보자. 예측 실패 비트는 8번째 비트이므로 마스크가 10000000이며, 결과를 10000000과 비교해야 한다. 그러나 이 두 가지 모두 10진수 형식이어야 하므로, 마스크 값과 비교 값을 모두 128로 설정해야 한다. 이 지식을 활용하여 프론트엔드에서 트리거를 만들어보자. Configuration > Hosts로 이동해 IPMI host 옆의 Triggers를 클릭한 다음 Create trigger를 클릭한다. Name 필드에 Power unit predictive failure on {HOST.NAME}를 입력한 다음, Expression 필드 옆의 Add를 클릭한다. 그리고 Item 필드 옆의 Select를 클릭한 다음, Power Unit Stat를 선택하자. Function 드롭다운을 Bitwise AND of last (most recent) T value and mask = N로 선택하고, Mask와 N 필드 모두 128을 입력한 다음, Insert를 클릭한다. 결과 트리거 표현식은 다음과 같다.

```
{IPMI host:Power_Unit_Stat.band(,128)}=128
```

함수의 첫 번째 파라미터가 생략된 것을 주목하자. last() 함수와 마찬가지로 첫 번째 파라미터를 생략하면 앞의 예제에서 #1로 설정하는 것과 동일하게 동작한다. 이 트리거 표현식은 7개의 최하위 비트를 무시하고 결과가 2진수 10000000 또는 10진수 128로 설정됐는지 확인한다.

비트 비교는 count() 함수와도 가능하며 이 함수의 구문은 더 복잡하다. 결과와 마스크 모두 두 번째 파라미터로 지정되며 슬래시로 구분된다. 결과와 마스크가 같으면 마스크를 생략할 수 있다. 이해를 위해 몇 가지 예를 살펴보자.

예를 들어, 이전 10분 동안 8번째 비트가 설정되어 있는 값의 수를 계산하는 표현식의 함수 부분은 다음과 같다.

```
count(10m,128,band)
```

결과와 마스크는 동일했으므로 마스크 부분은 생략할 수 있다. 이전 표현식은 다음과 같다.

```
count(10m,128/128,band)
```

이전 10분 동안 다섯 번째 비트가 설정되어 있고 세 번째 비트가 설정되지 않은 횟수를 계산하는 표현식의 함수 부분은 다음과 같다.

```
count(10,16/20,band)
```

여기서 결과는 16 또는 10000이고 마스크는 20 또는 10100이다.

단일 시스템에 너무 많은 IPMI 아이템을 추가하면 IPMI 컨트롤러에 과부하가 발생하기 쉽다는 점을 주의하자.

▎요약

IPMI는 아직 SNMP와 같이 널리 사용되지는 않지만, 일부 장치(일반적으로 서버)에 대해 소프트웨어에 독립적인 하드웨어 모니터링을 제공할 수 있다. IPMI 호환 장치의 하드웨어 상태를 감시하는 데 도움을 주는 대역 외 모니터링 및 관리 솔루션으로 점점 더 널리 보급되고 있다.

자빅스는 전압, RPM, 온도와 같은 일반 센서 모니터링뿐만 아니라 많은 정보를 단일 정수로 묶을 수 있는 이산 센서를 지원한다. 해당 정수에 숨겨진 정보를 해석하기 위해 자빅스는 band( )라는 특수 트리거 함수를 제공한다. 이 함수는 비트 단위로 마스킹을 수행하고 특정 비트를 일치시킬 수 있도록 한다.

16장에서 다루는 IPMI는 시스템 스택에서 상당히 낮은 레벨이다. 17장에서는 시스템 스택에서 높은 레벨인 JMX 프로토콜을 사용해 자바 애플리케이션을 모니터링하는 방법에 대해 설명한다. 자빅스는 자빅스 자바 게이트웨이라는 전용 프로세스를 통해 JMX를 지원한다.

17

자바 애플리케이션
모니터링

자빅스가 직접 조회할 수 있는 다른 기능 중에는 JMX^Java Management Extensions 프로토콜을 사용해 자바 애플리케이션 서버를 모니터링하는 기능이 있다. 사실 이 기능은 애플리케이션 서버뿐만 아니라 자바로 작성된 다른 서버 소프트웨어도 모니터링할 수 있다. JMX 프레임워크는 애플리케이션 개발자가 구현할 필요 없이 자바와 함께 제공되기 때문에, 독립적으로 동작하는 자바 애플리케이션도 모니터링할 수 있다. 주요 자빅스 데몬은 C로 구현됐지만 JMX 프로토콜은 다소 복잡하며, 특히 모든 인증 및 암호화 방법이 복잡하다. 따라서, JMX 모니터링을 위해 별도의 구성 요소인 자빅스 게이트웨이를 사용한다. 이 게이트웨이는 별도의 프로세스로 실행되며 자빅스 서버를 대신하여 JMX 인터페이스에 쿼리한다. 이 장에서는 자바 게이트웨이 설정을 통해 간단한 모니터링으로 설명한다.

▌ 자빅스 자바 게이트웨이 설정

자바 게이트웨이를 시작하고 실행시켜보자. 패키지를 통해 자빅스를 설치했으면 자바 게이트웨이 패키지가 포함되어 있을 것이다. 소스를 통해 설치한 경우 자빅스 소스 디렉토리에서 다음을 실행해 자바 게이트웨이를 컴파일하고 설치할 수 있다.

```
$ ./configure --enable-java && make install
```

 javac를 찾을 수 없어서 컴파일이 실패하면 자바 개발 패키지가 누락되었을 수 있다. 패키지 이름은 java-1_7_0-openjdk-devel과 유사할 것이다. 정확한 패키지 이름은 배포판의 문서를 참고하자.

기본적으로 소스에서 컴파일할 때 자빅스 자바 게이트웨이 파일은 /usr/local/sbin/zabbix_java 디렉토리에 있다. 우리는 이 디렉토리에 있는 파일들을 사용할 것이다. 패키지에서 설치한 경우 패키지 구성 정보를 참조하여 해당 파일을 찾는다.

게이트웨이를 시작해보자. 자바 게이트웨이 디렉토리로 이동해 다음을 실행해보자.

```
# ./startup.sh
```

이처럼 자빅스 자바 게이트웨이는 편리한 시작 스크립트를 함께 제공한다. 모두 정상적으로 처리되면 출력이 표시되지 않고 자바 프로세스가 프로세스 목록에 나타나야 한다. 또한 게이트웨이는 포트 10052를 사용한다. 이 포트는 자빅스 자바 게이트웨이의 공식적으로 등록된 포트는 아니지만, 자빅스 트랩퍼 포트보다 하나 더 높은 포트이며 해당 포트를 사용하는 다른 애플리케이션은 없는 것으로 보인다. 게이트웨이가 실행 중일 때 자빅스 서버에 게이트웨이 위치를 알려야 한다. zabbix_server.conf 파일을 열고 JavaGateway 파라미터를 찾아보자. 이 파라미터는 기본적으로 설정되어 있지 않으므로, 여기서 게이트웨이 IP나 호스트 이름을 설정해야 한다. 게이트웨이를 원격 시스템으로 지정할 수 있으므로, 자빅스 서버와 동일한 시스템에서 자바 게이트웨이를 실행할 필요는 없다. 예를 들어, 게이트웨이를 자바 애플리케이션 서버에 더 가깝게 배치할 수도 있다. 이 파라미터를 localhost IP 주소로 설정하자.

```
JavaGateway=127.0.0.1
```

바로 아래에 `JavaGatewayPort` 파라미터가 있다. 기본적으로 이 포트는 실행 중인 게이트웨이에서 사용하는 포트인 **10052**로 설정되어 있으므로 변경하지 않아도 된다. 다음 설정할 파라미터는 `StartJavaPollers`이다. IPMI 폴러와 마찬가지로 자바 폴러가 기본적으로 시작되지 않는다. 우리는 자바 게이트웨이를 많이 사용하지 않을 것이므로 단일 자바 폴러를 사용하자.

```
StartJavaPollers=1
```

이것으로 자빅스 서버는 충분히 설정됐다. 다시 시작하여 자바 게이트웨이 설정 변경 사항을 적용하자. 다시 게이트웨이가 동작하며 자빅스 서버는 게이트웨이 위치를 알고 있다. 이제 모니터링할 것이 필요하다. 테스트에 사용할 수 있는 자바 애플리케이션 서버가 있는 경우 모니터링을 시도해본다. 그렇지 않은 경우 또는 새로 시작하기가 더 간단한 경우 게이트웨이 자체를 모니터링할 수 있다. 이것은 자바 애플리케이션이므로 JMX를 사용할 수 있다. 게이트웨이에서 JMX를 활성화하기 전에 변경해야 할 사항이 하나 있다. 자바는 일반적으로 DNS와 호스트명 확인이 까다롭다. JMX 기능이 활성화되어 있고 로컬 시스템 hostname이 확인되지 않으면, 자바 애플리케이션이 시작되지 않을 수 있다. 로컬 자바 게이트웨이의 경우 `/etc/hosts` 파일을 확인하자. 만약 hostname에 대한 항목이 없으면 다음과 같은 행을 추가한다.

```
127.0.0.1 testhost
```

이제 게이트웨이에 기본적으로 활성화되어 있지 않은 JMX 기능을 활성화할 준비가 됐다. 자빅스 자바 게이트웨이에서 JMX를 활성화하기 위해 앞에서 사용했던 startup.sh 스크립트의 편집 화면을 열고 다음이 적혀 있는 줄을 찾아보자.

```
# uncomment to enable remote monitoring of the standard JMX objects on the Zabbix
Java Gateway itself
```

첫 번째 줄에 적혀 있듯이, 아래 두 줄의 주석을 제거한다.

 하나의 변수가 두 줄에 걸쳐 할당된다.

그 중 하나의 파라미터는 다음 사항에 주의를 기울여야 한다.

```
-Dcom.sun.management.jmxremote.port=12345
```

이 파라미터는 게이트웨이 자체를 조회할 JMX 포트를 설정한다. 이 경우 JMX 데이터를 조회하기 위해 해당 포트에서 자체 프로세스에 연결한다. 확실히 포트는 표준이 아니며 1-2- 3-4-5 시퀀스일 뿐이다. 다른 자바 애플리케이션은 다른 포트를 사용할 가능성이 높으므로 포트 번호를 알아야 한다.

패키지를 통해 설치한 경우 최근 패키지에는 init 스크립트에 같은 줄이 포함돼야 한다. 그렇지 않은 경우 패키지 관리자에게 보고하고 이전 코드에 나열된 port 파라미터 외에 다음 파라미터를 사용하자.

```
-Dcom.sun.management.jmxremote
-Dcom.sun.management.jmxremote.authenticate=false
-Dcom.sun.management.jmxremote.ssl=false
```

첫 번째 파라미터는 자바에 JMX를 사용하도록 설정하는 것이며, 마지막 두 파라미터는 자바에 인증이나 암호화를 사용하지 않도록 설정하는 것이다.

 이 책을 쓰는 시점에서 자빅스 게이트웨이의 JMX 기능은 자바 1.9에서 작동하지 않으며, 해결책은 자바 1.8으로 다운그레이드하는 것이다.

변경이 완료되면 종료 및 시작 스크립트를 실행하자.

```
# ./shutdown.sh
# ./startup.sh
```

마침내 실제 호스트와 JMX 아이템을 추가할 준비가 됐다.

 현재 자빅스는 JMX 모니터링을 위해 하드코딩된 RMI(Remote Method Invocation) 엔드포인트만 지원한다. JBoss 버전 6 이상을 포함하여 다른 프로토콜을 사용하는 자바 애플리케이션 서버는 지원하지 않는다. JBoss에서 JMX를 활성화하기 위해 RMI 파라미터를 사용하면 JBoss가 시작되지 않을 수 있다.

▌ JMX 아이템 모니터링

JMX 모니터링을 위한 별도의 호스트를 만들어보자. Configuration ➤ Hosts로 이동해 Create host를 클릭한다. 그다음 Host name 필드에 Zabbix Java gateway를 입력하고, In groups

목록 상자에 있는 모든 항목을 지운 다음 New group 필드에 Java를 입력한다. 이 호스트에 JMX 항목이 필요하므로 기본 에이전트 인터페이스를 제거하고 JMX interfaces 옆에 있는 Add를 클릭하자. 여기에서 게이트웨이는 로컬 호스트에서 실행되므로 IP 주소를 기본값인 127.0.0.1로 둘 수 있다. 그러나 포트는 어떻게 설정해야 할까? Java gateway가 10052 포트를 사용하도록 했지만 startup.sh 스크립트에는 12345 포트가 있었다. 혼란스럽다면 각 포트에서 어떤 기능을 사용하는지 생각해보자. 10052 포트는 자빅스 서버가 게이트웨이에 연결하는 데 사용한다. 서버 설정 파일에서 이 포트 세트를 이미 보았다. 일반적으로 게이트웨이는 JMX 정보를 조회하기 위해 다른 자바 애플리케이션에 연결한다.

12345 포트는 게이트웨이의 startup.sh 스크립트에서 주석을 제거했던 행에 있었으며, 이는 게이트웨이의 JMX 인터페이스였다. 또한 그 게이트웨이는 우리가 모니터링하고 싶었던 자바 애플리케이션이다. 자빅스 서버가 10052 포트에서 자바 게이트웨이에 연결되면 게이트웨이가 12345 포트에서 자체 연결을 시도한다.

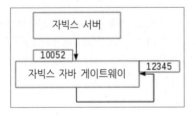

따라서 호스트 인터페이스에서 12345 포트를 사용할 것이며 이 값은 놀랍게도 기본값이다.

726

> ℹ️ JMX 시스템은 실제로 JMX를 조회하는 클라이언트가 연결해야 하는 다른 IP 주소와 포트를 반환할 수 있다. 자빅스는 이 정보를 자바 자동으로 제공되는 기능을 사용하지만, 경우에 따라 잘못될 수 있다. 만일 오류 메시지가 나타나고 자빅스 자바 게이트웨이가 호스트 속성에 설정된 것과 다른 주소나 포트에 연결된다면 대상 자바 애플리케이션의 설정을 확인해보자(특히 Djava.rmi.server.hostname과 Dcom.sun.management.jmxremote.rmi.port 파라미터).

나머지 호스트 설정은 우리의 요구를 만족시켜야 한다. 하단의 **Add** 버튼을 클릭하고, **Group** 드롭다운에서 자바가 선택됐는지 확인하자. 그리고 자빅스 자바 게이트웨이 옆에 있는 **Items**를 클릭한 다음 **Create item**을 클릭한 후, 다음 데이터를 입력한다.

- Name: Used heap memory
- Type: JMX agent
- Key: jmx[java.lang:type=Memory,HeapMemoryUsage.used]
- Units: B

완료되면 하단의 **Add** 버튼을 클릭하자. 몇 분 후 최신 데이터 섹션에서 이 아이템을 확인했을 때, 값이 성공적으로 수집돼야 한다.

JMX 아이템 수동 조회

서버에 아이템을 생성한 다음 게이트웨이를 통해 값을 기다리는 것은 정확한 파라미터를 미리 알고 있지 않는 한 상당히 번거로울 수 있다. netcat이나 유사한 툴을 사용해 수동으로 게이트웨이를 조회할 수 있지만 쉽지는 않다. 자빅스 커뮤니티 멤버인 번지보이스 Bunjiboys가 제공하는 zabbix_get을 더 쉽게 사용하는 방법을 제공했다. 다음과 같이 스크립트가 래퍼 역할을 하는 것이다.

```
#!/bin/bash ZBXGET="/usr/bin/zabbix_get"
# accepts positional parameters:
# 1 - JAVA_GW_HOST
# 2 - JAVA_GW_PORT
# 3 - JMX_SERVER
# 4 - JMX_PORT
# 5 - ITEM_KEY
# 6 - USERNAME
# 7 - PASSWORD
QUERY="{\"request\": \"java gateway jmx\",\"conn\": \"$3\",\"port\":
$4,\"username\": \"$6\",\"password\": \"$7\", \"keys\": [\"$5\"]}"
$ZBXGET -s $1 -p $2 -k "$QUERY"
```

위 내용을 파일 이름 zabbix_get_jmx로 저장하고 실행 가능한 상태로 만들었다면 게이트
웨이를 통해 아이템 키를 조회하는 작업을 위해 다음과 같이 수행할 수 있다.

```
$ ./zabbix_get_jmx localhost 10052 java-application-server.local.net 9999
'jmx[\"java.lang:type=Threading\",\"PeakThreadCount\"]'
```

이 예제에서 JMX 인스턴스는 9999 포트를 사용 중이며, 아이템 키에서 큰따옴표는 이스케
이프 처리된다. 결과 값은 자빅스 자바 게이트웨이 프로토콜로부터 받은 JSON 데이터다.

```
{"response":"success","data":[{"value":"745"}]}
```

자빅스 서버가 게이트웨이에 조회를 요청할 때 JSON의 숫자 값을 파싱할 것이다. 이 데
이터의 경우 745 값이 파싱된다.

 위 예제 스크립트는 어떤 오류 검사도 하지 않았으며, 잠재적인 향후 개선 사항에 대해서는
https://www.zabbix.org/wiki/Docs/howto/zabbix_get_jmx를 확인하자.

모니터링 대상

자바 애플리케이션 서버의 경우 실제 자바 애플리케이션 개발자가 모니터링을 충분히 하지는 않으며, 무엇을 모니터링해야 할지 명확하게 알지 못하는 경우가 종종 있다. 다른 시스템과 마찬가지로 감시 대상 애플리케이션에 대해 알고 있는 누군가가 어떤 항목을 감시할지 결정해야 한다. 자바 개발자가 애플리케이션의 특정 로직을 모니터링하려면 추가적인 JMX 아이템을 구현하는 것이 더 좋다. JMX 아이템을 추가로 구현하는 것이 쉽지 않은 경우, 기본 메모리 사용량, 스레드 수, 가비지 컬렉터 및 기타 일반 측정 지표로 모니터링을 시작할 수 있다. 유용한 파라미터는 다음과 같다.

- `jmx["java.lang:type=ClassLoading","LoadedClassCount"]`: 로드된 클래스 수
- `jmx["java.lang:type=Memory",NonHeapMemoryUsage.used]`: non-heap 메모리 사용량(heap 메모리 사용량은 게이트웨이에서 모니터링했다)

일반적으로 JMX로 모니터링할 수 있는 고정된 목록을 제시하는 것은 상당히 어렵다. 예를 들어, 가비지 컬렉터는 여러 종류가 있으며 어느 것을 사용 중인지에 따라 가비지 컬렉터 모니터링에 필요한 정확한 아이템 키는 달라진다. 자빅스는 또한 기본적인 JMX 모니터링 및 톰캣Tomcat 관련 JMX 모니터링을 위해 몇 가지 템플릿을 제공하기 때문에 JMX로 모니터링을 시작하는 데 수월하다.

네트워크를 통해 JMX 연결이 발생하지 않도록, 각 자바 애플리케이션 서버 또는 각 데이터 센터마다 하나씩 여러 개의 자바 게이트웨이를 사용하려는 경우 어떻게 해야 할까? 자빅스 서버는 단일 자빅스 게이트웨이만 지원한다. 자빅스 프록시를 사용하면 여러 개의 자바 게이트웨이를 단일 서버에 연결하는 것이 실제로 가능하다. 이 부분은 19장, '프록시를 이용한 원격지 모니터링'에서 설명한다.

▌요약

자바는 종종 '기업의 왕'이라고 불린다. 자바는 메모리 사용과 같은 자주 언급되는 단점에도 불구하고 대규모 시스템에서 인기가 매우 많은데, 무엇이 그렇게 매력적인지 궁금해할 수 있다. 한 가지 이유는 낮은 유지보수 비용이다. 이는 크고 긴 수명을 지닌 시스템에서는 많은 의미가 있다. 시스템을 개발하는 것은 일반적으로 장기간에 걸쳐 유지보수하는 것보다 저렴하다. 자바 기반 시스템의 광범위한 사용을 감안할 때, 내장된 JMX 지원은 제한된 엔드 포인트 지원을 제외하고는 매우 편리하다.

이 장에서는 자빅스 자바 게이트웨이라는 별도의 데몬을 설정하고 자빅스 서버와 동작하도록 초기 설정을 수행하는 방법을 살펴봤다. 또한 게이트웨이 자체에서 heap 메모리 사용량을 모니터링했으며 JMX 모니터링을 시작하기에 적합할 것이다. 디버깅을 쉽게 하기 위해 zabbix_get을 둘러싼 간단한 wrapper를 사용해 게이트웨이를 통해 JMX를 수동으로 쿼리했다.

마지막으로, 특정 제품과 프로토콜의 모니터링에 대해 설명했으며, 이런 트렌드를 계속 이어 나갈 것이다. 18장에서는 하이퍼바이저 또는 vCenter에서 모든 가상 시스템을 검색하고 모니터링할 수 있는 기본 제공 VM웨어 모니터링에 대해 설명한다.

18

VM웨어 모니터링

요즘은 사용할 수 있는 가상화 솔루션들이 많이 있다. 솔루션마다 목표 시장과 인기는 다르지만, 가상화 솔루션을 도입할 여력이 있는 엔터프라이즈에는 VM웨어 솔루션이 널리 보급되어 있다. 자빅스는 VM웨어 모니터링을 위한 기능이 내장돼 있으며, 지원되는 기능은 다음과 같다.

- vSphere과 vCenter 모니터링
- 모든 하이퍼바이저 자동 검색
- 모든 가상머신 자동 검색

VM웨어 모니터링에는 커스텀 계층이 포함되지 않는다. 자빅스는 VM웨어 API를 직접 액세스하며, 가상 환경 모니터링을 매우 쉽게 설정할 수 있다. 이 장에서는 사용자 이름과 비밀번호를 비롯해 VM웨어 인스턴스 API에 대한 액세스 권한이 필요하다. 먼저 소규모 또는 비운영 환경에서 VM웨어를 모니터링해 보는 것이 좋다.

 vCenter에서 대규모 환경을 발견하면 자빅스가 연결되어 발견된 모든 vSphere 인스턴스 및 가상 시스템에 대한 데이터를 요청하므로 vCenter API 엔드 포인트에 과부하가 걸릴 수 있다. 그렇기 때문에 모니터링을 개별 vSphere 인스턴스별로 나눠서 하는 것이 좋다.

▎ VM웨어 모니터링 준비

VM웨어 모니터링을 하려면 다음이 필요하다.

- VM웨어 API에 액세스할 수 있는 IP 주소 또는 호스트 이름
- 정보 검색 권한이 있는 계정의 사용자 이름
- 해당 계정 암호

먼저, 자빅스 서버를 VM웨어 모니터링을 지원하도록 컴파일해야 한다. 패키지를 통해 설치한 경우 지원할 가능성이 매우 높다. 소스로 설치한 경우 자빅스 서버 로그 파일에 VM웨어 모니터링이 사용 가능한 것으로 표시되는지 확인하자.

VMware monitoring: YES

소스를 컴파일할 때 VM웨어를 지원하게 하려면 다음 옵션이 필요하다.

- --with-libcurl
- --with-libxml2

지금까지 살펴본 몇 가지 기능과 마찬가지로 자빅스 서버는 기본적으로 VM웨어 관련 프로세스를 시작하지 않는다. zabbix_server.conf 편집 창을 열어 StartVMwareCollectors 파라미터를 찾아보자. 새 라인을 추가해 자빅스가 두 개의 VM웨어 컬렉터^{VM웨어 Collector}를 시작하도록 설정한다.

StartVMwareCollectors=2

서버를 다시 시작하자. 왜 VM웨어 컬렉터를 2개로 설정했을까? 자빅스 개발자는 모니터링되는 VM웨어 인스턴스 수를 고려해 컨트롤러 수를 결정할 것을 권장한다. 최상의 성능을 얻으려면 모니터링되는 인스턴스 수보다 많은 수의 컨트롤러를 시작하는 것이 좋지만, 모니터링되는 인스턴스 수의 두 배 미만으로 하는 것이 좋다. 또는 이를 방정식으로 표현하면 인스턴스 수 < StartVMwareCollectors < (인스턴스 수 * 2)이다. 지금은 작게 시작하여 단일 인스턴스를 모니터링하므로 1 < StartVMwareCollectors < 2가 된다. 항상 최소 두 개의 VM웨어 컬렉터를 시작하는 것이 좋으므로 선택 사항은 여기에서 분명하다. 두 개의 VM웨어 인스턴스를 모니터링할 경우 컬렉터 개수는 3이 된다. 2 < StartVMwareCollectors < 4.

 VM웨어 인스턴스는 개별 가상머신이 아닌 vSphere 또는 vCenter의 인스턴스다. 즉, 컬렉터의 수는 자빅스가 데이터 수집을 위해 실제로 연결하는 엔드포인트에 따라 달라진다.

VM웨어 API에서 자빅스를 시작하여 자빅스와 함께 제공되는 템플릿을 사용해 모든 것을 자동으로 발견할 수 있도록 할 것이다. 예상대로 작동하면 모니터링을 확장하고 커스터마이징하는 방법뿐만 아니라 VM웨어 모니터링 기능에 대해 자세히 살펴볼 것이다.

▌ 자동 검색

자동 검색을 위한 출발점이 될 별도의 호스트를 만들 것이다. 이 호스트는 일반적인 VM
웨어 파라미터를 모니터링하고 다른 모든 개체를 발견하는 것 외에는 다른 작업을 수행
하지 않는다. Configuration ➤ Hosts로 이동해 Create host를 클릭하자. Host name 필드에
VMware를 입력하고 In groups 블록의 기존 그룹을 지우고 New group 필드에 VMware를 입
력한다. 그다음 Macros 탭으로 전환하여 다음 세 가지 매크로 값을 작성하자.

- {$URL}: https://server/sdk 형식의 VMware API / SDK URL
- {$USERNAME}: VM웨어 계정 사용자 이름
- {$PASSWORD}: VM웨어 계정 암호

 API 또는 SDK는 vSphere 또는 vCenter 시스템에서 사용할 수 있다.

이제 Templates 탭으로 전환하여 vmware를 입력하고 Template Virt VMware를 선택한 다
음, Link new templates 섹션에서 Add 컨트롤을 클릭한다. 여기까지 완료됐으면 하단의
Add 버튼을 클릭하자.

다음 계획은 없다. 모든 일이 제대로 끝나면 모든 것이 자동으로 모니터링돼야 한다. 하
이퍼바이저는 검색되어 모니터링되고, 가상머신은 검색되어 하이퍼바이저 기반의 그룹에
배치되고 모니터링돼야 한다. 그러나 즉시 발생하지 않을 수도 있다. 기본 템플릿의 다른
LLD 규칙과 마찬가지로 VM웨어 검색에는 1시간 간격이 있다. VM웨어 검색에도 LLD 기
능을 사용하며, 12장, '설정 자동화'에서 자세히 다뤘다. VM웨어 지원은 아이템, 트리거,
그래프 프로토타입 외에도 호스트 프로토타입을 사용한다. 조금 후에 호스트 프로토타입
을 다룬다. 지금 당장은 검색이 가능하도록 남겨 두거나 Configuration ➤ Templates로 이동
해 Template Virt VMware 옆에 있는 Discovery를 클릭하고, 그리고 세 가지 디스커버리 룰

의 업데이트 간격을 줄일 수 있다. 나중에 다시 설정하자.

잠시 기다리거나 업데이트 간격을 줄인 후 Configuration ➤ Host groups를 확인한다. Discover VMware VMs라는 접두어가 붙은 새로운 호스트 그룹이 여러 개 표시된다. 모니터링되는 VM웨어 인스턴스의 규모에 따라 새로운 그룹의 수는 2개보다 더 많아질 수 있다. Hypervisors라고 하는 그룹과 클러스터별 가상 시스템 그룹이 있다. 클러스터가 있는 경우, 클러스터별 하이퍼바이저 그룹도 있을 것이다.

 구성된 클러스터가 없는 경우, 가상머신 그룹은 (VM)이라고 한다.

▌ 수집 가능 아이템

일부 그룹과 호스트가 자동으로 생성되며 어떤 데이터를 수집하는지 확인해보자. Monitoring ➤ Latest data로 이동해 Host groups 필드에서 Hypervisors를 선택한 다음 Filter를 클릭한다.

NAME ▲	LAST CHECK	LAST VALUE
CPU (5 Items)		
CPU cores	2015-11-02 10:49:58	4
CPU frequency	2015-11-02 10:49:56	2.53 GHz
CPU model	2015-11-02 10:49:57	Intel(R) Xeon(R) CPU
CPU threads	2015-11-02 10:49:59	8
CPU usage	2015-11-02 10:59:51	61 MHz
Datastore (2 Items)		
Average read latency of the datastore datastore1	2015-11-02 10:59:44	0
Average write latency of the datastore datastore1	2015-11-02 10:59:45	0

각 하이퍼바이저에는 그림에 있는 것보다 더 많은 아이템이 있다. 일부 아이템은 아직 데이터가 없을 수도 있지만, 약간 기다리면 모든 아이템에 값이 들어올 것이다.

 TIP Datastore 관련 아이템은 나중에 나타날 수 있다. Template Virt VMware Hypervisor 템플릿의 Datastore discovery LLD 기본 규칙에 의해 발견되며 기본 간격은 1시간이다.

이제 Host groups 필드에서 하이퍼바이저 가상 시스템 그룹을 필터링하거나 Hosts 필드에서 단일 발견 가상머신을 필터링해보자.

NAME ▲	LAST CHECK	LAST VALUE
CPU (2 Items)		
CPU usage	2015-11-02 11:17:14	10 MHz
Number of virtual CPUs	2015-11-02 11:17:13	1
Disks (4 Items)		
Average number of kilobytes read from the disk Hard disk 1	2015-11-02 11:16:50	0 Bps
Average number of kilobytes written to the disk Hard disk 1	2015-11-02 11:16:52	1 KBps
Average number of reads from the disk Hard disk 1	2015-11-02 11:16:51	0
Average number of writes to the disk Hard disk 1	2015-11-02 11:16:53	0
Filesystems (4 Items)		
Free disk space on /	2015-11-02 11:16:54	2.64 GB
Free disk space on / (percentage)	2015-11-02 11:16:55	68.03 %
Total disk space on /		
Used disk space on /	2015-11-02 11:16:57	1.24 GB

다시 말하지만 더 많은 아이템이 있어야 하며 일부는 여전히 값이 누락될 수 있지만, 결국 모든 아이템에 값이 들어와야 한다.

디스크, 파일 시스템, 인터페이스 아이템은 나중에 나타날 수 있다. Template Virt VMware Guest 템플릿에서 disk device discovery, mounted filesystem discovery, network device discovery LLD 규칙에 의해 발견되며 기본 간격은 1시간이다.

호스트 레벨에서 모든 LLD 규칙이 실행되면 기본 템플릿에 포함되는 많은 아이템을 볼 수 있다. 대부분의 경우 이런 템플릿으로도 충분하다. 감시 아이템을 확장하고 싶은 경우, 다른 기본 템플릿과 마찬가지로 템플릿을 먼저 복제한 다음 새 템플릿을 수정하는 것이 좋다.

그러나 이미 포함된 아이템 이외에 어떤 것들이 지원 될까? 지원되는 VM웨어 아이템 키 전체 목록을 보려면 자빅스 설명서의 아이템 타입 섹션을 확인하자. VM웨어 아이템은 심플체크^{simple check} 아래에 나열되어 있으며 이 글을 쓰는 시점의 URL은 https://www.zabbix.com/documentation/3.0/manual/config/items/itemtypes/simple_checks/vmware_keys이다. 모든 VM웨어 키의 아이템 타입이 심플체크이기 때문에 심플체크 아래에 나열되어 있다. 새 아이템을 추가할 때 아이템 타입은 simple check로 설정돼야 한다. 다른 심플체크와 마찬가지로, 이 아이템들은 자빅스 서버에 의해 직접 처리된다.

현재 발견된 VM웨어 호스트에는 다른 템플릿이 링크되거나 다른 아이템 타입이 추가될 수 없다. VM웨어 모니터링과 자빅스 에이전트 같은 다른 모니터링을 동일한 호스트에 병합할 수 없다. 만약 가상화와 OS 수준 통계를 모두 모니터링하려면 별도의 호스트를 사용해야 한다.

기본 작업

자동 검색 및 모니터링은 훌륭하게 작동하지만 올바르게 작동하는지, 확장할 수 있는지, 문제가 발생할 때 문제를 해결할 수 있는지 이해하는 것은 유용하다. 우리는 두 가지 영역을 더 자세히 살펴볼 것이다.

- 기본 템플릿과 호스트 프토로 타입에서의 LLD 설정
- 서버 동작과 설정 세부 정보

VM웨어 LLD 설정

기본 템플릿이 어떻게 동작하는지 분석해보자. 템플릿 하나만 링크시켰는데 모든 하이퍼바이저와 가상머신을 발견했다. 이제 어떻게 동작했는지 확인해보자. 최상위 템플릿 Template Virt VMware 또한 일부 직접 모니터링을 수행하지만 많지는 않으며 VMware Event log, Full name, Version 아이템을 가지고 있다.

NAME ▲	TRIGGERS	KEY
Event log		vmware.eventlog[{$URL}]
Full name		vmware.fullname[{$URL}]
Version		vmware.version[{$URL}]

이 아이템들은 vCenter 또는 vSphere 레벨에서 수집된다. 이 템플릿에 대한 LLD 규칙을 살펴보면 더 흥미롭고 복잡해진다. 이 템플릿의 LLD 규칙은 VM웨어 클러스터, 하이퍼바이저, 개별 가상머신을 검색한다. 확실히 클러스터 검색은 복잡하지 않고 클러스터 상태를 모니터링하는 단일 아이템 프로토타입만 있다. 하이퍼바이저 검색은 우리가 아직 살펴보지 않은 LLD 기능 host prototypes을 사용한다.

호스트 프로토타입

Configuration > Templates로 이동해 Template Virt VMware 옆의 Discovery를 클릭하면, Discover VMware hypervisors LLD 규칙에서 단일 호스트 프로토타입을 볼 수 있다. Host prototypes를 클릭한 다음 NAME 열에서 {#HV.NAME}를 클릭해보자.

여기서 LLD 매크로가 다시 사용된다. 우리는 아이템과 프로토타입에서 LLD 매크로 사용되는 것을 보았지만, 여기서는 호스트 프로토타입의 Host name과 Visible name에 사용된다. 흥미로운 부분은 이 필드에서 다른 매크로를 사용하는 것이다. 호스트를 식별하는 데 사용되는 Host name은 하이퍼바이저 이름이 아니라 UUID이다. 사람이 읽는 호스트 이름이 Visible name 필드에 표시된다. 하이퍼바이저가 참조되면 UUID에 의해 수행돼야 하며, 서버 로그 메시지의 해당 UUID에 의해 참조된다.

Templates 탭에는 자빅스가 발견된 하이퍼바이저를 Template Virt VMware Hypervisor 템플릿에 연결하도록 지시하는 내용이 있다. 이제 Groups 탭으로 전환하자.

호스트 프로토타입은 생성된 호스트가 Groups 필드에 나열된 기존 호스트 그룹에 배치되도록 지시할 수 있다. 또한 Group prototypes를 기반으로 새 그룹을 만들고 해당 그룹에 포함할 호스트를 만들도록 지시할 수 있다. 그룹 프로토타입은 다른 프로토타입과 유사하다. 이름은 고유해야 하며 이는 그룹 이름에 LLD 매크로를 사용해야 함을 의미한다.

이 템플릿에서 Discover VMware VMs LLD 규칙은 비슷한데, 그것은 검색된 모든 가상머신에 사용되는 단일 호스트 프로토타입을 보유하고 있다. 하이퍼바이저와 마찬가지로 UUID는 호스트 이름으로 사용되며 서버 로그 파일에도 나타난다.

프론트엔드에서 Host name과 Visible name을 모두 검색할 수 있다. Host name으로 검색하면 로그 파일에 표시되는 내용처럼 보일 것이다. Visible name은 평상대로 표시되며, Host name은 그 아래에 표시되며 검색과 일치한다는 것을 나타내기 위해 굵게 표시된다.

Templates 탭에서 생성된 호스트가 Template Virt VMware Guest에 연결된 것을 볼 수 있다. 이 호스트 프로토타입의 Groups 탭을 살펴보는 것이 좋다. 발견된 모든 가상머신을 기존 그룹인 Virtual machines에 추가하는 것 외에도, 여기에서 두 개의 그룹 프로토타입이 사용된다.

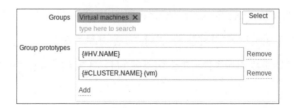

740

앞의 호스트 그룹 페이지에서 볼 수 있듯이, 하이퍼바이저 또는 클러스터당 그룹이 생성되고 모든 가상머신은 해당 하이퍼바이저 또는 해당 클러스터에 포함된다.

기본 템플릿 상호작용 요약

VM웨어 템플릿의 기본 세트가 무엇인지 살펴봤지만 상호작용 방법과 구성 개체가 무엇을 생성하는지 이해하는 것은 어려울 수 있다. 상호작용과 목적을 도식으로 요약해보자. 다음 그림에서, 나열된 템플릿을 받는 호스트는 굵은 테두리로 표시되며 다양한 LLD 규칙은 얇은 테두리로 표시된다.

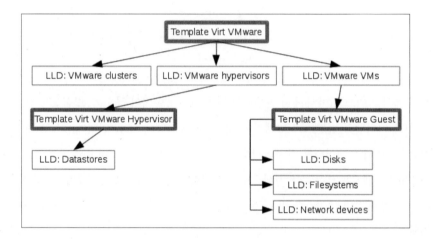

만약 템플릿에 호스트 프로토타입이 있어서 더 많은 호스트가 만들어지면, 템플릿은 다른 두꺼운 테두리의 호스트 상자를 가리키고 다른 호스트 상자는 차례로 다른 템플릿에 연결된다.

그러나 이 트리를 동작하게 하려면 호스트를 하나 만들어 하나의 템플릿인 Template Virt VMware에 연결만하면 된다는 것을 기억하자.

서버 동작 설정 세부 정보

우리는 자빅스가 일단 정보를 받으면 어떻게 정보를 다루는지 알고 있다. 하지만 정보를 얻으려면 전체 과정이 필요하다. 이 프로세스 자체로 흥미롭지만, 앞에서 설명한 `StartVMwareCollectors` 파라미터 외에도 튜닝할 파라미터가 있다. 먼저 값이 아이템에서 끝나는 방법을 살펴보자. 다음 그림은 VM웨어에서 시작해 자빅스 히스토리 캐시로 끝나는 데이터 데이터 흐름을 나타낸 것이다.

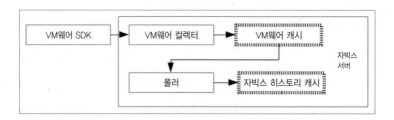

이 그림에서 자빅스 서버 내에서 발생하는 단계는 그룹화되어 있으며, 화살표는 데이터 흐름 방향을 나타낸다. 실제로 VM웨어 컬렉터에서 VM웨어 SDK 인터페이스로 연결된다. VM웨어 컬렉터는 데이터를 가져와서 특수 캐시 VM웨어 캐시에 저장하는 것으로 시작한다. 여기에서 캐시는 테두리를 점선으로 표시한다. 그런 다음 패시브 에이전트, SNMP 및 기타 아이템 타입의 데이터를 받는 프로세스인 폴러Pollers는 VM웨어 캐시에서 일부 값을 가져와서 자빅스 히스토리 캐시에 저장한다. 지금은 히스토리 캐시의 세부 사항을 다루지 않고 22장, '자빅스 운영/유지보수'에서 자세히 다룬다.

 중간에 VM웨어 캐시가 필요한 이유는 무엇일까?

VM웨어 아이템이 추가되면 다양한 간격으로 많은 아이템들이 생긴다. 만약 자빅스가 모든 값에 대해 VM웨어에 연결한다면 성능이 저하될 것이다. 반면에 VM웨어 컬렉터가 VM웨어 SDK 인터페이스에서 모든 값을 가져와서 VM웨어 캐시에 저장한 다음 poller가 해당 캐시에서 필요한 값을 선택해 가져오면, 매번 VM웨어에 부하를 주지 않고도 VM웨어 캐시에서 많은 값을 얻을 수 있다.

이제 서버 설정 파일에서 VM웨어 관련 설정 파라미터를 살펴보자. 우리는 이미 VM웨어 인터페이스에 연결하는 프로세스인 StartVMwareCollectors를 다루었으며, 이 프로세스는 VM웨어 캐시에 정보를 저장했다. 기본적으로 이 캐시의 크기는 8MB로 설정되고, 이 크기는 VMwareCacheSize 파라미터로 제어할 수 있다. 언제 캐시 크기를 변경해야 하는지 어떻게 알 수 있을까? 가장 좋은 방법은 사용량을 모니터링하고 이에 따라 조정하는 것이다. 22장, '자빅스 운영/유지보수'에서 내부 캐시 모니터링에 대해 설명한다.

때로는 VM웨어 인터페이스 연결이 중단될 수 있다. 하나의 느린 인스턴스가 다른 인스턴스의 모니터링 속도를 늦추거나 단일 요청이 잘못될 수 있다. 어쨌든 VM웨어 인스턴스에 대한 연결은 기본적으로 10초가 지나면 시간 초과된다. 이 시간은 VMwareTimeout 파라미터를 통해 설정할 수 있다.

VMwareFrequency와 VMwarePerfFrequency라는 두 가지 VM웨어 관련 파라미터가 있다. 자빅스는 VM웨어 내부 성능 카운터를 사용해 일부 정보를 쿼리한다. 이 글을 쓰는 시점에서, 아래의 하이퍼바이저 수준의 아이템 키는 성능 카운터에서 추출된다.

- vmware.hv.network.in
- vmware.hv.network.out
- vmware.hv.datastore.read
- vmware.hv.datastore.write
- vmware.hv.perfcounter

가상머신 수준에서는 아래의 키가 성능 카운터에서 추출된다.

- vmware.vm.cpu.ready
- vmware.vm.net.if.in
- vmware.vm.net.if.out
- vmware.vm.perfcounter

- `vmware.vm.vfs.dev.read`

- `vmware.vm.vfs.dev.write`

이것이 실제로 의미하는 것은 무엇일까? 이전에 나열된 아이템 키는 `VMwarePerfFrequency`가 설정된 만큼 새로운 정보를 자주 얻는다. 다르게 말하자면, 여기 나열된 아이템의 빈도를 `VMwarePerfFrequency`보다 낮게 설정하는 것은 의미가 없다. 로우 레벨 디스커버리를 비롯해 다른 모든 아이템은 `VMwareFrequency`가 설정된 횟수만큼 정보를 얻으며, 다른 아이템의 빈도와 LLD 규칙을 `VMwareFrequency`보다 낮게 설정하는 것은 의미가 없다.

또한 이 두 파라미터는 해당 아이템의 최저 빈도와 일치하도록 설정해야 하며 너무 낮게 설정하면 VM웨어 인스턴스에 과부하가 걸릴 수 있으므로 주의해야 한다. 기본적으로 이 두 파라미터는 모두 60초로 설정된다. 규모가 작거나 보통인 환경에서는 문제가 없지만, 대규모의 VM웨어 인스턴스에서는 `VMwareTimeout`을 잠재적으로 증가시키면서 두 개의 파라미터를 증가시킬 수 있다.

▎요약

VM웨어를 모니터링하려면 템플릿 하나만 있으면 되는 것이 아니다. 하이퍼바이저와 가상머신을 위한 두 개의 템플릿도 있어야 한다. 이 장의 처음에 다뤘던 것처럼 자빅스는 모든 하이퍼바이저와 가상머신을 자동으로 찾아낼 수 있다.

또한 기본 템플릿의 동작 방식과 상호작용 방식 및 각각의 기능을 자세히 살펴봤다. 메인 템플릿은 모든 하이퍼바이저와 가상머신을 찾아서 호스트를 생성하고, 필요에 따라 하이퍼바이저 및 가상머신 템플릿에 연결했다.

또한 VM웨어 캐시를 통해 데이터가 전달되는 방식, 발생 빈도, 이것들을 튜닝하는 방법을 포함하여 하위 수준의 세부 사항을 살펴봤다.

19장에서는 새로운 자빅스 프로세스인 자빅스 프록시에 대해 설명한다. 자빅스 프록시는 훌륭한 원격 데이터 수집기다. 에이전트와 마찬가지로 패시브 또는 액티브 모드로 동작할 수 있으며 자빅스 에이전트, SNMP 장치, VM웨어 등을 모니터링하는 등 자빅스 서버가 지원하는 거의 모든 기능을 지원한다. 액티브와 패시브 프록시를 모두 설정하고 프록시가 동작하지 않을 때 가장 좋은 해결 방법을 다룬다.

19

프록시를 이용한
원격지 모니터링

자빅스 서버는 자빅스 에이전트, SNMP 장치, IPMI 장치와 통신하거나 명령어 실행 등 다른 많은 방법들을 사용해 모니터링할 수 있다. 그러나 모니터링 대상 장치가 많아질 때 문제는 발생한다. 자빅스 서버는 많은 수집 대상 장치들과 통신한다. 많은 수의 연결은 자빅스 서버뿐만 아니라 자빅스 서버와 모니터링 대상 장치 사이의 네트워크 구성 요소에 문제를 일으킬 수 있다.

지사나 다른 데이터 센터 또는 고객 사이트와 같은 원격 환경을 모니터링해야 하는 경우 더 악화된다. 자빅스 에이전트를 사용하는 모든 서버에 포트 10050이 열려 있어야 하며, SNMP를 사용하는 모든 장치에 포트 161이 열려 있어야 한다. 이것을 빠르게 관리하기란 정말 쉽지 않다.

해결책은 자빅스 프록시를 사용하는 것이다. 자빅스 프록시는 자빅스 서버가 지원하는 모든 방법을 사용해 데이터를 수집할 수 있는 원격 데이터 수집 프로세스다. 이 장에서는 자빅스 프록시를 설정하여 데이터 수집에 사용하고 프록시 가용성 여부를 확인하는 가장 좋은 방법을 설명한다.

 자빅스 프록시는 윈도우에서 사용할 수 없다.

▌ 액티브 프록시, 패시브 프록시

자빅스 프록시는 2008년 자빅스 1.6 버전에서 처음 등장했으며, 등장 이후로 매우 좋은 솔루션임이 입증됐다. 자빅스 프록시가 처음 등장했을 때, 액티브 에이전트와 마찬가지로 자빅스 서버로의 연결만 지원됐다. 자빅스 1.8.3 버전에서는 프록시 서버에 연결할 수 있는 기능을 도입해 현재는 액티브 프록시와 패시브 프록시를 사용할 수 있다. 자빅스 에이전트는 동일한 호스트에 액티브와 패시브 아이템을 동시에 두 가지 방법으로 서버와 통신할 수 있지만, 자빅스 프록시는 액티브 또는 패시브로 모드가 지정되며, 한 번에 한 가지 방법으로만 서버와 통신한다.

프록시 모드는 모니터링되는 장치와의 연결 방향을 변경하지 않는다. 프록시를 통해 액티브 아이템을 사용하는 경우 에이전트는 여전히 연결을 만들고, 패시브 아이템을 사용하는 경우 에이전트는 연결을 수락한다. 이제 에이전트는 서버 대신 프록시와 통신할 것이다.

액티브와 패시브 모드 모두 서버와 프록시 간 통신에는 단일 주소에 대한 단일 TCP 포트가 필요하다. 모든 모니터링 대상 장비와의 연결을 허용하는 것보다 프록시의 방화벽 수준에서 처리하는 것이 훨씬 쉽다. 프록시가 제공할 수 있는 이점이 더 많지만 일단 프록시를 실행하면서 설명하겠다.

▌ 액티브 프록시 설정

자빅스 서버에 연결하는 액티브 프록시부터 시작해보자.

 이 연습을 위해 프록시를 설정할 경우에는 별도의 장치를 사용하는 것이 좋다. 그렇게 할 수 없다면 자빅스 서버 시스템에서 프록시를 실행하도록 선택할 수 있다.

패키지에서 프록시를 설치하는 경우 데이터베이스를 선택해야 하며, 자빅스 프록시는 자체 데이터베이스를 사용한다. 소스에서 프록시를 컴파일하는 경우 --enable-proxy 파라미터와 해당 데이터베이스 파라미터를 사용하자.

또한 프록시는 SNMP, IPMI, 웹 모니터링, VM웨어 지원을 비롯해 모니터링해야 하는 모든 기능에 대해 컴파일된 기능을 가지고 있어야 한다. 컴파일 옵션에 대해서는 1장, '자빅스 시작하기'를 참고하자.

 서버와 동일한 소스 디렉토리에서 프록시를 컴파일할 때, 컴파일이 실패하면 먼저 make clean을 실행하자.

자빅스 프록시에서 어떤 데이터베이스를 선택해야 할까? 프록시가 소규모를 모니터링한다면 SQLite가 좋은 선택일 수 있다. 자빅스 서버 백엔드에 SQLite를 사용하면 잠금 및 성능 장애가 발생할 가능성이 있으므로 백엔드는 지원되지 않는다. 자빅스 프록시에서는 문제가 훨씬 적다. 대규모 환경의 프록시를 설정하는 경우 MySQL 또는 PostgreSQL을 사용하는 것이 더 좋다. 이 장에서는 설정하기 쉬운 SQLite 데이터베이스를 사용해 프록시를 사용할 것이다.

zabbix_proxy.conf 파일에서 세 개의 파라미터를 수정할 것이다.

- DBName
- Hostname
- Server

파라미터를 다음과 같이 변경하자.

```
DBName=/tmp/zabbix_proxy.db
Hostname=First proxy
Server=<Zabbix server IP address>
```

첫 번째 파라미터 DBName은 자빅스 서버의 경우와 동일하지만, 여기에서 데이터베이스 이름을 지정하지는 않는다. SQLite의 경우에는 데이터베이스 파일의 경로가 DBName 파라미터에 지정된다. 상대 경로를 사용할 수 있지만, 대부분의 경우 프록시를 시작하는 것이 훨씬 복잡하므로 절대 경로를 사용하는 것이 좋다. /tmp 경로에 있는 파일을 사용해 첫 번째 프록시 설정을 간단하게 만들었으며, 파일 시스템 권한에 대해 걱정할 필요가 없다. 데이터베이스 유저명과 패스워드는 어떻게 될까? 설정 파일의 주석에 표시된 바와 같이 SQLite가 사용되면 주석이 모두 무시된다.

두 번째 파라미터 Hostname은 프록시가 자빅스 서버를 식별하기 위해 사용된다. 원리는 액티브 에이전트와 동일하다. 액티브 에이전트의 Hostname에 지정된 값은 서버 측에 설정된 프록시 이름과 일치해야 하며, 대소문자를 구분한다(잠시 후에 설정할 것이다).

세 번째 파라미터 Server는 액티브 에이전트에서 설정했던 것과 같은 방식으로 동작한다. 액티브 프록시는 이 파라미터에 자빅스 서버 IP 주소를 지정하여 자빅스 서버와 연결한다.

 자빅스 서버와 동일한 서버에서 프록시를 실행하는 경우, 프록시가 수신하는 기본 포트(ListenPort=10051)는 자빅스 서버와 충돌하기 때문에 포트를 변경해야 한다.

자빅스 서버와 마찬가지로 적절한 폴러가 시작되도록 구성해야 한다. 예를 들어 프록시를 통해 IPMI 장치를 모니터링하려면 프록시 설정 파일의 StartIPMIPollers 파라미터를 기본값 0보다 큰 값으로 설정해야 한다.

지금 바로 자빅스 프록시를 시작해보자. 그러나 아직 프록시의 데이터베이스를 만들지 않았다. 프록시 로그 파일 /tmp/zabbix_proxy.log 또는 프록시 설정 파일에 설정된 위치를 확인해보자. 주의 깊게 살펴보면 흥미로운 로그 기록을 찾을 수 있다.

```
20988:20151120:064740.867 cannot open database file "/tmp/zabbix_ proxy.db": [2]
No such file or directory
20988:20151120:064740.867 creating database ...
```

위 로그를 보면 먼저 기존 데이터베이스 파일을 열지 못하고 데이터베이스를 만들었다. 자빅스 프록시는 필요한 SQLite 데이터베이스를 자동으로 생성하고 채운다. 다른 데이터베이스를 사용하는 경우에는 수동으로 데이터베이스를 만들고 스키마를 삽입해야 한다. sqlite3 유틸리티를 사용하면 SQLite에서도 가능하며 다음과 같이 할 것이다.

```
$ sqlite3 /tmp/zabbix_proxy.db < schema.sql
```

하지만 SQLite뿐 아니라 모든 프록시의 데이터베이스에서는 스키마만 필요하다. 데이터가 없으며 이미지 SQL 파일을 사용하지 않아야 한다. 자빅스 프록시가 데이터베이스에서 일부 데이터를 탐지하면 서버 데이터베이스를 사용할 수 없다는 메시지가 나오면서 종료된다. 이런 경우 이전 버전의 프록시는 서버 데이터베이스를 손상시키거나 오류를 발생시킬 수 있다.

 빈 파일을 만들지 말자. 프록시가 데이터베이스 파일을 만들도록 허용하거나 직접 만들고 sqlite3 유틸리티를 사용해 채운다. 빈 파일은 빈 데이터베이스로 인식되어 프록시가 시작되지 않는다.

프록시가 서버 데이터베이스에서 동작하지 않는다는 문구가 나오면 users 테이블에 항목이 있을 것이다.

또한 자빅스 프록시가 다음을 실행해 포트에서 수신을 대기하는지 확인할 수 있다.

```
$ ss -ntl | grep 10051
```

다음과 같이 결과에 아무 이상이 없는지 확인하자.

```
LISTEN      0      128          *:10051          *:*
```

 동일한 서버에 설치하는 경우 포트 11051 또는 다른 포트를 선택했는지 확인하자.

제대로 작동하지 않음을 나타내는 몇 가지 로그 항목이 있을 수 있다.

```
cannot send heartbeat message to server at "192.168.56.10": proxy "First proxy"
not found
cannot obtain configuration data from server at "192.168.56.10": proxy "First
proxy" not found
```

 이전에는 큰 환경에서 어떤 프록시가 문제인지 파악하는 데 어려움을 겪었지만, 자빅스 3.0은 이런 로그 메시지에 IP 주소를 추가했기 때문에 더 이상 문제가 되지 않는다.

프록시 데몬만 설정하고 시작했지만 서버 측에서 프록시를 설정하지 않았다. 새로운 프록시를 통해 호스트를 모니터링해보자.

프록시를 이용한 호스트 모니터링

이제 프록시를 설정하고 실행했으므로 어떻게든 자빅스에 알려야 한다. 이를 위해 프론트엔드에서 **Administration ➤ Proxies**로 이동한 다음, **Create proxy** 버튼을 클릭하고 **Proxy name** 필드에 First proxy를 입력한다.

 여기에 입력하는 프록시 이름은 zabbix_proxy.conf 파일에 설정된 프록시 이름과 일치해야 하며 대소문자를 구분한다.

다음 절에서 Hosts는 이 프록시에 의해 모니터링될 호스트를 지정할 수 있게 한다. 하나의 호스트를 프록시로 모니터링하려면 **Other hosts** 목록상자에서 **Another host**를 선택한 다음 ◀ 버튼을 클릭하자.

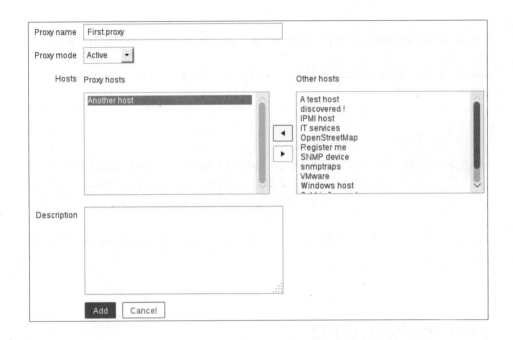

완료되면 **Add**를 클릭한다. 다음 번에 프록시가 서버에 연결될 때 이름이 일치해야 하며 프록시는 모니터링할 정보를 가져와야 한다. 하지만 다음 번은 언제쯤일까? 기본적으로 자빅스 프록시는 시간당 한 번 자빅스 서버에 연결한다. 첫 번째 연결 시도는 프록시 시작 시 발생하며, 그 이후로는 한 시간 간격으로 발생한다. 만약 프록시가 시작된 직후 프론트엔드 파트를 설정한 경우 프록시가 설정 데이터를 가져와 작업을 시작하는 데 최대 1시간이 걸릴 수 있다. 자빅스 서버에서 설정 데이터를 강제로 다시 읽는 방법에는 두 가지가 있다.

- 프록시 재시작
- 설정 캐시의 강제 리로드

첫 번째 방법은 테스트 프록시에서 사용할 수 있지만, 이미 데이터를 수집하고 있는 대규모의 운영 프록시에서는 좋지 않다. 설정 캐시를 강제로 다시 로드하는 방법을 살펴보자. 먼저 다음 명령어를 실행해보자.

```
# zabbix_proxy --help
```

명령어를 실행 후, 나타나는 출력에서 런타임 컨트롤 섹션과 첫 번째 파라미터를 주의 깊게 살펴보자.

```
-R --runtime-control runtime-option    Perform administrative functions
  Runtime control options:
    config_cache_reload           Reload configuration cache
```

액티브 프록시에 설정 캐시를 다시 로드하라는 메시지가 표시되면, 서버에 연결해 새로운 설정 데이터를 가져온 다음 로컬 캐시를 업데이트한다. 이제 다음 명령을 실행해보자.

```
# zabbix_proxy --runtime-control config_cache_reload
```

 TIP 런타임 명령은 올바르게 설정된 PID 파일에 따라 달라진다. 이전 명령을 실행하면 기본 프록시 설정 파일에서 PidFile 옵션을 찾고 PID 파일에서 PID를 찾아 해당 프로세스에 신호를 보낸다. 여러 개의 액티브 프록시가 시스템에서 실행 중인 경우 -c 옵션을 사용하면 설정 파일을 지정하여 특정 프록시로 신호를 보낼 수 있다.

reload 명령이 성공적으로 실행돼야 한다.

```
zabbix_proxy [19293]: command sent successfully
```

이제 프록시 로그 파일을 확인해보자.

```
forced reloading of the configuration cache
received configuration data from server at "192.168.56.10", datalen 6545
```

먼저 프록시는 설정 캐시를 다시 로드한다는 로그를 남긴다. 그런 다음 서버에 연결하고 서버에서 설정 데이터를 성공적으로 검색한다.

 부록 A, '문제 해결'에서 설정 캐시를 다시 로드하는 방법에 대해 자세히 설명한다.

Administration ➤ Proxies로 이동해 프록시가 서버에 성공적으로 연결했는지 확인할 수 있다. LAST SEEN (AGE) 열에서 새로운 프록시를 확인해보자. never가 아닌 기간이 보여야 한다. 보이지 않으면 자빅스 서버와 프록시가 실행 중인지 확인하고 프록시 호스트에서 자빅스 서버(포트 10051)로 연결할 수 있는지 확인해야 한다.

그러나 HOSTS 열을 보면 현재 비어 있음을 알 수 있다. 무슨 일이 있었던 것일까? 우리는 분명히 이 프록시에 의해 모니터링될 Another host를 추가했지만 보이지 않는다. 이를 파악하기란 쉽지 않으며, 운영 환경에서도 쉽게 발생할 수 있다. 프록시 설정에서 호스트가 사라지는 이유는 active-agent auto-registration 때문이다. 12장, '설정 자동화'에서 설정했고 이후로 에이전트는 반복해서 자동 등록된다. 그러나 왜 이 설정이 프록시의 호스트 할당에 영향을 줄까? 액티브 에이전트가 연결되고 auto-registration이 활성화되면 연결되는 위치가 중요하다. 자빅스 서버는 새로운 호스트를 생성하는 대신 자빅스 서버 또는 에이전트와 연결된 일부 프록시에 해당 호스트를 재할당한다. 이는 에이전트가 서버에서 일부 프록시로 또는 그 반대로 또는 프록시에서 다른 프록시로 이동한 것으로 간주한다. 우리는 새로운 프록시에 호스트를 할당하고 에이전트는 서버 연결을 유지했으며 서버는 해당 호스트를 다시 할당하여 서버에서 직접 모니터링한다.

이를 해결하기 위한 두 가지 옵션이 있다.

- 액티브 에이전트 auto-registration 액션을 비활성화하고 호스트를 수동으로 재설정
- 프록시에 연결하도록 에이전트 설정

더 멋진 두 번째 방식을 시도해보자. Another host에서 zabbix_agentd.conf 파일을 열어서 ServerActive를 프록시 IP 주소로 변경한 다음 에이전트를 재시작한다.

 자빅스 프록시를 자빅스 서버와 동일한 시스템에 설치한 경우 이 파라미터에도 프록시 포트를 지정해야 한다.

서버 주소에 프록시 주소를 추가로 설정하지 말자. 두 가지 모두 설정한 경우 에이전트는 서버와 프록시를 동시에 사용하려고 시도한다. 여러 서버 또는 프록시에서 에이전트를 지정하는 방법에 대한 자세한 내용은 3장, '자빅스 에이전트와 기본 프로토콜과 모니터링'을 참고하자.

프록시 목록을 다시 확인해보자. 이제 HOSTS 열에 Another host가 있어야 하며 더 이상 사라지지 않아야 한다. Monitoring ➤ Latest data에서 이 호스트의 데이터를 확인하자. 불행히도 대부분의 아이템이 작동하지 않는 것처럼 보인다. 에이전트 데몬 설정 파일에서 액티브 서버 파라미터를 변경하고 액티브 에이전트 아이템이 작동했지만, 실패한 아이템 카테고리가 더 많이 있다.

- 에이전트가 프록시의 연결을 허용하지 않기 때문에 패시브 에이전트 아이템이 동작하지 않았다.
- fping이 없거나 적절한 권한이 없기 때문에 ICMP 아이템이 작동하지 않을 수 있다.
- Another host에 SNMP, IPMI, 기타 타입의 아이템이 없는 동안 프록시에 해당 지원 항목이 컴파일되지 않았거나 각 폴러가 시작하지 않아 실패할 수 있다.
- 자빅스 서버 시스템에 프록시를 설정하는 경우, 에이전트가 연결하는 IP 주소와 프록시 주소가 같으므로 패시브 아이템은 동작할 것이다.

패시브 에이전트 아이템을 최소한으로 수정해보자. Another host에서 zabbix_agentd.conf 파일을 열고 Server 파라미터를 변경한다. 파라미터에 설정되어 있는 IP 주소를 프록시 주소로 바꾸거나 프록시 주소를 추가한 다음 에이전트를 재시작하자. 몇 분 안에 대부분의 패시브 에이전트 아이템들은 다시 데이터 수신을 시작할 것이다.

ICMP 아이템에 대해서는 fping 설정을 위한 3장, '자빅스 에이전트와 기본 프로토콜과 모니터링'을 참고하자. 이제 프록시 시스템에서 변경 사항을 수행해보자.

일반적으로 호스트가 프록시에 의해 모니터링될 때, 해당 호스트와의 모든 연결은 반드시 프록시에 의해 수행돼야 한다. 에이전트는 패시브 아이템에 대해 프록시의 연결을 허용하고, 액티브 아이템을 프록시에 연결해야 한다. Zabbix sender 조차도 Zabbix trapper 아이템에 대한 데이터를 자빅스 서버가 아닌 프록시로 보내야 한다.

프록시가 호스트를 모니터링하는 상태에서 프론트엔드에 호스트가 있는지 여부를 확인해보자. Configuration > Hosts로 이동해 Group 드롭다운에 Linux servers가 선택됐는지 확인하고, NAME 열을 살펴보자. 보이다시피 이제 다른 호스트에 프록시 이름이 접두사로 붙어 First proxy:Another host로 표시된다.

 프록시가 여러 개인 경우 위치 명(예: proxy-London 또는 Paris-proxy)으로 이름을 지정하는 것이 일반적이다.

그러나 프록시를 통해 호스트를 모니터링할 때마다 항상 Administration > Proxies로 이동해야 할까? NAME 열의 Another host를 클릭하고 사용 가능한 속성을 살펴보면 Monitored by proxy 드롭다운이 있다. 이 드롭다운을 사용해 해당 호스트를 모니터링할 프록시를 쉽게 지정할 수 있다(에이전트 데몬 설정 파일에서 서버 IP 주소를 변경하는 것을 기억하자).

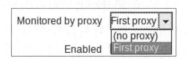

> 프록시를 통해 A test host를 모니터링하기로 결정한 경우, A test host 호스트 주소에 주의하자. 주소가 127.0.0.1로 되어 있으면 프록시는 패시브 아이템을 프록시 서버의 로컬 에이전트에 연결한 다음, 해당 데이터가 A test host에서 온 것으로 서버에 알린다. 데이터가 잘 들어올 수 있기 때문에 쉽게 발견할 수 없으며, 들어온 데이터는 잘못된 데이터다.

▌ 프록시 사용 이점

지금까지 첫 번째 프록시를 설정했으며, 이제 동작과 사용 이점에 대해 자세히 알아보자. 우선 주요 이점부터 살펴보자.

- 자빅스 서버를 사용할 수 없는 상황에서도 데이터를 수집할 수 있다.
- 원격 환경과의 연결 수를 감소시킬 수 있다.
- 자빅스 서버에서 액세스하지 못하는 장치를 프록시에서 수집하고 서버에서 수신할 수 있다.

서버로부터 설정 데이터를 검색하고, 로컬 데이터베이스를 갖고 있는 프록시에 대해 이야기했다. 자빅스 프록시에는 항상 로컬 데이터베이스가 필요하며 이 데이터베이스는 프록시가 모니터링해야 하는 호스트의 정보를 보유한다. 또한 데이터베이스는 프록시가 수집한 모든 데이터를 보유하고 있으며, 자빅스 서버에 연결할 수 없어도 해당 데이터가 손실되지 않는다. 기본적으로 데이터는 1시간 동안 보관되며 `zabbix_proxy.conf` 파일의 `ProxyOfflineBuffer` 파라미터에서 설정할 수 있다. 최대 30일까지 설정할 수 있지만 디스크 공간이 부족할 뿐만 아니라 자빅스 서버와의 연결이 복원되면 자빅스 서버에 과부하가 걸릴 수 있다. 이 위험에 대해서는 나중에 자세히 다룬다.

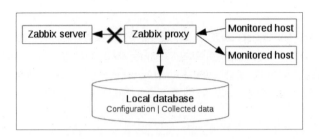

 사용 가능한 프록시 관련 설정 파라미터는 더 많이 있으며, 이 장의 뒷부분에 나열되어 있다.

원격 환경에 대한 연결 수가 적은 것도 매우 중요할 수 있다. 패시브 아이템을 사용하는 모니터링은 각 값에 대해 하나의 연결을 의미한다. 액티브 아이템의 경우 약간 더 좋다. 하나의 연결에서 여러 값이 전송된다. 한 번 연결에 1,000개까지 값을 전송할 수 있다. 에이전트, SNMP, IPMI, SSH 아이템 같은 다른 유형의 경우에도 수행된다. 연결 수가 줄어드는 것은 방화벽과 그 밖의 네트워크 장치 관리에 좋으며, 대기시간이 짧고 들어오는 연결에 대한 자빅스 서버의 처리 감소는 성능을 훨씬 더 좋게 함을 의미한다.

세 번째 주요 이점은 서버 측에서 들어오는 연결을 수신하고 폴링 장치로 데이터를 수집할 수 있다는 것이다. 예를 들어 고객 환경을 모니터링할 때 자빅스 서버는 고객의 네트워크 장치에 액세스하지 못할 수 있다. 자빅스 프록시는 SNMP에 연결해 데이터를 수집한 다음 서버에 연결해 데이터를 보낼 수 있다. 또한 프록시가 사용되지 않을 때는 방화벽에서 모든 모니터링 대상 장치에 대해 많은 포트를 열어야 하는 것과 달리, 프록시를 사용하면 단일 주소에 대한 단일 포트만 열면 된다는 것을 기억하자.

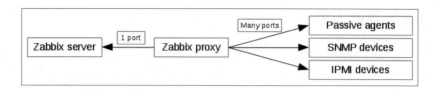

자빅스 프록시가 제공하는 몇 가지 이점이 더 있다.

- 자빅스 서버에서 모든 프록시에 대한 단일 제어
- 여러 자바 게이트웨이를 사용할 수 있는 기능

프록시가 자빅스 서버에서 설정 데이터를 가져오므로, 모든 프록시 설정은 단일 시스템에서 수행된다. 또한 원격 환경에 플러그인되어 있고 미리 설정된 작은 장치를 제공할 수 있다. 자빅스 서버에 네트워크 연결이 가능하고 자빅스 서버에 연결할 수 있다면 모니터링 대상에 관한 모든 설정을 자빅스 서버에서 자유롭게 변경할 수 있다.

자바 게이트웨이에 관해서는 17장, '자바 애플리케이션 모니터링'에서 설명했다. 자빅스 서버에는 하나의 자바 게이트웨이만 설정될 수 있지만, 각 프록시에서도 게이트웨이를 설정할 수 있다. 프록시는 설정하기 쉽기 때문에 하나의 자빅스 서버 대신 많은 자바 게이트웨이를 사용하는 것이 매우 쉽다.

또한 자바 게이트웨이는 서버에서 게이트웨이로의 연결만 지원한다. 게이트웨이 앞에서 액티브 프록시를 사용하면 자빅스 서버로 들어오는 연결을 사용해 JMX 모니터링을 할 수 있다.

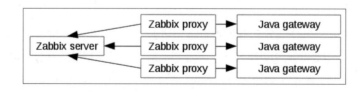

▮ 프록시 제한 사항

프록시에는 많은 이점이 있지만, 일부 제한도 있다. 프록시는 데이터 수집만 한다. 서버에 연결할 수 없으면 프록시는 독립적으로 알림을 수행할 수 없으며, 트리거를 발생시킬 수 없다. 트리거 관련 모든 로직은 서버에서만 처리된다. 프록시는 이벤트를 처리하거나 경고를 보내거나 원격 명령을 실행하지 않는다. 7장, '트리거 처리 액션 제어'에서 다뤘던 원격 명령은 현재 자빅스 3.2 버전에 예정되어 있지만, 이런 기능을 구현하기 위해서는 해당 버전을 릴리스해야 한다.

프록시 동작

프록시가 어떻게 동작하는지 알아보자. 여기서 다룰 세 가지는 다음과 같다.

- 설정 동기화
- 수집된 데이터 동기화
- 메인터넌스 중 동작

기본적으로 프록시는 시간당 한 번 설정을 동기화하며 이 기간은 `zabbix_proxy.conf` 설정 파일에서 설정할 수 있다. `ConfigFrequency` 파라미터를 찾아보면 기본적으로 다음과 같이 설정되어 있다.

```
# ConfigFrequency=3600
```

이것은 자빅스 프록시가 설정을 적용하는 데 최대 1시간 지연될 수 있다는 것을 의미한다. 약간 걱정될 수 있겠지만, 일반적으로 설치가 완료되면 설정을 변경하지 않는다. 테스트하는 동안 이 기간을 줄일 수 있지만, 안정적인 운영 환경에서는 이 값을 늘리는 것이 좋다.

프록시에 설정 변경 사항을 바로 적용해야 하는 경우, 강제로 설정을 다시 로드하면 된다.

수집된 데이터는 기본적으로 매 초 서버로 전송되며, zabbix_proxy.conf 파일의 DataSenderFrequency 파라미터를 통해 커스터마이징할 수 있다.

 액티브 프록시가 전송할 값이 없을 때에는 매 초 서버에 연결하지 않는다. 1초 간격은 보낼 데이터가 있는 경우에만 사용된다. 반면에 전송할 값이 많고 단일 연결에 모두 전송할 수 없는 경우(즉, 1000개 이상의 값) 다음 연결은 1초를 기다리지 않고 최대한 빨리 수행된다.

호스트 및 호스트 그룹 메인터넌스와 관련하여, 호스트 메인터넌스 중에 데이터 수집이 중지된 상태에서 데이터는 계속 프록시를 통해 전송되지만 서버가 이를 폐기한다. 이렇게 하면 메인터넌스 상태에서 변경 사항은 설정 동기화를 위한 1시간 지연으로 인해 영향을 받지 않는다.

▌ 프록시와 가용성 모니터링

프록시가 제공하는 모든 이점을 이용해 많은 것을 할 수 있다. 프록시는 정말 뛰어나다. 프록시가 감시하는 호스트의 가용성을 모니터링하는 이슈는 여전히 있다. 프록시가 다운되거나 자빅스 서버와 통신할 수 없는 경우 해당 프록시가 감시하는 모든 호스트의 데이터가 누락된다. 사용할 수 없는 호스트를 찾기 위해 nodata() 트리거 함수(가용성 트리거라고 부를 수 있음)를 사용하면 수천 개의 호스트가 사용할 수 없다고 표시될 수 있으며, 바람직한 상황이 아니다. 프록시가 감시하는 호스트에는 내장된 종속성이 없지만 프록시 가용성을 모니터링하고 해당 프록시가 감시하는 모든 호스트에 대해 트리거 종속성을 설정할 수 있다. 어떻게 그 종속성을 어떻게 설정할 수 있을까? 프록시 가용성 및 잠재적인 단점을 모니터링할 수 있는 방법에 대해 알아보자.

방법 1: 마지막 액세스 아이템

Administration > Proxies에는 마지막 액세스 열이 있는데, 항상 이것을 보는 것이 가능하지 않으므로 내부 아이템으로 추가해야 할 수 있다. 이런 아이템을 만들려면 Configuration > Hosts로 이동해 프록시가 동작하는 호스트 옆의 Items를 클릭한 다음, Create item을 클릭해 다음 값을 채우자.

- Name: $2: last access
- Type: Zabbix internal
- Key: zabbix[proxy,First proxy,lastaccess]
- Units: unixtime

이 아이템은 모든 호스트에서 만들 수 있지만 일반적으로 자빅스 프록시 호스트 또는 자빅스 서버 호스트에서 만든다.

여기서 두 번째 파라미터는 프록시 이름이다. 따라서 프록시 이름이 kermit인 경우 키는 zabbix[proxy,kermit,lastaccess]가 된다.

이와 같은 아이템이 프록시 서버가 동작하는 호스트에서 작성되고 프록시와 동일한 이름을 갖는 경우 템플릿은 이 아이템 키의 두 번째 파라미터로 {HOST.HOST} 매크로를 사용할 수 있다. 8장, '템플릿을 통한 복잡한 설정 단순화'에서 템플릿에 대해 설명한다.

완료되면 하단의 Add 버튼을 클릭한다. 여기서 unixtime이라는 특수한 단위 사용을 주목하자. Monitoring > Latest data로 이동해 Filter를 확장하고 마지막 아이템을 만든 호스트를 선택한 다음 Name 입력란에 proxy를 입력 후 Filter 버튼을 클릭한다. 여기에 데이터가 표시되는 방식을 살펴보자. 프록시가 자빅스 서버에 마지막으로 접속했을 때를 적절한 형식으로 보여주고 있다.

NAME ▲	LAST CHECK	LAST VALUE
- other - (1 Item)		
First proxy: last access	2015-11-24 17:14:59	2015-11-20 17:27:53

따라서 이 아이템은 프록시가 자빅스 서버에 마지막으로 접속한 시간을 기록한다. 대단한 기능이지만 일상에서 문제를 발견하기는 힘들다. 우리는 트리거가 절대적으로 필요하다는 것을 이미 잘 알고 있으며, 이미 익숙한 fuzzytime() 함수를 사용할 수 있다. Configuration > Hosts로 이동해 프록시 마지막 액세스 아이템을 만든 호스트 옆에 있는 Triggers를 클릭한 다음 Create trigger 버튼을 클릭하자.

적절하게 로드되며 중요한 프록시가 있다고 가정해보자. 프록시가 다시 보고하지 않고 3분이 경과한 시점을 알고 싶은 경우, 다음과 같은 트리거 표현식을 사용할 수 있다.

```
{host:zabbix[proxy,proxy name,lastaccess].fuzzytime(180)}=0
```

 마지막 액세스 아이템에 대해 델타 Store value를 사용하는 것을 고려할 수 있는데, 프록시가 통신하지 않을 때 0을 반환한다. 이런 아이템에 대한 트리거는 더 모호하다. fuzzytime()은 이 목적을 위한 가장 일반적인 트리거 함수다.

프록시는 설정을 동기화하거나 수집된 데이터를 보내는 두 가지 경우에 서버에 연결됐다. 만약 이 두 가지 이벤트 간격이 모두 3분보다 더 멀리 떨어져 있다면 어떻게 될까? 다행스럽게도, 자빅스 프록시에는 heartbeat 프로세스가 있으며, 정기적인 간격으로 서버에 보고한다. 더 좋은 점은 이 타이밍을 설정할 수 있다는 것이다. 다시 한 번 zabbix_proxy.conf 파일을 열고 HeartbeatFrequency 변수를 찾으면 기본적으로 다음과 같이 설정되어 있다.

```
# HeartbeatFrequency=60
```

초 단위로 지정된 이 값은 새로운 값이 없는 경우에도 프록시가 서버로 1분마다 다시 보고함을 의미한다. lastaccess 아이템은 프록시가 긴 시간 동안 데이터를 보내지 않을지라도, 프록시가 다운되거나 또는 접근할 수 없을 때를 파악할 수 있는 확실한 방법이다.

트리거에 다음 값을 작성하자.

- Name: Proxy "First proxy" not connected for 3 minutes
- Expression: {Another host:zabbix[proxy,First proxy,lastaccess].fuzzytime(3m)}=0
- Severity: High

 프록시 이름을 프록시 마지막 액세스 아이템이 작성된 호스트 이름으로 바꾸자. 마지막 액세스 아이템에 {HOST.HOST} 매크로를 사용하면 트리거 이름과 표현식에 동일한 매크로를 사용한다.

fuzzytime 함수의 파라미터에 3m 대신 180을 사용할 수 있지만 시간 접미사 표현이 약간 더 읽기 쉽다. 시간 접미사는 6장, '트리거를 통한 문제 감지'를 참고하자. 완료되면 하단의 Add 버튼을 클릭한다.

이 아이템과 트리거를 조합하면 프록시를 사용할 수 없을 때 알림을 보낼 수 있다. 이제 이 프록시 마지막 액세스 트리거에서 이 프록시가 감시하는 모든 가용성 트리거에 대해 트리거 종속성을 설정하기만 하면 된다.

불행히도 흔히 발생하는 문제 상황이 있다. 프록시와 서버 간 통신이 중단되면 프록시의 마지막 액세스 트리거가 실행되어 종속성으로 인해 다른 모든 트리거가 가려진다. 프록시는 잠시 동안 서버에 연결할 수 없어도 여전히 값을 수집하며, 통신이 복원되면 오래된 값부터 모든 값을 서버에 전송한다. 첫 번째 값이 전송된 순간 마지막 액세스 아이템이 업데이트되고 트리거가 해결된다. 불행하게도 이 시점에서 프록시는 5, 30 또는 60분 전에 수집된 값을 보내고 있다. 이때 이보다 짧은 기간을 확인하는 모든 nodata( ) 트리거가 발생하게 된다. 이렇게 하면 프록시가 돌아올 때까지만 프록시 트리거 종속성이 작동하고 다시 돌아오면 엄청난 이벤트가 발생한다. 어떻게 해결할 수 있을까? 프록시가 수집하고 서버로 보내지 않은 값의 개수를 통해 해결할 수 있다. 서버로 보내지 않은 값이 너무 많은 경우 프록시가 감시하는 호스트의 모든 트리거를 무시한다. 즉, 버퍼가 큰 프록시를 연결할 수 없는 프록시와 동일하게 취급하는 것이다.

방법 2: 내부 프록시 버퍼 아이템

자빅스 내부 아이템을 참조하여 프록시 버퍼의 크기, 즉 자빅스 서버로 보낼 값의 수를 알아낼 수 있다. Configuration ➤ Hosts로 이동해 Another host 옆의 Items를 클릭한 다음 Create item을 클릭해 다음 값을 채우자.

- Name: First proxy: buffer size
- Type: Zabbix internal
- Key: zabbix[proxy_history]

> 이 아이템은 버퍼 크기를 알아야 하는 프록시를 통해 모니터링되는 호스트에서 만들어야
> 한다. 자빅스 서버가 모니터링하는 호스트의 경우 이 아이템은 지원되지 않는다.

완료되면 하단의 **Add** 버튼을 클릭한다. 프록시 설정 업데이트 간격을 1시간으로 설정하면 이 아이템의 결과를 보기까지 꽤 시간이 걸릴 수 있다. 설정 업데이트 속도를 높이려면 프록시 호스트에서 다음을 실행하자.

```
# zabbix_proxy --runtime-control config_cache_reload
```

프록시는 서버로 아이템 설정을 요청하고 프록시 캐시를 업데이트한다. 잠시 후 최신 데이터 페이지에서 결과를 확인할 수 있다.

NAME ▲	LAST CHECK	LAST VALUE
- other - (1 Item)		
First proxy: buffer size	2015-11-26 14:44:59	0

이 값은 무엇을 의미할까? 그 값은 서버로 전송해야 하는 프록시 버퍼에 남아있는 값의 수이다. 이렇게 하면 이 아이템에 대한 트리거를 만들 수 있다. 버퍼가 100, 200 또는 1000개의 값보다 클 때, 프록시 데이터를 최신 데이터로 간주하지 않고 버퍼 크기에 따라 모든 호스트의 트리거 발생이 결정되도록 만든다. 그러나 여전히 중요한 문제가 남아 있다. 이 아이템의 값은 모니터링하는 동일한 프록시 버퍼에 보관되어 순차적으로 전송된다. 이 아이템을 사용하면 이전과 같은 문제가 계속 발생하지만 프록시를 사용할 수 없거나 프록시 버퍼 항목이 0 또는 작은 값을 유지하게 된다. 값이 전송되기 시작하면 개별 호스트 트리거가 실행되고 얼마 후에 버퍼가 실제로 크다는 것을 알게 될 것이다. 나중에 디버깅에 유용하지만, 프록시가 감시하는 호스트의 트리거를 막는 데 도움이 되지 않는다. 그렇다면 어떤 해결책이 있을까?

방법 3: 사용자 정의 프록시 버퍼 아이템

해결책은 버퍼 자체를 우회하여 프록시 버퍼 크기를 보내는 방법이 될 수 있다. 자빅스는 이런 방법을 제공하지 않으므로 직접 구현해야 한다. 그 전에 버퍼 크기에 대한 정보를 얻을 수 있는 방법을 알아보자. 이를 위해 프록시 데이터베이스를 살펴보자.

 sqlite3 유틸리티를 사용하려면 SQLite 3 패키지를 설치해야 할 수도 있다.

프록시 호스트에서 다음을 실행하자.

```
$ sqlite3 /tmp/zabbix_proxy.db
```

프록시는 수집한 모든 값을 단일 테이블 proxy_history에 보관한다. 가장 최근에 수집된 세 가지 값을 가져와보자.

```
sqlite> select * from proxy_history order by id desc limit 3;
1850|24659|1448547689|0||0|0|0|749846420|0|0|0|0
1849|23872|1448547664|0||0|0.000050|0|655990544|0|0|0|0
1848|24659|1448547659|0||0|0|0|744712272|0|0|0|0
```

21장, '자빅스 데이터 활용하기'에서 좀 더 자세하게 여러 필드를 설명할 것이며, 지금은 첫 번째 필드가 순차적 ID라는 것을 아는 것으로 충분하다. 그러나 프록시는 이미 서버에 보낸 값을 어떻게 알 수 있을까? ID 테이블을 살펴보자.

```
sqlite> select * from ids where table_name='proxy_history';
proxy_history|history_lastid|1850
```

여기서 history_lastid 값은 서버에 동기화된 마지막 ID이다. 바쁜 프록시에서는 새 값이 지속적으로 추가되어 서버로 전송되므로 실제 상황을 보기 위해 이런 명령문을 빠르게 실행해야 한다. 현재 버퍼 unsent values 크기는 다음과 같이 얻을 수 있다.

```
sqlite> select (select max(proxy_history.id) from proxy_history)-nextid
from ids where field_name='history_lastid';
```

가장 큰 ID와 history_lastid 값의 차이를 계산한다. 이 프록시에서는 항상 0을 반환할 것이다.

 TIP 자빅스 서버를 중지하고 이 값이 어떻게 증가하는지 확인해본 후, 자빅스 서버를 다시 시작하는 것을 잊지 말자.

이제 이것을 아이템에 넣어야 한다. 가장 중요한 것은 자빅스 프록시를 사용하지 않고 이 아이템이 자빅스 서버에서 직접 처리되도록 하는 것이다. 몇 가지 옵션이 있다.

- 패시브 에이전트 아이템
- 액티브 에이전트 아이템
- zabbix_sender가 전송하는 자빅스 트랩퍼 아이템

패시브 에이전트의 경우 자빅스 서버가 직접 쿼리해야 하며, 액티브 에이전트의 경우 스스로 자빅스 서버에 접근해야 한다. 자빅스 트랩퍼 아이템의 경우 zabbix_sender를 사용해 자빅스 서버에 연결해야 한다. 세 가지 경우 모두 자빅스 서버가 호스트를 모니터링하도록 지정해야 한다. 전용 호스트에서 프록시 값을 수집하기 위해 내부 모니터링을 사용하는 경우 별도의 호스트가 버퍼 데이터를 수집해야 한다. 이 방법으로, 프록시 버퍼에 값들이 걸리는 상황을 피할 것이다.

에이전트 아이템의 경우 다음과 같이 UserParameter를 사용할 수 있다.

```
UserParameter=proxy.buffer,sqlite3 /tmp/zabbix_proxy.db "select
(select max(proxy_history.id) from proxy_history)-nextid from ids
where field_name='history_lastid';"
```

 TIP sqlite3 바이너리의 전체 경로를 사용해야 할 수도 있다.

자빅스 트랩퍼는 crontab에서 실행하거나 다른 방법을 사용해 실행할 수 있다. 명령어는 다음과 유사하다.

```
zabbix_sender -z zabbix_server -s target_host -k item_key -o $(sqlite3
/tmp/zabbix_proxy.db "select (select max(proxy_history.id) from proxy_
history)-nextid from ids where field_name='history_lastid';")
```

여기서는 기본 zabbix_sender 구문을 사용하지만 값은 SQLite 쿼리에서 가져온다. UserParameters와 zabbix_sender에 대한 자세한 내용은 11장, '고급 아이템 모니터링'을 참고하자. 자빅스 트랩퍼 아이템은 내부 버퍼 모니터링(버퍼 크기)과 동일한 데이터를 수신한다. 트리거는 이 버퍼가 임곗값을 초과하는지 점검한다.

세 가지 방법 모두 버퍼 아이템 값이 누락될 가능성이 있다. 서버와 프록시 간의 연결이 끊어지면 값을 사용할 수 없다. 액티브 에이전트 아이템 접근법은 인메모리 버퍼를 가지고 있기 때문에 값이 누락될 가능성은 줄어들지만 여전히 누락될 수 있다. 통신 고장 중 버퍼가 어떻게 바뀌는지 알아볼 필요가 있다. 이 아이템은 앞에서 설명한대로 트리거와 내부 아이템에 사용할 수 있어, 더 완벽한 버퍼 통계를 얻을 수 있다.

트리거 및 종속성과 관련하여 버퍼 트리거를 마지막 액세스 트리거에 의존하게 하는 것이 좋다. 이렇게 하면 프록시가 다운되거나 연결이 끊겨도 프록시가 감시하는 호스트에서 발생하는 많은 트리거를 막을 수 있고, 프록시의 버퍼가 크면 버퍼 트리거는 프록시가 감시하는 호스트에서 트리거 발생하지 않도록 할 것이다.

▌ 패시브 프록시 설정

지금까지 프록시가 동작하는 방식 중 하나인 액티브 프록시를 설정하고 설명했다. 또한 프록시는 에이전트와 유사하게 서버에서 들어오는 연결을 허용하도록 설정될 수 있으며, 이를 패시브 프록시라고 한다.

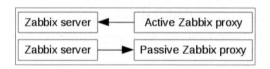

액티브/패시브 모드가 아이템 수준에서 설정되고 하나의 에이전트에서 액티브와 패시브 모드가 같이 동작할 수 있는 자빅스 에이전트와 달리 자빅스 프록시는 한 번에 하나의 모드로만 동작할 수 있다.

액티브 프록시를 패시브 모드로 전환해보자. 먼저 `zabbix_proxy.conf` 파일을 열어서 `ProxyMode` 파라미터를 1로 설정하면 프록시를 패시브 모드로 전환시킬 준비가 됐다. 이제 프록시 프로세스를 다시 시작하자.

 패시브 에이전트와 달리 Server 파라미터는 현재 패시브 프록시에서는 무시된다.

772

프론트엔드에서 Administration ➤ Proxies로 이동한 다음 NAME 열에서 First proxy를 클릭한다. Proxy mode 드롭다운에서 Passive를 선택해 Interface 섹션이 나타나면 프록시의 IP 주소와 포트를 설정하자.

Proxy name	First proxy				
Proxy mode	Passive ▾				
Interface	IP ADDRESS		DNS NAME	CONNECT TO	PORT
	192.168.56.11			IP DNS	10051

완료되면 Update를 클릭하자. 자빅스 서버는 설정 정보를 패시브 프록시로 언제 보낼까? 설정 정보를 보내는 기본 간격은 1시간이다. 유감스럽게도 설정 데이터 전송 스케줄링은 패시브 아이템 폴링과 동일한 방식으로 수행된다. 설정 데이터 전송은 시간이 지나면 전송될 것이며 지금으로부터 1시간이 지나기 전에 전송될 것이다. 프록시에서 설정 캐시를 강제로 다시 로드해보자.

```
# zabbix_proxy --runtime-control config_cache_reload
zabbix_proxy [3587]: command sent successfully
```

프록시에서 정상적으로 설정 정보를 로드한 것으로 보인다. 프록시 로그 파일을 확인해보자.

```
forced reloading of the configuration cache cannot be performed for a
passive proxy
```

정상적으로 로드된 것처럼 보이지 않는다. 설정 캐시 리로드 명령어가 패시브 프록시에 의해 무시됐다.

현재 서버 측에서 강제로 데이터를 전송할 수 있는 방법이 없다. 서버를 다시 시작하는 것도 도움이 되지 않는다. 서버가 실행되지 않는 동안 설정 정보 전송이 예약된 경우 문제가 발생할 수 있다. 간단한 설치에서 할 수 있는 것은 전송 간격을 줄이는 것이다. zabbix_server.conf 파일을 열어서 ProxyConfigFrequency 옵션의 값을 180 또는 이와 비슷한 값으로 설정하고 서버를 다시 시작하자. 몇 분 후에 서버 로그 파일을 확인해보자.

```
sending configuration data to proxy "First proxy" at "192.168.56.11", datalen
6363
```

이런 라인은 패시브 프록시에 설정 데이터를 성공적으로 전송했음을 나타낸다. ProxyConfigFrequency는 모든 패시브 프록시와의 통신에 적용된다. 특정 프록시에만 이 간격을 다른 값으로 설정할 수 없다.

액티브 또는 패시브 프록시 중에서 어떠한 것을 선택할 것인가? 대부분의 경우, 연결 수가 더 적고 서버에서 설정 정보를 강제로 다시 로드할 수 있는 액티브 프록시가 선호된다. 프록시가 서버에 연결할 수 없거나 연결해서는 안 되는 경우, 패시브 프록시를 사용할 수 있다. 패시브 프록시가 사용되는 일반적인 상황은 자빅스 서버가 내부 네트워크에 있고 프록시가 DMZ를 모니터링하고 있는 경우다. DMZ에서 내부 네트워크로의 연결을 원하지 않으므로 패시브 프록시를 선택할 수 있다.

▌ 프록시 설정 조정

프록시의 많은 설정 파라미터는 서버의 파라미터(시작하려는 폴러, 수신 포트 등)와 동일하고 일부는 에이전트 데몬의 파라미터(호스트 이름)와 동일하지만, 일부 프록시 관련 파라미터가 있다. 프록시 관련 문제를 진단할 때 또는 프록시를 특정 환경에 배치해야 하는 경우 이런 정보를 알고 있으면 도움이 될 것이다.

액티브 프록시의 경우 다음 파라미터가 영향을 준다.

옵션	설명
ProxyLocalBuffer	프록시가 로컬 데이터베이스에 데이터를 보관하는 시간이다. 기본적으로 자빅스 서버와 동기화된 모든 데이터는 제거된다. 자빅스 서버에 영구적으로 저장되지 않은 일부 데이터(예: 네트워크 검색 값)를 추출하는 경우 유용하다.
ProxyOfflineBuffer	자빅스 서버를 사용할 수 없는 경우 프록시가 데이터를 보관하는 시간이다. 기본적으로 1시간보다 오래된 데이터는 삭제된다.
HeartbeatFrequency	기본적으로 자빅스 프록시는 매분마다 자빅스 서버에 하트 비트 메시지를 보낸다. 이 파라미터는 커스터마이징할 수 있다.
ConfigFrequency	기본적으로 자빅스 프록시는 시간당 한 번씩 설정을 서버에서 새로 확인한다. 규모가 크고 설정이 상당히 정적인 경우 이 값을 높이고, 규모가 작고 설정이 동적인 경우 낮추는 것이 좋다. 설정 데이터 확인은 액티브 프록시 설정 캐시를 강제로 다시 로드할 수 있다.
DataSenderFrequency	이 파라미터는 프록시가 수집된 데이터를 자빅스 서버에 푸시하는 빈도를 지정하며 기본적으로 1초이다. 모든 트리거 및 경고 처리가 서버에 의해 수행되므로 이 값을 낮게 유지하는 것이 좋다. 보낼 값이 없으면 하트비트 연결을 제외하고 액티브 프록시가 서버에 연결되지 않는다.

패시브 프록시의 경우 **ProxyMode**를 사용해 패시브 모드로 전환할 수 있다. 이제 통신은 자빅스 서버 설정 파일의 파라미터로 제어된다.

옵션	설명
StartProxyPollers	패시브 프록시에 연결해 설정 데이터를 보내고 수집된 값을 폴링하는 프로세스의 시작 개수이다. 기본적으로 프로세스 하나가 시작되며 패시브 프록시가 여러 개 있는 경우 더 많은 프로세스가 필요할 수 있다.
ProxyConfigFrequency	기본적으로 자빅스 서버는 시간당 한 번 패시브 프록시로 설정 데이터를 전송한다. 패시브 프록시로 설정 데이터를 강제로 보내는 방법은 없다. 이 파라미터는 모든 패시브 프록시의 연결에 적용된다.
ProxyDataFrequency	이 파라미터는 프록시가 수집된 데이터를 자빅스 서버로 보내는 빈도를 지정하며 기본적으로 1초이다. 제공할 값이 없는 경우에도 자빅스 서버는 패시브 프록시와 연결한다. 이 파라미터는 모든 패시브 프록시의 연결에 적용된다.

▌ 요약

19장에서는 대규모 데이터 수집을 위한 쉽고 유지보수가 용이한 솔루션 자빅스 프록시에 대해 설명했다. 자빅스 프록시는 원격 환경에서도 매우 바람직하다. 자빅스 에이전트와 마찬가지로 자빅스 프록시는 액티브 또는 패시브 모드로 작동할 수 있으므로 방화벽 설정의 번거로움을 줄일 수 있다.

자빅스 프록시의 주요 이점을 요약하면 다음과 같다.

- 자빅스 프록시와 자빅스 서버 간의 연결은 단일 TCP 포트에서 이루어지므로 방화벽이나 네트워크 설정으로 인해 접근할 수 없는 장치를 모니터링할 수 있다.
- 자빅스 프록시에서 수집 대상 호스트를 확인하고 데이터를 수집하므로 자빅스 서버의 성능이 향상된다.
- 프록시의 로컬 버퍼를 통해 자빅스 서버를 사용할 수 없는 상태에서도 데이터 수집을 계속할 수 있으며 자빅스 서버와의 연결 문제가 해결되면 모든 데이터를 전송한다.

호스트가 프록시를 통해 모니터링되는 경우 액티브 에이전트는 프록시를 가리켜야 한다. 패시브 에이전트는 Server 파라미터에 프록시 IP 주소를 지정하여 프록시에서 들어오는 연결을 허용해야 한다. zabbix_sender 유틸리티는 적절한 프록시에 데이터를 전송해야 한다. 프록시를 통해 모니터링되는 호스트는 자빅스 서버로 데이터를 전송할 수 없다.

프록시는 이벤트를 처리하지 않고 트렌드를 생성하지 않으며 알림을 보내지 않는다. 단지 원격 데이터 수집자이며 데이터가 자빅스 서버에 전달될 때에만 알림이 발생할 수 있다는 점을 기억하자. 또한 프록시는 원격 명령을 지원하지 않는다. 자빅스 3.2에서 구현될 예정이며, 개발 성공 여부는 버전이 출시될 때까지 기다릴 수밖에 없다.

프록시를 사용해 호스트를 모니터링하는 경우 프록시의 가용성 여부를 알고 있어야 하며, 프록시 자체가 사용 가능하지 않은 경우 프록시를 통해 감시하는 호스트에서 알림이 발생하지 않는 것이 중요하다. 프록시 연결에 문제가 있는 동안 많은 양의 데이터를 수집하고 값 전송이 뒤쳐져 있을 때 경고하지 않기 위해 프록시 버퍼 모니터링뿐만 아니라 여러 가지 방법을 설명했다.

자빅스 프록시는 설정하기 쉽고, 유지보수가 쉽고, 많은 이점을 제공하므로 큰 환경에서 사용하는 것을 추천한다.

20장에서는 마지막으로 설정 섹션의 호스트와 프록시 옆에 녹색으로 **NONE**이라고 표시된 내용에 대해 설명한다. 이것은 자빅스 3.0의 새로운 기능인 암호화 설정을 의미한다. 자빅스는 사전 공유키pre-shared key 및 인증서 기반 인증TLS과 암호화를 지원한다. 암호화는 모든 구성 요소(서버, 프록시, 에이전트, zabbix_get, zabbix_sender)에 지원되며 사전 공유키와 TLS 기반 암호화를 설정할 것이다.

20

자빅스 트래픽 데이터 암호화

자빅스 구성 요소 간의 통신은 기본적으로 암호화되지 않은 일반 텍스트로 수행된다. 많은 환경에서 중요한 문제는 아니지만 일반 텍스트로 전송된 데이터는 악의적인 공격자가 읽거나 조작할 수 있기 때문에, 인터넷 망을 통해 일반 텍스트로 모니터링하는 것은 좋은 방법은 아니다. 이전 자빅스 버전에는 내장된 솔루션이 없었으며 대안으로 VPN, 스턴널 stunnel, SSH 포트 포워딩 솔루션이 사용됐다. 자빅스는 3.0에서도 이런 솔루션을 계속 사용할 수 있지만 내장 암호화 기능을 제공한다. 이 장에서는 다양한 유형의 암호화를 사용하기 위해 몇 가지 구성 요소를 설정하는 방법을 살펴보자.

▌ 개요

자빅스는 두 가지 통신 암호화 유형을 지원한다.

- 사전 공유 키PSK, Pre-shared key
- 인증서 기반 암호화

사전 공유 키를 설정하는 것은 매우 쉽지만 확장이 어렵다. 반면 인증서 기반 암호화는 설정이 복잡할 수 있지만, 큰 규모의 환경에서 관리가 용이하고, 잠재적으로 보안에 안전하다.

이 암호화는 서버, 프록시, 에이전트, zabbix_sender 및 zabbix_get 등의 모든 자빅스 구성 요소간의 통신에 지원된다.

server-to-agent 또는 proxy-to-server 같은 서버 간 외부 연결의 경우 일반 텍스트, PSK, 인증서 기반 중 한 가지 유형만 사용할 수 있다. 에이전트로부터 들어오는 연결의 경우 여러 유형을 사용할 수 있다. 이렇게 하면 에이전트는 기본적으로 서버의 액티브 또는 패시브 아이템에 대해서는 암호화 작업을 수행하고, 디버깅을 위해 zabbix_get을 사용할 때에는 암호화하지 않고 작업할 수 있다.

백엔드 라이브러리

자빅스 암호화는 OpenSSL, GnuTLS, mbedTLS 세 가지 라이브러리 중 하나를 사용할 수 있다. 어느 것을 선택하는 것이 좋을까? 가장 간단하고 안전한 방법은 컴파일된 패키지로 시작하는 것이다. 소스에서 컴파일하는 경우 가장 컴파일하기 쉬운 것을 선택하자. 두 가지 방법 모두 패키지 벤더가 잘 관리하고 보증하는 방법이다. 자빅스 팀은 사용자 관점에서 세가지 라이브러리에 대하여 비슷한 방법을 사용할 수 있도록 구현 지원에 많은 노력을 기울였다.

일부 특정 기능에 대한 지원은 차이가 있을 수 있는데, 그 기능은 아마 잘 사용하지 않은 기능일 것이다. 잘 사용되지 않는 기능을 사용하면서 문제가 발생된다면, 다른 라이브러리로 바꾸는 것이 데몬을 컴파일하는 것보다 쉬울 것이다. 대부분의 경우 사용하는 라이브러리는 별로 중요하지 않지만 이 세 가지 라이브러리를 지원하는 이유는 현재 사용되는 라이브러리에 보안 취약점이 있는 경우 다른 라이브러리로 전환할 수 있기 때문이다.

 라이브러리는 일반적인 방식으로 사용되며 각각의 자빅스 구성 요소에 대해 동일한 라이브러리를 사용할 필요는 없다. 자빅스 서버에서 하나의 라이브러리를 사용하고 자빅스 프록시에서 하나의 라이브러리를 사용하고 zabbix_sender에서 다른 라이브러리를 사용할 수도 있다.

20장에서는 먼저 자빅스 서버와 zabbix_sender를 사용해 암호화를 시도한 다음 PSK 및 인증서 기반 암호화를 사용해 에이전트 트래픽 암호화를 진행할 것이다. 패키지로부터 설치를 한 경우 서버가 이미 암호화를 지원할 가능성이 높다. 서버 및 에이전트의 시작 메시지로 확인해보자.

TLS support: YES

 바이너리가 컴파일된 라이브러리 확인은 다음의 명령을 실행해 확인할 수 있다. 필요에 따라 바이너리 이름을 다음과 같이 바꿔보자.
ldd zabbix_server | egrep –i "ssl|tls"

TLS 지원을 설정하지 않고 소스에서 컴파일된 바이너리를 사용한다면 --with-openssl, --with-gnutls, --with-mbedtls 옵션을 넣어 서버와 에이전트를 다시 컴파일하자.

사전 공유 키 암호화

자빅스 서버가 zabbix_sender를 사용해 몇 가지 값을 보낼 패킷에 대해서만 PSK 암호화된 수신 연결을 수락하는, 간단한 새 호스트부터 시작해보자. 이를 위해 자빅스 서버와 zabbix_sender는 모두 TLS 지원으로 컴파일돼야 한다. PSK 구성은 PSK ID와 키로 구성된다. ID는 보안이 보장되지 않는 문자열이다. 따라서 통신 중에 암호화되지 않는다. ID에 민감한 정보를 넣지 말자. 키는 16진수 문자열이다.

 자빅스는 최소 32자(16진수) 길이의 키를 필요로 한다. 자빅스에서 키의 최댓값은 512자이지만 사용 중인 백엔드 라이브러리의 버전에 따라 달라질 수 있다.

수동으로 키를 입력할 수도 있지만 opensisl 명령을 사용하면 좀 더 쉽다.

```
$ openssl rand -hex 64
```

이렇게 생성된 512 비트 키는 잠시 후에 사용할 것이다. Configuration ➤ Hosts를 클릭하고 Create host를 클릭한 후 다음 값을 입력하자.

- Hostname: Encrypted host
- Groups: In groups 블록에 Linux servers만 지정

Encryption 탭으로 전환하고 Connections from host 섹션에서 PSK만 표시된 상태로 둔다. PSK ID 필드에 secret을 입력하고 앞에서 생성한 키를 PSK 필드에 붙여넣자.

완료되면 하단의 **Add** 버튼을 클릭하고 이 호스트에 대한 AGENT ENCRYPTION 열을 살펴보자.

첫 번째 블록에는 하나의 필드만 있으며 현재 **NONE**이라고 표시되어 있다. 이 열은 서버 관점에서 에이전트로 나가는 연결에 대해 현재 선택된 유형을 표시한다. 에이전트 연결의 경우 하나의 유형만 가능하다. 두 번째 블록에는 세 개의 필드가 있다. 이 열은 이 호스트에 대해 서버 관점에서 수신되는 연결 유형을 표시한다. 수신연결은 다양한 암호화 방식을 사용할 수 있다.

이제 Encrypted host 옆에 있는 Items를 클릭하고 Create item을 클릭하자. 다음 값을 채우자.

- Name: Beers in the fridge
- Type: Zabbix trapper
- Key: fridge.beers

하단에 있는 추가 버튼을 클릭하고 11장, '고급 아이템 모니터링'에서 했던 것처럼 값을
전송해보자.

```
$ zabbix_sender -z 127.0.0.1 -s "Encrypted host" -k fridge.beers -o 1
```

이 명령은 실패할 것이다.

```
info from server: "processed: 0; failed: 1; total: 1; seconds spent: 0.000193"
```

처리 결과는 처리된 아이템 수가 0, 실패한 아이템 수가 1로 표시된다. 자빅스 서버 로그
파일을 확인해보자.

```
12254:20160122:231030.702 connection of type "unencrypted" is not allowed for
host "Encrypted host" item "fridge.beers" (not every rejected item might be
reported)
```

이 메시지는, 호스트에는 암호화된 연결을 지정했지만 zabbix_sender의 암호화는 지정하
지 않았다는 것을 의미한다. 괄호 안에 있는 텍스트를 확인해보자. 여러 호스트에 있는 아
이템이 동일한 이유로 인해 작동하지 않을 경우 일부 항목만 표시될 수 있으므로, 아이템
키로 로그 파일을 검색하면 실패 이유가 표시되지 않을 수 있다.

이제 zabbix_sender에서 PSK를 사용할 수 있다. zabbix_sender를 --help 파라미터와 함
께 실행하고 TLS 연결 옵션 섹션을 살펴보자. 옵션에는 다양한 것들이 있다. PSK 암호화
의 경우에는 --tls-connect, --tls-psk-identity, --tls-psk-file 3개가 필요하다. 명
령을 실행하기 전에 현재 디렉토리에 zabbix_encrypted_host_psk.txt라는 파일을 만들
고, 앞에서 생성한 16진수 키를 복사하자.

텍스트 파일을 생성할 때에는 빈 파일을 먼저 작성하고 사용 권한을 400 또는 600으로 변경한 후 나중에 키를 파일에 붙여 넣는 것이 더 안전하다. 이렇게 하면 다른 사용자가 파일에서 키를 빼낼 수 없다. 특정 계정이 zabbix_sender를 호출해야 한다면 해당 계정을 해당 파일의 소유자로 설정하자.

위의 세 개의 옵션을 추가해 zabbix_sender를 다시 실행해보자.

```
$ zabbix_sender -z 127.0.0.1 -s "Encrypted host" -k fridge.beers -o 1 --tls-
connect psk --tls-psk-identity secret --tls-psk-file zabbix_ encrypted_host_psk.
txt
```

옵션에서는 --tls-connect 옵션으로 연결 유형을 psk로 설정하고 PSK ID와 키 파일을 지정했다.

자빅스는 보안상의 이유로 명령 행에서 PSK 키를 지정하는 것을 지원하지 않는다. PSK 키는 파일에서 전달돼야 한다.

이번에는 값이 성공적 전송돼야 한다.

```
info from server: "processed: 1; failed: 0; total: 1; seconds spent: 0.000070"
```

프론트엔드에 이 아이템 데이터가 있는지 확인해보자.

▌인증서 기반 암호화

앞에서는 민감한 자빅스 트랩퍼 아이템의 보호를 위하여 PSK 기반의 암호화를 사용했다. 이제 인증서 방식을 살펴보자. 자빅스 서버 및 에이전트에 대한 인증서를 생성하고, 자빅스 에이전트 측에서 패시브 아이템에 암호화된 연결을 요구할 것이다.

인증 기관은 인증서에 서명하고, 자빅스 구성 요소는 하나 이상의 인증 기관을 신뢰할 수 있다. 자빅스 구성 요소는 설정에 따라 인증 기관에 의해 서명된 인증서를 신뢰한다.

조직에 인증서 인프라가 있을 수도 있지만 테스트를 위해 필요한 모든 인증서를 직접 생성할 것이다. 인증서에 서명할 새 인증 기관CA, certificate authority이 필요하다. 자빅스는 자체 서명 인증서를 지원하지 않는다.

 중간 인증 기관을 사용해 클라이언트 및 서버 인증서에 서명하는 것을 강하게 권고한다. 다음의 간단한 예제에서는 인증 기관을 사용하지 않는다.

인증 환경 설정

별도의 디렉토리에 인증서를 만들어서 시작할 것이다. 간단하게 테스트하기 위해 A test host에서 인증서 서명을 생성할 디렉토리를 선택하자.

다음은 좋은 방법은 아니다. 이 방법은 인증서를 빨리 얻기 위하여 약간의 보안에 위배되는 행동을 수행한다. 운영 환경에서는 이렇게 사용해서는 안 된다.

```
$ mkdir zabbix_ca
$ chmod 700 zabbix_ca
$ cd zabbix_ca
```

루트 CA 키를 생성하자.

```
$ openssl genrsa -aes256 -out zabbix_ca.key 4096
```

메시지가 나타나면 암호를 두 번 입력하여 키를 보호하자. 루트 인증서 생성 및 자체 서명self-sign을 해보자.

```
$ openssl req -x509 -new -key zabbix_ca.key -sha256 -days 3560 -out zabbix_ca.crt
```

메시지가 나타나면 이전에 키에 사용한 비밀번호를 입력하자. 가장 쉬운 방법은 국가 코드Country name와 일반 이름Common name을 제외한 대부분의 경우 빈 값을 입력하는 것이다. 이 테스트에서 일반 이름은 너무 크게 의미 있는 것은 아니기 때문에 zabbix_ca와 같은 간단한 문자열을 사용하면 충분하다.

이제는 자빅스 서버에 사용할 인증서를 만드는 방법에 대해 설명한다. 먼저 서버 키와 certificate signing request (CSR)을 생성해보자.

```
$ openssl genrsa -out zabbix_server.key 2048
$ openssl req -new -key zabbix_server.key -out zabbix_server.csr
```

메시지가 나타나면 이전처럼 국가 코드와 일반 이름을 입력하자. 일반 이름은 서버 또는 에이전트 이름 같이 다른 곳에 설정한 것과 동일할 필요가 없으므로 zabbix_server와 같은 간단한 문자열을 사용하면 충분하다. 이 요청에 지금 서명해보자.

```
$ openssl x509 -req -in zabbix_server.csr -CA zabbix_ca.crt -CAkey zabbix_ca.key
-CAcreateserial -out zabbix_server.crt -days 1460 -sha256
```

메시지가 나타나면 CA 암호를 입력하자. 자빅스 에이전트에서 사용할 인증서를 생성해보자. 에이전트 키와 CSR을 생성하자.

```
$ openssl genrsa -out zabbix_agent.key 2048
$ openssl req -new -key zabbix_agent.key -out zabbix_agent.csr
```

메시지가 나타나면 이전처럼 국가 코드와 일반 이름 문자열을 입력하자. 일반 이름은 서버 또는 에이전트 이름은 같은 다른 곳에 설정한 것과 동일할 필요가 없으므로 zabbix_agent와 같은 간단한 문자열을 사용하자. 이 요청에 서명해보자.

```
$ openssl x509 -req -in zabbix_agent.csr -CA zabbix_ca.crt -CAkey zabbix_ ca.key
-CAcreateserial -out zabbix_agent.crt -days 1460 -sha256
```

메시지가 나타나면 CA 암호를 입력하자.

우리는 테스트 인증서를 만들었다. 두 키가 모두 암호화되지 않은 상태로 생성됐다. 자빅스는 키 비밀번호를 묻는 메시지를 표시하지 않는다.

인증서로 자빅스 설정하기

이제 A test host에서 패시브 아이템을 만들려면 방금 생성한 인증서를 사용하자. 우리는 자빅스 에이전트에게 인증서를 제공해야 한다. 자빅스 에이전트 설정 파일이 있는 디렉토리에서 zabbix_agent_certs라는 새 디렉토리를 만들고 다음과 같이 액세스를 제한하자.

```
# chown zabbix zabbix_agent_certs
# chmod 500 zabbix_agent_certs
```

인증서를 생성한 디렉토리에서 관련 인증서 파일을 새 디렉토리로 복사한다.

```
# cp zabbix_ca.crt /path/to/zabbix_agent_certs/
# cp zabbix_agent.crt /path/to/zabbix_agent_certs/
# cp zabbix_agent.key /path/to/zabbix_agent_certs/
```

zabbix_agentd.conf를 편집하고 다음 파라미터를 수정하자.

```
TLSAccept=cert
TLSConnect=unencrypted
TLSCAFile=/path/to/zabbix_agent_certs/zabbix_ca.crt
TLSCertFile=/path/to/zabbix_agent_certs/zabbix_agent.crt
TLSKeyFile=/path/to/zabbix_agent_certs/zabbix_agent.key
```

이렇게 하면 에이전트는 암호화됐을 때만 연결을 허용하고 해당 CA가 서명한 인증서를
직접 또는 중간 인증기관intermediates을 통해 사용한다. 액티브 아이템에는 암호화되지 않은
연결이 계속 사용된다. **TLSAccept** 또는 **TLSConnect** 파라미터 중 하나에서 암호화가 필요
하지 않으면 사용자가 인증서를 제공하고 모든 통신을 지금 암호화해야 한다. 인증서 파
일을 자동으로 무시하는 것을 방지하기 위해 자빅스는 인증서가 제공될 때 **TLSAccept** 또
는 **TLSConnect** 중 하나를 실행한다. 자빅스 에이전트를 다시 시작하자.

> 인증서가 손상된 경우 인증 기관은 CRL(인증서 해지 목록)에 인증서를 나열하여 해지할 수
> 있다. 자빅스는 TLSCRLFile 파라미터로 CRL을 지원한다.

자빅스 프론트엔드의 호스트 구성 목록을 살펴보자.

INTERFACE	TEMPLATES	STATUS	AVAILABILITY	AGENT ENCRYPTION	INFO
127.0.0.1: 10050	C_Template_Linux	Enabled	ZBX SNMP JMX IPMI	NONE	
Received empty response from Zabbix Agent at [127.0.0.1]. Assuming that agent dropped connection because of access permissions.					

A test host는 더 이상 작동하지 않을 것이다. 에이전트 로그 파일을 확인해보자.

```
failed to accept an incoming connection: from 127.0.0.1: unencrypted connections
are not allowed
```

뭔가 문제가 좀 생긴 것 같다. 에이전트에서 암호화를 설정했지만 서버 측에서는 암호화를 설정하지 않았다. 나중에 모든 에이전트에 암호화를 적용하고 서버를 처리하려면 어떻게 해야 할까? 이 경우, TLSAccept=cert,unencrypted로 설정하면 에이전트는 여전히 서버에서 암호화되지 않은 연결을 허용하게 된다. 인증서가 자빅스 서버에 배포 및 구성이 완료되면 해당 파라미터에서 unencrypted를 제거하고 자빅스 에이전트를 다시 시작해야 한다. zabbix_agentd.conf를 다시 변경해보자.

```
TLSAccept=cert,unencrypted
```

에이전트 데몬을 다시 시작하고 자빅스 서버에서 모니터링을 다시 시작한다. 이제 서버가 인증서를 사용하자. 우리는 자빅스 서버가 사용할 수 있는 장소에 인증서를 보관할 것이다. 자빅스 서버 설정 파일이 있는 디렉토리에서 zabbix_server_certs라는 새 디렉토리를 만들고 다음과 같이 권한을 설정하자.

```
# chown zabbix zabbix_server_certs
# chmod 500 zabbix_server_certs
```

---

 zabbixs 또는 zabbixsrv와 같은 다른 사용자 이름으로 자빅스 서버를 실행하는 패키지를 사용하는 경우 두 명령에서 사용자 이름을 적절한 것으로 바꾸자.

인증서를 생성한 디렉토리에서 인증서를 새 디렉토리로 복사하자.

```
# cp zabbix_ca.crt /path/to/zabbix_server_certs/
# cp zabbix_server.crt /path/to/zabbix_server_certs/
# cp zabbix_server.key /path/to/zabbix_server_certs/
```

zabbix_server.conf를 편집하고 다음 파라미터를 수정하자.

```
TLSCAFile=/path/to/zabbix_server_certs/zabbix_ca.crt
TLSCertFile=/path/to/zabbix_server_certs/zabbix_server.crt
TLSKeyFile=/path/to/zabbix_server_certs/zabbix_server.key
```

이제 자빅스 서버를 다시 시작하자. 에이전트와 서버 모두에서 인증서를 지정했지만 패시브 아이템은 여전히 암호화되지 않은 모드로 작동한다. 패시브 아이템도 암호화해보자. 자빅스 프론트엔드에서 Configuration > Hosts를 클릭하고 A test host를 클릭한 다음 Encryption 탭으로 전환하자. Connections to host에서 Certificate를 선택한 다음 Update 단추를 클릭하자. 서버 설정 캐시가 업데이트된 후 이 호스트에 대한 인증서 기반 암호화 사용으로 전환된다.

 Encrypted host가 아닌 A test host의 설정을 변경하고 있다.

이제 에이전트 측에서 암호화되지 않은 연결을 비활성화할 수 있다. zabbix_agentd.conf를 변경하자.

```
TLSAccept=cert
```

에이전트를 다시 시작하자. 우리가 이 과정을 처음부터 수행했다면 모니터링은 중단되지 않고 지속되었을 것이다. zabbix_get을 사용해보자.

```
$ zabbix_get -s 127.0.0.1 -k system.cpu.load
zabbix_get [5746]: Check access restrictions in Zabbix agent configuration
```

에이전트는 이제 암호화된 연결만 허용하기 때문에 실패한다. zabbix_sender를 사용할 때 했던 것처럼 인증서를 지정해야 한다. 이때 반드시 자빅스 서버 인증서를 사용해야 한다.

이 명령에는 자빅스 서버 인증서에 대한 액세스 권한이 필요하다.

```
$ zabbix_get -s 127.0.0.1 -k system.cpu.load --tls-connect cert --tls-ca- file /
path/to/zabbix_server_certs/zabbix_ca.crt --tls-cert-file /path/to/ zabbix_server
_certs/zabbix_server.crt --tls-key-file /path/to/zabbix_server_certs/ zabbix_
server.key
0.030000
```

물론 이것은 더 안전한 환경을 제공한다. 이 에이전트에 액세스하려면 IP 주소를 스푸핑하는 것만으로는 충분하지 않는다. 자빅스 서버에 모든 에이전트에 액세스할 수 있는 계정이 있는 것으로 충분하지 않다. 서버 인증서에 대한 액세스 권한도 필요하다. 반면에 에이전트를 쉽게 쿼리할 수 없고 트래픽을 스니핑하는 것이 훨씬 어렵기 때문에 디버깅을 좀 더 복잡하게 만든다.

우리는 zabbix_sender, zabbix_get 및 수동 에이전트와 함께 PSK 및 인증서 기반 암호화를 사용했지만 액티브 에이전트에도 동일한 원칙이 적용된다. 암호화 작업을 하는 액티브 에이전트 아이템도 수집해보자.

█ 고려 사항 및 추가 정보

현재 암호화는 자빅스의 새로운 기능이다. 그것은 매우 신중하게 고심하며 개발하고 테스트 됐다. 하지만 그것은 더 개선할 가능성이 높다. 자세한 내용이나 변경 사항이 있을 경우 암호화에 대한 공식 문서를 반드시 읽어보자. 이제 기본적인 주의 사항과 빠진 기능을 살펴보자.

지금까지 이 장에서 자빅스 서버, 에이전트, zabbix_get, zabbix_sender에 대해 살펴봤다. 자빅스 프록시에 관한 내용은 어떤 것이 있을까? 자빅스 프록시는 암호화를 완벽하게 지원한다. 프록시 측의 구성은 에이전트 구성과 매우 유사하며 프론트엔드 측의 구성은 에이전트 암호화 구성과 비슷한 방식으로 수행된다. 관련된 모든 구성 요소는 TLS 지원으로 컴파일돼야 한다. 사용자가 가지고 있는 프록시는 다시 컴파일해야 할 수도 있다. 암호화를 고려할 때 가장 필요한 부분을 생각하자.

다른 모든 연결이 로컬 네트워크에 있는 동안 자빅스 서버와 프록시는 인터넷을 통해 통신한다. 이 경우 처음에는 서버 프록시 통신에 대해서만 암호화를 설정하는 것이 좋다. 암호화는 자빅스 자바 게이트웨이와 통신할 때 지원되지 않지만, 게이트웨이가 자빅스 프록시와 로컬 호스트상에서 쉽게 통신할 수 있으며, 자빅스 서버에 대한 채널 암호화가 제공된다.

데이터 수집을 중단하지 않고도 암호화로 업그레이드 및 전환이 원활하게 진행되는 방법을 알아 보았다. 모든 구성 요소가 다양한 연결 유형을 수용할 수 있으므로 변경 사항을 순차적으로 반영할 수 있다.

부분적으로만 암호화를 구현해야 하는 중요한 이유는 성능이다. 현재, 자빅스는 연결을 재사용하거나, TLS 세션 캐시를 구현하거나, 암호화된 연결을 재사용하는 다른 메커니즘을 사용하지 않는다. 특히 패시브 에이전트 아이템이 많으면 위험할 수 있다. 모든 것을 재구성하기 전에 잠재적인 영향도를 파악해야 한다.

암호화는 현재 인증 목적으로 지원되지 않는다. 즉, 액티브 에이전트 호스트 이름을 생략하고 인증서 자체만으로 어떤 호스트인지 파악할 수 없다. 마찬가지로 액티브 에이전트 자동 등록에는 암호화된 연결을 사용할 수 없다.

인증서 기반 암호화의 경우 인증서 및 CA 정보만 지정했다. 사용된 CA가 충분히 크면 그 CA는 서명된 모든 인증서를 받아 들일 수 있다. 자빅스는 또한 원격 인증서의 발급자와 주체 모두를 검증할 수 있다. 자빅스 용으로만 사용되는 내부 CA를 사용하지 않는 한, 발급자와 주체를 제한하는 것이 좋다. 이 작업은 프론트엔드의 호스트 또는 프록시 속성에서 수행할 수 있으며 에이전트 또는 프록시 설정 파일에서 `TLSServerCertIssuer` 및 `TLSServerCertSubject` 파라미터를 사용해 수행할 수 있다.

▌ 요약

이 장에서는 server, proxy, agent, zabbix_sender, zabbix_get 같은 모든 구성 요소 간에 지원되는 내장 자빅스 암호화에 대해 살펴봤다. 자바 게이트웨이를 지원하지는 않지만 자빅스 프록시를 게이트웨이 앞에 설치하여 쉽게 암호화를 자빅스 서버에 다시 제공할 수 있다.

자빅스는 사전 공유 키와 TLS 인증서 기반 암호화를 지원하며 OpenSSL, GnuTLS 또는 mbedTLS의 세 가지 백엔드 라이브러리 중 하나를 사용할 수 있다. 하나의 라이브러리에 대한 보안 또는 기타 문제가 있는 경우 사용자는 다른 라이브러리로 전환할 수 있다.

업그레이드와 암호화 배포는 단계적으로 수행할 수 있다. 모든 자빅스 구성 요소는 동시에 여러 연결 유형을 수용할 수 있다. 이 예에서 에이전트는 암호화된 연결과 암호화되지 않은 연결을 모두 허용하도록 설정되며 암호화를 위해 모든 에이전트를 구성할 때 서버 측의 암호화된 연결로 전환한다. 일단 예상대로 작동하는 것으로 확인되면 에이전트에서 암호화되지 않은 연결이 비활성화될 수 있다.

암호화가 내장되어 설정하기 쉽기 때문에 암호화된 연결에 더 많은 리소스가 필요하고 자빅스가 연결 풀링 또는 로드를 줄일 수 있는 다른 방법을 지원하지 않는다는 사실을 기억해야 한다. 가장 중요한 채널을 먼저 암호화하고 엔드포인트는 나중에 암호화하는 것이 낫다. 예를 들어, 자빅스 서버와 프록시 사이의 통신을 암호화하는 것은 개별 에이전트에 대한 연결보다 우선순위가 높을 것이다.

21장에서는 자빅스 데이터에 대하여 상세히 알아본다. 여기에는 데이터베이스에서 직접 모니터링 데이터를 검색하고 모든 관리 암호가 손실되는 것과 같은 비상 사태의 경우 데이터베이스를 수정하는 작업이 포함된다. 또한 XML 익스포트 및 임포트 기능과 자빅스 API에 대해 설명한다.

21

자빅스 데이터 활용하기

웹 프론트엔드와 내장된 그래프를 사용하는 것은 쉽고 편리하다. 하지만 때로는 외부 스프레드시트 애플리케이션에서 멋진 그래픽을 조회하거나 다른 시스템에 데이터를 공급하거나, 스프레드시트를 통한 멋진 그래프 구성이 필요할 때도 있다. 또한 경우에 따라 웹인터페이스에서는 수행할 수 없거나 불편한 설정 변경을 해야 할 때도 있다. 이때 활용할수 있는 기능이 있다. 이 기능은 모든 자빅스 사용자가 필요로 하는 것은 아니지만 필요할 때 알고 있으면 유용하게 사용할 수 있다. 따라서 이 장에서는 다음을 수행하는 방법을 살펴보자.

- 웹 프론트엔드 또는 데이터베이스에서 수집된 원천 메트릭 데이터 가져오기
- 간단하고 직접적인 데이터베이스 수정

- 더욱 복잡한 구성을 구현하기 위한 XML 임포트와 익스포트
- 자빅스 API 시작하기

원천 데이터 가져오기

원천 데이터는 자빅스 데이터베이스에 저장된 데이터다. 이런 데이터 조회는 주로 다른 애플리케이션의 분석에 유용하다.

프론트엔드에서 추출하기

어떤 상황에서는 자빅스에서 모니터링되는 데이터를 자빅스에서 모니터링되지 않는 다른 데이터와 함께 그래프로 빠르게 표시해야 할 때도 있다. 이 경우 스프레드시트의 마술이 솔루션이될 수 있다. 프론트엔드 외부에서 자빅스 데이터를 사용하기 위한 가장 쉬운 방법은 실제로 프론트엔드 자체이다.

일부 아이템에 대한 과거 데이터를 쉽게 얻을 수 있는 방법을 살펴보자. Monitoring ➤ Latest data를 선택한 다음 Hosts filter 필드에서 A test host를 선택하고 Filter를 클릭하자. CPU load옆에 있는 Graph를 클릭하자. 이 화면에서는 자빅스 기본 그래프를 제공하지만 지금은 이것을 찾고 있는 것이 아니다. 그러나 이 화면에서 오른쪽 상단의 드롭다운을 사용해 원천 데이터에 쉽게 액세스할 수 있다. 드롭다운에서 Values를 선택하자.

몇 분전에 마지막으로 수집된 아이템의 최신 값을 빨리 확인하고 싶다면 500 latest values를 선택하자. 몇 번의 클릭만으로 데이터를 확인할 수 있다.

상단의 기간 컨트롤을 주의 깊게 살펴보자. 이 컨트롤은 그래프나 스크린 등의 다른 곳에서 보던 것과 동일하다. 스크롤 바와 줌, 이동막대, 달력 컨트롤을 사용해 임의의 시간의 데이터를 확인할 수 있다. 이 아이템의 표시 기간은 1시간이 적당하다. 수집 빈도가 낮은 아이템에 대해서는 더 긴 표시 기간을 사용하는 것이 낫다.

Zoom: 5m 15m 30m **1h** 2h 3h 6h 12h 1d 3d 7d 14d 1m 3m All

«« 1m 7d 1d 12h 1h 5m | 5m 1h 12h 1d 7d 1m »»

TIMESTAMP	VALUE
2016-06-03 19:19:55	0.02
2016-06-03 19:19:25	0.03
2016-06-03 19:18:55	0.05

HTML 복사를 지원하는 브라우저를 사용해 이 값들을 복사해서 HTML을 파싱할 수 있는 소프트웨어로 붙여 넣을 수 있다. 하지만 항상 이것이 가능한 것은 아니다. 빠르고 쉬운 해결책은 오른쪽 상단의 **As plain text** 버튼을 클릭하자.

이 화면은 자빅스 모든 화면에서 HTML로 되어 있는 것과는 다르게, HTML이 없는 데이터셋을 제공해준다. 우리는 쉽게 이 내용을 파일로 저장하거나, 복사하여 스프레드시트나 다른 프로그램에서 재사용할 수 있다. 이 데이터 페이지의 또 다른 이점은 모든 엔트리가 유닉스 타임스탬프로 표시된다는 것이다.

 TIP 기술적으로 이 페이지는 여전히 HTML 페이지다. 자빅스 사용자들은 일반 텍스트 버전 제공을 요청했었다.

데이터베이스 쿼리

프론트엔드에서 데이터를 가져오는 것은 빠르고 간단하지만 이 방법은 대용량 데이터에는 적합하지 않으며 자동화가 어렵다. 또한 프론트엔드 페이지를 파싱할 수도 있지만 이는 데이터를 얻는 가장 효율적인 방법은 아니다. 데이터를 얻는 또 다른 방법은 데이터베이스에 직접 쿼리하는 것이다.

이력 데이터가 저장되는 방법을 알아보자. MySQL 커맨드라인 클라이언트(일반적으로 mysql을 사용하고, path에 지정되어 있다)를 실행하고, 자빅스 데이터베이스에 zabbix 사용자로 접속하자.

```
$ mysql -u zabbix -p zabbix
```

메시지가 나타나면 zabbix 사용자의 암호를 입력하고(기억이 나지 않는다면 zabbix_server. conf에서 확인할 수 있다), MySQL 클라이언트에서 다음 명령을 실행하자.

```
mysql> show tables;
```

자빅스 데이터베이스의 모든 테이블(자빅스 3.0경우 113개의 테이블)이 나열된다. 알면 좋은 테이블이 많지만, 현재의 요구(이력 데이터를 조회하는 것)에 충족하기 위해서는 약간의 테이블만 알면 된다. 먼저 수집된 데이터를 저장하는 테이블을 살펴보자. 모든 이력 데이터는 테이블 명이 history로 시작하는 테이블에 저장된다. history로 시작하는 테이블은 꽤 많이 있다. 왜 그럴까? 자빅스는 수집된 데이터를 데이터 유형에 따라 다른 테이블에 저장한다. 자빅스 프론트엔드와 데이터베이스의 유형 간의 관계는 다음과 같다.

- history: Numeric (float)
- history_log: Log
- history_str: Character
- history_text: Text
- history_uint: Numeric (unsigned)

데이터를 가져오려면 먼저 해당 아이템에 대한 데이터 타입을 알아야 한다. 가장 쉬운 방법은 아이템 속성을 열고 Type of information 필드를 살펴보는 것이다. 3개의 레코드의 모든 필드를 조회하여 history 테이블의 내용을 확인해보자.

```
mysql > select * from history limit 3;
```

출력 결과는 테이블의 각 레코드가 네 개의 필드를 포함하고 있음을 보여준다(결과값은 다를 것이다).

```
+--------+------------+--------+-----------+
| itemid | clock      | value  | ns        |
+--------+------------+--------+-----------+
|  23668 | 1430700808 | 0.0000 | 644043321 |
|  23669 | 1430700809 | 0.0000 | 644477514 |
|  23668 | 1430700838 | 0.0000 | 651484815 |
+--------+------------+--------+-----------+
```

마지막 두 번째 필드인 value는 직관적으로 수집된 값을 의미하는 것을 알 수 있다. clock 필드는 유닉스 타임스탬프 값이다. 이 필드는 1970년 1월 1일 00:00:00 UTC부터의 경과 시간을 초로 환산하여 정수로 나타낸 Unix epoch를 사용한다. ns 열은 초보다 작은 나노초가 저장된다.

> **TIP** GNU date 명령인 date −d@〈timestamp〉를 사용하면 유닉스 타임스탬프를 사람이 읽을 수 있는 형식으로 쉽게 변환할 수 있다. 예를 들어, date −d@1234567890은 Sat Feb 14 08:31:30 KST 2009로 변환된다.

첫 번째 필드인 itemid는 가장 특별한 필드다. 어떤 아이템 ID가 어떤 아이템과 일치하는지 어떻게 알 수 있을까? 이것을 알아내는 가장 쉬운 방법은 다시 말하지만, 프론트엔드를 사용하는 것이다. 브라우저에서 아이템 설정 페이지로 이동해 주소창을 보자. 다양한 변수들과 함께 itemid=23668 이런 문자열을 볼 수 있다. 이 값이 itemid 값인 것이다. 이제 데이터베이스에서 이 itemid를 이용해 값을 조회해보자.

```
mysql> select * from history where itemid=23668 limit 3;
```

쿼리할 때 입력해야 하는 itemid는 페이지 URL에서 얻은 itemid 값을 사용하자.

```
+--------+------------+--------+-----------+
| itemid | clock      | value  | ns        |
+--------+------------+--------+-----------+
|  23668 | 1430700808 | 0.0000 | 644043321 |
|  23668 | 1430700838 | 0.0000 | 651484815 |
|  23668 | 1430700868 | 0.0000 | 657907318 |
+--------+------------+--------+-----------+
```

결과 셋에는 지정된 itemid가 포함된 값만 출력된다.

일반적으로 이력 테이블을 조회할 땐, 특정 기간의 값을 조회할 것이다. 쿼리에서 사용할 유닉스 타임스탬프는 date 명령을 사용해 사람이 읽을 수 있는 형식의 날짜를 유닉스 타임스탬프로 변환할 수 있다.

```
$ date -d "2016-01-13 13:13:13" "+%s"
1452683593
```

date 명령의 -d 옵션은 현재 시간 대신 지정된 시간을 표시하도록 설정하고, %s는 출력형식을 Unix timestamp 형식으로 설정한다. 이 명령은 last Sunday나 next Monday와 같이 다양한 형식의 입력을 지원한다.

연습으로 최근 30분 간격의 두 개의 타임스탬프를 찾아 데이터베이스에서 이 아이템의 값을 검색해보자. SQL 쿼리는 다음과 비슷하게 작성될 것이다.

```
mysql> select * from history where itemid=23668 and clock >= 1250158393 and clock
< 1250159593;
```

이 명령어를 통해서 아이템의 이력이 조회돼야 한다. 조회된 기간을 확인하려면 반환된 시계 값을 사람이 읽을 수 있는 형식으로 다시 변환하자. 얻은 정보는 이제 분석이나 그래프 작성, 비교를 위해 애플리케이션으로 전달될 수 있다.

History로 시작하는 테이블로부터 많은 정보를 얻을 수 있다. 하지만 때로는 대략적인 추세를 보고 싶을 때도 있다. 이때 trends 테이블이 도움이 된다. 이제 이 테이블이 정확히 무엇인지 알아보자. MySQL 클라이언트에서 다음을 실행하자.

```
mysql> select * from trends limit 2;
```

이 명령은 trends 테이블에서 두 개의 레코드를 조회한다.

```
+--------+------------+-----+-----------+-----------+-----------+
| itemid | clock      | num | value_min | value_avg | value_max |
+--------+------------+-----+-----------+-----------+-----------+
|  23668 | 1422871200 |  63 |    0.0000 |    1.0192 |    1.4300 |
|  23668 | 1422874800 | 120 |    1.0000 |    1.0660 |    1.6300 |
+--------+------------+-----+-----------+-----------+-----------+
```

TIP history 테이블이 history와 history_uint 테이블로 구성된 것과 같이 trends 테이블도 Numeric (float)을 위한 trends와 Numeric (unsigned)를 위한 trends_uint으로 구성된다. 수치로 계산할 수 없는 Log, str, text에 해당하는 테이블은 존재하지 않는다.

여기서는 앞에서 목적과 사용법을 논의하며 익숙한 itemid와 clock를 살펴보자. 뒤의 value_min, value_avg, value_max 세 컬럼은 컬럼명만 봐도 이해가 가능하다. 이 값은 데이터의 최솟값과 평균값, 최댓값을 제공한다. 그러나 어떤 기간 동안의 최대, 최소 평균값일까? trends 테이블은 1시간 주기의 정보가 포함된다. 따라서 일부 외부 애플리케이션에서 1시간 동안 최소, 평균, 최댓값을 조회하려는 경우, 이력 테이블에서 조회하여 계산하는 대신 미리 계산된 트렌드 데이터를 가져올 수 있다. 그러나 우리가 설명하지 않은 하나의 필드가 있다. NUM 필드는 이 레코드를 위해 계산된 값의 수를 저장한다. 수백개의 레코드가 시간당 저장될 때 항상 비슷한 양의 데이터가 저장될 것이다. 하지만 만일 데이터가 1시간 동안 수집되지 못했다면 어떨까? 매일, 매주, 매월 또는 매년 데이터를 계산할 때 매 시간 통계 값에 동일한 가중치를 주는 것보다는 NUM 필드를 사용해 계산하면 최종 값을 더 정확하게 계산할 수 있다.

외부 애플리케이션에서 재사용하기 위해 데이터베이스의 데이터에 액세스하려는 경우 보존 기간을 주의하자. 이력 저장 기간 및 트렌드 저장 기간 필드에 지정된 일수가 지나면 이력이나 트렌드 계열의 테이블에서 해당 아이템의 데이터가 제거된다.

원격 사이트에서 데이터 사용

앞에서는 자빅스 서버에서 데이터 검색을 다뤄보았다. 프록시 서버를 통해 데이터를 수집하는 접속이 느린 원격 사이트가 존재할 경우는 어떨까? 이와 같은 상황에서 프록시에서 데이터를 추출하여 사용하고 싶을 수 있다. 하지만 프록시는 자빅스 서버와 다른 방식으로 데이터를 저장한다.

앞 장에서 실행했던 것처럼 셸에서 다음 명령을 실행해보자.

```
$ sqlite3 /tmp/zabbix_proxy.db
```

그러면 지정된 경로의 데이터베이스가 열리며 .tables 명령을 사용해 어떤 테이블이 있는지 확인할 수 있다.

---

sqlite >.tables

이미 프록시는 history* 테이블 대신 다른 테이블을 사용하는 것을 알고 있지만, history* 테이블은 여전히 존재하는 것을 알고 있어야 한다. 프록시가 해당 테이블의 대부분을 전혀 사용하지 않지만 서버와 프록시의 데이터베이스 스키마는 동일하다. 프록시에서 이력이 저장되는 proxy_history 테이블의 필드를 살펴보자.

 SQLite에서 .schema proxy_history 명령을 사용해 테이블 스키마를 확인할 수 있다.

다음 표에서는 각각의 필드와 설명을 보여준다.

필드	설명
id	레코드 ID. 서버에 동기화됐는지 확인하는 데 사용
itemid	자빅스 서버에 표시되는 아이템 ID
Clock	레코드의 유닉스 타임. 프록시 서버 시간 사용
Timestamp	로그 파일의 time field나 윈도우 이벤트 로그의 타임스탬프. 해당 서버의 시간으로 표시
Source	이벤트 로그 원본. 윈도우 이벤트 로그 모니터링 전용
severity	이벤트 로그 등급. 윈도우 이벤트 로그 모니터링 전용
Value	모니터링된 아이템의 실제 값
logeventid	이벤트 ID. 윈도우 이벤트 로그 모니터링 전용
Ns	이 레코드의 나노초
State	이 아이템이 정상적으로 작동하는지, 지원되지 않는 상태인지 여부
lastlogsize	이미 파싱된 로그 파일의 크기
mtime	파싱된 순환되는 로그 파일의 수정 시간
meta	1로 설정되면 이 항목에 실제 로그 데이터는 없고 lastlogsize 및 mtime만 저장

> 프록시의 데이터베이스에는 아이템 설정에 대한 정보가 많지 않다. 원격에서 데이터 처리를 하려면 자빅스 서버에서 아이템 정보를 가져와야 한다. 예를 들어, 프록시에는 아이템 키와 수집주기가 있지만 아이템 이름은 프록시 데이터베이스에서 확인할 수 없다.

앞에서 살펴본 것처럼 로그 파일 모니터링에는 여러 필드가 사용되며 윈도우 이벤트 로그 모니터링에는 다른 필드가 사용된다.

▌ 데이터베이스 자세히 살펴보기

데이터베이스 테이블에서 이력 및 트렌드 데이터를 추출했던 지식을 활용하여 다른 데이터를 조회하고 변경할 수 있다. 비교적 단순한 흥미로운 것들을 계속 살펴볼 것이다.

사용자 관리

프론트엔드를 사용해 사용자를 관리하는 것은 상당히 편리하다. 그러나 암호를 잊어버린 경우에는 어떻게 해야 할까? 자빅스가 자빅스 최고 관리자에 의해 관리되고 그 관리자가 전화 없이 한 달 동안 여행을 떠나서 암호를 아는 사람이 없으면 어떻게 해야 할까? 만일 데이터베이스에 액세스할 수 있다면, 이런 문제를 해결할 수 있다. 자빅스가 사용자에 관하여 무엇을 어떻게 저장하는지 알아보자. MySQL 콘솔에서 다음을 실행하자.

```
mysql > select * from users limits 2;
```

이렇게 하면 두 명의 사용자에 대한 데이터가 나열된다.

```
MariaDB [zabbix]> select * from users limit 2;
+--------+-------+--------+-----------------+----------------------------------+-
| userid | alias | name   | surname         | passwd                           |
+--------+-------+--------+-----------------+----------------------------------+-
|      1 | Admin | Zabbix | Administrator   | 5fce1b3e34b520afeffb37ce08c7cd66 |
|      2 | guest |        |                 | d41d8cd98f00b204e9800998ecf8427e |
+--------+-------+--------+-----------------+----------------------------------+-
2 rows in set (0.00 sec)
```

 예제 출력은 오른쪽을 잘라내서 실제 열의 절반 이하만 여기에 표시했다. SQL 쿼리에서 다음과 같이 마지막 세미콜론을 \G로 바꿔서 수직 출력을 얻을 수 있다.

select * from users limit 2 \G

사용자 테이블에는 많은 필드가 있다. 각각의 의미가 무엇인지 살펴보자.

필드	설명
userid	고유한 숫자 ID
alias	사용자 이름, 로그인 이름
name	사용자의 이름
surname	사용자의 성
passwd	비밀번호의 해시값 자빅스는 인증을 위해 MD5 해시를 사용한다.
url	로그인 후 연결할 URL
autologout	사용자에 대한 자동 로그아웃 기능 사용 여부. 0이 아닌 경우 타임아웃 시간
lang	프론트엔드의 언어
refresh	페이지에 대한 초 단위의 갱신주기. 0이면 페이지 새로 고침이 비활성화
theme	사용할 프론트엔드 테마
attempt_failed	연속적인 로그인 실패 시도 횟수
attempt_ip	마지막 로그인 실패 시도 IP
attempt_clock	마지막 로그인 실패 시도 시간
rows_per_page	목록에서의 페이지당 행수 표시

보이는 것처럼 대부분의 필드는 사용자 프로필이나 속성 페이지에서 액세스할 수 있는 옵션 이지만 일부는 직접적으로 지정할 수 없다. 앞에서 비밀번호 재설정에 대해 언급했었다. 비밀번호 재설정에 대한 간단한 방법을 살펴보자. 암호가 MD5 해시로 저장되기 때문에, 먼저 MD5 암호를 얻어야 한다. MD5 암호를 얻는 일반적인 방법은 md5sum 커맨드 유틸리티이다. 이 유틸리티는 특정 문자열을 전달하면 MD5 해시가 출력된다. 다음과 같이 실행해보자.

```
$ echo "somepassword" | md5sum 531cee37d369e8db7b054040e7a943d3    -
```

표준 입력을 나타내는 마이너스 기호와 함께 MD5 해시가 인쇄된다. 파일에 대해 md5sum을 실행했다면 마이너스 대신 파일 이름이 인쇄된다.

> 커맨드 유틸리티는 다양한 순서를 검사하는 좋은 방법을 제공하다. 예를 들어 기본 게스트 암호 해시인 d41d8cd98f00b204e9800998ecf8427e가 무엇인지 찾아보자.

이 문자열을 암호 해시로 사용하면 오류가 발생한다. 이 경우 끝에 오는 전달된 문자열의 개행 문자열을 포함하여 해시가 계산된다. 올바른 사용을 위하여 echo에 개행 문자열을 제외하는 -n 옵션을 추가해야 하다.

```
$ echo -n "somepassword" | md5sum 9c42a1346e333a770904b2a2b37fa7d3       -
```

결과 문자열에 큰 차이가 있는 것을 확인할 수 있다. 이제 암호를 재설정하면 된다.

다음 문장은 자빅스 관리자 암호를 변경한다. 응급 상황을 제외하고 운영 시스템에서 이 작업을 수행하지 않는 것이 좋다.

```
mysql> update users set passwd='9c42a1346e333a770904b2a2b37fa7d3' where userid=1;
Query OK, 1 row affected (0.01 sec)
Rows matched: 1 Changed: 1      Warnings: 0
```

이제 자빅스 프론트엔드에서 Admin/somepassword로 로그인할 수 있다. 로그인 후 암호를 다시 변경하자.

사실 더 쉬운 방법이 있다. MySQL에는 MD5 해시를 계산하기 위한 내장 함수가 있기 때문에 지금까지의 수행한 방법은 더 간단한 방법으로 대체될 수 있다.

```
mysql> update users set passwd=MD5('somepassword') where alias='Admin';
```

 현재 자빅스는 비밀번호 솔트를 사용하지 않는다. 솔트를 사용하지 않으면서 암호를 재설정하는 것이 더 간편해지는 반면, MD5 테이블에서 실제 암호를 쉽게 찾을 수 있다.

우리는 또한 일부 사용자를 자빅스 최고 관리자로 설정하는 것을 언급했었다. 이 변경도 매우 간단하다. 하나만 변경하면 된다.

```
mysql> update users set type=3 where alias='wannabe_admin';
```

사용자 wannabe_admin는 자빅스 슈퍼 관리자가 될 것이다.

기존 데이터 변경

한번 수집된 모니터링 데이터는 일반적으로 변경하지 않지만 드물게 필요할 수도 있다. 3장, '자빅스 에이전트와 기본 프로토콜과 모니터링'에서 우리는 네트워크 트래픽 모니터링을 위한 아이템을 만들었고 바이트 단위로 데이터를 수집했다. 하지만 네트워크 관리에서는 보통 초당 비트가 사용된다. 아이템을 다시 설정하고 이전 데이터를 지우는 것이 가능할 수도 있지만 이미 수집된 값을 유지해야 하는 경우에는 어떻게 해야 할까? 이때는 데이터베이스를 직접 편집하는 것이 유일한 해결책이 될 수 있다.

그전에 문제의 아이템을 수정해야 한다. 데이터가 바이트 단위로 들어오지만 비트가 필요한 경우 어떻게 해야 할까? 해당 아이템에 대한 배수를 설정하고 배율을 8로 설정하자. 또한 단위도 b(비트)로 변경하자.

이렇게 아이템을 변경했으면 반영될 때까지 기다리면서 시계를 잠시 살펴보자.

앞으로의 모든 입력 값은 처리될 것이지만, 변경전의 일관성 없는 데이터는 남겨진다. 그 데이터를 삭제하고 싶지 않기 때문에, 우리는 그것을 고치기 위한 어떤 방법을 찾아야만 한다. 여기서 직면한 문제는 두 가지다.

- 데이터베이스에 잘못된 데이터가 있다.
- 데이터베이스에 부정확한 데이터와 정확한 데이터를 가지게 된다(이전 값과 새 값).

모든 값을 간단히 변환할 수는 없으므로 올바른 값을 새로 만들어야 한다.

 TIP 트래픽 양에 따라 트리거를 설정한 경우 트래픽 트리거를 변경하는 것을 잊지 말아야 한다.

데이터 변경 시점 찾기

올바른 정보가 유입되기 시작한 순간을 파악하는 것은 프론트엔드에서 가장 쉽게 찾을 수 있다. Monitoring > Latest data로 이동해 해당 아이템의 History를 클릭한 다음 Values나 500 latest values를 선택하자. 1분 정도 아이템의 배수를 변경한 시간을 살펴보고 값에 눈에 띄는 변화가 있는지 확인하자. 두 가지 검사 사이의 정확한 간격을 정확하게 지적하기는 어렵지만(네트워크 트래픽은 두 번의 수집 동안 값이 8배 이상 쉽게 변동할 수 있다) 값이 일정하게 증가되었을 것이다. 값의 왼쪽에 있는 시간을 보고 변경된 첫 번째 값과 이전의 마지막 값을 확인하자.

명령어를 이용한 날짜 변경

앞에서 본 것처럼 자빅스 데이터베이스의 모든 시간 관련 정보는 유닉스 타임스탬프로 저장된다. 이를 위해 GNU date 명령의 도움이 필요하다. 자빅스 서버에서 다음을 실행하자. 정확한 시간을 최신 값을 통해 추론한 값으로 변경하자.

```
$ date -d "2016-03-13 13:13:13" "+%s"
```

이렇게 명령을 실행하면 해당 시점의 유닉스 타임스탬프가 출력될 것이고, 이 예제의 경우 1457867593이 될 것이다.

프론트엔드에 표시되는 값의 차이는 일반적으로 현지 표준 시간대가 적용된다. 얻은 타임스탬프의 값이 데이터베이스의 동일한 타임스탬프의 값과 일치하는지 점검하자. 더 쉽고 안전한 타임스탬프 실제 값을 얻는 방법도 있는데, 프론트엔드에 있는 아이템의 이력 값 화면에서 오른쪽 상단 모서리에 있는 **As plain text** 버튼을 클릭해보자.

```
A test host: Incoming traffic on enp0s8
2015-11-29 06:43:49 1448772229 175
2015-11-29 06:43:19 1448772199 169
```

이 값의 세 번째 열이 유닉스 타임스탬프이다. 이렇게 찾으면 타임존에 대해서도 걱정할 필요가 없다.

아이템 찾기

변경된 정확한 시간을 알았으므로 이젠 수정해야 할 아이템을 알아야 한다. 이것을 이미 앞에서도 살펴봤다. 데이터베이스를 변경하기 위해 필요한 것은 아이템 ID이다. 이 아이템 ID를 찾아내는 가장 쉬운 방법은 설정 섹션에서 아이템 속성을 열고 이전에 했던 것처럼 URL에서 ID를 복사하는 것이다.

변경 수행

이제 이 두 가지 값을 알고 있어야 한다.

- 유닉스 타임스탬프의 시간 형식
- 아이템 ID

이제 무엇을 해야 할까? 해당 아이템 ID에 대한 타임스탬프 이전의 모든 값에 8을 곱하자. 기존의 데이터에 작업하는 것은 실제로는 간단하다. MySQL 콘솔에서 다음을 실행하자.

```
mysql> update history_uint set value=value*8 where itemid=<our ID>
and clock<'<our timestamp>';
```

 안전을 확보하기 위해 트랜잭션으로 업데이트를 수행해서 트랜잭션이 진행되는 동안 결과를 확인할 수 있다. 결과가 만족스러운 경우 변경 사항을 커밋하자. 그렇지 않은 경우 롤백하자.

네트워크 트래픽 데이터는 Store as 아이템 옵션으로 인해 소수로 변하게 된다. 이 데이터를 다시 정수로 저장하면서 소수 부분이 삭제되고 history_uint에 저장된다. 왜 옵션을 지정했는지는 3장, '자빅스 에이전트와 기본 프로토콜과 모니터링'을 참고하자. 이 단일 쿼리는 모든 이전 데이터를 비트로 변환하기에 충분할 것이다.

 이 아이템에 대한 이력 데이터가 많다면, 이런 쿼리를 완료하는 데는 꽤 시간이 걸릴 수 있다. 이런 명령을 원격 시스템에서 실행할 때 screen과 같은 툴을 사용하자.

여기에서 history 테이블만 수정하고 있다. 아이템을 더 오랜 기간 동안 데이터를 수집한 경우 해당 trends나 trends_uint 테이블도 수정해야 한다.

설정을 위한 XML 임포트/익스포트

많은 양을 변경하는 가장 쉬운 방법인 Mass update와 같은 방법을 제외하고는 웹 프론트 엔드가 자빅스 서버의 설정을 변경하는 데 사용할 수 있는 좋은 도구다. 프론트엔드로도 처리하기 어려운 대량의 업데이트를 수행하는 방법은 설정을 XML 파일로 익스포트하고 일부 변경한 다음 다시 임포트하는 것이다.

XML 임포트/익스포트는 템플릿을 공유하는 데 자주 사용되며 https://zabbix.org 및 http://share.zabbix.com에서 많은 수의 템플릿을 찾을 수 있다.

추후 자빅스 API를 살펴볼 것이다. API는 XML 임포트/익스포트보다 더 완벽한 기능을 제공하기 때문에 자빅스 설정을 변경하기 위해서는 API를 사용하는 것이 좋다. 하지만 XML 접근 방식이 더 간단할 수도 있다.

간단한 임포트/익스포트가 어떻게 동작하는지 살펴보자.

초기 설정 익스포트

프론트엔드에서 Configuration > Templates을 선택하고 Group 드롭다운에서 Custom Templates을 선택하자. C_Template_Email 옆의 체크박스를 선택하고 하단의 Export 버튼을 클릭하자. 브라우저가 zbx_export_templates.xml이라는 파일을 저장할지 물어볼 것이다. 로컬 컴퓨터 아무 위치에 저장하자.

설정 변경

이제 파일을 보면서 설정을 변경할 수 있다. 이 방법을 사용하면 호스트와 호스트에 연결된 정보를 자유롭게 사용할 수 있으므로 수정은 자빅스의 기능과 상상력에 의해서만 제한된다. 현재 XML 익스포트 및 임포트에는 다음의 개체를 사용할 수 있다.

- Hosts
- Templates
- Host groups
- Network maps
- Map images(아이콘과 배경 화면)
- Screens
- Value maps

이 중에서 호스트 그룹 및 이미지는 간접적으로만 익스포트된다. 호스트의 경우 웹 시나리오를 제외한 모든 속성 및 하위 항목을 익스포트하고 임포트한다(웹 시나리오는 자빅스 3.2에서 익스포트/임포트할 수 있다). 호스트 그룹은 호스트나 템플릿과 함께 익스포트되며 맵을 익스포트할 때 맵에서 사용된 이미지가 동일한 파일로 익스포트된다. 동일한 XML 파일에서 단일 유형의 개체나 다양한 유형을 동시에 가져올 수 있다.

XML 익스포트 형식

편집기에서 저장된 익스포트 XML을 열어보자. 이 파일에는 호스트에 있는 모든 데이터가 표시되며 파일은 다음과 같이 시작된다.

```
<?xml version="1.0" encoding="UTF-8"?>
<zabbix_export>
    <version>3.0</version>
    <date>2015-11-29T05:08:14Z</date>
```

```
<groups>
    <group>
        <name>Custom templates</name>
    </group>
</groups>
<templates>
    <template>
        <template>C_Template_Email</template>
```

이 경우 각 템플릿은 <template> 블록에 포함되며, 이 블록은 해당 템플릿에 첨부된 모든 요소에 대한 블록을 갖는다. 형식은 간단하다. XML 값은 대부분 프론트엔드의 설정 값과 비교해 쉽게 알아볼 수 있다. 일부 각 필드에 사용 가능한 값이 프론트엔드에서 보이는 것과 다를 수 있는데, 그 내용은 API 문서에서 수집할 수 있다. 잠시 후에 살펴보자.

익스포트된 템플릿을 살펴보면 익스포트된 호스트와 동일한 템플릿 링크 같은 정보를 볼 수 있다. 두 번째로 중첩된 <templates> 블록은 연결된 템플릿을 의미한다.

익스포트 파일 스크립팅

익스포트된 파일을 약간 변경해서 사용하는 방법도 편리하게 사용할 수 있지만, 한꺼번에 많은 내용을 변경해서 큰 이익을 얻을 수도 있다. XML 파일을 변경하는 가장 간단한 방법은 셸 스크립트를 사용하는 것이다.

예를 들어 비슷한 아이템을 많이 추가해야 한다면 XML 파일을 모두 스크립트로 작성한 다음 한 번에 가져올 수 있다. 가장 쉬운 방법은 프론트엔드에 일부 아이템을 작성하고, 해당 호스트를 내보내고, 이 아이템 정의를 복사하고 나머지 아이템을 작성하여 스크립트를 작성하는 것이다. 트리거 및 사용자 정의 그래프에 대해서도 동일한 작업을 수행할 수 있다. 다시 말하지만 단일 요소에 대한 모든 데이터를 작성하여 내보내고 검사하여 다시 결합해야 하는 방법을 찾아야 한다.

TIP 개별 개체를 수정해야 하는 경우가 아니면 12장, '설정 자동화'에서 설명한 대로 사용자 지정 LLD 규칙을 사용하는 것을 고려하자.

다음과 같은 어려운 문제를 XML 임포트/익스포트로 해결할 수 있다.

- **장치 추가**: IP 주소로 모니터링하는 스위치 목록이 많으면 화면을 통해 스위치를 모두 추가하는 것은 쉽지 않은 작업이다. XML을 사용하면 간단하고 매우 빨리 작업할 수 있다. 하나의 호스트를 생성하고, 미리 생성한 여러 템플릿과 링크한 후, 익스포트해보자. 이 익스포트에서는 기본적으로 몇 가지 값, 특히 `<interfaces>` 요소의 연결 세부 정보를 변경해야 한다. 그런 다음 해당 IP 및 호스트 이름 데이터로 새로운 `<host>` 항목을 만드는 루프를 작성하기만 하면 된다. 이 파일에 호스트 정보만 지정하면 된다. 모든 아이템 및 트리거, 그래프, 기타 엔티티는 `<templates>` 블록에 지정된 템플릿 또는 템플릿에 들어있는 정보를 기반으로 연결된다.
- **임의 항목이 많은 많은 그래프 만들기**: 포트별로 하나의 그래프를 작성해야 하는 경우나 다양한 장치, 기타 임의의 아이템 콜렉션을 그룹화하는 그래프를 작성해야 하는 경우가 생길 수 있다. 루프에서 예제 호스트와 스크립트 그래프 항목을 익스포트 하자. 이 요소는 `<graph_elements>` 블록에 있다.

TIP 그래프에 아이템수가 너무 많은 경우 그 그래프는 이해할 수 없게 된다. 하나의 그래프에서 너무 많은 아이템을 사용하지 말자.

816

수정된 설정 임포트

처음 시작할 XML 익스포트/임포트에서는 대규모 스크립팅을 수행하지 않는다. 간단하게 수정해보자. 저장된 zbx_export_templates.xml 파일에서 net.tcp.service[smtp] 키를 사용해 아이템 블록을 찾는다. 아이템 블록은 <item> 태그로 시작하고 </item> 태그로 끝난다. 이 아이템 블록을 복사하여 기존 블록 아래에 삽입한 다음 아이템 이름을 POP3 server status로 변경하고 net.tcp.service[pop3] 키로 변경하자.

이 파일을 새로운 파일로 저장하자. 이제 실제 임포트 프로세스를 수행해보자. 프론트엔드의 Configuration > Templates 섹션에서 오른쪽 상단의 Import를 클릭하자. 이 양식에서 Import file 옆의 Choose 필드를 클릭하고 저장된 파일을 선택하자. Rules 섹션을 한 번 살펴보자. 여기서는 디폴트 값을 사용할 것이다. 관심 있는 개체의 유일한 유형은 신규로 생성할 아이템이며 이미 아이템 옆에 있는 CREATE NEW 열의 체크박스는 이미 표시되어 있다.

계속 진행하려면 Import를 클릭하자. 이 작업이 성공적으로 완료됐는지 확인하기 위하여 왼쪽 상단 모서리에 있는 Details를 클릭하자. 다른 모든 레코드가 업데이트되는 동안 생성되는 아이템에 대한 두 개의 항목이 표시될 것이다. XML 파일의 데이터는 데이터베이스의 데이터와 동일하므로 모든 업데이트가 아무것도 하지 않아도 변경을 반영한다. 이 아이템을 템플릿에 추가할 때 이 아이템과 연결된 다른 모든 호스트와 템플릿에도 추가된다.

Details
– Created: Item "POP3 server status" on "C_Template_Email".
– Created: Item "POP3 server status" on "C_Template_Email_Server".
– Created: Item "POP3 server status" on "Another host".

새로 추가된 아이템이 XML 파일에 사용된 키로 잘 설정됐는지 확인해보자. Configuration > Hosts의 경우 Group 드롭다운에서 Linux servers를 선택하고 Another host 항목 옆에 있는 Items 링크를 클릭하자. 새 아이템이 아이템 목록에 표시되어 링크된 호스트에 올바르게 추가된 것을 볼 수 있다. 임포트 프로세스에서 업스트림 템플릿에만 추가했었다.

호스트 생성

XML 임포트를 사용해 해결할 수 있는 문제 중 하나는 더 많은 호스트를 생성하는 것이다. 우리는 CSV 파일에서 자빅스 호스트 XML을 생성하기 위해 이와 같은 스크립트를 사용할 수 있다.

```bash
#!/bin/bash

split="%"
agent_port=10050
useip=1

[[ -s "$1" ]] || {
    echo "Usage: pass an input CSV file as the first parameter
File should contain data in the following format: hostname,dns,ip,host
group,linked_template,agent_port
agent_port is optional
For groups and templates multiple entries are separated with %
First line is ignored (assuming a header)"
    exit 1
}

echo "<?xml version=\"1.0\" encoding=\"UTF-8\"?>
<zabbix_export>
    <version>3.0</version>
    <date>$(date "+%Y-%m-%dT%H:%M:%SZ")</date>
    <hosts>"
while read line; do
    hostname=$(echo $line | cut -d, -f1)
    dns=$(echo $line | cut -d, -f2)
    ip=$(echo $line | cut -d, -f3)
    group=$(echo $line | cut -d, -f4)
```

```
template=$(echo $line | cut -d, -f5)
port=$(echo $line | cut -d, -f6)

hostname1=${hostname%\"}
dns1=${dns%\"}
ip1=${ip%\"}
group1=${group%\"}
template1=${template%\"}
port1=${port%\"}

hostgroups=$(echo $group1 | tr "$split" "\n")
templates=$(echo $template1 | tr "$split" "\n")

echo "   <host>
    <host>$(echo ${hostname1#\"})</host>
    <name>$(echo ${hostname1#\"})</name>
    <status>0</status>
    <description/>
    <proxy/>
    <ipmi_authtype>-1</ipmi_authtype>
    <ipmi_privilege>2</ipmi_privilege>
    <ipmi_username/>
    <ipmi_password/>
    <tls_connect>1</tls_connect>
    <tls_accept>1</tls_accept>
    <tls_issuer/>
    <tls_subject/>
    <tls_psk_identity/>
    <tls_psk/>
    <interfaces>
      <interface>
        <default>1</default>
        <type>1</type>
        <useip>$useip</useip>
        <ip>${ip1#\"}</ip>
        <dns>${dns1#\"}</dns>
        <port>${port1:-$agent_port}</port>
        <bulk>1</bulk>
```

```
                <interface_ref>if1</interface_ref>
            </interface>
        </interfaces>"
    echo "  <groups>"
    while read hostgroup; do
        echo "  <group>
            <name>${hostgroup#\"}</name>
        </group>"
    done < <(echo "$hostgroups")
    echo "  </groups>
        <templates>"
    while read hosttemplate; do
        echo "  <template>
            <name>${hosttemplate#\"}</name>
        </template>"
    done < <(echo "$templates")
    echo "      </templates>"
    echo "  </host>"
done < <(tail -n +2 $1)

echo "  </hosts>
</zabbix_export>"
```

이 스크립트를 csv_to_zabbix_xml.sh로 저장하고 실행 가능하도록 권한을 설정하자.

```
$ chmod 755 csv_to_zabbix_xml.sh
```

 어떤 사람들은 셸이 XML 파일을 처리하는 적절한 도구가 아니라고 말한다. 셸은 어떤 상황에서도 사용할 수 있는 훌륭한 도구이며 간단하고 신속한 호스트 생성을 완벽하게 지원한다.

이 스크립트는 CSV 파일을 입력으로 사용한다. 첫 번째 행을 제외한 다른 모든 행을 호스트 항목으로 사용한다. 따라서 호스트 이름, DNS, IP, 에이전트 포트를 지정해야 한다. 또한 각 호스트에 대한 여러 항목은 % 기호로 구분하여 호스트가 연결돼야 하는 여러 호스트 그룹 및 템플릿을 지정할 수 있다. `useip` 파라미터의 기본값은 1이다. 0으로 설정하면 DNS가 대신 사용된다. 현재 우리가 관심이 없는 모든 종류의 필드(모든 IPMI와 TLS 필드)를 생성하고 에이전트 인터페이스의 `bulk` 파라미터를 설정하는 것에도 유의하자. 불행하게도 자빅스 XML 익스포트는 불필요하게 길며, 동일한 상세정보를 반환할 것이다. 많은 수의 호스트를 익스포트한 경우 XML 파일의 크기가 상당히 커지게 된다.

 CSV 파일에서 큰따옴표를 붙이면 호스트 그룹명에 콤마를 사용할 수 있다.

이 파일을 사용하기 위해 test.csv라는 간단한 CSV 파일을 만들어보자.

```
"Host name","Host DNS","Host IP","Host groups","Templates","port"
"test-xml-import","dns.name","1.2.3.4","Linux servers%Zabbix
servers","Template ICMP Ping"
```

첫 번째 줄은 항상 제외됐으므로 여기서는 머리글로 사용했다. 파일의 한 줄만 있으면 아무것도 하지 않는다. 이제 스크립트를 실행해보자.

```
$ ./csv_to_zabbix_xml.sh test.csv > zabbix_generated_hosts.xml
```

프론트엔드에서 Configuration ➤ Hosts으로 이동해 오른쪽 상단의 Import를 클릭하고 Import file 필드에서 zabbix_generated_hosts.xml 파일을 선택한 다음 Import를 클릭하자. 임포트가 성공할 것이다. 검증을 위하여 Configuration ➤ Hosts로 이동하자. 이 호스트는 실제로 존재하지 않으므로 언제든지 삭제해도 된다.

이미지 임포트

네트워크 맵을 설정할 때 개인의 아이콘을 업로드할 수 있었다. 하지만 많은 이미지를 하나씩 업로드하는 것은 매우 비효율적이다. curl과 같은 유틸리티를 사용해 프로세스를 스크립트화할 수 있지만 각각의 이미지에 대해 프론트엔드로 새로운 연결을 생성해야 하며 이후 버전에서 자빅스 인터페이스가 변경되면 불가능할 수 있다. XML 임포트에서 이미지가 지원된다. 하지만 XML이 아닌 이미지 파일만 있는 경우 어떻게 해야 할까? 이 문제를 해결하기 위해 자체적으로 스크립트를 작성할 수도 있지만 이미 자빅스와 함께 제공되는 스크립트가 있다. misc/images 디렉토리에 png_to_xml.sh 스크립트가 있는지 확인하자. 이 스크립트는 두 개의 파라미터, 즉 이미지가 있는 디렉토리와 출력 파일 이름을 사용하다. 예를 들어, map_icons 디렉토리에 이미지가 있다면 다음과 같이 스크립트를 실행할 수 있다.

```
./png_to_xml.sh map_icons zabbix_images.xml
```

이미지를 가져오려면 Configuration ❯ Maps를 클릭하고 Import 버튼을 클릭한 다음 Images 행 옆의 체크박스를 선택해 Import 버튼이 있는 페이지로 이동한다. 최고 관리자만 이미지를 가져올 수 있다. 이미지는 base64 형식으로 익스포트되고 임포트되므로 XML 파일에는 바이너리 데이터가 없다. 익스포트된 이미지의 예는 다음과 같다.

```
<encodedImage>iVBORw0KGgoAAAANSUhEUgAAADAAAAAwCAYAAABXAvmHAAAABm JLR0QA/wD/AP+gva
eTAAAM70lEQVR42u2ZeXBV133HP+cub9NDSGR
...
</encodedImage>
```

이 출력은 상당히 줄인 것이다. 실제 base64 값은 이런 내용이 몇 페이지 정도 채워져 있다.

▌ 자빅스 API 시작하기

앞에서 살펴본 직접적인 데이터베이스 편집이나 XML 임포트/익스포트 방식은 위험하거나 제한적이다. 데이터베이스를 편집하는 것은 위험하다. 왜냐하면 자빅스를 최신 버전으로 업그레이드하면 데이터베이스 스키마가 변경되어 도구와 접근법이 무효화될 수 있기 때문이다. XML 임포트/익스포트는 좋았지만 매우 제한적이다. 자빅스 설정에서 사용자나 네트워크 디스커버리 룰, 액션 등 많은 것을 수정할 수 없었다.

이럴 때 자빅스 API가 도움이 될 수 있다. 자빅스 API는 자빅스 설정 및 데이터에 대한 JSON 기반 인터페이스다. 아직 API를 통해서 일부 설정할 수 없는 값도 있지만 XML 임포트/익스포트보다 더 많은 기능을 제공한다.

자빅스 API는 현재 PHP로 구현된 프론트엔드 기반이다. API를 사용하기 위해서는 프론트엔드를 실행하는 웹 서버에 연결하고 요청을 보낸다. API를 실행하는 데에는 여러 가지 방법이 있지만 여기서는 언어 독립적인 방식으로 작업을 수행할 것이다. curl을 사용해 셸에서 실행시켜 보자.

간단한 조작

자빅스 API는 요청 – 응답을 기반으로 한다. 요청을 보내고 요청한 데이터에 대하여 성공/실패 중 하나로 응답을 받는다. API로 무엇을 할 수 있는지 간단하고 실질적인 예를 살펴보자. API 호출에 간단한 curl을 사용할 것이다. 자빅스 서버에서 이 작업을 시도해 보자.

```
$ curl -s -X POST -H 'Content-Type: application/json-rpc' -d ''
http://127.0.0.1/zabbix/api_jsonrpc.php
```

이 명령은 POST 메소드를 사용해 -d 옵션에 지정된 JSON 문자열을 서버로 전송한다. 지금은 빈 문자열을 전송했다. 또한 -s 옵션을 지정하여 진행 상황 및 오류 메시지를 표시하지 않도록 했다. URL은 자빅스 API 엔드 포인트인 api_jsonrpc.php로 지정했다. 이 URL은 모든 API 요청에 대해 동일하다. 또한 콘텐츠 유형을 application/json-rpc로 지정했다. 콘텐츠 유형은 필수로 지정해야 한다. 콘텐츠 유형을 생략하면 자빅스 API가 빈 응답을 반환하게 되므로 아무것도 할 수 없다. 우리가 호출한 요청은 다음과 같은 응답을 반환해야 한다.

```
{"jsonrpc":"2.0","error":{"code":-32600,"message":"Invalid
Request.","data":"JSON-rpc version is not specified."},"id":null}
```

잘 작동하지 않은 것 같지만 적어도 오류 메시지를 응답 받았다. 이제 더 유효한 요청을 진행해보자.

API 버전 얻기

우리가 요청할 수 있는 가장 간단한 API는 자빅스 버전이다. 이 API는 API 버전과 동일한 프론트엔드 버전을 반환한다. 이 요청은 로그인 요청 외에 로그인하지 않아도 동작하는 유일한 요청이다.

요청을 쉽게 편집하고 실행할 수 있도록 JSON을 변수에 할당한 다음 curl 명령에 사용하자.

 TIP -d 옵션에 json 문자열을 직접 작성하는 대안으로 JSON 문자열을 파일로 작성하여 curl에 -d @file_name으로 지정할 수 있다.

```
$ json='{"jsonrpc":"2.0","method":"apiinfo.version","id":1}'
```

json은 apiinfo.version 메소드를 사용하고 있다. 어떤 메소드가 사용가능하고, 어떤 문자열을 사용해야 하는지 어떻게 알 수 있을까? 이 정보는 자빅스 매뉴얼에서 찾을 수 있다. 나중에 조금씩 살펴보자. 이 요청을 API로 전송해보자. API 응답에는 줄바꿈이 없으므로 읽는 것이 더 어려워 질 수 있다. curl 명령에 개행 문자를 추가해보자.

```
$ curl -s -w '\n' -X POST -H 'Content-Type: application/json-rpc' -d "$json"
http://localhost/zabbix/api_jsonrpc.php
```

-d 파라미터의 경우 $json 변수를 큰따옴표 묶어서 사용하고 있다. 개행 문자를 추가하기 위하여 -w 파라미터를 사용한다. 이 명령은 API 버전을 반환해야 한다.

```
{"jsonrpc":"2.0","result":"3.0.0","id":1}
```

이 인스턴스의 버전은 3.0.0이다. jsonrpc 및 id 값은 무엇일까? jsonrp의 값은 JSON-RPC 자체 버전을 의미한다. 자빅스 API는 모든 요청과 모든 응답에서 동일하게 버전 2.0을 사용한다. id 값은 요청에 의해 지정되며 응답은 같은 값이 지정된다. id는 비동기 요청 및 응답을 허용하는 프레임워크에서 유용하게 사용할 수 있다. 즉, 어떤 요청에 대한 응답인지 찾을 수 있다. 또한 JSON은 하나의 커넥션으로 여러 요청을 동시에 보낼 수 있고 ID로 응답을 매핑 시킬 수 있는 배치 처리를 지원하지만, 현재 이 기능은 자빅스 3.0에서 제공되지 않는다.

로그인

API를 통해 유용한 작업을 수행하려면 먼저 로그인해야 한다. 로그인을 위한 JSON 문자열은 다음과 같다.

```
$ json='{"jsonrpc":"2.0","method":"user.login","id":2,"params": {"user":"Admin","password":"zabbix"}}'
```

이제 API 버전을 얻는 데 사용한 curl 명령을 다시 실행하자. 이후의 모든 API 요청에서는 json 변수만 변경하여 동일한 curl 명령을 다시 사용할 것이다. 올바른 사용자 이름과 암호가 지정됐다면 다음과 같이 응답해야 한다.

```
{"jsonrpc":"2.0","result":"df83119ab78bbeb2065049412309f9b4","id":2}
```

 새로운 요청에서는 ID를 2로 증가 시켰다. ID변경이 꼭 필요한 것은 아니다. id에 3이나 5, 1013을 사용할 수 있다. 또한 이미 사용한 1도 사용할 수 있다. 이 API를 사용하는 방식은 모든 요청에 대한 명확한 응답이 있으므로 ID에 전혀 신경 쓸 필요가 없다. 응답은 여전히 요청과 동일한 ID, 2를 반환한다.

이 응답에는 result 속성에 영숫자 문자열이 포함되어 있으며, API를 사용하는 이후의 모든 작업에 매우 중요하다. 이 값은 앞으로의 모든 요청에 포함해야 하는 세션 ID(인증 토큰)이다. 테스트를 위해 해당 문자열을 복사하고 나중에 json 변수에서 사용하자.

호스트 활성화와 비활성화

호스트의 단일 값을 설정하여 호스트를 활성화 또는 비활성화할 수 있다. IPMI 호스트를 비활성화하고 잠시 후 다시 활성화해보자. 이를 위하여 호스트 ID가 필요하다. 일반적으로 API를 사용할 때 ID 조회를 위하여 API를 호출한다. 지금의 경우는 API를 간단하게 하기 위하여 호스트 속성에서 ID를 찾아보자. 예전의 아이템과 마찬가지로 호스트 속성을 열고 URL에서 hostid 파라미터의 값을 복사하자. 이 번호를 사용해 JSON 변수를 설정해보자.

```
$ json='{"jsonrpc":"2.0","method":"host.update","params":
{"hostid":"10132","status":1},"auth":"df83119ab78bbeb2065049412309f9b4"," id":1}'
```

curl 명령을 실행해보자.

```
{"jsonrpc":"2.0","result":{"hostids":["10132"]},"id":1}
```

이 명령은 성공해야 하며 해당 호스트는 비활성화돼야 한다. 프론트엔드에서 호스트 상태를 확인해보자. 다시 활성화하도록 설정하는 것도 쉽다.

```
$ json='{"jsonrpc":"2.0","method":"host.update","params":
{"hostid":"10132","status":0},"auth":"df83119ab78bbeb2065049412309f9b4"," id":1}'
```

이 호스트를 다시 사용하려면 curl 명령을 다시 실행하자.

호스트 만들기

이제 API를 사용해 호스트를 만드는 방법에 대해 알아보자. JSON 변수를 설정해보자.

```
$ json='{"jsonrpc":"2.0","method":"host.create","params":{"host":"API
created host","interfaces":[{"type":1,"main":1,"useip":1, "ip":"127.0.0.2","dns":
"","port":"10050"}],"groups":[{"groupid":"2"}],"te mplates":[{"templateid":"10104
"}]},"auth": "df83119ab78bbeb2065049412309f 9b4","id":1}'
```

기본 자빅스 데이터베이스에서 그룹 ID 2는 리눅스 서버 그룹이며 템플릿 ID 10104는 템플릿 ICMP 핑 템플릿이다. 현재 시스템의 ID가 다른 경우 JSON 문자열에서 ID를 변경하자. curl 명령을 실행하면 호스트가 성공적으로 생성될 것이다.

```
{"jsonrpc":"2.0","result":{"hostids":["10148"]},"id":1}
```

응답의 일부로 새 호스트의 ID도 얻었다. 프론트엔드에서 이 호스트가 생성됐는지 확인해보자.

호스트 삭제

반환된 ID는 유용하게 사용할 수 있다. 방금 만든 호스트를 삭제해보자.

```
$ json='{"jsonrpc":"2.0","method":"host.delete","params"
:["10148"],"auth":"df83119ab78bbeb2065049412309f9b4","id":1}'
```

 이 요청의 호스트 ID가 이전 요청에서 반환된 호스트 ID와 동일한지 확인하자. 그렇지 않다면 다른 호스트가 삭제되었을 수 있다.

curl 명령을 다시 실행하자. 호스트가 성공적으로 삭제될 것이다.

```
{"jsonrpc":"2.0","result":{"hostids":["10148"]},"id":1}
```

값 매핑 만들기

자빅스 3.0 이전에는 API를 통해 값 매핑을 제어할 수 없었다. 하지만 값 매핑은 많은 템플릿에 필요했기 때문에 사람들은 SQL 스크립트를 사용하거나 수백 개의 항목이 있는 값 매핑을 수동으로 작성했다. 그건 정말 많은 노력이 필요했다. 자빅스 3.0에서는 작업이 훨씬 쉬워졌다. 이제 API와 XML 임포트/익스포트 모두 값 매핑이 지원된다. 간단한 값 매핑을 만들어보자.

```
$ json='{"jsonrpc":"2.0","method":"valuemap.create","params":
{"name":"Mapping things","mappings":[{"value":"this",
"newvalue":"that"},{"value":"foo","newvalue":"bar"}]}, "auth":"df83119ab78bbeb206
5049412309f9b4","id":1}'
```

curl 명령을 실행하자.

```
{"jsonrpc":"2.0","result":{"valuemapids":["16"],"id":1}
```

프론트엔드에서 새 값 매핑을 확인하면 JSON보다 읽기가 쉽다.

Mapping things	foo ⇒ bar this ⇒ that

 TIP 값 매핑은 3장, '자빅스 에이전트와 기본 프로토콜과 모니터링'에서 다뤘다.

이력과 트렌드 파악

지금까지 논의한 방법들은 주로 설정과 관련된 내용을 다뤘다. API를 사용하면 이전의 이력 데이터도 쿼리할 수 있다. 아이템의 이력 데이터를 가져오려면 다음과 같은 몇 가지 사항을 알아야 한다.

- 아이템 ID
- 해당 아이템의 Type of information 값

두 가지 모두 설정 섹션에서 아이템 속성을 열면 찾을 수 있다. ID는 URL에 있고 Type of information은 해당 드롭다운에 있다. 왜 데이터 유형이 필요할까? 불행히도, 자빅스 API

는 특정 테이블의 이력 데이터만 조회한다. 디폴트로는 정수가 저장되는 history_uint 테이블이 쿼리 된다. A test host에서 CPU 로드 아이템의 값을 가져오기 위한 JSON 문자열은 다음과 같다.

```
$ json='{"jsonrpc":"2.0","method":"history.get","params":
{"history":0,"itemids":"23668","limit":3}, "auth":"df83119ab78bbeb2065049412309f9
b4","id":1}'
```

 이 쿼리에 대해 auth와 itemid를 모두 바꾸는 것을 잊지 말자.

다음은 깊이 살펴봐야 할 추가 파라미터다.

- history 파라미터는 어떤 테이블을 쿼리할지 API에 알린다. 0을 사용하면 히스토리 테이블이 조회된다. 1을 지정하면 history_str 테이블이 쿼리된다. 2를 사용하면 history_log 테이블이 쿼리된다. 3을 사용하면 history_int가 쿼리된다(기본값). 4를 사용하면 history_text 테이블이 쿼리된다. 이 값을 아이템 속성의 설정과 수동으로 일치시켜야 한다.

- limit 파라미터는 반환 항목 수를 제한한다. 아이템이 많은 값을 가질 수 있기 때문에 이것은 매우 유용하다. 그런데 다른 모든 메소드에서도 limit이 지원되므로 호스트, 아이템 및 기타 모든 항목을 검색할 때 항목 수를 제한할 수 있다.

이제 curl 명령을 실행하자.

```
{"jsonrpc":"2.0","result":[{"itemid":"23668","clock":"1430988898","val
ue":"0.0000","ns":"215287328"},{"itemid":"23668","clock":"1430988928",
"value":"0.0000","ns":"221534597"},{"itemid":"23668"
,"clock":"1430988958","value":"0.0000","ns":"229668635"}],"id":1}
```

우리는 세 가지 값을 얻었지만 결과를 읽는 것은 쉽지 않다. JSON 문자열을 포맷하는 방법은 여러 가지가 있지만 셸에서 가장 쉬운 방법인 펄이나 파이썬 명령어를 사용할 수 있다. curl 명령을 재실행하고 | json_pp를 추가하자.

```
$ curl... | json_pp
```

 더 나은 성능을 제공하는 json_xs를 사용할 수도 있지만, 지금은 성능이 전혀 문제가 되지 않는다.

이렇게 하면 펄 JSON 도구가 호출된다. 여기서 pp는 pure Perl을 나타낸다. 출력이 훨씬 보가 좋아졌을 것이다.

```
{
   "jsonrpc" : "2.0",
   "id" : 1,
   "result" : [
    {
      "clock" : "1430988898",
      "itemid" : "23668",
      "value" : "0.0000",
      "ns" : "215287328"
    },
    {
      "ns" : "221534597",
      "value" : "0.0000",
      "itemid" : "23668",
      "clock" : "1430988928"
    },
    {
      "value" : "0.0000",
      "ns" : "229668635",
      "clock" : "1430988958",
```

```
    "itemid" : "23668"
  }
 ]
}
```

출력은 정렬되지 않는 것에 주목하자. 정렬은 JSON 데이터에 대한 정렬을 의미하지 않으므로 도구는 일반적으로 출력을 정렬하지 않는다.

대안으로 파이썬의 JSON 도구 모듈을 호출하는 python -mjsontool을 사용할 수 있다. 입력할 내용이 조금 더 많다.

history.get 메소드의 출력에서 각 값은 아이템 ID, 유닉스 시간 타임스탬프 및 나노초 정보와 함께 표시되며, 이전에 살펴본 이력 테이블의 내용과 동일하다. API 출력은 이력 테이블에서 조회되기 때문에 그렇게 놀랍지는 않다. 앞에서처럼 date -d@<UNIX timestamp>를 실행해 앞에서 설명한 것처럼 이 값을 사람이 읽을 수 있는 형식으로 변환하면, 조회된 값은 가장 최신 값이 아닌 가장 오래된 값이라는 것을 알 수 있다. 우리는 sortfield와 sortorder를 추가해 가장 최근의 값을 조회할 수 있다.

```
$ json='{"jsonrpc":"2.0","method":"history.get","params":
{"history":0,"itemids":"23668","limit":3,"sortfield":"clock","sortorder": "DESC"}
,"auth":"df83119ab78bbeb2065049412309f9b4","id":1}'
```

이 문장은 출력은 clock 값에 따라 내림차순으로 정렬한 다음 가장 최근의 세 값을 가져온다. 반환된 값의 유닉스 타임스탬프를 확인해보자. 동일한 clock 값을 갖는 값이 여러 개인 경우 다른 필드가 정렬에 사용되지 않는다.

또한 자빅스 3.0에서는 트렌드 데이터를 조회하는 새로운 기능을 제공한다.

```
$ json='{"jsonrpc":"2.0","method":"trend.get","params":
{"itemids":"23668","limit":3},"auth":"df83119ab78bbeb2065049412309f9b4"," id":1}'
```

 자빅스 API는 과거의 데이터 저장을 허용하지 않는다. 모든 아이템 값은 11장, '고급 아이템 모니터링'에서 설명한 zabbix_sender 유틸리티를 사용해 자빅스 서버를 거쳐야 한다. 향후 API가 서버측으로 옮겨져 메인 API에서 웹으로 전송된 데이터를 병합될 것이라는 소문이 있다.

자빅스 API 관련 문제

자빅스 API는 정말 훌륭하지만 알고 넘어가야 하는 몇 가지 이슈가 있다.

- **감사**: 자빅스 API 작업은 Administration ➤ Audit에서 확인할 수 있는 자빅스 감사 로그에 기록되지 않는다. 따라서 누가 언제 어떤 변경을 했는지 알아내는 것이 정말 복잡해질 수 있다.
- **유효성 검사**: 유감스럽게도 API 유효성 검사는 많은 것을 요구한다. 예를 들어, API를 사용해 호스트를 프록시 변경하거나, host status 값을 완전히 모호한 값으로 설정하여 해당 호스트를 프론트엔드에서 사라지게 할 수 있지만, 그 이름을 가진 새로운 호스트를 작성할 수는 없게 된다. 자빅스 API에 잘못된 데이터를 보내는 경우에 대해 매우 신중해야 한다. 잘못된 데이터에 대해 오류 메시지를 발생시킬 수도 있지만, 데이터를 수용하여 사이드 이펙트를 발생시킬 수도 있다.
- **오류 메시지**: 입력 데이터의 유효성을 검사할 때 오류 메시지가 항상 도움이 되지는 않는다. 경우에 따라 무엇이 잘못됐는지 정확한 정보를 알려주지만, 긴 JSON 입력 문자열에 대해 incorrect parameters를 얻을 수도 있다.

- **성능**: 자빅스 API의 성능은 일부 작업에서 매우 나쁠 수 있다. 예를 들어 다수의 호스트에 링크된 템플릿의 아이템을 수정하거나 많은 호스트를 템플릿에 링크하는 것은 수행이 불가능할 수 있다. 이런 작업 중 일부는 분할하여 작업할 수 있다. 예를 들어 한 번에 수백 개씩만 호스트에 템플릿을 연결하는 작업을 반복할 수 있다. 또 어떤 경우는 직접 SQL 쿼리를 수행해야 하는 경우도 있다.

- **기능 누락**: 자빅스 API로 대부분의 자빅스 설정을 제어할 수 있지만 아직 일부 누락된 기능이 있다. 주로 Administration ➤ General 섹션의 기능이 많이 누락되어 있다. 이런 기능이 구현되면 자빅스 프론트엔드가 직접적인 데이터베이스 쿼리 수행을 대체 할 수 있을 것이다. API를 통해 직접적인 데이터베이스 액세스를 사용하지 않고, 맞춤형 프론트엔드를 작성할 수 있게 될 것이다.

API 라이브러리 사용

로우 레벨 API 예제를 살펴보면 자빅스 API로 작업하기 위해 셸 스크립트를 사용하지 않을 것이다. 추가 도구를 사용한다 해도 셸은 JSON을 작업하기에 적합하지 않다. 다른 프로그래밍 언어나 또는 스크립팅 언어를 사용하는 것이 더 낫다. 많은 언어에서 JSON과 관련된 라이브러리를 제공하고 있으므로 JSON 처리를 구현하지 않아도 된다. 사용 가능한 라이브러리 목록은 http://zabbix.org/wiki/Docs/api/libraries에서 관리된다. 대안으로는 http://zabbix.org로 가서 Zabbix API libraries 링크에서 찾을 수 있다.

이 라이브러리들은 모두 커뮤니티에서 제공한다. 기능은 보증되지 않으며 모든 버그는 자빅스가 아닌 라이브러리 관리자에게 레포팅해야 한다.

예를 들어, Zabbix::Tiny라는 펄 라이브러리는 자빅스 API의 매우 간단한 추상화 계층을 목표로 API를 사용해 인증 및 요청 ID 문제나 기타 반복적인 작업을 해결한다. CPAN Comprehensive Perl Archive Network에서 쉽게 설치할 수 있다.

```
# cpan Zabbix::Tiny
```

새 사용자를 만들려면 다음을 파일에 저장한다.

```
use strict; use warnings;
use Zabbix::Tiny;
my $zabbix = Zabbix::Tiny->new(
    server => http://localhost/zabbix/api_jsonrpc.php,
    password => 'zabbix',
    user => 'Admin',
);
$zabbix->do(
    'user.create',
    alias => 'new_user',
    passwd => 'secure_password',
    usrgrps => [ '13' ],
    name => 'New',
    surname => 'User', type => 3,
);
```

이렇게 하면 새 사용자가 생성된다. 대부분의 파라미터는 쉽게 이해할 수 있지만 type 파라미터는 API가 사용자, 관리자 또는 슈퍼 관리자인지 여부를 API에 설정한다. 3은 최고 관리자 유형을 나타낸다. 그룹 ID는 13으로 설정되어 있다. 이 값은 환경에 맞도록 지정해야 한다. 여기에 저장한 파일이 zabbix_tiny-add_user.pl이라면 다음과 같이 호출한다.

```
$ perl zabbix_tiny-add_user.pl
```

이 방법은 셸을 사용하는 것 보다 오래 걸릴 수도 있지만 로그인까지 포함하고 있으므로 셸보다 사용하기 쉽다. 이 자빅스 API 라이브러리에 대한 자세한 내용은 http://zabbix. org/wiki/Docs/howto/Perl_Zabbix::Tiny_API를 참고하자.

다양한 언어 용 자빅스 API 라이브러리가 많이 있다. 파이썬만해도 현재 8개의 다른 라이브러리를 가지고 있다. 가장 좋은 것을 선택하는 것은 약간의 노력이 필요할 수 있다.

라이브러리를 기반으로 프로그래밍하는 것이 중요하지 않은 경우 Zabbix Gnomes라고 하는 API 작업용 명령 줄 도구를 만드는 파이썬 기반 프로젝트도 활용할 수 있다. https://github.com/q1x/zabbix-gnomes에서 확인할 수 있다.

추가 읽기

이 장에서는 자빅스 API의 일부만 다뤘지만, 활용할 수 있는 더 많은 것들이 있다. 그런 것들을 사용할 계획이라면 공식, 자빅스 매뉴얼을 참고하여 모든 메소드나 파라미터, 객체 속성에 대한 정보를 확인해보자. 현재 자빅스 API 매뉴얼은 https://www.zabbix.com/documentation/3.0/manual/api에서 확인할 수 있다. 이 경로가 변경된다 하더라도 https://www.zabbix.com에서 documentation을 찾아보자.

▌ 요약

이 장에서는 자빅스에서 사용하는 내부 데이터 구조에 대해 자세히 살펴봤다. 이번에 살펴본 데이터베이스 구조는 전체 큰 데이터베이스 중 일부에 지나지 않는다. XML임포트/익스포트나 API, 기타 정보는 사용자가 처음 만나는 공통적인 문제를 해결하는 데 도움이 된다.

프론트엔드에서 원천 데이터를 조회 방법을 알아봤다. 이 방법은 조회하고자 하는 데이터가 적을 때 가장 쉽게 사용될 수 있다. 더 많은 양의 데이터를 조회하기 위하여 데이터 유형에 따라 다른 이력 테이블에서 데이터를 조회하는 방법을 살펴봤다. 우리는 또한 자빅스 프록시가 로컬 데이터베이스에 데이터를 보관하는 방법을 알아봤다. 데이터의 정밀도가 높지 않은 상황의 경우 트렌드 테이블 사용과 해당 테이블에 저장된 시간별 최솟값, 최댓값, 평균값의 계산에 대해 배웠다. 또한 데이터베이스에서 사용자 비밀번호를 직접 재설정하고 처음에 아이템 설정이 올바르지 않은 경우 아이템 이력 값을 수정하는 방법에 대해서도 설명했다.

우리는 자빅스 XML 임포트/익스포트 기능을 탐색하여 호스트와 템플릿, 네트워크 맵, 스크린, 호스트 그룹, 이미지, 값 매핑을 추가하고 부분적으로 업데이트할 수 있었다. XML 형식을 간단히 살펴보고 CSV 파일에서 호스트를 생성하는 간단한 스크립트를 만들었다.

마지막으로 거의 모든 자빅스 설정을 제어할 수 있는 자빅스 API를 살펴봤다. 우리는 로그인하여 호스트 상태를 제어하고, 호스트를 추가 및 삭제하고, 값 매핑을 만들고, 아이템 이력 값을 검색하고, json_pp 도구로 JSON 출력의 포맷을 지정했다. API는 정말 훌륭했지만 감사나, 적절한 유효성 검사, 오류 메시지 부족 같은 다양한 문제에 대해서도 논의했다. 여기서 자빅스 API의 일부만을 다룰 수 있었지만 자빅스 매뉴얼에서 자세한 정보를 찾아서 펄 라이브러리를 사용해 API 사용을 늘리는 방법을 알아봤다. http://zabbix.org/wiki/Docs/api/libraries에서 다양한 언어의 API 라이브러리 목록을 확인할 수 있었다.

22장에서는 자빅스를 더 자세히 살펴본다. 캐시 사용량과 프로세스 사용률을 확인하는 내부 모니터링, 자빅스 설정 백업, 새 버전이 나올 때 자빅스 업그레이드와 같은 다양한 유지 관리 관련 주제를 다룬다. 또한 데몬 설정 파일의 모든 파라미터를 살펴본다.

22

자빅스 운영/유지보수

자빅스가 원활하게 동작하면 모든 데이터나 훌륭한 그래프 및 알림을 서비스 받을 수 있다. 이를 지속적으로 유지하기 위해 자빅스의 상태를 체크하고, 장애에 대비하여 복구를 위한 준비가 되어 있어야 하며, 때마다 최신 버전으로 업그레이드해야 한다. 22장에서 다루는 내용은 다음과 같다.

- **자빅스 내부 모니터링**: 캐시, 사용률, 성능 아이템, 자빅스 상태를 나타내는 기타 데이터 확인
- **백업 생성**: 백업 수행 방법과 잠재적 복구 전략
- **자빅스 업그레이드**: 신규 버전 설치에 따른 변동사항, 구성 요소의 타 버전 호환성, 업그레이드 수행 방법

또한 성능 문제를 줄이기 위한 자빅스 설정과 관련된 일반적인 제안 사항을 검토하고, 자빅스 설정을 누가 언제 변경했는지 확인할 수 있는 감사 로그를 살펴본다(이 기능에는 우리가 알아내야 할 몇 가지 문제가 있다). 그리고 서버, 프록시, 에이전트 설정 파일 및 지금까지 설명하지 않았던 모든 설정 파라미터에 대해 살펴보며 이 장을 마무리한다.

▌내부 모니터링

자빅스로 다른 시스템에 대해 많은 것을 모니터링할 수 있지만, 정작 자빅스 시스템에 대해서는 무엇을 알고 있을까? 자빅스 프론트엔드에서 몇 가지 기본 지표를 바로 확인할 수 있다. 프론트엔드에서 Reports ➤ Status of Zabbix로 이동하자. 여기서는 자빅스 서버의 실행 여부와 호스트, 아이템, 트리거, 온라인 사용자 수와 같은 값 등 높은 수준의 정보를 볼 수 있다.

이 정보는 대시보드의 위젯으로도 볼 수 있다. 위젯과 보고서는 모두 Super 관리자만 사용할 수 있다.

Required server performance, new values per second의 값^{VALUE}을 살펴보자. 이는 자빅스 설치에 필요한 크기를 결정할 때 필요한 값이다.

Status of Zabbix

PARAMETER	VALUE	DETAILS
Zabbix server is running	Yes	localhost:10051
Number of hosts (enabled/disabled/templates)	59	16 / 2 / 41
Number of items (enabled/disabled/not supported)	318	250 / 1 / 67
Number of triggers (enabled/disabled [problem/ok])	36	36 / 0 [13 / 23]
Number of users (online)	4	2
Required server performance, new values per second	8.1	

NVPS

초당 신규 값, 즉 NVPS^{New values per second} 설정이 중요한 이유는 무엇일까? 시스템에 몇 개의 호스트 또는 아이템이 있는지 파악하는 것은 중요하지만 기본 부하는 많이 다를 수 있다. 예를 들어 100개의 아이템을 가진 1,000개의 호스트가 있고, 아이템은 15분마다 한 번씩 폴링된다. 이 경우, 대략 예상되는 NVPS는 111이 된다. 혹은 10개의 호스트가 각각 100개의 아이템을 가지며 수집주기가 10초인 경우(이는 매우 짧은 수집주기이며 가능하면, 짧은 주기를 사용하지 말도록 하자), 총 NVPS는 100이 된다. 이처럼 호스트와 아이템 수도 영향을 미치지만 평균 수집주기도 영향을 준다. NVPS는 다른 시스템과 쉽게 비교할 수 있는 일반적인 값이다. 설치 시 현재 호스트 및 아이템 설정에 따라 예상되는 NVPS는 7~9 사이가 될 가능성이 높다. 즉, 자빅스 서버는 매 초 많은 히스토리 값을 수신하고 처리해야 한다. 이 값에는 트리거 표현식에 따른 계산, 숫자 아이템의 트렌드 계산, 이벤트 결과와 데이터베이스에 저장되는 모든 히스토리 데이터가 포함된다. 각 값을 위해 존재하는 눈에 보이지 않는 작업이 많이 있다.

자빅스 상태 보고서에서 현재 설정 값을 볼 수 있지만, 모든 호스트 및 아이템을 추가하지 않고 우리가 구축 중인 대형 시스템의 예상 NVPS를 어떻게 계산할 수 있을까? 한 호스트당 60개의 아이템을 1분에 한 번 호출하면 NVPS는 다음과 같이 계산할 수 있다.

<아이템 수> / <아이템 수집주기>

분당 60개의 아이템의 NVPS는 1이 된다. 따라서 분당한 아이템에 대해서는 1/60 또는 0.01557이 된다. 계획된 환경에서 전체 NVPS를 얻으려면 단순히 호스트의 양으로 모든 NVPS를 곱하면 된다.

<호스트당 평균 아이템 수> / <평균 아이템 수집주기> * <총 호스트 수>

다양한 값을 입력하고 이런 값 중 하나가 변경될 때 예상되는 NVPS가 어떻게 변경되는지 확인해보자. 호스트가 많을수록 호스트당 평균 수집주기 및 평균 아이템 수에 영향을 미친다.

프론트엔드에서 제공해 주는 값은 지금 바로 예상되는 NVPS를 결정하기에 좋은 방법이지만 시간이 지남에 따라 어떻게 변화됐는지, 그리고 설정 변경이 어떻게 영향을 미치는지 보는 것은 쉽지 않다. 이 값을 저장하는 내부 아이템을 추가해 장기적인 변화를 확인하고 그래프를 그릴 수 있다. Configuration > Hosts로 이동, A test host 옆에 Items를 클릭하고 Create item 버튼을 클릭한다. 이 화면에서 Key 필드 옆에 있는 Select를 클릭해, Type 드롭다운에서 Zabbix internal을 선택한다. 여기서 우리는 사용 가능한 내부 아이템의 목록을 쉽게 볼 수 있다. 이 중 몇 가지를 설정해 볼 것이지만 모든 아이템에 대해서는 배우지는 않을 것이다. 이번 학습을 완료한 후, 궁금한 점이 있는 경우 각 내부 아이템에 대한 자세한 정보는 자빅스 매뉴얼을 참고하자. 프록시가 서버에 마지막으로 접속한 시간을 모니터링하는 아이템을 어떻게 생성했는지 기억하는가? 그것 또한 내부 아이템이다.

이 목록에서 zabbix[requiredperformance]를 클릭한다. 그리고 다음을 채워보자.

- Name: Expected NVPS
- Type: Zabbix internal
- Type of information: Numeric (float)
- Units: NVPS
- New application: Zabbix performance

완료되면 하단의 Add 버튼을 클릭한다. Latest data 페이지에서 이 아이템을 선택한다. 잠시 후 자빅스 상태 보고서에서 본 것과 같은 유사한 값이 보여져야 한다.

Zabbix performance (1 Item)	
Expected NVPS	2015-12-09 11:36:46 8.13 NVPS

이 값은 보고서에서 보았던 값과 다를 수 있다. 방금 NVPS를 모니터링하기 위한 아이템을 추가했기 때문이다. 이 아이템의 자체 NVPS 값이 포함되므로 NVPS 값이 변경된다.

이 아이템 설정으로 무엇을 말하고자 하는지 눈치 챘을지도 모르겠지만, 계속 강조하는 것은 예상 NVPS이다. 이 값은 호스트 및 아이템 설정을 기반으로 하며, 실제로 얼마나 많은 값을 받는지는 반영하지 않는다. 모든 아이템이 액티브 에이전트 타입이고, 모든 에이전트가 중지된 경우를 가정했을 때, 정보가 전혀 수신되지 않더라도 예상 NVPS는 변경되지 않는다. 기술적인 문제를 제외하면 이 수치는 다른 여러 가지 이유로 변경되는 일반적으로 값과는 다를 수 있다. 로그 모니터링 아이템은 항상 해당 수집주기에 따라 계산된다. 1초의 수집주기를 갖는 로그 아이템은 로그 파일에 전혀 값을 가지고 있지 않더라도 혹은, 1초마다 10개의 값을 얻는다고 해도 NVPS는 1이 된다. 유연한 수집주기와 아이템 스케줄링은 무시되고, 트랩퍼 아이템은 예상 NVPS 산정에 전혀 포함되지 않는다. 트랩퍼 아이템에 많은 값을 보내면 실제로 처리된 NVPS는 예상 NVPS보다 높고, 때로는 몇 배 더 높다.

이처럼 예상 NVPS가 부정확할 수 있으므로 실제 NVPS 값을 파악할 수 있는 방법이 있다. 이를 위한 또 다른 내부 아이템을 살펴보자. Configuration ➤ Hosts로 돌아가서 A test host의 Items를 다시 클릭하고 Create item을 클릭한다. 다음을 채워보자.

- Name: Real NVPS
- Type: Zabbix internal
- Key: zabbix[wcache,values]
- Type of information: Numeric (float)
- Units: NVPS
- Store value: Delta (speed per second)
- Applications: Zabbix performance

완료되면 하단의 Add 버튼을 클릭한다. Key에서 wcache와 values 키워드를 사용했다. 첫 번째 wcache는 write cache를 의미하며 데이터베이스에 기록할 값의 캐시로 생각하면 된다. 그리고 values 파라미터는 캐시를 통과하는 값의 수를 보고한다. 잠시 후에 다른 가능한 파라미터를 살펴보겠다.

 세 번째 파라미터를 float, uint, str, log 또는 text로 지정하여 타입당 처리된 값의 수를 얻을 수도 있다. 세 번째 파라미터의 기본값은 all이며 모든 타입의 값을 보고한다.

주목해야 할 또 다른 점은 Store Value이다. 이 내부 아이템은 모든 값의 카운터를 보고하므로, 이 설정으로 초당 값의 수를 얻게 된다. 예상 NVPS와 쉽게 비교할 수 있는 값을 얻고 단순 상향 그래프를 피할 수 있다. 어떤 내부 아이템이 최종 값을 반환하고 또 어떤 아이템이 카운터하는지 어떻게 알 수 있을까? 평소대로 자빅스 설명서를 참고한다.

해당 아이템을 사용해 Latest data 페이지에서 예상 값과 실제 값을 비교해보자.

Zabbix performance (2 Items)		
Expected NVPS	2015-12-09 13:17:46	8.17 NVPS
Real NVPS	2015-12-09 13:17:47	1.29 NVPS

다른 아이템을 추가한 후 예상 NVPS 값이 다시 증가한 것을 확인한다.

이 시스템에서 모니터링 인프라의 일부가 다운됐으므로 실제 NVPS 값은 예상보다 훨씬 낮다. 이 두 아이템 옆에 체크박스를 선택해 임시 그래프를 통해 시각적으로 값을 비교하고 시간에 따른 변경 값을 확인할 수 있다. 예상 NVPS는 설정이 변경될 때만 변경될 수 있고, 실제 NVPS는 시간이 지남에 따라 값 검색 및 처리가 변경되므로 그래프가 위아래로 움직일 수 있다.

자빅스 서버 가동 시간

다른 자빅스 내부 아이템을 모니터링해보자. Configuration ❯ Hosts로 이동해, A test host 옆에 Items를 클릭하고 Create item을 클릭한다. 전체 시스템이 아니라 자빅스 서버 데몬의 가동 시간을 모니터링하려고 한다. 다음 값을 채운다.

- Name: Zabbix server uptime
- Type: Zabbix internal
- Key: zabbix[uptime]
- Units: uptime

완료되면 하단의 Add를 클릭한 다음 Latest data 페이지에서 이 아이템을 선택한다. 가동 시간 단위를 사용해 실제 작동 시간 값(초)을 보기 좋은 형식으로 변환하여 결과를 보여준다. 이는 자빅스 서버 프로세스가 실행된 시간을 의미한다.

NAME ▲	LAST CHECK	LAST VALUE
- other - (1 Item)		
Zabbix server uptime	2015-12-09 20:04:49	00:34:27

이 아이템을 화면에 표시할 수 있으며 자빅스 서버가 다시 시작될 때 알려주는 트리거가 있다.

캐시 사용량

우리는 이미 자빅스에서 여러 캐시와 그 캐시가 어디에 사용되는지 확인했다. 이런 캐시 가 가득 차면 자빅스에 다른 영향을 줄 수 있다. 얼마나 많은 캐시가 사용가능하며 사용되 고 있는지 모니터링할 수 있는 방법을 살펴보겠다. 우리가 알아 낸 첫 번째 캐시, 즉 설정 캐시의 여유 공간을 모니터링할 수 있다. 이제 Configuration ❯ Hosts로 이동해 A test host 옆에 Items를 클릭하고 Create item을 클릭한다. 그리고 다음을 입력한다.

- Name: Zabbix configuration cache, % free

- Type: Zabbix internal

- Key: zabbix[rcache,buffer,pfree]

- Type of information: Numeric (float)

- Units: %

완료되면 하단의 **Add** 버튼을 클릭한다. 아이템 키의 경우 **read cache**의 약자로 **rcache**를 사용하고, **buffer**의 조합으로 설정 캐시를 참고한다. 그리고 **pfree**를 사용해 설정 캐시의 여유 공간을 요청하고 이는 백분율로 표시된다. **Type of information**을 **Numeric (float)**으로 설정한 것에 주목하자. **Numeric (unsigned)**으로 지정하는 경우 자빅스가 소수 부분을 잘라버릴 수 있기 때문에 이는 권장하지 않는다. **Latest data** 페이지에서 이 아이템을 확인하자.

NAME ▲	LAST CHECK	LAST VALUE
- other - (1 Item)		
Zabbix configuration cache, % free	2015-12-09 20:45:20	95.92 %

우리 시스템에서는 사용 가능한 설정 캐시 크기가 기본적으로 90% 이하로 설정될 일은 거의 없다.

모니터링할 수 있는 다른 서버 내부 캐시가 있다. 더 자세하게 어떤 것이 있는지 살펴보고, 잠시 후에 데몬 설정 파라미터를 살펴보면서 권장 크기에 대해서 얘기해 보겠다. 이제 목록을 빠르게 확인해보자.

- **Configuration cache**: 이미 모니터링하고 있다. 호스트, 아이템, 트리거, 기타 설정 정보를 보유하고 있다.
- **Value cache**: 트리거, 계산 아이템, 아이템 집계 등 속도를 높이기 위한 히스토리 값을 저장한다.

- VMware cache: 원천 VM웨어 데이터를 보유한다.
- History cache, history cache index: 이 두 개는 트리거를 처리하기 전, 그리고 데이터베이스에 기록하기 전의 히스토리 값을 저장한다.
- Trend cache: 값을 수신하는 모든 아이템의 현재 시점의 트렌드 정보를 보유한다.

 이런 모든 파라미터를 모니터링하는 것은 매우 좋은 생각이다.

대부분의 캐시는 자빅스 프록시에서도 모니터링할 수 있다. 이런 자빅스 프록시의 내부 아이템들을 특정 호스트에 지정하여 이 작업을 수행할 수 있다. 여기서 중요한 점은, 이런 내부 아이템은 해당 프록시에 대한 정보를 반환한다. 하지만 관련된 아이템만 작동한다. 예로, 프록시에 트렌드 캐시가 없기 때문에 프록시에서 트렌드 캐시를 모니터링하는 것은 불가능하다. 프록시에 할당된 호스트를 갖는 것과 동일하게, 내부 프로세스 사용률을 모니터링하는 아이템에 대해서도 작동한다. 다음에서 설명하겠다.

내부 프로세스 사용률

자빅스는 내부적으로 많은 프로세스를 가지고 있으며 이미 몇 가지를 다뤘다. IPMI 및 VM웨어 폴러와 SNMP 트랩퍼를 사용할 수 있다. 이 중에서도 시작할 프로세스 수를 설정할수도 있었다. 하나의 프로세스로 충분한 지 혹은 수백 개를 가져야 하는지 어떻게 알 수 있을까? 잠시 후 타입별로 일반적인 지침을 나눌 것이지만, 꼭 알아야 할 중요한 사실은 현재 실행 중인 프로세스가 얼마나 바쁜지 아는 것이다. 이 목적을 위한 내부 아이템도 있다. 이런 아이템의 일반적인 구문은 다음과 같다.

```
zabbix[process,<type>,<mode>,<state>]
```

여기서 process는 고정된 키워드다. 두 번째 파라미터인 type은 poller, trapper 등의 프로세스 타입이다. 세 번째 파라미터인 mode는 다음 중 하나의 값을 갖는다.

- avg: 지정된 타입의 모든 프로세스에서 평균 사용률
- count: 지정된 타입의 프로세스 수
- max: 지정된 타입의 프로세스에서 최대 사용률
- min: 지정된 타입의 프로세스에서 최소 사용률
- 숫자값: 지정된 타입의 개별 프로세스에 대한 사용률. 예를 들어 기본적으로 5개의 폴러가 실행되면 여기에 지정된 프로세스 번호를 사용해 폴러 1 또는 폴러 3에 대한 사용률을 모니터링할 수 있다. 이것은 시스템 PID가 아닌 내부 프로세스 번호다.

여기서는 사용률에 대해 이야기했다. 이는 4개의 파라미터로 지정된 하나 이상의 프로세스의 전체 가동 시간을 말한다. state는 바쁘거나 유휴상태일 수 있다.

사용률을 모니터링해야 할까? 아니면 유휴상태를 모니터링해야 할까? 대부분의 경우 특정 타입의 모든 프로세스에 대한 평균 사용 시간을 모니터링한다. 왜 사용률이 높은지 알고 싶을 것이다. 규칙에 따라 이 모니터링이 수행될 때, 첫 번째 템플릿은 사용률을 모니터링한다. 또한 특정 문제를 디버깅할 때 개별 프로세스의 사용률을 모니터링하는 것이 도움이 될 수 있다. 안타깝게도 서버에서 직접 이런 값을 쿼리할 수 있는 방법은 없다. 프론트엔드에 아이템을 추가한 다음 작업이 시작될 때까지 기다려야 한다. 프로세스 타입 또는 그 수에 대해 내장 LLD가 없다. 수동으로 이런 아이템을 작성하거나 XML 임포트 또는 자빅스 API를 사용해 자동화해야 한다.

이것이 어떻게 작동하는지 보기 위해 모든 폴러 프로세스의 평균 사용률을 모니터링하자. Configuration > Hosts로 이동해 A test host 옆에 Items를 클릭하고 Create item을 누른다. 다음 값을 입력하자.

- Name: Zabbix $4 process $2 rate

- Type: Zabbix internal

- Key: zabbix[process,poller,avg,busy]

- Type of information: Numeric (float)

- Units: %

- New application: Zabbix process busy rates

> **TIP** 자빅스 프록시에 의해 모니터링되는 호스트에 이런 아이템을 생성하면 자빅스 서버가 아닌 해당 프록시에 대한 데이터를 수집한다.

아이템 이름에 위치 변수를 다시 사용했다. 다른 프로세스를 모니터링할 경우, 이 아이템을 복제하고 아이템 키에서만 프로세스 이름을 변경하면 쉽다.

완료되면 하단의 **Add** 버튼을 클릭한다. **Latest data** 페이지에서 이 아이템을 확인한다.

NAME ▲	LAST CHECK	LAST VALUE
Zabbix process busy rates (1 Item)		
Zabbix busy process poller rate	2015-12-11 08:52:51	0.69 %

이 테스트를 위한 자빅스 인스턴스는 작은 규모이므로 매우 바쁘게 값을 폴링하지는 않는다. 기본적으로 5개의 폴러가 시작되었고 아무런 이슈 없이 현재 작업을 처리하고 있다.

연습으로 몇 가지 프로세스 타입, 즉 트랩퍼 및 연결할 수 없는 폴러를 모니터링해보자. 이 아이템에서 사용되는 정확한 프로세스 이름은 자빅스 매뉴얼 섹션의 내부 아이템에서 확인한다.

몇 가지 아이템을 추가해보면, 많은 내부 프로세스가 있음을 알 수 있다. 우리는 XML 임포트 또는 API를 사용해 이런 아이템을 자동으로 생성하는 방법에 대해 알아봤지만, 모든 캐시 또한 모니터링 가능함을 알고 있다. 여기서 자빅스는 기본 내부 모니터링 템플릿을 사용해 약간의 도움을 주려고 한다. 오른쪽 상단의 검색 창에 `app zabbix`를 입력하고 Enter 키를 누른다. Templates을 살펴보자.

Templates								
TEMPLATE	APPLICATIONS	ITEMS	TRIGGERS	GRAPHS	SCREENS	DISCOVERY		WEB
Template **App Zabbix** Agent	Applications 1	Items 3	Triggers 3	Graphs	Screens	Discovery		Web
Template **App Zabbix** Proxy	Applications 1	Items 21	Triggers 19	Graphs 4	Screens 1	Discovery		Web
Template **App Zabbix** Server	Applications 1	Items 30	Triggers 26	Graphs 5	Screens 1	Discovery		Web
							Displaying 3 of 3 found	

에이전트 템플릿은 매우 간단하고 현재는 별로 흥미로운 것이 없지만 서버 및 프록시 템플릿은 각각 31개 및 21개의 아이템을 포함하여 많이 있음을 확인할 수 있다. 이런 템플릿을 사용하면 내부 프로세스 사용률, 캐시 사용량, 큐, 처리된 값 및 기타 몇 가지 사항을 즉시 사용할 수 있다. 모든 자빅스 설치에서 이 템플릿을 사용하는 것을 추천한다.

이런 템플릿에는 이전에 작성한 예상 NVPS 아이템과 같은 몇 가지 흥미로운 아이템이 여전히 빠져있을 수 있다. 기본 템플릿을 수정하는 대신 이런 누락된 아이템을 위한 별도의 템플릿을 작성하는 것이 좋다. 이렇게 사용하면 새 버전으로 업그레이드할 때 더 쉽게 많은 프로세스와 캐시를 추가하고 기본 템플릿을 개선할 수 있다. 기본 템플릿을 그대로 두었다면 새로운 XML 파일을 임포트할 때, 자빅스는 모든 누락된 아이템을 추가하고, 기존 아이템을 업데이트하고, XML에 없는 아이템을 모두 제거하여 최신 기본 템플릿으로 업그레이드시킨다. 만약 템플릿을 수정했다면 수작업으로 업데이트해야 하는 경우도 있다.

지원되지 않는 아이템 및 기타 문제

우리는 이제 자빅스의 내부 모니터링에 대해 꽤 많이 알고 있다. 그러나 아직 더 많은 기능들이 있다. 지원되지 않는 아이템은 자빅스 서버에 좋지 않은 영향을 미치므로, 해당 아이템을 모니터링할 수 있는 방법을 알아보자.

지원되지 않는 아이템 수 계산

캐시 사용 및 프로세스 사용률과 마찬가지로 내부 아이템을 이용해 지원되지 않는 아이템 수를 모니터링할 수도 있다. 이 아이템을 만들기 위해 Configuration > Hosts로 이동해 A test host 옆에 Items를 클릭한 다음 Create item을 클릭한다. 다음 값을 채우자.

- Name: `Amount of unsupported items`
- Type: Zabbix internal
- Key: `zabbix[items_unsupported]`

완료되면 하단의 **Add** 버튼을 클릭한다. 잠시 후 Latest data 페이지에서 이 아이템을 확인한다.

Amount of unsupported items	2015-12-11 17:02:52 58

58이라는 숫자는 작은 규모에서는 매우 높은 값이다. 지금의 경우는 VM웨어 모니터링이 중단되어 발생된다. 현재 VM웨어 제한 시간이 초과되면 모든 VM웨어 아이템이 지원되지 않는다. 완벽한 환경에서는 지원되지 않는 아이템이 없으므로 트리거를 생성하여 이 아이템에 0보다 큰 값이 수신될 때마다 알림 메시지를 표시할 수 있다. 그러나 이런 알림은 작은 규모를 제외하고는 그다지 유용하지는 않다. 일반적으로는 여기 저기에서 문제가 발생하고 지원되지 않는 아이템 수는 결코 0이 될 수 없다. 따라서 트리거를 통해 지원되지 않는 아이템의 수가 크게 늘어난 경우 알림을 한번 발생하는 것이 더 유용하다. 트리거의 change( ) 함수를 이때 사용할 수 있다.

```
{A test host:zabbix[items_unsupported].change()}>5
```

아이템 수집주기 기본값인 30초마다 지원되지 않는 아이템 수가 5개 이상 증가하면 트리거가 발생된다. 임계치는 특정 환경에 따라 가장 적절한 값으로 조정한다.

이런 글로벌 알림은 유용할 수 있겠지만, 책임소재가 나누어져 관리되는 큰 환경의 조직에서는 책임이 있는 당사자들에게만 알림이 필요할 수 있다. 이를 수행하는 한 방법은 호스트당 지원되지 않는 아이템 수를 모니터링하는 것이다. 이 아이템을 사용하면 기본 템플릿에서 이 템플릿을 작성하여 필요한 모든 호스트에 적용할 수 있다. 그런 아이템을 만들어보자. Configuration | Templates로 이동해 C_Template_Linux 옆의 Items를 클릭하고, Create item을 클릭한다. 다음 값을 채워보자.

- Name: Unsupported item count
- Type: Zabbix internal
- Key: zabbix[host,,items_unsupported]

완료되면 하단의 Add 버튼을 클릭한다. Latest data 페이지에서 이 아이템을 확인하자.

A test host	- **other** - (1 Item)		
	Unsupported item count	2015-12-13 09:06:24	2

표시되어 있듯이 테스트 호스트에는 이 설치에서 지원되지 않는 두 가지 아이템이 있다. 이제 호스트에서 지원되지 않는 아이템 수가 0이 아닌 경우 알림 메시지가 가도록 동일한 템플릿에서 트리거를 생성하자. 이런 템플릿 사용은 상당히 잘 작동하겠지만, 큰 설치 환경에서는 템플릿의 아이템이 잘못 구성되었거나 userparameter가 깨져서 배포된 경우 너무 많은 트리거가 발생되는 결과를 초래할 수 있다. 아쉽게도 호스트 그룹당 지원되지 않는 아이템 수를 결정하는 기본 제공 아이템은 없다. 한 가지 해결 방법은 11장, '고급 아이템 모니터링'에서 설명한대로 집계 아이템을 사용하는 것이다. 예를 들어, Linux servers라는 그룹에 대해 지원되지 않는 아이템 수를 얻으려면 집계 아이템 키를 다음과 같이 설정할 수 있다.

```
grpsum[Linux servers,"zabbix[host,,items_unsupported]",last]
```

지원되지 않는 아이템 수에 대한 트리거를 개별 호스트에서 생성하지 않고, 대신 집계 아이템으로 하나만 생성한다. 개별 아이템으로 데이터를 수집하면 자빅스 서버에 약간의 부하를 주고 데이터베이스 크기를 증가시키지만, 적어도 알림 발생 수는 합리적 일 것이다.

 아이템이 지원이 불가능한 상태가 되면, 이를 참조하는 모든 트리거는 멈추고 누락된 데이터를 찾는 nodata() 함수를 사용했어도 마찬가지다. 따라서 이 같이 지원되지 않는 아이템 모니터링을 위한 내부 아이템을 사용하지 않는 한 누군가에게 이런 이슈를 알리는 것은 매우 어렵다. 이 내부 아이템이 지원되지 않을 가능성은 거의 없다.

더 많은 내부 아이템을 확인하려면 온라인 매뉴얼에서 자빅스의 최신 버전에 사용할 수 있는 전체 아이템을 찾아본다.

지원되지 않는 아이템 확인

자빅스 전체 설치 또는 특정 호스트에 대하여 지원되지 않는 아이템의 수를 알려주는 아이템은 유용하며, 좋지 않은 상황일 때 우리에게 알려준다. 좋지 않은 상황은 정확히 어떤 때일까? 프론트엔드에서 지원되지 않는 아이템 목록을 검토하는 아주 쉬운 방법이 있다. Configuration > Hosts로 이동해 Items 링크를 아무거나 클릭한 다음 아이템 필터를 확장한다. 호스트, 호스트 그룹 또는 기타 필터 옵션을 지우고 필터의 오른쪽을 보자. State 드롭다운에서 Not supported를 선택하고 Filter를 클릭한다. 이 자빅스 인스턴스에 지원되지 않는 아이템이 모두 표시된다. 모든 상태조건으로 모든 아이템을 조회하지는 않을 것이므로 필터에는 적어도 하나의 조건을 설정해야 하며, 상태 조건을 설정한다.

가능한 한 많은 지원되지 않는 아이템을 수정하려고 시도할 때마다 이 화면에서 확인해 볼 것을 추천한다. 지원되지 않는 아이템이 좋지 않은 상황일 때, 기본적으로 최대 1,000개의 항목이 표시된다. 지원되지 않는 아이템이 1,000개 이상인 경우, 이는 매우 안 좋은 상황이므로 수정이 필요하다.

템플릿에서 지원되지 않는 아이템을 보면 이전 버전에서 업그레이드된 자빅스 인스턴스 일 가능성이 크다. 깨진 아이템 상태는 이전 버전의 자빅스에서 발견된 버그다. 이 문제를 해결하려면 이런 아이템의 상태를 데이터베이스에서 수동으로 변경해야 한다. 아이템 ID를 검색하여 State 값을 0으로 변경하면 된다. 일반적으로, 직접 데이터베이스를 업데이트할 때는 매우 주의해야 한다.

내부 이벤트와 알 수 없는 트리거

방금 전에 다뤘던 지원되지 않는 아이템에 대한 알림은 가능한 적은 수의 트리거를 발생하는 방법과 알림을 분리할 수 있는 비교적 쉬운 방법을 제공하기 때문에 최선의 방법이라고 할 수 있다. 지원되지 않는 아이템과 알 수 없는 상태의 트리거에 대한 알림을 제공하는 또 다른 기본 방식이 있다. 자빅스에는 내부 이벤트 개념이 있다. 그 내부 이벤트를 기반으로 알림을 설정하려면 Configuration ➤ Actions로 이동해 Event source 드롭다운에서 Internal을 선택한 다음 Create action을 클릭한다. Action 탭에서 Recovery message 체크박스를 선택하고 아래 값을 입력한다.

- Name: A trigger changed state to unknown
- Default subject: {TRIGGER.STATE}: {TRIGGER.NAME}
- Recovery subject: {TRIGGER.STATE}: {TRIGGER.NAME}

Conditions 탭으로 전환한다. New condition 블록에서 첫 번째 드롭다운에 Event type을 선택하고 마지막 드롭다운은 Trigger in "unknown" state를 선택한다.

New condition블록에서 작은 Add 링크를 클릭하고 Operations 탭으로 전환한다. Action operations 블록에서 New를 클릭하고 Send to Users 세션에 New를 클릭한다.

팝업에서 monitoring_user를 클릭한 다음 Operation details 블록의 마지막에 있는 작은 **Add** 링크를 클릭한다. 맨 아래의 버튼 바로 위에 있다. 이 화면은 매우 복잡하기 때문에 조심하자. 완료되면 하단의 **Add** 버튼을 클릭한다.

우리는 7장, '트리거 처리 액션 제어'에서 더 자세하게 살펴봤다. 이제 트리거가 unknown 상태일 때마다 알림이 전송된다.

애플리케이션, 호스트, 템플릿 또는 호스트 그룹별로 이런 액션을 제한할 수 있지만 트리거 이벤트에 사용한 동일한 액션으로 내부 이벤트에 대응할 수는 없다. 호스트 그룹, 애플리케이션 및 기타 조건에 따라 이미 알림을 신중하게 나누어 액션을 가지고 있다면, 동일하게 세분화하기 위해서는 모든 이벤트에 대해서 액션을 복제해야 한다. 이는 매우 비효율적이므로 이런 경우, 해당 책임자에게 알려 장애를 조사하고, 호스트 그룹, 애플리케이션 또는 다른 단위로 할당된 팀에 장애를 전달하는 등 일반적인 조치를 취하는 것이 가장 좋다.

백업

만일의 사태를 대비해, 백업을 하는 것이 좋다. 모니터링 시스템을 설정할 때 백업을 어떻게 만들지 방법을 구상하는 시간을 갖는 것은 좋은 생각이다. 자빅스에는 고려해야 할 구성 요소와 데이터가 있다.

- **자빅스 바이너리**: 서버, 프록시 에이전트 등. 사실 이는 백업할 필요가 없다. 패키지나 재컴파일을 통해 쉽게 다시 구성할 수 있다.

- **자빅스 프론트엔드 파일**: 다행히도 프론트엔드 파일은 쉽게 구할 수 있다. 변경 사항이 있으면 버전 제어 시스템에 패치로 저장될 것이다.
- **자빅스 설정 파일**: 이 또한 버전 제어 시스템 또는 시스템 구성 도구에 저장되어 있다.
- **자빅스 서버 데이터베이스**: 여기에는 호스트 및 아이템과 같은 모든 모니터링 관련 설정 데이터가 들어 있으며 수집된 모든 값도 저장된다. 따라서 백업할 필요가 있다.

데이터베이스 백업

자빅스 백엔드로 여러 데이터베이스가 사용될 수 있다. 데이터베이스별로 백업 방법에 많은 설명을 포함하진 않고, 가장 널리 사용되는 백엔드인 MySQL 또는 포크 중 하나를 사용해 백업을 만드는 간단한 방법을 간략히 살펴볼 것이다. MySQL 데이터베이스의 백업 및 압축 방법은 아주 간단하다.

```
$ mysqldump zabbix --add-drop-table --add-locks --extended-insert
--single-transaction --quick -u zabbix -p | bzip2 > zabbix_database_ backup.
db.bz2
```

백업 작업 시, 대상 데이터베이스의 기존 테이블을 삭제하고 복원 시 각 테이블에 락을 걸도록 허용한다. 이는 보다 나은 복원 성능을 제공하기 위함이다. 또한 extended insert를 사용해 한 번에 하나의 값 삽입 대신, 많은 값을 삽입할 수 있다. 이는 훨씬 빠르게 백업과 복원이 가능하다. 하나의 트랜잭션에서 백업을 수행하는 것은 모든 테이블이 작업이 완료될 때까지 일관성 있는 상태를 보장한다. 그리고 마지막으로 --quick 옵션은 모든 내용을 메모리에 버퍼링하지 않고, 큰 테이블을 부분적으로 처리하도록 MySQL에 지시한다.

또한 `bzip2`를 사용해 데이터를 디스크에 기록하기 전에 압축했다. `gzip` 또는 `xz`와 같은 다른 압축 소프트웨어를 선택하거나 필요에 따라 압축 수준을 변경하여 백업 및 복원 중에 디스크 공간을 더 절약하거나 CPU 사용을 줄일 수 있다. 일부 압축 유틸리티 사용으로 메모리 사용량은 상당히 높아질 수 있으나, 가장 좋은 점은 MySQL 서버와 자빅스 서버를 중지하지 않고 이 백업 프로세스를 실행할 수 있다는 것이다.

이제 일반 백업 소프트웨어가 이 생성된 파일을 가져와 디스크 어레이, 테이프 또는 다른 특수 매체에 저장할 수 있다.

복원

백업을 복원하는 것도 간단하다. 저장된 명령문을 MySQL 클라이언트에 전달하고 필요한 경우 먼저 압축을 푼다.

```
$ bzcat zabbix_database_backup.db.bz2 | mysql zabbix -u zabbix -p
```

 다른 압축 유틸리티를 선택한 경우 zcat 또는 xzcat을 적절하게 사용한다.

 복원 프로세스 중에는 자빅스 서버를 중지해야 한다.

물론 백업은 복원이 가능한 경우에만 유용하다. 모든 백업 정책에서 요구하는 대로 백업본에서 복원하는 기능을 테스트해야 한다. 여기에는 데이터베이스 파일 복원이 포함되지만 복원된 데이터베이스의 스키마와 기본 스키마를 비교하는 것은 물론 테스트 시스템에서 자빅스 서버의 복사본을 실행하는 것도 권장한다. 테스트 서버 연결 시, 보내는 네트워크 연결을 허용하지 않도록 주의하자. 그렇지 않으면 네트워크에 과부하가 걸리거나 잘못된 알림이 전송될 수 있다.

설정과 데이터 백업 분리

전체 데이터베이스를 하나의 파일에 내릴 수는 있지만 항상 최상의 해결책은 아니다. 설정 데이터만 복원하는 것이 유용한 경우가 있다.

- 자빅스 서버보다 성능이 떨어지는 시스템에서 자빅스 업그레이드를 테스트할 때
- 심각한 수준의 장애에서 복구를 시도할 때, 설정만 우선 복원하여 가능한 빨리 모니터링을 재개하는 것이 유용할 수 있다. 필요한 경우 데이터베이스의 과부하를 피하기 위해 히스토리와 트렌드 데이터는 나중에 부분적으로 복원할 수 있다.

일반적으로 히스토리, 트렌드 및 이벤트 정보가 있는 데이터 테이블은 설정 테이블보다 훨씬 크다. 데이터 테이블을 복원하는 것은 테스트 시스템에서 훨씬 오래 걸리거나 불가능할 수도 있다. 모든 테이블은 설정 및 데이터로 분할이 가능한데, 각 테이블을 별도로 백업하고 복원할 때 원하는 테이블만 간단하게 처리할 수 있다. 이를 위한 명령어 예는 다음과 같다.

```
$ for table in $(mysql -N -e "show tables;" zabbix); do mysqldump --add- locks
--extended-insert --single-transaction --quick zabbix $table | bzip2 > zabbix_
database_backup_$table.bz2; done
```

이 경우 단일 트랜잭션으로 전체 데이터베이스에 대한 백업을 수행하지 않으며 설정 변경으로 인해 테이블 간에 불일치가 발생할 수 있다. 설정 변경이 발생하지 않는 다면 이런 백업 방법을 사용하는 것이 좋다.

설정 변경으로 테이블 일관성 문제가 발생할 수 있는 경우, 설정 테이블을 단일 트랜잭션으로 백업하고 수집된 정보와 기록된 정보를 별도의 테이블로 백업할 수 있다.

```
$ mysqldump --add-locks --extended-insert --single-transaction zabbix
--ignore-table=zabbix.history --ignore-table=zabbix.history_uint
--ignore-table=zabbix.history_text --ignore-table=zabbix.history_ str --ignore-
table=zabbix.history_log --ignore-table=zabbix.trends
--ignore-table=zabbix.trends_uint --ignore-table=zabbix.events --ignore-
table=zabbix.alerts --ignore-table=zabbix.auditlog --ignore-table=zabbix.
auditlog_details --ignore-table=zabbix.acknowledges | bzip2 > zabbix_ database_
backup_config_tables.bz2
$ mysqldump --add-locks --extended-insert --single-transaction zabbix history
history_uint history_text history_str history_log trends trends_ uint events
alerts auditlog auditlog_details acknowledges | bzip2 > zabbix_database_backup_
data_tables.bz2
```

자빅스에서는 설정 및 데이터 테이블 구분이 약간 애매할 수 있고, 아직 여러 설정 테이블에서 여전히 런타임 정보를 보유하고 있음을 유념하자.

▌ 자빅스 업그레이드

자빅스는 15년이 넘은 성숙한 제품이지만 여전히 매우 활발하게 개발되고 있다. 버그는 수정되고 새로운 기능이 추가되고 있다. 그러므로 적당한 시점에서 개선된 버전으로 업그레이드할 필요가 있다. 이 절에서는 다음을 살펴보겠다.

- **일반 버전 정책**: 안정적인 버전과 버전별 지원 기간
- **업그레이드 프로세스**: 업그레이드 목적, 대상, 방법
- **자빅스 구성 요소 간의 호환성**: 서버 버전과 에이전트 버전 등 다른 구성 요소 버전과의 호환성

일반 버전 정책

자빅스 버전 관리 체계는 수년에 걸쳐 몇 번 변경됐다. 일반적으로, 버전의 2.4 및 3.0과 같은 첫 두 숫자는 주요 버전을 나타내고 세 번째 숫자는 서브 버전 번호를 나타낸다. 이전에는 두 번째 숫자가 짝수인 경우는 안정적인 버전을 나타내는 반면, 홀수인 경우는 개발 분기를 나타냈다. 따라서 2.3은 2.4의 개발 버전이었고 2.4는 안정적인 버전이었다. 이것은 3.0에서 약간 변경됐다. 개발 릴리스가 홀수 번호, 즉 2.5 번호에서부터 벗어났다. 이제 3.0.0alpha1, 3.0.0beta2 등으로 불린다. 이는 사용자에게는 좀 더 친숙한 버전 표시방법이나, 여전히 내부 여러 곳에서는 2.5를 기준으로 버전 번호를 매기고 있다. 예를 들어 데이터베이스와 같은 경우이며, 잠시 후에 좀 더 자세하게 살펴볼 것이다.

자빅스 3.0 이후의 새 버전 번호 규칙은 다음과 같이 요약할 수 있다.

- 숫자와 점으로 표시된 버전은 안정된 버전을 의미
- alpha, beta, rc^{release candidate}(릴리스 번호) 키워드가 추가된 버전은 안정적인 릴리스가 아님을 의미

장기 지원과 단기 지원

안정적인 버전의 경우에는 더 많은 차이점이 있다. 릴리스와 지원 정책도 변경됐으며 현재 정책에 따르면 안정적인 버전에는 두 가지 타입이 있다고 명시한다.

- **장기 지원 버전**^{LTS, Long Term Support}: 3년간 일반적인 버그 수정 지원 + 2년간 중요 및 보안 수정 지원
- **단기 지원 버전**^{STS, Short Term Support}: 다음의 안정된 버전(LTS 혹은 non-LTS 둘 다 적용)의 첫 번째 릴리스 후 약 1개월간 지원

과거의 2.2 버전은 LTS로 배포되면서 STS인 2.4와 2.6의 릴리스 계획이 있었으나 계획이 변경돼 2.6이 취소됐다. 따라서 3.0이 현재 LTS 버전이며 3.2와 3.4는 STS로 배포될 계획이다. 4.0은 다음 LTS 버전이며 이후 모든 LTS 버전은 N.0으로 매겨진다. 이 정책이 지속될 것인가에 대해선 장담할 수 없으므로 http://www.zabbix.com/life_cycle_and_release_policy.php에서 현재 정책을 확인하는 것이 좋다.

 지원은 주로 공식적인 서비스에 대해서 이뤄지며, 이는 모든 사용자에게 큰 영향을 끼친다. 부록 B, '커뮤니티 참여'에서 지원 옵션에 대해 좀 더 논의할 것이다.

어떤 버전을 사용할 지 어떻게 결정할 것인가? 사용 가능한 기능과 얼마나 빨리 업그레이드할 수 있는지를 고려해야 한다. 최신 LTS 버전이 만족스럽고 한동안 업그레이드할 계획이 없는가? 그럼 그것을 사용하자. 만약 non-LTS 버전의 기능을 원하거나 다음 안정적인 버전이 나올 때 업그레이드를 원하는가? 그러면 non-LTS 버전으로 가자. 그 사이의 모든 버전에서, 그 시점에 유효한 지원 정책을 기반으로 업그레이드 결정을 내려야 한다. 여기 의사결정에 도움이 될만한 간단한 표가 있다.

다음과 같을 때 non-LTS 버전 사용	다음과 같을 때 LTS 버전 사용
Non-LTS 버전의 새로운 기능이 필요하다.	LTS 버전의 기능이 만족스럽다.
모든 새 버전에서 빠르게 업그레이드할 계획이다.	가능한 한 오랫동안 하나의 버전을 유지하는 것이 낫다.
약간 불안정해도 괜찮다.	더 안정적인 버전을 선호한다.

표의 약간 불안정이란 표현이 non-LTS 버전에 심각한 문제가 있다는 것을 의미하지 않는다. 어떤 경우에는 더 안정적이란 표현은 버그가 꽤 안정적이라는 것을 의미하지만, 오랜 기간 동안 수정되지 않았다.

업그레이드 프로세스

업그레이드 노트를 읽어보자.

업그레이드 노트는 무엇일까? 업그레이드를 수행하기 전에 잠시 시간을 내어 자빅스 설명서로 이동해 업그레이드 노트를 읽자. 몇 가지 주요 버전을 뛰어 넘는 경우 그 사이의 업그레이드 노트를 모두 읽도록 하자. 자빅스 개발을 조금 지켜본 사람이라도, 문제를 야기할 수 있는 변경 사항을 놓칠 수도 있다. 파라미터 추가 삭제, 메모리 요구 사항 변경, API 변경 등 업그레이드 노트에 모든 중요한 변경 사항이 기재되어 있다.

또한 What's new 페이지의 새로운 기능과 향상된 기능을 꼭 읽기를 추천한다. 변경 사항 중 일부를 놓치는 위험을 줄이는 목적이기도 하지만, 자빅스를 효율적으로 사용하는 데 도움이 될 수 있다.

이제 업그레이드 프로세스에 대해 다루도록 하겠다. 프로세스와 호환성은 수행 중인 버전 변경에 따라 다르다.

- 동일한 주요 버전에서 서브버전 업그레이드는 간단하고 쉽게 실행 취소할 수 있다.
- 주요 버전 간 업그레이드는 더 복잡하고 실행 취소가 어렵거나 불가능하다.

서브 버전 업그레이드

이는 매우 간단하다. 예를 들어, 3.0.0에서 3.0.1로, 또는 3.0.1에서 3.0.5로는 서브 버전 업그레이드로 간주한다.

 자빅스는 세 번째 숫자를 사용해 서브 버전을 나타낸다.

서브 버전 업그레이드를 수행할 때 서버, 에이전트, 프록시, 자바 게이트웨이 등 모든 구성 요소의 조합을 업그레이드할 수 있다. 혼란을 줄이기 위해 동일한 버전의 구성 요소를 유지하는 것이 좋지만 3.0.0 서버는 3.0.1 프론트엔드, 3.0.2 프록시, 3.0.3 에이전트를 사용하도록 업그레이드할 수 있다. 하나의 주요 버전 안에 모든 구성 요소가 서로 호환된다.

업그레이드 시 서브 버전을 건너뛰어도 문제없이 수행된다. 즉, 3.0.1에서 3.0.5로 바로 가는 것도 좋다.

서브 버전에는 업그레이드 노트가 자주 제공되지 않지만, 확실하게 확인해보는 것이 좋다. What's new 페이지를 통해 확인하자.

바이너리 업그레이드

자빅스 서버, 에이전트 및 잠재적인 프록시 바이너리를 업데이트해야 한다. 정확한 프로세스는 처음 설치한 방법에 따라 다르다. 소스에서 컴파일했다면 설치와 동일한 단계로 수행한다. 패키지에서 설치했다면 배포 패키지 관리 도구를 사용해 업그레이드를 수행한다. 이 과정은 매우 간단하며 1장, '자빅스 시작하기'에서 자세히 다뤘다.

업그레이드된 자빅스 서버를 시작한 후 드물게 다음과 같은 로그가 나타날 수 있다.

```
10852:20151231:094918.820 starting automatic database upgrade
```

서브 버전 업그레이드의 경우 데이터베이스 인덱스를 변경하여 성능을 향상시킬 수 있으며, 주요 버전 업그레이드를 다룰 때 다시 언급하겠다.

프론트엔드 업그레이드

하나의 서브 버전에서 다른 서브 버전으로 자빅스 프론트엔드를 업그레이드하는 것도 간단하다. 소스를 통해 설치한 경우, 새로운 프론트엔드 파일을 복사한다. 프론트엔드를 바로 덮어쓰는 대신, 파일을 별도의 디렉토리에 먼저 복사해 놓고 제대로 동작하는지 확인한 뒤에 전체 사용자에게 적용하는 것이 좋을 것이다.

예를 들어, 자빅스 프론트엔드 원 설치 버전이 상대 경로 zabbix/에 위치한다면 새로운 프론트엔드 파일을 zabbix-<new_version>/에 놓고 zabbix/ 폴더명을 zabbix-<old_version>/로 변경한다. zabbix로 부르는 심볼릭 링크를 생성하여 새 버전을 가리키게 하면 업그레이드할 때마다 다른 URL을 사용할 필요가 없다. 설정 마법사를 건너뛰려면 설정 파일을 복사한다.

```
# cp zabbix-<old_version>/conf/zabbix.conf.php zabbix/conf/
```

이것으로 충분하다. 이제 브라우저에서 자빅스 프론트엔드를 새로고침하여 페이지 바닥글을 확인한다. 새 버전 번호가 표시될 것이다.

이렇게 이전 프론트엔드 버전을 가지고 있는 것은 새로운 버전에 문제가 있을 때 이전 버전에도 동일한 문제가 있는지 테스트할 때 유용하다. 간단하게 브라우저에서 이전 프론트엔드를 가리키는 URL을 호출하면 된다. 실제로 문제가 있는 것으로 판명되면, 심볼릭 링크가 이전 디렉토리를 가리 키도록 변경하여 이전 버전으로 되돌린다.

 define.inc.php 파일을 수정한 경우 새 버전의 파일에도 동일하게 수정해야 함을 명심하자.

자빅스 프론트엔드를 여러 버전으로 유지하며 동시에 사용할 수 있다. 일반적으로 필요하지는 않지만 일부 디버깅 또는 비교 수행이 필요한 경우 매우 유용할 수 있다.

주요 버전 업그레이드

주요 버전 업그레이드는 서브 버전 업그레이드와 약간 다르다. 다시 말하지만 업그레이드 노트를 꼭 읽도록 하자. 주요 버전에는 항상 몇 가지가 있다. What's new 페이지도 꼭 기억하자.

주요 버전 업그레이드 주제로 다시 돌아가면, 서브 버전 업그레이드와 가장 큰 차이점은
다음과 같다.

- 데이터베이스 스키마 변경
- 호환성
- 업그레이드 노트 읽기

> ℹ️ 소스를 통해 주요 버전 업그레이드를 수행할 경우, 새 프론트엔드 파일 목록을 이전 파일목
> 록에 복사하지 않는 것이 좋다. 이전 버전의 남은 파일로 인해 문제가 발생할 수 있다.

먼저 데이터베이스 스키마 변경에 대해 얘기하고, 그 후에 호환성에 대해 자세히 설명하
려고 한다. 업그레이드 노트 읽는 것은 항상 기억하자.

자빅스 팀은 데이터베이스 변경 없이 서브 버전 업그레이드를 유지하기 위해 애쓰지만 주
요 릴리스에서는 데이터베이스 변경이 가능하다. 데이터베이스 스키마와 그 내용 변경은
새로운 기능을 수용하고 성능을 향상시키며 유연성을 높일 수 있다. 이미 저장된 데이터
유지가 불가능하고 새로운 기능의 설정을 생성할 수 없다면 사용자는 전혀 원치 않을 것이
다. 따라서 새로운 버전이 나올 때마다 데이터베이스 업그레이드 패치가 제공된다. 여기에
는 새 테이블 및 필드 추가, 테이블 및 필드 제거, 데이터 레이아웃 변경이 포함될 수 있다.

주요 버전 업그레이드를 통해 데이터베이스가 변경되는 경우 최근 백업이 있는지 확인하
자. 업그레이드는 매우 광범위하게 테스트하지만 개발자가 모든 시나리오를 테스트할 수
는 없다. 수천 명의 사람들에게는 문제없이 작동하지만 어떤 모호한 상황에서는 작동하지
않을 수도 있다 또한 하드웨어 또는 전기 오류로 인해 업그레이드 프로세스가 중단되면 데
이터베이스가 손상될 수 있다. 이렇게 경고했으므로 꼭 백업을 준비하자.

가능한 한, 테스트 서버에서 업그레이드를 테스트하는 것을 권장한다. 테스트 하드웨어
에 운영 서버의 전체 데이터 복사가 불가능한 경우 히스토리나 트렌드 데이터 셋 일부를
복사하여 테스트하자.

최신 백업본을 만들어 놓았다면 주요 버전 업그레이드할 준비가 됐다. 데이터베이스 업그레이드 프로세스가 자빅스 버전 2.2에서 크게 변경됐다. 이전 버전에서는 수동으로 데이터베이스 패치를 적용해야 했다. 자빅스 설치 버전이 2.0 이전보다 오래 됐다면 수동으로 2.0 데이터베이스 스키마까지 패치해야 한다. 참고로 소스 트리의 upgrades/dbpatches 폴더에 데이터베이스 패치가 있다.

하지만 실제로 그 경로의 패치를 따라 업그레이드하려면, 부록 B, '커뮤니티 참여'의 자빅스 커뮤니티 기술 채널을 통해 조언을 얻도록 하자.

자빅스 2.0 또는 그 이후의 최신 버전으로 업그레이드하려면 수동 패치는 필요 없다. 새 서버를 시작하면 데이터베이스 스키마가 자동으로 업그레이드된다. 데이터베이스 업그레이드는 별도의 확인 없이 수행된다. 따라서 데이터베이스를 변경하지 않으려면 이전 버전의 데이터베이스 보다 최신 서버의 바이너리를 시작하지 않도록 주의하자.

업그레이드 노트관련 마지막 노트는 promise이다. 최신 자빅스의 업그레이드는 대규모 설치라도 매우 빠르게 수행되지만, 이전 버전은 히스토리 데이터 테이블을 업그레이드한다고 할 때, 수행 시간이 느리다. 사실 정말 오래 걸린다. 일부 보고된 시간은 며칠이 걸리기도 한다. 향후 버전에서 이런 변경이 요구되는 경우, 업그레이드 노트 promise에 언급될 것이고 이를 기쁘게 기다릴 것이다.

데이터베이스 버전 관리

데이터베이스 버전 및 스키마 변경에 대한 모든 상황을 통해 버전 정보가 저장되는 방식과 업그레이드 상태를 확인하는 방법을 자세히 살펴보겠다. 자빅스 데이터베이스에서 dbversion 테이블을 검사해보자.

```
mysql> select * from dbversion;
+-----------+----------+
| mandatory | optional |
+-----------+----------+
```

```
|   3000000 |   3000000 |
+-----------+-----------+
1 row in set (0.00 sec)
```

이 테이블은 자빅스 구성 요소에서 데이터베이스 스키마의 버전을 결정하는 방법을 알려준다. 테이블에 필수 버전과 선택적 버전을 나타내는 두 개의 숫자가 있다. 버전 번호와 관련하여 다음 규칙이 중요하다.

- 하나의 주요 버전 내에서는, 필수 버전 번호는 항상 동일하다.
- 더 새로운 버전의 서버가 시작되면 최신의 필수 및 선택적 버전으로 데이터베이스를 업그레이드한다.
- 데이터베이스의 필수 버전과 서버 및 프론트엔드의 각 필수 버전이 정확히 일치하는 한 함께 동작할 수 있다. 선택적 버전은 호환성에 영향을 미치지 않는다.

필수 버전은 테이블 및 필드 변경, 호환성을 손상시킬만한 중요한 변경 사항을 포함한다. 선택적 버전은 인덱스 변경 같은 운영에 도움은 주는 것을 포함하며, 최신의 데이터베이스가 아닌 과거 버전을 사용하는 것을 허용한다.

자빅스 서버는 2.0 이후의 모든 버전에서 최신 데이터베이스 스키마 버전으로 업그레이드할 수 있다. 2.0 버전에서 3.2 버전으로 데이터베이스를 업그레이드하려면 서버 버전을 연속적으로 사용할 필요는 없다. 즉, 3.2 서버 버전으로 바로 업그레이드 가능하다.

자빅스 서버의 새로운 주요 버전이 시작될 때, 서버 로그 파일에서 현재 상태와 데이터베이스 업그레이드 진행률을 확인할 수 있다.

```
10852:20151209:094918.686 Starting Zabbix Server. Zabbix 3.0.0 (revision {ZABBIX_
REVISION}).
10852:20151209:094918.729 ****** Enabled features ******
```

```
...
10852:20151209:094918.730 TLS support:    NO
10852:20151209:094918.730 *******************************
10852:20151209:094918.730 using configuration file: /usr/local/etc/
zabbix_server.conf
10852:20151209:094918.820 current database version (mandatory/ optional):
3000000/ 3000000
10852:20151209:094918.820 required mandatory version:    3000000
10852:20151209:094918.820 starting automatic database upgrade
...
10852:20151209:094918.866 completed 20% of database upgrade
...
10852:20151209:094918.937 completed 100% of database upgrade
10852:20151209:094918.937 database upgrade fully completed
```

데이터베이스에서 조금 전에 살펴봤던 현재의 필수 및 선택적 데이터베이스 버전과 요구되는 필수 버전이 어떻게 출력되는지 확인하자. 필수 또는 선택적 데이터베이스 버전 번호가 요구되는 필수 버전보다 낮으면 서버는 데이터베이스를 업그레이드 한다. 데이터베이스 필수 버전이 서버 버전보다 높으면, 서버는 시작을 거부한다. 데이터베이스 스키마 업그레이드 중에는 모니터링이 수행되지 않는다. 데이터베이스 업그레이드가 완료되면 모니터링은 재시작된다.

데이터베이스 업그레이드를 처리하기 위하여 서버를 업그레이드 및 시작하기 전에 프론트엔드를 업그레이드하면 어떻게 될까? 프론트엔드에 다음과 같은 메시지가 표시될 수 있다.

Database error

The frontend does not match Zabbix database. Current
database version (mandatory/optional): 3000000/3000000.
Required mandatory version: 3000001. Contact your system
administrator.

Retry

업그레이드할 때 이런 메시지가 표시되면 새 서버를 시작하고 데이터베이스 업그레이드가 성공했는지 확인한다. 그래도 해결되지 않는다면 이전 자빅스 서버 바이너리를 실행하지 않았는지, 혹은 자빅스 서버가 다른 데이터베이스를 가리키고 있는지 확인해보자.

자빅스를 업그레이드하지 않았는데 이와 같은 메시지가 표시되면 설정을 잘못 했을 수도 있다. 이런 상황은 자빅스가 작동되고 있거나 서브 버전 업그레이드가 수행되고 있는 동안 절대로 발생해서는 안 된다. 자빅스 프론트엔드는 defines.inc.php에 정의된 호환되는 주요 버전을 ZABBIX_DB_VERSION 값으로 가지고 있다.

업그레이드 중 데이터 수집

데이터베이스 업그레이드 프로세스는 매우 빠르지만 경우에 따라서는 상당한 시간이 걸릴 수도 있다. 자빅스 업그레이드 중에도 데이터 수집을 계속해야 할 수도 있지만 업그레이드가 끝날 때까지 모니터링이 재개되지 않으면 어떻게 해야 할까?

추가적인 자빅스 프로세스인 프록시를 기억하는가? 데이터를 수집하고 자빅스 서버로 보내기 위해 버퍼링할 수 있었기 때문에 서버가 잠시 동안 작동하지 않아도 데이터가 손실되지 않았다. 이는 우리가 필요로 하는 상황과 거의 비슷하다. 모든 실제 모니터링이 자빅스 프록시에 의해 수행 됐다면, 올바른 방향으로 가고 있는 것이다.

서버에 의해 직접 폴링된 아이템이 있는 경우, 동일한 서버에 임시 프록시를 설치하길 원한다면, 자빅스 서버 업그레이드 중에 실행하고 나중에 제거할 수 있다. 이를 쉽게 수행하려면 프론트엔드의 Configuration ➤ Hosts 섹션에 대량 업데이트 기능과 Monitored by proxy 옵션을 사용한다. 하나의 호스트로 먼저 테스트하여 프록시가 실제로 데이터를 수집할 수 있는지 확인한다.

액티브 아이템을 사용하는 경우 임시 프록시 설치를 설정하는 것이 훨씬 더 어렵다. 자빅스 에이전트가 ServerActive 파라미터에 지정된 주소로 연결될 수 있도록 모든 에이전트를 재설정해야 한다. 한편으로는 액티브 에이전트는 잠깐 동안 데이터를 버퍼링할 수 있으므로 빠른 서버 업그레이드가 가능하면 데이터를 잃지 않을 수도 있다.

프록시를 활용한 방법이 훌륭하게 들리겠지만 서버를 업그레이드하는 것보다 조금 더 복잡하다. 공식적으로 동일한 주요 버전에서만 서버-프록시 호환성을 지원한다. 즉, 업그레이드된 서버에서 이전 버전의 프록시를 사용해서는 안 된다. MySQL 또는 PostgreSQL을 사용한다면 프록시는 데이터베이스와 함께 업그레이드 된다. 주요 버전 업그레이드 시, 프록시를 사용해 데이터 수집을 계속하려면 다음의 방법을 권장한다.

1. 모든 프록시-서버 통신 차단(가능하면 iptables와 같은 로컬 방화벽 사용)
2. 기존 자빅스 서버를 중지하고 업그레이드 후, 새 서버 시작
3. 이전 자빅스 프록시 중 하나를 중지하고 업그레이드 후, 새 버전으로 로컬 데이터베이스 업그레이드
4. 프록시와 새 서버 간 통신 복원
5. 나머지 프록시도 동일한 방법으로 진행

이렇게 하면 업그레이드 시 최소한의 데이터 손실을 보장한다. 특히 개별 프록시 업그레이드 단계가 지연 없이 스크립팅 및 처리되는 경우 특히 데이터 손실이 적다.

 SQLite를 사용하는 경우 프록시 데이터베이스 업그레이드가 지원되지 않는다. 이 경우 이전 방법이 작동하지 않으며 업그레이드할 때 프록시 데이터베이스 파일이 제거된다.

프론트엔드 설정 파일

하나의 주요 버전에서 다른 버전으로 옮길 때 데이터베이스 업그레이드가 가장 중요한 단계이지만, 자빅스 프론트엔드 설정 파일에 주의를 기울일 필요가 있다. 이전 설정 파일을 새 설정 파일과 비교해 기존 파라미터에 대한 새로운 파라미터 또는 중요한 변경 사항이 있는지 확인하는 것이 좋다. 가장 쉬운 방법은 conf/ 서브폴더에 있는 zabbix.conf.php.example과 비교하는 것이다. 이 설정 파일은 매우 작으므로 차이점을 쉽게 찾을 수 있다.

패키지로 설치한 경우 프론트엔드 설정 파일은 /etc/zabbix/나 /etc/zabbix/web/ 혹은 /etc/zabbix/frontend/에 위치한다.

호환성

자빅스 서버 업그레이드에 대해 알아봤다. 그러나 꽤 많은 구성 요소가 있으며 각 구성 요소 간의 호환성은 약간 다르다. 사실 공식적인 호환성 목록은 매우 간단하다.

- 모든 이전 버전의 자빅스 에이전트가 지원된다.
- 자빅스 서버 및 프록시, 자바 게이트웨이는 주요 버전이 동일해야 한다.

에이전트에 관해서는 관대할 만한 지원이다. 모든 이전 에이전트 버전은, 심지어 2001년 1.0 버전까지도 최신 자빅스 서버 또는 프록시에서 작동한다. 자빅스 서버를 업그레이드 하더라도 에이전트를 그대로 유지할 수 있다. 하지만 새로운 기능, 성능, 또는 보안 강화에 대한 이점은 없다.

기술적으로 지원 규칙을 벗어난 조합으로도 동작할 수도 있다. 예를 들어, 더 최근의 에이전트가 이전 서버에서 작동하는 경우도 있으며, 자빅스 자바 게이트웨이 프로토콜은 많이 변경되지 않았기 때문에 다른 주요 버전의 자빅스 서버에서도 작동할 수 있다. 하지만 이런 조합은 자빅스 개발자가 테스트하지 않고, 또한 지원도 안 된다. 때문에 일반적으로는 피하는 것이 좋다.

▌성능 고려 사항

자빅스는 소규모 설치의 경우 성능이 뛰어나지만 모니터링되는 환경이 커짐에 따라 성능 문제가 발생할 수 있다. 자빅스 성능에 대한 전체적인 내용은 여기에서 다루지 않지만 올바른 설정방법과 향후 연구 방향에 대한 출발점을 논의해 보겠다.

- 가능한 한 정말 필요한 것만, 긴 주기를 가지고 모니터링하고 필요한 만큼만 데이터를 보관한다. 일반적으로 자빅스의 새로운 사용자는 기본 템플릿을 그대로 사용해 새 아이템을 많이 추가하고 짧은 주기로 데이터를 수집하지만, 절대 보지 않는다. 기본 템플릿을 복제해 필요 없는 부분은 모두 제거하고, 수집주기는 가능한 한 늘릴 것을 권장한다. 여기에는 아이템 목록을 줄이고 간격을 늘리며 기록 및 트렌드 데이터의 보존 기간을 줄이는 작업을 포함한다. 이벤트, 알림 및 기타 데이터도 있다. 잠시 후에 이런 데이터의 저장설정에 대해서 다루도록 하겠다.
- 자빅스 에이전트를 사용할 때는 액티브 아이템을 사용하자. 액티브 아이템은 적은 수의 네트워크 연결을 사용해 결과를 얻고 자빅스 서버 부하를 감소시킨다. 몇 가지 기능은 액티브 아이템에 제공되지 않으므로 어떤 경우에는 패시브 아이템을 사용해야 한다. 액티브 아이템으로 무엇이 가능하고 불가능한지는 3장, '자빅스 에이전트와 기본 프로토콜과 모니터링'에서 이야기했다.
- 자빅스 프록시를 사용하자. 자빅스 서버에 대량 데이터를 제공하고 서버가 해야 할 일을 줄인다. 19장, '프록시를 이용한 원격지 모니터링'에서 프록시에 대해 이미 다뤘다.

우리는 이미 아이템의 히스토리 및 트렌드 데이터 유지 기간에 대해 배웠다. 이것 외에도 이벤트, 경고, 확인 메시지, 기타 데이터는 자빅스가 얼마나 보관해야 할까? Administration > General 메뉴에서 설정할 수 있다. 오른쪽 상단 끝 드롭다운에서 Housekeeping을 선택한다.

	Events and alerts
Enable internal housekeeping	▣
Trigger data storage period (in days)	365
Internal data storage period (in days)	365
Network discovery data storage period (in days)	365
Auto-registration data storage period (in days)	365

> **ⓘ** 이 페이지는 지나치게 길기 때문에 앞의 화면은 상단의 일부만 보여주고 있다.

여기에서 다음 데이터를 보관할 기간을 설정할 수 있다.

- **이벤트**: 트리거, 내부 네트워크 검색 및 액티브 에이전트 자동 등록 이벤트에 대해 별도의 저장 기간을 선택할 수 있다. 이벤트를 제거하면 관련된 모든 알림 및 승인 메시지도 제거된다.
- **IT 서비스 데이터**: IT 서비스 가동 및 중지 상태는 트리거 이벤트와 별도로 기록되며 보유 기간도 별도로 설정할 수 있다.
- **감사 데이터**: 감사 데이터를 저장할 기간을 지정한다. 이 후에 실제로 어떤 것인지 논의할 것이다.
- **사용자 세션**: 종료된 사용자 세션은 더 자주 제거되지만 활성화된 사용자 세션은 기본적으로 1년 후에 제거된다. 즉, 1년 이후에 로그인하면 로그인이 불가능함을 의미한다.

이 값들은 최소한으로 유지돼야 한다. 장기간 데이터 보관은 데이터베이스 크기가 늘어나고 성능에 많은 영향을 줄 수 있다.

여기에 히스토리와 트렌드 설정은 어떨까? 일반적으로 아이템별로 설정할 수 있지만, 여기서 오버라이드할 수 있다. 또한 각 항목에 대해 데이터 삭제작업을 사용하지 못할 수 있다. 이런 옵션은 대규모의 자빅스 환경을 관리해야 하는 사용자를 대상으로 한다. 데이터베이스가 실제로 커지면 성능이 크게 떨어지므로 가장 큰 사이즈의 테이블을 카테고리 기준으로 나누어 분할시켜 성능을 향상시킬 수 있다. 자빅스를 사용하면 일반적으로 히스토리 및 트렌드 테이블을 분할하여 사용하고, 때로는 이벤트 및 알림 테이블도 추가적으로 분할한다. 파티셔닝을 사용하면 테이블의 일부(파티션)가 제거되고 이 테이블에 대한 데이터 삭제작업이 비활성화된다. 자빅스 커뮤니티의 많은 사람이 열정적으로 초기에 파티셔닝 하는 것을 제안하고 있다. 하지만 대규모 설치 계획이 없거나 데이터베이스 파티셔닝을 실제로 잘 알고 있는 경우가 아니라면 보류하는 것이 더 나을 수도 있다. 아직 공식적으로 지원되거나 내장된 파티션 구성표가 없으나 앞으로 지원될 수도 있다. 이후 파티션 구성표가 제공되고 운영중인 파티션 스키마와 다르다면, 공식 구성표와 동기화하는 것은 사용자의 몫이다.

▌ 작업 이력 관리

"지금 누가 작업했지?" IT 직장 내 여러 곳에서 가끔씩 들을 수 있는 질문이다. 이상한 설정 변경, 원치 않는 재부팅 등의 책임자가 누구인지, 실행기록 추적은 질문자에게 변경한 사람이나 작업을 잊은 사람이 누군지 알 수 있도록 많은 도움을 준다. 자빅스 설정 변경의 경우, 내부 감사 로그를 사용할 수 있다. 대부분의 기능과 마찬가지로 웹 프론트엔드에서 편리하게 액세스할 수 있다. 지금까지 여러 가지 기능을 배우기 위해 많은 설정 변경을 진행했다. 우리가 남긴 발자국을 보겠다. Reports ➤ Audit로 이동해 필터 시간 바를 자빅스 인스턴스의 초기 설치와 대략 일치하는 기간으로 설정해보자. 감사 기록의 첫 화면에서는 로그인 및 로그아웃 기록만 볼 수 있지만 우리가 수행한 작업 목록이 제공되고 있다.

TIME	USER	IP	RESOURCE	ACTION	ID	DESCRIPTION	DETAILS
2015-12-12 14:06:12	Admin	127.0.0.1	User	Login	1		
2015-12-12 14:06:12	Admin	127.0.0.1	User	Logout	1		Manual Logout
2015-12-12 14:05:11	Admin	127.0.0.1	User	Login	1		
2015-12-12 14:05:11	Admin	127.0.0.1	User	Logout	1		Manual Logout
2015-12-12 14:04:10	Admin	127.0.0.1	User	Login	1		
2015-12-12 14:04:10	Admin	127.0.0.1	User	Logout	1		Manual Logout

13장, '웹 페이지 모니터링'에서 했던 것처럼 자빅스 프론트엔드 모니터링을 설정하면 어떨까? 매분 로그인 및 로그아웃하는 웹 시나리오대로 이런 레코드만 볼 수 있을 것이다. 그러나 사용자, 액션, 리소스별로 필터링할 수도 있다.

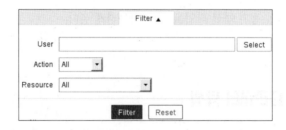

Action 및 Resource 드롭다운을 확장해보자. 꽤 괜찮은 기능들이 제공되고 특히 Resource 드롭다운에서 많은 것들이 제공된다.

이 책의 자빅스 1.8 버전에서는 다음과 같이 말한다.

> 첫 번째 자빅스 1.8 릴리스에서는 일부 작업이 감사 로그에 등록되지 않았다. 이런 문제는 가까운 시일 내에 해결될 것으로 예상된다.

하지만 불행하게도 1.8 버전에서 수정되지 않았으며, 2.0, 2.2, 2.4에서도 수정되지 않았다. 심지어 3.0에서도. 자빅스 감사 로그에는 여전히 많은 작업이 누락됐다. 특히 API 사용에 관련된 작업들이 많이 누락되어 있다. 감사 로그는 매우 유용할 수 있지만 관심 있는 특정 작업에 대해 누락되어 있을 수 있다. 로그되지 않은 작업 목록은 서브 버전에서 쉽게 변경될 수 있으므로, 관심 있는 로그가 포함되어 있는 버전에서 테스트해보자.

지원되지 않는 감사 로그에 대한 안타까운 현실은 잊고, 연습 삼아 Restart Apache 액션을 언제 추가했는지 한 번 찾아보자.

이 섹션을 살펴보면서 이전에 간략히 살펴본 액션 로그의 다른 로깅 영역을 다시 생각해보자. Reports > Action log로 이동한다. 여기에는 자빅스 서버가 수행하는 모든 작업이 기록된다. 이메일 전송, 원격 명령 실행, SMS 메시지 보내기 및 사용자 지정 스크립트 실행이 포함된다. 이 화면은 어떤 콘텐츠가 누구에게 전송됐는지, 성공 여부, 오류 메시지에 대한 정보를 제공한다. 자빅스가 특정 메시지를 보내거나 보내지 않았는지 여부를 확인하고 설정된 액션이 예상대로 작동하는지 확인하는 데 유용하다.

액션 및 로그 감사 섹션으로 자빅스 내부 설정 변경 사항에 대한 개요뿐만 아니라 디버깅 도움말을 제공하여 수행된 액션 작업을 확인 가능하게 한다.

▌설정 파일 파라미터 탐색

자빅스 에이전트와 서버의 설정 파일을 살펴보고 각 파라미터를 검사하며 이 장을 마무리해 보겠다. 에이전트 설정 파일부터 시작하여 공통 파라미터가 다른 데몬에 적용되는 방식을 설명한다. 일반적인 파라미터에 대해 논의할 것이지만 프록시 설정 파일은 건너뛰도록 하겠다. 프록시별 파라미터는 19장, '프록시를 이용한 원격지 모니터링'에서 설명했다. 또한 자빅스 데몬 트래픽 암호화와 관련된 TLS로 시작하는 모든 파라미터를 건너 뛸 것이다. 이미 20장 '트래픽 데이터 암호화'에서 다뤘다.

기본 예제 설정 파일에 나타나는 순서대로 파라미터를 살펴보자. 여기서의 순서는 어떠한 의미도 가지지 않는다.

다음 설명을 읽는 동안 해당 설정 파일을 열어 두는 것이 좋다. 자빅스 버전에서 파라미터가 동일한 지 확인할 수 있다. 각 파라미터 옆에 있는 주석을 읽자. 파라미터가 작성된 이후로 일부 파라미터가 변경되었음을 알려준다. 평상시 의심스러운 부분이 있다면, 설정 파일의 주석을 읽도록 하자. 자빅스 팀은 도움을 줄 수 있는 주석을 짧고 명료하게 달기 위해 노력하고 있다.

자빅스 에이전트 데몬과 공통 파라미터

에이전트 데몬 파라미터부터 시작해보자. 또한 파라미터 관련하여 다른 데몬에서 사용할 수 있는지, 여기서 모든 데몬과의 관련성을 논의할 것이다.

- PidFile: 모든 데몬에 공통적이다. 이 파일에 주 프로세스의 PID를 기재한다. 기본 설정 파일은 단순화를 위해 /tmp를 사용한다. 운영 시스템에서는 배포 권장 위치로 설정해야 한다.

- LogType: 모든 데몬에 공통적이며 파일, syslog 또는 콘솔 중 하나일 수 있다. 파일이 기본이고 이 경우, LogFile의 파라미터는 로그가 기록되는 위치를 결정한다. syslog 값은 데몬이 syslog에 기록하도록 지시하고 console 파라미터는 메시지를 stdout에 기록하도록 지시한다.

- LogFile: 모든 데몬에 공통적이다. LogType이 파일에 설정됐을 때 로그 데이터는 이 파일에 기록된다. 기본 설정 파일은 단순화를 위해 /tmp를 사용한다. 운영 시스템에서는 배포 권장 위치로 설정해야 한다.

- LogFileSize: 모든 데몬에 공통적이다. 파일에 로깅할 때 파일 크기가 여기에 설정된 용량을 초과하면 file.0(예: zabbix_agentd.log.0)으로 이동하고 새 파일에 로그를 생성한다. 이런 이동은 한 번만 수행된다. 즉, zabbix_agentd.log.1은 생성되지 않는다.

- DebugLevel: 이것은 모든 데몬에 공통적으로 제공되고 로그 정보의 양을 지정한다. 0 (거의 없음)의 값에서 5(많음)로 끝난다. 일반적으로 DebugLevel 3으로 실행하는 것이 가장 좋으며 디버깅을 위해서는 더 높은 값을 사용하는 것이 좋다. 예를 들어 DebugLevel 4부터는 모든 서버 및 프록시 데이터베이스 쿼리가 기록된다. DebugLevel 5에서는 다음 두 가지가 추가적으로 로그된다.

- 웹 모니터링을 위한 페이지 수신
- VM웨어 모니터링을 위한 원천 데이터 수신

 부록 A, '문제 해결'에서 실행 중인 데몬의 로그 수준을 변경하는 방법을 살펴본다.

- **SourceIP**: 모든 데몬에 공통적이다. 시스템에 다중 인터페이스가 있는 경우, 나가는 연결은 지정된 주소를 사용한다. 모든 연결이 이 파라미터를 따르는 것은 아니라는 점에 유의하자. 예를 들어, 서버 또는 프록시의 백엔드 데이터베이스 연결은 이 주소를 사용하지 않는다.

- **EnableRemoteCommands**: system.run 아이템을 통한 명령어 실행의 허용 여부를 결정한다. 기본적으로는 비활성화되어 있다.

- **LogRemoteCommands**: EnableRemoteCommands가 활성화되어 있다면, 이 파라미터는 모든 수신 명령을 로그한다. 데이터 수신을 위해 system.run을 사용하지 않는 한, 원격 명령의 로깅을 사용하는 것이 좋다.

- **Server**: 자빅스 프록시에는 사용할 수 있지만 자빅스 서버에는 사용할 수 없다. 에이전트가 연결을 허용해야 하는 IP 주소 또는 호스트 이름을 콤마로 구분하여 나열한다. 패시브 아이템, zabbix_get, 기타 들어오는 연결에만 관련이 있다.

- **ListenPort**: 모든 데몬에 공통적이며 수신할 포트를 지정한다.

- **ListenIP**: 모든 데몬에 공통적이며 수신할 IP 주소를 지정한다. 이 또한 콤마로 구분하여 나열할 수 있다.

- **StartAgents**: 들어오는 연결 처리를 담당하는 시작 프로세스의 수이다. 리소스가 부족한 시스템이라면 이 값을 줄이는 것이 좋다. 에이전트가 패시브 아이템에 대해 많은 호출을 받을 것으로 예상되는 경우 이 값을 늘린다. 컬렉터 또는 액티브 확인 프로세스 관련해서는 조절할 수 없으며 이 수들을 직접 변경할 수는 없다. 0으로 설정하면 에이전트는 들어오는 연결을 수신하는 것을 중지한다. 이것은 보안 측면에서 더 좋을 수도 있지만 디버깅을 더 어렵게 만들 수도 있다.

- **ServerActive**: 이것은 액티브 검사를 위한 연결 서버와 포트 목록이다. server:port 구문으로 입력하며 여러 항목은 콤마로 구분한다. 설정하지 않으면 활성 확인이 처리되지 않는다. 이 기능은 3장, '자빅스 에이전트와 기본 프로토콜과 모니터링'에서 설명했다.

- **Hostname**: 자빅스 프록시에는 사용할 수 있지만 자빅스 서버에는 사용할 수 없다. 지정되면 시스템의 호스트 이름으로 정확한 문자열이 자빅스 서버로 전송된다.

- **HostnameItem**: Hostname이 지정되어 있지 않고 HostnameItem의 파라미터가 설정된 경우, 이 값은 설정된 아이템 키로 해석되고, 결과가 이 시스템의 호스트 이름으로 서버에 전송된다.

- **HostMetadata**: 액티브 에이전트 자동 등록에 사용되는 설정으로 서버에 정확한 문자열로 보내진다.

- **HostMetadataItem**: HostMetadata가 지정되지 않고 HostMetadataItem이 지정된 경우, 이 파라미터의 값은 아이템 키로 해석되고 결과는 액티브 에이전트 자동 등록에 사용될 호스트 메타 데이터로 서버에 전송된다.

- **RefreshActiveChecks**: 에이전트가 서버에 연결해 액티브 아이템을 요청하는 빈도를 지정한다. 기본적으로 2분으로 설정된다. 액티브 검사를 전혀 사용하지 않는다면 각 에이전트에 2분마다 불필요한 연결을 하므로, 이런 경우 ServerActive를 설정하지 않는 것이 좋다.

- **BufferSend**: 액티브 에이전트는 기본적으로 모든 BufferSend에 설정된 초마다 값을 보낸다. 기본값은 5초이다. 이 설정을 통해 5초 동안 여러 값을 수집하여 네트워크 연결 수를 줄일 수 있다.

- **BufferSize**: 액티브 아이템의 값을 저장하는 버퍼이다. 기본적으로 100으로 설정된다. 이는 in-memory 버퍼이며 메모리 사용량이 문제가 되면 너무 크게 설정하지 않도록 한다. 최소한 하나의 로그 모니터링 아이템이 있으면 버퍼는 실제로 절반으로 나눠진다. 절반은 '일반' 값으로 사용되고 나머지 절반은 로그 아이템으로 사용된다. 버퍼가 꽉 차면 이전 '일반' 값이 삭제되고 새 '일반' 값으로 대체되

지만, 로그 아이템에는 영향을 미치지 않는다. 만약 로그 아이템 버퍼가 가득 차면 로그 파일 처리가 중지되고 아이템은 삭제되지 않는다. 로그 아이템만 있고 일반 아이템이 없는 경우 버퍼의 절반은 일반 아이템용으로 예약되어 있다. 일반 아이템만 있는 경우 하나 이상의 로그 아이템이 추가될 때까지 전체 버퍼가 일반 아이템을 위해 사용된다.

- MaxLinesPerSecond: 서버로 보내지는 로그 아이템의 기본 최대 라인 수다. 이미 11장, '고급 아이템 모니터링'에서 다뤘다.

- Alias: 아이템 키의 별칭을 설정하는 방법이다. 모든 플랫폼에서 사용할 수 있지만 14장, '윈도우 모니터링'에서 설명했다. 이 파라미터는 동일한 키가 있는 두 개의 LLD 규칙을 만드는 데에도 사용할 수 있다. 키 자체는 파라미터를 허용하지 않는다. 하나의 규칙은 원본 키를 사용할 수 있고, 또 다른 규칙은 별칭을 사용한다.

- Timeout: 모든 데몬에 공통적이다. 명령 실행, 커넥션 생성 등의 시간 제한을 지정한다. 자빅스 3.0부터는 기본적으로 에이전트는 3, 서버와 프록시에서는 4 값을 갖는다. 이는 userparameters에 영향을 줄 수 있다(예: 스크립트 실행이 몇 초가 걸리면 타임아웃). 서버 측에서 시간 초과를 늘리지 않는 것이 좋다. 매 초마다 많은 값을 처리해야 한다면 서버 프로세스가 하나의 스크립트에서 오래 대기하도록 하는 것은 좋지 않다. 만약 값을 반환하는 데 오랜 시간이 걸리는 스크립트를 실행한다면 11장, '고급 아이템 모니터링'에서 설명한대로 zabbix_sender를 사용하는 것을 고려하자.

- AllowRoot: 기본적으로 자빅스 데몬이 루트로 시작한 경우, User 파라미터에 지정된 사용자의 권한을 삭제하려고 시도한다(다음 지점 참조). User 파라미터를 지정하지 않으면 결과는 이 파라미터에 따라 좌우된다. 0으로 설정하면 시작 시 실패하고 1로 설정된 경우 데몬은 루트 사용자로 시작된다.

- User: 모든 데몬에 공통이다. 데몬이 루트 사용자로 시작되고 AllowRoot가 0으로 설정된 경우 이 파라미터에 지정된 사용자로 변경한다. 기본적으로 zabbix로 설정된다.

- Include: 모든 데몬에 공통적이다. 개별 또는 여러 설정 파일을 포함할 수 있다. 이 기능은 11장, '고급 아이템 모니터링'에서 설명했다. 파일은 Include 지시문이 표시된 위치에 'included'된 순서대로 포함된다. 또한 두 번 이상 지정한 경우 대부분의 파라미터는 모든 이전 값들을 무시함을 기억하자. 동일한 이름으로 마지막 옵션이 최종 값이 된다.

- UnsafeUserParameters: 기본적으로 문자 집합은 userparameter 키에 파라미터로 전달할 수 없다. 이 옵션을 사용하면 전달되는 모든 값을 허용하고 기본적으로 EnableRemoteCommands와 같다. 원래 금지된 기호를 사용해 셸 액세스를 쉽게 얻을 수 있다. 이 파라미터가 허용하는 전체 기호 목록은 기본 설정 파일을 참조하자.

- UserParameter: 사용자 정의 아이템 키를 추가해 에이전트를 확장할 수 있다. 우리는 11장, '고급 아이템 모니터링'에서 이것에 대해 상세하게 다루었고 몇 가지 userparameters를 설정해보았다. 이 파라미터는 아이템 키가 고유한 조건에서 여러 번 지정될 수 있다. 이것이 userparameters를 여러 번 추가할 수 있는 방법이다.

- LoadModulePath: 모든 데몬에 공통적이다. C 언어로 작성된 모듈을 로드하는 데 필요한 경로를 지정한다. 이는 이 책의 범위를 벗어나 자빅스 데몬을 확장하는 고급 방법이다. 자세한 내용은 자빅스 매뉴얼을 참고한다.

- LoadModule: 모든 데몬에 공통적이다. 이 파라미터의 여러 항목을 .so 파일에 개별적으로 지정하여 LoadModulePath 디렉토리에 로드할 수 있게 한다.

자빅스 서버 데몬 파라미터

이제 에이전트 데몬 설정 파일에서 살펴봤던 공통 파라미터에 대한 설명은 넘어가고, 나머지는 다음과 같다.

- **DBHost**: 백엔드 데이터베이스가 다른 시스템에 있는 경우 유용하다. 여기서 IP 주소를 사용하는 것이 좋다.
- **DBName**: 데이터베이스 이름. 1장, '자빅스 시작하기'에서 설정했다. 주석은 SQLite 백엔드가 프록시에 사용될 때 데이터베이스 파일 경로로 설정해야 한다고 설명하고 있다.
- **DBSchema**: 이것은 PostgreSQL 및 IBM DB2에서만 유용한 데이터베이스 스키마다.
- **DBUser**와 **DBPassword**: 데이터베이스 액세스 자격 증명. 주석에서 설명 하듯이 SQLite 백엔드가 프록시용으로 사용되면 무시된다.
- **DBSocket**: 필요한 경우 데이터베이스 소켓에 대한 경로이다. 자빅스 서버 또는 프록시가 런타임 시 다른 데이터베이스 라이브러리로 컴파일되지 않으면, 이 파라미터는 필요하지 않을 것이다.
- **DBPort**: 비표준 포트로 로컬 또는 원격 데이터베이스에 연결하는 경우 여기에 지정한다.
- **StartPollers**: 폴러는 다양한 방식으로 데이터를 수집하는 내부 프로세스이다. 기본적으로 5개의 폴러가 시작되며 이는 테스트를 위한 작은 설치에 충분하다. 규모가 큰 설치에서는 수백 개의 폴러가 있는 것이 일반적이다. 별도의 SNMP 폴러는 없다. 동일한 프로세스가 패시브 에이전트 및 SNMP 장치 폴링을 담당한다. 폴링이 충분한지 어떻게 알 수 있을까? 내부 모니터링을 사용해 평균 사용률을 확인한다. 70% 이상인 경우 폴러를 더 추가하자. 폴러는 다음과 같은 역할을 한다.
  - 패시브 에이전트 연결
  - SNMP 장치 연결
  - 서비스/포트 같은 간단한 심플체크 수행
  - 내부 모니터링 데이터 검색
  - VM웨어 캐시로부터 VM웨어 데이터 검색

○ 외부 체크 스크립트 실행

- StartIPMIPollers: IPMI 장치 폴링을 시작해야 하는 프로세스 수를 지정한다. 이 파라미터는 16장, 'IPMI 장비 모니터링'에서 설정했다.

- StartPollersUnreachable: 호스트가 도달할 수 없는 경우 일반 폴러로 더 이상 폴링되지 않는다. 이 경우 unreachable pollers라고 불리는 특별한 타입의 폴러로 처리할 수 있으며 이는 IPMI 아이템을 포함한다. 이는 시간 초과된 몇 개의 호스트가 폴러 시간의 대부분을 차지하는 상황을 피하기 위해 수행된다. 접근할 수 있는 폴러가 충분하지 않은 경우, 도달하지 못한 호스트가 최대한 빨리 백업이 수행되도록 인식돼야 하는데, 그렇지 않은 경우 최악의 상황이 될 수 있다. 기본적으로 하나의 unreachable pollers가 시작된다. 충분한지 확인하기 위해서는 특히 모니터링되는 환경에 시스템이 놓여 있을 때 사용률을 관찰하는 것이다.

- StartTrappers: 기본적으로 다섯 개의 트래퍼가 있다. 폴러와 마찬가지로 사용률을 모니터링하고 필요하면 추가된다. 트래퍼는 다음에서 들어오는 연결을 수신한다.
  ○ 액티브 에이전트
  ○ 액티브 프록시
  ○ zabbix_sender
  ○ 자빅스 프론트엔드, 서버 가용성 체크를 비롯한 전역 스크립트 및 큐 데이터

- StartPingers: 이 프로세스는 임시 파일을 만든 다음 fping을 호출하여 ICMP 핑 검사를 수행하기 위해 사용된다. ICMP 핑 아이템이 많으면 이런 프로세스의 사용률을 확인하고 필요에 따라 추가하자.

- StartDiscoverers: Discoverer는 네트워크 검색을 수행한다. 검색은 각 규칙에 대해 순차적으로 발생한다. 사용 가능한 Discoverer가 많이 있더라도 단일 디스커버리 룰로 한 번에 한 개만 작동한다. Discoverer는 각자가 할 규칙을 나눈다. 예를 들어, 두 개의 디스커버리 룰과 두 개의 Discoverer가 있는 경우, 하나의

Discoverer가 특정 규칙에 따라 항상 작업한다. 12장, '설정 자동화'에서 네트워크 검색에 대해 설명했다.

- **StartHTTPPollers**: 이 프로세스는 웹 시나리오 수행을 담당한다. Discoverer와 마찬가지로 HTTP 폴러는 그들이 제공할 웹 시나리오를 분리한다. 13장, '웹 페이지 모니터링'에서 웹 모니터링에 대해 설명했다.

- **StartTimers**: 타이머 프로세스는 리소스를 많이 소모할 수 있다. 특히 많은 트리거가 now( )와 같은 시간 기반 함수를 사용하면 더욱 그렇다. 6장, '트리거를 통한 문제 감지'에서 시간 기반 트리거 함수에 대해 설명했다. 이 프로세스는 다음을 담당한다.

  - 메인터넌스 중이나 아닐 때 호스트를 호스트를 매분 0초에 배치시킨다. 하나 이상의 프로세스가 시작되는 경우, 오직 첫 번째 타이머 프로세스에 의해서만 수행된다.

  - 매분 0초와 30초에 동작하는 적어도 하나 이상의 시간 기반 트리거 기능을 포함하여 모든 트리거를 평가한다.

- **StartEscalators**: 이 프로세스는 7장, '트리거 처리 액션 제어'에서 설명한대로 단계적으로 에스컬레이션을 진행한다. 또한 액션 작업에 의해 지시되면 원격 명령을 실행한다.

- **JavaGateway, JavaGatewayPort, StartJavaPollers**: 이 파라미터는 자바 게이트웨이와 해당 포트를 가리키고 서버 또는 프록시에 해당 게이트웨이에 연결해야 하는 프로세스 수를 알려준다. 이는 모두에 동일한 게이트웨이에 연결돼야 하고, 그러므로 게이트웨이는 자바 폴러 수가 증가하면 부하를 처리할 수 있다. 17장, '자바 애플리케이션 모니터링'에서 자바 모니터링에 대해 설명했다.

- **StartVMwareCollectors, VMwareFrequency, VMwarePerfFrequency, VMwareCache Size, VMwareTimeout**: VM웨어 모니터링 작동 방식을 제어한다. 18장, 'WM웨어 모니터링'에서 다뤘다.

- SNMPTrapperFile, StartSNMPTrapper: SNMP 트랩을 수신할 때 임시 트랩 파일과 SNMP 트랩퍼를 시작해야 하는지 여부를 지정한다. 하나의 SNMP 트랩퍼 프로세스만 시작할 수 있다. 이 파라미터는 4장, 'SNMP 장비 모니터링'에서 설정했다.

- HousekeepingFrequency: 데이터 삭제작업 프로세스가 얼마나 자주 실행되는지 지정하며, 혹은 더 상세하게 이전 작업이 완료된 후 얼마 후에 다음 작업이 시작되어야 하는지 결정한다. 1시간의 기본 간격을 변경하는 것은 권장하지 않는다. 이 장 초반에 설명한 것처럼 Administration ➤ General에서 특정 데이터에 대해 필요에 따라 관리 프로그램을 사용하지 않도록 설정할 수 있다. 내부 정리 프로그램의 첫 번째 실행은 서버 또는 프록시가 시작된 후 30분이 경과하면 시작된다. 내부 정리 프로세스는 런타임 제어 옵션을 사용해 수동으로 호출할 수 있다.

- MaxHousekeeperDelete: 삭제된 아이템의 경우, 아이템당 한 번에 삭제할 값의 수를 지정하며 기본값은 5,000이다. 예를 들어 10,000개의 값이 있는 10개의 아이템을 삭제한 경우 모든 아이템의 모든 값을 제거하기 위해 두 개의 관리 작업이 필요하다. 아이템에 많은 수의 값이 있는 경우 모두 한 번에 삭제하면 데이터베이스 성능 문제가 발생할 수 있다. 이 파라미터는 기존 아이템의 값 정리에는 영향을 주지 않는다.

- SenderFrequency: 보내지 않은 알림을 보내는 빈도를 지정한다. 이 값을 변경하면 트리거에서 첫 번째 메시지까지의 시간과 재시도에 모두 영향을 준다. 기본값인 30초를 사용하면 트리거가 실행된 후 메시지를 보내는 데 최대 30초가 걸릴 수 있다. 또한 다음 시도까지 30초가 걸릴 것이다. 자빅스가 실패로 판단하기 전에 3번 메시지를 전송한다. 이 파라미터를 줄여 첫 번째 메시지를 더 빨리 보내면 반복 주기 시간도 단축된다. 기본값인 30초를 사용하면 이메일 서버가 1분 이상 중단돼도 세 번째 시도에서 메시지가 전송된다. 이 파라미터를 10초로 줄이면, 30초간 서버가 중단되는 경우 메시지를 놓칠 수 있다.

- `CacheSize`: 호스트, 아이템, 트리거 및 기타 많은 정보를 보유하는 기본 설정 캐시의 크기이다. 이 캐시의 사용은 호스트, 아이템 및 기타 개체의 수에 영향을 받는 설정 데이터의 크기에 따라 다르다. 캐시 사용량이 많이 증가하거나 새로운 호스트 모니터링 추가가 많아지는 경우, 이 파라미터를 사전에 수정하여 캐시를 늘리도록 한다. 설정 캐시가 가득 차면 자빅스 서버가 중지된다.

- `CacheUpdateFrequency`: 설정 캐시가 업데이트되는 빈도를 지정한다. 대규모 환경에서는 설정 캐시 업데이트 자체가 데이터베이스 로드를 증가시킬 수 있으므로 이 파라미터를 늘리는 것이 좋다. 대부분의 설치에서는 기본값인 1분이 적당하다.

- `StartDBSyncers`: 얼마나 많은 데이터베이스 syncer 또는 히스토리 syncer 프로세스를 시작해야 하는지를 지정한다(자빅스에서는 두 개의 이름을 혼용하여 사용한다). 이 프로세스는 아이템을 참조하는 트리거를 계산하고, 새 값을 수신하며, 데이터베이스에 이벤트 결과와 히스토리 값을 저장한다(아마도 자빅스에서 가장 많은 데이터베이스 부분을 차지하고 있을 것이다). 기본적으로 4개의 데이터베이스 또는 히스토리 동기화를 위해 기본적으로 4개면 충분하지만, 큰 설치의 경우는 늘리는 것이 유용할 수 있다. 이 숫자를 너무 많이 늘리면 성능에 부정적인 영향을 줄 수 있으므로 주의하자. 평균 사용률은 줄어들지만, 처리되는 값의 수도 줄어들 수 있다.

- `HistoryCacheSize`: 값을 수집하면 먼저 값이 히스토리 캐시에 저장된다. 히스토리 또는 데이터베이스 syncer 프로세스는 이 캐시에서 값을 가져와 트리거를 처리하고 값을 데이터베이스에 저장한다. 일반적으로 히스토리 캐시가 가득 차면 성능 문제가 있음을 나타내며, 캐시 크기를 늘린다고 해서 도움이 되지 않는다. 이 캐시가 꽉 차면 새 값이 삽입되지 않지만 자빅스 서버는 계속 실행된다.

- `HistoryIndexSize`: 이 캐시는 히스토리 캐시의 모든 아이템에 대해 가장 최근 및 가장 오래된 값에 대한 정보를 보유한다. 이는 오히려 커질 수 있는 히스토리 캐시 스캔을 피하는 데 사용된다. 이 캐시의 사용은 데이터를 수집하는 아이템의 수에 따라 다르다. 주요 설정 및 트렌드 캐시와 마찬가지로 이 캐시에 충분한 공

간을 확보하자. 캐시가 가득 차면 자빅스 서버가 종료된다.

- **TrendCacheSize**: 이 캐시에는 현재 기준으로 각 아이템에 대한 트렌드 정보가 들어 있다. 시계 상의 현재 시간이 아닌 값이 들어오는 기준으로의 현재 시간을 말한다. 즉, 아이템에 대해 마지막으로 들어온 값이 현재 시간을 결정한다. 예를 들어 어제 오전 9시에서 오후 10시까지 zabbix_sender를 사용해 값을 전송하면 그시간이 현재 시간이고 해당 트렌드 데이터는 트렌드 캐시에 있다. 10:00-11:00 시간에 첫 번째 값이 도착하자마자 해당 아이템의 트렌드 캐시 정보가 데이터베이스에 기록되고 10:00-11:00이 새로운 현재 시간이 된다. 이 캐시의 사용은 데이터를 수집하는 아이템의 양에 따라 다르다. 기본 설정 캐시와 마찬가지로 캐시에 충분한 공간을 확보하자. 캐시가 가득 차면 자빅스 서버가 종료된다.

- **ValueCacheSize**: 이 파라미터는 이력 값을 보유하는 캐시 크기를 제어하지만 히스토리 캐시와는 반대로 향후 유용할 것으로 예상되는 값을 보유한다. 여기에 있는 값은 데이터베이스에 쓰여지는 것이 아니라 반대로, 데이터베이스에서 이 캐시로 값을 읽는다. value 캐시는 트리거 계산(예, 지난 10 분의 평균값 계산), 계산 또는 집계된 아이템, 알림을 포함한 기타 목적에 필요한 아이템 값이 필요할 때 사용된다. value 캐시 취합은 서버가 처음 시작될 때 시간이 걸릴 수 있다. value 캐시가 가득 차면 자빅스 서버는 계속 실행되지만 성능은 저하될 수 있다. 이 캐시를 모니터링하고 필요한 만큼 크기를 늘리도록 하자.

- **TrapperTimeout**: 이 파라미터는 트랩퍼가 액티브 에이전트, 프록시, 그리고 zabbix_sender와 얼마나 길게 통신할 것인지를 결정한다. 기본적으로 최댓값인 5분으로 설정되어 있으므로 이에 대한 시간 초과는 거의 발생하지 않는다.

- **UnreachablePeriod, UnavailableDelay, UnreachableDelay**: 이 파라미터는 함께 작동하여 수신 실패한 값을 어떻게 처리해야 하는지 결정한다. 네트워크 오류로 값 수신에 실패하면 호스트는 접근할 수 없다고 판단하고 UnreachableDelay 초(기본 15초) 마다 접근을 재시도한다. UnreachablePeriod 초(기본 45초) 동안 접근 가능 여부 판단이 진행되며 모든 체크(기본 4개)가 실패하면 호스트는 사용할

수 없음으로 표시되고, 호스트 이용 불가 여부가 UnavailableDelay 초마다 체크 된다. 자빅스 3.0 이후 아이템이 연달아 두 번 실패했지만 동일한 호스트의 동일 한 타입의 다른 아이템이 성공한 경우, 실패한 아이템은 지원되지 않는 아이템으 로 표시된다. 이 값은 변경하면 상당히 혼란스러운 결과를 초래할 수 있으므로, 기본값으로 두는 것이 가장 좋다.

- AlertScriptsPath: 액션에서 호출할 사용자 정의 스크립트는 이 파라미터가 지 정한 디렉토리에 있어야 한다. 이런 스크립트는 7장, '트리거 처리 액션 제어'에 서 구성했다.

- ExternalScripts: 외부 검사 아이템에 사용될 스크립트는 이 파라미터로 지정 된 디렉토리에 있어야 한다. 이런 아이템은 11장, '고급 아이템 모니터링'에서 구 성했다.

- FpingLocation, Fping6Location: 이 파라미터는 fping 바이너리가 다르다면 IPv4와 IPv6의 fping 바이너리를 가리켜야 한다. fping 유틸리티는 ICMP 체크 를 위해 필요하며, 3장, '자빅스 에이전트와 기본 프로토콜과 모니터링'에서 설 정했다.

- SSHKeyLocation: 키를 가진 SSH 아이템을 사용하는 경우 키는 이 파라미터에 지정된 디렉토리에 있어야 한다. 11장, '고급 아이템 모니터링'에서 SSH 아이템 을 설정했다.

- LogSlowQueries: 일반적으로 SQL 쿼리는 DebugLevel 4 이상에서는 기록되지 않는다. 이 파라미터에 DebugLevel 3으로 지정하면 밀리초보다 오래 걸리는 모 든 쿼리를 기록할 수 있다. 기본적으로 자빅스 3.0부터는 3초 이상 걸리는 쿼리 가 기록된다. 다음과 같이 로그 파일에 나타난다.

```
13890:20151223:152504.421 slow query: 3.005859 sec, "commit;"
```

- TmpDir: 자빅스 서버 또는 프록시가 파일 저장을 위해 사용하는 임시 디렉토리이 다. 현재 fping으로 전달된 파일에만 사용된다.

- SSLCertLocation, SSLKeyLocation, SSLCALocation: 이 파라미터는 SSL 기능
  이 웹 모니터링과 함께 사용될 때 인증서, 키 및 인증 기관 파일을 조회할 위치
  를 지정한다.

다시 말하지만, TLS로 시작하는 모든 파라미터는 데몬 트래픽 암호화와 관련이 있으므로
여기서 설명하지 않도록 하겠다.

최신 버전의 자빅스를 사용하면 사용 가능한 파라미터가 약간 다를 수 있다. 보유한 설정
파일에서 지원되는 파라미터를 나열하려면 다음 명령을 사용한다.

```
$ grep "### Option" zabbix_agentd.conf
```

자, 파라미터에 대해 혼란스러울 때 확인해야 할 첫 번째는 무엇일까? "물론 설정 파일 내
의 주석이다"라고 말하면 정답이다. 그 주석을 보고 자빅스 팀이 정말로 그 주석을 유용하
게 만들기 위해 열심히 노력하고, 사람들이 그것을 읽기를 원한다는 것을 기억하자. 주석
을 읽음으로써 시간을 절약할 수 있다.

요약

자빅스를 설치하고 설정한 후에는 유지보수 작업이 중요해진다. 이 장에서는 세 가지 중
요한 작업을 살펴봤다.

- **자빅스를 위한 모니터링**: 자빅스 서버 또는 프록시가 수신하는 데이터의 양을 파악
  하고, 캐시 사용량을 모니터링하고, 내부 프로세스가 얼마나 많은지 확인하고,
  지원되지 않는 아이템의 수와 기타 몇 가지 사항을 확인할 수 있는 내부 아이템
  을 다뤘다.

- **백업**: 자빅스에서 가장 중요한 것, 즉 데이터베이스를 백업하고 복원하기 위해 추천하는 대중적인 접근 방식에 대해 알아봤다.
- **자빅스 업그레이드**: 업그레이드 주요 버전과 서브버전의 차이점을 배웠고, 자빅스 서버를 통해 어떻게 데이터베이스가 자동으로 패치되는지를 알아봤다. 또한 LTS 버전이 3년 동안 지원되고 추가적으로 중요, 보안 수정에 2년 동안 지원한다는 것을 배웠다. 이 외의 버전은 다음 버전이 릴리스되는 시점에서 1달간 지원한다는 것을 알고 있다.

업그레이드에 대해 이야기하면서 다른 자빅스 구성 요소 간의 호환성이 어떻게 작용하는지 알아봤다. 서브 레벨의 업그레이드에서는 서버, 프록시, 에이전트를 포함한 모든 구성 요소가 서로 호환된다. 주요 업그레이드 레벨에서의 호환성은 다음과 같이 시각화해봤다.

신규 버전 이전 버전	에이전트	프록시	서버
에이전트		Y	Y
프록시	N		N
서버	N	N	

다시 말해, 지원 관점에서 볼 때 서버와 프록시는 동일한 주요 버전이어야 하며 모든 이전 에이전트 버전을 지원한다. 자빅스 자바 게이트웨이와 관련해서는 서버 또는 프록시와 동일한 주요 버전이어야 한다. 프로토콜은 변경되지 않았더라도 다른 주요 버전에 대하여 공식 테스트는 수행되지 않으며 아무런 지원도 제공되지 않음을 기억하자.

 주요 자빅스 버전 업그레이드를 수행하기 전에 데이터베이스 백업이 있어야 한다.

세 가지 주요 주제를 다룬 후에 자빅스 성능을 유지할 만한 일반적인 제안에 대해 알아봤다. 특히 데이터 삭제작업 설정에 대해 각별히 다뤘다.

또한 자빅스 설정(감사 로그)의 변경 사항을 확인하는 방법을 알아봤다. 이를 통해 누가 호스트, 아이템, 기타 항목을 변경했는지 확인할 수 있었다. 이 로그가 실제로 모든 작업에 대해서, 특히 API를 통해 수행된 작업에 대해서 기록하지 않는다는 사실에 조금 실망하기도 했다.

그리고 서버, 프록시, 에이전트 설정 파일의 파라미터에 대해 자세히 살펴봤다. 설정 파일 내의 주석에 세심한 주의를 기울일 것을 계속 당부했는데, 기억하고 있는가?

마지막으로 두 개의 부록을 통해 자빅스 문제 해결을 위한 단계와 방법, 자빅스 커뮤니티에서 상호작용하고 참여하는 방법에 대해 논의하며 마무리 하겠다.

문제 해결

자빅스의 설치나 설정 시 어떤 사용자는 아무런 문제가 발생하지 않지만, 특정 사용자에게는 문제가 발생할 수 있다. 그 이유는 사용자의 버그 라이브러리 사용이나 잘못된 배포 패키지, 자빅스의 잘못된 설정, 자빅스 자체의 버그에 따라 차이가 있을 수 있다. 여기에서는 다양한 작업을 수행할 때 새로운 사용자가 겪게 되는 공통적인 문제를 살펴본다.

- 자빅스의 초기 설치 및 설정
- 웹 프론트엔드 작업
- 다양한 장치 모니터링
- 임곗값 구성 및 알림

이보다 더 복잡한 사례를 대비하여 다음과 같은 보다 자세한 디버깅 지침을 살펴볼 것이다.

- 자빅스 로그 파일 형식
- 서버 및 프록시 설정 캐시 리로드
- 실행 중인 데몬 제어
- 개별 데몬 프로세스가 수행하는 작업 관찰

장 소개

이 장은 약간의 정신적 고통을 초래했다. 2001년부터 자빅스와 함께 일하면서 설명할 수 있는 많은 잠재적 문제 사례가 있었다. 이 장에서 포함해야 하는 훌륭한 문제와 해결법에 대한 생각으로 밤중에 잠에서 깨곤 했다. 그 생각은 비로소 아침이 오면서 잊혀지곤 했다. 이 장은 끝이 없는 장이었을 것이다. 그 끝을 위해서는 타협이 필요했고 결국은 받아들일 수밖에 없었다. 이 장은 평생 동안 또는 자빅스와 마주치게 될 모든 문제를 해결하는 데 도움이 되지 않는다. 보다 일반적인 문제를 해결하고 디버깅을 위한 몇 가지 힌트와 출발점을 제시한다.

일반적인 문제

다음과 같은 몇 가지 문제가 있다.

설치

설치 프로세스에는 몇 가지 공통적인 어려움이 있으며, 그 중 일부는 숨겨진 요인으로 인해 발생한다.

컴파일

- Q: 저는 64비트 시스템에 자빅스를 컴파일하려 합니다. 특정 개발 패키지가 설치 되어 있지만 자빅스는 패키지가 없다는 메시지를 출력합니다.
- A: 32비트 패키지가 아닌 64비트 개발 패키지가 설치됐는지 다시 확인해 봅니다.
- Q: SVN 체크 아웃에서 자빅스를 컴파일하려고 하는데 설정 스크립트를 실행할 때 다음 오류가 발생하며 실패합니다.

```
syntax error near unexpected token `IKSEMEL,iksemel,'
```

- A: pkg-config 패키지를 설치하고 커맨드로 돌아와서 설정 스크립트를 실행합니다.
- Q: 자빅스를 컴파일하려고 하는데 실패합니다.
- A: 발생 가능한 원인의 수를 줄이는 것이 유용합니다. 먼저 컴파일에 문제가 있는 것으로 알려진 --enable-static을 사용해 컴파일하지 않았는지 확인해 봅시다. 해당 옵션이 없는데도 컴파일에 실패 한다면 소스 디렉토리의 config.log 파일 내용을 확인해 봅시다. 종종 정확한 오류 세부 정보가 출력됩니다.

프론트엔드

- Q: 자빅스 프론트엔드를 설치했습니다. 기본 사용자 이름과 암호는 무엇일까요?
- A: 사용자 이름은 Admin이고 암호는 zabbix입니다.
- Q: SVN 체크 아웃을 통해서 자빅스를 설치했는데, 프론트엔드에서 언어를 전환 해도 아무런 변화가 없습니다.
- A: frontend 디렉토리의 locale 서브 디렉토리에는 make_mo.sh 스크립트가 있 습니다. 이 스크립트는 번역 소스 po 파일을 컴파일이 필요한 mo 파일로 변환합 니다. 이 스크립트를 실행해 봅시다. 스크립트가 실행될 때 Gettext 도구가 필요 하며 나중에 웹 서버를 다시 시작해야 할 수도 있습니다.

백엔드

- Q: 자빅스는 정상적으로 작동하는데, 그래프가 표시되지 않습니다.
- A: 자세한 내용은 아파치 오류 로그를 참고합시다. 대게 이 현상은 PHP 스크립트 메모리 제한 값이 낮아서 발생합니다. `memory_limit` 파라미터를 더 높은 값으로 설정하고 웹 서버를 다시 시작하여 메모리를 늘립시다. 또 다른 가능한 원인은 conf/zabbix.conf.php 파일이 깨졌을 경우입니다. 파일의 끝에 이상한 문자가 없는지 확인해 봅시다.
- Q: 스크린과 같은 많은 요소가 있는 복잡한 페이지가 로드되지 않는 경우가 있습니다. 어떤 경우에 이런 문제가 발생할까요?
- A: 이전 문제와 마찬가지로 PHP 메모리 한계를 초과하지 않았는지 확인해 봅시다. 또한 PHP 스크립트 시간 초과(`max_execution_time` 파라미터)를 확인하고 필요한 경우 늘려 봅시다.
- Q: 그래프에 갭이 있습니다.
- A: 데이터베이스에 데이터가 누락되어 있을 때 발생합니다. 이 문제는 데이터 손실의 원인을 찾아내 해결해야 합니다. 이에 대한 일반적인 이유는 다음과 같습니다.
  - **네트워크 문제**: 네트워크가 안정적이지 않으면 데이터가 누락될 수 있습니다.
  - **부하가 심한 모니터링 대상 장비**: 예를 들어 포트가 많은 스위치를 모니터링할 때, 각 포트의 여러 아이템을 자주 모니터링하는 경우 간격을 늘리고 불필요한 아이템을 비활성화합시다.
  - **부하가 심한 Zabbix server**: 이 문제는 대개 데이터베이스에서 발생합니다. 자빅스 데이터베이스 서버에서 `iowait`으로 시스템 부하를 확인합시다.
- Q: 자빅스가 설치되어 실행 중이었는데, 갑자기 설치 화면이 다시 나타납니다.
- A: `conf/zabbix.conf.php` 파일의 액세스가 가능한지 확인합시다.

- Q: conf/zabbix.conf.php 파일이 있지만 설치 화면이 나타납니다.

- A: 일부 배포 패키지에서 프론트엔드는 프론트엔드 설정 파일이 /etc/zabbix/ web이나 이와 유사한 경로에 있을 수 있습니다. 패키지 설명서를 확인합시다.

- Q: 많은 요소가 있는 큰 페이지를 열 때, 페이지가 로드되기 전에 새로고침을 시도합니다. 이 문제를 어떻게 해결할 수 있습니까?

- A: 사용자 프로필에서 새로고침 기간을 늘릴 수 있습니다. 설정을 바꾼다고 페이지 로딩 속도가 향상되지는 않지만 적어도 페이지는 완전히 로드될 수 있습니다.

- Q: 서버의 시간이 올바르지만 프론트엔드에는 잘못된 시간이 표시됩니다.

- A: PHP 구성에서 timezone이 올바르게 설정되어 있는지 확인해 봅시다.

- Q: 자빅스 서버가 실행 중이지만 프론트엔드에서는 자빅스 서버가 중이지 않다고 표시됩니다.

- A: 이 문제는 여러 가지 요인으로 인해 발생할 수 있습니다.

  - conf/zabbix.conf.php 파일을 확인해 봅시다. 프론트엔드는 해당 파일에 지정된 서버 주소와 포트를 사용해 자빅스 서버 프로세스를 확인합니다.

  - 프론트엔드에서 자빅스 서버로의 연결을 차단하는 방화벽이 없는지 확인해 봅시다.

  - SELinux가 프론트엔드에서 자빅스 서버로의 연결을 차단하지 않는지 확인해 봅시다.

  - 적어도 하나의 트랩퍼 프로세스가 활성화되어 있는지 확인합시다. 그 프로세스가 프론트엔드 연결을 허용합니다. 또한 모든 요청을 처리할 수 있는 충분한 트랩퍼가 없을 수도 있습니다. 특히 사용할 수 없는 서버에 대한 메시지가 계속 나타나고 있는 경우가 그러합니다. 22장, '자빅스 운영/유지보수'에서 했던 것처럼 트랩퍼 프로세스의 사용률을 모니터링합시다.

- Q: 여기에 나와 있지 않은 프론트엔드의 문제는 어떻게 해결할 수 있을까요?

- A: 아파치 오류 로그와 PHP 로그를 확인합시다. 아파치 오류 로그는 종종 원인을

찾을 수 있도록 힌트를 제공합니다. 또한 Administration > Users나 Administration > User groups에서 Enabled debug mode 그룹에 사용자를 추가합시다. 그러면 해당 사용자의 모든 프론트엔드 페이지의 오른쪽 하단에 작은 Debug 컨트롤이 생깁니다. 그 버튼을 클릭하면 페이지에서 수행된 정확한 API 및 SQL 쿼리를 포함한 많은 세부 정보가 표시됩니다. 디버그 모드는 더 많은 리소스를 사용할 수 있습니다. 디버그 모드를 활성화한 후 일부 프론트엔드 페이지가 작동을 멈추면 설정을 비활성화하십시오.

프론트엔드 잠김

새로운 사용자나 노련한 사용자 모두 공통적으로 프론트엔드를 잠그는 실수를 저지른다. 화면 잠김은 여러 가지 이유로 발생할 수 있지만, 여기에서는 그것보다는 다시 들어가는 방법에 더 관심이 있을 것이다.

- Q: 암호를 잊어 버려서 자빅스 프론트엔드가 응답을 멈출 때까지 로그인을 시도했습니다.
- A: 기본적으로 자빅스는 로그인 시도를 5번 실패하면, 30초 동안 액세스를 거부합니다. 30초만 기다려 봅시다. 이 값은 includes/defines.inc.php에서 정의할 수 있습니다.
  - ZBX_LOGIN_ATTEMPTS: 자빅스가 액세스를 거부할 로그인 실패 시도 횟수
  - ZBX_LOGIN_BLOCK: 액세스 거부 시간(초)
- Q: Admin 비밀번호를 잃어 버렸습니다. /Admin 비밀번호를 모르는 곳에서 자빅스의 관리를 맡게 되었습니다.
- A: 데이터베이스를 직접 수정하여 관리자 비밀번호를 쉽게 재설정할 수 있습니다.

```
mysql> update zabbix.users set passwd=MD5('somepassword') where
alias='Admin';
```

 물론 somepassword를 다른 문자열로 대체하자. MySQL은 기본적으로 ~/.mysql_history 파일에 콘솔 명령어를 저장하기 때문에 암호를 임시로 설정하고 나중에 프론트엔드에서 업데이트해야 한다.

- Q: 인증 방법을 변경했지만 계획대로 작동하지 않아 이제는 더 이상 로그인할 수 없습니다.
- A: 데이터베이스 수정을 통해 자빅스의 내부 인증 방법을 복원할 수 있습니다.

```
mysql> update zabbix.config set authentication_type='0' where
configid='1';
```

인증타입 0은 내부 인증타입이다. 레코드의 지정할 수 있는 다른 유형은 LDAP:1, HTTP:2 입니다. 자빅스는 config 테이블에 configid 값이 1인 레코드가 하나만 존재할 것이라 예상한다.[1]

모니터링

때론 모니터링이 되지 않는데도, 잘 동작하는 것처럼 보일 때도 있다.

일반 모니터링

- Q: 호스트와 아이템을 추가했지만 Monitoring ❯ Latest data에서 볼 수 없습니다.

---

1 자빅스는 config 테이블에 configid 값이 1인 레코드 하나만 읽는다. – 옮긴이

- A: 필터에 호스트 또는 그룹이 포함되어 있는지 확인합시다. **Show items without data** 확인란이 선택되어 있는지, 다른 필터 옵션이 찾고 있는 아이템을 제외하지 않았는지 확인해 봅시다.
- Q: Latest data에서 호스트를 볼 수 있으며 새로운 값이 수집되지만 Monitoring ❯ Overview에는 표시되지 않습니다.
- A: 아마도 Overview에 트리거를 표시하도록 되어 있을 것 입니다. 트리거 모드에서는 트리거가 없는 호스트는 표시되지 않습니다. 호스트에 트리거가 구성되어 있는지 확인합시다.

자빅스 에이전트로 모니터링

- Q: 패시브 자빅스 에이전트를 사용해 호스트를 모니터링하려고 하는데 작동하지 않습니다.
- A: 자빅스 에이전트 아이템이 작동하지 않는 일반적인 이유는 다음과 같습니다.
  - 자빅스 에이전트 데몬이 실행되고 있지 않을 수 있습니다. 단순해 보이더라도 실제 실행 중인지 확인해 봅시다.
  - 자빅스 데몬이 정확한 포트 또는 인터페이스에서 오픈되지 않았을 수 있습니다. 감시 대상 호스트에서 `netstat -ntpl`을 실행해 자빅스 에이전트 데몬이 수신하는 포트와 인터페이스를 확인할 수 있습니다. 기본 에이전트 데몬 포트는 10050입니다.
  - 에이전트 데몬 설정 파일에 서버 IP 주소가 잘못 되었을 수 있습니다. 설정 파일을 확인하고 서버 설정에 자빅스 서버가 연결될 IP가 지정됐는지 확인합니다.
  - 네트워크에 문제가 발생할 경우 서버가 에이전트 데몬에 제대로 연결할 수 없습니다. 연결을 차단하는 로컬 및 네트워크 방화벽이나 자빅스 서버에서 나가는 연결 패킷의 소스 IP 주소를 실제로 변경하는 일부 네트워크 장치 및

설정이 있을 수 있습니다. 자빅스 서버에서 telnet <monitored host IP> 10050을 실행해 연결을 테스트하십시오. 에이전트 리슨 포트를 별도로 지정한 경우 해당 포트를 지정하여 명령어를 실행하십시오. 연결이 되지 않으면 네트워크를 확인해야 합니다. 만일 연결이 됐는데 즉시 닫히면 자빅스 서버로부터 자빅스 에이전트 데몬으로의 연결이 zabbix_agentd.conf 설정 파일에 설정된 서버 IP 주소와 다를 경우 발생할 수 있습니다. 자빅스 에이전트가 서버로부터 IPv6 주소로 데이터를 송수신한다면 IPv6 주소를 사용해야 합니다.

- Q: 액티브자빅스 에이전트 검사를 사용해 호스트를 모니터링하려고 하지만 작동하지 않습니다.
- A: 액티브 아이템은 약간 까다롭습니다. 확인할 사항은 다음과 같습니다.
  - 패시브 아이템과 마찬가지로 네트워크 연결을 확인해 봅시다. 모니터 대상 시스템에서 telnet <Zabbix server IP> 10051을 실행합니다. 에이전트 수신 포트를 별도로 지정한 경우 이 명령에서 해당 포트를 지정하세요.

 호스트가 프록시에 의해 모니터링되는 경우 자빅스 서버 IP나 포트 대신 자빅스 프록시 IP 주소와 포트를 사용해야 한다.

  - 액티브 아이템의 결과를 예상하기 전에 자빅스 서버의 설정 캐시 초기화 시간이 지났는지, 에이전트 데몬 설정 파일의 RefreshActiveChecks 옵션에 지정된 시간이 경과했는지 확인합시다. 에이전트가 강제로 서버의 아이템 목록을 다시 로드하려면 에이전트를 다시 시작합시다.
  - 에이전트 데몬 설정 파일의 Hostname 옵션에 지정된 호스트 이름이 프론트엔드의 호스트에 설정된 호스트 이름과 일치하는지 확인하십시오. IP 주소나 DNS 이름이 아닌 호스트 이름이 일치해야 합니다. 표시명이 아닌 소위 기술 호스트 이름입니다. 자빅스는 항상 대소문자를 구분합니다.

- 에이전트 데몬 설정 파일의 ServerActive 옵션에 액티브 검사 결과를 보내거나 목록을 가져오는 자빅스 서버가 나열되어 있는지 확인하십시오.

- Q: 모니터링 대상 호스트에서 검증한 값을 자빅스 에이전트를 통해서 수집할 때, 지원하지 않거나 잘못된 데이터가 제공됩니다.

- A: 몇 가지 가능한 경우를 예상할 수 있습니다.

  - 예를 들어 프로세스 수를 구한다고 가정하면, 아이템을 검증할 때는 프로세스 수 또는 zabbix_agentd -t 구문을 루트로 사용했을 것 입니다. 하지만 자빅스가 자빅스 에이전트로 데이터를 수집할 때에는 grsecurity 및 SELinux를 비롯한 다양한 사용 권한 제한으로 인해 특정 프로세스에 대한 자빅스 에이전트에 대한 액세스가 차단될 수 있습니다. 자빅스 에이전트는 루트 액세스로만 확인할 수 있는 프로세스 수를 0으로 표시합니다.

  - 자빅스 에이전트가 반환하는 로컬 프로세스 수와 다른 다른 경우가 있습니다. 에이전트에 파이썬이나 펄 같은 다양한 인터프리터 프로세스는 사용자 프로세스가 파라미터로 표현됩니다. 예를 들어 amavisd 및 xend 같은 프로세스가 문제가 될 수 있습니다. 이런 상황에서는 proc.num[python ,,, xend] 아이템 키와 같이 다른 접근법을 사용할 수 있습니다. 이렇게 설정하면 파라미터에 xend 문자열이 있는 파이썬 프로세스가 검색됩니다.

  - 모니터링 대상 인스턴스가 누락되었을 수 있습니다. 예를 들어, net.if.in[eth0, bytes] 키를 사용해 메트릭을 요청했는데, 자빅스 에이전트가 지원하지 않는다고 하는 경우 eth0 인터페이스가 실제로 존재하는지 확인합시다.

  - 동일한 호스트 이름으로 다른 서버에 구성된 자빅스 액티브 에이전트가 동작할 때, 이 호스트에 대한 데이터를 보내고 있을 수 있습니다.

- Q: 에이전트 데몬 설정 파일에서 파라미터를 수정했지만 변경 사항이 반영이 되지 않습니다.

- A: 몇 가지 사항을 확인합시다.
  - 수정된 라인에 주석처리가 있지 않은지 확인해 봅시다.
  - 변경하고자 하는 시스템에서 파일을 편집했는지 확인합시다.
  - 자빅스 에이전트 데몬이 수정된 설정 파일을 사용하는지 확인합시다. 모든 자빅스 데몬은 시작할 때 사용하고 있는 설정 파일을 기록합니다.
  - Include가 사용됐는지 여부를 확인합시다. 디렉토리의 모든 파일을 설정 파일을 인클루드하는 것과 중첩된 인클루드는 많은 주의가 필요합니다.
  - 데몬이 제대로 재시작 됐는지 확인해 봅시다. 단순히 zabbix_daemon 명령어 실행이나 zabbix_daemon restart 명령어는 데몬을 재시작하지 않습니다.

 일부 배포 패키지는 설정 파일과 설정 파일에 대한 편리한 심볼릭 링크를 제공할 수 있다. 심볼릭 링크에 sed -i를 사용하면 대상 파일을 편집하지 않고 심볼릭 링크를 일반 파일로 바꾸게 된다. 일부 버전의 sed는 ──follow-symlinks 옵션을 제공하여 대상 파일을 편집할 수도 있다.

- Q: 자빅스 에이전트 설정 파일의 파라미터에 값을 지정했지만 자빅스 에이전트는 다른 값을 사용합니다.
- A: 이전 질문에 대한 답을 참고하세요. 특히 올바른 시스템에 올바른 파일이 있는지 확인하고, 인클루드 지시문으로 인하여 첫 번째 인스턴스의 파라미터를 덮어쓰지는 않는지 확인해 봅시다.
- Q: 윈도우 시스템에서 액티브 아이템을 사용할 때나 자동 등록을 사용할 때 자동으로 수집된 호스트 이름이 대문자 15글자로 잘립니다.
- A: 에이전트 데몬 설정 파일에서 HostnameItem=system.hostname[host]을 설정해 봅시다. 이 문제는 14장 '윈도우 모니터링'에서 다루었습니다.
- Q: zabbix_agentd -t 또는 -p를 실행할 때는 아이템이 정상적으로 동작하지만 프론트엔드에서 값을 조회할 때는 정상적으로 동작하지 않습니다.

- A: zabbix_agentd를 수동으로 실행하면 사용자나 환경이 실행 중인 데몬과 달라져 권한 및 환경 값이 달라집니다. 해당 아이템이 수행할 것으로 예상되는 세부 작업과 자빅스 에이전트 데몬 권한으로 성공하지 못하게 할 수 있는 작업을 확인해 봅시다. zabbix_agentd를 직접 루트로 실행해 테스트하지 않아야 합니다. 가장 좋은 방법은 zabbix_get을 사용해 실행 중인 에이전트 데몬을 테스트하는 것 입니다.
- Q: 자빅스 Server나 zabbix_get으로는 아이템 값을 얻을 수 있지만 zabbix_agentd -t 또는 -p로 테스트하면 [m|ZBX_NOTSUPPORTED] [Collector is not started.] 오류가 발생합니다.
- A: system.cpu.util이나 proc.cpu.util을 비롯한 일부 아이템은 유용한 값을 제공하기 위해 실행 중인 에이전트에서 미리 여러 샘플을 계산한 값을 갖습니다. 이런 아이템은 자빅스 Server 또는 zabbix_get에서 에이전트 데몬을 쿼리할 때만 작동합니다.

사용자 파라미터

다음 목록은 사용자 파라미터와 관련된 쿼리를 자세히 설명한다.

- Q: 사용자 파라미터가 동작하지 않습니다.
- A: 사용자 파라미터가 동작하지 않는 일반적인 원인은 다음과 같습니다.
  - 사용자 파라미터 설정 시 환경 변수 설정 누락이 문제가 될 수 있습니다. 자빅스 에이전트는 HOME 변수나 기타 환경 세부 정보를 명시적으로 초기화하지 않습니다. 이로 인해 필수 설정 파일 및 기타 장애들을 읽지 못할 수 있습니다. 변수를 사용자 파라미터에 직접 설정하거나 랩퍼 스크립트로 설정하여 필요에 따라 환경을 설정합시다.
  - 루트로 테스트할 명령을 실행하는 경우 자빅스 사용자에 대한 제한된 권한을 디버깅하는 것은 쉽지 않으므로, 항상 자빅스 사용자로 사용자 파라미터

를 테스트합시다. 일부 확인을 위해 루트 액세스가 필요한 경우 sudo를 통해 액세스를 설정합시다.

○ 올바르지 않는 데이터를 반환하면 데이터 조회가 쉽게 중단될 수 있습니다. 사용자 파라미터로 데이터를 검색할 때 저장하기에 부적합한 문자(예: float 데이터 유형 아이템이 26.6C를 반환)가 없는지, 다른 이상한 문자(예: CR / LF 개행 문자가 포함된 데이터 문자열)가 없는지 확인하십시오.

○ 기본적으로 에이전트 아이템은 3초 후에 타임아웃이 발생합니다. Userparameter 아이템을 액티브 아이템으로 사용되는 경우 이 문제를 회피할 수 있지만, 대부분의 경우 이 시간을 초과하는 것은 권장 되지 않습니다. 액티브 아이템은 병렬이 아니므로 한 번에 하나의 아이템만 처리할 수 있습니다. 이런 아이템에 대해서는 zabbix_sender를 고려해 볼 수 있습니다.

SNMP 장치

- Q: SNMP 아이템이 동작하지 않습니다.
- A: SNMP 버전 및 커뮤니티 문자열이 올바르게 설정됐는지 다시 확인합시다. 잘못된 SNMP 버전을 지정하면 시간 초과가 발생하여 디버그 하기가 더 어렵습니다. 자빅스 서버에서 snmpwalk 및 snmpget 명령을 사용해 네트워크 연결 및 사용 권한을 확인해 봅시다.

 너무 많은 값을 너무 자주 쿼리해서 모니터링 대상 장치에 과부하가 걸리지 않도록 하자.

- Q: SNMP 아이템이 자주 혹은 전혀 동작하지 않습니다.
- A: 장치가 SNMP GETBULK를 제대로 지원하지 않을 수 있습니다. SNMP 인터페이스의 호스트 속성에서 bulk get 옵션을 비활성화합시다.
- Q: 템플릿을 가져 왔지만 LLD가 Invalid SNMP OID: pairs of macro and OID

are expected 메시지와 함께 실패합니다.

- A: Zabbix SNMP LLD 키 구문이 자빅스 2.4에서 변경되었습니다. 하지만 XML 임포트 프로세스는 업데이트되지 않아 LLD 룰은 이전 구문을 사용합니다. 구문에 대한 자세한 내용은 12장, '설정 자동화'를 참고하세요.

- Q: MIB 파일을 추가해서 커맨드라인에서는 작업이 가능하지만 자빅스 Server에서는 MIB 파일을 해석하지 못합니다.

- A: 서버 데몬을 다시 시작해 봅시다. 새로운 MIB 정의는 시작시에만 로드됩니다.

- Q: 일부 SNMP 아이템은 동작합니다. 하지만 특정 장치의 일부 OID는 snmpwalk 출력에 데이터가 표시되는 데도 불구하고 동작하지 않습니다.

- A: 동작하지 않는 OID를 사용해 snmpget을 시도해 봅시다. 일부 UPS는 이런 메트릭에 대해 snmpwalk에서는 snmpwalk의 GETNEXT로 처리하지만, GET 요청으로 작동하지 않는 펌웨어 버그를 가진 경우도 있습니다. 이 경우 장치의 펌웨어를 업그레이드해야 합니다.

- Q: /etc/snmp/snmp.conf에 사용할 SNMP MIB를 모두 나열했지만 Net-SNMP 유틸리티는 이 MIB를 모두 올바르게 읽지 못합니다.

- A: 일부 Net-SNMP 버전은 snmp.conf 파일의 한 줄을 개행 문자를 포함하여 1024문자로 자동으로 정리합니다. 단일 행이 1023자의 인쇄 가능한 문자를 초과하지 않도록 여러 행으로 분할합시다.

- Q: 네트워크 트래픽을 모니터링할 때, 잘못된 데이터가 반환됩니다.

- A: 고속 인터페이스인 경우 ifHCInOctets나 ifHCOutOctets 같은 64비트 카운터 OID를 사용해야 합니다.

- Q: 자빅스에 SNMP 장치를 추가하고 있는데, 새 장치를 추가하면 이전 장치 모니터링이 중단됩니다. 하지만 snmpget으로 각 장치를 쿼리할 때는 정상적으로 동작합니다.

- 해당 장치가 SNMPv3인 경우 모든 장치의 snmpEngineID 변수가 고유한지 확인하십시오.

IPMI 모니터링

- Q: IPMI 아이템이 동작하지 않습니다.

- A: IPMI 아이템이 동작하지 않을 때 확인해야 할 몇 가지 사항이 있습니다.

  - 자빅스 서버가 IPMI 지원으로 생성됐는지 확인합시다. 간단하지만 놓치기 쉽습니다.

  - 서버의 설정 파일에 있는 `StartIPMIPollers` 옵션이 기본값인 `0`으로 설정되어 있는지 확인합니다. `0`으로 설정되어 있는 경우 `1`로 설정하고 자빅스 `Server`를 다시 시작합시다.

  - 센서 이름이 올바른지 확인해 봅시다. IPMItool을 사용해 센서 이름을 가져올 수 있으며 IPMItool 출력에 나타나는 이름을 공백이나 따옴표 없이 사용해야 합니다.

  - 최신 OpenIPMI 버전을 사용하고 있는지 확인합시다. 이전 OpenIPMI 버전에는 여러 가지 문제가 있는 것으로 알려져 있습니다.

ICMP 점검

- Q: 모든 ICMP 검사가 실패합니다.

- A: 다음과 같은 이유가 있을 수 있습니다.

  fping을 실행할 때, 자빅스 `Server`를 실행하는 계정이 루트로 `setuid`가 가능한지 확인합시다.

  SELinux가 자빅스의 `fping` 실행을 방해하는지 확인해 봅시다. `grep fping /var/log/audit/audit.log` 명령으로 더 많은 정보를 확인할 수 있습니다.

심플체크 문제

- Q: 실제로는 동작하는 서비스에 대해서 `net.tcp.service`나 `net.udp.service` 아이템이 동작하지 않는다고 표시됩니다.

- A: 올바른 서버에 조회하는지 확인해보고, 자빅스 예상대로 서비스가 응답하는지 확인합시다. 간단한 점검 방법은 https://www.zabbix.com/documentation/3.0/manual/appendix/items/service_check_details에 자세히 설명되어 있습니다.

zabbix_sender와 trapper 아이템의 문제점

- Q: 타임스탬프에 값을 넣어 서버로 보내는데, 서버 데이터베이스에는 다른 타임스탬프가 입력됩니다.
- A: Zabbix sender는 전체 요청의 clock 속성에 호스트의 현재 시간을 포함하며, 자빅스 서버는 그 값을 참조해 타임스탬프를 조정합니다. 서버에서 타임스탬프 조정을 하지 않거나, sender가 clock을 전송하지 않도록 지정할 수 없습니다. 전송 시스템의 시간을 수정하거나 요청 타임스탬프를 전송하지 않는 기본 프로토콜을 구현해서 문제를 해결합시다.

일반적인 문제

- Q: 네트워크 트래픽을 모니터링할 때 숫자가 비현실적으로 커집니다.
- A: 데이터가 카운터로 제공될 가능성이 있습니다. 결과가 자빅스에 델타(초당 속도)로 저장되는지 확인합시다.
- Q: 10G 인터페이스 속도를 초당 바이트로 모니터링 중이며 인터페이스가 로드되면 값이 손실됩니다.
- A: Type of information이 Numeric (unsigned)로 설정되어 있는지 확인합시다. 이 방법을 사용하면 일부의 정확성이 낮아지지만 모든 값을 유지할 수 있습니다.
- Q: 계산된 아이템의 수식이 동작하지 않습니다.
- A: 인용된 아이템 키에 따옴표가 있는 경우 적절한 인용 부호를 사용해야 합니다. 예를 들어 참조된 아이템 키가 key["parameter",param]인 경우 계산된 아이템 수식에서 last("key[\"parameter\",param]")와 같이 사용할 수 있습니다.

내부 큰따옴표를 역슬래시로 이스케이프 처리합니다.

- Q: proc.num ['apache']와 같은 아이템 키를 지정했는데, 작동하지 않습니다.
- A: 자빅스는 큰따옴표만 지원합니다. 자빅스 파라미터에 입력할 때 작은따옴표를 사용하지 마십시오.
- Q: 트리거 표현식에 {host:item.LAST( )=13}를 사용하려고 하는데 작동하지 않습니다.
- A: 대소문자 구분이 필요합니다. 자빅스에서는 아이템 키, 파라미터, 호스트 이름, 트리거 기능 등 거의 모든 대소문자를 구분합니다. 특히 윈도우 사용자의 경우 대소문자 구별이 중요 하다는 사실을 기억합시다.

트리거

- Q: 트리거가 작동하지 않거나 자빅스에 트리거가 추가되지 않습니다.
- A: 괄호에 주의를 기울여 트리거의 구문을 확인합시다. 올바른 괄호의 유형이 사용됐는지, 모두 제대로 닫혀 있는지 확인합시다. 따옴표도 마찬가지로 확인해야 합니다. 대소문자도 잘 살펴봅시다. 복잡한 표현식을 분할하여 오류를 정확히 찾아보십시오.

액션

- Q: 액션이 동작하지 않습니다.
- A: 알림이 Reports ❯ Action log에 표시되지 않는다면 알림을 받는 사용자에게 이벤트가 발생된 호스트 중 하나 이상에 대한 읽기 권한이 없는지 확인해 봅시다. 또한 조건이나 호스트 유지관리 설정, 액션 오퍼레이션을 확인하십시오. 액션이 비활성화되지 않도록 하십시오. 자빅스는 액션 조건이나 오퍼레이션에서 참조되는 리소스가 삭제되면 자동으로 액션을 비활성화할 수 있습니다. 또한 사용자 미디어 설정 (예: 심각도 및 시간 필터)과 구성된 미디어 유형이 활성화되어 있는지 확

인하십시오. 메시지가 작업 로그에 나타나고 오류 메시지가 표시되면 오류 내용이 문제 해결에 도움이 될 수 있습니다. 메시지가 성공적으로 전송된 것으로 액션 로그에 표시된다면 다른 수신 시스템의 로그를 확인하십시오.

- Q: 이메일 알림이 전송되지 않고 이메일 서버 로그 파일에서 "[127.0.0.1] did not issue MAIL/EXPN/VRFY/ETRN during connection to MTA"와 같은 오류 메시지가 표시됩니다.

- A: 이 메시지는 자빅스가 알림을 발송할 때가 아닌 SMTP 서비스를 모니터링할 때 발생합니다. 이전 질문에서 언급 한대로 사용 권한을 확인하고 Reports ➤ Action log에서 왜 발송에 실패했는지 이유를 찾으십시오.

- Q: 어떤 일이 발생해서 자빅스 서버가 엄청난 수의 메시지를 보내고 있습니다. 어떻게 그것을 빨리 막을 수 있을까요?

- A: 비정상적인 과도한 에스컬레이션을 중지하는 냉혹한 방법이 있습니다. 이 방법은 현재 활성화된 에스컬레이션을 모두 삭제하는 것입니다. 한 가지 기억해야 할 것은 액티브 에스컬레이션을 삭제해도 자빅스는 새로운 에스컬레이션을 생성한다는 것입니다. 이 문제를 해결하는 좋은 방법은 액션의 오퍼레이션 조건이 트리거가 인지상태가 아닐 때에만 메시지를 보내도록 변경하고, 문제의 트리거는 인지 상태로 전환하는 것 입니다. 이 방법은 올바른 에스컬레이션도 제거됩니다. 데이터베이스에서 다음을 실행하십시오.

```
mysql> delete from escalations;
```

디스커버리 및 자동 등록

- Q: 일부 호스트를 호스트 그룹에서 제거했는데, 신기하게 나중에 다시 추가됩니다.

- A: 네트워크 디스커버리 및 액티브 에이전트 자동 등록을 확인합시다. 대부분 네트워크 디스커버리 및 액티브 에이전트가 호스트를 다시 추가합니다.

- Q: 모니터링할 호스트를 특정 프록시나 자빅스 서버 인스턴스로 변경해도 나중에 다른 프록시나 자빅스 서버 인스턴스로 변경됩니다.
- A: 에이전트 자동 등록과 에이전트의 ServerActive 파라미터를 확인합시다. 생성된 호스트는 자동 등록 요청을 마지막으로 수신한 프록시나 서버가 지정 됩니다.
- Q: LLD 프로토타입을 비활성화했는데도, 다운 스트림 아이템이나 트리거가 비활성화되지 않습니다.
- A: 이 문제는 유감스럽게도 디자인에 의한 것이며 변경할 수 없습니다. 대신 설정 목록에서 개별 아이템 및 트리거를 비활성화할 수 있습니다. 여러 다운 스트림 아이템이나 트리거의 상태를 변경하려면 자빅스 API를 사용하십시오.

▌자빅스 문제 해결

앞에서는 새로운 사용자가 접할 수 있는 가장 일반적인 문제 중 일부를 다뤘다. 그 외에도 자빅스의 새로운 버전을 사용하면서 발생할 수 있는 문제가 있다. 물론 일반적인 문제에 대한 빠른 해결책을 가지고 있는 것도 필요하지만, 여기서는 자빅스 문제를 디버깅할 때 도움이 될 수 있는 몇 가지 세부 사항을 살펴보자.

자빅스 로그 파일 형식

어떤 프로그램에서라도 설명할 수 없는 문제가 있을 때 가장 먼저 확인해 볼 수 있는 것은 로그 파일이다. 때때로 로그 파일은 훌륭하지만 전혀 도움이 되지 않을 때도 있다. 이때 사용할 수 있는 로그 파일이 응답을 제공하지 않는 경우에 대한 다른 방법을 논의할 것이다. 답을 찾기 전에 먼저 로그 파일 형식에 대한 몇 가지 기본 사항을 알아두면 도움이 될 것이다. 자빅스 로그 형식은 다음과 같다.

```
PPPPPP:YYYYMMDD:HHMMSS.mmm
```

여기에서 PPPPPP는 6자까지 가질 수 있는 프로세스 ID이며 YYYYMMDD는 현재 날짜, HHMMSS 는 현재 시간, mmm은 타임스탬프의 밀리초다. 콜론과 점은 문자 기호이다. 이 접두부 뒤에 공백이 오고 실제 로그 메시지가 표시된다. 다음은 로그 항목의 예다.

```
10372:20151223:134406.865 database is down: reconnecting in 10 seconds
```

접두어가 없는 로그 파일 행이 있는 경우 스크립트와 같은 외부 소스나 Net-SNMP와 같 은 라이브러리에서 발생된 것일 수 있다. 자빅스 서버가 구동되면 다음과 유사한 내용이 기록된다.

```
12331:20151215:163629.968 Starting Zabbix Server. Zabbix 3.0.0
(revision {ZABBIX_REVISION}).
12331:20151215:163630.020 ****** Enabled features ******
12331:20151215:163630.020 SNMP monitoring:            YES
12331:20151215:163630.020 IPMI monitoring:            YES
12331:20151215:163630.020 Web monitoring:             YES
12331:20151215:163630.020 VMware monitoring:          YES
12331:20151215:163630.020 SMTP authentication:        YES
12331:20151215:163630.020 Jabber notifications:        NO
12331:20151215:163630.020 Ez Texting notifications:   YES
12331:20151215:163630.020 ODBC:                       YES
12331:20151215:163630.020 SSH2 support:               YES
12331:20151215:163630.020 IPv6 support:                NO
12331:20151215:163630.020 TLS support:                 NO
12331:20151215:163630.020 ******************************
12331:20151215:163630.020 using configuration file: /usr/local/etc/ zabbix_
server.conf
12331:20151215:163630.067 current database version (mandatory/ optional):
03000000/03000000
12331:20151215:163630.067 required mandatory version: 03000000
```

첫 번째 라인은 데몬 유형과 버전을 출력한다. 컴파일 방법에 따라 현재 SVN 개정 번호 도 포함될 수 있다. 그 아래 컴파일된 기능 목록을 표시한다. SNMP, IPMI, VM웨어 등의 기능이 모니터링이 전혀 작동하지 않도록 설정됐는지를 확인하는 데 매우 유용하다. 그 다음 라인은 현재 사용된 설정 파일의 경로가 표시되어 설정 파일을 변경할 때 변경한 파일이 올바른지 확인할 때 유용하다. 서버 및 프록시 로그 파일에는 현재 데이터베이스 버전과 필요한 데이터베이스 버전이 표시된다. 이에 대해서는 22장, '자빅스 운영/유지보수'에서 살펴봤다.

데이터베이스 버전 다음에는 내부 프로세스 시작 메시지를 확인할 수 있다.

```
2583:20151231:155712.323 server #0 started [main process]
2592:20151231:155712.334 server #5 started [poller #3]
2591:20151231:155712.336 server #4 started [poller #2]
2590:20151231:155712.337 server #3 started [poller #1]
2593:20151231:155712.339 server #6 started [poller #4]
```

여기서는 일부 출력을 삭제했지만 실제 로그에는 이와 유사한 많은 라인이 표시될 것이다. 이 프로세스 목록으로 특정 유형의 프로세스 수가 지정한 만큼 시작됐는지 확인할 수 있다. 로그 파일 내용을 볼 때 어떤 프로세스가 특정 행을 기록했는지 항상 명확하지는 않지만, 시작 메시지가 도움이 될 수 있다. 다음과 같은 행이 표시되면 어떤 프로세스가 로그를 기록했는지 확인할 수 있다.

```
21974:20151231:184520.117 Zabbix agent item "vfs.fs.size[/,free]" on host "A test
host" failed: another network error, wait for 15 seconds
```

다음 명령으로 동일한 PID를 가진 시작 메시지를 찾을 수 있다.

```
# grep 21974 zabbix_server.log | grep started
21974:20151231:184352.921 server #8 started [unreachable poller #1]
```

TIP 두 줄 이상 반환되면 마지막 시작 메시지를 찾는 것이 상식이다.

먼저의 로그에서 호스트는 첫 번째 네트워크 이슈가 발생한 후 unreachable poller에서 지연이 발생된 것을 보여준다.

그러나 로그 파일이 순환되어 원래 시작 메시지가 손실되면 어떻게 될까? 데몬이 여전히 실행 중이라면 고급 검사 작업 외에도 간단한 방법이 있다. 이 방법은 이 장의 뒷부분에서 살펴본다.

설정 캐시 리로드

2장, '첫 번째 알림받기'에서 설정 캐시를 확인했고, 22장, '자빅스 운영/유지보수'에서 설정 캐시를 모니터링하는 방법에 대해 논의했다. 설정 캐시는 성능상의 측면에서 많은 도움이 되지만, 신속하게 무언가를 테스트할 땐 약간의 문제가 될 수 있다. 이럴 때 자빅스 서버가 강제로 설정 캐시를 리로드하게 할 수 있다. 자빅스 서버 옵션을 표시하려면 다음을 실행하자.

```
# zabbix_server --help
```

 19장, '프록시를 이용한 원격지 모니터링'에서 자빅스 프록시 설정 캐시 리로드에 대해 간략하게 논의했다.

출력에서 런타임 제어 옵션 섹션을 찾아보자.

```
-R --runtime-control runtime-option  Perform administrative functions Runtime
```

```
control options:
  config_cache_reload   Reload configuration cache
```

따라서 서버 설정 캐시를 다시 로드하는 작업은 다음과 같이 실행할 수 있다.

```
# zabbix_server --runtime-control config_cache_reload zabbix_server [2682]:
command sent successfully
```

서버 로그 파일을 확인하면 명령이 실행됐음을 확인할 수 있다.

```
forced reloading of the configuration cache
```

백그라운드에서의 명령 실행은 다음과 같이 작동한다.

1. 서버는 기본 설정 파일을 찾는다.
2. PidFile 옵션에 지정된 파일을 찾는다.
3. 프로세스 ID로 명령을 전송한다.

19장, '프록시를 이용한 원격지 모니터링'에서 설명했듯이 이 기능의 장점은 자빅스 액티브 프록시에서도 지원된다는 것이다. 액티브 프록시가 설정 캐시를 다시 로드하라는 명령을 받으면 액티브 프록시는 자빅스 서버에 연결해 모든 최신 설정을 가져온 후 로컬 설정 캐시를 다시 로드한다. 이 명령이 패시브 프록시로 보내지면 신호가 무시된다.

같은 시스템에서 여러 개의 프록시를 실행하는 경우, 어떻게 특정 바이너리 인스턴스의 설정 캐시를 다시 로드하게 할 수 있을까? 프로세스에 신호를 전달하기 위해 취해진 단계를 다시 살펴보면 필요한 것은 올바른 설정 파일을 지정하는 것이다. 동일한 시스템에서 여러 프록시를 실행하는 경우 각각은 다른 PID 파일, 로그 파일, 구동 포트 등을 지정하는 자체 설정 파일을 가지고 있어야 한다. 프록시에 특정 설정 파일을 지정하여 설정 캐시를 다시 로드하게 하는 것은 간단하다.

```
# zabbix_proxy -c /path/to/zabbix_proxy.conf --runtime-control config_ cache_
reload
```

 설정 파일에는 전체 경로(절대 경로)가 제공돼야 한다. 상대 경로는 지원되지 않는다.

 동일한 방법이 서버와 프록시에도 적용되지만, 동일한 시스템에서 여러 자빅스 서버를 실행하는 경우는 일반적이지는 않다.

대형 자빅스 서버 인스턴스에 CacheUpdateFrequency 파라미터가 매우 클 경우, 특히 캐시를 수동으로 다시 로드하는 기능은 유용하다.

실행 중인 데몬 제어

설정 캐시 리로드는 런타임에서 사용할 수 있는 명령 중 하나다. 런타임에서 사용할 수 있는 다른 옵션도 살펴보자.

```
housekeeper_execute        Execute the housekeeper
log_level_increase=target  Increase log level, affects all processes if target is
not specified
log_level_decrease=target  Decrease log level, affects all processes if target is
not specified
Log level control targets: pid
Process identifier process-type All processes of specified type (for example,
poller)
process-type,N             Process type and number (e.g., poller,3)
```

22장, '자빅스 운영/유지보수'에서 설명했듯이 내부 하우스 키퍼는 서버 또는 프록시 시작 후 30분 내에 최초 실행된다. housekeeper_execute 런타임 옵션을 사용하면 아무때나 실행할 수 있다.

```
# zabbix_server --runtime-control housekeeper_execute
```

더 흥미로운 기능은 실행 중인 프로세스의 로그 레벨을 변경할 수 있는 것이다. 이 기능은 자빅스 2.4에서부터 제공되며 이 기능으로 디버깅이 훨씬 쉬워졌다. 어떤 변경을 요청하기 전까지 자빅스 데몬은 일반적으로 시작되고 동작한다. 데몬들에게 설정 파일을 다시 읽도록 명령할 수 없지만, 실행 중인 데몬의 일부 기능을 제어할 수 있는 몇 가지 옵션이 있다. 22장, '자빅스 운영/유지보수'에서 간략하게 언급했듯이 DebugLevel 파라미터를 사용하면 데몬이 시작될 때 로그 레벨을 설정할 수 있으며, 기본값은 3이다. 로그 레벨 4는 모든 SQL을 조회하고, 로그 레벨 5는 웹 모니터링 및 VM웨어 모니터링에서 수신된 내용을 추가한다. 초급자에게는 레벨 3 이상의 모든 것이 매우 놀랍고 위협적 일 수 있다. 아주 작은 자빅스 서버에서도 로그 레벨 4에서 몇 분 안에 수십 메가 바이트를 쉽게 기록할 수 있다. 찾고자 하는 문제가 즉시 나타나지 않을 수도 있으므로 로그 레벨 4 또는 5에서 몇 시간 또는 며칠 동안 실행해야 할 수도 있다. 익숙하지 않은 기가 바이트 로그를 처리한다고 상상해보자. 이런 상황에 대비하여 이 기능은 실행 중인 프로세스의 로그 레벨을 설정할 수 있도록 지원해 문제 상황에서 로그 레벨을 높이고 나중에 데몬 재시작 없이 다시 낮출 수 있다.

또한 런타임 로그 레벨 기능을 사용할 때 로그 레벨을 변경해야 하는 정확한 구성 요소를 선택할 수 있다. 개별 프로세스는 시스템 PID나 자빅스 내부 프로세스 번호로 식별할 수 있다. 시스템 PID로 프로세스 지정은 다음과 같이 실행할 수 있다.

```
# zabbix_server --runtime-control log_level_increase=1313
```

자빅스 프로세스 유형 지정은 프로세스 유형을 선택하고 프로세스 번호를 전달하여 수행할 수 있다.

```
# zabbix_server --runtime-control log_level_increase=trapper,3
```

상당히 유용하고 일반적인 접근법은 특정 유형의 모든 프로세스에 대한 로그 레벨을 변경하는 것이다. 예를 들어 어떤 트랩퍼가 문제를 일으키는 연결을 받을지 알 수 없으므로 프로세스 번호를 생략하여 모든 트랩퍼의 로그 레벨을 쉽게 높일 수 있다.

```
# zabbix_server --runtime-control log_level_increase=trapper
```

파라미터 없이 이 런타임 옵션을 사용하면 모든 자빅스 프로세스가 영향을 받는다.

```
# zabbix_server --runtime-control log_level_increase
```

프로세스가 로그 레벨 변경을 변경할 때 프로세스는 로그에 해당 로그 레벨 변경에 대한 항목을 기록한 다음 로그 레벨을 변경한다.

```
21975:20151231:190556.881 log level has been increased to 4 (debug)
```

현재의 로그 레벨을 조회하거나 특정 수준을 설정하는 방법은 없다. 모든 프로세스의 현재 로그 레벨에 대해 잘 모를 경우 이를 확인하는 두 가지 방법이 있다.

- 데몬을 다시 시작한다.
- 로그 수준을 5번 줄이거나 늘려 0 또는 5로 지정한 다음 원하는 수준을 설정한다.

방금 설명한 옵션을 간단히 테스트해보자. 이 명령은 모든 폴러에 대한 로그 레벨을 높인다.

```
# zabbix_server --runtime-control log_level_increase=poller
```

자빅스 서버 로그 파일을 살펴보자.

```
# tail -f /tmp/zabbix_server.log
```

5개의 폴러 프로세스만 구동된 작은 자빅스 서버에서 데이터의 양을 확인하자. 그런 다음 로그 레벨을 낮추자.

```
# zabbix_server --runtime-control log_level_decrease=poller
```


런타임 프로세스 상태

자빅스는 디버깅을 돕는 또 다른 간단한 방법이 있다. top을 실행하고 어떤 모드가 자빅스 프로세스의 더 안정적이고 긴 목록을 제공하는지 살펴보자. top에서 프로세서 사용량(Shift + P)이나 메모리 사용량(Shift + M)으로 정렬할 수 있다.

 또는 o를 누르고 COMMAND=zabbix_server를 입력하자.

C를 누르고 자빅스 프로세스가 명령 행을 업데이트해 이것이 어떤 내부 프로세스인지 그리고 무엇이 수행되고 있는지를 살펴보자.

```
zabbix_server: poller #1 [got 0 values in 0.000005 sec, idle 1 sec]
zabbix_server: poller #4 [got 1 values in 0.000089 sec, idle 1 sec]
zabbix_server: poller #5 [got 0 values in 0.000004 sec, idle 1 sec]
```

상태 변화를 살펴보고, 작업과 특정 프로세스에 소요되는 시간이 어떤지 확인하자. 다른 명령을 통해 리디렉션되거나 필터링되는 있는 출력도 있을 수 있다.

```
# top -c -b | grep zabbix_server
```

-c 옵션은 명령 행을 표시하도록 지정한다. 이 명령은 이전에 top에서 C를 치면 확인할 수 있는 것과 동일하다. -b 옵션은 top에서 입력을 받아들이지 않고 배치 모드로 결과만 출력되도록 지정한다. -n 1을 지정하여 한 번만 실행하거나 필요에 따라 다른 횟수를 지정할 수도 있다.

ps를 사용하는 것이 더 편리할 수 있다.

```
# ps -f -C zabbix_server
```

-f 옵션은 명령 줄을 포함하여 프로세스와 관련된 전체 내용을 출력을 할 수 있다. -C의 옵션은 실행 파일 이름을 필터링한다.

```
zabbix   21969 21962  0 18:43 ?        00:00:00 zabbix_server: poller
#1 [got 0 values in 0.000006 sec, idle 1 sec]
zabbix   21970 21962  0 18:43 ?        00:00:00 zabbix_server: poller
#2 [got 0 values in 0.000008 sec, idle 1 sec]
zabbix   21971 21962  0 18:43 ?        00:00:00 zabbix_server: poller
#3 [got 0 values in 0.000004 sec, idle 1 sec]
```

전체 출력은 많은 값들을 출력한다. 만일 PID와 커맨드라인만 필요한 경우 -o 옵션을 사용해 다음과 같이 출력되는 컬럼을 제한할 수 있다.

```
# ps -o pid=,command= -C zabbix_server
21975 zabbix_server: trapper #1 [processed data in 0.000150 sec, waiting for
connection]
```

```
21976 zabbix_server: trapper #2 [processed data in 0.001312 sec, waiting for
connection]
```

 TIP pid 및 명령 다음에 등호가 있으면 이 열에 대한 헤더가 표시되지 않는다.

동적으로 현재 상태 목록을 보려면 watch 명령을 사용할 수 있다.

```
# watch -n 1 'ps -o pid=,command= -C zabbix_server'
```

이 목록은 매초 업데이트된다. 간격 파라미터 -n은 소수도 허용하므로 매초 두 번 업데이트하려면 -n에 0.5를 지정하여 사용할 수 있다.

이것은 또한 구동 시 발생한 로그 파일을 사용할 수 없는 경우 어떤 PID가 어떤 프로세스 유형에 해당하는지 알아내는 방법이다. 프로세스 유형과 PID를 top 또는 ps의 출력에서 볼 수 있다.

추가 디버깅

장애가 발생할 수 있는 많은 상황이 있으며 그 이유를 찾는 데 도움이 되는 많은 도구가 있다. tcpdump, strace, ltrace, pmap 같은 툴박스에 익숙하다면 대부분의 자빅스 문제를 파악할 수 있을 것이다.

 TIP 어떤 사람들은 모든 것이 DNS 문제라고 주장하고 종종 맞기도 한다. 어떤 것도 도움이 될 만한 게 없을 때 DNS를 확인하자.

일반적인 리눅스나 유닉스 디버깅은 범위를 벗어날 수 있으므로 여기서는 다루지 않을 것이다. 물론 여전히 문제가 있는 자빅스 고유의 기능이 많이 있다. 이런 문제에 직면한다면 자빅스 문제 해결 페이지 http://zabbix.org/wiki/Troubleshooting에서 확인할 수 있다. 이 페이지도 도움이 되지 않는다면 부록 B, '커뮤니티 참여'에서 논의할 자빅스 IRC 채널과 같은 커뮤니티나 커머셜 지원을 확인하자.

커뮤니티 참여

자빅스의 중요한 특징은 오픈소스라는 점이다. 자빅스는 진정한 오픈소스 솔루션이다. 일부 오픈소스는 '개방형 코어'가 아니며 엔터프라이즈 버전이나 일부 독점 플러그인을 제공한다. 이런 접근법은 '가짜 오픈소스'로 분류될 수 있다. 자빅스의 모든 구성 요소는 완전한 오픈소스다. 개방되어 있지 않거나 숨겨진 구성 요소가 없다. 개발자들은 자빅스를 그런 방식으로 유지해 왔다. 자빅스 컨퍼런스 2013 비디오에서 관련된 내용을 확인할 수 있다. 자빅스 제작자 알렉세이 블라디셰브Alexei Vladishev의 개회사를 참고하자, 약 27분 30초가 소요된다.

오픈소스로 개발을 하고, 또 많은 자빅스 개발을 공개하고 있다. 따라서 개발을 면밀히 추적하고 커뮤니티 지원을 받는 것이 쉽다. 그러나 각각의 오픈소스 프로젝트는 실행 방법과 가이드 라인이 다르므로 자빅스의 이런 측면에서 무엇을 기대할 수 있는지 살펴본다.

- 커뮤니티 지원은 IRC 채널에서 채팅하거나, 위키를 보고, 공식 포럼에서 토론하거나, 열려 있는 버그 트래커를 사용해 문제를 해결할 수 있는 좋은 방법이다.
- 최신소스를 얻어서 더 가깝게 개발을 따라가는 것은 문제의 해결을 신속히 할 수 있도록 허용하고, 빠른 피드백을 제공받고, 자빅스의 내부를 좀 더 잘 이해할 수 있다.
- 제품 개발, 지원 계약 또는 기타 서비스의 경우 상업적 지원이 편리할 수 있다.

자빅스의 개발은 개방된 상태에서 이뤄지지만 번역 영역을 제외하고 대개 외부의 참여는 허용되지 않는다. 자빅스의 모든 번역물에 대한 참여자는 환영하며, 해당 분야에 참여하는 방법을 찾아낼 것이다.

▌ 커뮤니티와 지원

자빅스 사용자들의 활발한 커뮤니티가 있다. 자빅스 사용자는 서로 다른 방식으로 의사소통하고 공유한다. 원하는 의사소통 및 정보 교환 방법을 자유롭게 선택할 수는 있지만 상황이 어떻게 조정되는지는 알고 있는 것이 좋을 것이다.

질문을 하는 것이나, 누군가의 질문에 답변으로 달아서 도와주는 것은 좋은데, 대답을 얻기 위한 기본적인 룰을 준수하는 것이 좋다.

- 예의를 지키자. 누구도 IRC, 포럼 또는 다른 곳에서 여러분에게 응답할 의무가 없음을 기억하자.
- 아무런 응답이 없다면 지금 답을 알고 있는 사람이 아무도 없는 것이다. 참을성을 가지고 기다려보자. 사람들은 다른 시간대에 살고 있음을 기억하자. 누군가의 업무 시간은 다른 누군가의 새벽 일 수도 있다.
- 전용 모국어 섹션에서 의사소통하지 않는 한 영어를 사용하자. 단어에 대해 단일문자 대체를 사용하지 말자. 많은 참가자들에게 영어는 제 2 언어 또는 제 3 언

어이므로, 실수를 지적하는 것은 정중해야 한다. 언어에 대한 인식 또한 상당히 다양하다. 한 지역에서는 아무 문제 없는 것들이 다른 지역에서는 불쾌하게 여겨질 수도 있다.

- 공식 문서나 위키, 기타 출처를 확인해 먼저 문제를 직접 해결해보자. 커뮤니티 참여자들에게 당신을 위해 일하도록 요구하는 것은 정중하지 않다. 반면에 누군가가 자빅스 인스턴스로 작업하기를 원한다면 이 장의 마지막 부분에서 언급할 상용 지원 서비스가 더 적합할 수 있다.

- 도움을 청할 때 가능한 한 많은 관련 정보를 제공하자. 여기에는 일반적으로 문제에 따라 자빅스 버전, 자세한 문제 설명 및 기타 사항이 포함된다. 데이터베이스 사용, 운영체제 또는 배포 및 기타 종속성에 대한 정보 일 수 있다. 문제를 해결하는 동안 이미 수행한 단계를 기록하는 것도 좋습니다. 다른 사람들이 세부 정보를 추측하지 못하게 하자. 더 많은 정보를 요구해야 한다면 문제 해결이 지연될 것이다.

이 지침과 그 밖의 지침은 http://zabbix.org/wiki/Getting_help에 나와 있다.

IRC에서 채팅하기

IRC^{Internet Relay Chat}는 상당히 오래된 통신 방법이며 특히 오픈소스 프로젝트 커뮤니티에서 널리 사용된다. 자빅스 사용자는 자빅스 관련 토론을 위하여 전용 채널에서 모인다. freenode.net의 Freenode 네트워크에 위치한 #zabbix 채널은 자빅스 사용자들로부터 도움을 얻을 수 있다. 여기에 가장 뛰어나고 지식이 풍부한 커뮤니티 구성원이 있다. http://webchat.freenode.net/과 같은 많은 web-IRC 게이트웨이 중 하나를 사용하거나 IRC 클라이언트라는 전용 프로그램으로 Freenode IRC 서버에 연결할 수 있다. 다양한 운영체제에서 사용할 수 있는 다양한 방법이 있으며 원하는 방법을 자유롭게 선택할 수 있다. 다른 방법을 사용한다 하더라도 사람들과의 의사소통에는 영향을 미치지 않는다. 일반적인 커뮤니케이션 지침 외에도 다음과 같은 몇 가지 IRC 관련 지침이 있다.

- 반복되는 이야기지만, 기다려야 한다. 너무 자주 사람들이 와서 질문을 하고 몇 분 후에 떠난다. 채널의 다른 구성원이 컴퓨터에서 자고 있거나 식사를 하거나 다른 곳에서 떨어져 있을 수 있다. 그러니 질문을 하고 잠시 기다려보자. 주말이라면 며칠이 걸릴 수도 있다.
- 묻지 말자. 귀하의 질문이 자빅스에 관한 것이고 그것을 깊이 고민했다면, 그 때 질문해보자. 먼저 "자빅스에 대해 질문해도 괜찮을까요?"라고 질문할 때 누군가가 "예, 해도 괜찮습니다."라고 대답하면 질문을 입력하여 도움을 받을 수 있다.
- 질문을 너무 자주 반복하지 말자. 그것은 다른 사람들을 귀찮게 할 뿐이다. 새로운 사람들이 참여할 때마다 반복적으로 묻는 유혹을 불러 일으킬 수도 있지만, 그들은 당신이 기다리는 전문가가 아닐 수도 있다. 참을성을 갖고 기다려보자. 긴 시간 동안, 하루 정도 대답이 나타나지 않으면 질문을 반복하는 것이 일반적이다.
- 현재 사람들의 이름을 언급하지 말자. 그것은 도움이 되지 않는다. 불필요하게 그들의 주의를 분산시킬 것이다. 누군가가 대신 응답할 때까지 기다리자.

예의를 갖춰야 한다. 모든 의사소통은 기록되고 공개적으로 이용 가능하다는 것을 기억하자. 의사소통이 어려운 사람으로 밝혀지면 사람들의 기억에만 남는 것이 아니라 로그에도 남는다.

자빅스 IRC 채널에는 bots라는 자동 도움말 기능도 있다. 새로운 버그 보고서와 기능 요청은 모두 채널에서 발표되며 다른 기능도 있다. 현재 봇 기능은 http://zabbix.org/wiki/Getting_help#IRC_bots에 소개되어 있다.

자빅스 IRC 채널은 자빅스 전문가만을 위한 채널은 아니다. 이 채널도 꽤 유명하다. 이 글을 쓰는 시점에서 평균 참여자 수는 약 300명이다. 이 채널은 모니터링에 대한 가장 인기 있는 IRC 채널이다. http://zabbix.org/zabbix/의 자빅스 데모 인스턴스는 채널의 사용자 수를 모니터링하며, 2006년부터 2016년 중반까지의 그래프는 다음과 같다.

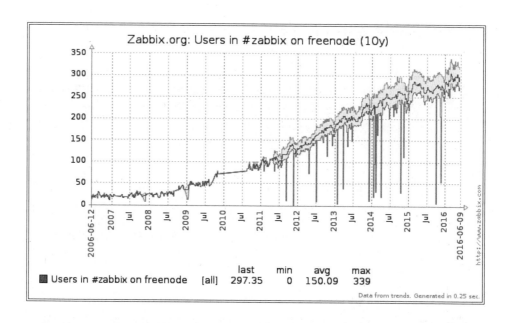

http://zabbix.org/zabbix/로 이동해 Zabbix.org 호스트에서 심플 그래프 Users in #zabbix on freenode를 찾아 현재 상태를 확인할 수 있다.

자빅스 위키 사용

잠시 전에 살펴본 한 데모 인스턴스 호스팅 시스템은 커뮤니티 플랫폼으로도 사용된다. 주로, 많은 양의 유용한 정보를 가지고 있는 MediaWiki 인스턴스이며 이미 앞에서도 몇 번 참조했다. 이 시점에서 관심 있는 몇 가지 사항은 다음과 같다.

- 자빅스 템플릿
- 자빅스 프로토콜 설명서를 포함한 자빅스 기술 문서
- 자빅스의 다양한 지침(버그보고 지침과 IRC 에티켓 포함)
- 자빅스 API 라이브러리 목록
- 고가용성 설정 및 설치 프로세스에 대한 지침을 포함하여 다양한 방법

http://zabbix.org/wiki/Main_Page에서 사용 가능한이지 먼저 확인하는 것이 좋다.

 이 책은 또한 자빅스 웹 사이트에서 새로운 기능 스펙을 보유하는 것이 얼마나 훌륭한지를 살펴보려고 했지만, 자빅스 팀은 이를 취소하기로 결정했다. 여전히 http://zabbix.org/wiki/Category:Specifications에서 이전 스펙을 확인할 수 있다.

이 사이트는 위키이기 때문에 모든 사람이 참여할 수 있다. 실수 또는 누락된 부분이 보이면 그냥 가서 개선하자. 평범하지 않은 일부 프로세스에 대한 지침을 작성하고 싶으면, 새로운 페이지를 만들어보자. 그리고 확실하지 않다면 IRC에 물어보자. 누군가가 반드시 도움을 줄 것이다.

 http://share.zabbix.com에는 자빅스 관련 리소스 디렉토리가 있다. 대부분의 콘텐츠를 호스팅하지는 않는 대신 깃허브 또는 자빅스 웹 사이트 페이지의 템플릿이나 스크립트에 링크된다. 이 기능은 제한되어 있으므로 지금은 자세하게 살펴보지 않을 것이다. 그래도 자주 방문하여 개선된 내용이 있는지 확인하는 것이 좋다.

자빅스 포럼 사용

자빅스 포럼은 http://www.zabbix.com/forum에 있다. 포럼에 가입하지 않고도 게시물을 읽을 수는 있지만, 게시를 위해서는 인증된 액세스가 필요하므로 계정을 등록하자. 포럼에서 이미 해결된 많은 문제와 새로운 문제에 대한 도움을 받을 수 있다.

효율적이고 만족스러운 의사소통을 위한 일반적인 제안을 살펴봤지만 포럼과 관련된 몇 가지 제안 사항이 있다.

- 질문에 적합한 포럼을 선택하자. 자빅스 개발 버전에 문제가 있는 경우 자빅스 웹 사이트 관련 포럼에서 문제를 제기해서는 안 된다.

- 새 스레드를 만들지, 기존 스레드에 댓글을 작성할지 현명하게 선택하자. 기존 스레드에 대해 다른 질문을 하는 것은 매우 바람직하지 않다. 반면 기존 문제에 대한 중복 스레드를 만드는 것보다는 포럼을 검색하는 것이 좋다.
- 추가 정보가 요청되면 적시에 응답할 수 있도록 새 메시지 알림을 활성화하자. 문제를 더 빨리 해결하는 데 도움이 된다.

트래커에 문제 제기

자빅스를 향상시키는 방법에 대해 버그를 발견했거나 좋은 아이디어가 있다면 어떻게 해야 할까? 자빅스는 이슈 트래커를 사용해 그런 것들을 기록하고 해결 프로세스를 추적한다. 자빅스 이슈 트래커에 액세스하려면 https://support.zabbix.com에 접속하자. 여기에서 가입하고 로그인하여 기존 보고서를 검색하고 새 보고서를 입력할 수 있다.

새로운 이슈를 보고할 때 올바른 프로젝트를 선택해야 한다. 프로젝트 ZBX는 버그 보고에 사용되고, ZBXNEXT가 새로운 기능 요청에 사용된다. 새 보고서를 제출하기 전에 이전의 이슈를 검색해봐야 한다. 이미 보고된 문제의 중복 보고서를 만들 필요는 없다.

스스로 문제를 해결하고 버그를 수정하거나 기능을 구현하는 패치를 가지고 있다면 어떨까? 해당 이슈에 첨부하자. 전체 코드를 코딩하기 전에 자빅스 개발자들과 개발 방법을 논의해야 한다. 예를 들어 자빅스 개발자들은 이미 그것을 개발했을 수도 있고, 개발하고자 하는 기능이 다른 기능과 충돌이 발생할 수도 있다. 코딩 지침에 익숙해지도록 하자. 코딩 지침은 http://zabbix.org/wiki/Main_Page에서 확인할 수 있다.

 https://github.com/zabbix/zabbix-patches에 패치 저장소가 있지만 잘 사용되고 있는지 여부는 아직 알려지지 않고 있다.

직접 만나기

토론된 모든 채널은 다른 자빅스 사용자와 통신하고, 도움을 받고, 다른 사람들을 돕는 데 아주 좋다. 그러나 직접 만날 수 있는 다양한 방법이 있다. 매우 인기 있고 멋진 연중 행사는 공식 자빅스 컨퍼런스지만 지역 커뮤니티가 주최하는 다양한 행사도 있다.

자빅스 컨퍼런스

공식 자빅스 컨퍼런스는 거대한 행사이다. 그것은 2011년에 처음 시작됐으며, 보통 9월에 개최된다. 자빅스에서 일어나는 최신 일을 발견하고, 매우 독창적인 자빅스 사용자로부터 많은 것을 배우면서 재미있는 시간을 가질 수 있다. 그것은 자빅스 출생지 라트비아 리가 Riga에서 개최된다. 재미있는 컨퍼런스가 2일 동안 열리며, 자빅스 팀은 모두가 즐길 수 있도록 열심히 노력한다. 기회가 있으면 이벤트에 참여하자.

지역 커뮤니티

지역 커뮤니티도 함께 모일 수 있다. http://zabbix.org/wiki/Usergroups에서 다양한 커뮤니티 채널 목록을 확인하자. 사용자 그룹에 가입하여 소식을 듣고 이벤트 조직에 도움이 될 수도 있다. 목록에 새로운 국가를 추가하는 것을 망설이지 말자.

▌ 개발 따라가기

이전 절에서 흥미로운 새로운 기능을 언급했었다. 이 기능을 사용해보고 싶은가? 아마도 특정 변경 사항이 얼마나 정확하게 구현됐는지, 설계 방식에 대해 의견을 말하기를 원할 수 있다. 또는 개발 버전의 일부 변경 사항에 따라 패치를 작성하고 싶을 수 있다. 많은 자빅스 개발은 공개적으로 진행되며, 관심 있는 주요 단계는 다음과 같다.

- 생성되는 스펙

- 별도의 브랜치에서 시작되는 개발
- 주요 브랜치로 병합되는 기능

 이전에는 http://zabbix.org/wiki/Main_Page에서 스펙을 공개했었다. 하지만 지금은 사용할 수 없다.

피드백을 일찍 제공하면 도움이 될 가능성이 높으며 디자인에 영향을 줄 가능성이 더 높다. 특정 기능에 관심이 있다면 과거에는 http://zabbix.org/wiki/MainPage의 스펙을 추적할 수 있었지만 이제는 제공되지 않는다. 자빅스는 소스 버전 관리로 SVN을 사용한다. SVN의 브랜치 기능은 코드에 대한 초기 접근을 제공한다. 그 시점이 기능을 시험하고 테스트하기에 좋은 때이다.

우리는 테스트에 관해 이야기를 했다. 아직 버전으로 출시되지 않은 코드를 얻는 방법을 살펴보자.

소스 얻기

자빅스 개발 버전을 얻는 방법은 두 가지이다. 각각의 방법은 장점과 약점이 있다.

일일 스냅샷

자빅스 개발 다운로드 페이지(http://www.zabbix.com/developers.php)에는 개발 버전의 일별 스냅샷이 제공된다. 이들은 일반적으로 출시된 버전과 동일한 설정 절차를 거친다. 일일 스냅샷을 사용하면 다음과 같은 이점이 있다.

- 다운로드가 간단하다.
- 소스 아카이브가 미리 생성돼 있다.

단점은 다음과 같다.

- 실제로 변경된 개발 버전의 특정 부분만 업데이트할 방법이 없다.
- 변경된 내용을 쉽게 볼 수 있는 방법이 없다.
- 브랜치 지점에 대한 액세스 권한이 없다.
- 임의의 이전 버전을 구할 수 있는 방법이 없다.

자빅스 개발이 어떻게 진행되는지 한 번에 쉽고 빨리 알고 싶을 때 사용하는 것이 좋다.

버전 제어 시스템 액세스

장기간 자빅스 개발을 추적하거나 특정 변경 사항이 얼마나 정확하게 구현됐는지 살펴볼 때는 일일 스냅샷을 사용하는 것은 번거롭다. 기능 브랜치의 스냅샷이 없으므로 기능이 아직 메인 브랜치에 병합되지 않은 경우 SVN을 사용해야 한다.

 https://www.zabbix.org/websvn/wsvn/zabbix.com에서 WebSVN 인스턴스를 사용해 공식 SVN 저장소를 탐색할 수 있다. 로컬 체크아웃을 허용하지 않지만 몇몇 파일을 빠르게 확인할 때는 더 편리할 수 있다.

SVN 저장소에 액세스하려면 특정 소프트웨어(클라이언트)가 필요하다. 다양한 플랫폼을 위한 많은 다른 SVN 클라이언트가 있으며 가장 편리한 것으로 선택할 수 있다. 여기서는 공식 커맨드라인 클라이언트를 사용할 것이다. 이 클라이언트는 거의 모든 리눅스 배포판에서 사용할 수 있고, 자빅스 테스트 서버에서 사용할 수 있다. SVN을 사용하기 전에, 우리는 자빅스 소스 코드 저장소를 알아야 한다. 코드는 https://svn.zabbix.com/에 저장되어 있다. SVN에서 개발은 보통 트렁크와 브랜치로 나뉜다. 신규 개발을 위해 트렁크를 사용하고, 일반적으로 안정적인 버전의 유지관리를 위해 브랜치가 사용된다. 자빅스는 트렁크와 브랜치에 대해 동일한 스키마를 사용하는데, 3.0 같은 안정된 버전의 유지보수 위한 브랜치가 있고, 안정된 다음 버전을 개발을 위한 트렁크가 개발 섹션에 있다. 변경 사항은 버전 브랜치나 트렁크에서 바로 발생하지는 않는다. 일반적으로 svn://svn. zabbix.com/branches/dev/ZBX-1에 있는 개발 브랜치에 먼저 구현된다. 끝에 ZBX 또는 ZBXNEXT 발행 번호를 수정하자.

최신 기능에 관심이 있고 트렁크를 검색하려고 한다고 가정해보자. 이 작업을 수행하려면 다음을 실행할 수 있다.

```
$ svn checkout svn://svn.zabbix.com/trunk zabbix-trunk
```

이 명령은 트렁크의 모든 파일을 검색하여 zabbix-trunk 디렉토리에 저장한다. 자빅스 트렁크 체크아웃은 이 글을 쓰는 시점에 약 118MB의 디스크를 사용하지만 네트워크를 통해 전송되는 양은 더 그것보다 적다. 프로세스가 완료되면 컴파일 작업을 실행할 수도 있지만 설정 스크립트가 없으므로 쉽게 실행할 수 없다. 설정 스크립트를 생성하는 편리한 스크립트가 있다.

```
$ ./bootstrap.sh
```

이 작업이 끝나면 설정 스크립트가 생성돼야 한다. 이제 자빅스의 개발 버전을 컴파일할 수 있을까? 아직은 아니다. 개발 저장소는 일반 데이터베이스 스키마와 콘텐츠 설명만 포함하므로 데이터베이스를 만들 수 없다. 실제 스키마와 데이터 파일을 직접 생성해야 한다. 자빅스 프론트엔드의 경우 특정 CSS 파일도 생성해야 한다. 자빅스 사이트에서 다운로드할 수 있는 것과 같은 패키지를 만드는 것이 좋다. 그렇게 해보자. 데이터베이스 스키마와 패키지를 생성하기 전에 설정 스크립트를 사용해야 한다. 그러나 불필요한 기능을 생략해서 의존성을 줄이고, 더 빠르게 만들 수 있다. 또한 SNMP 또는 IPMI 모니터링과 같이 필요한 기능에 대한 모든 종속성이 없는 다른 시스템에 자빅스 패키지를 만들 수 있다. 간단하게 다음을 실행해보자.

```
$ ./configure
```

그러면 데이터베이스 스키마 및 패키지 생성에 필요한 파일이 생성된다.

이제 스키마와 CSS 생성을 진행할 수 있다.

```
$ make dbschema
$ make css
```

 1장, '자빅스 시작하기'에서 컴파일에 필요한 패키지에 대해 설명했다. css를 생성하려면 Sass Ruby gem이 필요하다.

이제 생성된 데이터베이스 스키마와 CSS 파일을 사용해 패키지를 만들 준비가 됐다.

```
$ make dist
```

이 명령이 완료되면 소스 디렉토리에 zabbix-<version>.tar.gz라는 새 아카이브가 생성될 것이다. 여기서 파일명의 버전은 개발 파트에서 다운로드받은 버전이다. 이렇게 생성된 아카이브는 릴리스된 버전 영역이나 일일 스냅샷 영역에서 다운로드할 수 있는 패키지와 거의 같은 패키지이므로 평소 사용법대로 사용하면 된다.

바로 다운로드할 수 있는 패키지와 똑같은 패키지를 얻기 위하여 많은 작업을 했다. 왜 이렇게 해야 할까? 실제로 개발 버전을 한 번만 받고 싶다면 일별 스냅샷을 선택해야 한다. 그러나 SVN 체크 아웃은 다른 이점을 제공한다. 이제 그 이점을 알아보자.

변경 집합 살펴보기

저장소에 있는 변경 사항의 컬렉션을 변경 집합이라고 한다. 저장소에 있는 변경 집합은 커밋된 것으로 간주된다. 우리는 커밋된 변경 집합을 나열할 수 있다. 예를 들어 저장소에 커밋된 마지막 변경 집합이 무엇인지 알고 싶으면 다음 명령을 실행하자.

```
$ svn log -r PREV:HEAD
```

-r 서브 스위치는 각 변경의 버전 숫자 표현을 지정할 수 있다. PREV 및 HEAD는 이전 버전 및 최신 버전을 지정하는 각각 특수한 참조 방법이다. 경우에 따라 리비전이라는 특정 버전을 테스트하거나 사용하도록 지정할 수도 있다. 다음 명령을 실행해 리비전을 지정할 수 있다.

```
$ svn up -r 1234
```

1234를 사용하고자 하는 리비전 번호로 바꾸자. 이 명령을 실행하면 해당 리비전으로 전체 체크 아웃이 업데이트되며 앞에서 실행한 명령을 다시 실행해야 한다. 체크아웃 후 앞에서 사용한 절차를 반복하자. 그러나 때로는 하나 또는 일부 파일만 특정 버전으로 업데이트해야 할 수도 있다. 예를 들어 다음과 같이 파일을 지정하여 수행할 수 있다.

```
$ svn up -r 1234 frontends/php/history.php
```

변경 사항을 테스트하거나 문제를 일으킨 특정 변경 사항을 찾기 위해 디렉토리와 파일을 모두 지정하여 다른 리비전을 얻을 수 있다.

개발 버전에서 다양한 리비전을 시도하다 보면, 트렁크에 어떤 변경이 있었는지 알고 싶어질 것이다. 첫째, 현재 리비전을 알아내야 한다. checkout 디렉토리에서 다음 명령을 실행하자.

```
$ svn info
```

다음과 같은 줄을 찾아보자.

```
Revision: 60013
```

이 번호를 가지고 로컬 복사본을 최신의 가장 훌륭한 복사본으로 업데이트해야 한다. 로컬 복사 디렉토리에서 다음을 실행하자.

```
$ svn up
```

이 명령은 변경된 모든 내용을 업데이트한다. 변경된 데이터만 가져오므로 데일리 스냅샷을 반복해서 다운로드하는 것과 비교해 다운로드 되는 데이터가 훨씬 적다. 이제 앞서 설명한 자빅스를 빌드하거나 개발자가 수행한 정확한 변경 사항을 볼 수 있다.

```
$ svn log -r 60000:HEAD
```

이 명령은 개발자가 기록한 주석과 함께 코드 저장소에 푸시된 정확한 변경 사항을 표시한다. 이 명령은 변경된 내용을 정확하게 판별하는 데 사용할 수 있다. 지금까지는 향후 배포될 개발 버전 트렁크에 관한 것을 살펴봤다. 특정 브랜치에 적용된 안정 버전의 일부 문제에 대한 특정 버그 수정을 보고 싶다면 어떻게 해야 할까? 코드 저장소에서 트렁크를 받은 것처럼 브랜치도 받을 수 있다.

```
$ svn checkout svn://svn.zabbix.com/branches/3.0
```

트렁크 대신 하위 섹션 브랜치를 지정하자. 그다음에는 유효한 특정 브랜치를 지정할 수 있다. 그 브랜치에는 어떤 브랜치가 있을까? 브랜치를 나열할 수 있다.

```
svn ls svn://svn.zabbix.com/branches
```

브랜치 버전을 설치하는 것은 트렁크를 설치하는 것과 거의 같지만 브랜치의 사용 사례가 한 가지 더 있다. 브랜치에서 특정 버그가 수정되어 다음 안정 버전이 나오기 전에 이를 적용하고 싶다면, 변경 사항을 설치된 사본에 적용할 수 있다. 하지만 그렇게 하기 위해서는 먼저 변경 사항을 재사용하기 쉬운 형식으로 추출해야 한다. 여기에서 또 다른 명령이 사용된다. 이전에 변경 집합을 확인했던 svn log를 기억해보자. 각 변경 집합의 리비전이 표시됐다. 이 리비전 번호가 있으면 특정 커밋의 수정된 파일을 살펴볼 수 있다.

```
$ svn log -v -c 60013
```

여기서는 -c 스위치를 사용해 단일 변경 집합을 지정하고 -v를 사용해 자세한 정보를 볼 수 있다. 변경된 경로 섹션에는 다음과 같이 하나 이상의 파일이 나열된다.

```
M /trunk/ChangeLog
M /trunk/src/zabbix_server/escalator/escalator.c
```

패치를 만들 때 실제 소프트웨어 동작에 영향을 미치지 않는 파일 (이 경우 변경 로그)을 생략할 수 있다. 패치를 만들려면 다음과 같이 실행할 수 있다.

```
$ svn diff -c 60013 src/zabbix_server/escalator/ escalator.c > /tmp/zabbix.patch
```

서브버전Subversion의 diff 명령을 사용해 하나의 파일을 지정하고, 출력을 파일로 리디렉션 해서 패치를 작성했다. 이제 이 패치를 자빅스 설치본에 적용해야 한다. 이렇게 하려면 자빅스 소스 설치 디렉토리로 이동하고 다음을 실행하자.

```
$ patch -p 0 -i /tmp/zabbix.patch
```

이렇게 패치를 추출할 때는 주의하자. 만일 릴리스 된지 얼마 되지 않은 버전에 패치를 적용하면 바로 동작할 수 있다. 설치된 버전과 패치 사이에 많은 개발이 있었다면, 패치는 다른 변경 사항에 의존하여 제대로 작동하지 않을 수 있다.

패치 유틸리티는 지정된 전체 경로 정보를 활용하여 입력 파일 zabbix.patch의 변경 사항을 적용한다. 패치가 끝나면 패치가 적용되는 영역을 판단해야 한다. 서버 데몬과 에이전트 데몬의 경우 동일한 바이너리를 다시 컴파일하고 다시 설치해야 한다. 변경 사항이 프론트엔드에서만 발생된 경우, 설치된 프론트엔드에 패치를 적용하기 위하여 프론트엔드 디렉토리로 이동하고 다음 명령을 사용해 이를 적용하자.

```
# patch -p 2 -i /tmp/zabbix.patch
```

이 명령은 patch 유틸리티의 -p 옵션을 통해 패치 파일 안의 경로에서 처음 두 디렉토리를 무시한다. 프론트엔드에 패치를 적용할 때는 컴파일이 필요하지 않으며 모든 변경 사항이 즉시 반영된다. 패치를 적용했지만 상황이 더욱 악화된다면 어떻게 해야 할까? 고맙게도 같은 패치를 역순으로 적용하면 쉽게 반영을 원복할 수 있다.

```
# patch -R -p 2 -i /tmp/zabbix.patch
```

프론트엔드에서 발생한 변경에 대해 이 명령을 사용하면 더 이상의 조치가 필요 없다. 하지만 바이너리를 다시 원복할 때에는 바이너리를 다시 컴파일해야 한다.

 더 자세한 지시 사항은 SVN 문서를 참조하거나 자빅스 IRC 채널을 통해 자빅스 서브버전 (Zabbix Subversion) 저장소 관련 질문을 해보자.

▌ 자빅스 번역

자빅스 프론트엔드는 다양한 언어로 제공된다. 대부분의 번역 작업을 자빅스 사는 수행하지 않으며 커뮤니티를 통해 이루어진다. 이것은 다양한 언어로 이용 가능할 수 있도록 자빅스에 공헌하는 좋은 기회이다. 자빅스는 사용하기 쉬운 온라인 도구인 Pootle을 사용한다. 고급 컨트리뷰터의 경우 po 파일을 다운로드하여 독립 실행형 도구와 함께 사용할 수 있다. 언어에 대한 자빅스 지원을 향상시키거나 새로 작성하기로 결정한 경우 다음과 같은 몇 가지 제안 사항을 따르자.

- 번역은 많은 일을 동반한다. 마음의 준비를 하자.
- 시작하기 전에 번역하고자 하는 언어에 대한 기존 번역사와 현재 번역 상태에 관해 논의하자.
- 용어가 어떻게 번역 될지 신중히 고려하자. 예를 들어 호스트, 아이템, 트리거, 액션, 오퍼레이션이나 다른 개체는 어떻게 번역할지 고민하자.
- 자빅스 매뉴얼 번역은 천천히 시도하자. 프론트엔드가 완전히 번역되고 유지되면 수동 번역이 고려될 수 있다. 자빅스 매뉴얼의 번역 및 유지관리는 엄청난 작업이며 지금까지 매뉴얼의 장기 번역에 성공한 언어는 없다.

 만일 작업하기를 원한 언어가 번역을 통해 이용가능 하지만 프론트엔드의 언어선택에 나타나지 않으면, 이 언어는 숨겨져 있을 수 있다. include/locales.inc를 편집해 이 언어를 활성화할 수 있다. 해당 파일을 열고 display 속성을 false에서 true로 변경하자.

번역 작업에 참여하는 정확한 단계나 절차는 변경될 수 있으므로 여기서 살펴보지 않을 것이다. 대신 http://zabbix.org/wiki/Translating_Zabbix에 접속해서 해당 페이지에서 제시하는 방법을 사용하자. http://zabbix.org/wiki/Main_Page 위키에 등록하고, 번역자 테이블에 자신을 추가하고, 번역자 메일 링리스트에 가입하고, Pootle에 대한 사용 권한을 요청하는 작업을 포함할 수 있다. Pootle의 사용 권한을 요청하는 작업은 아마도 자빅스 IRC 채널에서 가장 잘 수행될 것이며 참여 및 번역 프로세스에 관한 질문을 하기에 가장 좋다.

▌ 상업적 지원

커뮤니티 지원은 훌륭하다. 종종 신속하고 정확하며 친절하다. 그러나 항상 신속하고 친절할지라도 좀 더 공식적인 지원이 필요할 수도 있다. 정식 계약이 체결되는 일반적인 경우는 다음과 같다.

- 회사 정책에 따라 생산에 투입되는 모든 시스템에 대한 지원 계약이 필요
- 자빅스를 구현할 때 검증된 지원 필요
- 자빅스를 깊게 관여하지 않는 사람, 전문 지식이 없는 사람들이 관리
- 일부 기능의 개발이나 개선이 필요

이런 경우 상업적 지원 제공자에게 접근하는 것이 가장 좋은 해결책이며, 자빅스 소프트웨어의 뒷부분에서 해당 지원을 받을 수 있다. 자세한 정보를 얻으려면 자빅스 웹 사이트 (http://www.zabbix.com/support.php)를 방문하자. 상업적 지원에 대해 더 자세히 논의할 준비가 되면 sales@zabbix.com으로 이메일을 보내면 된다. 지금 시점의 영업팀은 매우 지식 있고 도움이 되며 친절하며 대개 응답이 빠르다. 나를 위한 이해 상충이나 개인적 이익 없는 완전히 진실되고 정직한 의견이다.

경우에 따라 회사 조달 요구 사항에 따라 현지 회사와 지원 계약이 필요할 수도 있다. http://www.zabbix.com/partners.php의 파트너와 리셀러 목록을 통해 지리적으로 가까운 파트너를 선택할 수 있다.

| 찾아보기 |

에이콘출판의 기틀을 마련하신 故 정완재 선생님 (1935-2004)

Zabbix 네트워크 모니터링 2/e

Zabbix 3.0을 활용한 서버, 네트워크, 애플리케이션 모니터링

발 행 | 2018년 1월 25일

지은이 | 리하르즈 올룹스
옮긴이 | 전우성 · 김길종 · 김지연

펴낸이 | 권 성 준
편집장 | 황 영 주
편 집 | 이 지 은
디자인 | 박 주 란

에이콘출판주식회사
서울특별시 양천구 국회대로 287 (목동)
전화 02-2653-7600, 팩스 02-2653-0433
www.acornpub.co.kr / editor@acornpub.co.kr

한국어판 ⓒ 에이콘출판주식회사, 2018, Printed in Korea.
ISBN 979-11-6175-087-3
ISBN 978-89-6077-210-6 (세트)
http://www.acornpub.co.kr/book/zabbix-network-monitoring-2e

이 도서의 국립중앙도서관 출판시도서목록(CIP)은 서지정보유통지원시스템 홈페이지(http://seoji.nl.go.kr)와
국가자료공동목록시스템(http://www.nl.go.kr/kolisnet)에서 이용하실 수 있습니다.(CIP제어번호: CIP2018001706)

책값은 뒤표지에 있습니다.